广东警官学院“教师创新团队建设计划”资助出版项目

文书物证司法鉴定理论与实务

贾晓光 主编

中国人民公安大学出版社
·北 京·

图书在版编目（CIP）数据

文书物证司法鉴定理论与实务/贾晓光主编．—北京：中国人民公安大学出版社，2017.8

ISBN 978-7-5653-3053-7

Ⅰ.①文… Ⅱ.①贾… Ⅲ.①文件检验—教材 Ⅳ.①D918.92

中国版本图书馆 CIP 数据核字（2017）第 227636 号

文书物证司法鉴定理论与实务

贾晓光 主编

出版发行：中国人民公安大学出版社
地　　址：北京市西城区木樨地南里
邮政编码：100038
经　　销：新华书店
印　　刷：北京市泰锐印刷有限责任公司

版　　次：2017 年 8 月第 1 版
印　　次：2024 年 9 月第 4 次
印　　张：27.5
开　　本：787 毫米×1092 毫米　1/16
字　　数：538 千字

书　　号：ISBN 978-7-5653-3053-7
定　　价：85.00 元

网　　址：www.cppsup.com.cn　www.porclub.com.cn
电子邮箱：zbs@cppsup.com　zbs@cppsu.edu.cn

营销中心电话：010-83903254
读者服务部电话（门市）：010-83903257
警官读者俱乐部电话（网购、邮购）：010-83903253
电子音像与数字出版分社：010-83903341

作者简介

贾晓光，女，广东警官学院教授，1990 年毕业于中国刑事警察学院文件检验专业，中山大学法学硕士学位。现任广州市司法鉴定协会文书专业委员会主任、中国刑事科学技术协会文检专业委员会委员。长期从事文书物证鉴定理论与实践的教学、科研、鉴定工作。主持和参与省部级以上教研、科研项目 10 余项，编写教材著作 10 余部，发表学术论文 30 余篇，完成各类文书鉴定 3000 余起。

李志荣，男，中国刑事警察学院副教授，国家级精品课“笔迹检验”主讲人。20 多年来一直从事文件检验教学、科研和鉴定工作。完成学术专著 1 部，主编专业教材 2 部，主持和参与教科研项目 30 余项，发表论文 30 余篇，参与文书鉴定 1000 余起。被公安部评为全国第二届刑事技术特长专家。

刘建伟，男，中国政法大学法庭科学技术鉴定研究所副所长、文件检验学鉴定室主任，副教授，高级工程师，诉讼法学（物证技术方向）博士。北京市司法鉴定人协会物证技术专业委员会副主任、中国刑事科学技术协会文检专业委员会委员。主要从事文书司法鉴定的教学、研究与鉴定工作，主持参与部级科研项目 3 项，发表学术论文 30 余篇。

王迪，男，广东警官学院副教授，从事文件检验教学、科研、鉴定工作十余年，参编教材 4 部，主持省部级项目 2 项，发表论文 10 余篇，参与文书检验类案件鉴定近千起。

胡迎梅，女，广东省公安厅刑事技术中心高级工程师，全国重点文件检验实验室负责人，全国刑事技术文件检验专业特长专家，公安部高级专业技术资格评审委员会委员。从事文书检验鉴定工作 20 多年，鉴定各类案件 3000 余起，多次受邀赴港澳台地区讲学交流，发表论文 16 篇，主编专业著作 2 部，参与科研项目 3 项，多次立功受奖。

刘敬杰，男，苏州同济司法鉴定所物证技术室主任，武汉警官职业学院行业名师、司法鉴定技术专业建设指导委员会委员，江苏省司法鉴定协会物证委员会委员，中国法学会会员。出版《法庭科学之印章与印文鉴定》专著1部，副主编武汉警官职业学院《车辆痕迹检验》教材1部，发表论文10余篇，从业以来检验鉴定文书物证案件近5000余起。先后接受苏州日报、姑苏晚报、苏州电视台、中央电视台等多家媒体采访。

陈晓红，女，高级工程师，司法部司法鉴定科学技术研究所刑事技术研究室主任助理，上海市司法鉴定协会文书司法鉴定专业委员会秘书，中国合格评定认可委员会司法鉴定/法庭科学机构认可评审员，公安部文件检验重点实验室客座研究员。十几年来一直从事文书司法鉴定科研和检案工作，主持国家自然科学基金青年项目1项，主持省部级项目3项；共发表论文25篇，其中SCI论文1篇，核心期刊论文12篇；发明专利1项；参与制定司法部部颁司法鉴定技术规范24项。2014年获国际法庭科学协会（IAFS）颁发的“青年科学家奖”。

崔岚，女，中国刑事警察学院教授，文件检验技术系硕士研究生导师，学院中青年骨干教师。1999年东北师范大学化学系毕业至今一直从事文件检验教学、科研和鉴定工作。主讲的“印刷文件检验”先后被评为辽宁省、公安部及国家级精品课程。主持和参与省部级以上教科研项目10余项，出版专著2部，发表论文40余篇。参与各类疑难案件的检验鉴定工作，出具鉴定书1000余份。

冯明帅，男，广东省公安厅文件检验高级工程师，2003年起专职从事文件检验实践与研究，公安部青年人才库成员，国家认可委员会实验室评审ISO：17020、19025领域评审员，国家级实验室资质认定评审员，广东省公安机关中初级职称评审委员会委员，《广东公安科技》编辑委员会委员，中国刑事警察学院文检实验室特邀研究员，广东警官学院特聘教官，第三届广东省智慧安防专家库成员。

张凌云，女，博士，广东警官学院副教授，主持参加教学科研项目6项，发表论文20余篇，其中7篇论文被SCI收录。参与司法鉴定200余起。2013-2014年在美国法庭科学实验室访学一年。

邓斌，男，1994年毕业于中国刑警学院文件检验专业，现在东莞市公安局工作。多年来，一直从事文件检验和书画鉴定的研究工作。

编写说明

本书坚持理论与实践相结合，注重应用性，充分反映文书物证司法鉴定理论和技术方法的最新成果；从科学、法律、鉴定技术的角度，阐明文书物证司法鉴定各主要项目类别的科学原理、鉴定程序方法与条件、鉴定标准与技术规范，以满足通用教材的基本要求；注意总结近年来解决文书物证鉴定疑难鉴定事项的科学思路和技术方法，以突出教材的特色；力求反映相关法律、规章和规范性文件的新规定，并适当介绍受到国内外认同度较高的新技术、新方法和成熟经验，以满足不同读者的知识需求。

本书可作为普通高等院校、公安司法高等院校的法律、司法鉴定学、刑事技术以及物证技术专业的本科生、研究生通用教材，警官、检察官、法官、律师、司法鉴定人以及其他司法工作人员教育培训的基础教材，也可作为文书物证司法鉴定人员必备的参考书。本书由广东警官学院“教师创新团队建设计划”项目资助出版。

本书由贾晓光担任主编，崔岚担任副主编，参加编写人员及分工如下：

第一章　绪论　贾晓光

第二章　文书物证司法鉴定的科学基础　贾晓光

第三章　笔迹鉴定的依据与程序方法　李志荣

第四章　伪装笔迹鉴定　李志荣

第五章　摹仿笔迹鉴定　刘建伟

第六章　书写条件变化笔迹鉴定　王迪

第七章　签名笔迹鉴定　贾晓光

第八章　特殊文字符号笔迹鉴定　胡迎梅

第九章　印章印文鉴定　刘敬杰

第十章　朱墨时序鉴定　陈晓红

第十一章　专业制版印刷文书鉴定　崔岚

第十二章　办公机具印制文书鉴定　崔岚

第十三章　货币票据鉴定　冯明帅

第十四章　证件证书鉴定　冯明帅

第十五章　篡改变造文书鉴定　刘建伟

第十六章　损毁文书鉴定　冯明帅

第十七章　文书制成时间鉴定　刘敬杰

第十八章　文书物质材料及书写工具鉴定　张凌云

第十九章　中国书画司法鉴定　邓斌

本书由贾晓光起草编写大纲，编写组讨论修改后分工撰写，贾晓光、崔岚统稿后由中国人民公安大学出版社审定出版。由于编者的水平和经验所限，书中难免有疏漏和不妥之处，敬请读者批评指正。在本书的编写过程中，参考了大量有关的教材、著作和论文等文献资料，在此，向所参考文献资料作者表示衷心感谢。

《文书物证司法鉴定理论与实务》编写组

2017 年 5 月 26 日

目　录

第一章 绪 论

本章概要：本章主要介绍文书物证司法鉴定的概念、对象、内容、任务和程序方法，以及鉴定意见的评断和鉴定人出庭作证。其中，文书物证司法鉴定的概念、对象、内容、任务和程序方法是本章的重点，鉴定意见的评断是本章的难点。

关键词：文书 文书物证 程序方法 出庭作证 司法鉴定

第一节 文书物证司法鉴定及其相关概念

一、文书的含义

文书是一个概括性的名词，指的是一种记录信息、表达意图的文字材料。古往今来，人们通过制作文书来记录信息，通过传递文书相互交流信息，通过公布文书对公众发布信息。可见，文书是人们用来记录信息、交流信息和发布信息的一种工具，是公务文书和私人文书的统称。在法庭科学领域，文书作为一类检验鉴定的对象，多被称为“文件”（document），以有争议的书证或物证形式呈现，具有更加广泛的含义。正如美国文检学家 O. Hilton 在其《可疑文件的科学检验》一书中所称：“从广泛意义上讲，文件就是含有表达意思、信息的文字、符号和图形的任何材料”。

为了更好地理解文书与文件含义的异同，可先查阅辞海中的有关定义：文书，一是指文章、书札、契约、公文等；二是指机关部队中从事文书工作的人员。文件，一是指机关制发的格式规范的公文材料；二是指通过计算机储存的已赋予特定名称的数据。从辞海定义中不难理解，文书与文件有着共同的内涵，都是指国家机构、社会组织及个人在社会实践活动中形成的记录，所以人们在使用中难免会出现混淆或替代现象。相对于我国传统文化中这两个词汇的内涵，电子科技的发展使现代汉语中文件的定义，已经被逐渐扩大，涵盖了电子数据形式的文件。从外延上来看，文件作为一个广义词，包括了文书，即文书是文件的一种类型，在概念的外延上，文件大于文书。

我国的法庭科学和司法鉴定领域，历来有文件物证与文书物证、文件鉴定与文书鉴定孰是孰非的定义之争。随着《司法鉴定程序通则》等一系列法律法规的颁布实施，特别是广义文件中的电子文件部分，已经被明确归属为与物证大类并列的声像资料类中的电子数据。笔者认为就司法鉴定而言，再争议名称意义不大，可以将二者视为等同或等效的概念。

依照中华人民共和国司法部司法鉴定管理局于2010年4月7日发布的《文书鉴定通用规范》，文书与文件也被视为等同的概念。规范中将文书定义为：文书，又称文件。指人们在社会交往中形成和使用的各种公文、合同、契约、书信、字据、证照等材料的总称。在文书物证司法鉴定的理论与实务中，文书泛指一切以文字、语言、图形、符号为表现形式的记录和提供与案件事实有关内容信息的各种材料。

二、文书的种类

依照不同的分类标准，文书可以被划分为不同类型，进而衍生出与其相关的一些基本概念。按照制作方式，可分为书写文书、印刷文书和电子文件等；按照制作技术，可分为普通文书和特种文书等；按照性质，可分为真实文书、篡改（变造）文书、污损文书等；按照文书状态，可分为原件和复制件等。为方便表述并加强理解，将相关基本概念明确如下：

书写文书，也称手写文书，是指各类手写制成文书的统称。包括正常书写文书、伪装书写文书、摹仿书写文书和各类非正常条件下书写的条件变化文书等。

印刷文书，又称印制文书、机制文书或印刷品，是指采用各种印刷技术制作的各类文书的总称。印刷文书包括制版印刷文书、办公设备机制文书、特种印刷文书等。其中，制版印刷文书包括：凸版印刷文书、凹版印刷文书、平版印刷文书、孔版印刷文书等；办公设备机制文书包括：打印文书、静电复印文书、传真文书等。文书制作中如果盖印或印制印章印文，也属特殊类型的印刷文书。

特种印刷文书，又称特种文书，是指采用特殊的制作方法，通常会运用不同的防伪技术和印刷工艺制作的有特定用途的文书，如货币、护照、身份证、信用卡及其他有法定证明作用的证件和有价票据等。

变造文书，又称篡改变造文书，是指在原真实文书的基础上，采用各种作假的手段对原真实文书的局部内容加以改变而形成的内容虚假的可疑文书。常见的变造手段有：添加、涂改、擦刮、消退、掩盖、粘贴、拼凑、挖补、换页、拆封等。

污损文书，又称损毁文书，是指文书物证在制作、保存、传递、使用的过程中，受到污染、损坏的各类文书的总称。常见的污损文书有：污染文书、破碎文书、烧毁文书、浸损文书等。

三、文书的社会作用

文书是社会交往的一种重要媒介。它是人们用以表达思想、传递信息、记录事实、固定关系、证明身份、确认权利与义务、反映记载社会活动的过程与结果的主要手段。文书的社会作用及影响非常广泛，特别是在现代社会生活中，文书是记录个人、组织、集体、社团、国家机关等一切活动过程与结果的有效载体，具有须臾不可或缺的重要作用。

（一）组织领导作用

国家机关、团体和企事业单位实施组织领导功能，除了口头言语当面表达外，更多的是以制作发布文件的形式，施行领导，组织协调各级政府、社团组织、各系统、各部门的正常工作，组织指导思想、文化与经济建设活动。

（二）宣传教育作用

借助图书、报刊、杂志、宣传条幅等文书本身所具有的传媒功能，可对社会大众进行法律政策教育、社会道德教育、文化科技教育等。

（三）联系协调作用

国家机关、团体、企事业单位以及公民个人，均需要通过公函、合同、书信、请示报告、统计报表等文书，上传下达，沟通情况，接洽工作，协调相互关系。

（四）凭据证明作用

证件、证书、执照、契约、协议、票据等文书，本身就是一种凭据，可以证明公民或法人的身份、资格、权益和行为的合法性，以及与之相应的权利与义务。

（五）记录固定作用

借助各种记录、登记、档案、财务账目等文书，可以把正在发生或者已经发生的事物发生与发展的过程和结果，及时记录，如实固定，以备查考。

（六）生活用纸的替代作用

由于文书多为制作成本相对低廉的纸张制品，时效性强，易于获取，废旧文书本身还具有包装、衬垫、擦拭、裱糊等功用，所以往往成为生产或生活用纸的代用品。从侦查学和证据学的角度看，文书的这个替代作用，在获取侦查线索和证据方面具有不容忽视的特殊价值。

由于文书的社会作用极为广泛，几乎涉及社会活动的方方面面，它与违法犯罪活动和诉讼争议必然会发生联系，进而可能成为重要的诉讼证据。在我国三大诉讼法规定的七类证据中，很多都是直接以文书的形式呈现出来，如书证、被告人供述和辩解、鉴定意见等；也有些是作为证据的文书的真实性存疑，需要通过检验鉴定加以证实，并最终发挥其诉讼功能和社会作用的。

四、文书物证与文书物证司法鉴定

文书物证，是文书物证司法鉴定的对象。要厘清这一鉴定对象的由来，需要明确书证和物证的区别以及文书物证与文书书证的联系。

物证和书证，是我国三大诉讼法规定的第一类法定证据。物证，是指以物的外形特征、物质结构和成分特征以及物的反映形象特征，来证明案件事实情况的一切物品和物质痕迹。物证是一种独立形式的无言的证据，它能证明什么，不但需要一般的查证，还需要运用物证技术手段加以检验和鉴定。现实世界上的一切物质，只要与案件产生联系都可能成为物证，其范围十分广泛，本书主要介绍物证中的文书物证。

书证，是指以文字、符号、图画等所表达的思想内容来证明待证事实的书面材料。从以上定义可以看出，书证也是一种物证，可以理解为是物证的一种，但它具有两个基本特征，是一般物证所不具备的。一是书证必须是以文字、符号、图画等记载或者表达了一定的思想内容，借以传递信息并能够为人们认知和理解；二是书证所表达的思想内容必须与案件或事件相关联，并能用以证明待证事实。第二点是书证最本质的特征，因其所具有的直接证明作用，是书证从物证中独立出来并区别于一般物证的根本标志。

违法犯罪案件和诉讼争议中涉及的文书，通常具有书证和物证的双重属性，根据属性不同也可以分别称为文书书证和文书物证。所谓文书书证是以其内容证明待证事实的文书，这种文书上所记载的内容经过调查核实无异议，便可作为书证使用。而文书物证是以其物质特性证明待证事实的文书，其内容有异议且不能通过调查核实来解决，只能通过专门程序和技术方法进行检验鉴定，从物质特性上揭示其与待证事实之间的关系。也可以这样理解，所记载内容无争议的文书，就是书证；所记载内容存疑或有争议的文书，只能将物证转化成为文书物证，只能且必须从物质特性上加以鉴别。所以，文书司法鉴定的特有对象是文书物证，即作为物证的文书，这样文书物证的概念就不难理解了。文书物证，又称文件物证，是指以书写、印刷等方法制成的文件为载体，以文字、语言、图形、符号为表现形式，记录和提供与待证事实有关的人、物、内容以及内容真伪等信息的证物。

文书物证司法鉴定，是 2005 年 10 月 1 日起施行的《全国人民代表大会常务委员会关于司法鉴定管理问题的决定》列入物证大类司法鉴定的第一个类别，是对文书物证这一类特定对象进行的司法鉴定。2016 年 5 月 1 日起施行的《司法鉴定程序通则》第二条明确规定："司法鉴定是指在诉讼活动中鉴定人运用科学技术或者专门知识对诉讼涉及的专门性问题进行鉴别和判断并提供鉴定意见的活动。"所以本书的重要概念文书物证司法鉴定，可以这样界定：文书物证司法鉴定，简称文书鉴定，又称文件鉴定、文件检验、可疑文件鉴定等，是指依据诉讼法律规定的程序，鉴定人运用文件检验学的理论、方法和专门知识，对诉讼活动涉及的文书物证进行鉴别和判断，并提供司法鉴定意见的专业性活动。

第二节 文书物证司法鉴定对象和主要内容

一、文书物证司法鉴定对象

概括地说，文书物证司法鉴定的对象就是各种文书物证。根据文书物证的构成要素、物质特性以及理论学科的发展状况，文书物证司法鉴定的具体鉴定对象可以分为以下六类：

（一）笔迹

笔迹是指通过书写活动形成的具有个人特点的文字符号的形象系统，既包括书写的文字、符号，也包括绘画，还包括通过捺印、摆置等方式形成的字迹。它能反映个人书写或绘画的技能和习惯。

（二）言语

言语是指人们语言的运用及其结果，主要包括书写或印刷的书面言语，也包括录音、录像、监控设备记录下来的口头言语。言语能够反映行为人运用语言的能力和习惯，是语言的具体表现。

（三）印迹

印迹是指采用制版印刷、打印、复印或盖印等方法在文书上形成的文字、符号、线条、图形及相关加工痕迹，它能反映印版、印刷机具有的结构和功能的特性，以及同批次印刷品的加工次序和空间关系。

（四）污损变化

污损变化是指受人为或自然条件的影响而使文书发生的污染、损坏或其他改变。研究这些污损变化能够揭示文书的真伪或确认某些相关事实。

（五）时间变化

时间变化是指构成文书的各要素在特定保存条件下随时间发生的改变，以及不同时间形成的文书所具有的特定时间属性。研究文书的时间变化规律，往往可以确定形成时间不明或标称时间有争议文书的实际制成时间。

（六）物质材料

物质材料是指制作文书所使用的纸张、油墨、墨水、墨粉、印泥、印油、胶水等，它是文书信息的载体和媒介。文书上的笔迹、印迹和污损变化等通过这些物质材料得以呈现，同时也建立了文书制作人、制作工具与这些物质材料的相互关系。

由于司法实践中文书物证的形式多种多样，案件的具体情况千差万别，一份文书不一定同时具备上述六类鉴定对象，有的多些，有的少些，组合方式也会有所不同。具体案件中，争议的焦点不同，具体的鉴定对象和鉴定要求也不同。值得注意的是，共聚于一份文书的各个鉴定对象是彼此联系、互相制约的，它们共同构成了这份文书整体，并且以因果关系、时空关系、占有关系等形式与案件客观事实存在内在联系。因此，即便进行单一对象的检验鉴定，也应当建立系统鉴定的思维方法，对文书物证进行综合的分析与鉴别，不能孤立、割裂、静止地看待文书物证上的各类鉴定对象。

二、文书物证司法鉴定的主要内容

概括地说，文书物证司法鉴定的内容就是诉讼活动涉及的有关文书物证的专门性问题。基于对文书物证司法鉴定对象的研究，并将这些专门性问题进行有层次的梳理，形成了文书物证司法鉴定的主要内容。

（一）笔迹鉴定

笔迹鉴定又称笔迹检验，是指根据人的书写技能习惯特性在书写的字迹、符号、绘画中的反映，通过检材与样本笔迹的比较、鉴别，从而确定文书物证书写人的专门技术。笔迹鉴定主要包括是否原始笔迹鉴定、正常笔迹鉴定、变化笔迹鉴定、伪装笔迹鉴定、摹仿笔迹鉴定、签名笔迹鉴定、数字笔迹鉴定、外文笔迹鉴定等。

诸如“文书上笔迹或签名是否某人所写”、“对文书上的笔迹或签名的真实性进行鉴定”、“文书上笔迹或签名与某人笔迹或签名样本是否同一人所写”、“某文书上的各部分笔迹或几份文书上的笔迹是否同一人所写”等，都是笔迹或签名同一性鉴定常见的具体鉴定要求，用以实现对书写人的确认或排除。委托人需提供给被鉴定人数量充分、具有可比性、真实可靠的笔迹或签名样本。依据司法鉴定技术规范及伪造、变造文书的一般规律特点，不论委托人是否提出对笔迹或签名的形成方式进行鉴定，为更好完成这一任务都必须进行这一环节的检验鉴定。

（二）印章印文鉴定

印章印文鉴定简称印文鉴定，是指根据印章在制作、使用、保存过程中形成的印面材料和结构特性在印文中的具体反映，通过检材与样本印文的比较鉴别，从而确定文书物证上印章印文真伪的专门技术。印章印文鉴定主要包括是否原始印章印文鉴定、公章印文鉴定、专用章印文鉴定、名章印文鉴定、签名章印文鉴定、防伪章印文鉴定等。

诸如“文书上的印章印文与提供的同名样本印文是否同一枚印章盖印”、“对文书上的印章印文的真实性进行鉴定”、“几份文书上的印章印文是否为同一枚印章盖印”等，都是印章印文同一性鉴别常见的具体鉴定要求，用以实现对印章使用的确认或排除。委托人需提供数量充分、具有可比性、真实可靠的印章印文样本。依据司法鉴定技术规范及伪造、变造文书的一般规律特点，不论委托人是否提出对印章印文的形成方式进行鉴定，为更好完成这一任务，检验鉴定印章印文的形成方式也是必需环节。

（三）印刷文书鉴定

印刷文书鉴定又称印刷文件鉴定、印制文书鉴定，是指根据印刷工艺、印刷设备的材料和结构特点及其变化规律在承印物（本专业领域多为纸张）上的具体反映，通过对各种印刷原理、方法制作的各类文书进行分析、比较和鉴别，确定文书物证的印刷工具、印刷方法、印刷过程及其真伪、来源、关系等的专门技术。印刷文书鉴定主要包括：印刷文书种类鉴定、印刷文书同机鉴定、印刷文书同原稿鉴定、印刷文书同版鉴定、传真原始文书鉴定等。

（四）变造文书鉴定

变造文书鉴定又称篡改变造文书鉴定、篡改文书鉴定，是指综合运用各种科学技术手段对文书物证是否存在变造事实所作出的鉴别和判断，以及恢复或辨认被篡改的原有内容的一项专门技术。变造文书鉴定主要包括：添加、涂改、擦刮、消退、掩盖、粘贴、拼凑、挖补、换页、拆封等变造文书鉴定。

（五）污损文书鉴定

污损文书鉴定是指根据受污染、损坏或发生其他变化的文书物证的物质特性，采用理化检验方法对其进行恢复、整理、显现和鉴别的专门技术。污损文书鉴定主要包括：褪色、污染、破碎、烧毁、浸损等污损文书鉴定，以及压痕字迹等不易见内容的显现。

（六）文书材料鉴定

文书材料鉴定，是指根据制作文书的物质材料特性，采用形态对比和理化检验方法对其理化特性、种类进行分析和鉴别的专门技术。文书材料鉴定主要包括：纸张鉴定、墨水鉴定、油墨鉴定、墨粉鉴定、黏合剂鉴定等。

（七）特种文书鉴定

特种文书鉴定，是指根据特种文书的制作方式、制作工具、制作材料及采用的防伪技术等特性，必要时通过与真实或标准样本的比较检验，采用形态比对和理化检验方法或专门仪器检测方法等对其真伪进行鉴别的专门技术。

（八）文书制成时间鉴定

文书制作时间鉴定，是指根据文书物证系统要素的特性及其变化规律，对文书的制作过程、顺序和形成时间进行鉴别的专门技术。文书制成时间鉴定主要包括印刷文书制作时间鉴定、印章印文盖印时间鉴定、书写时间鉴定等，其中的时间概念，又包含了相对制成时间与绝对制成时间的区别。

（九）朱墨时序或文字时序鉴定

朱墨时序鉴定也叫印文与字迹形成时序鉴定，这里的“朱”是指印文，“墨”是指与印文交叠的字迹。朱墨时序鉴定，是指鉴别印文与书写、复写、打印及复印等字迹形成的先后顺序。文字时序鉴定，是指鉴别文书上某两部分书写或印制的字迹之间形成的先后顺序。

（十）文书制作方法鉴定

文书制作方法鉴定又称文书形成方式鉴定，是指根据构成文书内容要素的材料和结构特性，综合分析鉴别其制作形成方法，也是进一步确定文书内容要素真实性或同一性的必要过程。文书制作方法鉴定主要包括笔迹（或签名）是否直接书写形成、笔迹（或签名）是否复制形成、印章印文是否直接盖印形成、印章印文是否复制形成等。

第三节　文书物证司法鉴定的任务

一、文书物证司法鉴定的基本任务

文书物证司法鉴定的基本任务，是指法律赋予具有文书物证司法鉴定资质的鉴定机构和鉴定人，在执业活动中应当承担的工作和履行的职责。这种基本任务的完成，是通过对案件中文书物证的具体问题的研究，揭示文书物证与案件事实、与当事人或嫌疑人的关系，为案件的侦查、起诉和审判提供可靠鉴定意见来实现的。

文书物证司法鉴定的基本任务，也是确定个案中具体委托鉴定事项的依据。鉴定机构和鉴定人只能在鉴定基本任务范围内受理鉴定，司法机关、诉讼当事人、其他相关部门拟定委托鉴定事项时，也不应当超出文书物证司法鉴定的任务范围。

二、文书物证司法鉴定的具体任务

文书物证司法鉴定的客体复杂多样、鉴定技术方法多学科交叉，明确当前通过鉴定所能实现的具体任务，有助于在司法实践中更好地运用文书物证司法鉴定这一事实认定手段。在具备鉴定条件的情况下，可以通过以下具体任务的完成，发挥文书物证司法鉴定的作用，实现文书物证司法鉴定的应有价值。

（一）对文书物证所反映的有关人的鉴别

1. 明确文书笔迹的书写人

这是司法鉴定中常见的实际问题，委托鉴定事项通常为：文书上的笔迹是否某人所写，文书上的各部分笔迹或几份文书笔迹是否同一人所写，文书上的笔迹是正常笔迹还是伪装变化笔迹或摹仿笔迹等。

2. 明确书画的作者

委托鉴定事项通常为：未署名或标称为某人的书画作品是否某人所作，书画作品的题款是否某人所写，侮辱诽谤性的绘画是否某人所画等。

3. 明确或分析印刷文书的制作人

这是近年来逐渐增多的问题，委托鉴定事项通常为：印刷文书原稿是否某人所撰写，几份印刷文书的原稿是否同一人所撰写，分析印刷文书原稿作者的种属特点等。

4. 明确或分析雕刻人

委托鉴定事项通常为：伪造的印章是否某人雕刻，印制检材的模版是否某人雕刻，多枚印章或模版是否同一人雕刻，分析印章或模版雕刻人的种属特点等。

（二）对文书物证所反映的有关机具的鉴别

现代社会文书制作所使用的机具主要包括书写用笔、戳印工具、打印机、复印机、传真机、数码油印机、专业制版印刷机等。鉴别文书物证所反映的有关机具，委托鉴定事项通常为：判断书写所用笔的种类，笔迹是否用某支笔书写形成，多份或各部分文书笔迹是否用同一支笔书写；判断打印机、复印机、传真机、油印机的种类、型号，检材文书是否用某台打印机、复印机或油印机印制，多份或各部分文书是否用同一台打印机、复印机或油印机印制，文书是否用原稿直接复印或复印件之间的辗转关系，传真文书是否用某台传真机传发或接收；多份或各部分文书是否用某块（套）印版印制，戳印是否用某一戳印工具盖印等。

（三）对文书真实性的鉴别

1. 明确文书上的签章是否真实

委托鉴定事项通常为：文书上的签名是否本人所写，文书上的印章印文是否真实，文书上的签名或印章印文是否用某种技术手段复制，文书是否利用已有签名或印章印文的纸张空白部分制成等。

2. 文书内容的涂改变造事实鉴别

委托鉴定事项通常为：文书部分字迹内容是否被消退、擦刮，是否为改写、添写而成；文书的部分字迹内容是否为挖补拼接而成；证件的照片是否经过撕揭和再次粘贴；多页文书的某一页或某几页是否被换页重装；文书的复印件是否用拼接组合、遮挡原稿等方式复制；文书上的印章印文是否用某枚真章或两枚真章经过遮挡、拼凑盖印形成等。

3. 货币、票证的真实性鉴别

委托鉴定事项通常为：鉴别可疑纸币的真伪，鉴别机动车号牌的真伪，鉴别可疑硬币或古钱币的真伪，鉴别可疑证券、票据、信用卡、证件、证书的真伪等。

（四）对文书物质材料的鉴别

构成文书的物质材料主要包括各类纸张、纸印品、书写墨料、印刷墨料、盖印色料和黏合剂等。

1. 纸张或纸印品的种类、同一性、同源性鉴别

委托鉴定事项通常为：鉴别文书纸张的种类和纸浆组分特征，与已知来源的纸张是否种类相同，与已知来源的纸张的裁切加工、纸面污染特征是否相同，涉案文书纸张是否是从已知来源的纸张上撕裁下来的；鉴别纸印品（含信纸、稿纸、信封、表格、空白凭证、本式证件等）与已知来源的同种纸印品是否为同版同阶段印刷品；纸印品是否为已知来源的样本纸之前或之后的第几页；证照上的各页纸是否为该本证照的原装纸页，某一纸页是否存在更换等。

2. 墨料或色料的种类、组分、同一性鉴别

委托鉴定事项通常为：鉴别文书上某墨料或色料的种类和组分，文书上某墨料或色料与已知来源的墨料或色料种类是否相同；文书上某墨料或色料与已知来源的墨料或色料，混入的特殊组分是否相同；一份文书或多份文书上的某相似墨料或色料种类、组分是否相同等。

3. 粘贴、裱糊文书的黏合剂鉴别

委托鉴定事项通常为：黏合剂（含胶水、糨糊、双面胶等）的种类和组分特征；所用的黏合剂与已知来源的黏合剂种类是否相同；黏合剂与已知来源的黏合剂所混入的特殊组分是否相同等。

（五）对文书制成时间与时序的鉴别

目前，司法实践中对文书制成时间与时序的鉴别，主要有四类问题要解决，包括：对整份文书的制成时间鉴定，对文书中部分争议内容的形成时间鉴定，对多份可疑文书是否同一时间形成的鉴定，对文书中朱墨时序、文字时序的鉴定。委托鉴定事项通常为：文书或某部分内容实际的书写、打印、复印时间；文书上印章印文实际的盖印时间；文书上的几部分字迹或几份文书上的字迹是否同时或依次形成；几份文书上的盖印印文是否同时或依次盖印形成；文书上的字迹与印章印文形成的先后时序，即朱墨时序鉴别等。

（六）对污染、损坏文书内容的辨读和固定

1. 模糊字迹的显现和辨读

委托鉴定事项通常为：显现和辨读纸张上的书写压痕字迹；显现和辨读自然褪色的字迹、印文；显现和辨读文书上被消退的字迹、印文；显现和辨读金属器件上被刮除的冲刻字迹；显现和辨读模糊残缺的邮戳印迹等。

2. 被掩盖字迹的显现和辨读

委托鉴定事项通常为：显现和辨读被涂抹的字迹；显现和辨读被粘贴、裱糊的字迹；显现和辨读被修改液掩盖的字迹等。

3. 被破坏文书的整复和内容辨读

委托鉴定事项通常为：整复被烧毁文书，辨读其内容，判断高价值烧毁文书的数量；整复被浸湿的文书，辨读其内容；整复破碎的文书，辨读其内容等。

第四节 文书物证司法鉴定的程序和方法

一、文书物证司法鉴定的程序

司法鉴定程序是诉讼制度和司法鉴定制度的重要组成部分。根据其规范的主体不同，可分为涉及诉讼活动的鉴定程序，以及鉴定机构和鉴定人实施鉴定工作程序两个不同层面。前者主要是规范司法机关、诉讼当事人及其代理人等，在诉讼活动的全过程中进行有关司法鉴定活动行为的，由立法机关在诉讼法律和其他法律法规中进行规定；后者主要是规范司法鉴定机构和鉴定人实施鉴定活动行为的，由司法鉴定管理部门根据诉讼法律和其他法律法规的规定，结合鉴定有关标准和技术规范，对鉴定实施程序加以具体化。本节主要从司法鉴定机构和鉴定人实施鉴定工作程序的层面，探讨文书物证司法鉴定的程序问题和方法。

（一）鉴定的启动

案件受理后，鉴定机构应首先根据案件的具体情况选择相应的鉴定程序、组成鉴定组，并指派第一鉴定人。

1. 确定鉴定程序

鉴定程序一般可分为普通程序、复杂程序和会检程序，鉴定机构可根据机构资源的具体情况，设置不同级别的鉴定程序。根据案件的具体情况，初次鉴定的一般案件进入普通程序，重新鉴定或重大、疑难案件的鉴定可以直接进入复杂程序，已经过多次鉴定并产生重大分歧意见的，或特别重大案件的鉴定可直接进入复杂程序或会检程序。

2. 确定鉴定组和鉴定人

文书鉴定的鉴定人应当具备文书鉴定专业技术职称，并取得文书鉴定鉴定人执业资格；须由 2 人以上（含 2 人）文书鉴定人组成鉴定组，各鉴定人分别独立检验，共同完成鉴定工作；鉴定组实行第一鉴定人负责制，第一鉴定人负责组织鉴定的实施，控制鉴定的时限，第一鉴定人的工作应覆盖鉴定实施程序的全部过程。

鉴定组和鉴定人的确定，与鉴定程序有关。一般普通程序中鉴定组的鉴定人为 2 人，第一鉴定人应当具有文书鉴定专业中级以上技术职称；复杂程序中鉴定组的鉴定人为 3 人以上，第一鉴定人应当具有文书鉴定专业高级技术职称，且鉴定人中应当有 2 名以上具有文书鉴定专业高级技术职称的鉴定人；会检程序中鉴定组的鉴定人为 4 人以上，第一鉴定人应当具有文书鉴定专业高级技术职称，鉴定人中应当有 3 名以上具有文书鉴定专业高级技术职称的鉴定人。

3. 独立鉴定和共同鉴定

鉴定组内各鉴定人首先应当分别进行独立检验鉴定，作出初步的鉴定意见。独立鉴定完成后，再由第一鉴定人组织鉴定组鉴定人共同讨论，确定共同鉴定意见。共同鉴定中出现意见分歧的，鉴定人有权保留自己的意见并予以记录，最终鉴定意见的得出，应遵循本节司法鉴定意见出具程序的要求。

（二）鉴定的实施

1. 文书物证的鉴定原则

鉴定的实施要遵照以下原则：先宏观检验后微观检验；先无损检验后有损检验；进行有损检验前应当告知委托方可能造成的损坏后果，并征得委托人同意方可进行；进行有损检验前应采用适宜的复制方法固定检材原貌并进行预试验；进行有损检验时应尽量选用对检材破坏范围小、破坏程度低的方法。

2. 文书物证的鉴定方法选择

鉴定人应遵循《司法鉴定程序通则》中鉴定方法的选择原则，根据委托鉴定事项和要求来确定检验鉴定方案、选择检验鉴定方法，并严格按照相应的鉴定技术规范或机构质量手册、程序文书、作业指导书等进行。选择的鉴定方法系非标准方法的，应事先采用适当的方法进行证实和确认，并予以文件化。

3. 鉴定材料的标识与流转

决定受理的案件，应由案件受理人员或第一鉴定人对鉴定材料及时进行唯一性标识，并认真核对。检验前应当对鉴定材料进行备份，可采用拍照、复印或扫描复制等方法，备份的复制件应当清晰，能真实反映检材和样本的原貌，并对应鉴定材料原件进行唯一性标识。鉴定材料在鉴定组各鉴定人中的流转，应办理交接手续。鉴定人在检验鉴定过程中，禁止在鉴定材料上作任何记号，禁止对送检材料有任何人为的污染、损坏或改动行为；应当妥善保存鉴定材料，防止被污染、损坏或遗失。

4. 鉴定材料的补充

独立鉴定中，如需补充鉴定材料的，鉴定人应说明需补充的具体材料及要求。决定补充材料的，应及时与委托方联系协商补充材料的内容、要求、方式及时限，并对有关情况进行记录。根据《司法鉴定程序通则》规定，补充材料所需的时间不计算在鉴定时限内。

（三）司法鉴定意见的出具

1. 形成司法鉴定意见的原则

第一鉴定人负责汇总独立鉴定中各鉴定人的检验结果和鉴定意见，并组织鉴定组鉴定人共同讨论。鉴定意见一致的，进入司法鉴定意见书编制程序。鉴定意见出现分歧的，第一鉴定人负责组织鉴定组鉴定人进一步研究和讨论，若讨论后还不能达成一致意见的，一般按以下要求处理：普通鉴定程序中，通过鉴定组共同讨论尚不能达成一致意见的，进入复杂鉴定程序；复杂鉴定程序中，通过鉴定组共同讨论尚不能达成一致意见的，则以绝大多数（三分之二以上）鉴定人的意见为最终的鉴定意见，不同鉴定意见应当记录在案，若出现重大意见分歧的（未形成绝大多数意见），则进入会检程序；会检程序中，会检鉴定组共同讨论尚不能达成一致意见的，则以绝大多数（四分之三以上）鉴定人的意见为最终的鉴定意见，不同鉴定意见应当记录在案，如出现重大意见分歧的（未形成绝大多数意见），可按照《司法鉴定程序通则》有关规定聘请专家协助鉴定，再由鉴定组共同讨论达成最终意见，或作无法做出鉴定意见处理，并向委托人说明原因。

2. 司法鉴定意见书的编制

一般由第一鉴定人如实按照鉴定组讨论、研究达成的检验鉴定意见起草鉴定文书初稿，并提交其他人员审核校对，并按规定程序复核和签发。根据文书物证鉴定的专业特点，依照司法部2017年3月1日起执行的《司法鉴定意见书》格式，鉴定意见书的内容至少应包括以下要素：委托人、委托日期、鉴定材料、鉴定事项、基本案情、检案摘要、鉴定过程、分析说明、鉴定意见及落款、附件等，应当加盖鉴定机构的司法鉴定专用章，必须有鉴定人签名和盖章。通过资质认定或认可的鉴定机构，可以在认证认可授权范围内加盖相应的标识。

（四）鉴定的记录程序

在鉴定过程中，鉴定组各鉴定人一切与鉴定活动有关的事项、情况，都应当及时、客观、全面地做好记录，如有修改，应采用杠改方式并签名，使被修改的原有内容能清晰辨认。应妥善保存检验记录、原始数据、图片等相关原始记录资料，并及时移交第一鉴定人。第一鉴定人负责审查、汇总鉴定组各鉴定人的检验记录、原始数据、图片等原始记录资料，并集中妥善保存归档。

一般来说，案件受理程序中的有关情况，由接待人负责记录；鉴定人独立检验的过程、检验结果或鉴定意见等内容，由鉴定人各自负责记录；鉴定组讨论、研究的过程，及分歧意见处理情况、最终鉴定意见等内容，由第一鉴定人负责记录；鉴定过程中，与委托方联系、确认鉴定材料的补充、鉴定事项的变更、鉴定时限的调整等情况，由第一鉴定人负责记录；鉴定文书完成后，有关出庭、投诉、抱怨等情况，由第一鉴定人负责或协助有关职能部门协调处理并记录。

（五）文书物证司法鉴定的特殊程序

1. 补充鉴定

补充鉴定是指在原鉴定的基础上对其中的个别问题进行复查、修正、补充或解释，以使原鉴定意见更加完备而进行的鉴定。根据《司法鉴定程序通则》第三十条规定，有下列情形之一的，司法鉴定机构可以根据委托人的要求进行补充鉴定：（1）原委托鉴定事项有遗漏的；（2）委托人就原委托鉴定事项提供新的鉴定材料的；（3）其他需要补充鉴定的情形。

依照我国法律规定，诉讼当事人有提出补充鉴定申请的权利，但补充鉴定申请本身并不是决定和委托补充鉴定的必经程序，司法机关可以根据诉讼当事人的补充鉴定申请决定是否进行补充鉴定，也可以根据办理案件的实际需要直接启动补充鉴定程序。《司法鉴定程序通则》第三十条还规定，补充鉴定是原委托鉴定的组成部分，应当由原司法鉴定人进行。所以在审查运用司法鉴定意见时，应把原鉴定意见书和补充鉴定意见书结合使用。

2. 重新鉴定

重新鉴定是指委托人对初次鉴定的鉴定意见经审查后认为鉴定意见不可靠，而委托原鉴定机构或其他鉴定机构就同一鉴定事项的再行鉴定。《司法鉴定程序通则》第三十一条规定，有下列情形之一的，司法鉴定机构可以接受办案机关委托进行重新鉴定：

（1）原司法鉴定人不具有从事委托鉴定事项执业资格的；

（2）原司法鉴定机构超出登记的业务范围组织鉴定的；

（3）原司法鉴定人应当回避没有回避的；

（4）办案机关认为需要重新鉴定的；

（5）法律规定的其他情形。

对于重新鉴定所委托的司法鉴定机构和司法鉴定人的选择，《司法鉴定程序通则》第三十二条规定："重新鉴定应当委托原司法鉴定机构以外的其他司法鉴定机构进行；因特殊原因，委托人也可以委托原司法鉴定机构进行，但原司法鉴定机构应当指定原司法鉴定人以外的其他符合条件的司法鉴定人进行。"同时还规定："接受重新鉴定委托的司法鉴定机构的资质条件应当不低于原司法鉴定机构，进行重新鉴定的司法鉴定人中应当至少有一名具有相关专业高级专业技术职称。"

值得注意的是，进行重新鉴定同样适用鉴定人回避的原则。《司法鉴定程序通则》第二十条规定："司法鉴定人本人或者其近亲属与诉讼当事人、鉴定事项涉及的案件有利害关系，可能影响其独立、客观、公正进行鉴定的，应当回避。司法鉴定人曾经参加过同一鉴定事项鉴定的，或者曾经作为专家提供过咨询意见的，或者曾被聘请为有专门知识的人参与过同一鉴定事项法庭质证的，应当回避。"

二、文书物证司法鉴定的技术方法

由于个案中委托鉴定要求解决的具体问题不同，所采取的文书物证司法鉴定的鉴定方法也不尽相同。但是，依据文书物证司法鉴定的科学理论和有关技术规范，这些检验鉴定方法可以概括为互相联系的四个部分，也就是文书物证司法鉴定的一般方法：一是从文书物证上获取科学事实的具体技术方法；二是根据获取的科学事实，判断被检验客体种类归属的种属鉴别方法；三是根据获取的科学事实，判断被检验客体与供比对客体是否同一的同一认定方法；四是综合运用各种具体技术方法进行系统鉴定的思维方法。这里仅重点介绍技术方法，其他内容在本书第二章进行详细介绍。

文书物证鉴定的具体技术方法主要有以下九种：

（一）直接观察法

直接观察法是凭借鉴定人的眼睛，有目的、依程序地直接观察文书物证的外部形貌、结构组成，进而把握客体的规格、形态、颜色、位置及内容特征，并对获取的信息加以分析的认知方法。直接观察法主要应用于整个检验鉴定过程的初始阶段，观察分析的结果不仅可以为种属鉴别和同一认定提供依据，还常常具有排除疑虑、筛选检验重点的作用。

（二）显微检验法

显微检验法是指利用显微镜来观察客体的微观结构特征的检验方法。在研究文书物证构成要素的微观形态和结构特征时，显微检验法是文书鉴定的必用方法，显微检验也是同一性鉴别的必经程序之一。根据不同的客体特性和鉴定要求，可选用不同性能的显微检验设备进行检验，如放大镜、立体显微镜、红外显微镜、荧光显微镜、电子显微镜等。

（三）特征比对法

特征是事物特性的征象或标志，它不同于一般的形象，是一事物区别于其他事物特殊性的具体表现。特征比对法是通过检材与样本之间特征的比对，以确定二者是否同一的技术方法。一般需要分别在检材和样本上选取特征，通常以特征比对表的形式对所选特征加以记录，并在特征比对表上完成特征异同的比较。在文书鉴定中，对于笔迹同一性的鉴别、印章印文同一性的鉴别、打印机具的同一性鉴别等，一般都按要求采用这种行之有效的方法。

（四）图像比对法

图像比对法是通过检材图像与样本图像之间的比对，进一步发现特征及其异同的检验方法。文书鉴定中常见的客体图像，主要有笔迹图像、打印字迹图像、印章印文图像、印刷图文图像、复印图文图像、光谱图像、色谱图像、质谱图像等，这些图像又可以分为原物图像、复制图像和分析图像。根据鉴定要求和图像自身特点，图像比对可以采用并列观察比对、拼接比对、画线比对、重叠比对和测量比对等不同方式来进行。

（五）物理检验法

物理检验法是根据文书物质材料的物理属性，借助专门的工具或仪器设备，对文书物证进行检验和鉴别的方法。文书鉴定中常用的物理检验方法主要有物理量检测、可见光检验、紫外线检验、红外线检验、荧光检验等。对于文书物证而言，由于物理检验方法基本属于无损检测方法，因而在篡改变造文书鉴别、文书材料种属鉴别、文书制作方式鉴别等鉴定项目中，普遍优先使用。

（六）化学检验法

化学检验法是根据物质材料及其变化产物，在外界作用下呈现的化学反应进而获得检验结果的方法。在文书鉴定中采用的化学检验方法，主要包括颜色反应、电解反应和燃烧反应等。化学检验法虽然通常有损检材，但是具有操作简便、成本较低、灵敏度较高、效果明显的特点，多用于不易见字迹的显现以及一些文书材料的种属鉴别。

（七）仪器分析法

仪器分析法是指借助专门的仪器设备，对文书物质材料的特性进行定性或定量分析的方法。主要借助依据物理或物理化学原理设计的专门仪器，对文书物证的物质组分以及材料客体的光谱、色谱、质谱特性等进行检测分析。具体的检验方法与仪器设备有关，主要有色谱分析、质谱分析、拉曼光谱分析、红外光谱分析、X 射线成像分析、X 射线光电子能谱分析等。

（八）测量统计法

测量统计法是运用数学方法研究文书物证或其要素的空间特征及其数量变化关系的方法。一般通过对客体特征数据的检测、处理与分析，在准确数据的基础上获取对特征及其变化规律的客观认知，从而为量化分析，为最终做出鉴别与判断提供更多的客观依据。

（九）系统鉴定法

系统鉴定法是把文书物证作为与案件事实相联系的有机整体，采用各种检验手段发掘其所能提供的全部信息，从案件的具体情况和各要素的联系上，对文书物证与案件事实的关系所作的鉴别与判断。系统鉴定法与同一认定、种属鉴别都是理论方法，为了求解疑难案件系统中某些要素的答案，系统鉴定法是建立在上述八种鉴定技术方法基础上，以获取的种属鉴别或同一认定的鉴定结果为依据，然后按照系统鉴定的规则加以综合或还原印证，再出具最终鉴定意见的更高层次的方法。

第五节　文书物证司法鉴定意见的适用

一、文书物证司法鉴定意见的评断

《最高人民法院关于民事诉讼证据的若干规定》第六十四条规定了法官审查判断证据的原则：“审判人员应当依照法定程序，全面客观地审核证据，依照法律的规定，遵循法官职业道德，运用逻辑标准和日常生活经验，对证据有无证明力和证明力大小独立进行判断，并公开判断的理由与结果。”这一规定吸收了现代自由心证的合理因素，体现了心证公开的原则，符合法官审查评断证据的一般规律。

依照审查内容分类，鉴定意见审查包括形式审查和实质审查。鉴定意见的形式审查是审查鉴定意见的证据能力，是指对鉴定意见符合法律要求的形式要件的评断，确认其是否具有证据资格。鉴定意见的实质审查是审查鉴定意见的证据效力，是指对鉴定意见符合客观性和科学性的审查，评断其是否具有充分证明案件事实的证明力以及证明力大小。

（一）鉴定主体的评断

鉴定机构和鉴定人应当在司法鉴定管理部门依法登记的鉴定业务范围内开展鉴定业务。首先，要审查鉴定机构和鉴定人是否具备文书物证司法鉴定的鉴定资格与资质。其次，要审查鉴定机构和鉴定人与案件及案件当事人之间的关系，应当符合法律关于回避的规定。此外，如果该项鉴定所使用的技术方法比较尖端，还要审查鉴定人对该项鉴定技术研究掌握的程度。

（二）鉴定材料的评断

文书物证司法鉴定是从鉴定材料中对案件事实信息进行识别、分析和判断的活动，鉴定材料是鉴定意见产生的依据。只有检材具备鉴定条件，特征能够辨识，样本真实可靠，并且在数量和质量上能够符合委托鉴定事项的要求，鉴定人才有可能做出正确的鉴定意见。因此评断司法鉴定意见时，一个重要的内容就是要对鉴定意见所依据的鉴定材料进行评断，鉴定过程中在检材和样本收集、标识、保管等环节上出现的不符合，都有可能导致鉴定意见不被采信。

（三）鉴定原理、标准和方法的评断

鉴定原理是鉴定意见产生的理论基础，鉴定方法是鉴定意见科学性和可靠性的保证。对鉴定原理的审查主要审查原理的可靠性和适格性，审查鉴定意见在适用原理上是否恰当，这个原理是否存在争议或者已经被证明不可靠。对鉴定方法的审查主要审查方法的准确性、稳定性和精密度，该方法应当遵循的程序规范，以及满足鉴定方法所需的仪器设备、材料条件以及关键性耗材等。目前，文书物证司法鉴定还没有国际标准和国家标准，近年来司法部颁布了一系列文书物证司法鉴定技术规范并推荐使用，这些技术规范均为标准的组成部分，在法庭科学领域有了相对统一的审查标准。加之司法部推行鉴定机构的资质认定和认证认可，强化了司法鉴定质量控制和流程管理的规范化。

（四）鉴定意见的评断

评判鉴定意见正确与否的标准，是一个备受关注的疑难问题，况且不同的文书物证鉴定事项，其鉴定意见也有不同的特点。以文书物证司法鉴定意见中最常见的笔迹、印章印文等同一性判断为例，评断标准应包括四方面要点：一是检材或其需鉴定客体的形成方式是否明确；二是检材需鉴定客体与样本供比对客体是否存在足够数量的符合或差异特征；三是检材需鉴定客体与样本供比对客体的差异变化或符合相似能否得到合理的解释，推理论证是否符合逻辑；四是鉴定意见与案件各环节、各证据是否相互印证并形成证据链。从理论上讲，鉴定意见应当是确定性的，要么肯定，要么否定。但鉴定依据与鉴定意见也要相互对应，实事求是，不能盲目夸大意见的确定程度。在司法鉴定实践中，按照国际惯例和技术规范，确实存在由于检材或样本的数量或质量等客观原因，鉴定人只能作出非确定性的鉴定意见的情形。评判非确定性的鉴定意见，还要注意审查其不能出具确定性鉴定意见的理由是否成立。

（五）鉴定意见书规范性的评断

鉴定文书形式的规范性是鉴定意见效力的组成部分，其内容和形式应具备诉讼证据的合法性、客观性、关联性三大实质要素。为贯彻执行《全国人民代表大会常务委员会关于司法鉴定管理问题的决定》和修订后的《司法鉴定程序通则》（司法部令第 132 号），司法部制定了《司法鉴定意见书》等 7 种文书格式，自 2017 年 3 月 1 日起执行。对于鉴定意见书规范性的审查，主要是检查鉴定意见书是否符合有关规定。一般情况下，鉴定意见书应当由基本情况、基本案情、资料摘要、鉴定过程、分析说明、鉴定意见及附件等部分组成，应当加盖鉴定机构的司法鉴定专用章，必须有鉴定人签名和盖章等。如果规定的内容存在较为严重的缺漏或不符合，可视为无效鉴定文书；对于存在错漏字、盖印不清晰等不影响鉴定意见原意的瑕疵性鉴定文书，可以采用出具鉴定意见补正书或加盖鉴定机构校正章等方法予以补救。

二、文书物证司法鉴定人出庭作证

司法鉴定人出庭作证，是指人民法院根据诉讼的需要，依法通知有关司法鉴定人到庭，向法庭阐明鉴定意见及依据，接受法官以及其他诉讼参与人对鉴定意见的质证，就鉴定有关问题回答法官、律师及有关人员的提问的行为。司法鉴定人出庭作证是现代庭审制度的基本要求，是控辩双方质证权的基本要求，是保证司法公正的基本措施。

我国有关法律法规对司法鉴定人出庭作证已有明确规定。《刑事诉讼法》、《民事诉讼法》、《行政诉讼法》对司法鉴定人出庭作了原则性规定，《最高人民法院关于民事诉讼证据若干规定》、《最高人民法院关于行政诉讼证据若干问题规定》对司法鉴定人出庭作了具体规定。2016 年 5 月 1 日起正式实施的《司法鉴定程序通则》，相比 2007 年颁布实施的版本，主要遵循以下三个原则进行了修订：一是坚持贯彻落实中央关于司法鉴定管理体制改革的部署和全国人大常委会决定；二是坚持以提高鉴定质量为核心，着力优化鉴定程序；三是坚持以问题为导向，着力解决实践中存在的突出问题。其中很重要的一项修订，就是对司法鉴定人出庭作证作了规范，新增加“司法鉴定人出庭作证”一章作为第五章，明确规定了：经人民法院依法通知，司法鉴定人应当出庭作证，回答与鉴定事项有关的问题；司法鉴定机构接到出庭通知后，应当及时与人民法院确认司法鉴定人出庭的时间、地点、人数、费用、要求等；司法鉴定机构应当支持司法鉴定人出庭作证，为司法鉴定人依法出庭提供必要条件；司法鉴定人出庭作证，应当举止文明，遵守法庭法律具体内容。

（一）职责与原则

司法鉴定人依法出庭接受法庭的质询，是司法鉴定人应当履行的法定责任。司法鉴定人是否出庭应当以人民法院的出庭通知书为依据，人民法院的出庭通知书是司法鉴定人出庭作证的法律凭证。因此，当事人要求司法鉴定人出庭，并不是司法鉴定人出庭的依据。根据司法鉴定人出庭作证的相关规定和司法实践的需求，司法鉴定人出庭作证依照一定的程序进行，主要包括程序的启动、通知出庭、接受通知、出庭准备、法庭质证、签名退庭等环节。

一般而言，接到人民法院的出庭通知后，司法鉴定人应在所执业的鉴定机构知情同意的前提下，出庭接受法庭的质询。普通案件，一般由第一、第二鉴定人或由鉴定机构指派一名至两名司法鉴定人出庭，就出具的鉴定意见报告接受法庭质询。复杂、疑难案件或有重大影响的案件，鉴定机构可以指派多名鉴定人共同出庭。

（二）出庭前的准备

司法鉴定人接受出庭作证任务后，要围绕以下要点做好出庭前的准备工作。

1. 熟悉有关法律、法规

司法鉴定人应熟悉掌握必要的法律知识，能够正确表述鉴定中涉及的三大诉讼法、证据法等有关法律法规问题。否则在法庭上，容易因法律知识的薄弱而陷于被动，影响法庭对鉴定意见的采信。

2. 熟悉鉴定理论知识和鉴定程序方法

司法鉴定人不仅应具有扎实的专业基础理论、过硬的鉴定技能，还要能够在出庭中准确表述鉴定的基本原理、方法、程序和依据，熟练掌握与鉴定有关的国际标准、国家标准、行业标准或行业公认的技术规范等。

3. 熟悉掌握基本案情及鉴定报告内容

为防止出庭作证时出现不应有的差错，出庭前应进一步熟悉鉴定意见书及案件档案资料。对案件的受理、委托鉴定事项、鉴定材料、检验过程与分析说明、鉴定意见和主要依据等，仔细温习一遍。从鉴定程序的合法性、鉴定方法的科学性、分析论证的严谨性、鉴定意见的准确性，到语言文字表述、标点符号使用、涉及日期、附件图表等内容的准确性及逻辑性，进行严格审查，做到心中有数，有备无患。

4. 准备质证预案

司法鉴定人接到出庭通知后，可以通过法官以及鉴定档案，了解案件当事人及代理人对鉴定相关问题提出的质疑、异议以及双方的争议焦点，分析预测法庭上会对哪些问题展开质证以及可能出现的情况，做好相应的质证预案及应答提纲，做到有的放矢。

5. 准备证件和相关材料

司法鉴定人出庭前应准备的证件包括身份证、司法鉴定人执业证、司法鉴定人专业技术职称证书、工作证、学历学位证等有关证件，还包括机构的司法鉴定许可证、资质认定和认可证书等复制件。材料的准备包括鉴定委托书、司法鉴定意见书、鉴定原始记录、检验图片、特征比对表等档案材料以及鉴定的标准方法或技术规范等。必要时还要准备鉴定人个人履历，特别是有关鉴定的实践经历方面的证明材料。

（三）出庭质证的行为规范

司法鉴定人出庭质证的行为规范，主要体现在着装规范、举止规范、语言规范和质证内容规范四个方面。一般来讲，要做到着装整洁，以正装为宜。严格遵守法庭纪律和时间，言行举止得体。回答问题应说普通话，语言要规范，不过多使用专业术语；口齿清楚，语气平和而果断，音量适中，表述应简洁明了。质证内容只限于与鉴定报告有关的内容，对于涉及国家机密、个人隐私以及与鉴定无关的内容，司法鉴定人可以向法庭说明理由并拒绝回答。回答问题简明扼要，以鉴定材料为依据，用客观事实来说话，做到以理服人。对于确属鉴定机构或鉴定人工作不严谨造成的失误或疏漏，也要实事求是，勇于承认。

（四）出庭作证的内容要点

司法鉴定人出庭作证时，对案件公诉人、辩护人、当事人、代理人、法官以及具有专门知识的人员就司法鉴定意见提出的有关问题，应如实回答。对于案件的鉴定意见应当重点围绕以下内容进行质证：一是鉴定材料是否符合鉴定要求，是否具备鉴定条件；二是鉴定技术方法是否科学，鉴定程序是否符合规范；三是鉴定意见及其分析依据是否客观全面，特征或现象的解释是否合理，选用的标准或技术规范是否准确，分析说明及鉴定意见的推论是否符合逻辑；四是围绕本次鉴定应当审核质证的其他内容如实回答。

《最高人民法院关于民事诉讼证据的若干规定》中第六十条第二款规定："询问证人、鉴定人、勘验人不得使用威胁、侮辱及不适当引导证人的言语和方式。"因此，鉴定人如若发现有损自己权利的法定情形，可以向法庭明确提出，以维护自己的合法权利。对于与本次出庭作证没有直接关系的有关问题，可以征求主审法官意见，再决定是否予以回答。

（五）鉴定人作证后需注意的问题

1. 鉴定人应当在质证笔录上签字

司法鉴定人在笔录上签字是鉴定人出庭的必经程序。鉴定人出庭作证完毕后，由于案件审理往往还没有结束，因此鉴定人通常要等到整个庭审完毕或告一段落后，才能在笔录上签字确认。

2. 鉴定人应当核实修正笔录

司法鉴定人庭审中回答问题使用的一些专业术语或专业性表达，一般要尽可能当场表达清楚，但因书记员不熟悉专业知识而出现笔误也是常见的，况且鉴定人口头的表述也可能存在偏差而不自知。因此鉴定人要认真核对自己发言的内容是否记录准确，并及时修正错误。

3. 及时补充必须提交的材料

有时庭审中涉及的问题会超出鉴定人预期，对于庭审前未准备而庭审要求必须提交的有关材料，鉴定人或鉴定机构人员应在庭审结束后，按时送达人民法院，为鉴定意见的采信提供支持。

【思考题】

1. 试述文书的含义及其种类。
2. 什么是文书物证？什么是文书物证司法鉴定？
3. 文书物证司法鉴定的对象和主要内容具体包括哪些？
4. 文书物证司法鉴定的基本任务和具体任务有哪些？
5. 文书物证司法鉴定的具体技术方法有哪些？
6. 如何评断文书物证司法鉴定意见？
7. 司法鉴定人出庭前需要做哪些准备工作？

【参考文献】

1. 贾玉文编著：《文件检验学导论》，警官教育出版社 1997 年版。
2. 贾玉文、邹明理主编：《中国刑事科学技术大全　文件检验》，中国人民公安大学出版社 2002 年版。
3. 霍宪丹主编：《司法鉴定学》，北京大学出版社 2014 年版。
4. 邹明理、杨旭主编：《文书物证司法鉴定实务》，法律出版社 2012 年版。
5. 韩丹岩、涂丽云主编：《文件检验学》，中国人民公安大学出版社 2015 年版。
6. 司法部司法鉴定管理局：《司法鉴定技术规范　文书鉴定通用规范》，SF/Z JD0201001-2010。
7. 中华人民共和国司法部：《司法鉴定程序通则》（司法部令第 132 号），2016 年 5 月 1 日实施。

第二章‖ 文书物证司法鉴定的科学基础

本章概要：本章主要介绍物质交换与转移原理、种属鉴别理论、同一认定理论和文书物证系统鉴定理论。其中，种属鉴别理论、同一认定理论和文书物证系统鉴定理论是本章的重点，文书物证系统鉴定理论是本章的难点。

关键词：物质交换与转移　种属鉴别　同一认定　系统鉴定

第一节　物质交换与转移原理

一、物质交换与转移原理的含义

物质交换与转移原理，又称为"洛卡德物质交换（转移）原理"（Locard Exchange Principle），最早是在20世纪初，由法国著名侦查学家艾德蒙·洛卡德（Edmond Locard）博士在其编著的《犯罪侦查学教程》中提出来的。这一理论认为，犯罪的过程实际上是一个物质交换的过程，作案人作为一个物质实体，在实施犯罪行为的过程中，总是跟各种各样的物质实体发生接触和互换关系。因此，案件中物质交换与转移是广泛存在的，与作案人实施行为共生，是不以人的意志为转移的客观存在。

从物证的角度来理解，物质交换与转移原理的基本含义，是指两个物质客体在外力作用下相互接触发生碰撞、挤压或摩擦，从而引起两个物质客体接触面的部分物质成分脱离并相互交换，这就形成了物质的交换；或者，在外力的作用下，一个物质客体的物质痕迹或成分转移到另一个客体上，但并未发生两个物质客体间物质痕迹或成分的相互交换，这就形成了物质的转移。物质虽然经过交换与转移，但其成分、结构等特征一般不发生根本性的变化，仍然能够客观地反映其原所属客体的本质属性。

作案人实施违法犯罪行为，一定会与现场的物体或物质发生相互接触，必然会发生物质交换和转移，这是物证产生的基础。而且现场、作案行为以及行为结果等因素的不确定性，使任何物体或物质都有可能成为物证。

二、物质交换与转移原理的类型

（一）痕迹型物质交换与转移

痕迹型物质交换与转移，是指人体与物体、物体与物体接触后发生的表面形态的交换。如犯罪现场留下的作案人的指印、足迹，针式打印机打印文书留下的击打痕迹，硬笔书写在纸张表面留下的抑压痕迹等。

（二）实物型物质交换与转移

实物型物质交换与转移，可分为有形物的物质交换与转移和无形物的物质交换与转移。有形物的物质交换与转移，包括微观物的物质交换与转移和宏观物的物质交换与转移，例如犯罪过程中作案工具出现的微粒脱落、微粒黏附，纤维、生物细胞的转移，属于微观物的物质交换与转移；作案人遗留物品于现场、行为人拆换多页装订文件中的某一页等，则属于宏观物的物质交换与转移。无形物的物质交换与转移，主要指不同气体气味的互换，例如有毒气体与无毒气体的互换、刺激性气味的遗留等。

物质交换和转移的类型有多种，交换和转移的可能是物品或物质成分，也可能是痕迹或无形物。案件构成要素具有相对的复杂性，因而发生的物质交换和转移也往往是多种类型同时出现。以制作一页喷墨打印的文书物证为例，不考虑文本撰写编辑，行为人放置纸张以及从打印机上取走打印好的文书，会在文书纸张上留下汗潜指印；打印过程会在纸张上留下喷墨字迹，既有墨料转移，又有喷墨形态痕迹生成，进而还可能会反映喷墨打印机具有的一些独有特征。这个看似简单的过程中，痕迹性、实物性的物质交换与转移均有发生。

三、物质交换与转移原理的意义

物质交换与转移原理反映了客观事物的因果制约规律，体现了能量转换和物质不灭的科学定律。这一原理对法庭科学有着深远的影响和十分重要的指导作用，是各种物证研究的基础。

不管案件如何复杂，行为人多么谨慎或狡诈，一定会留下或生成一些记录其行为、证明其行为的物证。用科学的方法和手段进行检验鉴定，就能够让物证“说话”，揭示和证实那些“不为人知”的客观事实，为案件侦查和法庭诉讼提供客观证据。

第二节 种属鉴别理论

一、种属鉴别的概念

种属鉴别又称为种类鉴别或种类识别，是指具有专门知识和经验的人，根据物证的分析检验结果，对留下物证的人或物以及有关事实的种类归属进行科学判断的过程与方法。

对物证进行种属鉴别，是以通过研究获得的对各类客体本质特征或一般规律的认识为基础，与具体案件中的物证所反映的客体特征相比较，进而判断该客体的种类归属。

二、种属鉴别的理论依据

种属鉴别的理论依据是客体的种类特征，这是由生物的起源及各种物质的组成结构和制造条件来确定的。

（一）事物种属关系的客观性，是种属鉴别的客观基础

世界由不同种类的具体事物所组成，事物间的种属关系是客观存在的。客观存在的具体事物都有各自的时间、空间特征。由于具体事物之间存在的“亲缘”关系，又可以将它们归并或划分为不同的类别。生物学以自然分类的方法，从大到小依次分为界、门、纲、目、科、属、种等。这种分类从大类到小类层层存在隶属关系，是一种枝状分类。在文书鉴定中，也常常根据文书物证所反映的客体特征进行分类。例如，文书上的笔迹，依据笔迹是否充分反映书写人技能习惯，可以分为正常笔迹、非正常笔迹；依据书写速度，可以分为快速笔迹、中速笔迹、慢速笔迹；依据书写人性别，可以分为男性笔迹、女性笔迹。这种分类的依据彼此独立，各类之间没有包容、隶属关系，是一种人工的、网状分类方法。分类的依据越多，种类划分越细，同类所包含的具体事物量越少，对侦查审判工作的实际作用往往也越大。无论是按亲缘关系的自然分类，还是按事物性质、特征进行的人工分类，都是基于客体的种属关系的一种客观存在，这就为进行物证的种属鉴别奠定了客观基础。

（二）事物种类的差别性，是种属鉴别的分类依据

不同种类的事物具有其各自质的规定性，并由其结构功能、性质成分或技能习惯等所决定的种类特征之差异表现出来。例如，黑色书写墨水可以依据是否含碳来分类，根据墨水字迹是否吸收红外线即可区分；常见的打印机，可以依据打印原理分为针式打印机、喷墨打印机、激光打印机和热敏打印机等几种，根据打印文书上字符及墨料的性状特点可以加以区分。不同种类事物的各自种类特征之

间具有差别性，这种差别性是进行物证种属鉴别的分类依据。

（三）同类事物的共同性，是种属鉴别的归类依据

同类事物因其具有相同的性质和特征，可以自然地或人工地归并为一类。种属鉴别的过程，就是对某个具体的未知事物，经过分析检验提取其种类特征，在与其他种类事物相区别的同时，将其归入事物的某一类。例如，不同人的左手伪装笔迹，会具有共同的形成机理和特点，如果经过分析检验，发现一份检材笔迹具有典型的左手伪装笔迹特点，并且同时与右手笔迹能够相互区别，可将该检材笔迹归为左手伪装笔迹。文书鉴定中的种属鉴别，是通过对文书物证的分析研究进行的。有时研究的是文书本身，如文书的墨水、纸张等物质材料，有时研究的是文书所反映的客体，如文书笔迹的书写人、打印字迹的打印机具等。客体的种属性必须表现或反映在文书物证上，这是进行种属鉴别的必要条件。客体种属特征的反映，有的具有必然性，有的具有条件性，有的具有随机性，不能一概而论。例如，是否可以通过检验一份复印的文书，测算其复印机感光鼓的直径，取决于复印机感光鼓上是否有破损进而在该复印文书上留有可分辨的污痕。感光鼓没有破损，或者复印文件上没有可分辨的污痕，就没有测算复印机感光鼓直径的客观依据。

三、种属鉴别的对象和内容

（一）人的种属鉴别

社会学将人划归为以下几个群体：属于哪个年龄段、属于哪种文化层次、属于哪种职业身份、属于何地人、是否属于有言语障碍的人、属于哪个民族的人，以及人的性格性别等其他种属关系。经济民事案件中，对于人的种属鉴别需求较少。但在刑事案件侦查阶段，对于包括作案人的性别、年龄、文化、职业身份、地域、民族、种族等方面的种属鉴别，却显得尤为重要。

（二）工具的种属鉴别

工具是指制作文书物证所用的工具，对其进行种属鉴别，可以为寻找作案工具提供方向和范围，也可为案件中文书物证的某些事实归属提供证据。例如，笔的种属鉴别，常用的笔有钢笔（包括“自来水”笔、美工笔、蘸水笔、艺术笔等）、圆珠笔、签字笔、软笔（包括毛笔、尼龙笔）、铅笔等，各种笔因其笔尖结构、功能以及使用色料不同而有所区别。又如，打印机、复印机、传真机的种类鉴别，各种机具在印字机理、结构功能、性能特点、适用材料等方面各具特点、互有区别。有时也会遇到通过文书上的印章印文，对印章进行种属鉴别的要求，如从制章工艺的角度，鉴别是手工雕刻、激光雕刻还是机械雕刻印章，是光敏印章、注塑印章还是成型粉热压印章等。

（三）材料的种属鉴别

材料主要是指制作文书物证的有关物质材料。这种文书材料的种属鉴别，有

助于查明所用材料的来源，便于以物找人；也可在可疑文书的材料与真实样本材料种类不同时，作为判定伪造文书事实的重要依据。例如，纸张的种类鉴别，作为文书材料的纸张，主要有印刷纸（包括胶版纸、铜版纸、凸版纸、凹版纸等）、书写纸、打印（复印）纸、邮封纸以及新闻纸，它们在表面特征、克重、纤维配比、填加料成分上互有区别。又如，墨水的种类鉴别，主要有墨汁、蓝黑墨水、染料墨水、颜料墨水等，每一种又可分为不同牌号的墨水，它们在主要成分或具体配比上有所不同。再如，印泥（油）的种类鉴别、黏合剂的种类鉴别以及消退、密写剂的种类鉴别等，也是文书材料种属鉴别中时常遇到的问题。

（四）其他事实的种属鉴别

主要包括文书的制作方法、文书材料的出处、文书的制成时间、文书的制作次序、文书有无篡改变造等事实的种属鉴别。例如篡改变造的文书，包括添写、改写、消退、擦刮、挖补、改贴、拼凑复制、换页等，不同种类的篡改变造方法，有其固有的规律和特点。

四、种属鉴别的程序和方法

文书物证的种属鉴别，是依照提取特征、比较鉴别、综合判断的程序进行的。

（一）提取特征

提取特征是指通过对被检验客体的观察、检测、分析，发现和提取该客体的种属特征（即种类特征）。客体的种属特征是由该类客体的性质决定的，例如关于文书制作工具的种类特征，主要是产品的设计要求、技术指标的异同决定的。

不同性质和表现形式的种属特征，提取的方法也不尽相同。例如从文书物证的笔迹、言语中提取种属特征，可采用直观分析、显微检验等方法；从文书物证的打印字符上提取种属特征，可采用显微检验、图像比对、仪器分析等方法。有时为了更加准确、具体地进行种属鉴别，还需要运用各种适用的检验手段，以全面发现文书物证所能提供的各种种属鉴别信息。

（二）比较鉴别

比较鉴别是将检验中提取的种属特征及相关信息，同相近的已知客体的种属特征相比较，以全面发现其异同，为得出鉴定意见提供依据。在司法实践中，比较鉴别有三种主要方式：一是在提交文书物证的同时，提供类似客体的样本或样品，要求鉴定文书物证或其反映的客体与哪种样本或样品的种类相同。二是只送检文书物证，未能提供比对样本或样品，要求进行有关的种属鉴别。这种情况要求鉴定人要占有相关客体的种类特征和数据资料、标准图谱或样本，并以此为依据，同检验结果进行比较。三是主要依靠鉴定人的专门知识和丰富经验，根据文书物证本身进行的种属鉴别。这种情况下进行的分析、鉴别，实际是用检验中获取的种属特征，与鉴定人头脑中储存的有关客体的种类特征、资料进行比较和筛选。

（三）综合判断

综合判断是就比较鉴别的结果进行深入分析和综合，对应作的鉴定意见进行论证的理性思维过程。种属鉴别的方法，从逻辑上说是一种演绎推理，即从一般原理推演出个别结论的思维方法。其主要形式是三段论，由大前提、小前提、结论三部分组成。在文书物证的种属鉴别中，大前提是鉴定人已知事物的种属性，即一般原理；小前提是通过检验获取的未知事物的种属特征；结论就是对未知事物属于何种事物所作的鉴定意见。为了保证鉴定意见的准确性，应具备两个先决条件：一是鉴定人要对鉴别对象的种属性有比较全面透彻的了解，或者占有的相关资料、样本比较齐全；二是能以正确的方法，准确而充分地获取未知客体的种属特征。由于事物的共性存在于不同的个别事物之中，一般规律概括了个别事物的本质，因此从一般推演出个别是一种必然性的推理方法，只要大、小前提可靠，遵循逻辑推理规则，结论意见就是可靠的。

同时必须指出，形式逻辑的思维方法有个致命的弱点就是缺少辩证法。因为一般寓于个别之中但又不等同于个别。司法实践中，单纯从一般原理、一般规律、一般特征去推知个别事物时，其判断或意见难免带有或然性。这就要求我们有系统鉴定的思维，把每一项种属鉴别要求，都置于具体案件发生的具体环境之中，把对客体种属性的认识和对种类特征的运用，与该案件的时间、地点、场合、手段、人员及其他物证的特点结合起来进行分析，并在此基础上以事实为依据，实事求是地进行综合判断，从而得出准确的鉴定意见。

第三节　同一认定理论

一、同一认定的概念

同一认定，是指根据检验鉴定所获取的客体特征的总和，经分析论证，进而确定嫌疑人或物与司法鉴定所要证实的人或物，是否为同一人或物的科学理论和方法。这里的同一，指的是同一个客体自身的同一，而不是两个客体之间的相同、相似，可以理解为“他（或它）只能是他（或它）自身，而不是别的人或物”。同时，由于事物运动与发展演变的绝对性，这个同一又是包含着客体自身演变而形成的差别的同一，也就是说尽管他（或它）仍旧是他（或它），但已不能完全等同于原来的他（或它）。同一认定理论是整个法庭科学领域最重要的基本理论之一。

同一认定和种属鉴别都是采用比较的方法和手段，而且同一认定是以客体的种类相同为前提的，但二者的概念、对象、任务、作用又有所不同。同一认定是研究客体自身的同一关系，而不是种类的异同；对象是具体的人或物，不是某种人和物，也不包括其他事实；任务是认定或否定某一客体，而不是进行种类归属鉴别；其结论意见不仅可以澄清事实，还可作为诉讼证据，其证明力往往高于种属鉴别的结果。

同一认定是由具有专门知识和技能的、有资格的司法鉴定人，就侦查需要或法庭质证中提出的鉴别有关人或物的专门问题，所进行的科学检验和论证。它不同于侦查、审判人员依据侦查、调查工作所获得的各种信息和证据，对案件性质、客观事实所作的认定，也不同于一般人凭借某种印象或熟识感对人或物进行的辨认。尽管它们都需要经过鉴别和判断，但它们的行为主体不同，赖以作出判断的鉴定材料的客观性不同，所借助方法手段的科学性、规范性和程序的严谨程度不同，在判断过程中避免情感因素的干扰、自觉遵循客观公正的意愿也不同。所以，应当把同一认定和一般的辨认，以及侦查、审判中的类似过程严格区别开来，作为一种科学技术方法论加以研究和应用。

二、同一认定的种类

（一）按同一认定的对象划分

由于传统司法实践中对人的同一认定的重视，同一认定首先可分为人的同一认定和物的同一认定。前者解决是否为某个人，后者解决是否为某个物。在文书司法鉴定中，根据笔迹鉴别笔迹的书写人就属于人的同一认定；根据打印文书鉴别制作该文书的打印机，根据文书上的印章印文鉴定其是否为某印章盖印形成，则属于物的同一认定。

区分人与物的同一认定的意义，首先是同一认定的供比对样本获取有别。物的同一认定既可通过物的样本进行检验，也可提供可疑物本身由鉴定人制作实验样本进行鉴定。但对于人的同一认定，只能取其样本或通过其本人获取样本进行鉴定，受到人为控制干扰的可能性更大。其次是同一认定结论意见的证据作用有别。由于法律最终是对人的行为责任的追究，侦查工作最重要的是找到并证实犯罪嫌疑人或与作案行为相关人，人的同一认定结论意见能起到直接证明作用。而物的同一认定结论意见，只能证明有关人员使用的是不是这件物，不能证明是谁使用的，因此结论意见只能起到间接证明作用，当然这也是证据链的一个重要环节。

（二）按同一认定客体的完整性划分

按同一认定客体是否为完整的客体，将同一认定划分为完整体的同一认定和分离体的同一认定。人的同一认定和大多数物的同一认定均属完整体的同一认定。这种同一认定鉴定的是具有整体功能的人或物及其反映的形象。虽然物证所反映的是客体的某一部分或某个局部，但这一部分或局部却是客体整体功能的反映。例如，某个人书写的借款条据，尽管只有二十几个字符，却可表现出书写人书写技能与书写习惯的基本特性，经过笔迹鉴定就可以确定书写这份借款条据的是否为某个人。一份打印文件虽然反映的是打印头结构及其运动的特性，但这种特性也是以整台打印机的结构功能作保证而表现出来的。

分离体的同一认定是物的同一认定中的另一种类型。这种同一认定所鉴定的对象，是作为物证的残缺不全的物或从某物件上分离下来的少量遗留物，以及在调查取证中发现的分离的可疑物，鉴定的目的是确定它们是否原属于同一个整体。例如，案件中书写有勒索内容字迹的笔记本纸张，是否为从犯罪嫌疑人住所搜查到的某笔记本中撕下来的。

（三）按同一认定的根据划分

按同一认定的根据，可将同一认定分为四类，即行为习惯的同一认定、外部结构功能的同一认定、特定组分的同一认定、整体分离关系的同一认定。

行为习惯的同一认定，是指根据人的技能及行为习惯的特性进行的同一认定。例如，根据笔迹鉴定书写人、根据书面言语鉴定撰稿人等。此类同一认定的突出特点，在于人的行为往往包含着心理上的变化和故意伪装等复杂因素，所依据的特性不是客体的机械重复式的外在表现。

外部结构功能的同一认定，是指根据客体外部形态、结构及功能方面的特性进行的同一认定。例如，根据印章印文反映印章印面的形态结构，鉴定印文是否该印章盖印；根据印刷文书反映的打印头的结构和功能特征鉴定打印机。此类同一认定的突出特点，在于客体种类繁多，同类客体相似度较高，同一认定的特征依据主要依赖于细微特征。

特定组分的同一认定，是指根据在空间上被限定了的物质材料中含有的特定组分是否相同，所进行的同一认定。例如，作案时与现场物质发生了物质交换的一瓶胶水，如果文书物证上的胶水与嫌疑人使用的胶水，不仅物质种类相同，而且均含有同样的“外来”的特定组分，则可以进行同一认定。需要注意的是，这种同一认定必须是一个被限定的容器或使用单元中的物质，必须根据其中含有的同种物质所不具备的特定组分，否则只能鉴别物质种类是否相同。

整体分离关系的同一认定，是指根据被机械分离为若干部分的文书之间的整体特性所进行的同一认定。例如，根据被撕碎或炸碎的文书碎片之间的整体同一性，鉴别其是否原属于一个整体。

三、同一认定的科学基础

在不同的时间、空间出现的客体，是否为同一个客体？实践已经证明这是一个可以正确解决的专门性问题，其科学道理由以下三个方面构成。

（一）同一认定客体的反映性是同一认定的物质基础

同一认定客体的反映性，是指客体特性得以反映或表现的必然性。虽然受内、外条件的影响或干扰，客体特性反映的程度会有所不同，但是都必然或多或少地通过文书物证和样本反映出来。有了反映性，客体的特性能够被感知，同一认定才得以进行。但是，客体特性的反映有个过程，例如印章印面结构的特性是通过盖印的印文反映出来的，印文反映印章的特性不但受压力大小及其均衡性的影响，也受蘸用印染色料量的多少、纸面性状、衬垫物软硬等因素影响。所以，理论上同一认定客体特性必然要反映或表现出来，但特定的一份文书对同一认定客体特性的反映又往往存在局限性。案件中特定的一份文书物证，只能反映客体当时的演变状态，而不能说明其前后的演变过程；只能反映客体发挥作用的部分特性，而不能反映客体的全部特性；是客体在内、外条件影响下错综复杂、带有假象的表现，而不单纯是客体特性的完全真实的写照。因此，正确理解同一认定客体的反映性和这种反映的局限性，掌握客体特性在不同条件下的表现，认识其变化的规律性，是文书鉴定的一项专门知识技能。同一认定客体的这种反映性及其变化的规律性，构成同一认定的物质基础。

（二）同一认定客体的稳定性是同一认定的基本条件

同一认定客体的稳定性，是指客体在一定时期内保持其基本特征不变、维系其自身同一的属性。事物的运动与变化虽然是绝对的，但是同时又能保持相对静止的状态，正如大多数同一认定客体，从宏观角度长时间内看不出明显的变化。文书物证客体稳定性的表现有三种：一是表现为外部形态结构的稳定，如印章印面的文字、线条及其凹凸结构特征长期不变，多次盖印的印文，其图文大小、基本形态、相对配置关系并无明显变化；二是表现为动态的稳定性，如某人在不同时间书写形成的笔迹，其基本特征会重复再现；三是表现为物质组分的稳定，如含有特殊成分的某种混合物的文书物质材料，其性质与组分基本不变。当然，客体的稳定性是相对的。随着时间的推移，任何客体都将发生不同程度的变化。这种变化开始只是量的渐进的变化，在同一认定客体的特性发生根本改变之前，客体仍具有自身的同一性。所以，客体自身同一是包含着差别的同一，而不是绝对的等同。这就给同一认定提出了一个必须加以正确解决的实际问题：根据各类客体自身演变的规律，采取相应的验证手段，区别客体自身的非本质差异和两个不同客体之间的本质差异。客体的这种相对稳定性，使我们通过观察与实验来研究客体的特性成为可能，是进行同一认定的基本条件。

（三）同一认定客体的特定性是同一认定的客观依据

同一认定客体的特定性，是指作为同一认定对象的具体人或物在总体上各个特殊、互相区别的属性。世界上没有完全相同的两个人或两件物。这是因为每个人或每件物都具有质和量的特殊规定性，都有其个性。例如，孪生兄弟之间也存在先天素质的一定差别，加上后天发育成长状况，学习、生活、工作环境的塑造与磨炼，以及个人际遇、生理病理变化等影响，使他们的知识、能力和表达思想的言语和书写习惯也会各具特点。又如，非一次性制作的两枚同名自含墨印章，因其材质组分的不同，或制作工艺、加工精度以及调试的合理误差，特别是在使用过程中不可避免发生的磨损、污染，则必然造成它们之间在外部结构、细节形态或印染物质组分上出现愈加明显的差别。同时，因为每个人或物都与其同类客体存在或多或少的共同之处，有些单一的特征往往是这些或那些客体之间的共同点，所以客体的特定性是就客体的总体而言的，必须通过客体自身各方面的特征来体现。也就是说特征的总和才能体现客体的特定性，共性寓于个性之中。客体的特定性决定了可以把两个不同客体区分开，不至于把相似客体误认为同一客体。所以，客体的特定性是同一认定的客观依据。

四、同一认定的程序和方法

同一认定的基本程序是按照分别检验、比较检验、综合评断作出鉴定意见的三个步骤来进行的。在分别检验、比较检验的过程中，鉴定人可以借助各种技术手段，从同一认定客体上获取科学事实并进行归纳、处理，这个过程基本属于感性认识阶段。综合评断则是基于感性认识的理性分析、论证过程，并由此作出客体是否同一的鉴定意见。三个步骤之间紧密衔接，没有截然界线，但检验程序必须严格按三个步骤的先后顺序进行，而且可以随时返回到前一个步骤，以使认识不断地深化。

（一）分别检验

分别检验是指借助各种技术手段分别研究检材和样本，弄清其形成的因素和条件，明确并改善样本的可比性，提取同一认定客体的特征，为进行比较检验奠定基础的过程。要点包括：

1. 研究检材的形成

结合案件的具体情况，分析研究检材是在怎样的条件下、以何种方式制作形成的；作用机制、介质对检材反映客体的特性有何影响；检材所反映的是客体哪方面的特性。深入透彻地研究检材的形成过程及影响因素，有助于去粗存精、去伪存真，更加准确地把握客体的特性与特征。

2. 分析和选择检材客体的特征

特征是客体的特殊征象，是客体特性的外在表现。可通过直接观察、间接观察或各种实验方法，从带有规律性的现象中发现和选择检材客体的特征，并客观、详细地做好记录。

3. 研究样本的可比性

样本是用以同检材进行比较的已知标准。它应当在反映客体特性以及形成条件上与检材相近似。为此，要认真了解样本的收集和制作方法，审查样本反映客体特性的可靠性、可比性、充分性是否满足。如果样本的可比性存在局限，可请委托方补充收集，或由鉴定人模拟检材的形成条件制作实验样本。

4. 分析和选择样本客体的特征

此项工作是指在样本中发现可同检材相比较的样本客体的特征。需注意的是，无论该特征与检材所反映的特征符合还是差异，均应如实、客观地加以记录，并视需要尽可能保持与检材特征的对应关系。

（二）比较检验

比较检验是在分别检验的基础上，把检材和样本所反映的同一认定客体的特征一一加以比较，以充分认识二者之间的符合点与差异点的过程。

1. 比较检验的方法

比较检验可依据对象的不同，相应采取图像比对、特征比对、测量统计、数据对照、仪器分析等方法，通常还可以视需要采用其中多种检验方法。在进一步发现客体特征的同时，要注意全面显示检材和样本客体之间的异同点。

2. 比较检验的步骤

首先，从检材与样本的宏观、整体进行比较，发现其种类、规格性特征之异同。其次，借助仪器设备，分区、分段或逐字、逐画地比较其局部、细节特征。如果发现同一认定客体种类、规格特征根本不同，一般可作为否定同一的重要根据。但也必须经过综合评断，才能就是否为同一问题作出鉴定意见。

3. 比较检验结果的复核

对于比较检验中发现的异同点，要认真进行复核。特别是对于那些价值较高的符合点和明显的差异点，要通过对检材和样本的反复检验，确认其是否确实是符合点或差异点。司法鉴定实践表明，坚持客观、全面、深入的分析和比较，是保证鉴定意见的准确性、防止鉴定失误的重要环节。

（三）综合评断

综合评断是对比较检验中发现的符合点和差异点进行分析与综合，确认差异点的性质和符合点的价值，明确异同点特征总和的特定性，就相比较的客体是否同一进行论证的理性思维过程。

1. 分析差异点的性质

比较检验发现的差异点分为两种：一种是本质差异，即两个客体之间的不同特征，是客体特性不同的表现，可作为否定客体同一的根据；另一种是非本质差异，即同一客体由于自身演变或形成条件不同而产生的差异，它不能成为否定客体同一的根据。对差异点性质的判断，一般采取排除法，即如果差异点不是非本质差异就是本质差异。

非本质差异的成因和判定依据包括：一是客体自身随时间演变形成的差异。当检材与样本的形成时间相隔较久时，由于客体随时间发生变化，形成新、旧特征之间的差异。对此类差异，可根据客体自身演变的规律进行分析，也可以补充与检材同期形成的样本进行验证。二是客体特性反映不充分形成的差异。由于客体具有多功能，其特性表现具有多样性，当样本所反映的客体特性不充分时，也会出现差异。对此类差异，可通过补充收集样本，或由鉴定人制作实验样本加以验证。三是检材与样本形成条件不同产生的差异。例如，正常行为与伪装行为不同，施以作用力的方式和大小不同，承受物的性状、介质的种类不同，造成客体在文书上的特征反映也不同。对于此类差异，可根据其形成条件引起客体特征的变化规律进行分析，也可模拟检材的形成条件制作实验样本进行验证。四是检材或样本形成之后发生变化造成的差异。例如，原件提取方法不当或进行显现处理时发生污染、损坏，或者是采取扫描、摄影、复印、转印等手段复制检材和样本时，造成清晰度减弱、图像变形、缩放倍率不一致等，从而造成差异。对此类差异，可根据提取、复制手段的特点进行分析推断，或通过重新提取复制、检验原件等方式进行验证。

2. 评断符合点的价值

符合点的价值，是指相符合的特征作为认定客体同一的依据时所起的作用。特征价值介于 0 和 1 之间，特征价值大小与该特征在同类客体中的出现率成反比。用概率的统计定义表述：

$$P(A)=\frac{u}{n}$$

其中 P（A）为特征 A 的概率，n 为统计对象总数，u 为具有 A 特征的客体数。

评断符合点价值大小的一般原则：少数或个别客体才具有的特征，价值较高；多数客体所具有的特征，价值较低；同类客体所共有的特征，则不成其为特征。就特征的性质而言，与客体的种类、规格相关的一般性特征，价值较低；局部、细节方面的个性特征，价值较高。就特征的存在形式而言，孤立、单一的特征，价值较低；由多个相关的单一特征组成的复合特征，价值较高。就特征的成因而言，客体暂时、附加特征与客体固有特征相比，价值通常更高。

值得注意的是，特征出现率的统计结果与客体所处范围、场合有关，某一特征价值的大小，会因客体所处的范围、场合不同而变化。在一般情况下，价值较低的特征，在特定的情况下可能成为价值较高的特征；价值较高的特征，在特定的情况下也可能转化为价值较低的特征。所以，对特征价值的判断，要结合产生该文书物证的特定案件系统的情况来分析评断。

3. 综合分析论证

对差异点和符合点分别作了初步分析、评断之后，还应当把差异点和符合点联系起来进行分析论证。从数量和质量上进行对比，研究其中哪一方是主要的、起决定性作用的。如果几乎不存在差异，或者虽有差异亦属非本质差异，而符合特征数量多、价值高，具有特殊性，其总和不可能在同类客体中再现，可作出认定同一的鉴定意见。如果符合点数量很少，或者数量不少但是基本属于价值较低的一般性符合，而差异点数量多，或即使不多却均属本质性差异，则应作出否定同一的鉴定意见。

第四节　文书物证系统鉴定理论

一、文书物证系统鉴定的概念

系统一词在古希腊语中的原意是“部分组成的整体”。从人类认识的发展史上看，古代就具有了朴素的唯物主义系统观。系统论作为一种理论，在 20 世纪 30 年代由美籍生物学家贝塔郎菲提出来，并于 40 年代末发展起来。系统论是随着现代科学技术的进步，使人们改变机械论、形而上学的科学技术观和思维方式，自觉或不自觉地走到自然辩证法轨道上来的产物。实际上，它是唯物辩证法在科学技术领域中的运用，同时又丰富和发展了辩证唯物主义的科学技术观。所谓系统，是指由相互联系、相互作用的要素所组成的具有一定功能的有机整体，而这个整体又是它所从属的更大系统的组成部分。系统是物质的存在方式，大至天体宇宙，小至原子结构，从自然界到人类社会，无不是系统。系统无所不在，文书物证是一个系统，文书物证所从属的特定背景环境中的具体案件是一个更大的系统。

在理解系统的概念时，应注意把握几个要点：一是系统由多要素组成，二是各要素之间的相互联系和相互作用，三是系统是个不可分割的有机整体，四是系统有其特定的功能，五是系统具有多层次性，即大系统包含若干分系统及子系统。当我们研究和认识客观世界时，必须按照客观世界的本来面貌去研究和认识它。那种与唯物辩证法相悖的唯心主义、形而上学的世界观，与系统论的观点、方法也是不相容的。

将系统论的理念引入司法鉴定进而成为文书物证鉴定的方法论之一，最早是由贾玉文教授在其 1997 年编著出版的《文件检验学导论》一书中进行了专门而系统地论述。系统鉴定理论摆脱了传统的机械唯物论的束缚，为我们提供了以唯物辩证法为指导的可操作的理论观点和检验程序方法。可以说，这是法庭科学领域理论上的一个重要突破，对文书物证鉴定理论与实务产生了巨大影响。尤其是在司法鉴定实践中，鉴定人运用这一理论成功解决个案中的疑难问题，更凸显了它的特有功能。

文书物证系统鉴定，是把文书物证作为与案件事实相联系的有机整体，采用各种检验手段发掘其所能提供的全部信息，从案件的具体情况和各构成要素的联系上，对文书与案件事实的关系作出的鉴别与判断。系统鉴定与同一认定、种属鉴别都是方法论问题，但它是更高层次的方法论。系统鉴定不仅要采用各种检验手段，在求解系统中某些要素的答案时，也要进行种属鉴别或同一认定，然后再按照系统鉴定的规则加以综合，作出最终的可靠的鉴定意见。

二、文书物证系统鉴定的原理

在法庭科学领域，文书物证鉴定的根本目的是充分揭示文书物证所能证明的有关案件的那部分事实，是案件事实认定的重要途径之一。为此，就要以科学的世界观为指导，按照文书物证的客观实际，全面、深刻地认识它，才能达到揭示案件事实的目的。文书物证系统鉴定之所以具有必要性和可行性，主要是基于文书物证的系统性。

（一）文书物证是多要素构成的整体

文书物证作为整个案件系统中的一个子系统，一般是由言语、笔迹、印迹、污损变化和物质材料等要素构成的。即使最简单的文书，也决非只有单一的构成要素。这些要素由于存在相互作用、相互依存、相互制约的关系，而结成文书物证这个整体。例如，一份用黑色签字笔书写在一张便签纸上的借据，是由言语内容、笔迹、签字笔墨料、一张便笺纸等要素构成，缺任何一个要素都不可能成为这份特定的文书物证。基于系统科学方法论的整体性原则，强调一切文书物证，都是由多要素构成的整体；强调应从整体出发，分别去研究各个要素的特性，然后再根据要素之间的互相联系，回归文书物证整体，进而准确把握文书物证整体的特性。

（二）文书物证各要素具有相对稳定的结构

系统的结构是指系统内部各要素之间相互联系、相互作用的方式和秩序，也是系统保持其整体性并具有整体功能的内在根据。虽然不同案件的文书物证具有不同的构成要素，不同的要素之间又有不同的作用方式或不同的形成秩序，但都是由行为人通过因果关系或占有关系，将各要素联结起来的。各要素之间的秩序，可以表现为空间关系，如上下、左右、表里、内外；可以表现为时间关系，即各要素之间的先后次序、时间间隔以及历时变化。真实文书的各要素之间呈现正常的秩序，称为“常序”；虚假文书各要素之间往往呈现反常的秩序，称为“反序”。基于系统科学方法论的有序性原则，强调文书物证各要素具有相对稳定的结构，不仅使我们可以认识文书物证各要素，更重要的是通过认识各要素的相互联系与形成秩序，进一步把握文书物证结构与功能的特性。

（三）文书物证系统具有特定的功能与价值

文书物证系统的功能，是指文书物证在特定案件背景环境中发挥的作用和能力。文书物证系统的整体，具有它的各个要素或部分所不具有的新质，因而系统整体的功能不仅不同于某个要素功能，而且也不等于各要素功能的简单之和。

文书物证及其赖以生成的案件，是一个复杂的开放系统，案件可以说就是文书物证得以生成的环境。文书物证系统的功能与价值，可以概括地表现为其与案件事实的内在联系上：一是案件的社会环境、条件、背景，在一定程度上为行为人提供了必要的动因和时机；二是行为人在一定动机驱使下，凭借其知识、技能和占有的工具、材料，或利用某种便利条件，实施行为从而形成了有特定结构和功能的文件物证系统；三是鉴定人对文书物证进行检验、分析，向文件物证系统输入信息，然后将有助于作出鉴定意见的信息提取输出，形成鉴定意见；四是鉴定意见又被置于案件环境中进行审查，看是否可以运用于案件事实的认定。基于系统科学方法论的价值性原则，文书物证鉴定的直接目的，就是获得科学准确的鉴定意见，厘清文书物证与案件事实的内在联系，通过鉴定求解“环境”中的客观事实，就可以确保实现文书物证系统的特定功能与价值的最优化。

（四）文书物证系统存在演化与发展过程

凡是系统都是演化的，文书物证系统也一样，只不过演化的方向、进程和速率因条件不同而存在差异。案件中的任何一份文书物证，都是特定的人，在特定的时代背景下，在已经具备的文书制作工具和物质材料的基础上，按照一定的程序和方式制成的。况且同时还应该符合特定目的需要，符合行文的程序规范。所以，文书物证的各构成要素，并不是行为人随心所欲、杂乱无序的产物。随着时间的流逝和社会的发展，人及其技能习惯、制作工具或工艺、物质材料、行文程序规范等主客观方面会发生演变，已经制成的文书物证本身也会发生物理的、化学的演变，并且这种历时性的演变与文书物证的形成时间存在对应关系。基于系统科学方法论的演化性原则，摒弃孤立、静止、片面的认知方法，用发展的眼光看待文书物证系统，探索和把握其演化的客观规律，有助于解决文书物证司法鉴定实务中面临的一些疑难复杂问题。

三、文书物证系统鉴定的程序和方法

（一）详细、准确地了解案情，把握文书物证与案件系统的联系

文书物证是产生它的案件系统的一个子系统，人的行为和时间、地点、物质条件，又决定了文书物证的结构。所以，文书物证与案件事实之间存在必然的内在联系。了解案情的目的，便于鉴定人理解鉴定要求的意义，解决该问题对澄清案件事实所起到的作用；便于从本案的实际情况出发，有目的、有计划地进行系统检验，避免盲目性；便于根据本案的实际情况分析评断各项检验结果，把文书物证与案件情况联系起来，依据系统的整体功能作出鉴定意见。那种认为鉴定人不必了解案情，或了解案情可能影响客观、公正鉴定的观点，不是辩证唯物主义的观点，也会影响系统鉴定的顺利实施。

详细、准确地了解案情，具体要点主要包括：有关案件发生、发展的时间、地点、手段、物证来源、侵害对象与后果，以及涉嫌对象的具体情况；了解当事人之间的关系、争讼过程；了解当事人就文书物证形成的时间、地点、场合，所用工具、材料的来源以及形成后的保存情况等具体情节所作的陈述或辩解。上述案件情况应以笔录、填写表格等形式文件化，并由委托人或当事人签字确认，以

便于通过检验鉴定进一步验证其有关陈述是否真实可信。

（二）剖析文书物证系统的要素和结构，拟订系统检验方案

在了解案情的基础上，应分析研究文书物证是由哪些要素构成的，各要素之间可能存在何种作用方式和形成秩序，再相应选用适宜的检验方法，拟订系统检验的方案。以某合同纠纷案为例，原告、被告双方对一份合同书真实性产生争议。原告称其向法庭提交的合同书真实可靠，被告称合同书尾页约定事项没有这么多条款，怀疑最后两款是签章后添加打印的，遂要求鉴定后两款是否为签章后添加打印的。经检验分析，合同书印制字迹是用激光打印机打印，尾页有双方签名盖章，其构成要素包括言语内容、激光打印字迹、签名笔迹、印章印文、纸张、墨粉。质证笔录表明，合同书是由原告方拟定并印制，使用的是原告方的打印机、纸张，双方当场签名、盖章，对此双方一致确认。如果合同书真实，其制成秩序就是先撰写电子版合同书，然后打印输出纸质印制字迹内容，双方审核无误最后签名、盖章。若如被告所称后两款是合同签署后才添加的，其秩序就是合同书制成、签字盖章后，再将尾页置于打印机纸盒，添加套打最后两款。在剖析了合同书的要素和结构后，为求解事实，拟订的系统检验方案如下：

（1）检验后两款与前款及前页的激光打印字迹的言语特征和版面格式特征，是否符合一次编辑排版的特点。

（2）检验后两款与前款及前页的激光打印字迹的印刷图文特征和墨粉表观形貌特点，是否呈现同台打印机一次连续打印的特点。

（3）检验尾页落款处签名和印章印文，是否呈现随纸张一起、经过激光打印机完成一次打印而产生的墨粉附着及热熔压特点。

（4）检验后两款与前款及前页打印字迹，是否呈现激光打印机的历时变化特征。

按照上述系统检验方案，综合各项检验结果，便可满足鉴定要求。

（三）综合运用各种检验手段，全面、充分地提取文书物证中的科学事实

针对文书物证系统中各要素的性质和特点，寻求解决问题的各种途径，选择各种适宜的检验手段，按照先无损检验、后有损检验的原则有序地实施检验。其目的就是全方位地发现和提取文书物证中所蕴含的各种信息，不论是有助于证真还是有助于证伪的，是有直接意义的还是仅有间接关系的，都要收集提取。切忌轻率地舍弃或忽略那些自认为无关紧要的科学事实，盲目依赖或夸大自认为重要、明显的科学事实。不要被委托鉴定的具体事项要求束缚，偏听偏信某些案情信息，从而限制了系统检验的思路。

（四）从案件的客观实际出发，综合检验结果作出鉴定意见

在对检验结果进行综合评断，分析论证鉴定意见的依据时，要从案件的客观实际出发去综合各项检验结果，并将综合起来的检验结果置于该案的特定环境中

去分析论证。切忌割断文书物证与案件的内在联系，孤立地研究文书物证；切忌脱离案件的实际情况，单凭既往经验或一般规律去主观臆测；切忌因当事人或委托人的态度或说辞，左右独立检验分析过程中应有的科学性和客观性。实践表明，真正做到从案件的客观实际出发评断检验结果，可以提高疑难复杂文书鉴定案件的结论率和结论准确率，彰显系统鉴定理论的应用价值。

四、文书物证系统鉴定的意义

（一）文书物证系统鉴定的理论意义

文书物证系统鉴定从世界观和方法论上，体现了以唯物辩证法指导文书物证司法鉴定实务的原则，突破了机械唯物论的自然观、形而上学的方法论对鉴定人思维的限制和困扰，以容易为科学工作者理解和接受的形式，让人们站到了唯物辩证法的立场上来，使我们克服了只看某个要素，不见文书物证的整体；孤立地研究文书物证本身，忽略“环境”的作用和影响；相信采用“科技手段”的检验所见，不对所见作具体分析等弊端。同时，也使我们的观点、方法更符合实际，更加科学可靠。当然，系统鉴定并不否定或排斥许多案件专门就笔迹、印章印文篡改等单项委托进行的鉴定。因为系统中的某个要素也有它自己的特性和功能，单项鉴定一般情况下也可以正确地解决办案中事实认定的相应问题。但在单项鉴定时，也应当把这个单一要素看成一个子系统，也要注意它与更大系统的联系，必要时也可以摆脱单项鉴定的约束，从文书物证的整体出发，通过系统鉴定更好地解决案件中的实际问题。

（二）文书物证系统鉴定的实践意义

文书物证系统鉴定，具有单项鉴定所没有的特殊功能和效应，不仅丰富了文书司法鉴定理论，而且提升了解决实践中疑难问题的能力。文书物证鉴定是物证类司法鉴定中一项复杂、综合的专门鉴定技术，集语言学、心理学、物理学、化学等多种学科技术和方法于一体。案件中的文书物证各具特点，鉴定条件千差万别，有些检材不具备进行某项单一鉴定的条件，有些鉴定要求仅从某个途径上尚无解决问题的有效技术方法。

但是，采用系统鉴定的方法，充分利用文书物证系统的整体优势，通过可能产生的四大效应，许多难题将迎刃而解。实践中，我们可以这样理解四大效应：第一，系统鉴定的加和效应。系统鉴定着眼的整体功能远大于部分功能。单就某一要素所作的鉴定，有时因依据不充分而无法得出确定性鉴定意见。若把系统中各要素逐一检验并综合检验结果，并且各检验结果可以不同程度地证明同一个事实，就大大提高了鉴定意见的可信度。第二，系统鉴定的增值效应。系统鉴定坚持从案件的具体环境出发，可以使特定案件环境下的特征总和相比于一般情况升值，使检验结果的鉴别意义提升，便于作出确定性的鉴定意见。第三，系统鉴定的迂回效应。对于受制于现有科学技术而难以解决的技术难题，可以另辟蹊径，利用文书物证系统中的其他要素进行检验，往往可以迂回实现同样的鉴定目的。第四，系统鉴定的透视效应。系统鉴定可以进一步揭示问题的实质。因为文书物证的单一要素真实，有时并不能决定文书的真实性，系统鉴定可以透过局部现象，发现伪造、变造文书物证的实质。

综上，文书物证系统鉴定并不否定单一要素的种属鉴别或同一认定，而是对单一要素鉴别与鉴定的必要补充。文书物证系统鉴定也要运用种属鉴别和同一认定的理论方法，是站在更高层次的对文书物证鉴定方法论的丰富和深化。因此，在文书物证司法鉴定的理论体系中，物质交换与转移原理是前提，种属鉴别、同一认定、系统鉴定三大理论方法相互依赖、相互支撑，共同构建了文书物证司法鉴定的科学基础。

【思考题】

1. 什么是种属鉴别？其对象与内容有哪些？
2. 什么是同一认定？试述同一认定的程序和方法。
3. 什么是文书物证系统鉴定？试述文书物证系统鉴定的程序和方法。
4. 怎样理解文书物证系统鉴定的理论意义与实践意义？

【参考文献】

1. 贾玉文编著：《文件检验学导论》，警官教育出版社 1997 年版。
2. 贾玉文、邹明理主编：《中国刑事科学技术大全　文件检验》，中国人民公安大学出版社 2002 年版。
3. 霍宪丹主编：《司法鉴定学》，北京大学出版社 2014 年版。

第三章‖笔迹鉴定的依据与程序方法

本章概要：本章主要介绍笔迹鉴定的基本概念、笔迹鉴定的科学依据、笔迹特征、笔迹鉴定的程序方法等内容。其中，笔迹特征、笔迹鉴定的程序方法是本章的重点，笔迹鉴定的原理是本章的难点。

关键词：笔迹　笔迹鉴定　笔迹特征　程序方法

第一节　笔迹鉴定的科学原理

任何一门学科都有其特定的研究对象和研究领域。笔迹鉴定的对象就是文书物证上的笔迹。笔迹是人在某种书写动机下，把大脑中记忆的文字符号表象通过神经系统的传导，由书写器官控制书写工具外化形成的。笔迹外化过程的熟练程度和外化结果的质量高低取决于个人书写技能的高低和书写习惯的稳定程度。

一、笔迹与笔迹鉴定

（一）笔迹

1. 笔迹的概念

笔迹是通过书写活动形成的具有个人特点的文字符号的形象系统。文字是记录语言的符号，除了抄写、记录他人言语外，笔迹又同个人使用语言的习惯共存于书写文件中。从广义上说，通过书写活动在各种载体上形成的文字、符号、图形等信息都属于笔迹。从狭义上说，笔迹是各类案件所涉及文件物证上的手写文字。

笔迹的形成离不开书写工具、文字符号、承受物等客观存在的客体，但是其最终的表现形式取决于书写人为了实现某种书写目的而采取的具体书写方式。每个人在不同书写动机的驱使下，利用书写工具在承受物上记录语言或表达思想时，都会形成笔迹。书写的动机和具体条件不同，笔迹就会发生各种各样的变化。

还要注意笔迹是写的字，不是印的字，用笔随意划出的没有意义的线条痕迹也不是笔迹。

2. 笔迹的种类

按照不同的分类标准，可以把笔迹分成不同的种类。

（1）自述型笔迹和非自述型笔迹。按照笔迹所表达内容的归属，可以把笔迹分成自述型笔迹和非自述型笔迹。自述型笔迹是指书写人自己运用语言，通过书写活动表达一定内容的笔迹，如个人的日记、书信、文稿等。自述型笔迹既可以反映出个人的书写技能和习惯，也能反映出个人运用语言的习惯。在笔迹鉴定时，既可以运用它的笔迹特征，也可以运用它的语言特征。非自述型笔迹是指书写内容不属于本人语言的笔迹，如抄写和听写的笔迹。听写形成的笔迹容易受语音和语义的影响，而出现字、词的变化；抄写形成的笔迹容易受原稿字形、字体、写法的影响，发生相应变化。非自述型笔迹只反映个人的书写技能和习惯。

（2）汉字笔迹和其他文字笔迹。按照笔迹的文种，可以把笔迹分为汉字笔迹和其他文字笔迹。汉字笔迹就是书写汉字的笔迹。它反映汉字的形象，是我国笔迹鉴定的主要对象。除了汉字以外，我国少数民族文字笔迹和其他国家文字笔迹都属于其他文字笔迹。其他国家和少数民族文字绝大多数是拼音文字。拼音文字是用字母表示语音。拼音文字笔迹的形成机理、鉴定方法与汉字笔迹基本相同。只是在文字的形体结构、书写规则上有差别。检验时必须首先区分文种，然后了解该种文字的结构特点和书写规则，不能简单套用汉字笔迹的比较方法和评断原则。

（3）正常笔迹和非正常笔迹。根据笔迹形成过程的影响因素，可以把笔迹分为正常笔迹和非正常笔迹。正常笔迹是指在通常的心理状态和书写条件下形成的笔迹。这种笔迹能真实反映书写人的书写技能和习惯，因而当案件中的检材和样本笔迹都是正常笔迹时，笔迹鉴定比较容易进行。非正常笔迹是指在特殊的心理状态和不适应的书写条件下形成的笔迹，包括故意伪装笔迹、书写条件变化笔迹、摹仿笔迹。影响书写活动的任何一个或多个因素发生变化时，必然对笔迹产生影响，使笔迹出现相应的变化，其中突出、稳定的变化就构成了这类笔迹的特点。鉴定人在掌握各类笔迹的特点后，就可以根据检材笔迹特点的归属分析它属于（或很可能属于）哪种笔迹，进而使用该种笔迹的检验方法进行检验鉴定。

各类笔迹的影响因素、笔迹的特点、笔迹特征变化规律及检验要点都不同，因而把笔迹分为正常笔迹和非正常笔迹是笔迹鉴定中最常用的分类方法。

3. 笔迹的本质

笔迹是书写人利用书写技能对其要表达的思想和要传递的信息的记录。具体来说，笔迹表现为通过书写活动形成的字迹及其组合关系的形象系统。它的本质是人的书写技能和书写习惯。

书写技能是人掌握和运用文字的书写技巧，借以表达思想的能力。它是在生理和心理机能的基础上，经过长期学习训练获得的。人类在长期的种群遗传过程中，形成了独特的言语习惯机制。这个机制由脑和言语感受器、效应器组成，这是人掌握书写技能的生理基础。在此基础上的学习训练是掌握书写技能的决定性条件。经过识字、仿写、表达等一系列的学习训练，才能逐渐掌握书写技能。能力有高低之分，也会有一定限度，书写技能的高低表现在书写笔迹的熟练程度、书写水平、字的多种写法、多种字体的掌握等多方面。

经过反复的练习，书写技能达到一定的熟练程度以后，书写活动呈现自动化的倾向，书写人的注意力从书写活动逐渐向言语内容和表达方式转移。当书写人能够熟练运用书写技能时，只要在一定意念的带动下，书写活动就可以按照已成习惯的固有方式进行。这种已成为书写者个人需要的，一时难以改变的行为方式就是书写习惯。生理心理学的研究表明，书写习惯的形成，是人的中枢神经系统在书写活动中建立书写“自动化”的条件反射体系，形成书写动力定型的结果。书写习惯形成后，书写活动已成为“自动化”的行为方式，无须意识的调节，但是这并不意味着主观意识对书写活动无能为力。相反，“定型化”的书写习惯仍要随时受到意识的干预。

如同世界上没有两片完全相同的树叶一样，每个人的笔迹也不同。这是由于在书写技能和书写习惯的学习训练过程中，每个人所具有的主客观条件不一样，这就形成了各种不同的书写习惯，作为书写习惯外部表现的笔迹也就因人而异了。这就为笔迹鉴定创造了条件。

（二）笔迹鉴定

1. 笔迹鉴定的概念

笔迹鉴定，又称笔迹检验，是根据人的书写技能习惯特性在书写的字迹、符号、绘画中的反映，通过物证笔迹与样本笔迹的比较、鉴别，从而确定物证笔迹书写人的一项司法鉴定专门技术。

笔迹鉴定的对象是文书物证上的笔迹。从笔迹鉴定的实践来看，鉴定人需要通过分析案件中有争议的笔迹，判断这份笔迹的书写条件、书写方式等相关信息，进而为判断书写人提供依据。需要分析笔迹的内容既包括宏观的笔迹概貌、布局，中观的文字写法、笔顺、结构，也包括微观的运笔、笔痕等。通过笔迹鉴定可以鉴别一份文书物证上的大部分笔迹是否同一人书写，多份物证笔迹是否同一人书写，文书物证上有争议的内容是否他人添写，文书物证上的笔迹是否某人书写等。笔迹鉴定意见经过审核和质证，可以成为诉讼证据。

2. 笔迹鉴定的作用

笔迹鉴定可以在案件侦查、起诉和审判过程中发挥多方面的作用。

（1）认定文书物证笔迹的书写人。在刑事案件的侦破工作中，根据物证笔迹查找犯罪嫌疑人是个重要而有效的途径。认定物证笔迹与嫌疑人笔迹是同一人笔迹，就确认了物证笔迹的书写人，否则可排除嫌疑。如果有其他证据表明，在物证上留下笔迹的人就是作案人，那么认定书写人的鉴定意见就是证实犯罪嫌疑人的重要证据。在民事、行政案件中，确认文书物证上有争议的笔迹是否当事人所写，往往是诉讼的关键证据。如认定某合同书上有争议的签名是某人书写，通常就意味着签名人对合同书约定内容的认可，他理应承担相应的责任。

（2）鉴别文件的真伪。许多文件发生效力是以有关人员签名为凭。如果对这些文件的真实性发生争议，就需要对签名进行鉴定。如果经过鉴定签名是本人所写，在排除真签名被利用的可能性后，该文件即为真文件。如果经过鉴定签名不是本人所写，而是他人摹仿或他人冒签，则该文件为假文件。有时，文书物证上发生争议的除了笔迹，还有印章或手印，就要注意把笔迹鉴定的结果与印章或手印鉴定的结果进行印证。

（3）利用笔迹串并案件。对于在不同时间或不同地区发生的多起案件，往往分别立案，分头进行侦破。但如果将这些案件中的笔迹加以比较鉴别，确定其为同一人或同一伙人的笔迹，则可视为一起案件，组织并案侦查或联合侦破。而且经过并案以后，物证更加充分，侦破线索更多，侦破力量也得到加强，为顺利破案提供了更有利的条件。将各地发生的案件的笔迹特征及有关信息存入计算机，及时与新发或新破案件的笔迹进行比对和联机检索，是实施并案、打击流窜犯罪的一个有效途径。

（4）根据笔迹判定参与作案的人数。在结伙作案或内外勾结作案的案件中，可能会在文书物证上留下有关人员的笔迹。注意鉴别物证笔迹是一个人的笔迹，还是几个人的笔迹，有助于判断至少是几个人参与作案。这种鉴别不仅可以避免在笔迹的同一认定中，错将多人笔迹当成一人笔迹，从而导致鉴定失误。同时，也为追查犯罪同伙，防止作案人漏网，验证口供，提供了客观依据。

（5）通过笔迹发现侦缉对象的行踪。人走到哪里就可能在哪里留下他的笔迹，或者在他所到之处发出有他笔迹的信函。从某地写信、拍发电报，说明他到了或到过某地。在住宿登记时，他可以隐姓更名，使用假身份证，但他改变不了自己的笔迹。只要熟悉他的笔迹特征，便可识别他的真实面目。

此外，根据笔迹的其他属性和功能，还可以解决一些专门问题。如根据个人笔迹自身演变的阶段性，可以判断文件笔迹的书写时间；根据个人笔迹的社会属性，结合言语识别，推断书写人的年龄、文化程度和职业特点等，以便为确定侦查方向、范围提供依据。

二、笔迹的反映性是笔迹鉴定的物质基础

笔迹的反映性，是指笔迹反映书写活动，暴露书写习惯的必然性。笔迹能够反映人的书写习惯，在正常条件下是不言而喻的。书写人有多高的技能、什么样的习惯，就会以相应的形式表现于笔迹之中。在有意识改变或不利书写条件影响下，笔迹虽然发生了变化，但也能够反映书写习惯。

（一）书写习惯具有自主性

书写习惯的自主性，是说书写习惯相对于人的主观意识具有独立自主的特

性。书写活动是在书写人意识支配下的有意行为，书写技能与习惯在一定程度上受到主观意识的制约。但是，动力定型是一个自动化的反应系统，意识可以启动、制止或干扰它，但不能任意摆布它。

1. 注意具有局限性

注意是心理活动对一定事物的指向和集中。它能使人在一定时间内清晰地反映一定的事物而离开其他的事物，是为达到一定目的的意志行为不可缺少的条件。要改变笔迹（包括摹仿他人的笔迹）也必须注意。只有集中稳定地注意，才能注意到要改变的笔迹。注意的心理活动过程本身具有局限性。注意的强度与广度是成反比的。越是集中注意，注意的范围就越小，这样难免顾此失彼。

2. 书写人的主观意识与书写自动化的矛盾

改变笔迹是书写人的主观愿望，但书写中不可能做到处处都“意在笔先”。因为书写人改变笔迹的主观意识与书写自动化是一对矛盾。为了便于意识的控制，书写人一般只能放慢书写速度。但是，已成动力定型的自动化活动方式是环环相扣的连锁式的反应系统。相对缓慢的意识活动不可能控制书写每个环节，而控制范围以外的部分又按照本来的自动化方式进行书写。

3. 违背习惯的行为方式难以持久

按照成为动力定型的活动方式进行书写，对于书写人来说，已经习以为常，因而也就轻松自如，不劳神费力。但要有意改变这种习惯化的行为方式，却是很费力的。首先，要扰乱或改变已经存储于记忆中的对字形的视觉表象和对书写活动的动觉表象。其次，严格控制书写活动过程，尽力防止原有的习惯化的行为方式再现。这是个相当紧张的生理、心理活动过程，很难持久。

4. 改变笔迹只能以固有的习惯与技能为基础

人的任何一种新的行为方式都是原有行为方式的发展，即使是一个突兀的动作，也不过是从原有习惯动作或技能基础上变化来的。因此，改变的笔迹一般都是固有习惯的夸张，或者是旧的习惯的再现，而且不可能超出书写人的知识与书写技能的限度。

（二）书写习惯具有能动性

书写习惯的能动性，是说书写习惯具有克服不利书写条件的阻碍、干扰，顽强表现自己的特性。在坐姿、枕腕、右手执笔、纸张上书写等正常条件下形成的书写习惯，一旦遇到条件变化，必然会对书写活动产生一定影响，但是书写人的固有习惯仍能顽强地表现在笔迹之中。

1. 表意的制约作用

书写的目的在于表情达意。在它的制约下，即使遇到不利的书写条件，书写人也必须使写出来的字能够被认读。否则，就失去了书写的意义。书写人要想通过书写活动进行表意，就必须以他的书写技能为基础，按照他的书写习惯完成书写活动。这样，即使在不利的书写条件下，书写人的固有习惯也会反映在笔迹之中。

2. 视觉及其表象的监督校正作用

在正常条件下，熟练书写的视觉监督作用已经减弱。但在不利的书写条件下，自动化的书写过程受到阻碍与干扰时，视觉及其表象的监督作用立即得到加强，力求达到书写的目的。如发现断笔、写错而进行修改，发现笔迹模糊而进行添描，以及在无法依靠动觉调节的情况下，都是靠视觉及其表象的监督校正来完成书写活动的。视觉监督校正的依据，仍是成为个人书写习惯的有关文字、符号结构形态的表象。

3. 动觉及其表象的调节作用

自动化的正常的书写运动主要靠动觉及其表象调节。在书写条件变化的情况下，如变换书写姿势、书写工具或承受物体时，一开始书写运动可能不适应，但写上几笔、几个字或几行字后，在新条件下保持正常书写运动的动觉信息及其表象的调节功能就会发挥作用，使新条件下的书写运动得以正常进行。而且，仍能反映书写人的固有习惯。

4. 大脑机能的整体协同作用

在正常情况下，书写活动由右手执笔完成，言语活动中枢在大脑左半球。但是，书写运动并不是言语中枢孤立作用的结果，大脑的整体协同功能在其中起重要的作用。实践中有左手字、叼笔字、脚写字，改变了执笔的肢体。由于大脑与身体各部分是相互联系的整体，具有协同补偿功能，因而通过右手进行书写练习形成的书写技能与习惯，可以不同程度地迁移到左手、脚和嘴上来。迁移后的技能仍能保留着某些固有的习惯。

综上所述，由于书写习惯具有自主性和能动性，不仅在正常的书写过程中笔迹可以反映书写习惯，而且在非正常的书写活动中书写人固有的技能习惯也必然通过笔迹表现出来。

因此，笔迹的反映性为笔迹鉴定提供了物质基础。

三、笔迹的自身同一性是笔迹鉴定的基本条件

笔迹的自身同一性，是指同一个人在不同时间、地点形成的笔迹都保持着基本特征，其自身存在同一关系的属性。但笔迹的自身同一不是绝对等同，而是包含着自身差别的同一。

（一）书写习惯具有可变性

书写技能与习惯的形成是以大脑皮层有关中枢间的暂时联系为基础的。这种暂时联系既可强化、巩固，也可因退化、消失而中断，被新的暂时联系所代替。这就决定了书写习惯与技能具有一定的可变性。

1. 书写技能的变化

书写技能是一种行为能力，它不可能停留在一个水平上始终不变。从初学、

提高到基本定型呈现由低向高发展的趋势。特别是从初学到提高阶段的变化尤其显著。有些人还在单一书体的书写技能的基础上，学会或熟练地掌握了其他书体的书写能力，从而使书写技能从单一发展为多样。当书写技能转入以用为主的阶段时，书写动力定型全面形成，书写技能进入相对稳定期。一旦机体功能出现障碍或发生衰退，书写技能就会出现由高向低的退化。因身体疾患引起的机体功能障碍造成的退化是暂时性的；因年老体衰出现的机体功能衰退造成的退化是持续性的，而且退化现象会日趋严重。退化时期的笔迹，常常表现出结构松散、字形增大，错别字增多或时正时误，运笔生涩、呆板、无力等特点。

2. 书写习惯的部分改变

由于语言文字的发展，社会和职业需求的变化，人们为适应新的交际环境，不得不对原有某些书写技能加以充实和改善，从而促使个人书写习惯的某些特征随之发生更替。书写习惯局部特征的更替现象，在不同人身上都不同程度地存在。但发生的时间不固定，而且在同一时间内只有少量特征发生变化，其余特征是不变的。书写技能与习惯的发展演变是个渐进的过程，只有经过较长时期才能看出这种变化。

（二）书写习惯具有稳定性

书写习惯的稳定性，是指书写习惯在长期的发展演变过程中，能保持基本特征不变的特性。尽管只是相对稳定，但也给我们认识它提供了可利用的条件。

1. 书写动力定型的守常性

人们书写动力定型的形成是个相当复杂的过程，既有先天的机制，又是反复训练的结果，一旦形成，再变就比较困难了。所以，书写动力定型具有较明显的因循守旧的特性，特别是习惯性很强的书写动作体系很难发生根本性改变。书写习惯是以书写动力定型为生理基础的，遵循书写动力定型守常性的规律，书写习惯也就必然具有稳定性。

2. 语言文字社会规范与规则变化的缓慢性

语言文字作为交际工具，在其产生和使用过程中，必然形成一定的规范与规则。随着社会的进步和发展，语言文字的社会规范与规则也在变化，但却是相当缓慢的。书写习惯是在学习和运用语言文字的过程中形成的，它必然受所理解的语言文字社会规范与规则制约。而且，一旦形成习惯，语言文字社会规范与规则再发生变化，往往还会受到个人书写习惯的抵制。可见，人的书写习惯具有更强的稳定性。

综上所述，书写习惯在长期的渐变过程中，具有相对的稳定性。书写习惯的相对稳定性，决定了一个人不同时期形成的笔迹虽有差别，但其基本特征不变，仍旧保持着自身的同一关系。可见，笔迹的自身同一性构成笔迹鉴定的基本条件。

四、笔迹的总体特殊性是笔迹鉴定的鉴别依据

笔迹的总体特殊性，是指每个人的笔迹特征总和各不相同的属性。不同人笔迹的差别，不可能是每个字、每个具体特征都不相同，而只能在笔迹总体或特征总和上各不相同。

（一）书写习惯具有特殊性

1. 不同人素质的差别

书写习惯的形成，直接与个人的生理、心理活动特点有关。但不同人的生理、心理活动特点却有不同，如感官能力、中枢神经系统功能、骨骼肌腱的发育状况和细微结构、内分泌系统的功能，以及心理活动过程和个性心理特征就存在差别。不同人素质的这些差别，是形成书写习惯特殊性的内在原因。

2. 外界影响的差别

书写技能是在一定的客观条件下，经过学习训练和反复的书写实践，才掌握起来并养成习惯的。书写能力与人们的书写行为相关的外界影响因素错综复杂。最初是受家庭的影响不同，然后是学校教育质量高低、训练严格与否，受教育时间的长短，以及受教育的时代与教育的性质不同。人们生活与工作的语言环境，如不同的地区、行业，以及不同的阶层对书面交际的不同要求，也造就了书写习惯的不同特点。个人经历的千差万别，更加促进了书写技能与习惯的分化。因此，外界影响的不同，也是造成书写习惯特殊性的重要原因。

（二）书写习惯具有共同性

1. 社会规范与规则的约束

人们进行书写技能的学习训练，都是从掌握语言文字的社会规范与规则开始的。在书面交际过程中，要按规范与规则的要求进行书写活动。这样，对不同人书写习惯的形成和发展，就起到了共同的引导和约束作用。结果是塑造了不同人书写习惯的共同性。通过对字的基本写法和笔顺的抽样统计，发现符合规范的写法和笔顺是大多数人的特点，说明语言文字社会规范与规则的约束作用，是形成书写习惯共同性的主要原因。

2. 共同的教育与交际环境的影响

人们在社会生活中形成了广泛的联系，同学、同事、亲友接受共同的教育，在相同岗位或行业内工作，处于同一社会阶层，在书写活动中除遵从语言文字的社会规范与规则以外，还受到他们共同学习和工作环境内某些约定俗成的“规则”的影响。例如，在一定区域内人们普遍使用的方言词语和习俗简化字，一定行业的人们习惯使用的职业性词语、职业字和符号等，就是这种影响的表现。可见，共同的教育与交际环境的影响，也会形成某些人书写习惯的共同性。

由于书写习惯具有共同性与特殊性的双重属性，决定了不同人的笔迹特征既有符合又有差异，而特征总和则各不相同。因此，笔迹的总体特殊性是笔迹鉴定

的鉴别根据。

第二节 笔迹特征

特征，是一事物区别其他事物的显著征象或标志。笔迹特征是个人书写习惯特性表现在笔迹中的各种征象。在笔迹鉴定中，可以从整体到局部、从宏观到微观，去发现和运用笔迹特征。

一、概貌特征

概貌特征是指总观笔迹的全貌体现出的特点。概貌特征可以从整篇笔迹的书写水平、字形、字体、字的大小等方面的特点来考察。

（一）书写水平特征

书写水平是指写字技能的高低。有的人认识书写水平时存在误区，即以自己的书写水平为标准，当对方笔迹的书写水平比自己高时，即认为是高水平，当对方的笔迹书写水平比自己低时即认为是低水平。实际上，他是把自己的书写水平默认为中等水平了。衡量书写水平高低是有相对客观的标准的，可从笔画的运笔、单字的结构、全篇文字的布局和用字的规范程度四方面来考察：

（1）单字结构是否严谨，搭配比例是否均匀；

（2）运笔是否流利，起、收、运行是否有法度；

（3）全篇字的大小、间隔、布局是否适称；

（4）用字是否准确、规范。

一般来说，字的结构严谨，笔顺较规范，各部分搭配适当，运笔比较流利自然，用字准确，全篇字的大小、布局也适称，这种笔迹的书写水平就高（见图 3-1）。

图 3-1 书写水平高的笔迹

如果结构松散，搭配比例失称，运笔生涩呆板，一篇字的大小、间隔不均匀，布局不规整，快写紊乱，笔顺不规范，错字较多，这种笔迹的书写水平就比较低。

书写水平高低是有明显差别的，处于高低之间，又可区分不同的等级。在检验中一般是从两部分笔迹比较来看其书写水平的高低。

书写水平的提高，是长期学习、练习的结果，水平低的笔迹不可能在很短的时间内变成水平高的笔迹。而书写水平较高的人故意伪装，或因书写条件的影响，却可以出现书写水平较低的假象。因此，在审查嫌疑人笔迹时，当嫌疑人笔迹的书写水平明显低于物证笔迹时，可作为否定嫌疑人的重要根据之一。如果物证笔迹的书写水平略低于样本笔迹的书写水平，应注意前者有无伪装变化。

（二）字形特征

字形，是指字的外部轮廓的基本形态。字形特征，是从整篇笔迹来看书写人在字的基本形态上体现出的特点。

汉字的字形是方正的，故称为“方块字”。在现实生活里，人们经过学仿练习和书写实践，在“方正”的基础上，又形成字形的变异，并逐步养成个人习惯的字形。书写汉字时起框架作用的笔画的长短、方向、形态决定了字迹的基本形态。一般人笔迹的字形大体可分为方形、长形、扁形、斜形、圆形等（见图 3-2）。

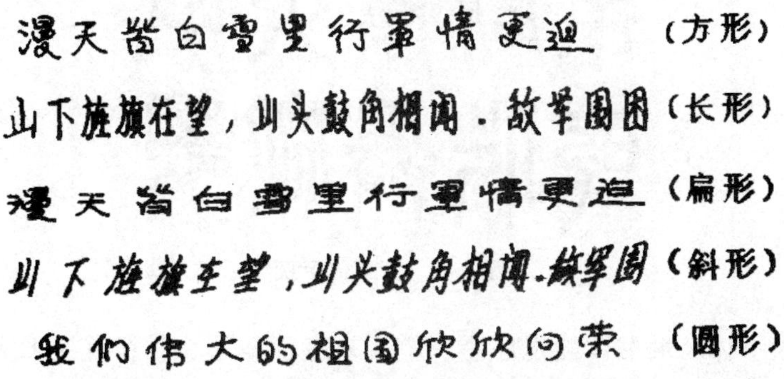

图 3-2 常见字形

长形字，横画较短，而竖画较长，字呈长方形。扁形字，横画比较长，而竖画比较短，撇捺笔的运笔较平，字呈扁方形。斜形字，是指横画基本水平，竖画向左或向右倾斜，字呈斜形。圆形字，是指笔画写成内弧形，肩、角浑圆的字。

以上只是几种常见的字形，现实中也有其他字形出现，如梯形，实际上还可以作具体划分。

书写人选用方形以外的其他字形，主要取决于个人的审美。稳定的字形习惯的形成，也是长期、反复练习的结果。所以字形习惯一旦形成，也具有很强的稳定性。在正常笔迹中，字形特征会很好地表现出来。即使书写人伪装笔迹，在他意志力降低时，固有的字形习惯也会暴露出来。

（三）字体特征

字体特征包括字体和书体。字体指汉字从古至今字体上的变化，传统的字体主要有篆、隶、楷、草、行五种。后来为适应刻版印刷而出现了宋体，以及在此基础上演变成的其他字体。书体是从毛笔书法的角度而言的，具体指一些字体的不同流派。字体特征是指从全篇笔迹来看在字体和书体上表现出来的特点。

1. 字体

（1）篆体。篆体有大篆和小篆，这种字体现在常用于具有民族特色的工艺美术、装饰及书法、印章等。由于它难认、难写，在一般的书面交际中已不使用。但有的犯罪分子却用篆体或类似篆体字作案。篆体的特点是：笔画粗细一致，起笔、收笔大都浑圆婉转，转角处带有弧形，字形修长古朴（见图 3-3）。

图 3-3　篆书体示例

（2）隶书体。隶书体美观庄重，笔画矫健而雄厚，较少作为日常书面交际的字体。隶书体的特点是：横笔起笔重，而收笔轻，横平竖直，斩钉截铁，蚕头雁尾，左波右磔，蚕不二设，雁不双飞，篆隶无钩，字形扁方（见图 3-4）。

图 3-4　隶书体示例

（3）草书体。草书体是快捷潦草的书写体。汉隶在发展过程中，一是楷化成楷书，二是草化成章草、今草与狂草。草书体的特点是：文字结构与笔画简化曲折多变，常一笔成字（见图 3-5）。

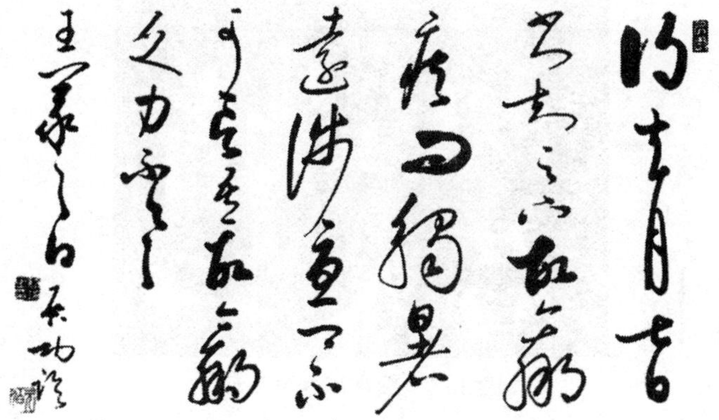

图 3-5　草书示例

（4）楷书体。楷书体又称正书、真书。特点是：字形端正，结构明朗，笔画庄重。

此外，还有宋体、仿宋体、新魏体、黑体（等线体、方体）及各种美术体。在实际案件中有时也能遇到。

2. 书体

书体以毛笔书法为主，但是从硬笔书写的笔迹上也可反映出书体特点。楷书当前比较常见的，主要有“欧、颜、柳、赵”等书体。

（1）欧阳询楷书的主要特点：在用笔上和点画上基本以方笔为主，兼用圆笔，落笔轻松自然，干净利落，行笔缓慢含蓄，收笔不苟。结构大多成上下窄长之势，内紧外松。左右结构的字，在字形上左侧陡峭，右侧向右方伸展。凡左右结构的字均有作项背之势。中宫敛紧，四肢比较开张，左敛右纵，在险中求稳（见图 3-6）。

图 3-6　欧阳询楷书示例

（2）颜真卿楷书的主要特点：使用中锋行笔，行笔有力，起笔藏锋圆转，横轻竖重，捺笔有“蚕头雁尾”。字形结构方正，左右基本对称，端庄平稳，气势庄严雄浑（见图 3-7）。

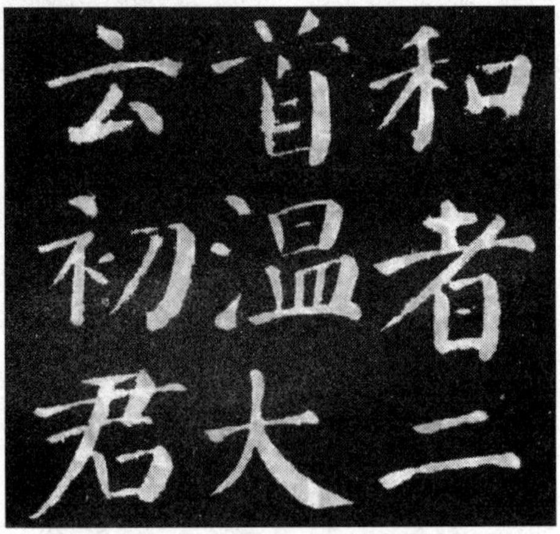

图 3-7 颜真卿楷书示例

（3）柳公权楷书的主要特点：横画多采用方起圆收，竖画多用逆峰起笔，撇捺多有一定的弧度，收笔多采用悬针竖或垂露竖，行笔遒劲刚健，富有弹性，素有“颜筋柳骨”之说。结构方正，中宫收紧，四面开张，规整中富有变化（见图 3-8）。

图 3-8 柳公权楷书示例

（4）赵孟頫楷书的主要特点：笔画楷中带行，上下笔势呼应，在严整庄重中见潇洒天真的神韵。结体秀美，笔意连贯，外柔内刚（见图 3-9）。

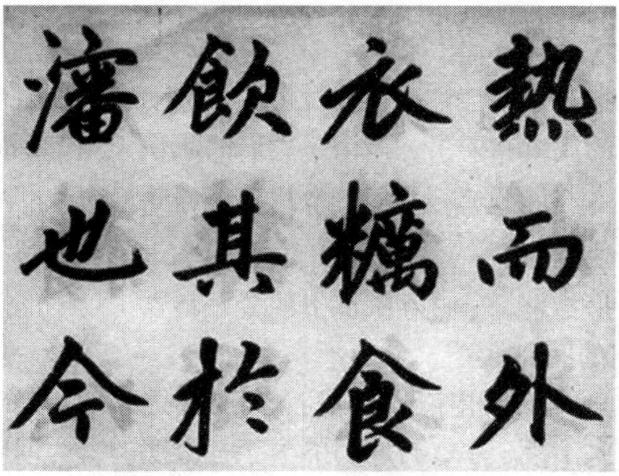

图 3-9　赵孟頫楷书示例

在现实生活中，人们以便于书写为目的，不大讲究字体，因此，通常见到的多为类似楷书或行书的“自由体”。书法家、书法爱好者和职业性的“写匠”，根据需要可以写成具有一定水平的某种字体的字。这是书写技能与习惯多样性的表现。

研究全篇笔迹的字体，首先要识别笔迹属于何种字体，其规范程度如何。如果体现出某种书体，应分析其属于何种书体，与该书体的符合程度如何。如果物证笔迹体现出某种字体特点，并且书写规范，那么说明嫌疑人应该进行过专门的练习，并有可能收集到嫌疑人平时练习该种字体的笔迹样本。如果深入研究后发现，物证笔迹明显的“字体”特点实际上都是似是而非的，那么说明物证笔迹的书写人对该字体只是一知半解，物证笔迹会较多暴露书写人的书写技能与习惯。只要结合字体的一般特点，深入研究哪些是字体的共性特征，哪些是反映个人书写技能与习惯的个性特征，就能正确开展检验工作。

（四）字的大小特征

字的大小是指全篇笔迹的单字平均高度与宽度。在汉字中，长形字以高度为准，扁形字以宽度为准，大体分为大、中、小三类。

如使用钢笔、圆珠笔、签字笔、铅笔之类的硬笔书写，长形字平均高度和扁形字平均宽度在一厘米以上的为大字；平均高度和宽度在半厘米至一厘米的为中等字；平均高度和宽度在半厘米以下的为小字。但这不是绝对的，纸幅宽裕、字数较少，就可能将字写大些；纸幅小或受格线限制，或字数较多，就可能将字写小些。如果用粉笔或者是用毛笔书写，就不能以此为准。

字的大小是书写技能与习惯的反映，即便书写人有意控制改变字的大小，在他意志力减弱的时候，书写的笔迹还会恢复其习惯的大小。判断字的大小，要根据纸张幅面、工具种类、格线情况、字数多寡、字间与行间间隔的大小等进行具体分析，不要把受书写条件影响写出的畸大或畸小的字当作书写人的习惯。

二、布局特征

布局特征，是指全篇或部分笔迹的位置安排和书写格式方面的特点。每种文体都有书写格式上的规范和要求，但由于人们的认识和理解不同，也就形成了书写格式上的某些个人习惯特征。布局特征包括整体布局特征和局部安排特征。

（一）整体布局特征

整体布局特征是指全篇笔迹在纸面上的分布特点。

1. 字间与行间的间隔

字间与行间的间隔，是指字与字之间、行与行之间的相对距离。从全篇文字看，字间间隔平均大于半个字、行间间隔大于一个字的，为间隔松散；小于这种间隔的为密集。

字、行间隔有的受格线限制，有的人却不受格线的约束。在没有格线的纸上写字，大多数人的行间距离安排习惯会明显地暴露出来，其中有的比较特殊，应注意运用这方面的特征。

2. 字行与格线的关系

有的人习惯于把字行写在两条格线的中间，有的习惯于写在格子的下缘，也有个别人习惯写在格子的上缘或压着格线书写。

运用这方面的特征，同运用字间、行间间隔特征一样，要注意在主客观条件的影响下可能出现的暂时性变化。例如，书写人在以很快的速度作记录，或因纸张不够，要在很小的空间写较多的字时，字的疏密、行间宽窄和字与格线的关系都会受到影响，而出现与平时书写习惯不同的变化。所以在利用这方面特征时，要注意具体分析。

3. 字行与页边的关系

页边是指写完整篇文字后，纸张四边所留的空白。上边称“天头”，下边称“地脚”。人们写字，多数留有大小不等的页边。有的留天头不留地脚，有的只留天头、地脚，有的留三边，有的留四边。个别人则写得满满的，不习惯留页边。页边有大有小。如将字行行首或行尾连线，其形态也有不同。有的页边留得整齐、平直，有的页边留得歪斜或弯曲。

整体布局特征，在字数较多的传单、信件中可能反映出来。特别是不受纸张格线约束而表现出来的字行与页边特征，应当注意使用。

4. 字行方向和形态

字行方向，按规范是横行书写，但也有的人仍习惯竖行书写。有的行线笔直，有的横写行线逐渐向上或向下，有的竖写行线向左或向右倾斜。

字行的形态，横行书写有水平的、波浪的，竖行书写有垂直的、弯曲的。

字行的方向与形态有时受书写环境、书写姿势或伪装笔迹的影响而变化。但在正常情况下，有些人由于长期养成的书写运动习惯，即使是有格线，也不受约束，而反映他特有的字行方向和形态特点。

（二）局部安排特征

局部安排特征，是指某些词语或字与字之间相对位置关系的特点。

1. 分段缩头位置特征

出于表达的需要，对于篇幅较长、内容较多的文字材料，都要分出层次段落。段落开头的位置，按规范要求应空出两个字位，即所谓缩头。有的人分段不留缩头，有的甚至还“伸头”。即使同是缩头，有的只缩一个字，有的缩三五个字。这样，就形成了不同人的分段开头的位置特征。

按照规范，分段应缩头两个字。与规范差得越多，则此特征价值就越高。在伪装笔迹中，分段缩头的位置受伪装手段的影响，可能稍有变化，但是大体的位置安排是稳定的。

2. 程式语安排特征

程式语，是指信件类文书中使用的称呼、问候、祝颂、署名、日期等一些较为固定的词语。它们在文件中都有规范的大致的位置，但也有个人习惯和特点。程式语安排特征，指的就是这些词语的书写格式及其相对的位置关系。例如，在写称呼时，“抬头”（单独一行）的人较多，但有的伸头，有的缩头；写问候语有的另起一行，有的写在称呼之后；祝颂语有的分成两行，有的写成一行，而且安排位置也各有不同。此外，署名和日期的位置安排和书写格式，不同的人也会表现出各自的特点。

程式语安排看似有固定模式，实则人各不同。运用此特征，首先要了解程式语的使用规范是怎样的，与规范不符的，就有特征价值。此外，要特别注意信封的“三款”安排。信封的“三款”是“上、中、下”三款，其中“上款”指收信人地址，“中款”指收信人姓名，“下款”指寄信人地址姓名。此类布局特征稳定性非常强，即使信封和信文内容是打印或剪贴印刷体字块形成，局部安排特点也能得到如实反映。

3. 字间组合特征

字间组合，是指词或词组中的各个字之间的大小比例及配置关系方面的特点。这类特征常常出现在一些较为固定的词语中，如签名、常用词和数字等。由于这些字经常组合在一起使用，尤其是个人签名，一旦形成固定的样式便成为不可分割的整体，它们之间的位置远近、大小比例和搭配关系，就有个人的习惯。

正常书写的签名中，字间组合特征是非常稳定的，因此在签名笔迹鉴定中，要特别予以关注。摹仿笔迹中，此特征往往被摹仿人忽略并发生变化，因而是认定摹仿笔迹的重要依据。

三、写法特征

所谓写法，主要是指文字的写法，也包括其他符号的写法。字的写法，是指字的基本构成成分和结构方式。汉字的结构复杂，形体多样。同一个字在不同人的笔迹中有不同的写法，同一个字在同一个人的笔迹中有时也有不同的写法，形成了不同的写法特征。

（一）现行规范写法特征

现行规范写法，是指国家规定的现行简化字。现行简化字是从 1956 年开始逐步推行，到 1964 年全面推广使用的。由于正规基础教育的普及和国家的大力推行，按现行规范写法书写的人越来越多，特别是在少年、青年和中年人中普及率更高。

在通常情况下，现行规范写法特征作为符合点使用价值不高，作为差异点使用具有一定的鉴别意义。但是当多个嫌疑人都是老年人时，物证笔迹中的现行规范写法也有较高的鉴定价值。

（二）异体写法特征

异体写法，是指与现行规范写法同音同义不同形，而又曾经被社会规范所承认的那些字，即异体字。它包括以下几种：

1. 原繁体字

原繁体字是指在汉字简化前曾作为规范字使用，后来被简化字代替的那些字（见图 3-10，图中括号内为规范写法）。由于这些字结构复杂、笔画繁多，不易书写，所以写繁体字的人将越来越少。

繼（继）	續（续）	蠟（蜡）
燭（烛）	會（会）	計（计）
稱（称）	號（号）	氣（气）

图 3-10　原繁体字举例

目前我国大陆能写出规范的繁体字的除了专门研究语言文字的专业人员以外，主要还有部分老年人和书法爱好者。这样，原繁体字特征就有较高的价值。使用繁体字特征时需要注意的是，我国港澳台地区仍然使用繁体字，这些地区的人（包括少年儿童）都能写出规范的繁体字。

2. 旧异体字

旧异体字是指汉字改革前同当时的正体字并存、通用，后来在异体字整理时被停止使用的那些字（见图 3-11）。这类字总的来说已被淘汰，使用的人越来越少。

图 3-11　旧异体字举例

不同的异体字出现率相差比较大，有的异体字书写还相当普遍，有些异体字现已基本绝迹，所以同是异体字，其特征价值也有差别，在检验中要区别对待。

3. 曾用简化字

曾用简化字是指国家 1977 年 12 月 20 日公布的《第二次汉字简化方案》（第一表）中所列的字（见图 3-12），这些字一年后停止使用。受其影响比较大的主要是当时在校学习的中小学生。

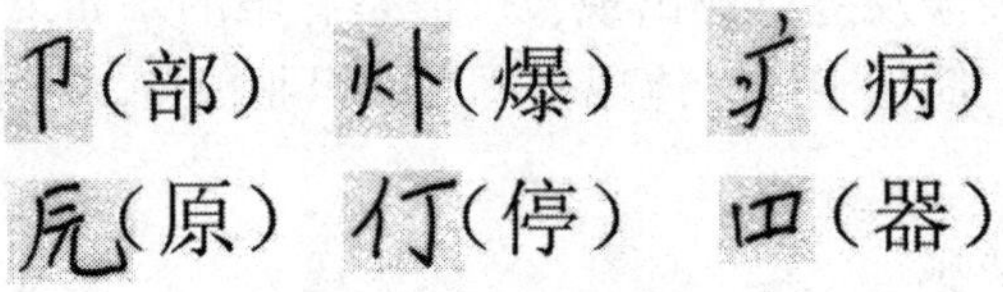

图 3-12　曾用简化字举例

曾用简化字并不都是新造字，其中很多字在《第二次汉字简化方案》公布以前，就已经是某些地区普遍流传的习俗简化字。所以在评断该特征的价值时，要结合嫌疑人和发案地的实际情况作具体分析。

（三）习俗简化写法特征

习俗简化写法，是在一定范围内流传使用的非规范简化字。其特点是字的结构简单、字形简化。它们可分为两类：

1. 地区性习俗简化字

地区性习俗简化字主要在某个或某几个地区流传使用，而且常常与一定地区的方音有关（见图 3-13）。

图 3-13　地区性习俗简化字举例

如果这些简化字在涉及的地区出现，价值是有限的。如果在其他地区出现，则鉴定价值较高。这些简化字同时体现书写人的地域性特点，对书写人的分析画像有重要意义。

2. 职业性习俗简化字

职业性习俗简化字，是从事某种职业的人，对其使用频率较高的字，为方便书写而自行简化的写法（见图 3-14）。其中，“酒、菜”对应的是餐饮业习俗写法，“煤”对应的是煤炭业习俗写法，“储”对应的是金融业习俗写法，“螺”对应的是机械制图业习俗写法，“医”对应的是医疗卫生行业习俗写法。

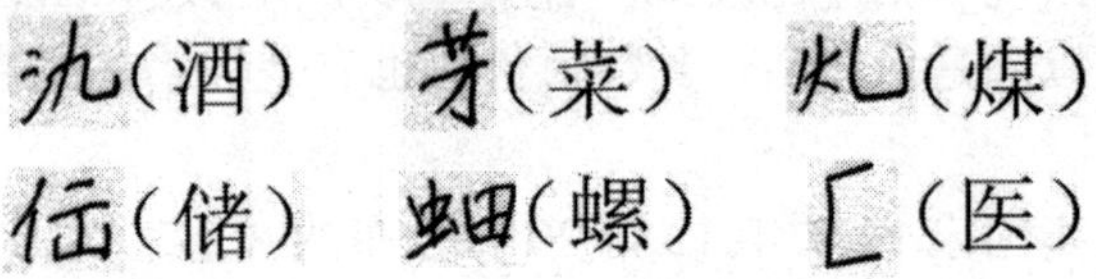

图 3-14　职业性简化字举例

如果这些简化字在涉及的行业出现，价值是有限的。如果在其他行业出现，则特征价值较高。这些简化字同时体现书写人的职业特点，对书写人的分析画像有重要意义。

（四）行草写法特征

行草写法是行书和草书的统称，也可指行书体和草书体共存的笔迹。行书和草书是汉字发展演变过程中形成的两种字体，它们各自有不同的书写规则和要求（见图 3-15）。日常生活中，多数人书写的是似行草而又不规范的连笔字，从特征的角度看，它们反映个人的习惯和特点较多。

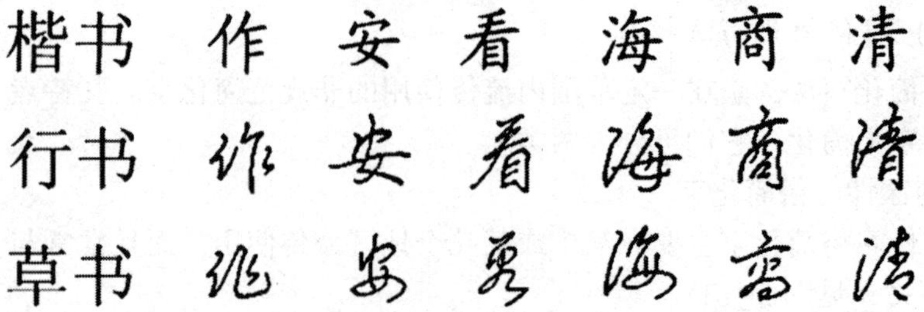

图 3-15　楷行草写法举例

物证笔迹如果是比较规范的行草书，那么意味着书写人的书写水平是很高的，因此划定的涉嫌范围会比较小。因为在日常书写中，能按规范的行书和草书书写的人不多，所以行草书写法的特征价值比较高。

（五）简缩写法特征

简缩写法，指的是把一个词或词组拼成一个“字”的特殊写法（见图 3-

16）。它具有速记的功能，但又不同于速记符号。它只出现在经常使用的某些固定词语中。这类字有的使用范围广，有的仅局限在某个行业内。

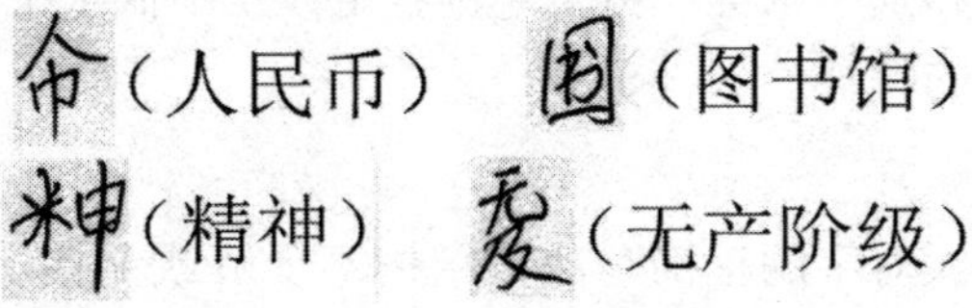

图 3-16　简缩写法举例

有的简缩写法可能有多种形式，如“问题”可以写成“门 T”，也可以写成“T”在“门”内部。所以评断简缩写法特征的价值，要结合涉嫌范围和具体案件情况综合考虑。

（六）外来写法特征

外来写法，是指从使用汉字的其他国家传入的不符合我国汉字规范的写法（见图 3-17）。结合第一章关于“汉字文化圈”的内容，可知历史上我国的汉字向周边的国家输出过。部分汉字在周边的国家发生变异后又传入我国，就形成了外来汉字。在我国这类汉字主要是出现在东北地区的日文汉字和东南沿海地区的东南亚汉字。其中，日文汉字的传入主要是历史上日本对东北三省进行殖民统治的结果，东南亚汉字则是东南亚各国与我国东南沿海地区经济文化交流的结果。

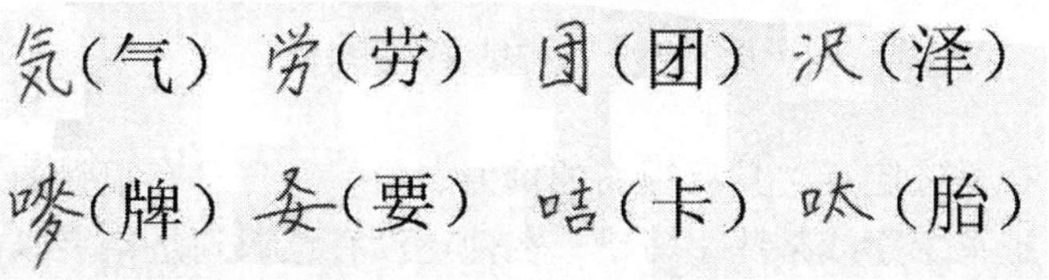

图 3-17　外来写法举例（上行为日文汉字，下行为东南亚汉字）

外来写法的特殊性比较强，特征价值也比较高。尤其在上述地区以外的地方出现，价值更高。此外，外来写法都能体现出书写人的地域性特点，日文汉字还能体现出书写人的年龄特点。

此外，其他符号也存在写法特征。所谓其他符号，主要包括标点符号、校对符号、科技符号、商业货币符号，等等。这些符号虽然有的常用，有的不常用，但书写中确实存在有的习惯用，有的不习惯用；有的写得规范，有的不规范；有的使用准确，有的不准确。这样，就形成了不同人使用其他符号的习惯和特点。其他符号的写法特征一旦成为书写人的习惯，即使在伪装书写时也很少发生改变。

四、错别字特征

错别字包括错字和别字两类。由于笔迹鉴定涉及中低水平的笔迹较多，所以错别字也是经常使用的特征。

（一）错字

错字，是指书写人对字的正确写法和结构不了解或掌握不准确而写错的字。有些错字是由于增加或减少了个别笔画而形成的（见图3-18）；有些错字是因错配偏旁和结构颠倒形成的（见图3-19）。

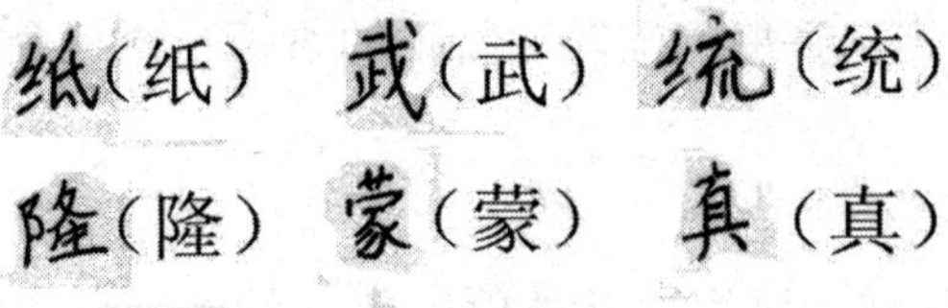

图3-18　多笔少画错字举例

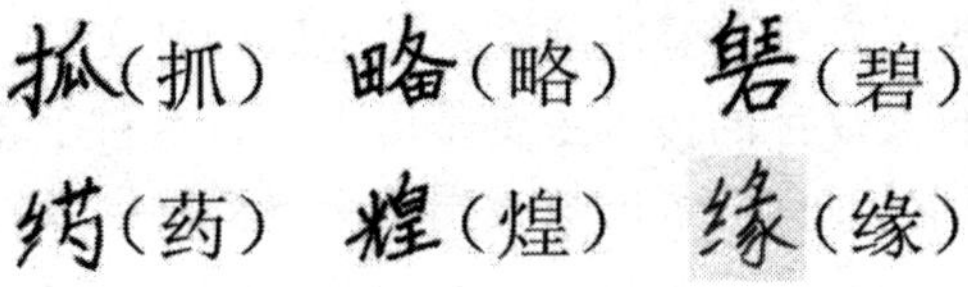

图3-19　结构错误错字举例

错字特征在笔迹鉴定中具有很高的价值。第一，它具有很强的稳定性。由于书写人习惯于把某个字或某些字写错，在他还没有意识到是错字以前是不可能改正的，即使在伪装的时候也不会改变；第二，它具有较强的特殊性。因为错字在人们书写中的出现率本来就比较低，而错在哪些字、哪个部位，更是人各有别。但是，由于连笔而省略笔画，或由于笔误而出现多笔、少笔及故意写错字的，不能视为错字特征。

（二）别字

别字是结构没错，只是用错了的字，即通常所说的“白字”。从形成别字的原因上划分，别字可分为同音别字（含方音别字）、形近别字、义近别字（见图3-20）。

流言非（蜚）语　如火如茶（荼）　经长（常）

言（然）而　针炙（灸）　纷至踏（沓）来

图3-20　别字举例

别字特征也是出现率较低的特征，习惯性的别字特征相符也是认定结论的重要依据之一。但文化水平不高的人都可能出现别字，而且一般都是用会写的字代替不会写的、简单的代替繁难的、常用的代替生僻的。这样，不同的人就难免书写相同的别字。所以，相比之下，别字特征不如错字特征的价值高。此外，有些人伪装笔迹时，故意写别字；由于一时疏忽也可以出现别字。因此，对别字特征也要作具体分析。方音别字则是判断方言的主要根据。

笔迹鉴定中接触的错别字分为三种：一种是偶然笔误形成的错别字；一种是故意伪装书写的错别字；还有一种才是习惯性的错别字。只有习惯性的错别字，才是错别字特征。

五、结构特征

结构特征是指笔画或偏旁之间的空间布局和比例关系的特点。不同人写同一个字，往往由于笔画或偏旁之间的相对关系不同，形成了不同的结构特征。结构特征由搭配和比例两类特征组成。

（一）搭配特征

搭配特征，是指笔画或偏旁之间的交接部位及相对位置的高低、远近方面的特征。主要表现在三个方面：

1. 笔画的交接位置

字的笔画之间存在交叉或搭接关系。不同的人写字常常在笔画交接位置上表现出不同的特征（见图 3–21）。

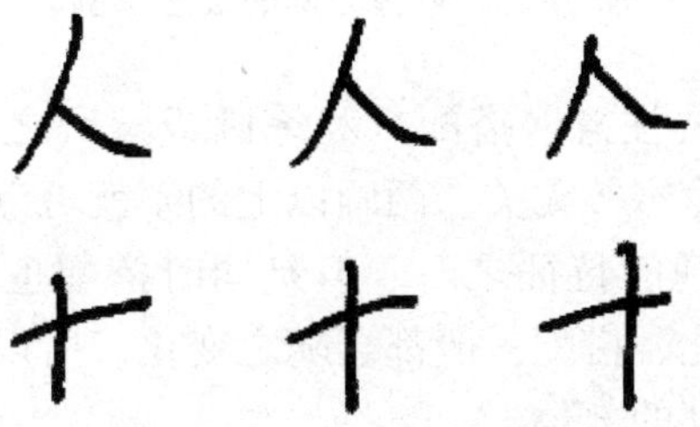

图 3–21　笔画交接位置举例

2. 邻位笔画的距离

字的邻位笔画之间存在一定的相互关系。但不同人写字时相邻笔画的距离却不尽相同，存在位置远近的差别，表现出不同的邻位笔画关系（见图 3–22）。

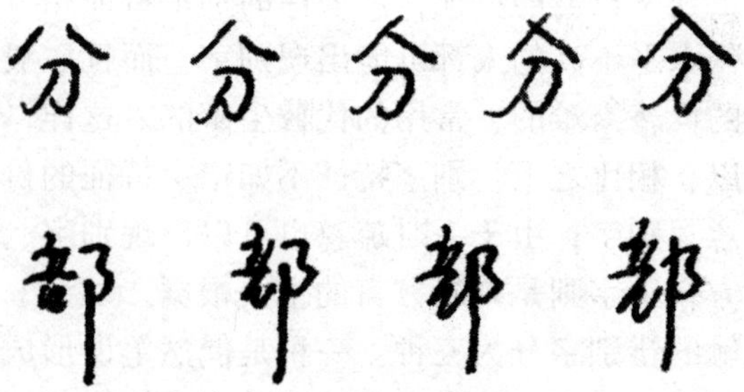

图 3-22 邻位笔画的距离举例

3. 偏旁之间的位置

字的偏旁之间都有一定的位置关系。但不同人书写时，在偏旁间的位置高低、远近上表现出一定的差别（见图 3-23）。

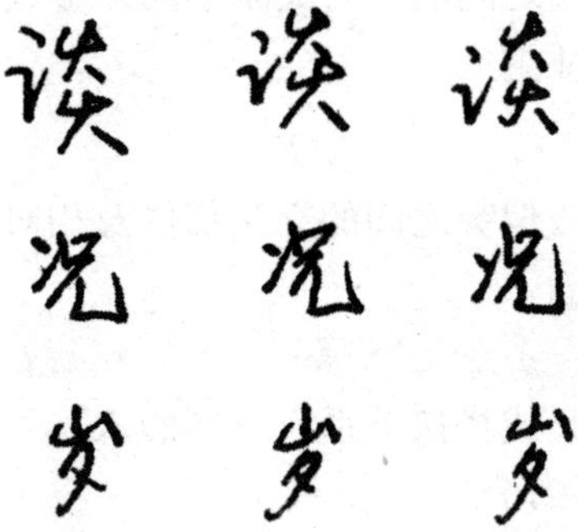

图 3-23 偏旁之间的位置举例

认识搭配特征时需要注意，搭配只和笔画或偏旁之间的高低、远近位置有关，而与长短、大小、宽窄等无关。两画以上的字就可以出现搭配特征，因而搭配特征是笔迹中最易出现的特征之一。但是同时搭配也是最容易发生变化的特征，只要笔迹有伪造变化，搭配一般都会随之变化。所以选用搭配特征时，要选择那些既特殊又有规律性的部位。

（二）比例特征

比例特征，是指笔画或偏旁之间大小、长短、宽窄的比例关系的特点。主要表现在两个方面：

1. 笔画的长短比例

同一个字，不同的人书写，字的笔画之间的长短比例关系常常是不同的（见图 3-24）。

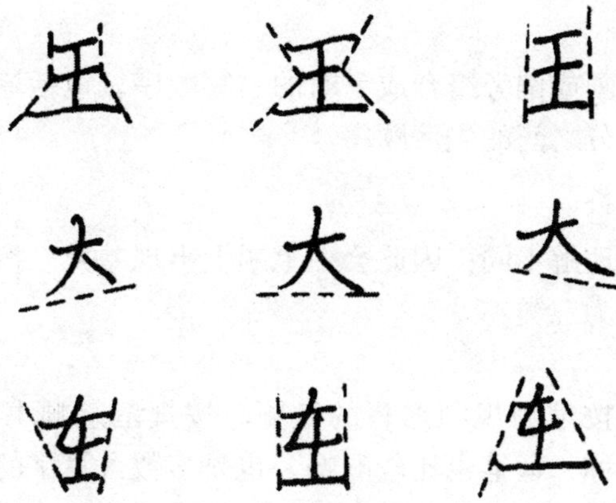

图 3-24　笔画的比例举例

2. 偏旁之间的大小、宽窄比例

字的各个偏旁在字中各占多大的位置，虽有大致规则，但不严格。于是，形成了字的偏旁间的大小、宽窄比例的不同（见图 3-25）。

图 3-25　偏旁的比例举例

认识比例特征时要注意，比例特征是笔画或偏旁之间长短、大小、宽窄的关系。如果两个笔画或偏旁只是由于位置不同，导致字形显得特殊，这只能算作搭配特征，而不能算作比例特征。比例特征容易出现在一个字的多个同名笔画间和偏旁之间。选用比例特征时，也要选择那些既特殊又有规律性的部位。

总的来说，搭配比例特征容易受书写条件的变化和书写人故意伪装的影响而发生变化，即使是正常情况下先后书写的同一个字也不可能分毫不差。因此，在选择和使用搭配比例特征时，应从实际出发，注意搭配比例的细节，把握其大体的搭配比例关系。

六、笔顺特征

笔顺，是指用笔画或偏旁组合成字时的书写顺序，包括笔画的先后书写顺序和字的偏旁或组成部分之间的先后顺序。

（一）笔顺的分类

不同人对笔顺的理解不同，因此会在笔顺上出现差异。按笔顺规则和出现率高低划分，笔顺可分为三类：

1. 规范笔顺

规范笔顺，是指按笔顺规则书写的笔顺。按规范笔顺书写符合书写运动规律，写出的字结构适称，运笔也比较顺畅，也是多数人写字的共同特点。

在笔迹鉴定中，作为符合点使用，规范笔顺的价值不高。但要注意，有的人群中规范笔顺的使用人数并不多，因而特征价值较高。

2. 通用笔顺

由于汉字比较复杂，有些字或偏旁的笔顺难以用笔顺规则一一界定。加之受行草体写法的影响，有些非规范笔顺也不为错，而且在人们的笔迹中出现率并不很低，我们把这类笔顺称为通用笔顺（见图 3-26）。

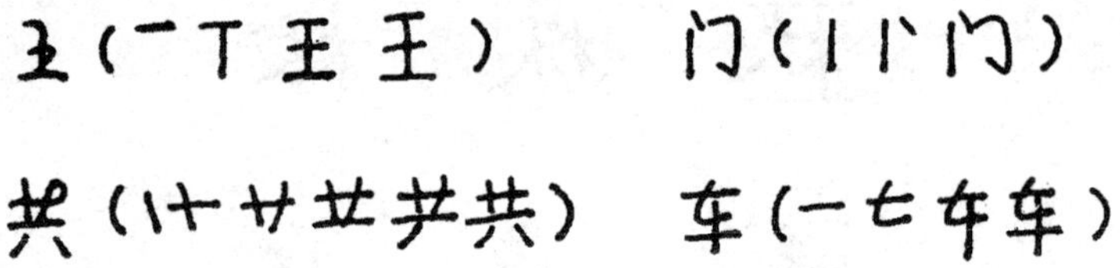

图 3-26　通用笔顺举例

通用笔顺主要指受行草书影响出现的与楷书不同的笔顺，所以当通用笔顺出现在常用（或常见）字上时，如图中的“王”的笔顺，作为符合点价值不高。如果通用笔顺出现在不常用（或不常见）字上，如“不”的笔顺写成横竖撇捺，则特征价值较高。在物证笔迹与样本笔迹书写速度接近的情况下，通用笔顺的差异特征价值较高。

3. 特殊笔顺

特殊笔顺是出现率很低的非规范笔顺，也称为错笔顺或倒笔顺（见图 3-27）。这种笔顺不便于书写，写出的字很别扭，多出现于书写水平较低的笔迹中。

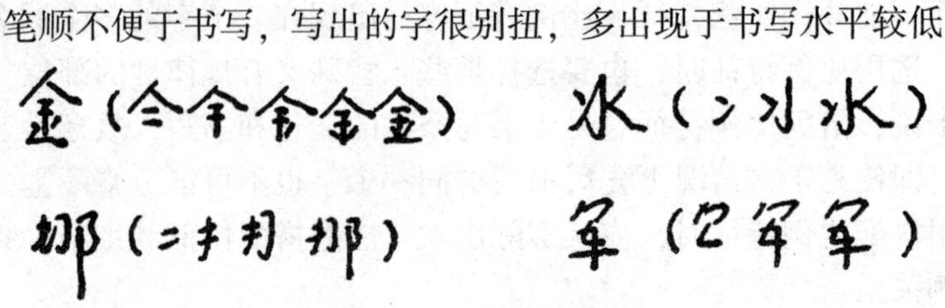

图 3-27　特殊笔顺举例

由于特殊笔顺的出现率很低，因此无论作为符合点还是差异点使用，都具有重要价值。

总体来看，笔顺特征稳定性较强，作案人又不容易在笔顺上进行伪装，因此，笔顺特征往往是笔迹鉴定中做认定或否定结论的一个重要依据。特别是在伪装笔迹中，笔顺特征的作用更为突出。但也应注意，有一定书写能力的人可能习惯用多种笔顺。由于笔迹反映的局限性，只表现出其中一种，从而形成差异；有些伪装手段偶然出现笔误，也会出现笔顺变化。因此，对笔顺特征也要作具体分析，既要注意研究它、使用它，又不能迷信它，要根据案件的具体情况，从同一字和不同字的同部位，研究其笔顺的变化规律。

（二）笔顺的判断

连笔书写的字，可根据笔画的连接关系判断笔顺（见图 3-28）。

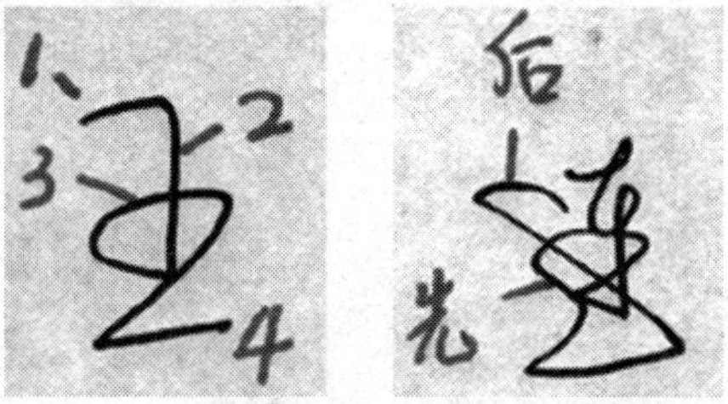

图 3-28　根据笔画的连接关系判断笔顺

不连笔字的笔顺判断方法如下：

1. 根据起收笔的照应关系

所谓起收笔动向，就是前后两笔之间，因书写运动较快，抬笔、落笔动作形成的指向性的痕迹。它们之间形成一种形断意连、互相呼应的关系（见图 3-29）。这是一种没有连接的连笔动作，只要从前一笔的收笔方向看其指向，从下一笔的起笔动作看其与哪个笔画的收笔相呼应，即可确定哪笔在先、哪笔在后。

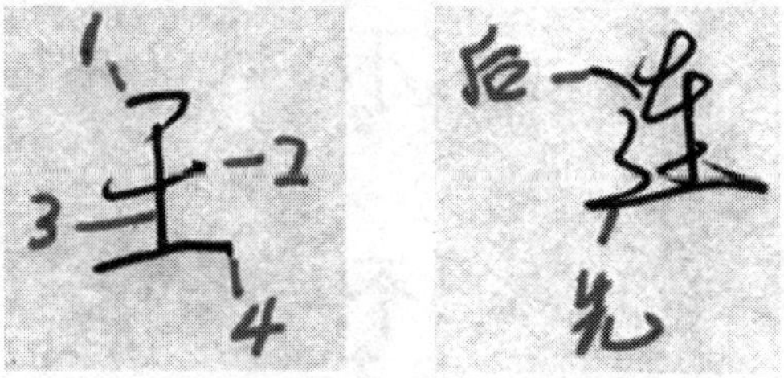

图 3-29　根据起收笔的照应关系判断笔顺

2. 根据运笔趋势

运笔趋势是某个笔画所体现的运行动向（见图 3-30）。人们写字达到熟练之后，每个字的各个笔画不再是孤立的线条，它们之间存在书写时序上的承接关系。就是说，从前一笔的运行开始即向后一笔的起笔过渡，从而使笔顺从运笔趋势上表现出来。这也是一种没有连上的连笔动作，只是它表现在整条笔画上，而不仅在起笔、收笔部位上。

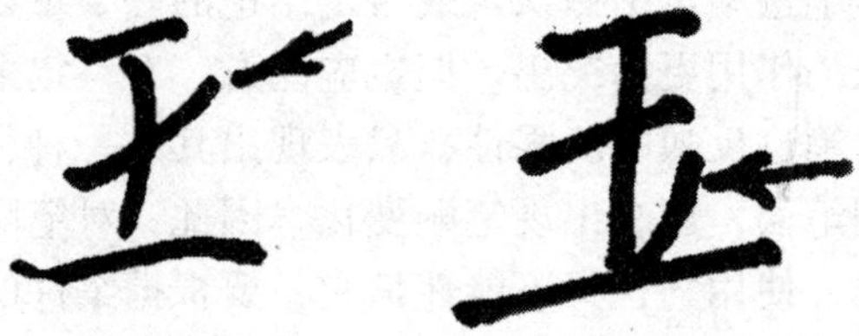

图 3-30　根据运笔趋势判断笔顺

3. 根据笔画或偏旁间的搭配关系

（1）看笔画搭配距离的远近。一般说，三个或四个同向笔画之间，搭配距离较近的两笔或三笔是连续书写的，跟它们距离较远的一笔，中间间隔另外方向的笔画（见图 3-31）。

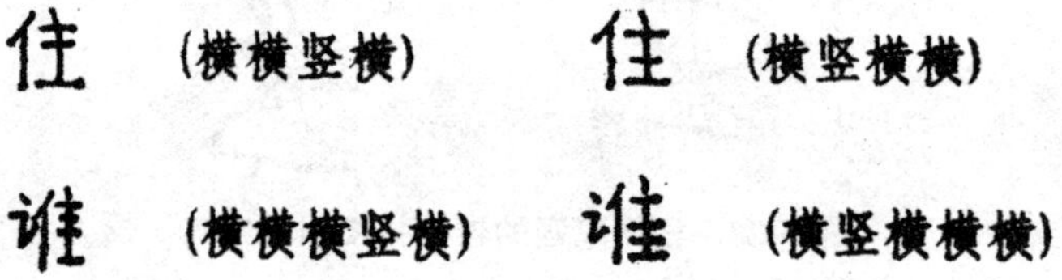

图 3-31　根据笔画搭配距离的远近判断笔顺

（2）看笔画的位置高低、收笔远近。有的笔画，特别是点笔，先写和后写时笔势不同，它们的位置高低也不同，后写的点笔位置往往偏高。某些笔画收笔的远近，也能反映书写的先后次序。先写笔画收笔近，后写笔画收笔远（见图3-32）。

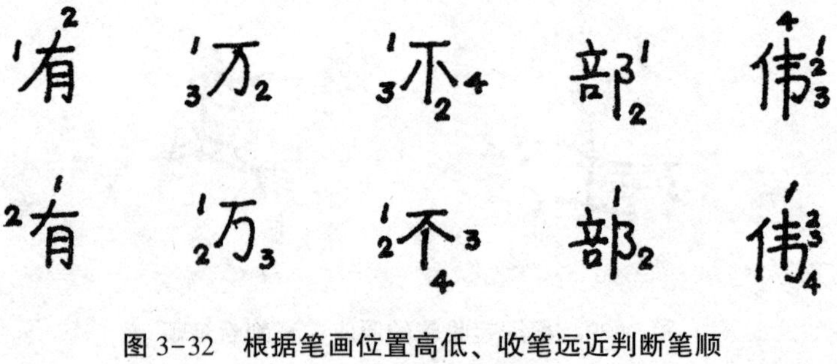

图 3-32　根据笔画位置高低、收笔远近判断笔顺

（3）看偏旁间的搭配关系。根据偏旁间的搭配关系判断笔顺，常常是针对具有半包围结构的一些字。形成内外包衬关系的字，往往是外部偏旁先写；将内

外包衬关系变成类似左右搭配关系的字，往往是内部偏旁先写。有些字还可从书写中形成的上下、左右结构上，确定上部偏旁先写还是左侧偏旁先写（见图 3-33）。

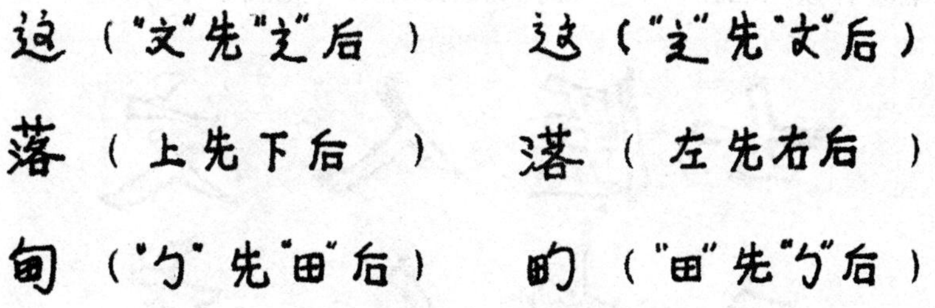

图 3-33 根据偏旁间的搭配关系判断笔顺

此外，借助显微镜观察笔画交叉部位的形态特点，找出完整通过交叉部位的笔画，也可确定相交笔画书写的先后顺序。由于不同纸张和笔的性能不同，所以运用这种方法判断笔顺时，最好先通过预实验掌握与物证同类的纸张和笔形成的笔画交叉顺序的特点，并据此作出相应判断。

通过上述的各种方法，可以对大多数字的笔顺作出判断。

七、运笔特征

运笔特征，是笔迹的细节特征，是指书写各种笔画（含连笔）的起笔、运行至收笔过程中的动作和力量分布的特点。汉字的每种基本笔画都有具体的书写要求，与之不符的都可视为运笔特征。运笔特征具体可分为起收笔、行笔、连笔和笔力四种特征。

（一）起收笔特征

起笔是运笔的开始，收笔是运笔的结束，二者具有类似的动作特点。

1. 直起、收笔

直起、收笔是指笔尖落于或离开纸面时没有明显的顿压动作，起笔、收笔方向与运行方向一致，因而起笔、收笔端为尖削状（见图 3-34）。其具体形状则与书写工具有关。

图 3-34 直起笔、直收笔举例

2. 侧起笔与顿压收笔

侧起笔是写横时笔尖显露在左上端，写竖时笔尖显露在左侧端，落笔处表现为尖削的断面。用钢笔、圆珠笔等书写时，开头可能出现微小的翘头动作。顿压收笔即收笔时有顿压动作，收笔处表现为圆钝形（见图 3-35）。

图 3-35　侧起笔和顿压收笔举例

3. 回转起笔、收笔

回转起笔是写横画时欲右先左，写竖画是欲下先上，其特点是笔锋藏于笔画内，笔端圆润（见图 3-36）。回转收笔的笔法和形态特点与回转起笔基本一致，钢笔和签字笔等硬笔书写时，可表现有回锋钩。

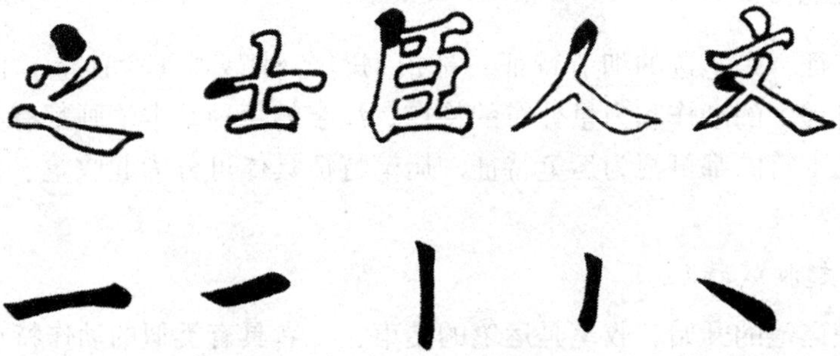

图 3-36　回转起笔、收笔举例

起笔、收笔动作属细节特征，不但在正常笔迹中比较稳定，而且在伪装和摹仿笔迹中也不容易改变，暴露书写人的习惯特点，因而在笔迹鉴定中，具有很高的特征价值。但它在一定程度上容易受到书写工具和书写速度的影响，运用时要综合考虑各种因素，包括不同字的同部位或可比部位起笔收笔的特点。

（二）行笔特征

行笔，一个笔画上除起收笔以外的部分都属于行笔，包括行笔的方向和形态。

笔画本身就有方向性，方向不同就是不同笔画。笔画的方向是通过行笔的方向体现的，虽有规范但并不非常严格，允许书写人在一定范围和程度内自行安排。有些笔画由于行笔方向的改变，从一个笔画变成了另外的笔画，即所谓笔画变异。正是因为不同人在某些笔画行笔方向上的差别，才形成了不同的行笔特征。

笔画写成什么形态，与人的书写运动习惯有关。由于动作习惯不同，同一个笔画就会出现不同的形态。如横笔，有人写得平直，有人就写成向上或向下的弧形，还有人写成波状。不同人书写笔画，压力的分布也有差别。同是写横笔，有的写出蜂腰横，有的写出锥形横（见图 3-37）。可见，不同人的笔画形态是有差别的。

图 3-37 各种横画行笔举例

书写过程不是机械重复，即使同一次书写的同类笔画的运行过程也不可能完全一样，所以要找出习惯的行笔特点才能作为行笔特征。这里所说“习惯”的含义，就是有规律性，即在一份笔迹材料的同名笔画中，占大多数的反映一致的运行方向或形态。在伪装、摹仿、签名及少量字笔迹的案件中，行笔特征都可以发挥重要作用。

（三）连笔特征

连笔特征是指两个或两个以上笔画连写时所表现出的运笔特点。快速书写就会出现连笔，但不同人在连笔的部位、方向和形态上却存在差别。

连笔的部位，是指连笔发生在哪两个或哪几个笔画之间。虽然都有连笔，但有人习惯在这些笔画上连写，有人习惯在那些笔画上连写（见图 3-38）。

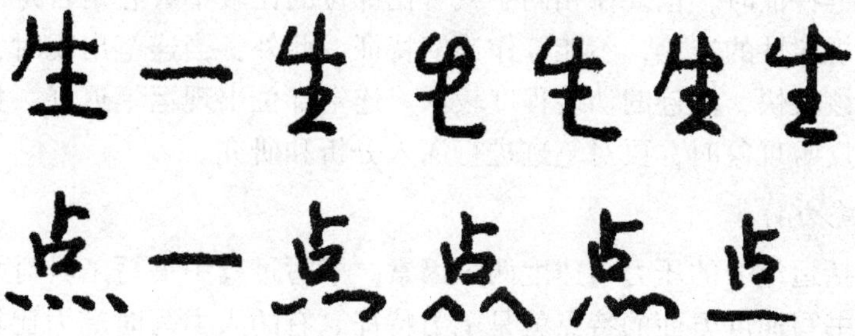

图 3-38 连笔部位举例

连笔的方向，是指从前一笔过渡到下一笔时连接运行的走向。不同人的连笔，有的环绕，有的转折；有的取捷径连接，有的习惯绕行（见图 3-39）。

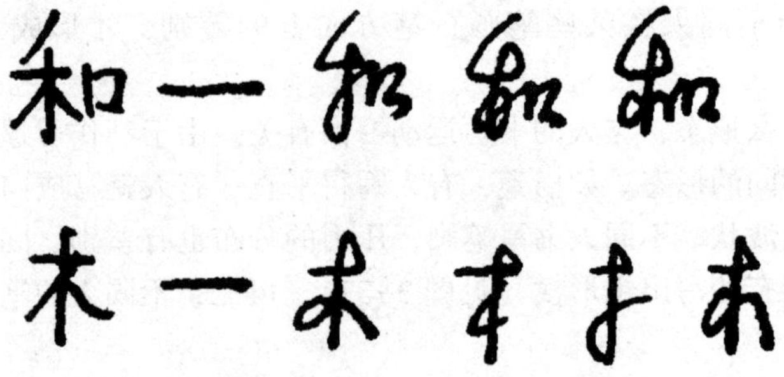

图 3-39　连笔方向举例

连笔的形态，是指笔画连接处的形状。书写连笔动作，有的人比较宛转，有的人比较生硬。这样，在连笔部位形成的形状，有的就比较圆滑，有的就棱角突出。同属一种类型，具体形态也有差别（见图 3-40）。

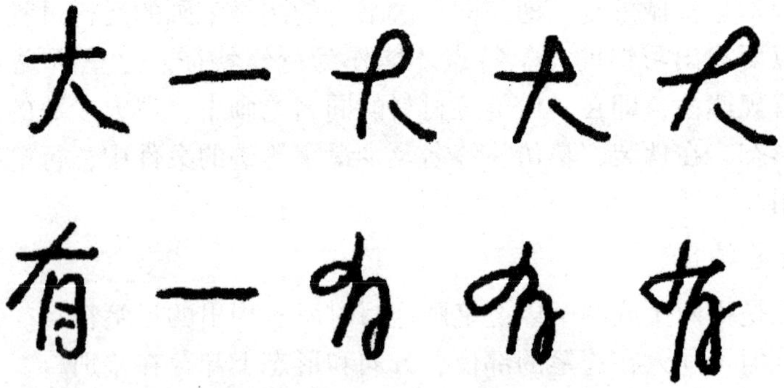

图 3-40　连笔形态举例

运用连笔特征时，也要在相同字或可比部位的比较中看它是否是习惯性的表现，不是有规律性的连笔，不能算作连笔特征。此外，当连笔出现时，就意味着书写速度应该较快，笔迹的伪装程度较低。连笔部位出现运笔迟疑、抖动弯曲或停笔另起等反常现象时，要对笔迹进行深入分析和研究。

（四）笔力特征

笔力包括运笔中的压力与速度两个因素。书写过程中书写工具对承受物形成的压力以及书写速度方面的特点就是笔力特征。有的人书写时笔力比较均衡、书写速度适中；有的运笔中笔力时轻时重，书写速度快慢结合；有的重拖，有的轻带；有的压力在前笔的末尾，有的压力在后笔的开始。这些变化可以通过笔痕的深浅、笔画的流利程度和笔画的粗细来考察。笔力特点虽然表现细微，但却是个人书写习惯的表现。

笔力特征属于笔迹深层次的特征。这类特征既细微又特殊，既不易改变又不易把握。所以摹仿笔迹的高手可能仿得惟妙惟肖，但不免貌合神离，这个“神”就是笔力。笔力很难把握，也很难摹仿。

运笔特征是笔迹鉴定中使用最多的一类特征。因为，写每个笔画都有运笔问题。但是，它容易受故意伪装和书写条件变化的影响，甚至连书写速度的变化都会带来某些运笔的改变。只有深入研究运笔特征的变化规律和特点，学会动态地把握和使用运笔特征，才能在笔迹鉴定中充分发挥运笔特征的作用。

八、笔痕特征

笔痕特征，是指个人书写运动作用于笔尖、反映在笔画中的细微征象。主要分为点痕、条（划）痕和油墨（水）流痕。

（一）墨点与白点

笔痕的墨点与白点特征，主要存在于圆珠笔字迹中，而且表现在笔画的起笔、收笔和折笔处（见图3-41）。在某些笔的书写中，可出现瞬间不着墨，于是在起笔处形成点状的露白；有的在瞬间出现油墨堆积，于是在收笔或折笔处形成了点块状的墨迹聚积。

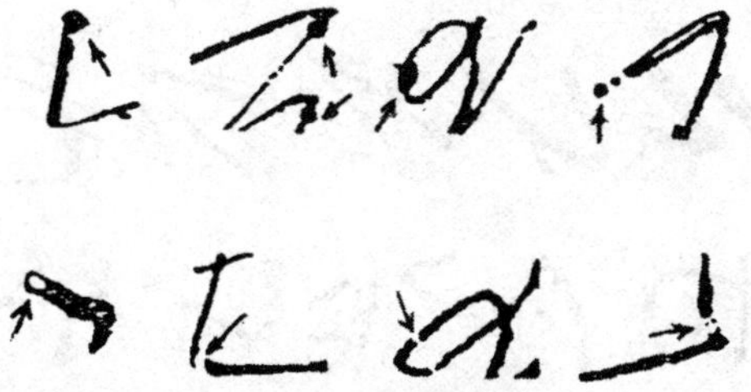

图3-41　圆珠笔笔痕的墨点与白点

（二）墨线与白线

在使用圆珠笔书写时，很多人的字迹笔画中都有墨线和白线出现。但不同的笔或不同的人书写，墨线与白线的分布位置和粗细的搭配却有一定的差别，形成了不同的墨线与白线特征（见图3-42）。

图3-42　圆珠笔笔痕的墨线与白线

（三）划痕与压痕

划痕与压痕特征是圆珠笔和钢笔字迹中都可能出现的。在书写作用力较大时，可因笔尖着力而在笔画上形成一定的划痕或压痕（见图 3-43）。有的划痕还可能划破纸面，在下页纸上形成着墨或不着墨的划痕。不同的笔或不同的人书写，形成的划痕与压痕特征是有差别的。

图 3-43　圆珠笔笔痕的划痕

（四）粗细与浓淡

在钢笔和圆珠笔字迹中笔痕的粗细与浓淡，主要取决于笔尖粗细、供墨是否通畅和用笔的压力。不同的笔或不同的人书写，笔痕的粗细和浓淡也是有差别的（见图 3-44）。有的横画与竖画的粗细、浓淡不同，有的起笔与收笔的粗细、浓淡不同。在钢笔字迹中，有些起收笔笔痕的形态也有差别。

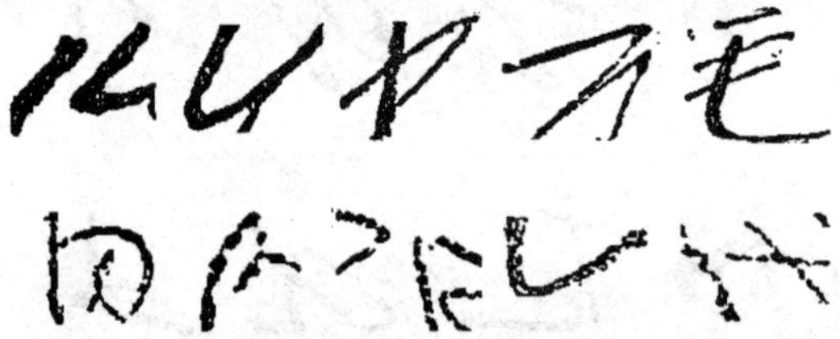

图 3-44　圆珠笔笔痕的粗细与浓淡

笔痕特征，虽然不同的人和不同的笔都会表现出差别，但笔痕形成的因素很复杂，它也会出现某些变化。所以，利用笔痕特征排除嫌疑时应特别慎重。但如果发现笔痕特征相同，这是人的书写习惯和书写笔共同作用的结果，不存在偶然巧合，那么它就是认定同一人、同一支笔书写的重要根据。

第三节　笔迹鉴定的程序方法

笔迹鉴定解决的主要问题是确定两部分笔迹是否为同一人的笔迹。同一人的笔迹在自身同一中包含着差别和变化，包含着与他人笔迹不同程度的相似性，而且书写人的任何笔迹在表现书写技能习惯时都有一定的局限性，这就给笔迹鉴定带来许多复杂的情况。为此，笔迹鉴定不仅需要科学的理论作指导，还必须按科学的程序和方法来进行。

笔迹鉴定工作的程序是：（1）受理鉴定；（2）检验；（3）制作鉴定文书。笔迹鉴定的基本方法是同一认定法，它通过物证笔迹（即检材）和嫌疑人笔迹（即样本）的比较，确定二者的书写习惯是否同一，从而作出认定或否定的结论。就操作方法而言，笔迹鉴定通过分析笔迹的形成、选择笔迹特征、比较笔迹异同和综合评断作出鉴定意见等步骤来完成。

一、受理鉴定

受理人根据送检单位的委托或本鉴定机构领导指派，按照本鉴定机构的相关程序受理笔迹鉴定。受理鉴定的主要任务是了解案件情况，查验笔迹物证和嫌疑人的笔迹样本，明确鉴定要求。

（一）了解案件情况

1. 简要了解案情

简要了解案情是在正式填写委托鉴定登记表之前进行的，它相当于规范运行的实验室（鉴定机构）与客户（送检方）之间的合同评审，目的是了解送检单位情况、案件性质，根据有关政策规定，决定是否应当受理；根据物证的情况和送检人提出的鉴定要求，初步判断鉴定机构是否具有相应技术条件；向送检人作出鉴定机构的有关声明。待双方都确认之后，再正式受理。

2. 详细了解案情

受理人应向送检单位详细了解案件的发生、发展、侦查、审理等有关情况。详细了解案情的目的是，尽可能详细占有材料，便于结合案件的实际情况，对鉴定过程中遇到的问题作出客观的、科学的分析和判断。受理人对了解的案情要作详细记录。需要详细了解的主要内容如下：

（1）发案情况。即该案发生的时间、地点、具体场合及发现经过。

（2）侦查与调查工作情况。就是了解办案单位就该案的侦查调查工作的开展情况，对案件涉嫌范围的判断及其根据。

（3）嫌疑人（或当事人）的情况。即了解嫌疑人（或当事人）的姓名、性别、年龄、籍贯、职业、出身、成分、文化程度、社会经历、个人爱好、书写技能、身体状况等；被确定为嫌疑人的根据，如此人平时的表现，有无作案的时间、条件和作案思想因素。

（4）物证鉴定和查证情况。送检的笔迹物证是否经过鉴定，鉴定意见和根据是什么，原鉴定送检的检材和样本与本次鉴定有无不同，重新鉴定的原因。与该案有关的其他物证，如纸张、书写工具、手印、脚印、血迹、DNA 等现场遗留物品、痕迹的调查、检验情况。

（5）进一步明确鉴定要求。在详细了解案件的情况后，要明确送检单位提请鉴定解决的具体问题。受理人要对鉴定的目的和意义有清醒的认识。如果根据案情和鉴定条件，受理人认为有必要补充或修改鉴定要求，以便更好地揭示或证明案件事实，可向委托人提出建议。不能置文书物证的整体于不顾，就事论事，简单处理。

（二）查验物证笔迹

查验物证笔迹，主要解决以下几个问题：

（1）查验物证笔迹字迹是否清晰、完整，有无鉴定条件。有时物证的原件或照片字迹比较模糊，鉴定条件较差，但只要尚有鉴定的可能，受理人就应受理，并且鉴定人应尽量利用现有条件进行鉴定。当然也要实事求是，特别是对那些字数很少而又模糊不清，确实不具备鉴定条件的，应在说明情况后拒绝受理。

（2）问明笔迹物证的形成条件。对于直接书写在某种物体上的字迹，应了解它在现场的原始状态、具体位置、倾斜方向、字迹大小以及书写环境。还要问明是用何种书写工具在何物体上写的，物体表面性状如何，是光滑的，还是粗糙的；是平面，还是柱球状面；是干燥的，还是潮湿的，或是否在正在生长的植物上写的等。必要时，在案件受理后鉴定人应对现场情况进行实地观察。对于在纸上书写的，应仔细观察纸张及笔迹的各种现象，弄清纸张折痕、缺损、污染、涂抹等各种反常迹象形成的原因。

（3）核实物证笔迹本身的情况。特别是对送检的笔迹物证照片，如果照片对笔迹的细节反映不够清晰，则应向送检人详细了解原笔迹中某些笔画连接与搭配关系，以及笔顺等情况。要注意分清哪些是应鉴定的笔迹，哪些是无关的笔迹或划痕，特别是支票、收据之类的物证，要分清哪些是作案人的笔迹，哪些是其他人员的笔迹，切不可混淆。

（4）要了解物证笔迹在拍照、提取、包装、运送等过程中发生的变化。

（5）具体核对物证笔迹的名称、数量。尤其要注意送检物证是否为原件。

（三）查验笔迹样本

通过笔迹鉴定，确定物证笔迹是否为某人的笔迹，必须用嫌疑人的亲笔字迹作为比较检验的样本。因此，笔迹样本是否真实可靠，质量如何，直接关系到鉴定意见的准确性。

1. 核实笔迹样本是否为嫌疑人亲笔所写

要警惕将他人代笔的字迹材料误作嫌疑人的亲笔样本。特别是作为样本的材料数量较多，常混有他人的笔迹，因此必须一一核对，防止将他人的笔迹当作嫌疑人的笔迹。对于送检人一时确定不了的，应分别记录，作为参考材料。

2. 查验笔迹样本的种类、了解收集方法

有的笔迹样本能很好地反映出书写人的书写技能与习惯，有的则变化较大，因此确定笔迹样本的种类对于笔迹样本的使用有重要意义。了解样本的收集方法，则能加深鉴定人对笔迹样本的认识，在解释鉴定中出现的差异点时可发挥重要作用。

（1）笔迹样本的种类。笔迹样本分平时样本和实验样本。

平时样本，是指嫌疑人（或当事人）在日常工作或个人交往中书写的文字材料。按其书写时间又可分案前样本和案后样本。案前样本是在案件发生以前书写的。这种样本一般没有伪装，能真实反映嫌疑人（或当事人）的正常书写技能与习惯。这是一种比较好的样本，也是鉴定中利用的主要样本。因为一个人的书写技能与习惯经过较长时间可能会发生某些变化，而在一个较短的期间内变化不大，因而与检材形成时间较近的样本可比性好，更容易反映它与检材的同一关系。如果检材笔迹有伪装，除需要足够的与发案时间相近的样本外，有时还需要发案前几年乃至十几年的笔迹样本。因为作案人伪装笔迹，常常是以前的某些书写技能与习惯的再现。案后样本，是指案件发生后，由嫌疑人（或当事人）亲笔书写的文字材料。也有两种情况：一种是发案后嫌疑人（或当事人）日常工作、学习、生活中写的文字材料，收集起来作为笔迹样本；另一种是在侦查调查过程中，因一时找不到嫌疑人（或当事人）的现成的笔迹样本，或已收集的样本不足，通过某种方式让嫌疑人（或当事人）书写的文字材料。使用案后样本，特别是以鉴定为目的让嫌疑人（或当事人）书写的样本一定要慎重，防止将伪装的笔迹样本当作正常笔迹样本。因此，在受理鉴定时必须深入了解收集案后笔迹样本的方式方法、嫌疑人（或当事人）有何反常表现等。

实验样本，是指让嫌疑人（或当事人）按照模拟检材的形成条件（如书写工具、承受物、书写姿势和伪装手法等），书写的笔迹样本。这种样本一般是为了进一步认识物证笔迹的变化，解释鉴定中遇到的疑点，验证所供内容的真实性而收集的。如送检材料中有实验样本，要了解实验样本的收集方法，在书写过程中有无指点或暗示，以及嫌疑人（或当事人）的态度与表现等。当前，在不少民事和经济案件中，由于各种原因无法得到平时样本，送检的许多笔迹样本都是实验样本，在使用中要慎重。

（2）收集样本笔迹的方法。收集样本笔迹的工作一般由送检单位负责。当送检的样本不合要求，办案人员又不清楚收集样本的正确方法时，受理人应向办案人员介绍收集样本的方法。收集样本笔迹的方法主要有三种：一是通过单位或组织收集。采用这种方法时要避开嫌疑人（或当事人），依据有关规定，由单位组织从归档和保管的材料中提供的嫌疑人的平时笔迹样本。收集时，要通过仔细核对确认，勿将他人代写代填的笔迹当作本人笔迹。二是向个人收集。这是案件当事人为澄清事实或摆脱干系而提供的笔迹样本。有的是个人主动提供，有的是办案人令其提供。采用这种方法收集的样本，可信度差别较大。有的是正常笔迹，有的不是正常笔迹，还有的是委托他人代写的。所以，使用这种样本必须经过印证，防止受骗上当。三是临时收集。这是在没有嫌疑人（或当事人）现成的笔迹样本或样本不足时，应鉴定所需，办案人让嫌疑人当面书写的。这时收集到的笔迹样本是否能较好地反映嫌疑人的书写技能与习惯，一方面取决于嫌疑人是否配合，另一方面取决于收集样本的具体方式方法是否科学。

临时收集样本笔迹时，尽量做到：①书写工具、纸张尽量与检材一致；②分几次进行，书写字迹数量要多些，而且要适当变换书写速度，使嫌疑人（当事人）没有思考、应对时间；③让嫌疑人书写的笔迹内容应包括物证笔迹的相关内容，尤其是物证笔迹中出现的特征字。必要时可以把所需要的字与其他文字组织成一段有具体含义的话，其内容越生动、越能吸引书写人的注意越好，使得嫌疑人的注意能集中在书写的内容上，而无暇改变笔迹。④收集时要听写，不要让嫌疑人抄写。特殊情况下，可以把拟听写的内容打印出来让嫌疑人抄写。切忌让嫌疑人抄写他人的手写笔迹材料。

（3）查验笔迹样本的数量和质量。查验笔迹样本的数量，一方面是指核对送检笔迹样本的具体份数，另一方面是指查验笔迹样本是否比较充分地包括了检材上有的那些字。样本材料最好与检材之间具有一定数量的相同字，或相同的偏旁部首。因为相同字和相同偏旁部首越多，越能充分反映书写人的基本技能与习惯。为了客观地认识因个人书写技能与习惯发展演变而产生的自身差别，应尽量选取与检材形成时间相接近的笔迹样本。一般说来，笔迹样本材料越多，越能充分地反映检验中可能运用的特征。

查验笔迹样本的质量还要注意书写条件与检材形成条件是否相近。这是指在书写速度、字形、字体、文件载体、书写工具等方面尽量与检材相似。如果检材是仿宋体，则最好能有这种字体的样本。如果没有这种字体的样本，也应有他平时慢写的类似楷书的样本。如检材是快速书写的，应有快速书写的笔迹样本。如果检材是恐吓信之类，最好有他平时写的书信作为样本。如果检材是毛笔写的，最好有毛笔书写的样本材料，等等。总之，这些条件与检材越接近，检验条件就越好。如果这些条件差距太大，甚至难以进行比较，则应提请送检单位补充收集符合要求的样本材料。

在鉴定过程中，鉴定人也要对样本笔迹进行认真分析，一旦发现样本不真实、不可靠，应及时向送检单位指出，并要求补充或重新收集符合检验要求的笔迹样本。

（四）办理受理手续

如果委托鉴定的案件符合笔迹鉴定的范围和法定手续，检材与样本又符合鉴定条件，应当接受委托，请送检人填写相关鉴定受理表格。受理人做好收案登记，连同《鉴定委托书》及公函一并收存备案。

二、分析检材选择特征

分析检材选择特征，是进行笔迹鉴定的第一步。它的主要任务是：分析研究检材的书写方法，有无伪装或变化，伪装的手段和变化原因，以及笔迹的变化程度，并在此基础上选择供比较检验的笔迹特征。实践证明，能否对检材有比较客观的认识，并选准特征，是整个鉴定过程的重要一环，对鉴定意见的准确性关系极大。

（一）分析检材有无变化

对检材的认识是否合乎实际，是正确进行鉴定的前提。因此要仔细观察，反复分析，力争“吃透检材”。然而，正确的认识又往往不是一次完成的，需要有不断地由浅入深、由片面到全面的认识过程。

1. 对检材的概括认识

鉴定的开始，首先对检材要有概括的认识。通过观察弄清检材的内容与案件事实的关系；检材的书写工具、字形字体、书写速度，书写水平与语文水平；检材上有无其他异常迹象或突出特点。

2. 判断笔迹是否正常，弄清变化原因

要深入地分析检材笔迹是否正常，有无变化，能否真实地反映作案人的书写习惯。分析检材笔迹是否正常的前提是鉴定人已经掌握了正常与非正常笔迹的特点。

正常笔迹是在正常的生理心理及书写条件下书写的，正常笔迹的一般特点是：书写运动比较自然，字的大小、倾斜、行间、布局等比较适称，笔画之间的搭配比例与运笔比较自然，书写水平与语文水平相适应，相同的字、偏旁或笔画的特征有明显的重复再现的特点。

在不正常的生理心理及书写条件下书写的笔迹就是非正常笔迹。非正常笔迹包括各种伪装笔迹（含摹仿笔迹）、书写条件变化笔迹、生理条件变化笔迹等。

有些作案人为了掩盖自己的笔迹，采用各种手法进行伪装，使笔迹发生变化。如故意改变字形字体，改变笔画的基本形态，有意识加快或放慢书写速度，用右手写反字，改用左手书写，用其他方法拼组字，或者摹仿他人的笔迹等。各种不同的伪装手法会引起不同的变化特点，其变化大小取决于伪装方法和作案人书写技能的高低。故意伪装笔迹的基本特点大致是：书写速度快慢不均，字的熟练程度前后不一致；字的大小、倾斜、行间、布局不均，疏密不一；字形异常，字体混杂；字的结构松散零乱，笔画之间的搭配比例不协调；运笔生涩呆板，不适当的拉长缩短、弯曲抖动、修饰重描、中途停顿，有的外加环绕点缀，严重者奇形怪状；有的书写水平与语文水平有明显矛盾，将常用字写错、用错，或使用早已淘汰的古旧字。

作案时不正常的书写条件，对书写过程也有不同程度的影响，使笔迹发生某些变化。书写条件包括：书写工具、承受物体、书写姿势、书写时的周围环境、书写人的生理条件等，其中前四个方面是书写人以外的客观条件，生理条件是书写人内在的脱离主观意识控制的条件（如紧张、疾病、手部外伤等）。笔迹变化的大小，主要取决于不同条件对书写活动的限制与干扰的程度和书写人的控制能力。如果限制力大，控制能力小，笔迹变化就大；限制力小，控制力大，笔迹变化就小。一般说来，如果单纯是书写条件的影响，笔迹变化不大。条件影响变化的一般特点：字的大小、倾斜不均，书写速度可能缓慢；运笔呆板、转折生硬，笔力轻重不一，连笔不自然；个别字的笔画过长过短，搭配位置不准；个别的可能出现笔画重叠、多笔少笔现象。由于条件千变万化，分析笔迹的变化必须结合案件的具体条件。

根据上述特点结合案件的具体情况，一般可以对笔迹是否正常作出判断。

如果检材笔迹不正常，就要进一步研究其原因。影响笔迹变化的原因很多，一般可以根据检材的特点和作案现场的实际情况去分析可能是哪种原因引起的。当然要尽可能找出影响变化的主要原因，只有这样才能在错综复杂的变化中抓住有规律的变化现象，认识反映书写习惯的基本特征。

（二）选择和记录笔迹特征

笔迹特征必须是书写技能与习惯的反映，它不但是稳定的、重复再现的，而且要有一定的特殊意义。为了进行鉴定，必须经过认真分析研究，深入认识笔迹特征，从检材笔迹中选择出可供比较的笔迹特征，而不是把笔迹中的所有表现都当成特征使用。

1. 发现笔迹特征的一般程序

（1）从概貌到细节。首先要研究笔迹的概貌，然后研究每个字的写法及其结构，最后找出其运笔、笔痕方面的特征。这是一种层层深入的办法。

（2）从头至尾。对每一份检材笔迹都必须从开头第一个字到结尾最后一个字逐字分析，寻找其中的特征。这样才能做尽量不遗漏单字特征。

（3）从文字到其他。研究笔迹特征，首先要从文字方面的笔迹特征入手，然后还要注意研究文字以外的布局、标点及其他符号、书面语言、绘画方面所反映的个人习惯特征。

只有这样从宏观到微观、从头至尾、从文字到其他，纵横交错、反复地分析研究，才能全面发现和充分利用笔迹特征。

2. 选择笔迹特征的一般方法

要选择能反映书写技能与习惯，而又具有一定特殊意义的特征。一般可从以下几方面入手：

（1）在重复再现的现象中选择特征。如果检材字迹较多，应首先在那些重复再现的现象中选用特征。即在相同的字、相同的偏旁和相同的笔画中，注意抓住重复再现的写法、搭配、比例、笔顺和运笔等特征。一般来说，重复再现是书写习惯的表现，是稳定特征的标志。但是，重复出现的那些字、偏旁和笔画绝不是一模一样的机械重复，总会存在这样那样的细小差别，但可以从中概括出它的基本特征。

在选用重复再现的笔迹特征时，不要把受某种伪装手段或书写条件的影响所造成的有规律的重复再现的现象当成笔迹特征。如左手伪装笔迹，常出现笔画左高右低、反起笔、收笔有拖笔动作等现象。这几乎是左手伪装笔迹的共同特点，而不反映书写习惯。又如用小刀在树干上刻写的字，往往出现转折笔或钩笔由二、三笔构成的现象。这种重复再现的现象是一定的书写条件造成的，并不能说明书写习惯。

（2）从运笔自然、结构正常的单字中选择特征。对于只出现一次的单字，如果运笔比较自然、结构比较正常，可以从这些单字中选用搭配比例、运笔、笔顺和写法等特征。特别是字少的检材，几乎没有相同字，但可能有相同的偏旁与笔画，这就需要将每个字、每个笔画互相联系起来进行分析研究，以发现特征。

（3）要选择具有突出特点的笔迹特征。对于检材字数比较多的，首先要着眼于那些具有突出特点的笔迹特征。如错别字、特殊的笔顺、特殊的搭配比例和连笔等。但要注意有无摹仿的可能，因为作案人摹仿他人的笔迹时，常常摹仿其笔迹中的突出特点。

（4）要从细节上选择笔迹特征。由于引人注目的特征易于发现，作案人伪装笔迹时也力图把某些突出的特征加以改变。但在运笔、结构的细节上一般不注意伪装，即使想伪装也很难控制其习惯性的动作。因此，对那些比较隐蔽的细节特征，更应注意研究。

（5）要注意发现文字以外的其他特征。要注意从布局、标点符号、书面语言等方面，发现和利用反映其特殊习惯的特征。因为这些方面常被伪装笔迹者所忽略，特别在字少的笔迹中充分利用此类特征，可充实鉴定意见的根据。

（6）对某些看来很不正常，又不足以证明是伪装变化的特殊写法、笔顺或搭配比例特征，可以先把它当成有疑问的特征加以选用，待与样本反复比较之后，再进行分析评断。

3. 笔迹特征比对表的制作

在选择笔迹特征的同时，要把已选的特征记录下来。这就需要制作“特征比对表”。特征比对表是记录和整理笔迹特征的有效方法。它可以把个人笔迹的主要特征集中展现出来，有助于认识个人书写技能与习惯的特性，便于进行检材与样本笔迹之间的比较。

（1）制作比对表的方法与要求。制作特征比对表，可以采用手工描绘、复制剪贴、计算机编排的方法。

手工描绘，就是用铅笔把从检材上选择的特征字，分别如实地描绘在特征比对表的左半部分。右半部分留作描绘笔迹样本上的相应特征。

描绘特征字，是笔迹鉴定初学者需要反复训练的一项基本技能。描绘时，要把特征看清楚，力求描得像，特别是特征所在的部分不仅要形似，而且要仿其神态。如果描得不像，应擦掉重描。

复制剪贴，就是将检材拍成照片或制成复印件，然后从中剪取所需的特征字，进行分类后粘贴在“特征比对表”的左半部分。

计算机编排，把检材和样本笔迹通过扫描仪或数码相机制作成电子图片并录入计算机，然后用计算机图像处理软件（如 Photoshop），或专用笔迹特征比对表编辑软件编排制作特征比对表。目前，一些软件开发公司与笔迹鉴定专家合作开发的专用笔迹特征比对表编辑软件，已可以方便快捷地完成特征的选取、标识和特征比对表生成。

特征比对表一般分为左右两部分。左半部分记录检材笔迹特征，右半部分留作记录样本笔迹的相应特征。记录检材笔迹特征，既可按特征类别依次进行，也可按发现的先后顺序进行排列。除单字特征外，文字布局、标点符号、书面言语等特征也要以适当方式记录。记录在特征比对表上的特征，要用一定的特征标识符号标示（见表 3-1）。

表 3-1　笔迹特征标识符号

符号名称	符号形态	适用特征	标示举例
双箭头	→	起收笔动作、笔画搭配位置	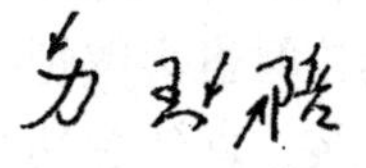
单箭头	⇀	运笔方向、转折和连笔	
顺序号	1　2　3 ①　②　③	笔画、偏旁的书写顺序	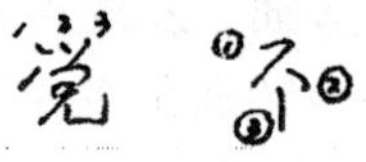
括号	（　）	各种写法、错别字	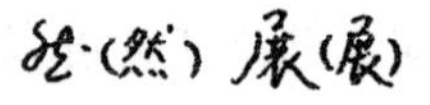
实线	————	搭配比例、字间组合	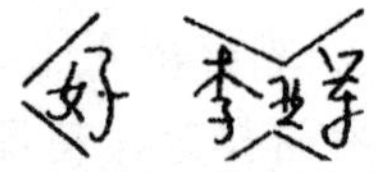
虚线	---------------	文字布局	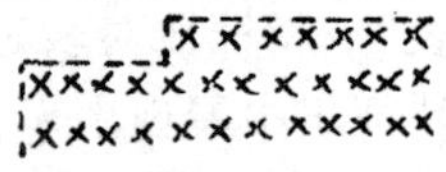

（2）特征字的选择与排列。笔迹鉴定比较的是通过笔迹反映出来的书写技能与习惯，为了体现书写人的书写技能与习惯及其自然变化，选择和排列特征应注意科学性。具体应注意以下几方面：

①重复出现的相同字或偏旁要尽量多选几个，而且要把它们集中排列，有相同偏旁、同名笔画的不同字可就近排列；

②一个字有多种写法的，各种写法都要有代表性地选择一两个并排在一起；

③手工描绘特征比对表时，对标点符号、文字布局方面的特征也要尽量形象地描画，可用“×”代替字；

④书面语言方面的特征可直接记录内容或摘录部分内容；

⑤检材数量多，并且是不同年代形成时，首先要按照时间顺序排列，其次按书写速度、字形字体的相关性排列，以表现笔迹特征的自然变化；

⑥标语传单类的检材，在制作特征比对表时，非特别需要应适当颠倒字序；

⑦检材数量较多并且是长时期内连续出现时，应按检材出现的时间顺序从左至右排列特征。

检材特征选择完成后，要用特征标识符号将所选择的特征标示出来。检材字数较少时，特征标示可以在比较笔迹异同时进行。检材上的特征一般用红色笔标示。

三、比较笔迹的异同

在分析检材选择笔迹特征的基础上，可以首先以检材上的笔迹特征为依据，同嫌疑人笔迹样本的相应特征进行比较。从而发现两者之间的异同点，并如实地把所发现的异同点记录在特征比对表的右半部分。

（一）比较笔迹异同的方法和应注意的问题

1. 比较笔迹异同的方法

（1）笔迹概貌的比较。笔迹概貌的比较，主要是进行检材与样本之间的书写水平、字形、字体、字的大小等特征的比较，看两者在这些方面是否一致，从而初步认识它们的异同。概貌特征的比较，有助于全面利用特征。在众多的对象中通过笔迹查找嫌疑人时，如果笔迹的概貌特征不同，特别是书写水平明显偏低，可作为否定该对象的根据。但在对重点嫌疑人的笔迹进行鉴定时，不能用概貌特征比较结果所形成的倾向，先入为主地诱导后续的比较检验过程。

（2）单字特征的比较。这是比较检材与样本笔迹异同的主要环节。它主要是以在检材中选择的特征为线索，到样本笔迹中寻找相应的特征字并比较其异同，然后客观地逐个将它们描绘、剪贴或编排在特征比对表的右半部分与检材特征字对应的位置上。在样本中寻找可比的特征字时，一定要认真、仔细，避免因疏忽造成的遗漏。同时要注意以样本中出现的特征字为线索，查找检材中出现的相同字或偏旁，并及时补充到特征比对表中。如果检材中的某个或某些字在样本笔迹里没出现，可选择有相同偏旁或同名笔画的字进行比较。对于发现和确定的相同特征与不同特征，要分别用特征标识符号标示。

如果在比较过程中发现笔迹样本上有很好的特征也可以选用，反过来再从检材中找出相应的特征，将其补充到特征比对表上后进行比较。

经过仔细地在样本中寻找可比的特征，并将其记入特征比对表之后，应当用标识符号分别将检材与样本之间的符合点与差异点标示出来。一般说来，样本上的特征与检材特征相同的用红色标示，特征差异的用蓝色标示。

这种比较是现阶段笔迹鉴定的主要方法。利用电子计算机软件进行笔迹自动鉴别，在国内外已初步实现，但运用范围有很大的局限性，有的只适用于正常书写的笔迹，有的只适用于在线签名。无论采用哪种比较方法，都必须遵照辩证唯物主义的指导思想行事，否则就容易使检验工作失误。

2. 比较检验中应注意的问题

比较笔迹异同，就是将检材笔迹特征与样本笔迹特征进行对照比较，全面、客观地展示二者之间的相同点和不同点，为综合评断奠定基础。在比较过程中应注意以下几点：

（1）要在可比的特征之间进行比较，防止牵强对比。由于每个人的笔迹都有其各自的技能和习惯体系，不仅不同的字写法不同，处于不同字中或不同部位的同一偏旁或笔画，也往往有不同的表现形式。因此在比较过程中，主要是在检材与样本上的相同字、相同偏旁、同部位的相同笔画之间进行比较。但是，当被检验的笔迹数量有限或有严重伪装，就要在不同字的同部位、同笔画之间发掘特征，进行比较。不具有可比性的部位与笔画不能比较。不同偏旁，如单人旁与人字头不能比；偏旁与它的独体字，如“讠、钅”与“言、金”不能比；不同笔画，如撇与捺、捺与横等不能比。但如果把不同的偏旁或笔画写成了相同的偏旁或笔画，如“革”字写成草字头，“我”的第一笔写成了横笔，则可分别同草字头、横笔进行比对。这就是要注意特征的可比性，不能比的不要勉强对比。

（2）要客观全面地比较特征，防止主观片面性。在检材和样本笔迹特征的比较过程中，必然会出现符合与差异两个方面，这是不以我们的意志为转移的，而我们的认识只能客观地反映它，不能随意歪曲它。因此，比较笔迹特征时，既要比较那些相符合的特征又要比较那些不同的特征。只有客观地进行比较，才能为综合评断提供可靠的根据。如果由于思想方法的主观片面，凡以为嫌疑重大者，比较时只找符合点，回避差异点；凡以为不像该人作案时，比较中就只找差异点，回避符合点，这样很容易导致错误的鉴定意见。另一种情况，是受初步比较产生的印象所左右，初看很像，就只找符合点，忽略差异点；初看不像，就只找差异，忽略符合点，这也是很危险的。这两种情况，都是思想方法的主观片面性，是得出错误结论的主要原因。我们要承认客观存在的事实，对于表现为符合与差异的特征都要如实比较，切不可视而不见，随意取舍。

比较特征还要全面地比，只要对检验有价值的特征，哪怕是一个小的标点符号，都要充分利用起来进行比较。一定要防止由于对某些特征的“偏爱”而忽略另一些看来微不足道，然而却是很有意义的特征。

（3）要抓住实质性的特征进行比较，防止机械比对。任何事物都是在不断运动变化着的，一个人在不同时期、不同情况下，甚至在同一时间连续书写的相同字、相同偏旁和相同笔画也不可能写得完全一样，就是用词造句等语言习惯也常常因书写内容不同而有不同表现。我们必须用发展变化的观点来看笔迹。在比较时，要从这些不同的表面现象入手，找出其中最稳定地表现书写习惯实质的特征进行比较，而不要机械地对比其高低、长短、粗细等表面现象。

其次，对于书写习惯的多样性表现也要注意。具有一定书写水平的作案人，对某些字或偏旁会有几种不同的写法，这些不同的写法都是他平时常用的习惯写法；有的人过去喜欢用某一种写法，现在更多地用另一种写法；有的人快写，或写行书体时是某一种写法，在慢写或写楷书体时则用另一种写法。诸如此类，都是他的书写技能和习惯的反映。我们要研究一个人笔迹自身发展演变的规律，和伪装变化条件下笔迹的变化规律，才能避免死板的机械比对。

（4）要认真细致地比较，防止粗枝大叶。由于语言文字社会规范的要求、共同教育训练和个别学仿练习的结果，不同人的笔迹不可能完全不同，总是在某些方面有许多共同特点。这些共同点只能说明笔迹的相似，而不能说明笔迹的同一。所以在比较时，不能停留在大体的相似或不同，而要细致深入地分析研究其中的细节性特征，因为这些细节性特征，更能深刻地反映出书写习惯的特殊本质。如果不是认真细致地研究，只满足于表面的大体的差异或相似，就往往会做错鉴定意见。所以比较检验不能粗枝大叶。

（5）要通过反复比较验证对特征的认识。对任何事物的认识都有一个逐步深入的过程。对笔迹特征的认识也是如此，反复比较有助于认识的深化。有时对检材上的某个特征最初以为是不可靠的，但通过比较发现嫌疑人的字确实也有这个特征，就应当把它补充进来。也可能最初以为是比较好的特征，通过比较发现它并不可靠，就应予以淘汰。由此可见，比较的过程也是认识特征的继续和深入。

（二）确认异同点

以检材特征为线索，从样本中寻找相应特征进行的第一轮比较，难免有疏漏之处。因此对于经过初步比较而发现的异同点还要逐个分析复查，做必要的补充和修正。

（1）从检材上选择的较好的特征，经初步比较未在样本中发现，此时应再次复查样本，以探求此特征是否相符。

（2）在样本上发现的较好的特征，应再次复查检材有无相应的特征。如有，确认是否相符。

（3）对于初步比较发现的较好的符合点或差异点，应再反复观察核实，是否确属符合或确属差异。由于观察辨别不细或描绘特征不准等原因，可能把不符合误认作符合，把不是差异误当成差异。这个问题不是靠反复分析比对表，而是靠复查检材和样本来解决。某些细节特征的异同，应通过检材、样本直接对比来确认。

由于可能存在书写习惯的多样性，初步比较只看到与检材差异的一面，未发现还有相符合的一面，经有重点地复查样本，可以使我们对异同的认识更全面客观些。

通过反复核实后，才能真正明确，哪些特征是符合点，哪些特征是差异点。

但这仅仅是把通过比较而发现的客观现象展现出来。这种符合点有多大意义，这种差异是什么原因形成的，是什么性质的差异，还有待进行深入研究。

四、对异同点的分析研究

对异同点的分析研究，主要是具体研究每个符合点的特殊意义、每个差异点的形成原因，从而为综合评断提供条件。

(一) 对符合点价值的分析

在相比较的笔迹之间，必然存在或多或少的符合点。那么这种符合是说明笔迹的自身同一，还是不同人笔迹的相似？这就是说认定笔迹同一，只有符合点还不行，还要看这些符合是否具有特殊意义，即符合点价值的大小。所谓价值大的特征，是指在少数人或个别人的笔迹中出现的特征，由于这种特征出现率低，因而具有较强的鉴别意义。价值小的特征，是指在大多数人的笔迹中都有的，这种特征出现率高，因此具有普遍性。

具体评价特征价值的大小，一般可从以下几方面去分析：

1. 是否社会规范要求所形成的

由于语言文字、书法的社会规范与约定俗成的规则，致使每个人的笔迹特别是同一年龄段、同一文化层次中的人，其笔迹都有许多共同的特点。因此，在一般场合下，符合社会规范要求与约定俗成规则的特征价值较小，而脱离规范或规则的特征价值较大。实际统计证明，符合规范要求的写法、笔顺、搭配比例等，其特征价值较小。那些脱离规范要求的错别字、习俗字、特殊笔顺和带有规律性的运笔方面的细节特征，出现率普遍较低，因而具有特殊性，其价值较大。

用同体字笔迹（如检材与样本同为隶书或仿宋体）进行比较时，如果符合点是属于受某种字体、字形的书写规则约束而出现的，其特征价值小，不受该种字体、字形规则约束的特征，价值较大。

2. 是否某地区或某职业范围内所通行的

有些特征带有地区性和职业性，在一定地区、职业范围内是比较普遍的，其价值不高。然而对于其他地区、其他职业的人来说，这种特征就具有特殊性。

3. 是否在嫌疑范围内常见的

对有些特征的价值大小，需要通过在嫌疑范围内作具体考察来分析。如某些比较特殊的形体写法的符合特征，一般来说价值较大，经了解这些特征在嫌疑范围内确实也很少见，那么这个符合特征是价值比较大的。有时从一般场合来看特征价值很大，但在具体嫌疑范围内，由于互相学仿，不少人都是这样的写法，那么这种符合特征的价值就比较小。如某地农村小学一位教师把西写成酉，他所教的很多学生都把西写成酉，在当地这种错字（别字）的价值就不高。

4. 是否在一定年龄或一定的书写水平的人当中常见的

随着汉字规范的发展演变，有些特征在一定的年龄段的人们当中较为多见，而在另一年龄段的人们当中却很少出现。有些特征与一定的书写水平相对应。在较高书写水平的笔迹中出现的某些笔迹特征，往往不是低水平的人所能具备的。一些旧异体和繁体写法特征等对年龄较大的人来说可能具有普遍性，价值较小，对年轻人来说可能具有特殊性，价值较大；一些草体写法对书写水平较高的来说可能带有普遍性，价值较小，对书写水平较低的人来说，可能就具有特殊性，价值较大。

5. 是否是书写技能与习惯多样性的符合特征

有的人书写技能与习惯有多样性，主要表现在写法、笔顺的多样性上。在多个写法、笔顺多样性上出现的符合特征的价值要远远高于单个笔顺和写法特征的价值。

以上几个方面，仅是我们分析研究特征价值大小，区别特征的普遍性与特殊性的几条思考线索。为了掌握特征价值的一般规律，应注意调查统计各种特征在人们笔迹中的频率。频率大的特征，价值小；频率小的特征，价值大。对具体案件的笔迹特征的价值，应结合该案的时间、地点、范围与嫌疑人的情况作具体分析。因为笔迹特征也同其他事物一样在一定场合为普遍性的东西，而在另一场合则变为特殊性。反之，特殊性的东西，又可变为普遍性。所以离开具体的情况，就无法准确地区分特征的价值大小。例如，符合规范的写法特征有普遍性，价值小；脱离规范的写法特征就具有特殊性，价值大，这只是一般的规律。而有些非规范性写法在某个地区、某个单位中广泛使用，符合规范的写法却未被多数人所接受，这种规范的写法反倒成了特殊的。因此，做好特征价值的评断工作，根本的办法是深入实际调查研究。通过分析研究每个具体符合特征的价值，使我们对符合特征的质量有了进一步的认识。

（二）分析差异点的成因

在相比较的笔迹之间，一般都存在或多或少的差异点。那么这种差异是不同人笔迹的本质差异，还是同一笔迹的自身差异，或者是伪装变化形成的差异？为了区分差异的性质，必须结合案件的实际情况，认真分析差异点的成因。

区分差异点的性质，一般是采取排除法。即如果差异点不可能用客观存在的各种非本质的原因加以解释或验证，一般是属于本质的差异。

非本质差异形成的原因较多，情况较复杂。多数是由于故意伪装，使检材字迹发生变化而形成；书写时的生理病理与精神心理的反常状态，也会使笔迹发生变化而形成差异；加快或放慢书写速度，与其平时正常的笔迹会有所不同；采用某一种字体书写作案与其平时样本中的自由体字比较，也必然形成差异；作案时受到书写工具、承受物、书写环境、姿势等影响，使字迹发生变化，也可形成差异；书写习惯多样性没有在检材或样本中充分反映出来，也会出现差异；检材与样本书写时间相隔太长，由于书写习惯自身演变也能形成差异；书写过程中可能出现的笔误，也会形成个别差异；检材形成后受到自然的或人为的损坏，使字迹产生的变化，也可能出现差异，等等。

在实际工作中，往往由于把本质差异当作非本质差异，或者把非本质的差异当成本质差异而做错了结论。因此，必须认真研究差异点的成因，准确判断差异点的性质。解释和验证差异点成因的基本方法是：

1. 复查现场和笔迹原件

如果是由于书写工具、承受物体、书写环境或书写姿势的影响，或笔迹形成后发生了变化而形成的差异，有条件时应复查现场或进一步了解现场情况，深入研究作案人的书写条件，判断在当时当地的具体条件下对书写活动有多大影响，是否能形成差异点所表现的那种变化。有的需要仔细查验笔迹原件，以准确区分笔迹与无关痕迹，分析承受物对书写活动的具体影响。

2. 进行鉴定实验

对于某一种条件能否引起笔迹的某种变化，以及笔迹中出现的某些现象可能是在什么条件下形成的，均可在现场或在实验室，通过反复实验加以验证。这对于正确认识因书写条件影响而形成的差异是个必要的方法。

3. 进一步了解嫌疑人的具体情况

对于故意伪装形成的差异，要了解嫌疑人的年龄、文化水平、书写技能、社会经验等情况，以判断其有多大的伪装能力。

对于可能因为笔迹发展演变形成的差异，也应了解嫌疑人的年龄、文化、经历、接受基础文化教育的年代等情况，借以判断其笔迹发展演变的可能性。

4. 补充笔迹样本

有时因样本材料太少，嫌疑人书写技能与习惯的多种表现没有充分反映出来，或者由于检材与样本的书写时间相距太久反映不出笔迹的演变过程而形成的差异，如有些案件样本材料比较充分，快写的、慢写的、早期的、近期的笔迹都有，但仍旧没有反映出与检材相符合的某些重要特征，这时可通过补充笔迹样本得到解决。在这种条件下，我们要冷静分析这些差异点的性质，不要单靠无限制地收集样本去解释差异，更不能有意地指点或引诱嫌疑人写出他平时根本不会出现的笔迹特征。因为，这样收集的样本是不可靠的，即使偶然出现了我们要找的特征，也往往缺乏充分的说服力。

由于某种原因样本材料少，补充又有困难，或者补充了样本，差异仍未得到解决，就要运用笔迹变化的一般规律，具体分析差异的成因。比如繁简写法上的差异在两种写法都比较正常的情况下，一般可以认为是多种写法习惯在样本中未充分反映的结果；如果检材是繁体写法，而现有的样本都是简化写法，这对书写能力较高的中老年人来说会写简化字是由会写繁体字发展而来，这种差异对于这种人不能轻易说是本质差异；如果检材是某种习俗写法，而样本有繁写和简写，但始终没有出现这种习俗写法，这种差异就不能完全用书写能力加以解释，而很可能就是书写习惯上的不同。当然，这要与其他特征的异同联系起来考虑。

总之，研究差异点的性质，首先要分析差异点的形成原因。而弄清原因又必须与案件的具体情况、嫌疑人的情况等联系起来研究。只有这样，才能找到形成差异的客观依据，才能作出合乎实际的科学的解释。如果经过认真的分析研究，不能从非本质方面解释这些差异，就应当考虑它们可能是根本不同的书写习惯的表现。在实际工作中，有时做错了结论，其中一个重要原因就是对差异点没有认真细致地进行科学的分析，脱离实际，凭主观想象，对差异点的性质判断错误。

五、综合评断作出鉴定意见

综合评断是笔迹鉴定程序的最后一步，也是最关键的环节。它的任务是把通过比较和初步分析所展示出来的符合点和差异点总和起来进行权衡，并根据异同双方何为主要的、本质的方面作出相应的鉴定意见。

综合研究符合点，即看所有符合点总和的数量有多少，都是哪些方面的符合，价值高的符合点有多少，符合点总和是否具有特殊意义；综合研究差异点，是看所有差异点的数量多少，哪些属于非本质的差异，哪些尚不足以用伪装、变化等原因加以解释，或者明显属于本质的差异。

在分别研究的基础上，就符合点与差异点双方进行综合评断。在大多数情况下，比较结果呈现一边倒的局面。即符合点在数量、质量上均占明显的主导地位，差异点微不足道，因而比较顺利地得出认定同一的结论。或者，差异点占主导地位，符合点不多，而且只能说明笔迹的相似性，也比较容易作出否定同一的结论。但也有些案件比较复杂，笔迹伪装变化较大，或者检材、样本数量较少，比较检验结果不如一般案件那样明朗，就需要更加认真地从数量与质量两方面进行综合评断。

唯物辩证法告诉我们，任何问题都要注意它们的数量分析，因为决定事物的质有数量界限，所以任何质量都表现为一定的数量，没有数量也就没有质量。一般来说笔迹特征的数量越多越能说明书写习惯的特殊本质，作出鉴定意见的根据也愈充分，因此要注意分析符合点与差异点各有多少，哪一方在数量上占优势，数量占优势一方，往往是鉴定意见的基本依据。

特征的数量不仅是指异同各方特征数目的多少，也包括各类特征的广度。这就是说，符合点或差异点是分布在检材所反映的笔迹的各类特征上，还是仅仅表现在少数狭小方面，也是一个量的概念。如果异同相比，符合特征数量多了，特征方面广，表明符合特征的数量占绝对优势，其总和往往是矛盾双方的主要方面。如果大部分字和各类有一定特殊意义的特征都表现为差异，那么它在数量上就占了绝对优势，从而成为矛盾双方的主要方面。

尽管数量能说明质量，但是单靠数量的对比也不行。常有这种情况：符合点数量很多，但质量不高，差异点虽少，却是解释不了的差异。或者差异点很多，但却是可以解释的，符合点虽少，却是书写习惯特殊本质的符合。因此必须更加注意符合点总和与差异点总和的质量对比。就是说，研究符合点总和的质量，要把所有符合点连贯起来，在同差异点对比的基础上，看这些符合点能否说明书写习惯本质的同一。同样，研究差异点总和的质量，也要把差异点连贯起来，在同符合点对比的基础上，看这些差异点能否说明是书写习惯本质的区别。

特征的质量，是由该特征的稳定性和特殊性所决定的。出现率低的特殊的特征相符是高质量的符合；稳定性强的特征差异，是高质量的差异。作为鉴定意见的根据，质量高的特征可以起到“以一当十”的作用。一般来说，在排除伪装变化的基础上，运笔与搭配比例方面的细节特征、特殊笔顺、特殊写法、错别字、特殊的布局安排与标点符号等方面的笔迹特征符合，具有较高质量，可成为矛盾的主要方面，而差异便成为次要方面。反之，如果差异特征的总和不可能用各种伪装及其他变化原因加以解释，那么差异点的总和便具有较高质量，从而成为矛盾的主要方面，而符合点便降为次要方面。

特征的数量和质量，是辩证统一关系，任何的数量都表现为质量，但只有质量才更能说明事物的本质。至于认定同一的鉴定意见需要有多少符合特征，并没有一个绝对的数量标准。因为作为鉴定意见的基础，不仅要看特征数量，更要看特征的质量，还要从案件的客观实际范围出发。我们说笔迹鉴定意见是根据符合特征的总和，而不是几个明显特征的异同，就是因为只有从一定的客观范围出发，依据所能利用的全部特征数量与质量的总和，才能排除他人书写的可能性，认定具体书写人。

为了便于理解综合评断的分析与综合的认识过程，可参看图 3-45。综合评断示意图，说明了笔迹鉴定综合评断与分析综合的基本过程。

经过综合评断，即可对所鉴定的笔迹提出鉴定意见。鉴定意见分为两类：一类是明确意见，另一类是非明确意见。明确意见分为两种：一种是认定同一，另一种是否定同一。

认定同一就是认定检材是某人所写的意见。它是以综合评断确认检材与样本笔迹的符合特征总和具有特殊性，差异点是可以解释的非本质差异为前提的。否定同一就是认定检材不是某人所写的意见。它的前提是经综合评断确认差异点是本质差异，符合点是不同人书写习惯共同性的表现。

在实际鉴定工作中，由于鉴定人的认识不仅要受到客观提供的检验条件的限制，也受个人的经验、水平的限制。因此，在没有足够的把握作出明确意见时，亦可作出非明确鉴定意见。非明确鉴定意见分为三种：一种是倾向认定同一，一种是倾向否定同一，一种是无法作出明确鉴定意见。

经综合评断认为符合点是主要的，差异点是次要的，但尚不足以认定是某人所写时，可以作出倾向认定同一的鉴定意见。经综合评断认为差异点是主要的，

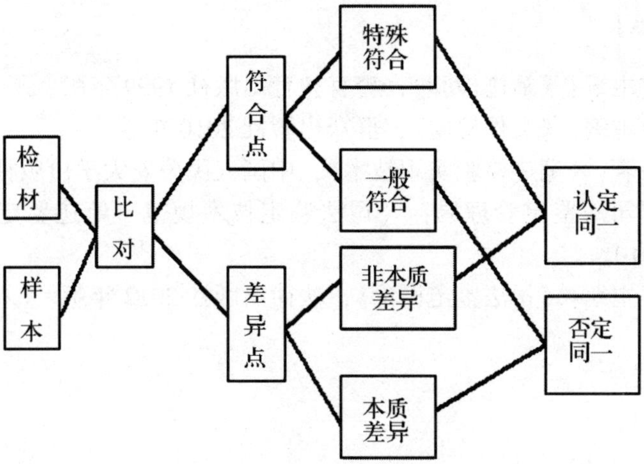

图 3-45　综合评断示意

符合点是次要的，但尚不足以否定是某人所写时，可以作出倾向否定同一的鉴定意见。受检材、样本或现有技术条件所限，经综合评断难以确定符合点的价值与差异点的性质时，可作出“无法作出明确鉴定意见”的意见。

【思考题】

1. 笔迹鉴定在司法鉴定中的地位和意义如何？
2. 如何理解书写技能和书写习惯的关系？
3. 为什么说笔迹鉴定是科学的？
4. 如何理解笔迹特征的特殊性和真实性？
5. 为什么相同的笔迹特征在不同人的笔迹中价值不同？
6. 为什么写法、错别字、笔顺特征比较稳定？
7. 判断笔顺的依据是什么？
8. 结构特征和运笔特征为什么容易发生变化？如何运用？
9. 如何理解笔痕特征人各不同、笔各不同？
10. 笔迹鉴定为什么要按一定的程序方法操作？
11. 如何收集符合要求的笔迹样本？
12. 分析检材有何重要意义？
13. 如何保证能够全面深入地选择笔迹特征？
14. 如何进行综合评断？
15. 为什么有的笔迹鉴定案件无法作出明确鉴定意见？

【参考文献】

1. 贾玉文主编:《笔迹检验》,警官教育出版社 1999 年版。

2. 王相臣主编:《文件检验》,群众出版社 2010 年版。

3. 李志荣著:《笔迹检验实用技术》,中国人民公安大学出版社 2012 年版。

4. 司法部司法鉴定管理局:《司法鉴定技术规范　笔迹鉴定规范》,SF/Z JD0201002-2010。

5. 杜志淳主编:《司法鉴定概论》,法律出版社 2012 年版。

第四章 ‖ 伪装笔迹鉴定

本章概要：本章主要介绍常见伪装笔迹的基本概念、笔迹的特点、笔迹变化规律、伪装笔迹鉴定要点等内容。其中，各类伪装笔迹的特点和笔迹变化规律是本章的重点，各类伪装笔迹鉴定要点是本章的难点。

关键词：伪装笔迹　一般性伪装　改变字形笔迹　改变笔形笔迹　左手伪装笔迹　鉴定要点

第一节　一般性伪装笔迹鉴定

利用书写文字进行违法犯罪活动时，书写人既想达到作案目的，又怕从笔迹上暴露自己，因而会采取各种伪装笔迹的手段。其中，有的是不拘形式和手法的一般性伪装笔迹，有的是采用某种形式或借助某种工具进行伪装的笔迹。以往，伪装笔迹多出现在刑事案件中，近年来在民事和经济类案件中伪装笔迹案件的出现率呈上升趋势。

一、一般性伪装笔迹的概念与类型

一般性伪装笔迹，也叫随意性伪装笔迹，是在伪装手法上不追求某一固定的形式，也不借助某种特殊手段，而是凭书写人的主观意念，“信手生变”地随意改变自己的笔迹。

一般性伪装笔迹，在伪装笔迹的案件中占有较大的比例。由于采用的伪装手段随意性很强，往往同一人书写的若干份或同一份笔迹中就有多种变化形式。但是仔细分析后会发现，多种变化中总有一种是普遍性的，导致这种普遍性变化的就是起主导作用的伪装手段。因此根据起主导作用的伪装手段，可以将一般性伪装笔迹分为三种类型：第一种是伪装书写水平，多数是伪装成低水平的笔迹，也有个别的“以少充老”，故意写旧体字和繁体字；第二种类型是改变字的正常形态，包括改变字形和改变字的倾斜角度；第三种类型是破坏字的结构，有意把一些笔画拉长或缩短，或者是把偏旁写得过大或过小。

由于书写人注意和选择的不同，在一般性伪装笔迹中，有的普遍性变化表现在书写水平，有的表现在字形轮廓，有的表现在字的结构。在笔迹发生普遍性变化的同时，还会掺杂一些其他类型的变化。鉴定时既要重点分析笔迹中普遍性变化的表现，也要分析其他变化的表现。

二、伪装低水平笔迹的鉴定

凡是伪装笔迹，大多数情况下从外观看，笔迹的书写水平或多或少都有所下降。这其中只有一小部分是以降低书写水平为伪装手段的。

（一）伪装低水平笔迹的特点

伪装低水平的笔迹，是通过降低笔迹的书写速度和熟练程度，减少笔画的连贯性，有意造成部分字的运笔呆板、生硬，使一些字的结构失称，甚至有意写一些错别字，而这类错别字一般都是常用字。也有的在字的形体上改变成横平竖直，形成结构拘谨的类似小学生的笔迹。图 4-1 是一起绑架案件中，犯罪嫌疑人用铅笔故意降低书写水平书写的恐吓信的局部。

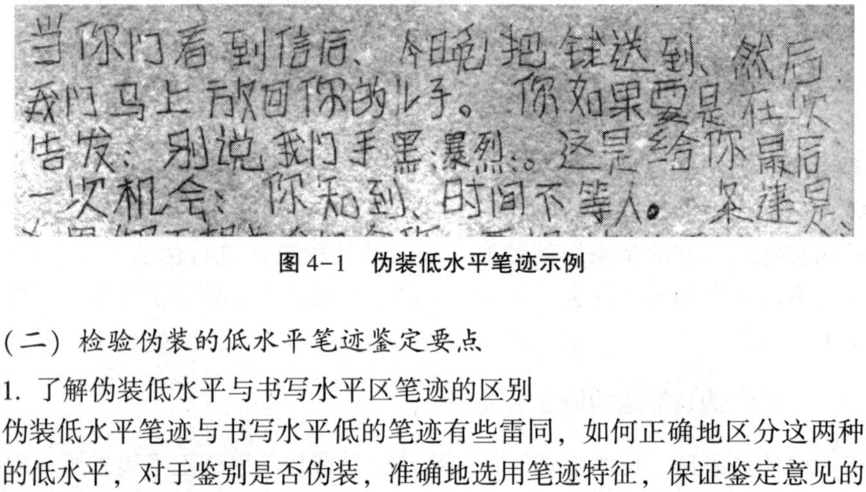

图 4-1　伪装低水平笔迹示例

（二）检验伪装的低水平笔迹鉴定要点

1. 了解伪装低水平与书写水平区笔迹的区别

伪装低水平笔迹与书写水平低的笔迹有些雷同，如何正确地区分这两种不同性质的低水平，对于鉴别是否伪装，准确地选用笔迹特征，保证鉴定意见的正确性有重要意义。它们之间的主要区别如下：

（1）伪装低水平的笔迹，部分字或笔画书写缓慢，运笔呆板、生涩或伴有停顿和抖动现象，但有些单字、偏旁或笔画反映出较高的书写水平。书写水平低的笔迹运笔虽有时较慢，也有生涩呆板现象，但总体观察比较自然，且前后一致，无不正常的停笔或抖动现象。

（2）伪装低水平的笔迹，字的大小不均，相同字的结构、搭配比例或运笔形态前后不一，缺乏规律性，布局不规整。书写水平低的笔迹相同字或不同字的同部位写法一致，结构、搭配比例和运笔有一定的规律性。

（3）伪装低水平的笔迹在常用字上出现错字、别字，且有时时正时误；结构较复杂的非常用字却能正确书写和运用，出现的错别字现象与较强的遣词造句、语言表达能力相矛盾。书写水平低的笔迹出现的错别字前后一致，与语文水平不高相吻合。

2. 根据伪装低水平笔迹特征变化规律选取笔迹特征

伪装低水平笔迹特征变化规律是：

（1）易变特征。由于降低书写速度和笔画的连贯性，伪装低水平笔迹的变化主要在部分字的运笔形态，转折笔的弧度、角度以及搭配比例和笔力特征上，同时起收笔的细节动作特征也会受到一定的影响。

（2）稳定特征。除上述易变特征以外的其他特征，如习惯性错字、写法、笔顺、结构、正常字的搭配比例、书写速度相对较快的字或笔画的运笔，以及文字以外的特征都比较稳定。

3. 了解书写者的书写技能和习惯

检验伪装的低水平笔迹，还要注意发现和比较检材与样本笔迹的书写技能和习惯是否一致。

三、改变字形伪装笔迹的鉴定

改变字的正常形态，包括改变字形和改变字的倾斜角度。

（一）改变字形伪装笔迹的特点及笔迹变化规律

汉字的字形是方正的，故称为“方块字”。大部分人的字形是方正的，也有的人写长形字、扁形字或圆形字。这和每个人的生理、心理特点，审美情趣，以及书法训练基础有关。各种字形有鲜明的特点，字形特征反映个人的书写习惯。

改变字形是一种伪装笔迹的手段。改变字形笔迹的特点是：书写速度较慢，字忽大忽小，变化的字形不一致，可能出现忽长忽扁、忽方忽圆现象，字形改变后字的搭配比例不合理。

由于字的正常形态被改变，笔迹的变化表现为：一些基本笔画的长短和运笔形态发生改变，导致运笔幅度和笔画的收笔位置改变，搭配比例也发生相应的变化。被改变成圆形字的笔迹，可导致笔画形态、折笔的弧度或角度，以及笔力大小和力的分布上的变化。

（二）改变倾斜角度伪装笔迹的特点及笔迹变化规律

改变字的倾斜角度也是一种伪装笔迹的手段。书写人有意违反其平时的书写习惯，将垂直、端正的字，伪装成向右倾斜或向左倾斜的字；或者把平时习惯倾斜书写的字，改成端正的字。还有的将略微倾斜的字，进一步加大倾斜角度。

改变倾斜角度笔迹的特点是：书写速度较慢，全篇笔迹中字的倾斜方向和角度不一致，缺乏规律性，相同字、相同偏旁重复出现时形态可能不一致的现象（见图 4-2）。

改变倾斜角度笔迹的变化主要体现在运笔方向的改变上。改变字笔画的运笔方向，可导致笔画起收笔位置、笔画间夹角的变化。有些框架外的笔画，可发生运笔形态和搭配比例关系的变化。由于改变的字形不是书写人书写习惯的反映，笔迹中会出现搭配比例反常和字大小不均的现象。

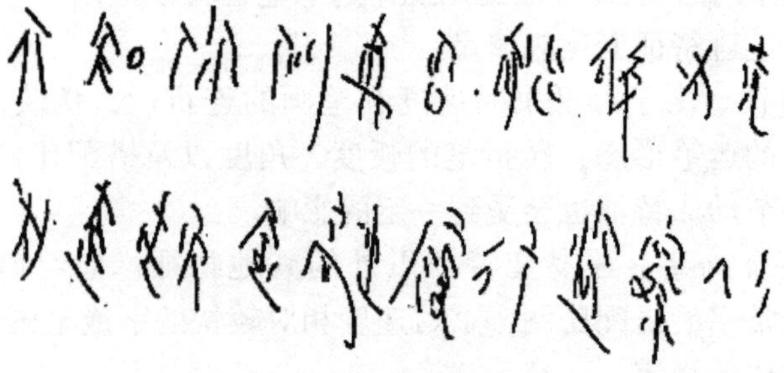

图 4-2　伪装斜形字笔迹示例

（三）改变字形伪装笔迹鉴定要点

1. 要正确区分伪装的字形与正常字形

伪装字形笔迹的突出特点是字形缺乏规律性，而正常斜形字形则有规律性。正常倾斜的笔迹，其相同字和不同字的同一类笔画倾斜方向和角度是一致的，运笔自然、流利，字的结构比较协调（见图 4-3）。伪装的斜形字相同字和不同字的同类笔画倾斜的方向、角度有别，运笔生硬，字的结构不合理。

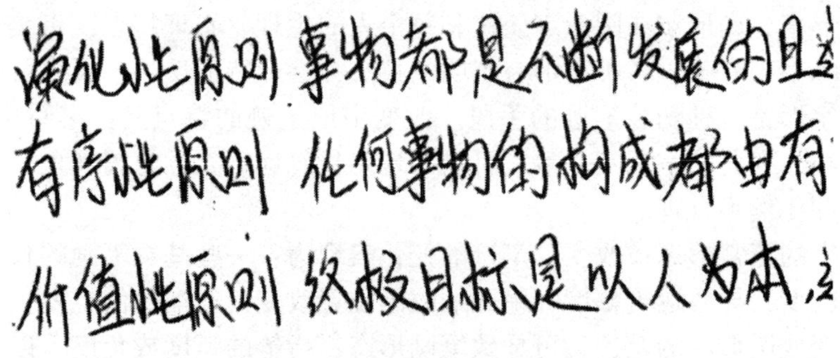

图 4-3　正常斜形字笔迹示例

2. 要注意与其他伪装手段的区别

改变字形易与其他一般性伪装手段共同出现，只有当一份检材中改变字形在各种伪装手段中占主导地位时，才算作改变字形。

3. 根据改变字形笔迹特征变化规律选取笔迹特征

改变字的倾斜角度的伪装笔迹，除主干笔画和框架外笔画的运笔方向、运笔形态、搭配比例可能有变化外，框架内的小笔画起收笔位置、运笔形态和细节动作特征基本可以反映其固有习惯。有的字整体倾斜，但笔画之间的相对位置与方向不变。此外，字的基本写法、错别字、笔顺、标点符号、布局等特征可具体分析和选用。

四、破坏字的结构伪装笔迹的鉴定

破坏字的结构是伪装笔迹时最容易出现的伪装手段。破坏字的结构有两种情形：一种是有意拖长或缩短字的个别笔画，改变笔画的比例关系；另一种是改变字的各部分的关系。

（一）改变个别笔画长度笔迹

（1）改变个别笔画长度伪装笔迹的特点。主要表现为书写速度较慢，在个别笔画上出现夸张地拉长或缩短笔画现象，笔迹的其他部分笔迹基本正常（见图 4-4）。

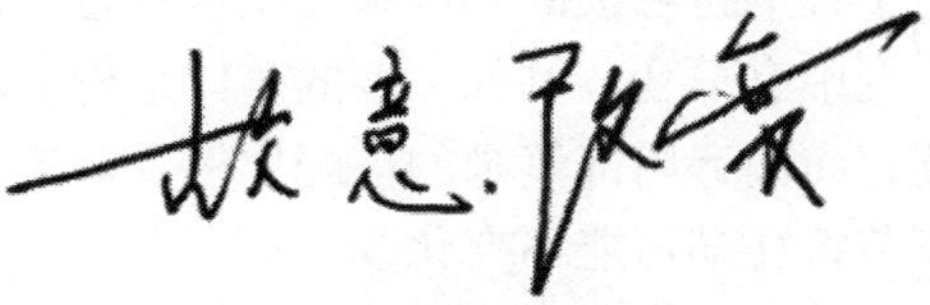

图 4-4　改变笔画长度伪装笔迹示例

（2）改变个别笔画长度笔迹变化的规律。由于有意拖长或缩短字的个别笔画，导致笔画之间或偏旁之间的搭配比例失调，字的结构不适称，甚至出现结构紊乱的现象。

（3）改变个别笔画长度笔迹中稳定的特征。这种伪装笔迹中发生变化的主要是个别过长或过短的笔画，和由此引起的局部搭配比例的改变，其他的特征基本不变，如写法、错别字、笔顺、搭配比例、文字以外的特征等。

（二）改变字的各部分位置关系的笔迹

（1）改变字的各部分位置关系的笔迹的特点。书写速度快慢不均，字的大小差异明显，字的组成部分过大或过小，有的还伴随有夸张的运笔动作，字形奇形怪状，总体看笔迹变化明显（见图 4-5）。

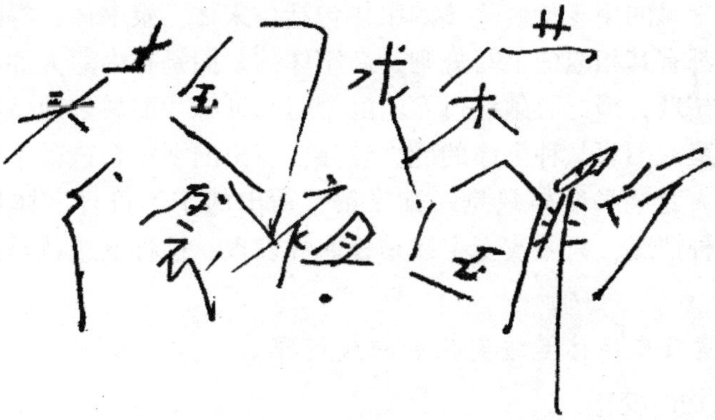

图 4-5　改变字的各部分位置关系笔迹示例

(2) 改变字的各部分位置关系笔迹的变化规律。改变字的各部分位置关系的方法具有随意性，有的把字的各部分拆开，任意挪动其正常位置，有的左右部位颠倒，有的使偏旁间的大小比例失调，因而在字的结构上笔迹变化明显。

(3) 改变字的各部分位置关系笔迹稳定的特征。由于书写人的注意集中在改变字的结构上，所以在字的写法、错别字、笔顺、文字以外的特征上都比较稳定。

(三) 破坏字的结构伪装笔迹鉴定要点

(1) 要正确看待伪装，不要有畏难情绪。破坏字的结构这种伪装手法，从宏观上看笔迹的变化比较大。但如果具体分析，并不是每个字或字的每个部分都发生变化。由于表现一个人书写习惯的笔迹特征是全方位、多层次的，因此，必然会出现大变小不变、变中有不变。例如，字的整体结构被破坏，而局部是正常的；偏旁大小比例失调，而偏旁内部笔画的搭配比例、运笔形态、连笔形式、笔力分布以及起收笔的细节特征却可能不变化。

(2) 要根据破坏字的结构伪装笔迹特征变化规律选取笔迹特征。

(3) 要注意从结构基本正常和运笔自然的笔画上选择特征。结构基本正常、运笔自然、书写速度较快意味着伪装程度不大，在这些地方容易暴露书写人的书写习惯。

第二节　故意改变字体、笔形笔迹鉴定

一、故意改变字体笔迹的鉴定

(一) 故意改变字体笔迹的概念

故意改变字体是指为了达到伪装笔迹的目的，书写人有意书写某种平时不惯用的字体形成的笔迹。日常生活中，人们书写笔迹时多使用楷书体和行书体，笔迹鉴定实践中常见的用于伪装笔迹的字体包括仿宋体、隶书体、等线体等。

每种字体都有其相应的书写规则，新字体的掌握是在书写人原有书写技能和习惯基础上的拓展，因此必须经过专门的学习和训练才能较好地掌握。在实际案件中，有的作案人书写某种字体的能力较强，写出的字符合该种字体规则的地方多，有的作案人对某种字体只是一知半解，写出的字不符合字体规则的地方较多。无论是哪种情况，只要改变字体是普遍性表现，这种笔迹就是故意改变字体伪装笔迹。

(二) 故意改变字体笔迹变化的一般规律

1. 字形结构的变化

各种字体在字形结构上有不同的要求。隶书要求字形扁方，高宽之比为

2∶3或5∶7；仿宋体要求宋体结构，字形多为长方，高宽之比为3∶2，布白上要求上紧下松、左紧右松；等线体要求字形方正，横平竖直等。

2. 运笔的变化

不同字体在笔法上有不同的要求，导致了不同字体运笔的不同。隶书体要求起收笔“折笔藏锋”，横画逆锋起笔，形如蚕头，收笔回锋呈雁尾状，较长的横笔有起伏波折，即所谓“一波三折、蚕头雁尾”（见图4-6）；仿宋体要求笔锋显露，起笔顿挫，收笔出棱，横笔微微耸肩；等线体要求运笔平缓，无顿压动作，笔端平齐，不露笔锋。

图4-6　隶书的“蚕头雁尾”示意

笔法不容易掌握，一般人往往只求形似而不讲笔法。因此，在起收笔动作、连笔形态、笔力轻重等方面常常表现出个人习惯。表现在运笔特征上，不仅不同人书写同体字存在差别，而且同一人书写不同体字也会有很大的不同。

3. 笔顺的变化

个人书写自由体和楷书体形成的笔顺习惯，在字体变化时也基本稳定。但在书写仿宋体、等线体等字形方正工整的字体时，出于字迹工整、美观的考虑，有时会有一些变化，如“王”字可先写上下两横笔，再写中间一横笔，最后写竖笔，也可以先写三横，后写竖笔；“国”字可把横折分开写，先写左右两竖，再写上下两横。有的字可先写骨架笔画再写副笔，如“川”字可最后写中间的竖，“斗”字可先写横竖笔，再写两点笔（见图4-7）。

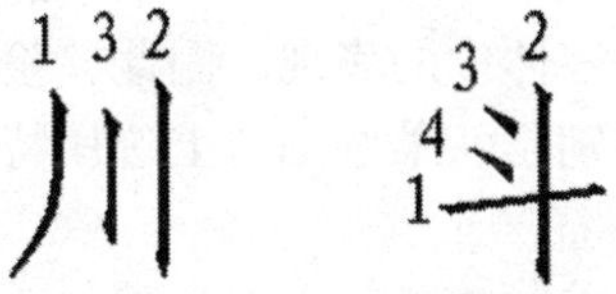

图4-7　写仿宋体时笔顺的变化

当然，上述笔顺的变化，是说书写某些字体时允许这样变化，并非必然这样变化。

4. 写法的变化

书写仿宋体、等线体时，与楷书体的写法基本一致。隶书体带有古意，在某些字及偏旁部首的写法上与现代汉字写法不同（见图4-8）。

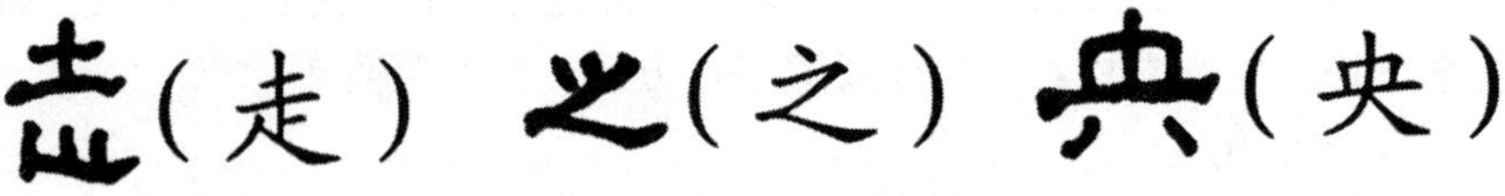

图 4-8　隶书写法举例

(三) 故意改变字体笔迹鉴定要点

1. 查看检材与样本，确定字体变化情况

对于改变字体笔迹的鉴定，首先要分析检材笔迹属于哪种字体，是否符合该种字体的书写规则，基本功如何；然后分析样本笔迹的字体类型，与检材是否同体，二者的书写速度快慢，可比条件如何。从而区别不同情况，慎重进行鉴定。

鉴定字体变化的笔迹，鉴定人必须了解不同字体的特点。这样才能区分字体规则要求形成的特点和不同人特有的书写习惯特征，不至于把字体变化形成的差异当作本质的差异，也不能把同种字体的共同特点当作反映书写习惯特殊性的特征。

2. 根据故意改变字体笔迹特征变化规律选取笔迹特征

有些笔迹特征，基本与字体无关，所以一般不受字体变化的影响。包括整体布局、局部安排、标点及其他符号等文字以外的特征；习惯性的错别字一般不会发生变化；笔顺特征一般不变，但要注意在写仿宋体或等线体时，有时为了保持字形方正、布局匀称而改变习惯的笔顺；写法特征一般比较稳定，但要注意在隶书体中，有可能出现古、旧、繁写法。

3. 注意从违反字体规则的表现上选用特征

符合某种字体规则的特征，基本属于该种字体的共性表现，一般不宜作为认定书写人的依据。对于书写技能不高的多数作案人来说，书写的某种字体，实际上存在很多不符合字体规则的结构和运笔特点，这些往往都是书写人的本质特征，是个人书写习惯在不同字体中的表现。因此，检验改变字体的笔迹，应当侧重从违反字体规则之处，特别是从某些细节上选用特征。

4. 注意从副笔上选用特征

由多笔构成的字，主笔在单字中起主干作用，它常常体现字体的变化，反映书写人平时的笔迹特征不多；短小的横、竖、点、撇、捺、钩、挑等副笔则更容易流露出书写人平时的笔迹特征，也是同一人不同体字笔迹之间内在联系的一个主要方面。所以，在鉴定改变字体的笔迹时，要注意从副笔上选用运笔和搭配比例特征。

5. 样本的选择与补充

对于故意改变字体笔迹的鉴定，最好用同体字样本进行比较。如果收集不到，则应提供慢速楷书样本。必要时，亦可补充收集实验样本加以验证。利用不同体字的样本进行鉴定时，必须有足够的不受字体变化影响的特征作为认定结论的依据，防止轻易或勉强地得出结论。

二、故意改变笔形的笔迹鉴定

故意改变笔形，是指通过改变正常的笔画形态伪装笔迹的一种手段。正常书写的汉字，是由八类三十六种单线条笔画按一定规则构成的。有的作案人故意采用复合笔画或曲线、点线来代替正常的有规则的单线条笔画，从而形成改变笔画形态的伪装笔迹。实际案件中，常遇到的改变笔形的伪装字有弧形字、空心字、重描字等。

（一）弧形字笔迹的鉴定

1. 弧形字的种类及特点

弧形字是指弧形笔画构成的伪装字。弧形字可分为内弧字和外弧字。以单字的中心部位为参照点，外围笔画内收的为内弧字，外展的为外弧字（见图4-9）。

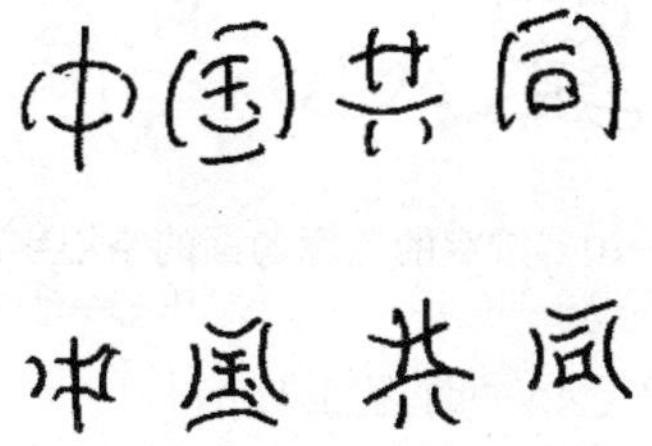

图4-9　弧形字示例（上为内弧字，下为外弧字）

弧形字主要的特点是在横竖撇捺笔画的弧形上，字的外侧笔画反映尤其明显。此外弧形字书写速度普遍较慢，笔力较平缓，转折笔画往往分笔书写。

2. 弧形字笔迹鉴定要点

（1）要正确区分内弧字、外弧字。由于不同人的书写习惯不同，在使用弧形字伪装笔迹时，有的以内弧形为主，有的以外弧形为主，就全篇而言，没有绝对内弧字或外弧字。区分内弧字与外弧字的意义在于，在与嫌疑人的弧形字实验样本比较时，分析二者的弧形倾向是否一致，可以作为认定或否定的辅助依据。

（2）注意选用弧形字中的稳定特征。有些特征不易受这种伪装手段影响，如字的基本写法特征、笔顺特征、错别字特征、大体的搭配比例特征；如果是起笔后画弧，笔画的起笔位置及其反映的搭配关系仍能反映平时习惯；框架内部笔画、复杂部位的细小笔画一般不加改变，其运笔和搭配比例特征可以选用。除了不易受弧形字影响的特征外，运笔速度较快，笔画弧形不严重的字也容易暴露书写人的书写习惯。

（3）注意样本的补充。由于弧形字书写速度较慢，比对样本最好是慢速书写的接近楷书体的笔迹。如果有条件，可收集嫌疑人的弧形字实验样本。

（二）空心字笔迹鉴定

笔画是空心的字即为空心字。空心字按其勾画手段又分为按字的轮廓勾画、逐笔勾画、附笔勾画三种类型。

1. 按字的轮廓勾画的空心字

按字的轮廓勾画的空心字，独体字是以整字为单位，合体字是以偏旁为单位，不交接的笔画以笔画为单位，分别沿其外部轮廓勾画而成（见图 4-10）。这种空心字脱离了正常书写的某些规则和笔法，与书写人平时书写的笔迹差别较大，笔迹变化的大小与书写水平、勾勒空心字的技能高低有关。书写水平较高者，对字的结构形象记忆明晰，勾勒空心字的能力相对较强；平时有过训练的人，适应了这种书写方式，能够掌握相应的技巧，空心字中反映其平时的习惯特征比较充分。

图 4-10　按字的轮廓勾画的空心字示例

鉴定按字的轮廓勾画的空心字时应注意：

（1）注意分析勾画水平的高低。有的人（如专业美工人员）经过专门训练后，勾画这种空心字能达到较高水平，字形字体前后一致，字的结构合理，外形美观，但是勾画空心字水平和书写人的实际书写水平并不完全一致。勾画水平高时，说明书写人经过专门训练，所以，一方面可以缩小侦查范围，另一方面有可能找到嫌疑人的空心字样本。

（2）注意写法的改变。美术体字有专门的范例，受范例的影响，书写人在勾画空心字时会在有些字的写法上发生改变。在鉴定时对有些写法上的差异，要正确认识，必要时可通过查阅相关工具书验证。

（3）注意有些情况下笔顺的使用。有些非交叉笔画的笔顺，如党字中“⺌”的笔顺，以及偏旁间的笔顺，如落字的草字头、三点水和“各”部之间的笔顺。即使是交叉笔画的笔顺，也应作具体分析，有时可以根据明晰的起收笔位置，以及笔画间的搭配比例关系等情况加以综合判断。

2. 逐笔勾画的空心字

逐笔勾画的空心字，是以笔画为单位，按照笔画的书写顺序，逐笔勾画而成。逐笔勾画的空心字，可分为认真勾画和随便勾画两种（见图 4-11）。前者一般是以楷书或仿宋体为基础，根据字体规则和书写习惯，认真勾画而成，基本上能反映书写人平时书写同体字笔迹的特点。后者则是书写人按字的结构和写法，不考虑笔画的形态要求，以较快的速度采用没有棱角的圆弧形笔画任意勾画而成。这种字一般仅能反映笔迹大体的特点。

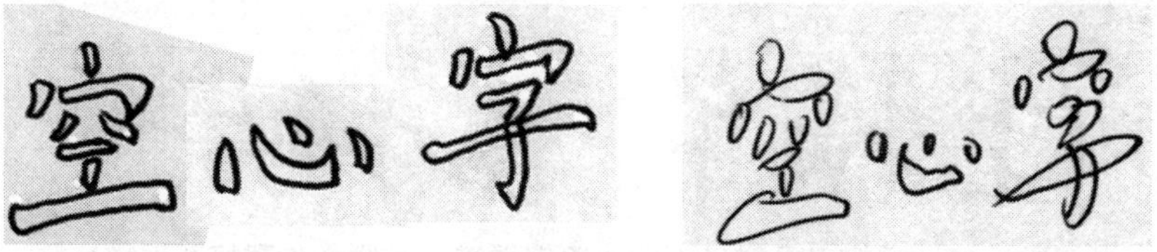

图 4-11　逐笔勾画空心字示例（左侧为认真勾画，右侧为随意勾画）

鉴定逐笔勾画的空心字时应注意：

（1）注意笔顺特征。逐笔勾画时，通过笔画交叉点的特点可以判断一些字的笔顺，这与按轮廓勾画的空心字是不同的。

（2）注意出现的单线条笔画。未勾描空心的单线条笔画容易暴露书写人的书写习惯，检验中要注意选用。

（3）注意运笔的变异。逐笔勾画时为了勾画方便，有些转折笔画可能分笔勾描，不要把这种运笔的变异当作书写人的书写习惯。

3. 附笔勾画空心字的鉴定

附笔勾画的空心字，是在一个字写成以后，沿着已经写好的笔画的一侧，逐笔勾画成空心的笔画，从而形成空心字（见图 4-12）。这种空心字是由先写的笔画（主笔）和后写的用于勾勒空心的笔画（附笔）构成。

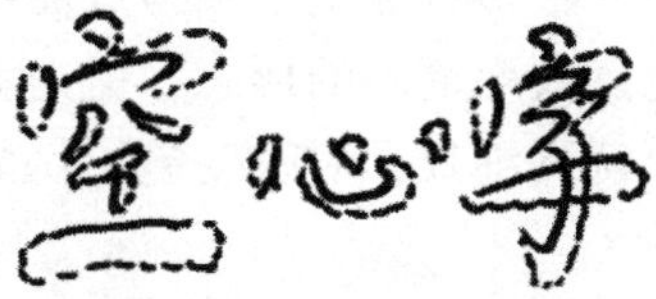

图 4-12　附笔勾画的空心字示例（实线条为主笔，虚线条为附笔）

主笔的特点是：运笔自然流畅，着笔较重，墨迹较浓；笔画间组合关系协调，搭配比例适称，上下笔画间有照应关系。

附笔的特点是：着笔较轻，墨迹较淡，被动地伴随先写的笔画，有抖动弯曲现象；笔画间无协调感和照应关系，笔画开头和结尾处多有封口动作。

鉴定附笔勾画空心字时应注意，这类空心字笔迹粗看似乎变化很大，实际上是最容易检验的一种空心字。因为书写人注意力集中在把笔画勾勒成空心上，所以主笔构成的文字基本是正常笔迹。检验中只要正确分析出哪些笔画是主笔，哪些笔画是附笔，然后按照由主笔构成的字进行检验即可。

（三）重描字的鉴定

重描字是指书写文字笔迹经多次重复描写形成的字。重描分为两种形式，一种是逐笔重描，另一种是先写好后再进行重描（见图 4-13）。这两种重描笔迹与前面讲到的逐笔勾画空心字、附笔勾画空心字的特点有相近之处。

图 4-13　重描字示例（左侧为逐笔重描，右侧为先写好再重描）

重描字的总体特点是：笔画由于反复重描，在同一笔画上用笔杂乱，笔画变粗，字形增大，字迹醒目。

逐笔重描时，总体上书写速度慢，笔画间的照应关系差，转折笔画分笔重描。先写好后再重描时，字形受先写字的影响较大，总体来看笔画间的照应关系强，有的笔画间有连接，转折笔画可能不分笔描写。

鉴定重描字笔迹时应注意：

（1）要正确区分是哪种重描方式。逐笔重描字在字形、笔画搭配比例特征上变化幅度稍大，先写好再重描的字笔迹变化较小。两种重描方式在笔迹上的区别主要在于笔画间的照应关系强弱和搭配比例关系是否正常。在后描笔画不是很浓重的情况下，如果可以观察到完整的单线条文字，则是先写好后重描的。

（2）注意运用笔顺特征。重描字笔画照应关系可能不强，但是容易从笔画交叉部位的特点判断笔顺，因此要注意运用笔顺特征。

改变笔画形态的方法还有很多，如把笔画写成曲线、点线，在写好的笔画上加修饰图案等。书写人注意到改变笔画的形态，但是在其他方面则容易暴露自身的书写习惯。鉴定人员只要认真细致，对改变笔形伪装的笔迹都可以正确认识和鉴定。

第三节　左手伪装笔迹鉴定

一、左手伪装笔迹的概念与特点

（一）左手伪装笔迹的概念

左手伪装笔迹是指书写人故意改用不习惯使用的左手执笔书写的字迹。正常情况下，人们大都习惯于右手执笔书写，一旦改用左手写字时，便会感到十分不便，笔迹变化很大，与其正常书写的右手字会有明显差别。这也是书写人采用左手伪装手段的主要意图。有的人从小就用左手写字；也有的人因右手残疾或其他原因，后来改用左手写字；还有的人经过长期练习，左右手都能熟练地书写。这些已习惯用左手写字的不属于伪装，而是正常的左手笔迹。笔迹鉴定着重研究的是左手伪装笔迹。

采用左手伪装是为了“异己”，过去常见于标语、传单、匿名信，近年来多见于诬陷诽谤、敲诈恐吓信件或盗窃现场留言等。

鉴定人员应掌握左手伪装笔迹的特点，正确运用笔迹变化规律去分析选用特征，客观地评价符合点的价值与差异点的性质，能够正确鉴定左手伪装笔迹。

（二）左手伪装笔迹的特点

根据不同的成因，可将左手伪装笔迹的特点分为三类。

1. 机械性特点

机械性特点可以概括为一个“斜”字，具体表现为：字行易向右下倾斜或呈波浪状、锯齿状；单字中，较长的横画或左右偏旁出现左高右低现象；较长的竖画易向右侧倾斜（见图 4–14）。

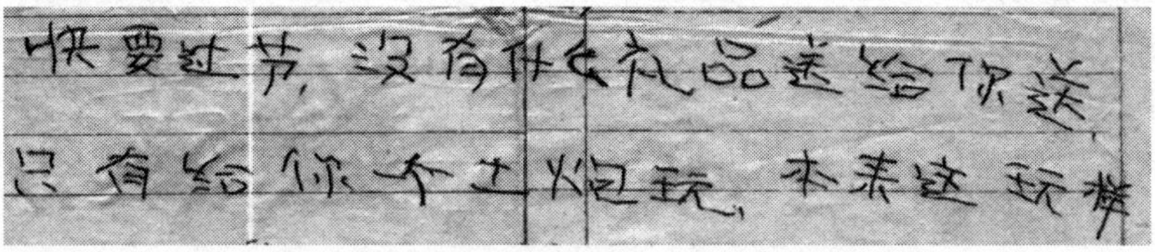

图 4–14　左手伪装笔迹机械性特点示例

机械性特点，主要是由于左右手书写支点与力点间的方位不同，二者是对称的。右手书写的支点位于书写重力点的右下方，由左至右的书写，相对于支点而言，是由远及近的牵拉运动，非常方便、适宜。左手书写的支点位于书写重力点的左下方，按照书写规则，由左至右的运行，相对于支点来说是由近及远的推送运动，显得吃力与不适。同时，在支点（腕或肘）固定不动的情况下，伸展幅度有限的活动半径必然牵制自左而右的运动向右下偏斜，从而出现左高右低、字行下斜的现象。支点每向右移动一步，就形成了又一个运动半径，于是出现又一段的左高右低区间。整个字行便会呈现总体向右下倾斜而又参差不齐的波浪状或锯齿状。

2. 镜像性特点

镜像性特点可以概括为一个“反”字，具体表现为：易出现反像字或左右偏旁位置颠倒现象；个别横画反起笔，自右向左运行；弯钩、竖钩呈现反向弯、反钩；个别连笔、环绕笔画方向相反（见图 4 15）。

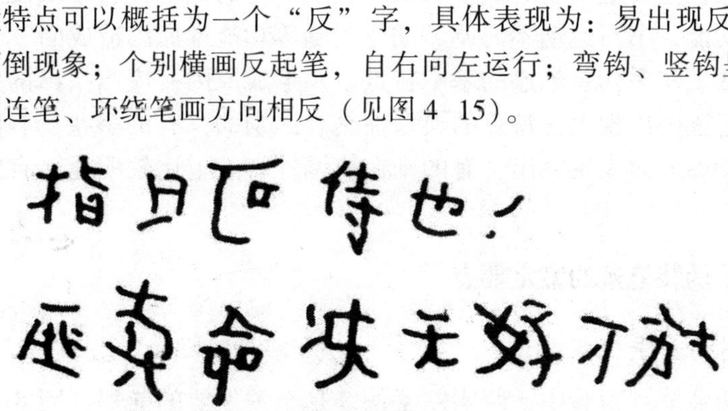

图 4–15　左手伪装笔迹镜像性特点示例

镜像性特点，主要是由于左右手生理功能和解剖结构的对称性，以及注意的局限性和视觉反馈缓慢造成的。

人体的解剖结构基本是左右对称的，左右侧肢体自由活动的方向和范围也是对称的。如果写一个横画，以同样的神经冲动引起同名肌腱的伸缩，右手是自左而右，左手则是自右而左。当右手者改用左手执笔书写时，必须有意控制左手按规则书写，同时注意纠正动作的失误。一旦注意分散，左手便朝相反的方向运行，从而出现镜像性（反）的特点。

在左手的书写活动中，既靠动觉系统又靠视觉系统反馈调节。视觉反馈属人工调节，称为物理反馈；动觉反馈属本体调节，称为生理反馈。前一种反馈比起后一种反馈要迟缓、粗糙得多。有关数据表明：动觉反应速度可达 0. 130 秒，而视觉反应速度则为 0. 188 秒。加之左手书写时视觉的监督作用受到局限，左手的动觉反馈就容易向相反的方向运行。

3. 协调性特点

协调性特点可以概括为一个“差”字，具体表现为：落笔不准，运笔抖动，笔力轻飘，转折生硬，起收笔易出现拖带或反射钩；单字结构松散，搭配位置不准，出现多笔少画或笔画重叠现象；行间距不均，字间距不匀，字形普遍增大且大小不均（见图 4-16）。

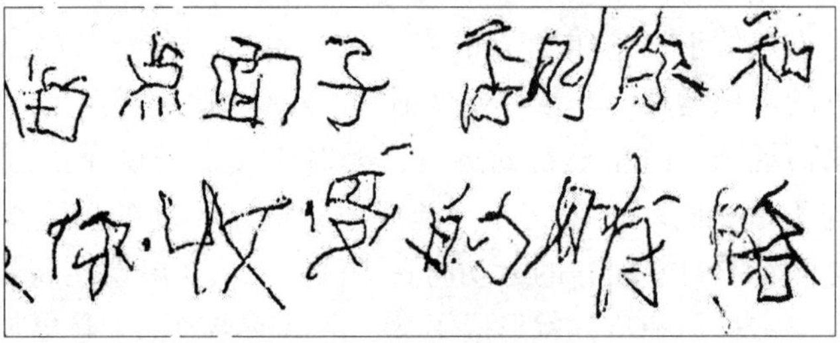

图 4-16　左手伪装笔迹协调性特点示例

这些特点，主要是由于右利手者缺乏左手书写的训练，右半脑没有独立支配书写运动的功能，书写运动不协调、动作粗糙等功能性原因造成的。

以上概括了左手伪装笔迹的基本特点以及形成原因。应当指出的是，不同人的左手伪装笔迹中出现上述特点的典型性是有区别的，有的多些，有的少些；有的在机械性特点方面表现突出，有的则在协调性特点上比较明显，有的可能不出现镜像性特点。

二、左手伪装笔迹的鉴定要点

（一）判明左手伪装笔迹

在左手伪装笔迹检验中，判明左手伪装是至关重要的前提，因其直接关系到能否运用左手伪装笔迹的变化规律去分析、选择和评断特征。

左手伪装的确认，应尽量使用物证原件，要全面地考虑可能导致笔迹变化的因素，结合左手笔迹的特点，做灵活的分析、判断。还可采用排除法，根据笔迹变化的特点，把存在矛盾的情况一一否定，最后确认为左手伪装。

（二）区分左手笔迹的共性特点和个人习惯特征

左手笔迹的共同特点与个人习惯特征是左手伪装笔迹中的两种不同性质的有规律的征象。书写人的个人习惯特征是鉴别书写人的根据，而左手笔迹的共性特点是这种伪装手段的表征，是识别左手伪装的依据，切忌将其作为个人笔迹特征使用。尤其在与左手实验样本比较时，不能把左手笔迹的共性特点当成认定结论的根据。

（三）根据左手伪装笔迹特征变化规律选择不易变特征

左手伪装笔迹容易在一些大体的、惰性较强的特征上稳定地反映个人的书写习惯。

（1）基本写法特征。除能写多种书体的人用左手书写时，行草写法易变为楷书写法外，其他的写法，如习惯性的繁异体写法、习俗写法、简化写法和旧字形等特征不变。

（2）错字特征。左手书写可能出现多笔少画的错字，但不会将习惯性错字写成正字。

（3）笔顺特征。与其他特征类型比较起来，笔顺可以说是动力定型中惰性最强的一类特征，即使左手书写时，也难以改变。需要注意的是，由于写法不同所造成的笔顺差别不应看作本质的差异。

（4）部分笔画的特殊运笔特征。运笔特征在左手笔迹中的变化是最为明显的，但也不排除某些特殊的运笔习惯会保留下来，如笔画变异、特殊的连笔环绕习惯等。

（5）大体的搭配比例特征。左手书写只能改变某些搭配比例的细节，大体的搭配比例关系仍会流露出来。

（6）标点符号特征。以标点符号的写法、用法为重点，细节形态和位置不够准确。

（7）款式布局、习惯用语特征。与具体的书写动作无关的这些特征不受左手伪装的影响。

左手伪装笔迹中，哪些特征一定变化，哪些特征肯定不变，是不确定的。案件鉴定中，应本着具体问题具体分析的原则，结合书写人水平的高低，灵活地选取特征。

（四）注意运用反字特征

左手伪装笔迹中，受左右手生理功能对称性的影响，有时会出现个别的反字。由于反字不便于观察，所以常常被人们所放弃。实际上，左手写的反字要比正字更加流畅自然。如将反字翻转过来观察，与其右手字差别不大，甚至在运笔、搭配等细节特征上都有较好的符合，所以要注意利用。

（五）注意选择可比样本

左手伪装笔迹鉴定对于样本的要求，除了充分、真实这些基本条件外，更要强调可比性。鉴于左手伪装笔迹一是左手书写，二是速度较慢的特点，要求尽量提取慢速书写的样本。必要时也需收集左手实验样本，以创造较好的鉴定条件。

【思考题】

1. 如何分析确定一份一般性伪装笔迹的伪装手段？
2. 伪装笔迹和正常笔迹在鉴定程序和鉴定方法有何不同？
3. 如何在伪装笔迹中分析书写技能和书写习惯？
4. 民事和经济类案件中为何会出现伪装笔迹？
5. 伪装笔迹容易出现的共性特点可否作为鉴定依据？
6. 如何确定一份伪装笔迹中出现的错别字是伪装形成的，还是习惯性错别字？

【参考文献】

1. 贾玉文主编：《笔迹检验》，警官教育出版社 2011 年版。
2. 王相臣主编：《文件检验》，群众出版社 2010 年版。
3. 李志荣著：《笔迹检验实用技术》，中国人民公安大学出版社 2012 年版。
4. 司法部司法鉴定管理局：《司法鉴定技术规范　笔迹鉴定规范》，SF/Z JD0201002-2010。

第五章‖ 摹仿笔迹鉴定

本章概要：本章主要介绍摹仿笔迹的概念、摹仿笔迹的几种类型及其特点、摹仿笔迹特征变化的一般规律、摹仿笔迹的识别及其检验要点。其中，各种类型摹仿笔迹的特点、摹仿笔迹特征变化的一般规律是本章的重点，摹仿笔迹的识别和检验是本章的难点。

关键词：摹仿笔迹　临摹　套摹　描摹　忆摹

第一节　摹仿笔迹概述

一、摹仿笔迹的定义

摹仿书写本是初学写字的必由之路，包括历代名家在内，为了掌握和提高书写技能，无一不是从临摹碑帖、名人书法开始。晋代书法家王羲之早年从学卫夫人开始，后又改学魏国钟繇；唐代书法家柳公权，初学王羲之，后又学颜真卿、欧阳询。这里所说的“学”实则是临写，亦是临摹。通过摹仿书写，博采众长，便自成一体。当前，随着硬笔书法的兴起，出版社出版很多硬笔书法字帖，以便人们临摹书写。所以摹仿书写本属于正常的学字途径。

摹仿笔迹则是另一种完全不同的概念。摹仿笔迹，是指书写人出于某种目的，以特定人的笔迹作为摹本或底样，按其所观察和理解的笔迹特征进行仿写，试图以他人的书写习惯体系代替自己的书写习惯体系而形成的笔迹。摹仿笔迹可以不同程度地改变书写人自己固有的笔迹形象，从而达到隐藏自己与嫁祸于人的目的。

近年来，有的学者也把摹仿笔迹称为“模仿笔迹”[①②]。虽然“模仿”和“摹仿”两词现代读音相同，意思也有相似之处，经常容易混淆，但在造字之初，“模”、“摹”二字音义并不相同。《说文解字》：“模（音 mú），法也。”段

---

① 涂丽云主编：《文件检验学》，群众出版社 2007 年版。

② 王相臣主编：《文件检验》，群众出版社 2010 年版。

注："以水曰法，以木曰模，以竹曰范，以金曰镕，以土曰型，皆法也。"引申为法式、模式。所以和"模"组合的词有照着原来的样子去做、去学习的意思，如"模仿"、"模本"、"模式"、"模型"、"模范"。《说文解字》："摹（音 mó），规也。"段注："规者，有法度也。"引申为依照某种法式去做之意，多是指照着样子去写、去画，而且和"摹"这个字组合成的词在文学艺术领域用得比较多，如"摹仿"、"摹本"、"描摹"、"临摹"、"摹写"等。因而，"模仿"和"摹仿"意思相近却有不同之处。前者指照着已有的去学、去做，如"猩猩能够模仿人哭、笑等表情"，"小孩模仿大人们的动作和语言"；后者是专用词，常用于书法、绘画领域，仅仅表示照着现有的字、画或其他艺术品去写、画，如"这幅画是摹仿那幅画画的"，"他的毛笔字是摹仿名家写的"。由此可见，"摹仿"适用的范围比"模仿"小得多，在笔迹鉴定领域使用"摹仿"更为适宜。

随着社会的发展，人们文化水平的普遍提高，在有文件物证的案件中，摹仿他人的笔迹有日益增多的趋势。采用摹仿笔迹的手段作案表现在：有的是以经济为目的，贪污冒领或出于诈骗而摹仿有关人的笔迹书写假收条、假欠条、假单据或摹仿当事人签名伪造假合同、假协议书等；有的出于政治方面考虑，多数是泄私愤、图报复，采用摹仿笔迹书写政治性标语、传单、信件或诽谤、诬陷信件以嫁祸于人；还有为了隐藏自己的违法行为而摹仿他人的笔迹。例如，摹仿被害人笔迹伪造遗书，摹仿名人字画欺世盗名、从中渔利的事情时有发生。至于个别狡猾的作案人摹仿自己的笔迹，虽然也具有摹仿笔迹的某些特点，但严格来说这是一种伪装笔迹的手段，而非真正的摹仿笔迹。

所以，研究摹仿笔迹的特点规律和鉴定方法，是笔迹学的一项重要任务。同时，摹仿笔迹鉴定也是笔迹鉴定领域中一个比较疑难的课题。

二、摹仿笔迹的手段

摹仿笔迹不同于正常笔迹，同其他方法伪装的笔迹也有区别。摹仿笔迹就其摹仿手法可分为临摹、套摹、描摹以及忆摹四种类型。

（一）临摹

临摹，即临写摹仿。摹仿人将被摹仿人的笔迹样本作为摹本，通过视觉、知觉、注意、记忆等心理过程，对被摹仿人字迹获得形象的认识后，一笔一画地进行仿写。运用临摹手法摹仿的笔迹大致有两种情形：一是临时性临摹，即以被临摹笔迹为样板，边观察边照样本书写摹仿，基本是一次性完成。另一种是练习性摹仿，即经过反复多次地临摹练习，由于摹仿实践的程度有别，与摹本字迹相似的程度也不同。当然，摹仿笔迹与被摹仿人笔迹的相似程度，关键还是取决于摹仿人的书写技能，以及对摹本笔迹特征观察、感知的程度。但是，笔迹特征是多方面的，有些特征又是多层次的，摹仿人感知到的特征往往是有限的。一般情况下，临摹他人笔迹不可能达到惟妙惟肖、十分相似的程度。

（二）套摹

套摹，亦称透光套摹、透视套摹。即把被摹仿字迹放置于具有一定透明度的纸张下面，通过透视，形成可见的字形笔画，然后逐笔逐画地进行套写。还有的用印制图纸或印相片的灯箱做透影设备，通过透射增强透视影像的能见度，然后根据透影字样，逐笔逐画地进行套写。

套摹的相似程度，取决于仿摹本字迹透影到纸面上的清晰度、摹仿人对被摹仿笔迹特征的熟悉了解程度及摹仿人的书写技能。

（三）描摹

描摹，就是通过抑压、复写等方式将被摹仿笔迹先勾描“打样”在伪造的文件上，然后再根据“打样”痕迹用笔描成的摹仿笔迹。一般有抑压描摹、复写描摹等手法。

（1）抑压描摹。是将摹本笔迹置于载体纸页（即检材用纸）上，用圆珠笔或铅笔类工具，依照摹本字迹逐笔逐画地进行描摹，通过压力在载体纸面上形成压痕文字，然后再根据压痕笔画线条，用钢笔、圆珠笔或毛笔勾描成的摹仿笔迹。

（2）复写描摹。即将摹本置于所需的物证上，如支票、凭证等，中间放复写纸，然后用圆珠笔、铁笔或钢笔，依照仿本一笔一画地摹写。根据票据纸的页序（三联或四联）摹写，有的还需要对复写形成的字，二度用钢笔或圆珠笔逐笔逐画地进行重描。

描摹字迹与被摹仿字迹的相似程度，取决于形成压痕字迹的准确度、复写时摹仿人对被摹仿笔迹观察感知的程度，以及摹仿人执笔摹仿的技巧和能力。其特点基本上与透光套摹相同。但由于不需要通过透视，所以描摹的准确度较之透光套摹稍高一些。

（四）忆摹

忆摹即记忆摹仿，亦称背摹。它是凭借书写人对被摹仿字迹笔画形体特征的观察和感知，经过一定的摹仿练习，从而在大脑皮层高级神经中枢建立神经联系，通过记忆的储存，使获得的一些仿写技能重复再现。

记忆摹仿依据心理和实践过程，可分为长时记忆摹仿和短时记忆摹仿。长时记忆摹仿实际上就是“练习摹仿”，不经过一定的书写练习，不可能获得长时记忆；不经过练习实践，也不可能与被摹仿笔迹达到相似的程度。长时记忆摹仿，是摹仿人经过对摹本字迹进行细微的观察、感知之后，经过一定的练习实践，以求达到与摹本字迹相似。在建立起摹仿的技能之后，通过记忆储存，便能达到长期的保持，一旦需要便可重复再现。从实际案例看，长时记忆摹仿多用于摹仿他人签名之类的少量字案件。

短时记忆摹仿，又称暂时记忆。即根据摹仿人的特定需要而临时起意，对摹本进行一次性的观察和稍加练习之后，便离开摹本进行仿写。其与长时记忆摹仿的最大区别，就在于未建立起较稳固的摹仿技能，对摹本字迹特征的记忆保持不能持久。又由于缺乏必要的练习实践，因而其与摹本字迹的相似程度，较之长期记忆摹仿与摹本字迹的相似程度差之甚远。

三、摹仿笔迹的形成机制

摹仿笔迹是一种伪造笔迹。笔迹因人而异，它是建立在主体不同的生理、心理条件下和不同的书写实践的基础上，是主体书写动力定型模式的客观反映。而摹仿笔迹的形成，它是摹仿人通过对被摹仿笔迹的观察、感觉和知觉去仿描伪造，其形成机理与被摹仿笔迹是截然不同的，是在不同于被摹仿笔迹的书写动力定型模式下仿写的。

笔迹特征表现于多方面，有的特征又表现于多层次立体态势。摹仿人在实施摹仿时，已经对被摹仿人的笔迹经过了一定时间的观察、感知、记忆和练习，试图用被摹仿人的笔迹书写习惯特征书写形成笔迹。为了摹仿得逼真，摹仿人既要注意被摹仿笔迹的字形，感知其结构、搭配比例，笔画的运笔形态、连笔方式，在视觉的严密监视下进行仿写，这要靠视觉中枢、书写运动中枢以及动觉系统之间的密切配合，同时又要小心翼翼地监督和控制自身的书写习惯，以避免自身书写习惯的暴露（实际是非暴露不可）。然而摹仿人对被摹仿笔迹不仅在观察、感觉和知觉上存在片面性和肤浅性，在书写运动中也不可能协调配合。摹仿过程中，要时时受到摹仿人旧的书写动力定型系统的干扰，自身的书写习惯会不同程度地流露出来，导致那些特征突出、印象深刻的字或组成部分和笔画摹仿得比较相似，而对于那些特征不明显、不易识记的细微特征摹仿的相似程度低。所以，必然导致摹仿笔迹与被摹仿笔迹之间的“形同实异，貌合神离”。字外形的反映形象可以仿得像一点，而书写运动方面的一些较为复杂的连笔方式、运笔形态、笔力大小和力的分布，特别是书写功力，则不易被摹仿，至于某些表现出书写水平的神韵特征，更是摹仿人望尘莫及的事情。

四、研究摹仿笔迹的意义

摹仿笔迹，必然与被摹仿人的字迹十分近似，而某些受书写条件影响或是老龄人笔迹，特别是一些写字尚有连笔习惯的老龄人，其写的字也会出现类似摹仿笔迹的某些特点，如弯曲抖动、运笔停顿，或在运笔中出现拖、送现象。所以，研究摹仿笔迹的意义，不仅在于确认被检验的检材笔迹是否摹仿、摹仿何人笔迹，而且有的还要鉴定谁是摹仿人、防止把被摹仿人当作书写人。为此，不仅要深入研究各种摹仿笔迹的特点，而且还要下大力气研究它们的特征变化规律。不同文化层次的摹仿人，其摹仿特点与特征变化规律不同。

由于受书写工具、书写环境等条件的影响而出现的笔画弯曲抖动或停顿现象，与由于老年人生理、心理机能衰退，持笔震颤而出现运笔抖动弯曲现象（有连笔习惯的老龄人，运笔常伴有类似“形快实慢”的现象）是有区别的。不深入研究他们的区别，往往把当事人字迹中由于年老或书写条件、书写工具的影响，而出现在笔迹上的一些抖动弯曲、停顿或重描现象等视为摹仿笔迹的特点。同一起签名案件的鉴定，有时会得出截然相反的鉴定意见。这往往与鉴定人对检材笔迹出现的这类现象不能正确地深入研究和区别有直接关系。可见，分析、研究检材笔迹是否摹仿，还必须把受书写条件影响的笔迹特点、以及老年人笔迹中的运笔协调性差，笔画抖动弯曲，或运笔的拖、送现象，与摹仿笔迹的某些特点区别开，这对研究摹仿笔迹检验具有重要意义。

第二节　摹仿笔迹的手段与特点

摹仿笔迹既不同于正常笔迹，也不同于其他伪装变化笔迹。摹仿笔迹，从手段上看可分为临摹、套摹、描摹或忆摹。它们的一般特点，主要反映在运笔上：有的笔画之间虽有连接，但缺乏轻重疾徐的节奏，反映出形快实慢的特点；运笔呆滞生涩，伴有笔画弯曲和抖动现象；笔力平缓无轻无重并伴有中途停顿或停笔另起的特点；某些意连笔画（潜在性连笔），上下笔缺乏照应关系。这些特点的表现明显程度，要看嫌疑人的书法水平、绘画能力以及社会阅历。书法水平高，绘画能力比较强的人其摹仿能力也比较强，摹仿笔迹特点的反映程度也稍差；反之，其摹仿特点则相对要突出、明显一些。

一、临摹笔迹及其特点

临摹笔迹，是将被摹仿人的字迹置于一旁，边观察边仿写而形成的字迹。摹仿人为了摹仿得像，既要仔细观察摹本笔迹，又要控制自己的书写习惯，因此，临摹笔迹常出现以下特点：

（一）形快实慢

正常书写，不管其笔迹水平高低，也不管其是楷书、行书、草书或是其他的随笔字（自由体），其运笔一般是比较流畅、自然，富有轻重疾徐的节奏感，笔画的运笔形态、起收笔的动作和运笔的连贯性与书写速度是协调一致的。而临摹笔迹，由于边看边仿，唯恐走样，必然要降低书写速度，虽有连笔但往往在一些字或笔画上运笔迟疑，缺乏照应关系；主要笔画容易出现墨迹或普遍浓重，或轻描淡写，或浓淡不均；运笔的形态、节奏与缓慢的书写速度明显不协调（图 5-1）。

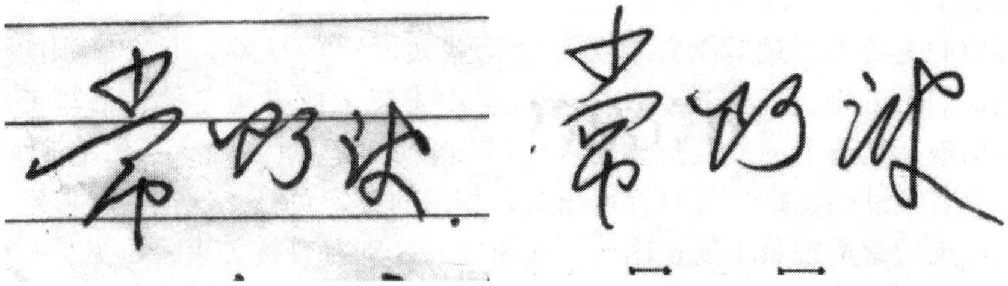

图 5-1　摹仿的“常”字笔画运笔迟缓、运笔的形态与书写速度不协调
（左侧为摹仿笔迹，右侧为正常书写）

（二）笔力平缓

写字是个人书写技能的体现。从笔迹可以看出书写人用笔写字的功力。笔力是指写字的起、行、连、转、收等运笔过程所体现的力度，它大体上与个人的书写水平成正比。书写水平比较高的人，其运笔富有轻、重、疾、徐的节奏感，字迹显得流畅有力。书法界评价书法的功力“力透纸背，入木三分”讲的就是这个道理，钢笔、圆珠笔或复写的字迹，其道理也在其中。书写水平低的人，虽然书写功力较差，但只要达到一定的熟练程度，其笔迹也有不甚得法的轻重疾徐的节奏，也不失为流畅自然。但是，临摹笔迹由于边看边仿，不仅运笔缓慢，该快不快，该慢不慢，在笔力上则表现为无轻无重，笔画该粗的不粗，该细的不细，笔迹也往往无浓淡之分，运笔显得平缓无力，缺乏节奏感。特别是在某些钩笔、挑笔以及某些上下笔的连接部位，不是疾速轻提，有节奏地环绕连接，而是拖、送而成，收笔无笔锋（见图 5-2）。

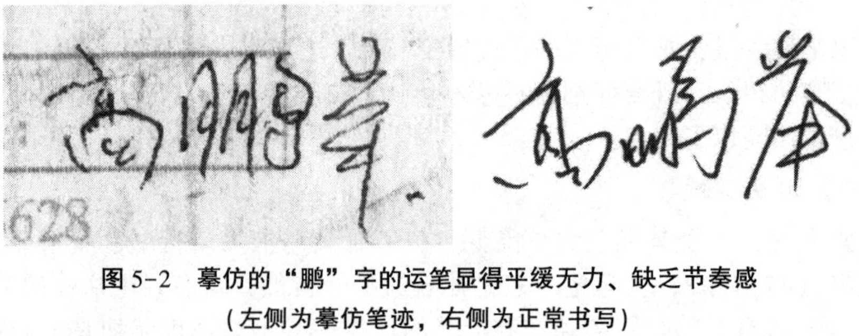

图 5-2　摹仿的“鹏”字的运笔显得平缓无力、缺乏节奏感
（左侧为摹仿笔迹，右侧为正常书写）

（三）中途停顿

在正常书写的过程中，由于书写人注意力集中，运笔非常熟练，一般不会产生中途停顿、另起笔现象，即使偶尔出现了另起笔，也会与上下笔画产生照应联系，不会突然转向或显得孤立。例如，在写楷书时，在起笔、收笔或笔画转折处可出现驻笔或顿压；在写行草或自由体或一些快速书写的笔迹中，则很少有中途停笔的现象出现。而摹仿笔迹，由于摹仿人仅注重摹仿字迹的外形，没有能力或

是没有意识到去协调连笔形式快与运笔速度迟缓这一矛盾。因此，常在一些较长的笔画、笔画转折处、上下笔的连接处出现停笔待摹或是另起笔的现象，以及有些意连笔画的上下笔之间缺乏照应关系的现象。停笔另起，在显微镜下可观察到局部笔画墨水洇散、笔画间断或因另起笔而出现笔画叠合的现象（见图 5-3）。

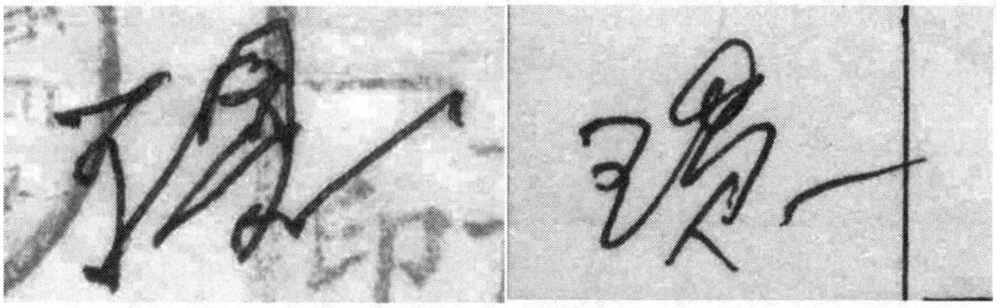

图 5-3 摹仿的“王”字第一横笔及竖笔的收笔处、“贯”字上下两部分连接处均出现了中途停笔现象（左侧为摹仿笔迹，右侧为正常书写）

（四）修饰重描

正常书写文字除因笔误可出现修改外，一般情况下很少有修饰重描现象，这是由真实笔迹的稳定性所决定的。而临摹笔迹很难避免摹仿不走样，当书写人发现摹仿笔迹的一些部首或笔画仿得不像或是暴露自己的笔迹特征太明显时，就要采取添、改、描的手法加以补救，以便同被摹仿笔迹更接近一些。这是由于书写人眼睛的监督作用与企图改变自身书写习惯的动作不协调所致。此类现象多数反映在笔画的起笔、收笔有意增补、延伸笔画，或是通过修饰重描，改变笔画转折的角度、弧度，以及上下笔画的连接形态（见图 5-4）。

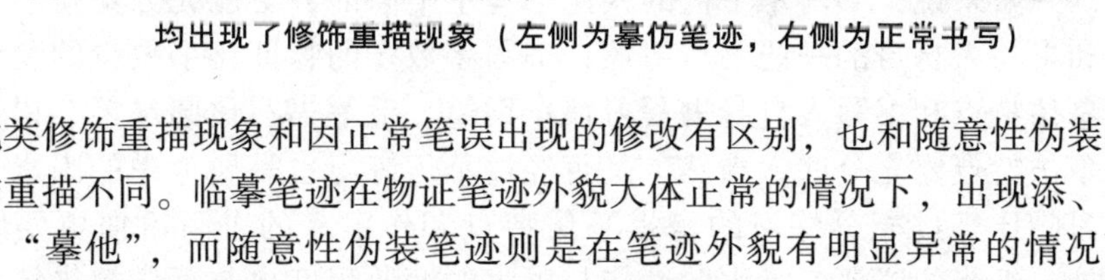

图 5-4 摹仿的“崔”字第一横笔、“荣”字的横笔、“富”字点笔及竖笔均出现了修饰重描现象（左侧为摹仿笔迹，右侧为正常书写）

此类修饰重描现象和因正常笔误出现的修改有区别，也和随意性伪装笔迹中的修饰重描不同。临摹笔迹在物证笔迹外貌大体正常的情况下，出现添、改、描是为了“摹他”，而随意性伪装笔迹则是在笔迹外貌有明显异常的情况下，其添、改、描是为了“异己”。至于在局部再现性伪装笔迹中也往往伴随有添、改、描现象，虽然也是为了“异己”，但它的首要目的是为了使改变笔迹前后一致，以适应此类伪装的需要。

（五）抖动弯曲

正常书写，除因年老体弱或久病引起手的震颤而出现整体性的较为均匀的笔画抖动弯曲外，一般情况下书写动作连贯，行笔平直圆滑，笔画边缘整齐，没有抖动弯曲现象。而临摹笔迹由于作案人心情紧张，谨小慎微地边看边仿写，不仅行笔缓慢，而且还伴随有运笔抖动、笔画弯曲现象，在某些大笔画或笔画转折处，以及上下笔连接处则更为明显（见图5-5）。

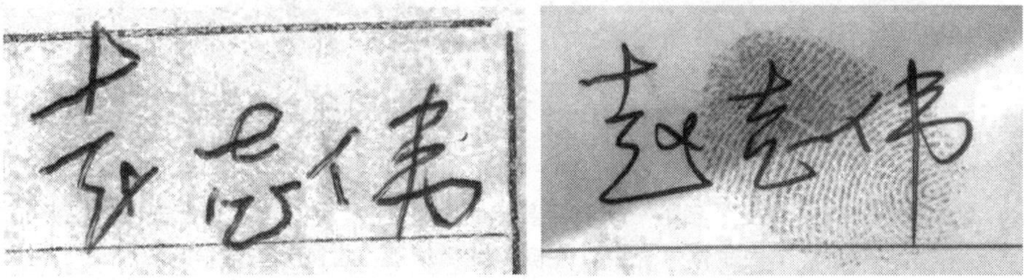

图5-5　摹仿的整个签名的笔画行笔缓慢、伴随有运笔抖动及笔画弯曲现象
（左侧为摹仿笔迹，右侧为正常书写）

值得注意的是，受有些书写条件影响的笔迹，多数是签名，如站立书写、蹲位书写或是在沙发扶手、自行车上书写，这类签名笔画也会伴有弯曲抖动现象。但是和摹仿笔迹是有区别的，要作具体分析。前者出现的部位具有不确定性，而后者多数反映在不易被仿写的部位和笔画上，或是某些大笔画，或是某些上下全连笔部位上。

此外，在字数较多的临摹笔迹中，由于被摹仿字迹可能从不同时期的非同一摹本材料中选取笔迹，因此在同一份物证笔迹中，可出现形体多样、书写速度不一的现象，而且字与字之间、词语间缺乏书写的连贯性和协调性。这也是违反书写活动正常规律的。

上述笔迹的特点，在摹仿笔迹中带有一定的普遍性。但是，暴露临摹笔迹特点的明显程度，往往又和摹仿人书写水平的高低、摹仿字数的多寡、所用书写材料和书写工具的不同，以及摹仿人事前是否经过充分的摹仿练习等有一定的关系。一般来说，书写水平低的人比书写水平高的人更能充分暴露摹仿笔迹的特点和书写人自身的一些书写习惯；书写字数多的物证比字数少的物证更容易暴露摹仿特点和书写人自身书写习惯；钢笔、毛笔书写比圆珠笔、铅笔和复写暴露摹仿特点要充分些。当然，是否经过摹仿练习也是要考虑的因素，未经摹仿练习的比经过充分练习的暴露摹仿特点和作案人的书写习惯更要明显一些。此外，纸张的厚薄、吸水的性能与墨水的洇散程度也与摹仿笔迹特点的出现有一定的联系。

二、套摹笔迹及其特点

套摹笔迹摹仿出来的笔迹往往和摹本的笔迹外形很相像。由于套摹笔迹是书写人小心翼翼地按被摹写字迹逐笔逐画描写复制而成，所以在套摹过程中也会出现形快实慢、笔力平缓、中途停顿、抖动弯曲和修饰重描等与临摹笔迹相同的特点。如果被摹写范本字迹的结构与笔画在透光下清晰可见，事先又经过充分摹仿练习，则抖动、停顿、修饰、改动现象可能不十分明显。除此之外，套摹笔迹还具有自己独特的特点。

（一）一模一样

正常书写文字，由于书写动作不是机械重复而是书写器官的随意运动，即使同一时间重复书写同一个字也不会完全一样，其外形和笔画更不会完全重合。然而，当摹本笔迹有限，而检材文件的字数较多，文件内容需要重复使用某些单字，书写人为了摹写笔迹特征前后一致，在多次出现同一个字或词组时，书写人往往重复套摹同一个字或词组。对这类现象，只要鉴定时认真比较，就不难发现在同份检材中，重复出现的字或词是一模一样的。因而，在检材笔迹中，有些重复出现的相同的单字，其外形和笔画往往能够重合，这是确定摹写字迹有力的证据之一。鉴定时，如果找到了被摹写的笔迹摹本，检材和样本上的相同单字往往可以重合（见图 5-6）。

图 5-6 重复字词形象相同

（右侧为样本，左侧三组均为套摹右侧样本形成）

（二）布局失调

正常书写笔迹的文件内容所用的词组、句子或一段文字，由于文件的书写人是一气呵成的，因此其书写动作连贯，字距均匀，布局富有整体性和协调性。而由于受被摹仿笔迹材料的限制，有些套摹的检材笔迹是根据书写人的需要东拼西凑组合成文的，这样所形成的一句话或一段文字，就常会出现字与字或词与词之间疏密不均、排列不齐、布局失调的现象（见图5-7）。

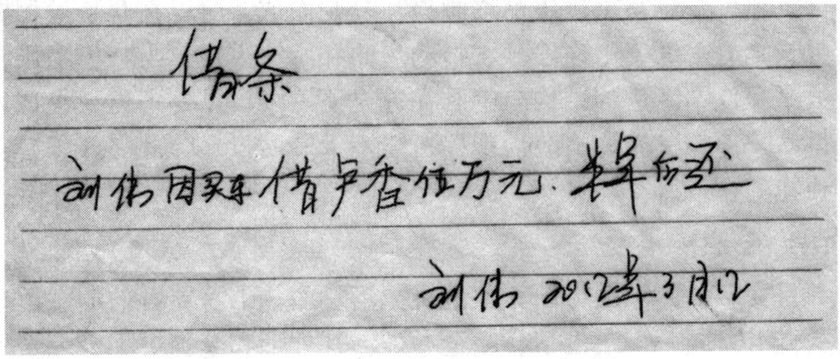

图5-7 字与字之间疏密不均、排列不齐

（三）多笔少画

由于受被摹仿笔迹的结构和笔画的清晰度、透视影像能见度和书写人的生理、心理等状况的不同，以及书写人只注重单个笔画的摹写，而对字的整体结构有所忽略，加上受紧张的心理因素影响，在套摹笔迹中都会不同程度地影响摹仿笔迹的完整性，故而常常出现多笔少画、遗漏标点符号等顾此失彼的现象（见图5-8）。

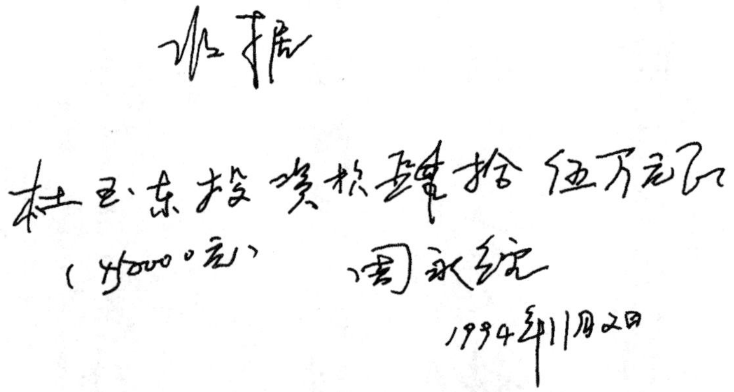

图5-8 分辨不清写错字

（“肆”字出现了丢笔少画现象）

在套摹某些笔画多、结构复杂的单字、关系复杂的连笔动作和笔顺不能分辨清楚的字迹时，由于书写人的知识和经验所限，不可能完全掌握被套摹字迹的特点，常常出现笔画重叠、笔画连接环绕和笔顺紊乱的现象。

（四）文理不通

受被摹仿笔迹的限制，套摹笔迹中所需的词语如未出现，书写人只好找一些词意近似但不确切的字词代替，这样在套摹笔迹中有时就会出现用词不当、语意不清、上下文脱节、表意模糊、词句牵强、句子结构不完整，甚至出现褒贬不分或文理不通的混乱现象。

（五）形体不一

由于套摹笔迹的用字、词和句子往往选自被摹仿人不同时期或不同速度、书体的笔迹摹本中，有的甚至是从两人以上的笔迹中拼凑起来的，因此在同一份检材笔迹中常出现字的大小不等、字体各异、倾斜不一或形体多样的现象（见图5-9）。

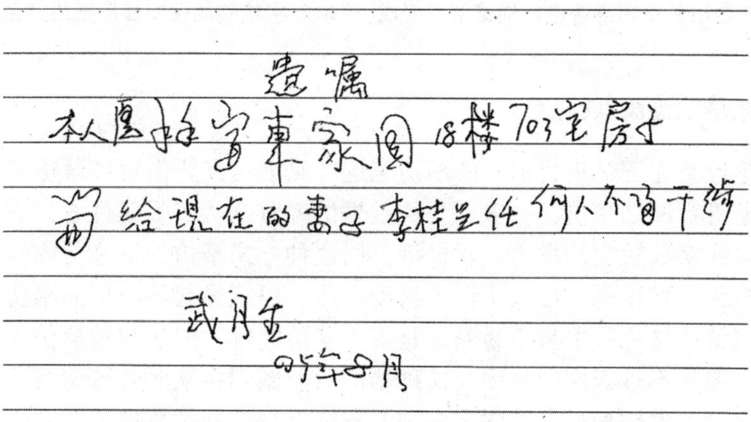

图5-9　字的形体不统一

三、描摹笔迹及其特点

描摹笔迹是通过抑压、复写等方式将被摹仿人字迹先勾描打样在伪造的文件上，然后再根据打样文字的痕迹用钢笔、圆珠笔或毛笔描成的摹仿笔迹。描摹笔迹与套摹笔迹近似，除了有套摹笔迹的一些特点外，由于描摹是根据压痕或复写笔画线条通过第二次描成的字迹，因此通过显微镜观察，不仅可在被摹仿笔迹上发现重描抑压痕迹，有的可能在其纸张背面留下复写痕迹，或在物证笔迹上发现与字迹运笔不完全重合的打样（抑压或复写）痕迹（见图5-10）。值得注意的是，通过临摹手段形成的抑压痕迹，有的在字迹笔画中，有的在笔画旁，与正常书写文字留下的压痕不同，要全面分析研究物证字迹与抑压痕迹的关系，把这类情形作为认定描摹的一种辅助方法。

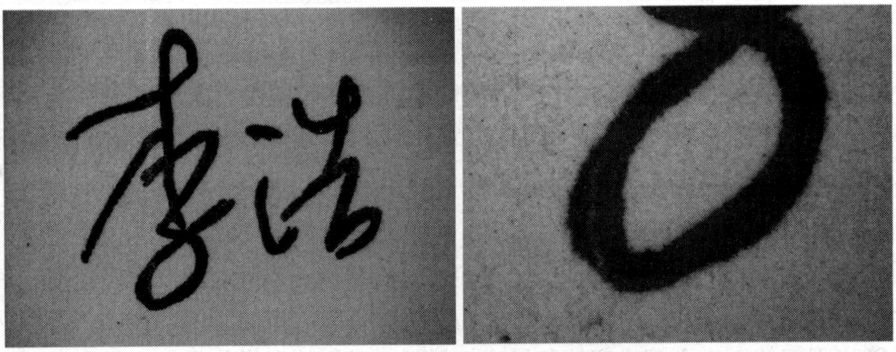

图 5-10　复印打样的摹仿签名

（签名沿着复印字迹进行描摹书写形成，“李”字笔画周围有复印墨粉残留）

四、忆摹笔迹及其特点

忆摹笔迹是凭记忆进行书写的摹仿笔迹，是书写人凭借对被摹仿人笔迹特点的深刻印象进行回忆摹仿，一般要先经过摹仿练习。从实际案件看，多数用于摹仿他人签名或字数较少的批语、收据等。用这种方式摹仿的笔迹与临摹笔迹相比一般运笔较为自然流利，形快实慢、抖动弯曲、停笔另起等典型的摹仿笔迹特点不明显。仅就检材笔迹本身不易判定是否为摹仿笔迹，但如与被摹仿人的笔迹相互比较，一般是不难识别的。因为这种摹仿只能做到在某些特殊的写法、运笔形态和搭配比例上大体相似，而在很多细节特征上与被摹仿笔迹相差甚远，而书写人自身的笔迹特征却暴露较多。

练习摹仿的笔迹是书写人在充分的心理准备下，在反复仿写练习的基础上形成的笔迹。因此运笔相对流利自然，搭配布局比较合理匀称。与被摹仿笔迹相比，笔迹特点大同小异。其中某些字的特殊写法、比较注目的偏旁部首和形态特征及笔画搭配比例等笔迹特征大体相似；而一些细小笔画的起笔和收笔、连笔、绕笔特征，不明显的笔顺特征、笔画搭配比例、笔痕特征以及标点符号特征，则多与被摹仿笔迹存在一定差异。这些特征是由于书写人在练习时对被摹仿笔迹的一些特征并未认识到或认识不清，或者是有的书写人经过长期的练习摹仿，自信程度增加，对书写动作控制放松，自然暴露书写人自己的书写习惯而形成的。

（一）大体式样相似，具体特征不同（见图 5-11）

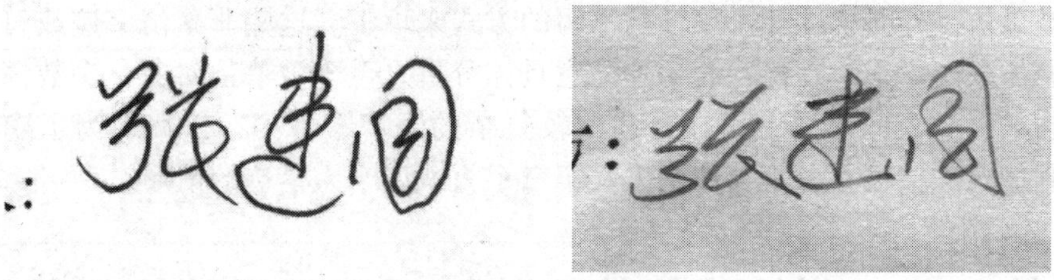

图 5-11　左侧为摹仿笔迹，右侧为正常书写

（二）特殊写法相似，细节特征不同（见图 5-12）

图 5-12　左侧为摹仿笔迹，右侧为正常书写

（三）反常笔顺相似，其他特征不同（见图 5-13）

图 5-13　左侧为摹仿笔迹，右侧为正常书写

（四）奇异运笔相似，结构特征不同（见图 5-14）

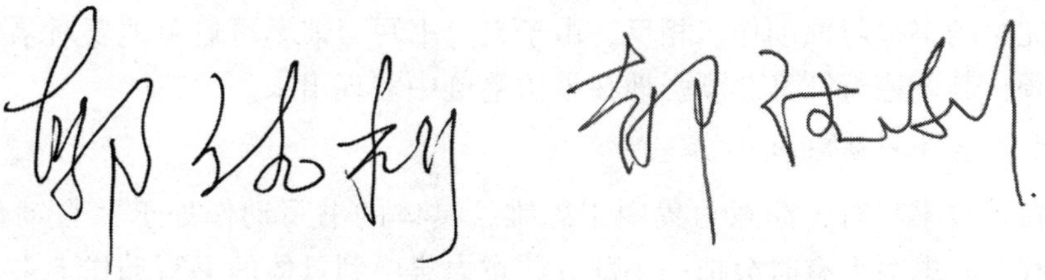

图 5-14　左侧为摹仿笔迹，右侧为正常书写

从摹仿笔迹的案例看，在一份物证笔迹中所采用的摹仿手段多是单一性的，或是临摹，或是套摹，或是描摹，或是忆摹。但有的案件当作案人找不到所需的某个被摹仿字样时，往往采用任意书写的方式来填补。这些非摹仿字迹或符号混淆在摹仿笔迹之中，在检验时，要注意具体分析。至于被摹仿对象，多数情况下是摹仿某一个人的笔迹，但在有些比较复杂的经济案件中，作案人为了隐蔽自己、制造混乱，也有分别摹仿两人甚至三个人或四个人笔迹的情形。

第三节　制约摹仿笔迹特征相似程度的相关因素

摹仿笔迹是一种特殊的伪装手段，摹仿人总是既竭尽全力控制自己的书写技能，使其习惯性特征尽可能少流露，又千方百计地注意被摹仿人的笔迹特征，力图摹仿得惟妙惟肖。但是，摹仿笔迹的形成机制决定了摹仿人很难将其原有笔迹特征全部掩盖起来，也不可能完全再现被摹仿人的书写习惯。在任何摹仿笔迹中，虽然包含着被摹仿人的某些笔迹现象，但总是不同程度地暴露出摹仿笔迹的特点，也总是不可避免的包含着摹仿人自己的一些笔迹特征，从形成机理上分析，主要受到下列因素制约：

一、心理机能的制约因素

（一）神经通路的差异性

正常书写活动的神经通路是，大脑左半球的书写活动中枢发出神经冲动，传至腕、手、指，引起肌肉收缩产生运动，将业已定型的书写习惯通过书写活动反映在笔迹中。同时，大脑还接受神经反馈冲动，以便随时调整书写活动。当书写人采用摹仿手段进行书写时，其神经活动过程变得相反和复杂化，其正常的书写功能也受到了抑制和干扰。摹仿人首先因产生摹仿动机而引起摹仿冲动，然后由视觉监督摹仿笔迹，在大脑中形成短时记忆，再指挥手臂进行仿写活动，必须不断地运用反馈调节以调整运笔方法，小心翼翼地按照被摹仿笔迹边看边写，从而使摹仿笔迹失去正常书写的灵活性和完整性而出现摹仿笔迹的特点。因此，摹仿笔迹必然具有某些与被摹仿笔迹相似的某些形态特征，但却根本不可能摹仿到被摹仿人完整的书写习惯动作。相反，由于自身书写习惯不可避免地要对摹仿动作实行干预，其笔迹特征又会顽强地在摹仿笔迹中表现出来。

（二）注意的局限性

人在正常书写时，注意力集中于思维，具体的书写动作处于“自动化”的实现过程中。书写人有时会把一小部分注意力集中到具体的书写动作上来，以便更好地完成书写动作，把字写得更美观得体些。但在摹仿笔迹时，注意力必须指向和集中于被摹仿笔迹的每个字和每个笔画上，并强行要求书写动作背离它本身的书写习惯，这样才能既控制和改变自身的书写习惯，又注意到被摹仿笔迹的特征。但集中注意力有很大的局限性，当注意力集中到被摹仿笔迹上时，手臂动作多处于无视觉监督的运动状态，造成具体书写动作不协调；当摹仿人转而把注意力集中于手臂的书写活动时，又很难注意到被摹仿笔迹的细节，导致自己书写习惯更多的暴露。因此，摹仿过程中必然出现顾此失彼的现象，这是摹仿人无法控制的心理矛盾。任何形式的摹仿，想严密地注意和控制，完全彻底地摹仿伪装，做到万无一失是根本办不到的。

（三）记忆的短暂性

摹仿笔迹时除了必须集中注意力外，还必须依靠摹仿人对被摹仿笔迹的记忆来完成。摹仿人对摹仿笔迹形象的记忆是短暂的，往往转瞬即逝，摹仿过程常需要停笔观察，因而常出现摹摹停停、停停写写现象。这种摹仿过程的阶段性和连续性往往在摹仿笔迹的一些笔画转折或连笔处有所反映。此外，由于摹仿人和被摹仿人的书写习惯不同，摹仿人短时间很难将被摹仿笔迹的外观形象记准，因而会时常仿写走样。再者，由于短时记忆易变形，摹仿人稍不注意就会失去控制，使其固有书写习惯暴露出来。

（四）意志的被动性

摹仿笔迹时，摹仿人必须用其意志来控制书写动作。意志是人自觉地确定目的并支配其行动以实现预定目的的心理过程，意志能调节人的心理状态。摹仿人必须排除自己书写习惯以及来自外界的干扰，把注意力集中于被摹仿笔迹而实行摹仿行为，这就必然依靠意志对注意力稳定状态及思维定式状态的调节。从产生摹仿欲望到实施摹仿的全过程，无不体现着摹仿人的意志控制过程。但是，摹仿人意志作用的发挥，却无论如何都不能违背笔迹的一般规律，也绝不可超越客观条件许可的限度为所欲为。这是因为在摹仿笔迹时意志往往处于一种被动状态，摹仿人必须依照被摹本逐笔勾描，而不得随心所欲、任意发挥，其意志的自由受到了羁绊，书写动作完全处于一种受支配的机械式的学仿练习中。这样，意志能动作用的准确性和有效性大为降低，使摹仿人的书写习惯得以流露。

二、被摹仿笔迹的因素

（一）被摹仿笔迹的书写速度

一般情况下，慢速字比快速字更易摹仿，这是由于在字的结构、笔画间的相互照应关系等方面，快速字往往比慢速字更难以分辨。因此，在字的具体结构、笔顺、连笔关系等方面所表现出来的“形同神异”的特点，在快速字的摹仿笔迹中的出现率比慢速字高得多。

（二）被摹仿笔迹的繁杂程度

单一笔画如点、横、竖、撇、捺、挑等运笔特征较易摹仿，转折较多的笔画或笔画之间、偏旁之间的运笔特征则不易摹仿。笔画简单字、常用字较易摹仿，而笔画繁杂字、生僻字不易摹仿。

（三）被摹仿笔迹的清晰度

被摹仿笔迹清晰易辨者，较易摹仿，暴露摹仿人固有书写习惯相对少些；否则，就不易摹仿，暴露其自身书写习惯就相对多些。

（四）被摹仿笔迹的数量

摹仿的字数越多，摹仿人的注意力越容易分散，意志力与控制力就越容易减弱，暴露摹仿特点与摹仿人自身书写习惯的特征也就越多。一方面，摹仿数量过多的笔迹，比摹仿少量几个字的难度大，暴露的摹仿特点多；另一方面，如果需要摹仿很多文字但被摹仿笔迹中只有部分单字可供摹仿，则检材笔迹中除了摹仿笔迹外，还可能存在摹仿人本人自行书写的笔迹。这样，前者是发现摹仿的重要线索，后者则是与摹仿人笔迹样本进行同一认定的重要依据。一般的规律是，开始摹仿时暴露自身的书写习惯少，到后来渐渐得多一些；有些文字篇幅大的，开始少继而逐渐增多，到结尾部分又相对少一些。

三、摹仿人的主观因素

（一）摹仿人书写水平的高低

摹仿笔迹的相似程度，与摹仿人的书写水平有直接关系。一般来说，书写水平高、掌握多种字体书写技能的摹仿人，摹仿能力比较强，其摹仿笔迹更近似于被摹仿笔迹，相对的暴露自身书写习惯的特征就要少一些；而书写水平较低、字的形体写法单一的摹仿人，摹仿能力也比较低，就不容易摹仿得像，暴露自身书写习惯的特征相对要多一些，其摹仿笔迹中各种摹仿特点的出现率比书写水平较高者的出现率高得多。

（二）摹仿时的认真程度

摹仿时越是认真，其摹仿特点的出现率越高；越不认真时，则又越容易暴露自身固有的笔迹特征。实验表明：认真摹仿的笔迹的摹仿特点的出现率比摹仿不认真的笔迹高出25%~55%，但不认真摹仿的笔迹暴露出的自身笔迹特点的出现率要比认真摹仿的高出40%左右。①

（三）摹仿人笔迹与被摹仿人笔迹的相似度

如果摹仿人与被摹仿人某些字的书写习惯相同或相近，或者摹仿人平时与被摹仿人关系紧密，对其笔迹情况非常熟悉，则较易摹仿，特别在字形字体、某些字的写法、运笔方向和大的连笔等明显特征上易相似，反之则不易摹仿。

---

① 贾玉文、仪桂琴：《百份临摹实验笔迹的分析》，载《文件检验参考资料（一）》，中国刑事警察学院1986年。

（四）摹仿人的摹仿手段

一般情况下，临摹的字迹在大的特征方面相似点多，而在细微特征方面相似少，比较容易暴露摹仿人的书写习惯。忆摹的字迹，单字的特殊写法，一些特殊的笔画形态等明显、突出的特征相似程度高，而且运笔比较流畅自然，不容易识别。但在许多细节特征方面，能够反映出书写人的书写习惯。套摹、描摹笔迹特征的相似程度最高，摹仿人自己的书写动作习惯反映很少。

（五）摹仿人的社会经历

社会经验丰富、知识面广，甚至懂得一些笔迹学知识的摹仿人，不仅能注意到字的外形、结构，而且对某些笔迹细节、文字布局、标点符号等特征也摹仿得十分相似。

此外，摹仿人对摹仿工具掌握的熟练程度、摹仿笔迹的承受客体等，对摹仿笔迹也有一定影响。

第四节　摹仿笔迹特征变化的一般规律

一、摹仿笔迹的特征成分

摹仿他人笔迹，对于摹仿人来说，是一个极力控制自己书写习惯而尽量表现他人书写习惯的过程，摹仿过程中充满着困难和矛盾。受被摹仿笔迹感知和记忆的限制，以及人的注意力和控制力有限性的制约，摹仿人既不可能把以假乱真做到天衣无缝的程度，又不能把真相完全掩盖住。同时，还会留下造假的痕迹。这样，摹仿笔迹就不可避免地成了多种成分共存的混合体，主要表现出被摹仿人笔迹的某些明显特征，反映摹仿人自身书写习惯的某些细节特征，以及与摹仿手段相关的一些特点。在有些摹仿笔迹中，还夹杂一些摹仿“走样”的变异成分。

分清摹仿笔迹的成分，特别是明确哪些是摹仿人的笔迹特征，哪些是被摹仿人的笔迹特征，就为确定摹仿笔迹乃至认定摹仿人和被摹仿人提供了条件。接下来，只要正确运用摹仿笔迹特征变化的规律，把握容易被摹仿和不容易被摹仿的特征，即可顺利完成检验，得出正确的鉴定意见。

二、易被摹仿与不易被摹仿的笔迹特征

（一）容易被摹仿的笔迹特征

由于摹仿笔迹是机械式复制被摹仿的笔迹，因而“易得位置而易失笔意”。容易被摹仿并可能摹仿得像的笔迹特征，往往是被摹仿人笔迹中突出、明显的表现。这些特征主要包括：

（1）字的基本写法和明显的错字、别字特征。

（2）某些连笔书写的笔顺特征。

（3）笔画或偏旁间明显的搭配比例特征。

（4）明显的连笔形式、转折动作、环绕形态特征。

（5）特殊的运笔形态特征。

（6）起笔位置、收笔的方向特征。

（7）字间和偏旁间的基本结构形态。

（8）突出的字间组合特征。

（9）行款格式和特殊词语特征。

（二）不容易被摹仿的笔迹特征

不容易被摹仿也很难摹仿得像的笔迹特征，有些是没能引起摹仿人的注意，有些是虽然注意了但是无力摹仿的特征。在一般情况下，不容易被摹仿的笔迹特征主要包括：

（1）起收笔的细节动作特征。起收笔的位置可按钟表时针位置来定位。

（2）运笔的弧度、转折的角度和笔画的倾斜度特征，尤其是一些字的框架内小笔画的运笔弧度和形态。

（3）上下笔连接方式、形态和转折的细节特征。

（4）相邻笔画的照应关系特征。

（5）不连笔的笔顺特征和连笔紊乱难以分辨的笔顺特征。如“集”字的上部，若检材的笔顺是写完“亻”部后，点横竖横横横，而嫌疑人样本如果是写完“亻”后，点横横横竖横，则摹仿人在实施摹仿时，仍然会保留其固有的笔顺习惯。而从笔画的搭配上看，两者似乎是很近似的，摹仿人只能从表面现象摹仿，而意识不到这种搭配是由于笔顺不同。

（6）特殊的运笔特征。

（7）运笔中笔力大小和笔力分布特征，特别要注意某些小笔画的笔力特征。

（8）钢笔、圆珠笔或签字笔的笔痕特征。

（9）字间隔和字的倾斜特征，包括阿拉伯数字的组合特征和倾斜特征。

（10）标点及其他符号特征。

（11）词汇、语法特征等语文水平特征。

这些特征既然不容易被摹仿，那么它所反映的就不是被摹仿人的书写习惯，而应是对书写人固有书写习惯的暴露。运用这些特征，就是看它与谁符合、与谁差异。这是否定被摹仿人，认定摹仿人的主要依据。

在具体案件中，摹仿得像与不像、暴露摹仿人固有书写习惯的多少，与摹仿的具体手段、摹仿人书写技能的高低、摹仿字数的多少等多种因素有关。检验时，要结合案件实际情况进行具体分析。

第五节　摹仿笔迹的识别

摹仿笔迹的检验中，及时发现和识别摹仿是关键。由于摹仿笔迹貌似正常，而且与被摹仿人的笔迹很相似，办案单位或委托人往往无力识别，以为是正常笔迹。因此，很容易把被摹仿人认定为笔迹的书写人。在这种情况下，如果鉴定人不能及时通过对检材笔迹的检验识别摹仿事实的话，不仅会得出错误的鉴定意见，而且还会冤枉无辜。发现和识别摹仿笔迹，可从以下三方面进行。

一、观察分析检材有无摹仿特点

由于摹仿笔迹是伪造形成的，因而不可能达到以假乱真的程度，必然暴露摹仿笔迹的一些特点。正常书写文字，书写人心态是稳定、坦然的，而摹仿笔迹是一种伪造文件的违法行为。所以，作案人在实施摹仿过程中，不可避免地要引起心情紧张而导致运笔的抖动弯曲。正常书写文字，书写动力定型模式形成后，书写运动是一种自动化的、有节奏、有规律的书写活动，不仅书写流利、自然，运笔富有节奏感，而且在笔力分布上也是该轻就轻、该重就重。笔画的粗细、墨水的浓淡与书写规律的客观性是一致的。而摹仿笔迹不是在人正常的心理、生理支配下实施书写的，因此，不可能建立起一套与被摹仿人相一致的书写动力定型模式。由于摹仿笔迹是“照猫画虎”，所以必然出现笔力平缓或形快实慢；由于边看边仿，必然出现中途停顿，停笔另起；由于仿得不像，或自身的书写特征暴露太多，为掩饰自身书写习惯，或想与被摹仿人的笔迹更相似一点，必然出现在一些笔画部位的修饰重描；由于有些摹仿字迹往往是东拼西凑，不是连续书写、一气呵成的，所以就容易出现布局失称，字间缺乏照应关系。根据检材上反映的摹仿特点观察有无摹仿，不同的摹仿手段会反映出不同的摹仿特点。能否比较客观、全面、准确地发现检材笔迹固有的摹仿特点，是摹仿笔迹检验成败的关键所在。总观摹仿笔迹的各种手段和特点，可以从运笔、字形、布局、语句、手法等五个方面入手，观察书写是否反常。

（一）运笔反常

运笔反常，是指在检材笔迹中出现运笔缓慢或形快实慢、笔力不均、弯曲抖动、修饰重描和不适当地停笔另起，以及上下笔缺乏照应关系等现象。

（二）字形反常

字形反常，是指在同一份检材的笔迹中出现字的形体、大小、倾斜方向以及书写速度不一致，或某些重复出现的字、词完全一模一样。

（三）布局反常

布局反常，是指在同一篇检材笔迹中字与字之间疏密不一致，排列不整齐、不规则，而在完整的词语之间有间断，缺乏连贯书写、一气呵成的协调性和整体性。

（四）语句反常

语句反常，是指词不达意，语句不完整、不通顺，用词不当，表达事物的意思不充分，或是褒贬不分等现象。

（五）手法反常

手法反常，是指在有的检材笔迹中，出现正常书写文字所不具有的一些抑压痕迹、复写（印）残迹和局部笔画的修饰重描现象。

如果在检材笔迹中发现上述反常现象，则要考虑是否有摹仿的可能性。但须注意的是，在通过对上述反常迹象的发现来识别摹仿笔迹时，还要考虑某些书写工具因素的影响和干扰，以免发生误判。

例如，用圆珠笔写字，特别是笔芯油墨使用到最后或是笔芯油墨出现老化现象时，写字容易在下笔或笔画转折处，出现油墨堆积或笔画间断现象。这些现象是圆珠笔的笔痕特征，要与由于摹仿出现的“修饰重描”和“停笔另起”现象区别开来；用水溶性签字笔写字，在一些不善于用笔的人中容易出现笔画边缘不整齐（不圆润），以及部分笔画的起收笔出现墨迹浓重现象。要注意把此类现象与摹仿笔迹的涩性运笔、停笔另起等摹仿特点区别开；用钢笔书写时，有的笔出水较快，在一些笔画上，特别是收笔处，有时会出现墨水沿笔画倒洇现象，使笔画的局部颜色变深。对此类现象不要误认为是摹仿笔迹的修饰重描。

老龄人笔迹，由于生理、心理机能衰退导致握笔颤抖，写字伴随有抖动弯曲现象。对这类现象不要与摹仿笔迹的抖动弯曲、形快实慢相混淆。

此外，还有一些属于在不正常的书写条件下形成的笔迹，多数是签名。如在膝盖上、沙发扶手上书写，以及站势、蹲势书写，都可能导致运笔的一些变化，如出现抖动弯曲、中途停顿或停笔另起等。但是，这些现象与摹仿笔迹中出现的抖动弯曲、中途停顿和停笔另起是有区别的。前者出现的部位具有不确定性，而后者多数反映在不易被摹仿的部位和笔画上，或是某些大笔画，或是某些上下全连笔部位上。检验时，要结合案件的具体情况作客观分析与判断。

二、在与样本笔迹的比较中发现摹仿

在摹仿笔迹的鉴定中，由于多方面的因素，如果单纯从检材笔迹本身的一些特点，有时可能不足以确定为摹仿笔迹。在笔迹检验实践中，如果通过检材与样本笔迹比较，发现下列情形之一者，则检材笔迹可能是摹仿书写形成的。

（一）大同小异

大同小异，实为形同实异，是指检材笔迹与样本笔迹在大的突出、明显的特征上相符，如字的形体写法（含错字、别字）、特殊的搭配比例和运笔动作、某些明显容易辨别的笔顺等。而在一些细节特征上，如起收笔的细节动作、笔力的分布特点和不连笔的笔顺等特征则存在差异，给人以“形同实异、貌合神离”的感觉。

大同小异，是摹仿笔迹与被摹仿笔迹比较时必然出现的一种现象。它同正常笔迹与书写人笔迹的比较，或故意伪装笔迹与书写人笔迹的比较所发现的符合与差异的性质是有区别的。正常笔迹的同一，是检材笔迹在大体上和细节处均与书写人样本笔迹相一致；故意伪装笔迹，尽管伪装笔迹变化较大，但与书写人的样本笔迹比较，常常是“异在明显处，同在细微中”，它们在书写习惯上有内在联系的一致性。

（二）原样重复

在比对检验时，可能发现在多份检材，或者检材与样本上的某些字，或相同的词组，或相同数字、符号，其外形结构特点一模一样，甚至有的可以互相重合。出现这种现象时，要考虑是否存在套摹的可能。

（三）照猫画虎

由于被摹仿笔迹的字迹较小，或连笔转折比较复杂，摹仿人对这些字的结构特点、连笔方式、笔顺先后辨认不清或判断有误，于是就采取按字的外形“照猫画虎”。因此，如果在检材笔迹中发现，或与样本笔迹比较时发现单字的外形轮廓相像，而一些字的连笔混乱，要考虑是否为摹仿笔迹（见图 5-15）。

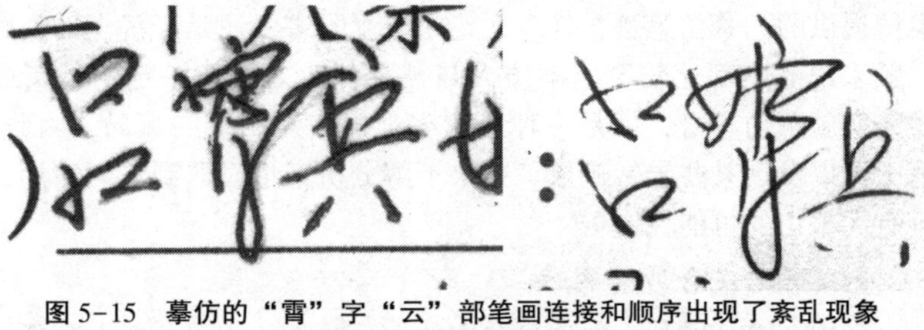

图 5-15　摹仿的“霄”字“云”部笔画连接和顺序出现了紊乱现象

（左侧为摹仿笔迹，右侧为正常书写）

（四）留有痕迹

在比较检验时，如果发现检材或被鉴定人样本笔迹上（往往是被摹仿人），有抑压痕迹（正常的书写压痕除外）、墨水洇染残迹或复写痕迹等，要考虑是否有套摹、描摹的可能。

三、系统分析判断摹仿

综合判定摹仿事实，就是要求鉴定人在检验此类案件时注意系统分析判断：第一，分析在案情中发现的疑点。凡摹仿笔迹的案件，无论摹仿人意图贪污、冒领、诈骗，还是报复陷害和诽谤，摹仿人与被摹仿人之间都必然存在某种关系。

因此，在案情中发现下列情形，要考虑检材笔迹有摹仿的可能性。例如，某些有政治内容的信件有“直接署名”或“含沙射影”影射某个人；经济纠纷或与诈骗有关的可疑票据、收条、合同、协议书等，当事人对签名不承认，而双方的陈述在某些地方有破绽；一些有争议的遗嘱、遗书等。第二，分析在检材中出现的“五个反常”（运笔反常、字形反常、布局反常、词句反常和手法反常）现象及一些摹仿笔迹的特点。第三，分析检材笔迹在与被摹仿人样本笔迹比较时出现的“形同实异、貌合神离”的形与“神”相悖的特点。第四，综合分析检材笔迹与摹仿人笔迹比较时出现的“大异小同”。“异”是摹仿的结果，而“同”是与摹仿人书写习惯存在内在联系。把在四个检验步骤中发现诸方面摹仿笔迹的特点联系起来进行系统分析，一般就不难判定提交检验的检材笔迹是否由摹仿形成。

第六节　摹仿笔迹检验要点

鉴于摹仿笔迹检验要求高、检验难度大的特点，在检验过程中除遵循笔迹检验一般的程序和方法外，还必须注意以下一些基本环节，才能最终确定笔迹是否摹仿书写形成这一事实。

一、了解案情，确定摹仿的可能性

在笔迹检验中，全面了解并紧密结合案情很重要。因为，有些摹仿的线索最先是由案情提供的。摹仿笔迹案件，无论是报复陷害，还是经济上的诈骗、贪污舞弊，一般来说范围都比较窄，摹仿人与被摹仿人之间有一定的瓜葛或制约关系。摹仿人实施摹仿本身，就是一种违背客观事实而制造的骗局，因此在了解、分析案情中可以发现某些异常迹象。如果了解分析案情时遇到下列情形，要警惕检材笔迹有无摹仿的可能性。

（一）直接署名或含沙射影

有相当一部分摹仿案件，特别是陷害他人的案件，不仅从字上摹仿，而且有的还直接署被害人姓名，或是在书写内容上拐弯抹角、含沙射影，妄图把侦查视线直接引向被摹仿人。对这类情况，只要把问题想得复杂一点，进行必要的分析和调查研究，就可以查明所影射的人，但此人并非书写人，而是被摹仿人。

（二）移花接木，蓄意栽赃

有的摹仿案件，作案人为了陷害或嫁祸于人，往往在作案地点、作案工具和用纸选择上绞尽脑汁。例如，有的作案人窃取与被摹仿人有关的用纸和书写工具，或是直接把检材投放在被摹仿人经常出入的地方等，企图诱使侦查人员从活动范围和使用工具、物证用纸上怀疑被摹仿人。

（三）作案内容手段和作案动机的矛盾

有的作案人书写标语、传单、信件，目的是陷害他人，因此在编造内容时，虽带有一定的政治色彩，但内容比较含蓄、隐晦。有的不贴邮票，也不投入信箱。这实际上是要让公安机关尽早发现，以达到陷害被摹仿人的目的。

（四）当事人不确认的签名警惕摹仿

对可疑票据、收条、合同、协议书、工资表、汇款单等上的字迹（多数属于签名），经办人员或当事人不确认是本人书写的，也要考虑有无摹仿可能。

（五）综合分析准确判断摹仿

在民事案件中，法庭调查和审理时，双方当事人对诉讼的诉求和提交法庭证据形成过程的陈述、否认或确认的理由和根据等，这些都是我们要全面了解掌握和在检验过程中必须紧密结合的。这有利于开阔鉴定人的思路，防止在摹仿笔迹判断上出现失误。

此外，了解案情，还要了解被摹仿人的经历、身份、年龄、文化、书写技能和业余爱好、与摹仿人之间的关系以及在政治思想、生活作风和经济利益上有无瓜葛和磕碰，以利于综合分析中作出客观的评断。当然，鉴定人对了解到的案情，一定要采取客观分析的态度，防止先入为主、偏听偏信。

二、收集符合要求的供比对样本

在摹仿笔迹检验中使用的样本材料，除了应具备一般笔迹检验所要求的合法性、充分性和可比性外，还应根据摹仿笔迹的特点收集样本。

（一）要收集摹仿人和被摹仿人两个人的笔迹样本

在判断或怀疑为摹仿笔迹之后，为进一步确定摹仿事实，认定书写人，应补充收集被摹仿人的笔迹样本和可能是摹仿人书写的笔迹样本，包括正常书写的笔迹样本和慢速的楷书笔迹样本，以便于跟检材笔迹进行交叉比对。

（二）要选择符合检验要求的样本材料

应收集大量的检材形成时期前后的样本笔迹，要求同部位、同笔画的构成元素相同、可比对性强。要有相应的字体、书体材料，不同时期书写的样本材料，必要时还需要提供条件相同的样本材料，如支票单据和签字、签名等。提供比较检验的材料，要力求提供与检材形成条件、书写速度基本一致的样本，从而增加可比特征的检出率，增强意见的可靠性。

（三）有条件的最好设法找到供摹仿用的笔迹摹本底稿

不论检材笔迹是临摹、套摹、描摹还是忆摹，都要尽量寻找被摹仿的笔迹底稿。这既是重要的鉴定比照材料，又是证实其作案手段的证据。

（四）必要时收集笔迹实验样木

收集实验样本的书写条件，必须要与摹仿笔迹检材的条件一致。

三、全面细致地进行比较检验

在笔迹检验中，普遍要求要认真地比较笔迹的异同。而在摹仿笔迹检验中，特别强调应在比较过程中更加全面细致。这是因为摹仿笔迹特征成分具有多元性。摹仿人自身的笔迹特征和被摹仿人的笔迹特征、笔迹因摹仿而出现的特点，与摹仿“走样”的似是而非的现象相互交织在一起，准确区分难度较大。这就要在与可能是摹仿人和可能是被摹仿人笔迹的比较中去进一步确定，明确检材笔迹上哪些是被摹仿人的笔迹特征，哪些是摹仿人的笔迹特征，哪些是摹仿的特点和表现。由于比较是全方位、多角度、多层次的，因此，必须全面、细致地进行比较检验才行。

全面比较和区分摹仿笔迹中存在被摹仿人的笔迹特征、摹仿人自己的笔迹特征、摹仿“走样”的笔迹特征三种类型的笔迹特征，把握容易摹仿的特征和不容易摹仿的特征，分清被摹仿人的笔迹特征，是认定摹仿笔迹的依据；分清摹仿人自己的笔迹特征，是认定检材书写人的依据；分清摹仿“走样”的笔迹特征，可以为解释差异点找到科学依据。如果没有准确区分这三种不同性质的笔迹特征，要作出肯定同一或否定同一意见都是困难的。具体来说，应比较检验以下特征的异同：

（一）字体、字形和整体形态的异同

笔迹是一种可视的图形，是在视觉控制下完成的。被摹仿的笔迹作为一个学习的对象，它有着稳定的外形结构，这就需要摹仿者用眼睛去看、用大脑去记忆，并把它摹仿下来，这种结构外形的摹仿主要是由视觉的参与完成。笔迹的字体、字形和整体形态的特点通过脱离规范文字的特点表现出来。在正常笔迹中，同一个人前后笔迹的字体、字形和整体形态只有局部相同，而不会机械地重复。作案人的直接目的是自己摹仿的笔迹与真实的笔迹在字体、字形和整体形态方面相似或相同。决定摹仿相似程度的主要因素是摹仿手法、摹仿者的能力和摹仿的条件等。在不同的摹仿手法中，套摹、描摹是机械式复制，所以摹仿的笔迹与被摹仿的笔迹在字体、字形和整体状态上“相同”；临摹是在观察的基础上仿写，其形成的笔迹的字体、字形和整体状态与被摹仿的笔迹不完全相同，这种不同是摹仿人书写习惯和摹仿时临时“变异”的表现；忆摹是记忆书写复制，其形成方式和正常笔迹相同，而字体、字形和整体状态与被摹仿的笔迹相似或相同；练习摹仿是练习书写复制，其形成方式与正常笔迹相同，常见的摹仿笔迹特征不会出现，甚至与被摹仿人笔迹“一模一样”。

（二）笔力特征的异同

笔力包括力的大小、力的分布和书写的功力。力的大小和分布，要看笔画的粗细和墨水的浓淡，将纸张正面笔画的抑压力大小和背面笔画的凸起程度结合起来分析，同时也要考虑衬垫物的厚薄和软硬等因素。在正常情况下，每个人笔迹

及笔画笔力的轻重在笔形中表现出力点和力段的分布及变化具有规律性，有轻重节奏、抑扬顿挫、笔力到位。其变化规律一般表现为：不连接笔画笔力比连接笔画笔力重，主笔画的笔力比附笔画笔力重，不连接笔画比连接笔画的笔力轻重的变化精细自然。摹仿笔迹的笔力轻重在笔形中所表现出的力点和断点的分布错乱，如果与正常笔迹相比较则呈现出“形近力异”或“力近形异”的特点。研究表明任何摹仿笔迹的笔力与正常笔迹的笔力在整体分布上绝不相同。

（三）笔顺特征的异同

在摹仿笔迹中，明显的笔顺特征容易被摹仿，但是不连笔的笔迹和笔画连接复杂的笔迹容易出现摹仿笔画顺序的特殊错误。摹仿笔迹的特殊笔画顺序错误在各种摹仿手法的笔迹中都会出现，是确定摹仿笔迹的重要依据。

（四）结构特征的异同

手写字迹的结构本质是书写动作的系统反映，所以结构特征是书写动作连续运动所形成的平面位置及关系习惯的系统反映。汉字的笔画和组成部分在数量上有增减，笔画的量值和相互位置关系的量值变化丰富，因而不同的人书写的同一字迹、笔画和组成部分在数量上有增减，笔画的量值和相互位置关系的量值往往是不同的，具有相对的稳定性。文字的笔画和组成部分越多，结构关系越复杂，结构习惯的特殊性越强。在摹仿笔迹中越明显的结构，越容易摹仿；越复杂的结构，越容易出现摹仿差异。所以，摹仿笔迹与被摹仿笔迹的结构异同有“同在明显处，异在细微中”的特点。

（五）笔痕特征的异同

笔痕是书写习惯和书写工具特点的综合反映。虽然摹仿笔迹的字体、字形和整体状态等特征与被摹仿的笔迹相似，但由于摹仿书写改变了书写动作习惯的动作要素，使得书写工具运动的力和方式被改变，进而导致条痕、划痕、墨痕等笔痕特征与正常书写的笔痕特征不同。笔痕特征的异同有助于识别摹仿笔迹。

（六）附加痕迹特征的异同

正常笔迹没有附加的痕迹特征，而套摹、描摹笔迹经常发现附加痕迹特征，如复印痕迹、印刷油墨痕迹、纸张上出现划破的孔洞或渗散的墨迹及被染上的复写纸颜色，存在书写工具尖端的无色压痕和固定纸张的夹痕、钉孔等痕迹特征。

（七）文字布局的异同

摹仿人有时并未找到真实签名笔迹的完整样本，于是将被摹仿人的笔迹东拼西凑摹仿合并成一个名字，这样更会出现字的间隔大小不匀称、各单字之间互不照应，甚至字体不同、快写字和慢写字混杂等现象。

因为有些特征的表现很细微，比较也要深入细节特征。所以，摹仿笔迹检验所使用的检材和样本都应该是原件。特别是检材笔迹，经复制后很多摹仿特点和细节表现可能被掩盖或消失，所以必须提供原件进行检验。

四、系统缜密地进行综合评断

摹仿笔迹检验综合评断的复杂性在于，它不是对一份检材与一个样本之间“一对一”的比较结果进行分析，而往往是要对检材笔迹与可能是被摹仿人和可能是摹仿人的笔迹三者之间进行对比分析，环节多，程序复杂。这就要求鉴定人进行综合评断时，必须思路清晰、思维缜密、系统全面。要非常明确检材笔迹与谁的笔迹比较结果是“大同小异”、与谁的比较是“大异小同”，分别说明了什么。

（一）检材笔迹与被摹仿人笔迹的结果应该是“大同小异”的关系

这种大同小异，实际上就是形同实异，但两者的符合点往往多于差异点。符合点主要表现在容易被摹仿的一些明显特征上；差异点则表现在不容易被摹仿的一些深层次的细节特征上。这种形同实异，是“形”与“神”相悖的表现，是摹仿笔迹与被摹仿人笔迹之间必然出现的一种现象。摹仿笔迹检验不同于其他笔迹检验之处，就在于它要舍弃“大同”的假象，而要抓住“小异”的本质。只有如此，才不至于把被摹仿人当成检材笔迹的书写人，作出错误的鉴定意见。

（二）检材笔迹与摹仿人笔迹的结果应该是“大异小同”的关系

这种大异小同，是说在多数情况下，两者的差异点明显，符合点不明显，符合点少于差异点。符合点主要表现在不引人注意的细节特征上。例如，笔画起收笔的细节动作、转折的形态、笔力的大小和分布，以及一些不连笔的笔顺等。它们虽然数量不多，却有很高的价值，是摹仿人书写习惯的反映。差异点主要表现在检材笔迹与被摹仿人笔迹相符的一些明显特征和摹仿“走样”之处。需要强调的是，正是由于检材笔迹与摹仿人笔迹之间的符合点不多而且表现细微，特别是书写水平高的人经过摹仿练习或采用套摹、描摹手段摹仿的，暴露摹仿人的笔迹特征就更少。因此，在比较和综合评断时，不仅要看相同字、相同偏旁，还要看不同字的相同部位，看它们是否存在内在联系，从中发现确认同一人书写习惯的根据。

（三）注意增强系统鉴定意识

摹仿笔迹检验综合评断时，要注意增强系统鉴定意识。系统鉴定的原理就是基于在书写过程中多种因素有机结合形成统一体，系统形成的过程就是各个书写动作子系统互相影响的过程，对各个书写动作子系统的分析，可以对这种相互影响加以还原。在笔迹形成过程中，对书写活动产生影响的因素包括书写工具、书写纸张、书写环境、书写时间及书写内容等。在摹仿笔迹的检验中，鉴定人既要结合案件的涉嫌范围，摹仿人的年龄、文化、书写技能、是否具有摹仿的能力和条件等情况进行综合分析，还要分析检材字迹的笔迹特征，同时也应全面分析所有对书写动作有影响的因素，如对检材笔迹记载的内容，对纸张上的折叠、拼接、断离、剪切、擦刮、消退、复印、复写、文字书写压痕及与印章印文的时序关系等痕迹信息进行全方位发掘，不放过任何蛛丝马迹，客观地还原书写动作系统的真实过程，使鉴定意见建立在坚实的物质基础之上。

【思考题】

1. 什么是摹仿笔迹？摹仿笔迹的形成机制是什么？

2. 摹仿笔迹有哪些手段？各有哪些特点？

3. 心理机能有哪些因素可以制约摹仿笔迹特征的相似度？

4. 摹仿笔迹的特征成分有哪些？哪些笔迹特征容易被摹仿？哪些不容易被摹仿？

5. 如何有效识别摹仿笔迹？从哪些方面分析检材是否经过摹仿？

6. 摹仿笔迹鉴定对笔迹样本有哪些要求？

7. 一般需要从哪些方面来比较摹仿笔迹与样本笔迹的异同？

【参考文献】

1. 贾玉文、邹明理主编：《中国刑事科学技术大全　文件检验》，中国人民公安大学出版社 2002 年版。

2. 贾玉文、郝红光主编：《文件检验图谱》，群众出版社 2014 年版。

3. 王相臣主编：《文件检验》，群众出版社 2010 年版。

第六章 书写条件变化笔迹鉴定

本章概要：本章对书写条件变化笔迹的检验鉴定进行介绍，主要就内部条件变化笔迹检验、外部条件变化笔迹检验两个部分进行分析和阐述，其中老年人笔迹、毛笔字、尺画字、高位执笔等笔迹的基本特点及检验要点是本章重点，老年人笔迹、毛笔字、尺画字等笔迹的检验是本章难点。

关键词：条件变化　内部条件　外部条件　笔迹鉴定

第一节 书写条件变化笔迹概述

一、书写条件变化笔迹的概念与分类

所谓书写条件，是指书写活动赖以存在和变化的各种客观因素。① 书写活动的完成，离不开一定的书写条件。书写活动是一种运动过程，书写人以某种书写姿势、使用某种书写工具、在某种承受物上、在一定的书写环境下才能完成书写。在此过程中，书写人的心理、身体状态正常与否会对书写活动产生一定的影响。正常的书写条件是正常笔迹形成的必要条件，反常的书写条件会干扰和破坏书写活动的正常进行。

书写条件由内部条件和外部条件两部分组成。内部条件，是指与书写活动相关的生理条件，主要包括心理因素以及书写运动器官（有关神经、肌肉、骨骼等）；外部条件，是指与书写活动相关的各种外部条件，主要包括书写工具、书写姿势、书写环境、书写承受物等。

书写条件变化笔迹，简称条件变化笔迹，是指由于书写者的身心状态及与书

---

① 贾玉文、邹明理主编：《中国刑事科学技术大全　文件检验》，中国人民公安大学出版社 2002 年版，第 249 页。

写运动相关的各种外界条件的变化而导致的非正常笔迹。①

二、书写条件变化笔迹的成因及其特点

书写条件对于笔迹的干扰是多方面的，可能出现某一条件干扰笔迹的形成，也可出现两种甚至几种条件同时干扰笔迹的形成，因此，分析书写条件变化笔迹有时会比较复杂。

书写条件变化对笔迹的影响具有客观性，是不以人的意志为转移的，在不利的书写条件下，由于平时很少或从未在这种条件下进行书写，书写人会感到非常不适，笔迹会有相应的变化，这种变化往往是由始至终的，表现得较有规律；同时，基于文化水平、书写水平、适应能力的不同，个人对书写活动的控制能力有所不同，对书写条件变化的适应能力有所不同，因此，笔迹变化的大小程度因人而异。

确定一份笔迹是否属于书写条件变化笔迹有时比较容易，如刻划字等，根据笔迹情况很容易进行判断；在某些情况下判断则较为困难，如一份笔迹可能出现抖动弯曲、运笔缓慢、结构松散、修饰重描等现象，摹仿、伪装笔迹也可能出现此类现象。区分书写条件变化笔迹与摹仿、伪装笔迹的关键在于，摹仿、伪装笔迹的变化基于书写人的主观故意，而人的注意力与意志力是有局限的，笔迹的变化表现在局部，而书写条件变化笔迹的非正常表现往往是由始至终的。

20世纪六七十年代，涉及书写条件变化笔迹的案件多为政治性案件，以标语、大小字报等最具代表性。近年来，经济案件中涉及书写条件变化笔迹的案件也日益增多，如民事纠纷中经常出现的“借据”、“欠条”等，这类字据的书写具有很大的随意性、自主性，往往就地取材、当场书写，书写人对于书写时的外部条件有可能存在不适应的情况。此外，在一些遗嘱、遗书中，书写人可能因卧床书写、衬垫物不平整、年龄较大或器官病变而出现书写条件变化笔迹。

书写条件变化涉及情况比较复杂，有些书写条件变化对笔迹影响较大，有些则影响相对较小。检验中，要根据具体书写条件，分析笔迹变化的特点和规律，“吃透”检材，从而抛开笔迹中的假象，把握个人书写习惯的真实反映，这是此类笔迹正确检验鉴定的前提。

第二节　内部条件变化笔迹鉴定

内部条件变化，是指由于书写者本身的生理功能障碍而导致的变化笔迹。②

---

① 贾玉文、邹明理主编：《中国刑事科学技术大全　文件检验》，中国人民公安大学出版社2002年版，第249页。

② 贾玉文主编：《笔迹检验》，警官教育出版社1999年版，第188页。

书写运动是在大脑和神经系统的指挥、支配下，主要依靠臂、肘、腕、指等书写运动器官协调运动来实现的，大脑及有关神经系统、书写运动器官是书写活动的物质基础，书写动力定型越完善，书写运动的协调性越强并准确、反复再现。如果上述个别器官出现生理功能障碍，重则丧失书写能力，轻则出现书写活动异常，笔迹会产生一些反常现象。生理功能障碍的程度越重，笔迹的反常现象就越加明显。与书写活动相关的生理功能障碍的种类大体分为以下三种类型：

（1）神经系统障碍，如精神病人笔迹、醉酒者笔迹、右侧偏瘫病人的笔迹。

（2）书写器官障碍，即书写运动器官损伤者的笔迹，如手部外伤、手指残缺、风湿性关节疾病等，掌部损伤或残缺、肌腱损伤等。

（3）综合障碍，指整个生理功能衰退的笔迹，如老年人笔迹、重病缠身以及濒危者的笔迹。

除此之外，内部条件的变化还包括诸如心境、情绪、身心状态等方面的细微影响。下面就常见的内部条件变化笔迹鉴定进行介绍。

一、老年人笔迹特点及其鉴定要点

习惯上一般认为60岁以上即为老年人，老年人笔迹泛指人到老年，由于生理机能的变化，智力、视力、体力等方面的衰退，而出现的书写技能进入退化阶段的笔迹。由于个人差异，有人过早出现书写技能的退化，有人则推迟相当长的一段时间。此外，随着人均寿命的延长、老年人身体总体健康水平的不断提升，老年人书写技能的退化时间呈延后趋势。

老年人笔迹的普遍特点是：书写水平逐步下降；书写速度变慢，笔力平缓且常伴有抖动现象，笔画间缺乏照应；字形较大，结构松散，搭配位置不准、比例失调；动作准确性下降，起笔不稳，起收笔拖拉；有时出现偶然性的错字、别字以及个别字上有断笔并加以修描的现象。（见图6-1）

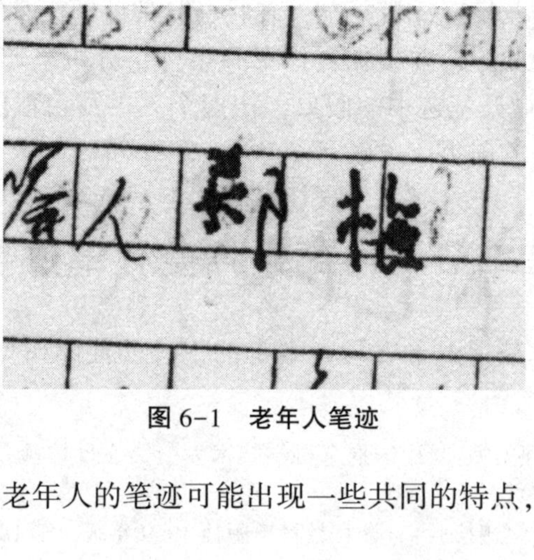

图6-1　老年人笔迹

年龄相近的不同老年人的笔迹可能出现一些共同的特点，同一老年人在不同时期的笔迹也有所不同，在检验中应注意以下几个方面的问题：

(一) 准确判断物证笔迹是否为老年人笔迹

老年人笔迹特征，从变化的难易程度可大致分为两类：(1) 易变化的特征：书法水平、运笔速度、搭配比例、起收笔、运笔中的笔力及笔压等特征；(2) 稳定的特征：文字布局、言语特征、习惯性错别字、笔顺特征、写法特征、部分笔画的特殊运笔等特征。

在分析鉴定过程中，要从总体上认真对待各笔迹特征变化的难易程度，而不能机械地、以单一或少数几个特征来判断。同时，检验中还应充分了解案情，重点了解有关物证笔迹的形成方式和形成条件，物证笔迹形成时间，嫌疑人当时的相关生理、病例、精神等状况。在对老年人笔迹进行检验时，应全面检验各类笔迹特征并重点观察笔迹的起收笔部位、运笔速度、运笔的笔力和笔压、搭配比例特征，并结合前述老年人笔迹的特点进行综合分析。

需要注意的是，老年人笔迹的某些特点与摹仿笔迹在特征方面存在一定的相似性，区分两者的关键是：

(1) 运笔的区别。老年人由于机体衰退等生理原因，在运笔过程中，一般会出现整体性的较为均匀自然的抖动弯曲，严重的时候，甚至每个笔画都存在抖动现象，并且抖动幅度较大，而摹仿笔迹则是摹仿人为了达到与被摹仿笔迹相像的目的，而竭尽全力仿照他人笔迹进行仿写，因此也容易出现抖动弯曲现象，但其抖动只存在于局部，尤其是转折连接部位、复杂连笔或一些较长的笔画中，这些部位出现的抖动现象往往极不自然。

(2) 字形及结构的区别。由于书写技能退化、动作精细程度减弱，老年人书写的字迹，往往字形松散变大，而且这种变大是整体性的。而摹仿笔迹，尤其是套摹出的多篇幅的检材笔迹，往往会出现字的形体、大小、倾斜方向以及书写速度不一致的现象，甚至字与词一模一样。

(3) 起收笔动作的区别。老年人笔迹一般会出现起笔不稳、收笔拖拉的特点，而摹仿笔迹一般无此特点。

(4) 修饰重描的区别。老年人书写时常因出现明显败笔而进行重描，重描动作较大，一般比较明显，而摹仿笔迹的修饰重描多是因为仿写失误，为弥补过失，以达到与被摹仿字迹尽量相像的目的而进行的，重描动作一般比较细微，不易觉察。

(5) 文字布局与语言等的区别。老年人的正常笔迹，在布局、语句、手法方面表现正常，不会出现摹仿笔迹中诸如布局排列不整齐、不规则，语句用词不当，表述事物的意思不充分，留有摹仿痕迹等反常征象。

(二) 合理选用比对样本

一旦确定检材笔迹为老年人笔迹，就应该尽量收集、选用与检材笔迹形成时间相同或相近的笔迹样本。因为进入老年阶段后，由于书写运动器官的状况较易发生改变，人的笔迹变化较大，可能在一两年内笔迹即出现明显的衰退变化，为了避免样本不合适给检验鉴定制造困难，应尽量收集、选用合适样本。

（三）正确选择笔迹特征，选用笔迹中相对稳定的特征

老年人的笔迹，由于机能的衰退等一系列原因，会发生部分变化，但动力定型中最基本的、最稳固的、惰性较强的一些特征还是比较稳定的，检验时应针对具体案件酌情选取。

二、精神病人笔迹特点及其鉴定要点

精神疾病，指的是由于人体丘脑、大脑功能发生紊乱，导致认知、情感、行为和意志等精神活动出现不同程度障碍的疾病，属于心理疾病范畴。精神病人笔迹，就是指精神病人在发病期间书写的非正常笔迹。[①] 精神病人在发病期间大脑思维一般呈现异常状态，除了在日常生活行为中有所反映外，还在言语活动中表现出来。精神病人书写作案的内容多为反动标语、传单、大小字报、举报信件。

（一）精神病人笔迹特点

精神病之所以产生是由于病人中枢神经系统遭到破坏，大脑皮层中联系正常运行过程的介质受到大量紊乱信号的刺激，扰乱了神经的兴奋和抑制过程，破坏了动力定型。精神病人在发病期间从事书写运动，其认知、情感、行为和意志等方面的精神活动障碍必然会引起言语和书写运动的改变。精神病的常见症状有感知障碍、思维和言语障碍、记忆障碍、情绪障碍、自我体验障碍、意识障碍和运动障碍。这些障碍会不同程度、不同方式地综合作用于书写运动过程，从而导致病人的笔迹出现相应的特点和变化。其主要笔迹特点有：

（1）布局杂乱，不按格线。精神病人笔迹布局格式上杂乱无章，大多不按格线，经常出现骑线书写以及从纸页顶端写起的情况，字行弯曲、倾斜，字间距、行间距不均匀。这是精神病人思维障碍形成的一些异常、混乱的思维程序造成的。

（2）字迹潦草，结构松散。精神病人的笔迹很少有工整、严谨的，大多写得潦草、放纵、随意，字形普遍偏大，无拘无束。特别是躁狂症患者，其思维速度加快，这就迫使其书写速度相应提高，连笔增多，字迹更为潦草。

（3）运笔抖动，任意修描。精神病人的笔迹无论快写还是慢写，都有不同程度的抖动和结构松散现象，笔画不稳，有时由于感知发生障碍，觉得某些字异常重要，还会不确定地对个别字或笔画进行修描、加粗。

（4）错别字、生造字多。精神病人笔迹中的错字大多表现为多笔少画或字的结构颠倒，别字多为音近别字或方言别字，错别字往往时正时误、前后不一，

---

① 邹明理、杨旭主编：《文书物证司法鉴定实务》，法律出版社2012年版，第116页。

生造字则天马行空、古怪离奇，这些字多是用会意方法生造的，别人很难认识，只有病人自己知道。这都是由于精神病人大脑功能紊乱、记忆模糊等原因造成的。

(5) 不用或乱用标点，语意晦涩。与正常人相比，精神病人在标点符号的使用上区别明显。有时通篇不用标点符号，有时滥用、错用标点符号，有时生造标点符号或大量使用叹号、省略号等，有时连续使用几个相同标点符号以表达感情，有时在文字间穿插一些图画或者生造的图形，令正常人不易理解。这是精神病人情绪偏执、逻辑思维存在障碍的表现。

(6) 杜撰词语。由于思维逻辑混乱，精神病人往往根据自己特有的思维规律杜撰一些词语，这些词语荒诞离奇、难明其意，如以“犭市”代表狼心狗肺、“%”代表离婚。

(7) 语句重复，语无伦次，逻辑混乱。内容空洞乏味，主题不突出，前言不搭后语，前后相邻两部分语句内容无联系或者同一事件前后观点矛盾。这是因为精神病人的思维存在目的性、连贯性和逻辑性等方面的障碍。如精神病人曾接受医院诊治，往往印象深刻并对其经历怀有不安及恐惧心理，在其笔迹材料中多有涉及医院、治疗、药物等方面的词句。

以上特点或多或少地出现在精神病人的笔迹中，有时还表现出夸大字符、无端妄想、不加修饰等特征。熟悉并掌握精神病人笔迹的主要特点，不仅有利于检验中去伪存真、把握本质特点，也有利于通过确定物证笔迹为精神病人笔迹而缩小侦查范围。

(二) 精神病人笔迹的鉴定要点

1. 精神病人笔迹的确定

判断一份笔迹是否为精神病人书写，除了根据精神病人笔迹的上述特点，还要结合书面言语特点、表述的内容、作案手段、现场状况、证人证言等情况进行综合分析。对于字迹内容较多的材料，应着重分析言语的逻辑关系和表达的内容；在字数较少的案件中，因其言语特征有所局限，应侧重考虑笔迹的特点。当然，具体到某份精神病人的笔迹，上述特点很难完全反映出来，并且某一方面的特点反映的程度也不尽相同。

2. 笔迹特征的选择和评断

精神病人的笔迹虽然会有一些病态改变，但毕竟要以他的书写习惯为基础，其笔迹仍保留有部分书写习惯，以供分析检验。值得注意的是，精神病人的笔迹一般没有伪装，且与其他变化笔迹的特点差别比较明显，这为我们选取特征提供了有利条件。在检验中，应注意摒弃精神病人笔迹中的易变特点，抓住反映其个人书写习惯的本质特征，如特殊运笔动作、大体搭配比例、笔顺、基本写法等，此外要注意精神病人笔迹中前后的矛盾性，注重在重复出现的单字、相同部位和笔画中寻找和把握其书写习惯。

检验中使用的样本大多是患病前的正常笔迹或是间歇期书写的笔迹，偶尔也能提取到发病期的笔迹，但要注意精神病人病中行为变化大且快的特点，这会导致不同发病期间的笔迹特征差异较大，如突发奇想的错别字、生造字等，应灵活对待。

三、醉酒状态下的笔迹特点及其鉴定要点

饮用酒的主要成分为乙醇，饮酒之后特别是醉酒状态下的笔迹，往往不同于正常笔迹。当事人如果在醉酒状态下签订协议、合同或书写字据，就属于醉酒状态下的笔迹。某些情况下，当事人因饮酒过量对自己酒后签写的事实全然不记得，矢口否认而且理直气壮，这就要求鉴定人员掌握酒后状态下的笔迹特点及变化规律并正确地进行分析和鉴定。

（一）醉酒对书写活动的影响

一定量的乙醇会造成人的神经系统功能障碍，致使大脑功能紊乱，导致人的行为方式发生一定程度的变化。根据神经科临床医学研究，醉酒所致神经障碍的临床特点以幻觉、意识障碍、记忆和智能障碍较为突出，并导致大脑皮层与书写活动直接相关的躯体运动区、躯体感觉区、书写运动区、视觉区、视觉性言语区等几个功能区以及小脑的障碍，进而引起书写运动失调，导致酒后书写的笔迹与正常状态下的笔迹有所不同。

醉酒状态下的笔迹，一般是指饮酒较多时，中枢神经系统高度兴奋，自制力减弱，大脑皮层的整合机制发生障碍时书写的字迹。[①] 需要说明的是，不同人的生理机能不同，同量饮酒后的反应不同，其行为表现形式也不相同，因此醉酒程度不是饮酒量所决定的，醉酒对于书写活动的影响程度取决于乙醇对神经系统功能的影响程度。有关资料表明：一般人饮酒后，血液中乙醇浓度在 0.03%～0.06%时，可以使饮酒者视力降低、血液循环加快、体表血管扩张、中枢神经开始兴奋，此时笔迹基本正常；当血液中乙醇浓度达到 0.09%时，饮酒者的肌肉就会不协调，说话时口齿不清，易激动，此时笔迹会有小幅度的变化；当血液中乙醇浓度达到 0.15%时，饮酒者就会反应迟钝、走路不稳、注意力和肌肉协调功能都显著降低，此时笔迹会有一定程度的变化；当血液中乙醇浓度超过 0.2%时，饮酒者就会进入沉醉状态，有的倒头大睡，有的喧闹不已，此时笔迹会有较大变化；如血液中乙醇浓度超过 0.3%，饮酒者就会意识模糊、昏迷不醒，严重的则失去知觉，体温下降，直至死亡，此阶段的饮酒者会丧失书写能力。研究醉酒状态下笔迹的特点和鉴定方法，有助于判明检材字迹书写时的具体状态，为判断文件物证内容的真实性、合法性提供帮助，同时也有助于鉴定过程中准确评断差异

---

① 贾玉文、邹明理主编：《中国刑事科学技术大全　文件检验》，中国人民公安大学出版社 2002 年版，第 255 页。

点的形成原因。

（二）醉酒状态下笔迹的变化特点

醉酒状态下笔迹的主要特点有：书写水平明显降低；字间距与行间距变大；字形普遍增大，有时出现大小不一、结构散乱、字迹歪斜现象；书写速度较快，连笔增多，环绕动作不到位；笔画僵直且易出现抖动弯曲现象；笔画重叠，搭配位置不准，比例失调；笔力轻重不均，起收笔拖拉；偶尔发生笔误，造成错别字；言语表达缺乏逻辑性，思维跳跃，有时会出现语无伦次现象。

（三）醉酒状态下笔迹与摹仿笔迹的区别

醉酒状态下笔迹多为经济或民事案件，如果物证笔迹与本人笔迹相像，那么要么是本人所写，要么是对方摹仿。因此，此类案件的关键是鉴别物证笔迹是醉酒时书写还是摹仿笔迹。醉酒状态下笔迹与摹仿笔迹的主要区别是：

（1）书写速度不同。醉酒状态下笔迹速度明显加快，连笔动作增多，字迹潦草。而摹仿笔迹一般有“形快实慢”的特点。

（2）字的大小不同。醉酒状态下笔迹字形普遍增大，有的大出一倍。摹仿笔迹有时也有略微放大的现象，但字形要仿照被摹仿笔迹，不会有大的改变。

（3）运笔方式不同。醉酒状态下笔迹运笔一般比较稳定，有些情况下运笔较为自然，轻重疾徐，错落有致；有些情况下笔压较重，笔画僵直、变形。而摹仿笔迹运笔一般不稳定，易摹仿的笔画运笔较为自然，不易摹仿的部位容易出现生涩、抖动、停顿、重描现象，笔力平缓，缺乏节奏感。

（4）笔误、紊乱现象不同。醉酒状态下笔迹有时出现偶然性错别字，有时由于速度过快、行笔紊乱而导致笔顺的变化。摹仿笔迹不会出现与被摹仿笔迹不同的错别字，有时会因被摹仿笔迹结构不清，摹仿人难以分辨而“照猫画虎”，出现结构关系紊乱现象。

（四）醉酒状态下笔迹的鉴定要点

（1）发现并确定检材的非正常书写特点。在排除了其他影响因素后，依据醉酒状态下笔迹的特点和变化规律，认真分析检材，把握检材特征规律，同时要结合案件的基本情况，了解笔迹的形成背景，特别是当事人对检材形成方式、过程等方面的陈述，以此综合评判，确定检材是否为醉酒状态下笔迹。

（2）醉酒状态下笔迹特征的选取。一般选取笔顺、写法等特征，并注意从书写较为流畅的字迹中充分选取特征。

第三节　外部条件变化笔迹鉴定

外部条件变化笔迹，是指由于与书写活动相关的外界客观因素影响书写运动的正常进行而形成的变化笔迹。[1] 书写工具、承受物、书写姿势和书写环境既是书写活动的必备条件，又从不同侧面制约甚至干扰书写活动。

一、书写工具变化笔迹的检验

书写工具，泛指从事书写活动时使用的各种笔或笔的代用品。正常书写使用的工具是各种笔，包括硬笔和软笔两类，如钢笔、圆珠笔、铅笔、粉笔、毛笔、尼龙笔等。书写工具变化笔迹，是指具备一定书写技能的人，在书写过程中，由于受主客观因素的影响，采用字迹并不习惯的书写工具进行书写。例如，在一些案件中，作案人使用其他器具或物品作为书写工具进行书写，如毛刷、钥匙、铁钉、小刀等，且大多是受书写环境条件的局限，临时起意，就地取材。书写工具的改变会对笔迹产生一定的影响，现代社会书写人一般比较适应钢笔、圆珠笔、铅笔等硬笔，不适应毛笔等软笔，而一些书法爱好者或者年龄较大的人群可能对毛笔等软性笔比较适应。因此，书写工具对笔迹的影响大小，与书写人是否善于驾驭书写工具直接相关。同时，书写工具与承受物之间相互作用也会对笔迹产生一定的影响，如用布卷蘸油漆在光滑的墙面或地面上书写，可能笔迹的变化不会很大，而使用平时不惯用的毛笔书写或是使用坚硬器具在各种硬物面上刻画，笔迹的变化可能会很大。在笔迹鉴定实践中，常见的变化较大的书写工具变化笔迹主要有毛笔字迹、尺画字迹、刻划字迹。

（一）毛笔字迹

毛笔是我国传统的书写工具，距今已有数千年的历史，虽然钢笔、圆珠笔等硬笔以其携带方便、使用简单等优势很快取代了毛笔的重要地位，但在一定范围内仍有使用，多见于年长者及书法爱好者。不容忽视的是，历史悠久的毛笔书法作为汉字书法艺术将世代流传。毛笔属于正常的书写工具，但由于人们平时惯用硬笔书写，一般人少用毛笔，一旦换用毛笔书写，会感到不适应。即便是过去有一定毛笔书法训练的人，由于其毛笔字与硬笔字本身的差别，因此毛笔字与硬笔字之间的比较检验也有一定的难度。对于习惯写毛笔字的人，可用其平时书写的毛笔字样本与检材进行比较，但又有如何选取特征的问题。因此，在毛笔字的检验中，熟悉毛笔字的规则、规范，掌握毛笔字与硬笔字的差别性和一致性，就显得尤为重要。

1. 毛笔与硬笔的书写差异

（1）工具构造不同，主要是在笔尖部分。毛笔的笔尖用兽毛加工而成，质地柔软，有弹性；硬笔的笔头质地较硬、较细。书写时，使用毛笔只需很小的摩擦力即可将墨水涂写于纸面，而硬笔书写时需要的力量较大。

（2）执笔姿势不同。毛笔书写的执笔方式有多种，总体而言要求笔杆与纸

---

① 贾玉文主编：《笔迹检验》，警官教育出版社 1999 年版，第 196 页。

面接近垂直，用指尖执笔；而硬笔书写时笔杆与纸面呈 50°~60°。毛笔书写姿势有悬腕和枕臂之分，而硬笔书写姿势则有枕腕或枕臂之分。

（3）书写训练的接触不同。现代人从初学写字到日常学习工作一般都是使用硬笔书写，而毛笔只为少数人所经常使用，有些人甚至从未写过毛笔字。毛笔书写所要求的技巧远高于硬笔书写。

2. 毛笔字与硬笔字的差异

同一人书写的毛笔字与硬笔字之间必然出现一定的笔迹特征差异，差异的多少取决于书写人是否具备毛笔的书写技巧以及适应毛笔书写的程度。两者之间的差异主要体现在：

（1）书写水平的差异。因为缺乏毛笔字训练，大部分人毛笔字的书写水平低于硬笔字的书写水平，只有少数有书法基础的人，其毛笔字与硬笔字书法水平相当。一般来讲，毛笔字水平高的人，其硬笔字的书写水平也高；毛笔字水平中等的人，其硬笔字水平至少为中等，可能还高些；毛笔字水平较低的人，硬笔字水平中等或偏低。

（2）写法特征的差别。毛笔书写汉字的历史悠久，在写法上多采用繁体字、旧体字，行草写法也比较常见，这是因为作为一种线条艺术，笔画越多，越便于分配、调度；同时，在书法上还讲求变化，前后出现的相同字或偏旁部首写法不能雷同，要形态各异。但平时以交流为目的的硬笔字则主要反映其习惯的写法。对于没有毛笔字基础和缺乏书法知识的人，毛笔字和硬笔字在写法上没有差别。

（3）运笔特征的差别。毛笔笔尖较软并有一定弹性，其用笔又有收笔、中侧锋、提按笔、方尖圆笔、转折笔等，使用得法，可以塑造出各种笔画形象；硬笔的弹性有限，在此方面难以与毛笔相比，因此两者在运笔上差别较大。首先是起收笔动作，毛笔书写起笔多藏锋，收笔有时也有回锋动作；硬笔书写只有直起直收或顿压起收。其次是两者的笔画粗细变化不同。毛笔字可以细微地反映出用笔力度的变化，笔画有粗有细，过渡自然，变化多样，而硬笔字笔画粗细变化不明显。最后是笔画的转折形态，毛笔字笔画转折多带方棱，硬笔字转折多为圆转或硬折。

（4）笔力的差别。毛笔书写与硬笔书写在执笔姿势，书写作用力的支点、力矩等方面存在差异，且毛笔书写发力多用腕力甚至是臂力，较少使用指力，而硬笔书写多使用指力，较少使用腕力。因此，书写时，两者在笔力轻重方面有一定差异。

（5）字迹大小和字行的差别。毛笔字的笔画一般较粗，且毛笔书写时执笔较为靠上，因此，毛笔字的单字一般要大于硬笔字字迹。此外，毛笔字书写时，经常需要按照中国传统习惯，字行竖排。

3. 毛笔字与硬笔字的一致性

虽然毛笔与硬笔在诸多方面存在差异，书写人的适应性不同，毛笔字与硬笔字之间必然存在差别，但是他们都是同一人的笔迹，不会因书写工具的差别而改变其内在本质的一致性。这种一致性，表现在同一人书写的毛笔字与硬笔字之间某些笔迹特征是相同的。两者在运笔方向、连笔的方向和形态、笔画间或偏旁部首间的搭配位置及比例关系、笔顺特征、非规范写法特征、错别字等特征上保持一致。

4. 毛笔字之间的比较检验

毛笔字的笔迹检验，若用毛笔字样本进行比较，可以避开书写工具不同造成的笔迹自身的差异，从而更具可比性。毛笔字之间的比较鉴别除了像硬笔字检验那样要把握写法、错别字、笔顺、运笔等特征外，还要针对毛笔书写的特点，掌握有关毛笔笔法的知识，抓住毛笔书写的个性化特征，尤其是笔迹中可以体现出书写人的书法水平和个人风格的各种笔法的运用技巧，这是毛笔字之间比较鉴别必不可少的依据。

由于毛笔并非现代通用的书写工具，仅在小范围内使用，因此，毛笔字功底的深浅、水平的高低，就成为鉴定的重要依据之一。在毛笔字之间的比较中，分析判断检材与样本的书写水平是首要步骤，如果样本明显低于检材，可以直接否定；如果样本明显高于检材，应视检材是否伪装再做判定；如果检材、样本书法水平接近，应考虑用笔风格、习惯是否一致，再结合其他笔迹特征进行综合分析比较，进而确定笔迹的异同。至于不习惯用毛笔的人书写的毛笔字，在具备相应水平和可比性样本的前提下，同样也可以进行鉴定。

5. 毛笔字与硬笔字的比较检验

在实际案件中，有时收集不到嫌疑人、当事人平时书写的毛笔字样本，只好用硬笔字样本与毛笔字检材进行比较。在司法实践中，这种情况多见于书写水平一般的毛笔字，嫌疑人、当事人缺乏毛笔书写的训练，由于毛笔字与硬笔字本身的差别，会给检验带来一定难度。在检验时，应注意以下几点：

（1）根据检材字迹的书写动作特点，分析检材在章法、用笔技巧等方面的特点，确定书写人是否具有毛笔书写技能，并进一步分析检材是否有伪装书写特点的反映，是否为伪装笔迹。

（2）根据大部分人毛笔字的书写水平低于硬笔字书写水平的规律，检验时应首先对毛笔字检材与硬笔字样本的书写水平作出判断，分析两者关系是否符合此规律。如果毛笔字检材水平明显高于硬笔字样本，可以予以否定；如果毛笔字检材书写水平略低于硬笔字样本，则视为正常，支持认定结论；如果毛笔字检材水平低，硬笔字样本水平高，且高低差别悬殊，支持否定结论，但仍要结合具体特征慎重决定。还有另一种情况，某些老年人一直习惯用毛笔写字，出于某种原因不得不用硬笔书写时，其硬笔字就显得不如毛笔字水平高。

（3）在检验样本材料时，主要分析其与检材字迹是否具备比较条件，并根据实际情况补充样本资料，必要时，还可以让嫌疑人、当事人书写毛笔字实验样本，来进一步比较鉴别。

（4）根据检材书写人是否具备毛笔书写技能的情况，寻找和发现稳定不易变的笔迹特征，并根据两种不同书写工具的书写运动变化规律，对检材和样本笔迹的异同特征进行评断。

无论是毛笔字之间还是毛笔字与硬笔字之间进行检验鉴别，都应特别注意字体的变化。不同字体有不同的要求，无论是笔法还是章法都有较大的差别。书写人为适应不同字体的书写要求，书写习惯会表现出多样性，也就是说，同一人在写楷书时有楷书的习惯，在写草书时又会表现出另一种书写习惯，因此在鉴定时应尽量收集相同字体的笔迹进行鉴定。

毛笔字的检验，也要全面了解案情，特别是要了解嫌疑人、当事人是否具备笔、墨、纸张等条件，有无书法爱好，学习书法的历史以及训练时间的长短等。

（二）尺画字迹

尺画字迹，是指借助某种直边工具（如直尺、三角尺等）制约着笔尖运行书写的字迹，是笔尺结合、双手并用的产物。[①] 这样写出的字迹笔画僵直、字形方正，与正常手写字迹差别较大，更加接近于等线体的字形。尺画字还是誊写油印、文件复写、美工设计等经常采用的一种特殊的书写手段。

1. 尺画字的基本特点

由于笔画为用尺比划着写，所以笔迹的基本单位是直线形笔画。这种不断扭转尺子的方向并沿其直边划写的运动，既改变了笔画的原有形态，又影响了字的正常结构，在丧失大量运笔特征的同时，也掩盖了部分搭配比例特征；此外，受到书写人意志力的制约，加之汉字的一些折笔、弧形笔画不便于尺画，所以在尺画字中一般会或多或少地掺杂一些手写笔画，特别是在一些笔画多、结构复杂的字上，书写人频繁调转尺子的方向、角度比较麻烦，有时就会脱离尺子的束缚而顺势自由书写出相邻的笔画，这一点对于检验鉴定是有利的。

2. 尺画字的鉴定要点

尺画字是在一种不正常的条件下完成的，受到尺缘形态，尺子类型，尺子的转动方向、角度、移动距离等因素的限制和影响，使笔迹发生较大变化。但由于书写人采用尺画手段改变笔迹的同时，还要让人看懂书写内容，就不能不按照他所理解并已成为习惯的书写规范进行书写，而且有些类型的特征并不受尺画方式的影响。因此，尺画字必然不同程度地暴露书写人的书写习惯。检验中应注意分析尺画字变化的原因和规律，把握个人书写习惯特征的反映。

（1）尺画字笔迹变化的大小，与书写人的书写技能水平有很大关系。一般

① 涂丽云主编：《文件检验学》，群众出版社 2007 年版，第 112 页。

情况下，书写水平较高或有一定绘画或写美术字技能的人，尺画技巧熟练，动作协调，其尺画字的水平相对较高，特征变化较小。书写水平较低的人，尺画技术笨拙，双手动作协调性差，尺画字的水平也相对较低，特征变化较大。书写水平较低者往往在不受尺画影响的一些特征上更多地反映其书写习惯的个性。尺画字水平的高低，可以从字的均匀工整程度、笔画的搭配比例是否匀称等方面，结合手写笔画的运笔特征来加以判别。

（2）对检材、运笔材料有一定要求。由于尺画字中个人习惯特征保留较少，检验难度较大，检验时要求使用检材原件，以便充分发现和利用复制件上难以反映出的细微特征。所用样本要求是一笔一画慢速书写的楷书、仿宋体或等线体字迹。如有必要和可能，可收集尺画的实验样本，以增强可比性。

（3）检验应注意特征的选择。由于尺画字不同于自如书写的笔迹，书写运动过程受到很大的限制，所以它只能体现字的结构形态等大体的习惯特征，而在运笔波折动作和笔力分布等方面很难暴露个人书写习惯。在尺画字笔迹中容易变化的特征是：运笔特征，尤其是起收笔动作、运笔细节形态、笔力分布、折笔形式与角度，笔画的搭配位置、斜形笔画的倾斜角度有时受尺子摆放位置及角度等偶然因素的影响而发生变化，纵横相间的笔顺有时因不便频繁调转尺子方向而改成先将平行笔画依次完成。尺画字中不易变化的特征，主要是那些不受尺画影响的特征，如字的基本写法特征、习惯性错别字特征、部分笔顺特征、基本搭配比例关系特征、运笔特征中的笔画变异以及其中的手写笔画或标点符号的运笔特征。此外，笔迹的整体布局、局部安排及习惯用语特征基本不变。

（4）充分利用手写笔画的特征。尺画字中或多或少会有自由书写的笔画及标点符号，这些个别的笔画和标点更容易暴露书写人熟悉而固有的习惯，特别是手写笔画的运笔细节特征，具有较高的鉴别意义。有些手写笔画比较明显，有些则比较隐蔽，不经细致观察，不易识别。例如，有的笔画虽非尺画，但为了与尺画笔画保持一致，故意将笔画写得僵直。应当看到，只要是手写，就可能在一定程度上暴露个人的运笔习惯，所以要注意发现和充分利用手写笔画的特征。

（5）技术检验与案情相结合。这对于尺画字的检验，具有重要的意义。全面地了解案情，了解样本书写人的年龄、文化、职业身份、业余爱好，并客观地分析认识其与案件的内在联系，同时需弄清作案时间、地点、光照条件、承受客体、作案手段和作案动机，全面了解案情，有利于科学客观地进行比较检验、综合评断。

综合分析，全面检验，是尺画字检验的重要手段。虽然由于伪装，书写人的笔迹特征会有不同程度的改变，但只要书写人注意力稍有失控，书写运动的自动化动作便会乘虚而入，从而不同程度地暴露出书写习惯特征。检验过程中一定要认真研究案情，对检材、样本反复推敲，认真分析每个特征，经综合评断方可出具鉴定意见。

（三）刻划字迹

刻划字迹，又称刻写字迹，即利用各种硬性的非正常的书写工具在各种硬性物体表面刻写而成的字迹。它是书写人为掩盖个人笔迹或受环境、条件限制而采用的一种特殊的书写方式。刻划字使用的工具有的是随身携带的，有的是就地取材的，一般为某种锐器，如小刀、钥匙、碎玻璃、木片、石块、铁钉、锥子，有的甚至使用指甲、金属笔尖、剪刀等。刻划字的承受客体多为各种墙面、地面、金属或木器、竹器、有机玻璃、塑料制品表面，以及树干、植物叶片、植物瓜果等。刻划字迹形成的检材，一般内容简单，字数较少，多为具有政治性的标语口号、人身攻击性的言词以及与案件有关的现场留言等。

1. 刻划字迹与硬笔字迹的差异

（1）书写姿势不同。刻划姿势以站立和下蹲为多，一般要悬肘悬腕，以肩部为书写支点，这与硬笔书写有较大区别。此外，硬笔为专门书写工具，便于书写活动的进行，而刻划工具往往不适合书写、不适合抓握，书写时动作会有一定变形，必然影响书写习惯的表现。同时，刻划书写时可能受到空间狭小、光线微弱或气候寒冷等环境因素的影响，条件变化比较复杂多样。

（2）书写承受客体不同。硬笔书写往往利用书写纸张，这是人们方便而且习惯的书写材料。而刻写字迹往往是在一些不太适合书写的物面上进行，由于这些物面的硬度、表面平整度、均匀度等方面不同于纸张，一般书写比较困难，人们难以适应。

（3）笔力和书写速度不同。在书写过程中，书写工具与承受物面要产生一定的摩擦，这种摩擦力是维持和调整书写运动的一种反馈信息，也是使书写工具在承受物面留下色痕或划痕形成字迹的机械作用。因此，适当的摩擦力，包括用尖硬工具在结构均匀、质地松软物面上的刻划字，都不会导致笔迹的变化。摩擦力过小，如圆珠笔在玻璃上书写，由于容易滑动，会导致某些特征的变化。因此，这种摩擦阻力如果没有超出书写运动器官动作反馈和自动控制范围，书写人能够适应并克服其产生的影响，所形成的笔迹同正常书写的笔迹无明显差别。如非正常条件下摩擦阻力大到超过了书写人的适应能力，笔迹的变化就比较显著，如在光滑坚硬、凹凸不平或有纹理结构的物面用力刻写，或使用带刃工具刻写，笔迹一般都会有较大变化。这是因为在刻划过程中，书写活动是通过刻划工具作用于承受物面，承受物又以相同的反作用力作用于书写工具。如果刻划是需要施加较大的力量才能刻出字迹，承受物对书写工具的反作用力也会很大，从而阻碍和干扰书写活动的正常进行，限制了书写习惯的正常表现。

刻划字迹和硬笔字迹的差异与书写人对条件变化的适应能力有关。通常情况下，这种适应能力的大小同书写人书写技能的高低呈正比，即书写技能越高，克服、适应不利条件影响的能力越强，笔迹变化越小；书写技能越低，克服、适应不利条件影响的能力越弱，笔迹变化越大。刻划字迹变化的最主要原因，是承受物对书写运动的阻力和干扰抑制了书写运动习惯动力的表现。在刻划字迹的检验中，关键是要结合具体案件的刻写条件，从因果关系上进行分析，区分哪些是受刻写条件影响变化了的现象，哪些是个人固有书写习惯的表现。

2. 刻划字笔迹特征变化规律

（1）书写水平降低。书写工具、书写材料的不适应决定了刻写较为困难，书写水平会有一定程度的下降。

（2）笔画僵直呆板。一般在较硬的物体上用尖锐的利器刻划，越是用力，刻写活动受到的阻力越大，运笔中的轻重、起伏、疾徐等节律性的动作特点难以表现出来，笔画显得僵直呆板，连笔动作减少或消失。

（3）个别笔画过长或过短。由于阻力大，需要用力刻写，笔画刻得深而短；如一旦冲破阻力，把握、控制不好刻写工具，便会出现因滑动而导致的过长笔画。

（4）笔画弯曲、跳动或间断。在凹凸不平的物面刻写时运笔容易跳动，笔画出现间断、错位或残缺现象，而顺着承受物面上的纹理运行，则容易形成弯曲或偏斜的笔画。

（5）钩笔、挑笔、点笔易改变运笔方向。在刻写运动中，钩笔、挑笔、点笔的运笔较为困难，常由从下向上的挑钩变为另起笔自上而下挑钩；挑笔有时会变为撇笔；点笔往往拉长，斜点易变为小竖或小横笔。

（6）转折形态生硬或分笔完成。刻写时，转折笔画比较吃力，原有的转折弧度、角度及其形态特征不易反映出来，常形成硬折动作或另起笔完成。

（7）笔力特征变化。刻写过程中除个别笔画起收笔部位用力较轻外，整个书写过程中基本上采用较大笔力书写，所以笔力较为均匀，也就改变了固有的笔力特征。

（8）常有补笔、重描或省略现象。受承受物面纹理、裂痕或凹凸不平等因素的影响，笔画的运笔方向有时会出现偶然性的变化，刻写人就可能进行补笔或重描，从而出现笔画增加或凌乱现象。单字的复杂部位及其内部结构，因刻写不便会有省略或缺失笔画现象。

（9）布局特征的改变。刻写字迹一般偏大，结构较为松散，字间距不均匀，字行不齐。

3. 各类刻划字迹变化的特点

刻划工具和承受客体具有多样性，不同刻划条件下，由于刻划工具的种类和承受客体表面形状不同，形成不同的条件组合，所以笔迹也有不同的变化。

（1）光滑坚硬物体上的刻划字。刻划承受物面光滑而又坚硬，在一定作用力下，能形成笔画线条，而笔画沟痕的粗细、深浅取决于锐器的锋利程度、体积和接触面的大小以及刻写时的力度大小，如金属板或石面，需用较大而又均匀的力量刻划，方能形成较完整的字迹，因而运笔伸展不开，笔画短促、生硬。一旦控制不住，刻写工具容易滑动，形成“走笔”，即造成笔画拖长，运笔易出现轻微的弯曲、跳跃和僵硬等现象；有时可能反复描刻，因而扰乱相关的笔顺。如在有机玻璃、塑料制品（硬塑）等具有一定硬度和弹性的物面上刻写时，由于有弹性的作用，除了易出现上述特点外，还易出现正常运笔方向改变的特点。

(2) 柱（球）状面上的刻划字。正常书写承受物是平面，书写支点的移动基本与承受物面平行，但是在柱状或球状面（如在电线杆、树干、瓜果）刻写，不同书写部位与书写支点的距离发生变化，有的是悬腕刻写，所以难以有效地控制工具，引起运笔及相应的笔画搭配、比例方面的变化。以弧度的突出部位为中心，向心性运笔易短而重并上扬，离心性运笔易滑动并下弯。在中心部位以外的侧面刻写，用力方向与承受物面夹角为锐角时，运笔易呈滑动性外展；如为防止运笔滑动，注意约束运笔动作，笔画则呈内收的运笔趋势。

(3) 生长植物上的刻划字。在生长着的植物上刻写的字迹，除受一般的刻划条件影响外，还会发生刻划字形成后，随着植物的生长变化而变化的情况。所有植物都有一个由生长发育到成熟的过程，不同植物、不同部位、不同时期刻划字的变化都不同。如质地坚硬、水分较少、生长周期长的植物，对刻写字迹影响小；而质地松软、水分较大、生长周期短的植物，对刻写字迹影响较大，处于成熟部位的笔迹变化较小。如果植物生长较快，可能导致刻划字迹严重走样、变形，以致失去比较检验的条件。需要注意的是，在生长植物上的刻画字，由于含有水分，在被刻写之后，植物一般会溢出汁液，随着水分的蒸发氧化，刻写笔画边缘会隆起，随着时间的推移，笔画边缘有可能出现干裂、老化，会改变原有笔画的线条、结构。

(4) 有纹理结构物体上的刻划字。在有纹理结构的树干之类的物体上刻写，顺着纹理方向刻划，阻力较小，笔画易长，其形状也易顺着纹理的走势发生变形；在横断纹理物体上刻划，阻力较大，易出现笔画过短或弯曲、抖动、间断等现象，有时用力过大失去控制而出现走笔现象；在斜断纹理物体上刻划，笔画方向、形态易变。

(5) 凹凸不平物体上的刻划字。在凹凸不平的物体上刻写，书写运动受到的阻力忽大忽小，无规则，不均匀，行笔不易掌握，易出现运笔跳动、笔画弯曲、时断时续以及过长过短等现象。

(6) 不同工具刻划的字迹。刻划字迹的变化除受承受物的影响外，刻划工具也是重要因素。用尖细工具刻写时，刻痕易深，阻力相对增大，运笔呆板、僵直，不易连贯；用粗钝工具在硬物上刻写，刻痕较浅，阻力不大，但较易滑动；用带刃的刀具、指甲等工具刻写，由于随时需要转换刃面的方向，往往钩笔、挑笔、点笔易改变运笔方向。某些笔画的启闭位置不易准确安排，常有搭配过头的现象，甚至造成字形的变化。用指甲刻划，除具备上述特点外，划痕较浅，笔画易倾斜，略呈弧形。如指甲不是随着运笔而转换方向，则横画与竖画粗细不同，转折笔、钩笔不易一笔完成，常有另起笔现象或者省去挑钩动作。

5. 刻划字的鉴定要点

（1）对检材的要求。为了达到科学、客观检验检材的目的，原则上刻划字检验，要求使用检材原件，这样便于对书写工具与承受物之间的关系进行深入的研究，以便针对具体情况选择特征。但实际工作中，此类案件的检材往往只出现在某类现场，往往不便提取物证原件，所以送交检验的多为照片。而照片往往对笔迹的细节反映不清，甚至部分字迹、笔画模糊难辨，加之字数一般较少，必然会影响鉴定人的观察和分析，给检验增加难度。因此，有条件的话，鉴定人应该亲临现场进行实地检验，如没有实地检验的条件，如检材原件字迹已经清除等，就要仔细阅读现场勘查笔录，全面了解有关情况，如刻划工具、承受物的性状、刻写位置、单字大小、周围环境，尤其对照片上的字迹要逐个向送检人员核对，分清刻写笔画与无关的痕迹，明确模糊不清、不易判别之处在原物上的真实面貌，以便有针对性地研究笔迹的变化，正确地选择特征。

（2）对检材进行认真分析，推断刻写工具。刻划字迹检验，应当正确地分析和确定检材形成的条件、刻划书写所使用工具的类型，并根据工具的性状，结合载体的性质特点，客观地分析字迹特征的形成条件及其变化规律。分析确定刻划书写工具，主要根据载体的形状及刻划线条沟痕的表观特点。例如，线条沟痕粗细、宽窄、深浅不一，沟痕呈坡状、边缘毛糙或锯齿状，则一般是刻写端为尖扁形体的工具；如线条沟痕两侧刮削、挤压所形成的特点不一，则可能为单面刃具所形成。

（3）特征的选择。刻划条件对笔迹的影响，因果关系比较明显。在何种条件下会发生何种变化，有其一般规律。检验时，首先根据对检材的分析，判断刻划工具、承受物的形状及二者之间相互作用力的大小，对书写活动的干扰、阻碍程度；然后分析刻写人在这种刻划条件下的适应能力如何，其书写技能习惯发挥得怎样。在此基础上，排除由于条件的干扰而产生的变化现象，逐字逐笔地选取反映固有习惯的特征。

一般来说，刻划字笔迹变化的主要标志是运笔特征，以及由于运笔的改变而涉及有关笔画的一些搭配比例特征的变化。而某些特征是不易变化的，主要有基本笔画的长短比例、由起笔构成的笔画搭配关系特征、偏旁部首的基本比例关系、特殊的运笔趋向特征、笔顺特征、字的基本写法特征、用词特征。如书写人有多种写法习惯，易采用其中楷书或简化写法；除修描及省略笔画外，错别字特征不易改变。

（4）注意刻划字中的伪装现象。在刻划字案件中，书写人的主要精力用在了适应非正常的书写条件、克服刻写阻力上，一般无暇采取伪装手段。但个别案件的书写人在条件变化的同时，采取随意性伪装手段，降低书写水平，以求掩盖自己的书写习惯，这时就要注意条件影响中的伪装变化。一般而言，条件变化对笔迹的影响具有单一性、必然性和规律性，笔迹变化的部位、特点比较明显而且直接。在条件变化的情况下再施加伪装，常出现拖长笔画、改变运笔方向、笔画搭配关系不适称等现象，有的在字的写法、用法上做手脚，如故意写错字、别字等。

（5）把握刻划字迹检验的核心问题。刻划字迹的检验之所以不同于一般正常的手写字迹检验，关键在于刻划工具和载体所具有的特殊条件，从而规定了刻划字迹所反映的书写特征的特殊性。如何从特殊性中找出普遍的规律性特征，是刻划字迹检验的核心问题。在检验中应当注意：第一，不能以通常书写特征的模式来套刻画字迹特征，必须根据不同的刻划工具，结合不同载体的形状，具体地、客观地分析研究。如可能由于刻写而造成了某些变化，我们就应从中发现和确定不受刻划书写条件影响的稳定性书写特征。第二，刻划字迹的工具和载体不同则情况各有不同，刻划的手法也有所差别，因此所反映的特征形象是不同的，特征变化的程度也不一致。检验中，既要考虑刻划书写的普遍规律，也要分析具体案件的不同情况，分析认识其个别规律现象，从而客观、辩证地发现和确定可供检验的稳定的习惯特征。

（6）复查现场与鉴定实验。如果对物证笔迹的形成尚存疑问，或者在比较检验中发现一定的符合点，又有个别差异点不好解释，那么最好争取复查现场，仔细勘验原物。必要时，还应该根据已经确定的刻写工具在现场书写物面上进行书写实验，模拟现场物证的形成条件，以便印证对笔迹特征的认识，解释笔迹特征变化的程度与原因。

二、书写姿势变化笔迹的鉴定

书写姿势变化笔迹，是指习惯性书写姿势条件下，由于受书写环境、书写条件的影响，临时较大程度地改变书写姿势所形成的笔迹。[①]

书写人习惯性书写姿势的形成是一个复杂且历时较长的过程，个人在学习、连续书写的过程中每次的书写姿势也不是完全相同的，且人体也具备一定的适应性，因此，个人定型后的书写活动是能够适应一定范围的姿势变化的。也就是说，在书写姿势改变不大的情况下，书写人书写形成的笔迹所表现出来的书写习惯改变不大，鉴定难度不大。这里所指的书写姿势变化是指书写姿势改变较大的情形，如站、卧、趴、蹲等姿势的改变，伸直手臂远距离书写、高位执笔等书写姿势的改变。

（一）书写姿势改变对书写动作的影响

（1）人体重心的改变。书写时身体姿势的改变和手臂、腕部形态的改变，书写时必然改变人体重心。

---

① 邹明理、杨旭主编：《文书物证司法鉴定实务》，法律出版社2012年版，第94页。

（2）视觉调整作用的改变。书写姿势的改变，使书写人的眼睛离承受物面的距离和方位产生改变，其视觉的调整作用必然改变。

（3）腕、肘部支撑点的改变。这种情况下书写，往往腕、肘部呈悬空状，支撑点发生变化。

（4）运动模式和神经协调方式的改变。书写姿势的改变，使书写人原有协调的运笔模式、整个运动系统的神经协调方式等产生变化。

书写姿势的改变，必然造成书写动作发生相应的变化，也就会影响书写习惯的稳定程度，书写姿势改变的情形多种多样，在此，仅就实践中相对出现较多的高位执笔笔迹进行论述。

（二）高位执笔的笔迹

正常的硬笔书写，手指握笔位置应在距离笔尖3~5厘米处。以钢笔为例，应执握在笔杆的下端1/3处，如果将握笔部位提高到笔杆的顶端，笔尖与握笔部位距离变长，就会干扰书写动力的传导与释放，使之难以准确、自如地控制笔尖的运动。同时，高位执笔还常常伴随悬腕书写，失去了手掌底部的支撑和调节功能，原有的动觉反馈系统也会遭到破坏，手指、手腕的运动不习惯，笔迹必然产生相应的变化。

高位执笔书写，主观上往往具有故意性，书写者妄图通过执笔方式这一客观条件的改变而使笔迹发生变化，以达到隐蔽字迹的目的。高位执笔同时附加其他伪装手段的比较少见。

1. 高位执笔笔迹的变化特点

（1）书写水平下降，由于书写器官的控制力减弱，书写中运笔的协调性下降，高位执笔比较容易出现书写水平下降的现象。

（2）字形增大，结构松散。这是由于执笔位置提高，使得运笔幅度加大，字形普遍比正常书写增大，且歪歪扭扭，结构不严谨，部分笔画之间的搭配位置和比例失调。

（3）运笔抖动，轻飘无力。由于高位执笔，对笔尖的控制力减弱，运笔过程中必然出现抖动现象，笔迹触及纸面的抑压力普遍减弱，有时笔画纤细，笔力轻飘不实。

（4）起收笔处有反射或拖带动作。高位执笔书写，落笔不准、不稳，收笔不利索，容易出现反射动作或拖拉现象。

（5）有连笔、环绕现象。高位执笔书写可以加快速度，从而出现连笔或环绕动作，但连笔显得凝重、笨拙，多为实连，少有意连。

（6）有多笔、重叠现象。高位执笔的动作不准，容易造成笔画重叠，有时弥补不够圆满的动作而重描，产生多笔现象。

（7）字间距、行间距变宽，字行不齐。

2. 高位执笔的笔迹特征

虽然高位执笔笔迹会发生一系列变化，但书写习惯的能动性决定了其适应不利的条件而顽强表现自己的能力，必然会在不同侧面反映出固有的书写习惯，如布局安排、写法、错别字、笔顺、大体的搭配比例和特殊运笔等特征，基本不受高位执笔的影响。

高位执笔条件下的笔迹，对书写习惯表现程度的影响是有限的，对笔迹特征的改变也仅仅是局部的，在检验中，只要我们工作认真细致，根据笔迹形成的机理准确分析检材笔迹中的变形动作，科学评断有关特征，鉴定意见是不难得出的。

【思考题】

1. 什么是书写条件变化笔迹？
2. 内部条件变化和外部条件变化的区别是什么？
3. 老年人笔迹有哪些特点？
4. 应如何确定一份笔迹是否为精神病人笔迹？
5. 对毛笔字进行检验时应当注意哪些问题？
6. 尺画字迹与刻划字迹在笔迹特征方面的区别有哪些？

【参考文献】

1. 贾玉文、邹明理主编：《中国刑事科学技术大全　文件检验》，中国人民公安大学出版社 2002 年版。

2. 贾玉文主编：《笔迹检验》，警官教育出版社 1999 年版。

3. 邹明理、杨旭主编：《文书物证司法鉴定实务》，法律出版社 2012 年版。

4. 涂丽云主编：《文件检验学》，群众出版社 2007 年版。

5. 张娟：《对书写条件变化影响笔迹特征的研究》，载《云南警官学院学报》2008 年第 2 期。

6. 涂丽云：《老年人作案的笔迹分析与鉴定》，载《公安大学学报》2001 年第 4 期。

7. 张娟、朱祯学：《老年人笔迹变化的形成原因和特点》，载《中国司法鉴定》2009 年第 2 期。

8. 张公正：《论毛笔字迹的鉴定》，载《公安大学报》（自然科学版）2003 年第 5 期。

9. 陈雪雄、刘忠明：《浅谈酒醉笔迹检验》，载《福建公安高等专科学校学报》2006 年第 4 期。

第七章‖ 签名笔迹鉴定

本章概要：本章主要介绍签名笔迹的含义、种类、特点、造假手段以及签名笔迹的检验要点。其中，签名笔迹的种类、特点、造假手段以及签名笔迹的检验要点是本章的重点，签名笔迹造假手段是本章的难点。

关键词：签名　签名模式　笔迹鉴定

第一节　签名笔迹概述

一、签名的基本含义和法律意义

签名的含义浅显易懂，作为动词，是指某一特定个人为了表示负责，在文书上书写自己的姓名、姓氏、名字或代表其姓名的书写符号的行为；作为名词，是指这一行为形成的书写符号系统的统称，为了表述方便，有时也叫作签名笔迹。与签名含义相近的词有很多，如签字、签署、签发、画押、签约等。

英文中与汉语签名一词相对应的是动词 sign 和名词 signature，《美国统一商法典》对签名的定义为“任何由当事人以鉴别书面文件为现实意图，而采用的或手签的符号”。随着计算机技术的发展和应用，文书物证司法鉴定中所指的签名，也被称为传统签名，以区别于以电子形式所含、所附用于识别签名人身份并表明签名人认可其中内容的电子签名。

尽管各国法律以及学术论著中签名的定义有所不同，但传统签名的含义还是基本一致的。对签名的理解包括三个方面：一是正确的名字或其简写；二是书面的形式，可以固定保存；三是本人亲手书写，排除了打印复印名字、盖签名章等复制手段。

签名是具有法律意义的行为，而不是自然事件。它是一种证明行为，在文书上签名，表明对其内容认可，以便让其他人察明、理解，并于日后可以作出证明。在民商事行为中，当法律规定或当事人约定以签名作为法律行为的生效要件，签名就成为这一法律行为的决定因素之一。

在法治社会，凡是依靠法律所调整的活动中，无不要求对形成的有关文书进行签名确认。一旦发生争议，文书上的签名往往成为关注的焦点，只有求助于签名笔迹鉴定。这些有争议的签名，客观事实无非是以下三种情形：一是本人亲笔签名，二是他人代签，三是本人签名被恶意利用。

二、签名笔迹的种类

签名笔迹的种类较为复杂，制作不同的文书对签名有时又有不同的要求。从司法鉴定的实际出发，按照不同的分类标准，可以将现实生活中的签名划分为以下几个类别：

（一）按文字种类分类

（1）中文签名。中文签名，是指用中国的通用文字（汉字）书写的签名。

（2）汉语拼音签名。汉语拼音签名，是指根据中文签名中的汉字，依照汉语拼音的拼写规范书写的签名。汉语拼音签名有时与中文签名混合使用。

（3）少数民族签名。少数民族签名，是指用中国少数民族文字书写的签名，如蒙文签名、藏文签名、维吾尔文签名等。

（4）外文签名。外文签名，是指用中国以外的其他国家或民族的文字书写的签名，如英文签名、俄文签名等。

（二）按表达方式分类

（1）全称签名。全称签名，是指签写自己的完整姓名的签名。

（2）简写签名。简写签名，是指出于节省时间等原因，只签写自己的姓、名或名中的某个字作为签名。

（3）符号签名。符号签名，是指不使用规范的文字，而是用设计的某种书写符号来代替本名的签名。

（三）按单字排列组合关系分类

（1）横式签名。横式签名，是指姓名中各单字的排列关系为横向的签名。

（2）竖式签名。竖式签名，是指姓名中各单字的排列关系为纵向的签名。

（3）斜式签名。斜式签名，是指姓名中各单字的排列关系为斜向的签名。

（4）重叠式签名。重叠式签名，是指姓名中各单字或部分单字为上下或左右重叠组合关系的签名。

（5）组合式签名。组合式签名，是指姓名中各单字或部分单字互为特殊组合关系的签名。

（6）反向签名。反向签名，是指出于防伪等原因自行设计的正写反字或顺写倒字的签名，一般从纸张背面透光或旋转一定角度观察方可辨读。

（四）按中文书体分类

（1）楷书签名。楷书签名，是指采用楷书书写的签名。

（2）行书签名。行书签名，是指采用行书书写的签名。

（3）草书签名。草书签名，是指采用草书书写的签名。

（4）隶书签名。隶书签名，是指采用隶书书写的签名。

（5）篆书签名。篆书签名，是指采用篆书书写的签名。

（五）按签名形成情形分类

（1）正常签名。正常签名，是指书写人在正常的生理、心理状态和通常的书写条件下书写的签名。

（2）条件变化签名。条件变化签名，是指书写人在非正常的生理、心理状态下，或在非通常的书写环境、条件下书写的非正常签名，如醉酒时的签名、重病时的签名、用特殊工具书写形成的签名等。

（3）伪装签名。伪装签名，也叫恶意签名，是指书写人出于日后否认的目的，试图改变自己平时的书写习惯而形成的非正常签名。

（4）摹仿签名。摹仿签名，是指书写人仿照他人签名而形成的非正常签名。根据所采用的摹仿手段可将摹仿签名分为临摹签名、套摹签名、记忆仿写签名。

三、签名笔迹的特点

签名笔迹是一种特殊的书写符号系统，相对于一般笔迹，签名字数少、模式多样、易被摹仿。同时，签名也是人们书写实践活动中，出现频率最高、练习最多、最为熟练的一种书写活动。虽然签名与一般笔迹的基本属性是相同的，但是又具有一般笔迹所没有的特点。

（一）签名笔迹整体性强

一般笔迹多为自述型笔迹，书写时有词句斟酌的过程，所以它是以字、词为单位的临时组合。然而姓名是个人长期专用的一个固定组合，是由若干字、词按一定顺序构成的一个不可分割的整体。各单字之间、笔画之间的连贯性强，紧凑的结构和相对较多的连笔，使签名成为一个独立完整的笔迹单元，有限的几个单字包含了比一般笔迹更多的可资鉴别的笔迹特征。

（二）签名笔迹熟练程度高

签名笔迹是在一个成年人的书写练习和书写实践活动中，出现频率最高的一种特定组合。人们多从学习掌握书写技能开始，就练习书写自己的姓名。随着书写技能的提高，签名的熟练程度不断增强，并且成为最受关注的笔迹。在书写水平较高的群体中，签名相对于其一般笔迹，不仅熟练程度高，更可能存在多样性。在书写技能较低的群体中，尽管签名的书写水平有限，但是相对于其一般笔迹，也可以说是更为熟练、流畅和稳定的。

（三）签名笔迹指向明确

一般的笔迹，最初并不清楚出自谁手，只有通过调查分析及笔迹鉴定方可判明。但是，签名笔迹本身就是一个人的姓名或其简写，具有明确的指向性，有待解决的问题，首要的就是签名是否是其本人书写。同时，案件中涉及的签名鉴定，涉嫌范围相对较小，涉及人员的关系较为明确，有助于在较小的范围内对笔迹特征的符合点价值、差异点性质进行综合分析评断。

（四）签名笔迹形成过程短暂

一般的笔迹字数通常较多，书写过程中有时间和机会厘清思路、斟酌词句、适应书写条件或者修正失误。而完成一个签名，无须过多思考，通常只需要几秒钟的时间，而且往往只有一次签写的机会，形成过程短暂。签名过程的短暂性，一方面使每一份文件上的签名，会受到特定书写条件、签写人生理和心理状态等因素影响，给鉴定增加难度；另一方面这种短暂性也使书写人失去当场仔细伪装或摹仿的机会，为我们分析鉴别签名的形成创造了条件。

（五）签名笔迹模式多样化

社会规范对签名笔迹没有具体的限制性规定，长期以来签名逐渐成为一个人的个性化标识。由于易受到人们职业、身份、文化、兴趣、审美等因素影响，签名笔迹模式会呈现多样化。即使是同一个人的签名，在不同时间段、适应不同性质文书的要求，也会出现不同的书写模式。

（六）签名笔迹多隐性特征

以鉴定人是否易于发现为标准，可将笔迹特征分为显性特征和隐性特征两大类。签名笔迹有别于一般笔迹，显性特征中的错别字特征很少出现；除老年人签名，显性特征中的文字写法特征出现率呈明显下降趋势；由于大多数签名不按正常形体规范与书写规则设计，加之多为快速连写，笔顺特征也变得较为隐蔽。出现频率较高、数量较多的运笔特征和搭配比例特征中，明显的连笔形式、运笔形态、字间及偏旁间的大体结构形态等，由于较易摹仿使得特征价值有一定局限；而起收笔细节动作、笔力大小及分布、行笔弧度、转折角度、意连笔画间的照应关系、偏旁及笔画间的细节性搭配比例等隐性特征，则具有很高的鉴定价值。此外，笔痕特征、签名与文书物证其他要素的位置关系、签名附加字符等隐性特征也会起到重要作用。

第二节 签名笔迹的造假手段及其特点

签名笔迹造假，主要是指伪造他人的亲笔签名。出于欺诈或推卸责任等目的，有预谋地伪装、摹仿自己的签名，也是一种造假行为。从手段上划分，司法实践中的签名笔迹造假主要有以下几种类型：

一、冒签他人姓名

知其姓名但不知其签名的具体模式，或者知其模式但不需要或不适宜仿照签名时，一般是凭借自身的书写技能和习惯去书写他人姓名；有的为了事后否认、推卸责任，签写时也可能有一定的伪装意识，但受制于各种条件，伪装变化程度也有限，如冒领他人的邮件、酬金，替他人签写的协议、记录等。一般检材签名与本人的样本签名特征差异比较明显，且反映在笔迹特征的各个方面，反映冒签者自身的笔迹特征也相对充分。

二、摹仿他人签名

摹仿他人签名，通常要持有他人签名文件，或者因接触频繁非常熟悉他人的签名笔迹。与一般摹仿笔迹一样，摹仿的签名也是采用临摹、套摹、记忆摹仿等方法。除个别的经反复练习的摹仿签名，通常都会呈现摹仿笔迹固有的一些特点。但是，因为签名整体性强、熟练程度高、隐性特征多等特点，加之摹仿条件的限制，越是小心谨慎，摹仿笔迹形快实慢、笔力平缓、中途停笔、笔断意断等特点往往越明显。若是多个检材签名可以重叠，或发现检材签名的套摹“打样”痕迹，或找到被摹仿签名样本，则更有助于确认摹仿及摹仿的手段方法。

一般来说，签名摹仿得像与不像，与摹仿人书写技能高低、对被摹仿签名特征认识的准确性成正比关系，而与被摹仿签名结构的复杂性、书写运动的连贯性、被摹仿签名书写水平的高低成反比关系。

三、复制他人签名

复制他人签名，是指借助有关设备和技术方法，将他人签名移植到伪造文书上。

（一）复印签名

以他人签名为原稿，利用静电复印机将签名复印到伪造的文书上。这种检材签名与样本签名特征基本一致，在显微镜下观察，可见检材签名笔画没有笔尖作用于纸张的墨迹笔痕，是由细小的墨粉颗粒集聚而成，在笔画之外的空白部位分布有弥散的墨粉颗粒，参见图 7-1。

（二）扫描打印签名

以他人签名为原稿，利用扫描仪、电脑及激光、喷墨等打印机，将签名复制到伪造的文书上。这种检材签名与样本签名特征基本一致，在显微镜下观察，可见检材签名笔画没有笔尖作用于纸张的墨迹笔痕，或是由微小的墨粉颗粒集聚而成，或是由渗散状的水性墨料组成，笔画边缘可见离散的墨粉颗粒或墨点，有时可见三原色墨点混色现象，有时斜向笔画呈现点阵梯级，参见图 7-2。

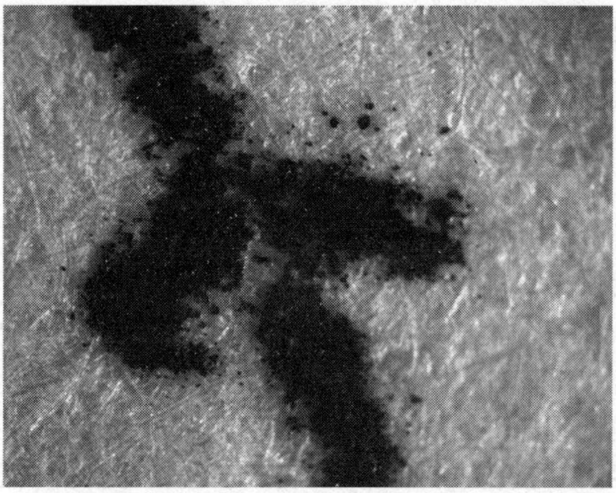

图 7-1　某案静电复印的“黄”姓检材签名显微特征图片

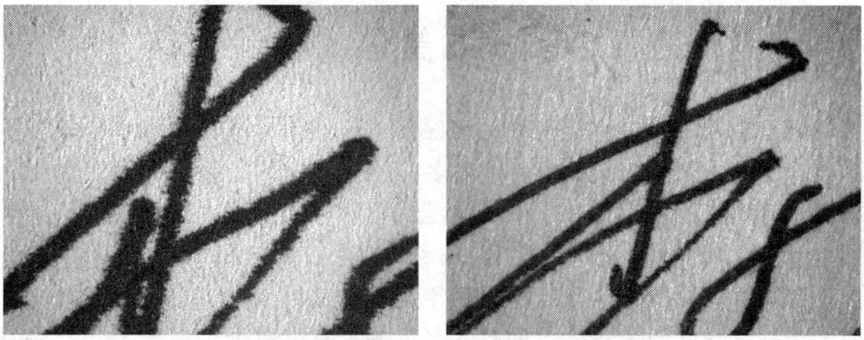

图 7-2　某案扫描喷墨打印的“李”姓检材签名与
直接书写样本签名的显微特征比较

（三）制成签名章盖印

签名章是以真实签名为原稿，利用光敏印章等新型制章材料和工艺技术，制成的手写体签名印章。签名章盖印是某些特定工作岗位代替手写签名的一种形式。由于制章技术的发展，签名章也成为一种新型的复制伪造他人签名的手段。由于这种检材签名是盖印形成，笔画呈现盖印特点而无书写笔痕，笔画色料是专用印油而非书写墨料。

（四）窃取或转印复写签名

以复写方式签写的票据、合同类文书，有人在签名时多垫一张复写纸或票据某一联，于是在伪造的文书上非法取得了“真”签名，也有人将签名背面的复写墨料加压转印到伪造文书上。检验时应注意签名的颜色深浅，全面考察同类文书的签名样本上墨色墨料的深浅规律，并力争找到与此签名一次形成或用作原稿的样本签名。

四、伪装自己的签名

出于事后否认目的，签名时故意伪装书写自己的签名，也是一种造假行为。伪装自己的签名，一般要适当降低或强行加快书写速度，运笔因书写速度较慢而显得拘谨、呆板，也会因强行加快书写速度而运笔紊乱、环绕过多。有的人会考虑改变书体、写法，或在起收笔处增减某个明显的动作特点。

也有个别人采用自我摹仿签名的手法伪装签名。这样做有一定风险，往往是对笔迹有一定认知的书写人，在特定的检材文书上、非当场书写的情况下才可能实现。应详细了解当事人有关检材及签名形成的具体陈述，警惕其与摹仿他人签名的区别。摹仿他人签名，是不同书写技能和习惯的碰撞，摹仿过程可比作"摸着石头过河"；自我摹仿签名没有书写技能和习惯的冲突，其摹仿过程如同"轻车熟路"，自身书写技能和习惯的细节性特点一定会暴露出来。

第三节　签名笔迹的检验要点

签名笔迹检验本质上也是一种笔迹检验，是依据笔迹检验的原理和程序方法进行的。除了依据典型、充分的伪造签名特征，足以判断签名笔迹的伪造事实之外，签名笔迹检验通常都要按照同一认定的程序方法，通过检材签名与样本签名的分别检验、比较检验，进行综合评断再作出鉴定意见。

但是有别于一般的笔迹鉴定，签名笔迹鉴定是目前司法实践中证据认证最重要的鉴定之一，案件数量较大，而且签名笔迹具有字数少、模式多样、易被摹仿等特殊性，鉴定的限制因素和疑难问题较多，鉴定意见争议的出现概率也较大。总结司法鉴定实践中签名鉴定的限制因素，主要包括以下几点：一是检材问题，高价值特征少、伪装、书写条件变化等。二是样本原因，缺少足够数量的已知签名样本；样本质量不高、可比性差；多人签名样本混淆使用；伪装、摹仿签名样本，以达到否定或认定之目的；选择性样本，往往只提交有差异的签名样本。三是检验中发现检材与样本签名之间符合点与差异点并存，而且不能判断哪一方为本质特征，从而不能出具鉴定意见。因此，进行签名笔迹鉴定特别要注意把握好以下要点：

一、全面了解案情及检材的形成

根据案件性质，注意了解以下内容并形成记录：

一是了解案件发生的经过、性质、争议的焦点及其他相关情况，特别是签名人的年龄、身份、文化、身体状况，涉案当事人相互关系及是否存在利益冲突，是否占有或可能获取被鉴定人的签名等。

二是了解检材文书的制作、发现、提取、保存等详细过程，记录争议双方对检材形成过程的陈述，包括检材签名形成的时间、地点、书写环境、姿势、工具等具体情况，确认或者否认签名的理据，是否当面所签，有关当事人是否亲眼所见等。

三是了解是否有与文书内容相关的其他人证、物证、书证、视听资料等证据存在，鉴定提出方是对整份文书还是对文书某部分内容质疑，进而分析检材是否与其他证据相互矛盾，综合分析检材是否存在伪造或变造的可能，参见图 7-3。

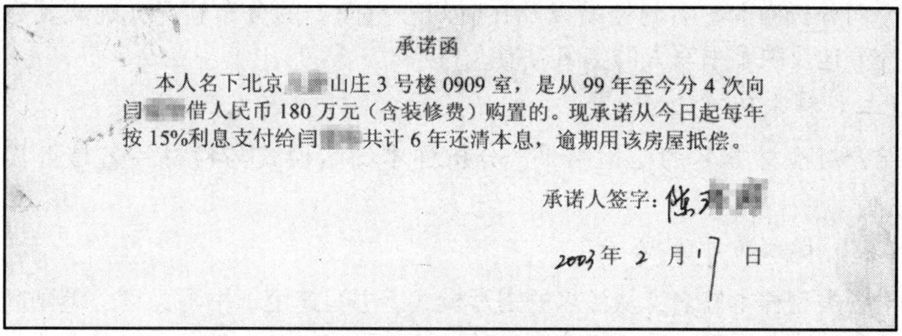
承诺函

本人名下北京[redacted]山庄 3 号楼 0909 室，是从 99 年至今分 4 次向闫[redacted]借人民币 180 万元（含装修费）购置的。现承诺从今日起每年按 15%利息支付给闫[redacted]共计 6 年还清本息，逾期用该房屋抵偿。

承诺人签字：陈[redacted]

2003年 2 月17 日

图 7-3　某案中裁取陈某真实签名变造的检材

四是了解是否初次鉴定，若不是初次鉴定的，应了解历次鉴定的具体情况，以及有关当事人对鉴定意见的态度，提出重新鉴定的理据。

二、详细地检验分析检材

（一）分析检材签名是否为直接书写形成

通过显微镜逐字逐笔画仔细观察，重点观察检材签名有无书写压痕，签名墨料表观形态，签名墨料在纸张上的渗散或附着状态，有无不同形状或颜色的墨料描摹覆盖现象、有无墨点混色现象等，判断其是否为静电复印、扫描打印、签名章盖印、打印复印后用笔描摹等方法复制形成，必要时可使用文检仪等仪器进一步检验，也可通过模拟实验加以验证。

此外，两个以上检材签名之间或检材签名与某样本签名之间，若可完全重叠或按比例缩放后可完全重叠，也往往提示检材签名存在非书写形成的可能。检材签名若不是直接书写形成，一般可以出具否定意见并说明其形成方式。

（二）甄别多处检材签名的特征是否一致

若有两份以上检材或检材中存在两处以上同名签名，应在分别检验的基础上，再比较各签名之间在签名模式、外形上是否有联系，笔迹特征是否呈现一致性，是否有变化及变化程度，是否存在内在的关联性。

（三）初步判断检材签名是否是正常笔迹

从检材签名的书写模式、书写速度、书写力度、笔画间的连接方式和照应关系等方面，综合分析判断其运笔是否流畅自然、书写是否正常。对于运笔不够自然、书写不正常的检材签名，还要结合案情综合分析其是否存在条件变化、伪装或摹仿的可能。

三、全面地审查分析样本

（一）样本的充分性

全面分析样本签名的性质以及在时间和空间上的分布情况，确认其是否客观、充分地反映了书写人的签名习惯。

（二）样本的可比性

结合对检材签名的初检结果，分析样本签名模式与检材签名是否具有可比性。

（三）样本的可靠性

对各类型样本签名，从签名的书写模式、书写速度、书写力度、笔画间的连接方式和照应关系等方面，综合判断其运笔是否流畅、自然，书写是否正常，特征是否呈现一致性或关联性。

（四）必要时补充样本

样本签名不具备可比性或可比性较差，或样本签名数量有限未能充分反映书写多样性或书写习惯的，应要求委托方补充样本。鉴于签名鉴定案件的特殊性，必要时还应注意适时收集其他当事人的笔迹样本，为分析检材签名是否为摹仿形成及分析判断摹仿人创造条件。

四、厘清检验思路，细致地进行比较检验

对于直接书写形成的检材签名，其与样本签名同一性鉴别的结果存在两种类型、八种可能。在检材与样本签名的比较检验中，要注意结合签名书写模式以及相应笔迹特征的异同性或变化情况进行检验分析。

（一）签名模式基本符合

1. 签名是本人正常书写

检材签名书写自然，与样本签名的书写风貌、字间组合特征基本符合，而且大多数单字细节特征也呈现符合。有些个案也会出现少量差异点，一般多为单字的繁简写法差异以及个别的运笔、笔顺或搭配比例特征的差异，通常是样本数量有限、书写习惯多样性等原因造成的非本质差异。

2. 签名是他人正常书写

检材签名书写自然，但书写风貌、字间组合方面个性特点不突出，书写水平通常不高甚至较低。这样的检材签名若与水平相当的样本签名比较，有时会呈现签名模式的基本符合，但两者之间会呈现较多的单字、细节特征的差异。

3. 签名是他人摹仿书写

检材签名通常呈现摹仿笔迹的固有特征，有的也会出现摹仿手段的特点；多处检材签名采用相同的摹仿方法、手段，甚至摹仿同一样本签名；检材签名与样本签名之间呈现笔迹特征“大同小异”的规律，即签名模式、字间组合、写法特征以及明显的运笔、笔顺和搭配比例特征呈现符合，但细微的不易察觉或不易学仿的笔迹特征呈现差异。

若检材签名存在临摹或套摹的可能，还要注意分析被临摹或套摹的样本签名可能的来源，并注意从样本中寻找或发现，以便进一步比较分析。有些疑难案件，还要借助摹仿人的笔迹样本，进一步比较分析检材签名与样本签名不同的或变化的笔迹特征是否在摹仿人的笔迹样本中有所反映。

4. 签名是本人书写，但书写条件造成变化

通常检材签名会出现笔画弯曲抖动等书写条件变化笔迹的特点，须分析判断是否因生理、心理、书写姿势、书写工具、书写环境等因素影响造成。属条件变化、无伪装的签名笔迹检验，主要从不受条件影响的基本写法、笔顺、搭配比例、字间组合等方面选取特征，并注意对比分析样本签名中不同书写条件的签名之间笔迹特征的变化范围、程度，及其变化情况是否与检材签名吻合，必要时可制作模拟实验样本进行验证。

5. 签名是本人自我摹仿书写

自我摹仿签名虽然也有形快实慢、笔力平缓等摹仿笔迹特征，但书写人是以同一人的书写技能习惯为基础，在熟知签名模式、动作特点的情况下书写，其“轻车熟路”的摹仿过程与摹仿他人签名时“摸着石头过河”的摹仿过程必有差别，一般不会出现运笔紊乱、笔顺偏差等特点，而难以摹仿的起收笔动作、行笔弧度、转折角度、连笔中的笔力分布等特征，则与书写人的样本签名呈现符合。

（二）签名模式呈现差异

1. 签名是他人正常书写

检材签名书写自然，与样本签名的书写风貌、字间组合特征呈现差异，同时大多数单字细节特征也呈现较明显差异。有时也会出现少量符合点，但这些符合点多为特征价值较低的一般性符合，是人们书写技能习惯共性造成的。

2. 签名是本人伪装书写

本人不情愿签名或出于事后否认目的而伪装书写，一般多为当场签名，通常不会呈现明显怪异、反常的特点，伪装主要是靠签名人书写技能的多变能力实现的。签名的变化表现为写法的繁简差异、正草之别、运笔的连与不连等，有时也会故意增减某个明显的运笔或搭配比例特点。而这些变化，也是书写人书写技能的一部分，往往在其前期样本或一般笔迹中会有所反映。检验时应注意分析其采用的伪装手段及其可能导致签名笔迹特征的变化范围、程度。

3. 签名是本人书写，样本不全造成模式差异

当签名模式呈现差异，但案件其他要素提示不能轻易排除嫌疑，特别是被鉴定人书写水平较高，某些笔迹细节性特征又有符合或相似之处，应考虑现有样本中同期样本、平时样本是否充分，能否全面、客观反映书写人的技能习惯。通过补充平时样本，必要时有针对性地制作实验样本，问题往往迎刃而解。

五、系统客观地进行综合评断

（一）评断检材签名是否具备鉴定条件

通过对检材签名与样本签名的分别检验及比较检验，综合评断检材签名书写是否流畅、自然，是否存在条件变化、伪装或摹仿的迹象，确认检材签名是否具备鉴定条件。

（二）评断样本签名是否符合鉴定要求

综合分析判断样本签名是否能够客观、全面地反映书写人的书写习惯，与检材签名是否具备可比性，有无不可靠或不真实样本混入其中。如仍不具备可比性或比对条件较差的，应当要求委托方补充适合的样本。

（三）客观评断特征异同点，作出准确的鉴定意见

检材签名怀疑为条件变化、伪装及摹仿签名的，应注意依据比较检验中发现的笔迹特征异同点，综合签名笔迹可能出现的两种类型、八种可能以及相应的规律特点，分析检材签名与样本签名中笔迹特征符合点的价值、差异点的性质，经科学的分析论证推导出准确的鉴定意见。

（四）运用系统鉴定法，评断鉴定意见的准确性

运用系统鉴定的方法，全面分析文书物证构成要素之间及其与整个案件系统的关系，综合评断所作鉴定意见的准确性或合理性。注意分析签名与文书其他要素的关系，如签名与写名、与落款日期或内容笔迹之间的联系，或将写名、日期、内容笔迹与相应的样本笔迹进行比较，发现其笔迹特征的内在联系，可以印证所作鉴定意见的准确性或合理性。还要注意结合案情及检材的形成，评断分析检材有无利用真实签名变造形成的迹象，如纸张规格是否明显异常，有无裁切利用真文件签名变造的可能，是否添加或篡改了某些内容信息等，也可进一步印证所作鉴定意见的准确性。

【思考题】

1. 试述签名笔迹的基本含义与法律意义。
2. 签名笔迹的种类有哪些？
3. 签名笔迹的特点有哪些？
4. 签名笔迹的造假手段有哪些？分别有什么特点？

5. 试述签名笔迹的检验要点。

【参考文献】

1. 贾玉文主编:《笔迹检验》，警官教育出版社 1999 年版。
2. 王相臣主编:《文件检验》，群众出版社 2010 年版。
3. 司法部司法鉴定管理局:《司法鉴定技术规范　笔迹鉴定规范》，SF/Z JD0201002-2010。
4. 李志荣著:《笔迹检验实用技术》，中国人民公安大学出版社 2012 年版。
5. 黄建同主编:《文件检验》，中国人民公安大学出版社 2013 年版。
6. 韩丹岩、涂丽云主编:《文件检验学》，中国人民公安大学出版社 2015 年版。

第八章 ‖ 特殊文字符号笔迹鉴定

本章概要：本章主要介绍阿拉伯数字、标点符号、拼音文字的笔迹特征和鉴定要点。其中，拼音文字、阿拉伯数字、标点符号的笔迹特征是本章的重点，拼音文字笔迹特征是本章的难点。

关键词：拼音文字　阿拉伯数字　标点符号　笔迹特征

第一节　拼音文字笔迹鉴定

拼音文字是用字母符号来记录语言的文字。拼音文字有很多种，但都有共同的源头。有文字记载的人类历史有过七个区域文化圈，各以一种文字形式作为标志，即钉字头文化圈、圣书字文化圈、汉字文化圈、印度字母文化圈、斯拉夫字母文化圈、阿拉伯字母文化圈和拉丁字母文化圈。圣书字是古埃及人创造的文字，虽在公历纪元前后消亡，但它几乎是世界上所有字母文字的源头。印度字母文化圈、斯拉夫字母文化圈、阿拉伯字母文化圈和拉丁字母文化圈的标志都是相应的音素字母文字。音素字母制度源于原始塞姆字母。原始塞姆字母是生活在埃及和两河流域之间古代游牧民族塞姆人在古埃及文字基础上创造出来的。可见，世界上字母文字都是同源的。

我国西藏属于印度字母文化圈，藏族使用源于印度而经过变化的藏文字母。新疆维吾尔族使用变化了的阿拉伯字母。当今世界有一大半国家用拉丁字母作为正式文字，拉丁字母已成为国际通用字母，而其中又以英文文字使用最广泛。随着对外交流的日益广泛和人们掌握语言文字能力的提高，司法实践中涉及英文笔迹检验也逐步增多。本节以英文笔迹检验为代表讲述拼音文字笔迹鉴定。

一、术语和定义

（一）字母

字母是英文笔迹特征比较的最小比对单位。汉字笔迹特征比较的最小单位是笔画，而英文笔迹检验不能将笔画作为最小比对单位。这是由英文和汉字本身的结构特点决定的，汉字的基本组成单位是各种笔画，而英文的基本组成单位是字母，字母由 1~3 个笔画组成；英文的相同笔画在不同字母中书写方法和具体形态上存在较大变化，不如汉字相同笔画的写法那样稳定。

（二）笔顺

笔顺是书写每个英文字母时笔画的次序和方向。英文字母的笔顺规则通常为由上至下、先左后右、先外后里、先写主要笔画后写附加笔画。

（三）书写模式

书写模式，是指由书写方法、运笔方式、字体、字形、书写速度等因素综合反映出的书写人特有的书写形式。如按字体可分为手写印刷体模式、匀笔斜体行书模式、圆体行书模式、斜体行书模式、花体模式、草写体模式等；按字形可分为长形字母模式、方形字母模式、圆形字母模式、扁形字母模式等；按书写速度可分为慢写模式、快写模式、速写模式等；按书写方法和运笔方式可分为简写模式、略写模式、缩写模式、速写模式等；按书写系统可分为 Palmer Method 模式、Zaner-Bloser 模式、Cavanaugh-Myers 模式等。

（四）检材字迹

检材字迹，是指需要进行鉴定的可疑英文笔迹。

（五）样本字迹

样本字迹，是指供比对对照的英文笔迹。

（六）笔迹种类

笔迹种类，是指英文根据不同形成方式、形成机制等划分的规则类型。笔迹按照形成方式可分为正常笔迹和非正常笔迹，非正常笔迹又分为条件变化笔迹、冒名笔迹、伪装笔迹、摹仿笔迹等，摹仿笔迹又分为临摹笔迹、套摹笔迹、记忆仿写笔迹。

二、拼音文字笔迹特征

尽管拼音文字的种类很多，在发音、语法上各具本民族特点，文字形态也不尽相同，但一般具有字母数量少、笔画不多、结构简单的特点，当然也容易受到故意伪装和书写条件的影响而发生变化。熟练地掌握一种语言文字，都要经历一个复杂而困难的习得过程。从笔迹鉴定的角度，要进行拼音文字笔迹检验，即使不是自己熟悉的语言文字，也要了解其特点和基本书写规则。拼音文字笔迹特征的分类与汉字笔迹特征的分类大体相似，这里仅以英文为例概述拼音文字笔迹特征。

（一）拼音文字的书写风格特征

拼音文字的书写风格特征包括书写水平特征、字母形体特征、字母大小特征和字母倾斜特征。拼音文字的书写水平特征，是指书写拼音文字技能的熟练和完善程度，可分为高、中、低三个层次。分析评判的具体标准主要包括：第一，单词的书写是否流利。拼音文字多以单词为单位，所以书写水平高低不仅表现在每个字母的书写是否流利，而且还反映在单词中字母之间的连写能力上。第二，单词的结构是否严谨，搭配比例是否适称。拼音文字的单词由一定数量的字母构成，单词中字母笔画的搭配比例是否适称，各字母的大小相互间隔是否恰当，全篇文字的倾斜度是否一致，表现了书写水平高或低。第三，全篇文字的布局是否合理。即字行排列是否整齐，行距是否适当，全篇文字在纸面上的安排位置是否合理、适当。

通常运笔流畅自然，单词结构严谨，字母的大小组合及搭配比例关系适当，全篇文字的倾斜度一致，布局较适称合理，便是书写水平较高的表现，见图 8-1。

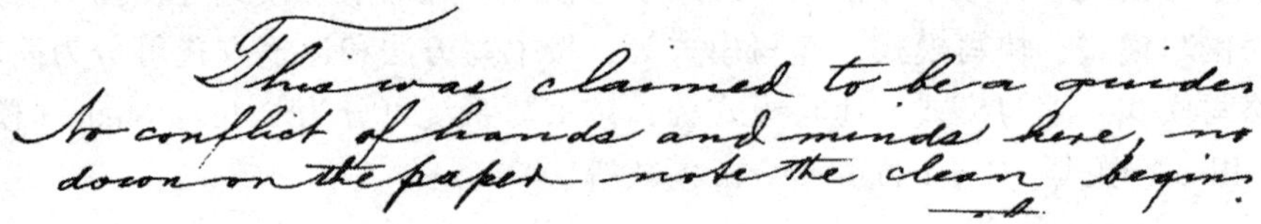

图 8-1　书写水平较高的英文笔迹

拼音文字的形体特征，是指书写拼音文字的字形、体式方面的特点，包括字形特征和字体特征。字形特征，是指大多数字母所反映出的外部轮廓形态的规律性特点。字形特征通常表现为长形、扁形、圆形、椭圆形、长而纤细、扁而粗短等不同类型。字体特征，是指书写拼音文字的体式特点。日常使用的拼音文字的手写字体，主要有手写印刷体、匀笔斜体行书、草写体、圆体行书、斜体行书及花体等。

拼音文字的字母倾斜特征，是指书写字母的纵向轴线与纸张行线（或假想行线）所构成的角度大小或倾斜方向特征。英文字母的倾斜方向有向右倾斜、向左倾斜和垂直的三种；倾斜角度有倾斜角度大、倾斜角度小和基本垂直三种。

（二）拼音文字的布局特征

拼音文字的布局特征，是全篇拼音文字在纸面上的字母分布状况和空间位置的特点，是书写人书写习惯体系中较为稳定的部分。各国家民族的文字，其书写格式都有一定的规范要求，由于书写人文化水平、语用习惯及书写习惯不同，不同人书写的拼音文字笔迹布局特征往往各具特点。拼音文字的布局特征，在信函、有印刷表格的各种文件中通常表现得更加充分。

拼音文字的布局特征主要包括：字母基线特征，字行的方向与形态，字行与格线的位置关系，页边特点，字母、单词及字行之间的间隔特点，分段提行和空格特征，段落缩头特征，抬头、落款位置特征，单词的外部轮廓以及程式语书写格式等。

（三）拼音文字的单词排列特征

不同人在书写同一单词时的排列习惯会有所不同，这表现出书写人的个性。这种单词中字母间的长短大小比例关系，就是单词排列特征。

（四）拼音文字的拼写特征

拼写特征，是指书写拼音文字时字母写法和单词的拼写方法特点，一般通过新旧体字的写法、字母大小写的使用以及拼写错误等方式表现出来。英文存在新旧体的差别，英文中字母的大写与小写有着严格的使用规则，单词构成也有明确的规范。由于个人受教育程度不同，书写水平和练习过程不同，有的书写较规范，有的则明显违反规则，并且或多或少存在错误的拼写。拼写错误主要表现在单词中个别字母书写错误、不合理的字母增减以及字母位序的错误等方面。

（五）缩写、简写特征

缩写、简写特征是英文签名笔迹中最明显的特征，主要指传统习惯形成和约定俗成的各种缩略语和各类符号、代号的书写方法。

（六）拼音文字的笔顺特征

拼音文字的笔顺特征，是指单词中字母笔画书写顺序的个人习惯特点。两笔以上的单个字母符号，都可能表现出笔顺特征。英文的字母数量有限、结构简单、笔画数量少。与汉字笔顺相比，英文字母的规范笔顺多、特殊笔顺少。在运用笔顺特征时，要考虑到书写速度变化、有的字母在单词中所处位置不同等因素的影响，根据具体情况进行具体分析。

（七）拼音文字的搭配比例特征

拼音文字的搭配比例特征包括搭配与比例两个方面。搭配特征，是指字母之间或笔画之间距离远近和交接位置关系所表现出的特点；比例特征，是指字母的各组成部分之间或单词中各字母之间的大小、宽窄、比例长短特点。搭配比例特征在拼音文字中出现率较高，并且在改变书写速度和一般伪装的情况下，拼音文字基本的搭配比例特征不会发生明显的变化，因而该特征在检验鉴定中被广泛运用。

（八）拼音文字的运笔特征

拼音文字的运笔特征，是指字母符号起笔、收笔以及运行过程中的动作和形态特点。具体表现在：一是起收笔特征，即书写字母笔画的开头和结尾的形态特点；二是行笔特征，即书写过程中笔画运行的方向、弧度、环绕、转折等形态特点；三是连笔特征，即笔画之间、字母之间连接时所表现出来的书写动作和形态特点；四是笔力特征，即书写过程中呈现的笔压、笔速等节奏性特点。运笔特征在拼音文字中出现率高，特征价值较高，但较容易受到书写速度和伪装的影响，在检验中运用该特征，特别要注意分析其是否有规律地重复再现。

（九）标点符号的写法和运笔特征

拼音文字中每种标点符号都有其规范的起笔、行笔、收笔及笔画搭配、交叉、笔顺等书写动作体系，不同人书写会表现出不同的写法和运笔习惯。

三、拼音文字笔迹的鉴定要点

（一）区分拼音文字文种，弄清书写内容

拼音文字种类较多，不同文种的字母有些是大同小异的，没有学过某种拼音文字的人，难以分辨该文字及识读内容。鉴定人员对于自己不熟悉的拼音文字，应多向熟悉该语种文字的内行人员请教，区分文种，弄清书写内容，了解书写规则，以便客观地分析检材，准确地选取笔迹特征。

英文存在多种字体和书写系统。不同书写系统对字母的结构、字母笔画的连笔等书写要求不同，字体特征有时受书写系统影响。不同字体的英文字母在形态和书写方法上存在很大差别，英文字母只有在同种字体之间才具有较强的可比性，有效区分不同字体对英文笔迹检验是十分重要的。

（二）注意收集符合要求的同文种笔迹样本

了解掌握案情及被鉴定人自然情况，尽量收集同文种的笔迹样本。注意使样本与检材之间具有可比性，在文种、书写时间、书写模式以及相同单词、字母等方面，要尽量与检材的条件相同或相近，必要时提取实验样本以利于比较检验。

（三）全面分析利用各类笔迹特征

我国笔迹学界通常按从大到小、由远及近的观察分析顺序，将笔迹特征分类，注重笔迹特征分类的层次性、逻辑性。而以美国为代表的国外笔迹学界，通常以具体分析点为基础，对笔迹特征进行罗列式论述，涉及面广、研究点细，很少依据一定标准从种类上予以系统划分，因而拼音文字笔迹特征的具体名称往往不同。但中国的笔迹检验源自苏联，与欧洲笔迹检验一脉相承，关于笔迹特征并没有实质性的区别。我们在进行拼音文字笔迹检验时，只要注意全面分析和充分利用各类笔迹特征，正确研究评价笔迹特征可能发生的变化及其异同点性质，防止机械比对，通常可以作出正确的鉴定意见。

准确选取英文笔迹特征的方法有：（1）掌握英文的书写规则。（2）深入研究英文的语法结构。（3）分类研究英文字母符号，确定笔迹特征价值。（4）充分利用出现率高的字母。

（四）把握好鉴定意见种类及判断依据

拼音文字笔迹鉴定意见可分为确定性、非确定性和无鉴定意见三大类。确定性鉴定意见分为肯定和否定，非确定性鉴定意见可分为极有可能、很可能（倾向）、可能等。这是因为在司法鉴定实践中，由于检材字迹或样本字迹的数量或质量等客观原因，其反映出的笔迹特征总和的价值，不见得总是可以充分反映书写人的书写习惯，鉴定人只能依据笔迹特征反映的客观情况，运用所掌握的专业知识和积累的实践经验，经过综合评断后作出不同程度的非确定性鉴定意见。对于不具备鉴定条件的检材字迹或样本字迹，鉴定人无法作出鉴定意见。

1. 确定性鉴定意见

得出明确的认定结论的充要条件：检材与样本字迹存在的符合点数量足够，且符合点的特征总和反映了同一人的书写习惯；检材与样本字迹没有本质差异；检材与样本字迹发生变化的笔迹特征能得到合理解释。这种鉴定意见通常表述为“检材字迹……是某人书写”或“检材字迹……与样本字迹是同一人书写”。

得出明确的否定结论的充要条件：检材与样本字迹存在的差异点数量足够，且差异点的特征总和反映了同一人的书写习惯；检材与样本字迹没有本质符合；检材与样本字迹相同或相似的笔迹特征能得到合理解释。这种结论通常表述为“检材字迹……不是某人书写”或“检材字迹……与样本字迹不是同一人书写”。

2. 非确定性鉴定意见

极可能同一的充要条件：检材与样本字迹符合特征占绝大多数，其特征总和极大地反映了同一人的书写习惯；检材与样本字迹没有显著差异，但尚不能达到没有本质差异的程度；检材与样本字迹发生变化的笔迹特征能得到合理解释。这种结论通常表述为“检材字迹……极有可能是某人书写”或“检材字迹……与样本字迹极有可能是同一人书写”。

极可能非同一的充要条件：检材与样本字迹差异特征占绝大多数，其特征总和极大地反映了不同人的书写习惯；检材与样本字迹没有显著的符合点，但尚不能达到没有本质符合的程度；检材与样本字迹相同或相似特征能得到合理解释。这种结论通常表述为“检材字迹……极有可能不是某人书写”或“检材字迹……与样本字迹极有可能不是同一人书写”。

很可能同一（倾向认定同一）的充要条件：检材与样本字迹符合特征占多数，符合特征比差异特征明显质量高，符合点的特征总和基本反映了同一人的书写习惯；检材与样本字迹没有显著差异；检材与样本字迹的差异或变化的笔迹特征能得到比较合理的解释。这种结论通常表述为“检材字迹……很可能是某人书写”或“检材字迹……与样本字迹很可能是同一人书写”。

很可能不同一（倾向否定同一）的充要条件：检材与样本字迹差异特征占多数，差异特征比符号特征明显质量高，差异点的特征总和基本反映了不同人的书写习惯；检材与样本字迹没有显著符合；检材与样本字迹的相同或相似笔迹特征能得到比较合理的解释。这种结论通常表述为“检材字迹……很可能不是某人书写”或“检材字迹……与样本字迹很可能不是同一人书写”。

可能同一的充要条件：检材与样本字迹符合特征与差异特征的数量和质量没有明显的区别，但符合特征总和的价值相对较高，在一定程度上反映出了同一人的书写习惯；检材与样本字迹没有明显的差异特征；检材与样本字迹的差异或变化的笔迹特征能得到相对合理的解释。这种结论通常表述为“检材字迹……可能是某人书写”或“检材字迹……与样本字迹可能是同一人书写”。

可能不同一的充要条件：检材与样本字迹符合特征与差异特征的数量和质量没有明显的区别，但差异特征总和的价值相对较高，在一定程度上反映出了不同人的书写习惯；检材与样本字迹没有明显的符合特征；检材与样本字迹相同或相似的笔迹特征能得到相对合理的解释。这种结论通常表述为“检材字迹……可能不是某人书写”或“检材字迹……与样本字迹可能不是同一人书写”。

3. 无法作出鉴定意见

具有以下任一种情况的，无法作出鉴定意见：检材不具备鉴定条件的；样本不具备鉴定条件的；根据检材与样本的具体条件，经综合评断既不能作出确定性鉴定意见也不能作出非确定性鉴定意见的。这种结论通常表述为“无法判断检材字迹……是否为某人书写”。

第二节　阿拉伯数字笔迹鉴定

阿拉伯数字是一种国际通用的用来表示数的书写符号，“0、1、2、3、4、5、6、7、8、9”十个数字的多种组合，可以将任何数目表示出来，因而成为各种文字系统的重要组成部分。

在文书鉴定中，经常遇到含有阿拉伯数字的各种文书。如金融票据、财会账目、借收凭证、货款单据等检材中，通常含有较多的阿拉伯数字，往往涉及阿拉伯数字的笔迹鉴定。此外，有些疑难笔迹鉴定案件中，书写人着力伪装汉字笔迹，而对阿拉伯数字笔迹伪装不大；有些签名鉴定案件，由于签名笔迹特征量较少，附带的日期数字可以成为不可忽视的重要参考。因此，充分发挥阿拉伯数字笔迹检验的作用，有着重要的现实意义。

一、阿拉伯数字的笔迹特征

阿拉伯数字虽然与汉字同属记录语言信息的书写符号系统，笔画形态简单，其笔迹特征与汉字笔迹有很大的相似之处，但相对于汉字的书写规则，阿拉伯数字又有自身的特点。

（一）数字的书写水平特征

数字的书写水平特征，综合反映了数字书写规范性及书写技能熟练完善的程度，一般可以从数字书写的大小是否匀称，间距排列、倾斜角度是否美观一致，运笔是否流畅自然，笔画间搭配比例是否适当等方面来分析衡量。数字书写水平与汉字书写水平通常是相对应的，高水平的数字书写能力也需要长时间的习得训练。数字的书写格式有着约定俗成的具体要求，规范、流利、清晰地书写阿拉伯数字等数码字，是我国财会从业人员应该掌握的基本功。因此，职业性财会人员阿拉伯数字的书写水平以及整齐美观程度，不仅要高于不常写数字的人，而且通常还会高于自身汉字笔迹的书写水平。

标准的手写数字的字形为长形，每个数字要大小匀称，笔画流畅；书写排列有序且字体要自右上方向左下方倾斜地书写；笔画顺序是自上而下、先左后右，防止写倒笔字；对于易混淆且笔顺相近的数字，在书写时，尽可能地按标准字体书写，避免混淆，以防涂改。例如，“1”不可写得过短，要保持倾斜度，将格子占满，可防止改写为“4”、“6”、“7”、“9”；书写“6”时要顶满格，下圆要明显，以防止改写为“8”；“7”、“9”两字的落笔可延伸到底线下面；“6”、“8”、“9”、“0”的圆需封口，参见图 8-2。

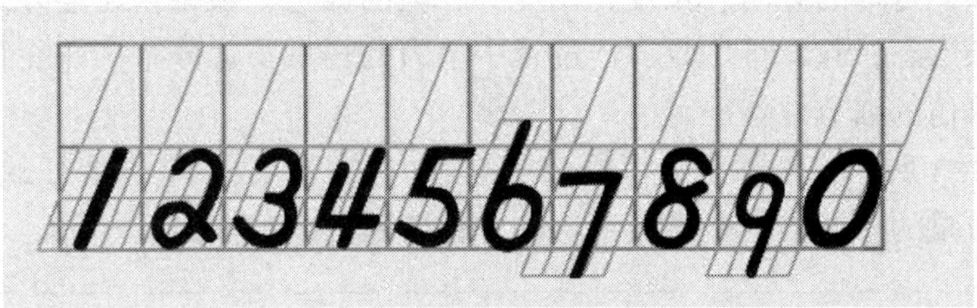

图 8-2　会计行业标准数字笔迹示例

（二）数字的形体特征

数字的形体特征，是指阿拉伯数字的字形和书体。字形有长形、方形、扁形以及各种不同倾斜度的斜形。书体可分为楷书型、工整型、行书型、花样型四种。受过书写训练的财会工作人员，一般要求数字写成长斜体，数字与底线通常呈 60 度向右倾斜，此类人员所写的数字形体有些会呈现一定的相似性；而一般人的手写体数字并不很标准，更容易表现出形体的多样性。

（三）数字的布局特征

数字的布局特征，是指数字在纸张上的排布特点以及相互间的排列组合关系。数字的布局特征主要在以下三个方面发现确定：一是数字与印刷格线、字符的位置关系；二是数字间的相对大小与间距；三是数字的平均倾斜度。

（四）数字的写法特征

数字的写法特征，是指数字的基本构造和书写方法。人群笔迹样本统计结果表明，数字 0、1、2、7、8、9 最容易出现多种写法。

（五）数字的笔顺特征

按阿拉伯数字书写规范要求，10 个阿拉伯数字中，只有 4、5 是两笔写成，存在笔顺的先后，其余数字皆应为一笔书写完成。在人们的数字笔迹中，存在 4 字先写竖、5 字先写横的特殊笔顺，也有人因为书写水平较低或受字体影响，把 6、8、9、0 分两笔写成进而出现笔顺特征。

（六）数字的搭配比例特征

数字的搭配比例特征，是指数字笔画的交接位置、距离远近、大小关系的特点。搭配比例特征既表现在可能由两笔写成的数字 4、5、7 上，也可表现在一笔形成的其他数字上，如 0 字起收笔之间的位置关系、8 字环绕交叉的位置、3 字上下两部分的大小关系等。

（七）数字的运笔特征

数字的运笔特征，是指笔画书写的起、行、收笔以及连写过程中的形态特点和笔力分布特点。数字书写的起、行、收笔，连写过程中起笔的方式，如直锋、侧锋、回锋，行笔的方向、弧度、角度，收笔的提笔、顿压，连笔方式和连接时形成的线条形态，起、行、收、连过程中笔力的轻重及其分布，往往是个性化较强、较难摹仿的细节性特征。

如图 8-3 所示，不同人书写的数字笔迹，在以上数字笔迹特征的多个方面，均有一定数量的差异点，是进行笔迹同一性判断的客观依据。

检材笔迹	样本笔迹
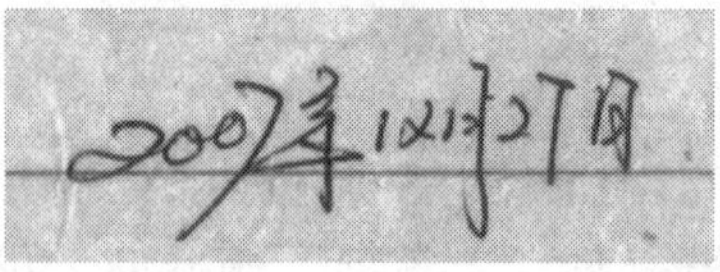	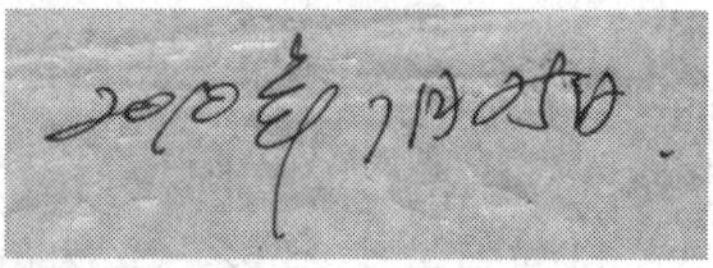

图 8-3　不同人的数字笔迹特征比较

二、阿拉伯数字笔迹的鉴定要点

由于阿拉伯数字结构单一、笔画简单、书写难度小、书写多样性程度高等特点，使其在司法实践中的鉴定存在一定的难度，因而特别要注意运用笔迹检验的程序方法，把握好阿拉伯数字笔迹的特征，全面系统地进行分析鉴别。

（一）了解案情，注意区分检材上的数字笔迹

全面客观地了解案情，是准确进行数字笔迹检验的前提。主要了解案件发生的背景、争议焦点、时间、地点以及物证用纸情况，了解物证数字笔迹的形成条件、环境、程序以及涉嫌范围。案件中需鉴定的数字笔迹，大多载于票据、凭证等文书物证上，通常包括日期、金额、数量、号码等，有些是由文书制成程序中的各环节相关人员分别填写。所以，受理时一定要了解清楚并严格区分，检验中也可通过笔痕、墨色、笔迹特征等进一步加以确认，以便弄清楚哪些是需鉴定的数字笔迹，不同栏目数字笔迹是否同一人书写，是否同一书写工具书写。如果不加分析地将所有数字笔迹当成一个人的笔迹，很容易导致错误的鉴定意见。

(二) 全面发掘数字笔迹的各类特征

尽管10个阿拉伯数字结构简单，但对人们数字笔迹样本的统计发现，每个数字又都包含了能够反映书写习惯的丰富的笔迹特征。检验中，不仅要分析提取前文所述的7种阿拉伯数字的笔迹特征，还要注意运用每组数字中各个数字之间的字位、间隔、布局等特征，并且重视与数字相关标点、符号的笔迹特征。鉴定实践中，对于阿拉伯数字笔迹鉴定，能够准确选用的高价值特征数量越多，鉴定意见就会越准确。

(三) 充分注意数字笔迹特征的多样性

数字形体、速度的变化，或者书写环境、条件以及书写人心态的变化，加之高水平书写人技能习惯的多样性，都可能造成一个人数字笔迹特征的多样性。在样本的数量或质量有局限的情况下，这种客观存在的多样性不能充分地表现出来，易造成比较检验结果的差异从而造成误判。鉴定实践中，充分、高质量地收集数字笔迹样本，就成为防止这种误判的重要措施。首先，要注意发现提取客观、充分的平时样本。其次，在了解被鉴定人的年龄、文化程度和职业特点等前提下，提取高质量的数字笔迹实验样本。提取实验样本应注意两点：一是在书写速度、书写工具、书写内容、书写姿势、衬垫物等方面尽量与检材笔迹的形成条件相一致；二是用高帧摄录机对当事人的书写过程进行全程录像，重点采集捕捉当事人书写数字时的手部动作特点，包括握笔姿势、执笔位置、书写方向和速度等方面。

第三节 标点符号笔迹鉴定

根据国家质量监督检验检疫总局和国家标准化管理委员会在2011年12月13日发布、2012年6月1日施行的中华人民共和国国家标准（GB/T 15834-2011）《标点符号用法》，常用的标点符号有16种，分点号和标号两大类。点号的作用在于点断，主要表示说话时的停顿和语气，包括句号、逗号、顿号、分号、冒号、感叹号和问号。标号的作用在于标明，主要标明语句的性质和作用，包括引号、省略号、破折号、书名号、着重号和间隔号。

标点符号是辅助文字记录语言的符号，标点符号笔迹也能反映出书写人在写法、用法、安排位置等方面的特点。因为标点符号不是汉字，书写人在伪装笔迹时易忽略，导致在标点符号笔迹上露出马脚。在档案类笔迹和匿名信笔迹的检验中，标点符号特征也能发挥重要作用，进行笔迹鉴定时应注意研究和利用这类特征。

一、标点符号笔迹的特征

标点符号笔迹的特征，是指个人使用和书写标点符号时所反映出的习惯特点。尽管标点符号的使用和书写有着明确的标准和规范，但人们在日常交际中使用和书写标点符号，并不完全遵循标准和规范，有的甚至背离标准和规范，反映出具有书写人个人特点的标点符号笔迹特征。

（一）标点符号的使用水平特征

标点符号的使用水平特征，是指书写人使用标点符号种类的多少以及符合标准规范的程度。这类特征，除了可以反映书写人的语文水平外，也能反映其运用标点符号的习惯特点。主要从以下三方面衡量一份笔迹的标点符号使用水平：一是看笔迹中是否使用标点符号。标点符号是现代汉语中不可缺少的组成部分，绝大多数人书写时都使用标点符号，但也有少数人不会或不用标点符号。二是看笔迹中使用标点符号的种类有多少。对于文化水平较高的人来说，一般都能根据内容的需要正确地使用各种标点符号，但那些文化水平较低的人往往不能全面了解掌握标点符号的使用，只使用少数或个别标点符号。三是看笔迹中标点符号是否符合标准和规范。标点符号是否符合标准和规范，通常可以反映出书写人的语文水平，有的书写人对个别标点符号虽然不能正确使用，但有其自身使用规律；有的书写人在一知半解的情况下，使用了多种标点符号，存在随意滥用的情形。

（二）标点符号的位置特征

《标点符号用法》规范了标点符号的位置，具体包括：第一，句号、问号、叹号、逗号、顿号、分号和冒号一般占一个字的位置，居左偏下，不出现在一行之首。第二，引号、括号、书名号的前一半不出现在一行之末，后一半不出现在一行之首。第三，破折号和省略号都占两个字的位置，中间不能断开；连接号和间隔号一般占一个字的位置。这四种符号都是上下居中。第四，着重号、专名号和浪线式书名号标在字的下边，可以随字移行。

同时，《标点符号用法》还明确了直行文稿与横行文稿使用标点符号的不同。具体包括：第一，句号、问号、叹号、顿号、分号和冒号放在字下偏右。第二，破折号、省略号、连接号和间隔号放在字下居中。第三，引号改用双引号“『』”和单引号“「」”。第四，着重号标在字的右侧，专名号和浪线式书名号标在字的左侧。

在实际的书写活动中，有些人习惯将标点符号位置安排得过高或过低，也有的不按标准随意安排，因而标点符号的位置特征在笔迹检验中有一定特征价值。

（三）标点符号的形态特征

标点符号的形态特征，是指标点符号笔迹的相对大小和形态特点。标点符号的规范式样主要适用于新闻出版行业。在笔迹检验中，手写的标点符号是个人通过书写活动完成的，其相对大小和形态特点不同程度地存在脱离规范的表现，因而在标点符号的起笔、运行、环绕、转折、收笔、搭配比例以及笔顺等方面表现出各自的习惯特征。这类特征呈规律性表现，具有较高的鉴定价值。

二、标点符号笔迹的鉴定要点

文书鉴定中，极少出现仅对标点符号笔迹进行检验鉴定的情况，通常是将标点符号作为一般笔迹或签名的组成部分进行检验鉴定。也正是这个原因，标点符号特征一般能较客观真实地反映书写人的习惯特点，特别是在伪装笔迹案件中，具有较高的特征价值。因为书写人往往比较注意对汉字笔迹进行伪装，忽略对标点符号的改变，也有些书写人对自身标点符号的特征不能很好认知，也就谈不上很好地进行伪装。因此，在笔迹鉴定中，尤其是在伪装笔迹、摹仿笔迹、少量字笔迹等司法鉴定案件中，应充分重视标点符号特征的运用。

【思考题】

1. 拼音文字的笔迹特征有哪些？
2. 什么是拼音文字笔迹的鉴定要点？
3. 阿拉伯数字的笔迹特征有哪些？
4. 什么是阿拉伯数字笔迹的鉴定要点？
5. 标点符号的笔迹特征有哪些？伪装笔迹鉴定为什么要充分重视标点符号特征的运用？

【参考文献】

1. 贾玉文、邹明理主编：《中国刑事科学技术大全　文件检验》，中国人民公安大学出版社 2002 年版。
2. ［英］大卫·艾伦（David Ellen）著：《文件的科学检验：方法与技术》（第 3 版），黄建同、梁立峥等译，中国人民公安大学出版社 2012 年版。
3. 骆小所、张盛如主编，冯英编著：《标点符号用法正误辨析》，北京工业大学出版社 2005 年版。
4. 周有光著：《字母的故事》，人民文学出版社 2009 年版。
5. 周有光著：《汉字和文化问题》，人民文学出版社 2009 年版。
6. 李志荣著：《笔迹检验实用技术》，中国人民公安大学出版社 2012 年版。
7. 韩丹岩、涂丽云主编：《文件检验学》，中国人民公安大学出版社 2015 年版。

第九章‖ 印章印文鉴定

本章概要：本章主要介绍印章的分类、制作工艺以及印文的形成方式和同一认定等内容。其中，印文的形成方式和印文的同一认定是本章的重点，制章工艺是本章的难点。

关键词：印章印文　制章工艺　印文特征　同一认定

第一节　印章印文鉴定概述

一、印章与印文的概念

印章，又称图章，是“一种可供抑印出特定文字或图形标记，并且其本身可供验示，以固定地充当凭信为主的器具”（孙慰祖：《中国印章：历史与艺术》），通常由印面体和用于执掌的印柄构成。按照其性质和用途可分为公章、名章和专用章等。按照制章工艺可大致分为雕刻印章、热压印章、光敏印章、腐蚀印章、注塑印章以及各类防伪型印章等。

印文，又称印鉴，是印章的章面在纸张等载体上盖印出来的印迹，是印章章面结构特征的印迹反映。

二、印章的管理

印章是民事主体（包括公司等法人主体以及非法人单位）在对外交往中和与外界发生法律关系的过程中在形式上代表单位意志的标识物，无论是日常交往还是法院对纠纷的审查判断，依据印章印文认定有关文书的效力进而确定有关权利义务的归属已经成为一种常识。

《中华人民共和国企业法人登记管理条例》第十六条第一款规定：“申请企业法人开业登记的单位，经登记主管机关核准登记注册，领取《企业法人营业执照》后，企业即告成立。企业法人凭据《企业法人营业执照》可以刻制公章、开立银行账户、签订合同，进行经营活动。”企业法人领取营业执照以后经公安机关开具准刻证，可以刻制公章、合同专用章和财务专用章并在工商部门备案。

公章在所有企业法人印章中具有最高的法律效力，是法人权利的象征，在现行的立法和司法实践中，审查是否盖印有法人公章成为判断民事活动是否成立和生效的重要标准。

印章是具有法律效力的凭证，会对公民、法人和其他组织的合法权益产生重要影响，为了规范印章业的经营行为，预防伪造印章等违法犯罪行为，国家将印章业列为特种行业进行监管。从印章刻制企业的设立到印章业务的承接都有严格的要求。

印章尤其是公章能够代表法人的意志，与法定代表人的代表功能是一样的，而且公章不同于法定代表人的签名，其可以脱离法定代表人而独立使用，独立发生效力。按照常理，公章是由法定代表人持有并使用的，但现实中两者多是分离的，特别是规模较大且管理层较多的公司企业，因此，要建立严格的印章管理规范，防止借用、盗窃，确保所有盖章行为都是法人的真实意思表示。

三、印章的分类

印章的种类繁杂多样，可根据印章的不同要素进行分类，主要可以按印面凹凸、形状、印章用途、印章材质、制作工艺、捺印介质等不同要素进行分类。

按印面的凹凸分类，可分为阴文印章（又称白文印）、阳文印章（又称朱文印）和阴阳互映印章；按印章的用途分类，可分为公章、名章、专用章；按印章的材质分类，可分为金属印章、木质印章、橡胶印章、动物角骨印章、矿物质印章等。现代印章根据材质和制作工艺的不同，又可分为手工雕刻印章、激光雕刻印章、光敏印章、注塑印章等。

四、印章印文鉴定的内容

（一）印文形成方式

印文形成方式是指印文成痕于纸张等载体上的方法和最终的存在状态。文书中印文的形成方式主要有直接盖印、无墨印压，还有特定情况下的打印印文和工业印刷印文等。

除了电子签章和一些特殊情形下的印章可采取印制方式外，印文都是由印章加盖而形成的形象性印迹。因此，印文的形成方式直接关系到印文的真伪，也在一定意义上决定了文书的真实性。

（二）印文同一认定

印文同一认定是印章印文鉴定的主要任务，是运用同一认定原理和方法将涉案的可疑文书中待检印文（检材印文）与已知的真实印文（样本印文）进行比较，根据两者印文特征总和的反映情况，经综合评断而作出是否出同一枚印章盖印或出自同一枚印章的鉴定意见。

（三）朱墨时序

朱墨时序是指文书中印章印文与手写字迹、印制字迹的形成次序，通常通过两者交叉部位的墨迹分布形态及理化性质等特征进行检验，是确定文书真伪的重要检验手段。

（四）印文形成时间

在一份文书中，印章印文的真实性并不能完全代表文书的真实性，有时还需确定印文的形成时间。可以根据各类印章印文随时间变化的规律和特点，利用物理方法、化学方法以及其他检验技术手段，来确定印文的形成时间。

第二节　印章的制作工艺及印文特点

当前，我国对印章的制作材质和制作工艺是没有限制的，有多种材料可以作为印材，制章工艺也是多种多样，甚至同种印材可以选择不同的制章工艺，这就使印章的种类繁多，不同材质和制作工艺的印章盖印出的印文效果也表现不同，具有各自的特点。

一、手工雕刻印章及印文特征

手工雕刻印章是一种独特的传统艺术，称为篆刻，又称治印；是一种用印章来承载与体现的一种书法与镌刻相结合的特有艺术形式。

在激光雕刻等现代化制章工艺出现以前，各种形制的印章主要是依靠手工雕刻来完成的。印材主要选择木料、石料、橡胶等容易入刀的材料。手工雕刻首先将待刻文字用反写法或水印法写印于印坯面，再利用刻刀刻制出阴文印或是阳文印。印刀是雕刻的主要工具，它的粗细、长短、轻重和刀角的大小、锐钝、平斜，都将直接影响到刻印的效果。选用印刀如同写字时选用书写工具一样，会直接影响文字的表现力。当然其中还有水平高低、熟练程度和雕刻风格等因素的影响。手工雕刻的印章印文极具个人风格特色，也具有极好的防伪性能。目前除了在书画篆刻艺术领域外，在制章行业已很难见到手工雕刻印章了，在文书鉴定实践中可见的手工雕刻印章一般为橡胶材质印章。

（一）非规范字体特征

印文的字体是制章人手书的非规范性印刷字体，相同文字或部首的形态也会表现不同，存在细节差异。常表现为笔画线条粗细不均，直线不直，弧线不圆，边角尖锐，转折生硬，文字布局不匀称，五角星图案或文字笔画交叉处存在过刀痕迹，常能够体现出制章人的风格。

（二）过刀痕迹特征

橡胶质地较软，当刻刀切入时印材没有橡胶屑产生，因此很多刻章人不过多地讲求刀法、章法，而采取沿单笔笔画边缘切刻的方式雕刻，这样就使交叉笔画上多出切割线条，称为过刀痕。刻章人在操作失误时也容易在文字、边框部分尤其是五角星等星徽图案上留下过刀痕迹。

（三）印文的边框特征

由于手工雕刻所用刻刀皆为直刃，在刻画圆形边框时不易控制刻刀的力度和角度，很容易在圆形边框上出现平直刻痕，因此在手工雕刻印章中经常会出现圆形边框不规整的现象，非正圆形，有棱角感或边框粗细不均。

（四）中心圆点露白特征

手工雕刻时为了使印章圆形边框圆润、规整，刻章人会使用圆规在橡胶印坯上印画边框，这样就会在印章中心部位（多为五角星中心）留有圆规支点痕迹，表现在印文中是一处类似圆点的露白点。

由于手工雕刻制章效率低，印章质量远不及机械雕刻，且不符合现代公章刻制的要求（2000 年 9 月 1 日公安部颁布施行的《印章质量规范与检测方法》GA 241. 9-2000），除在金石、书画艺术领域外现已很难在正式场合见到手工雕刻印章。现在的手工雕刻主要运用于篆刻、书画艺术等领域，注重的是印章的个性化与艺术性的表现。

二、激光雕刻橡胶印章及印文特征

激光雕刻是利用激光的热效应烧灼掉物体表面材料从而留下永久印迹的技术，是现代制章业中最重要的制章方式之一。激光印章雕刻机是集激光、精密机械、计算机等技术于一体的刻制设备。在计算机印章制作软件中编辑完成印文式样，再利用电脑驱动程序控制激光器在工作台上对印坯进行灼刻。激光雕刻机将激光束聚焦，使光束直径小于 0. 1mm，这时能量密度极高的激光束照射在印材表面，光能被印材吸收，转换成热能，使照射区域的温度迅速升高，印材被“灼烧”至汽化，汽化点处形成凹点，制作出所需要的图形、文字。常运用激光刻制的印材主要有角骨类印材和橡塑类印材。

（一）激光雕刻橡胶印章及印文的一般特征

橡胶印材具有一定的弹性，且与印油具有较好的亲和力，可使印章盖印出质量较好的印文，又因其造价低廉，雕刻方便快捷，立等可取，所以成为制章的首选印材。激光雕刻印章制作规范，规格统一，布局整齐、美观，符合《印章质量规范与检测方法》（GA 241. 9-2000）的要求。

（二）激光雕刻橡胶印章的底纹特征

当激光雕刻机雕刻深度较浅或盖印时衬垫物较软时，常会在印文的留白处出现印章雕刻底纹印迹，可以显示出雕刻线条的疏密和雕刻方向。底纹的形态是受到激光器的功率、内置镜片的洁净程度、反射能力、聚焦能力、光路偏出以及印章材质等多因素的共同影响，具有较强的随机性和不可复制性，在印文鉴定中具有较高的利用价值（图 9-1）。

（三）激光雕刻橡胶印章笔画露白特征

在印章刻制过程中，若激光器强度过强而产生高温，就会在笔画上出现灼刻的焦化痕迹，在印章笔画中出现露白，尤其是在笔画的起收笔位置，同时也可导致细小笔画的断裂、断续（图 9-2）。

图 9-1　底纹印迹

图 9-2　笔画露白

（四）激光雕刻橡胶印章的螺旋纹、同心圆印迹特征

有些橡胶印坯在制作时会在印面产生螺旋纹或同心圆纹，在不做任何处理就直接用来刻制印章的情况下，盖印出的印文就会反映出这些印迹。螺旋纹与同心圆纹的出现是判断印章材质、制作工艺的重要依据，其出现的位置、大小、形态等特征是无法被仿制的，在印文鉴定中具有较高的利用价值（图 9-3、图 9-4）。

图 9-3　螺旋纹印迹

图 9-4　同心圆纹印迹

（五）激光雕刻橡胶印章的老化特征

橡胶印章属于蘸印油印章，需配合印台使用，在长期的使用过程中（尤其是印章长期浸于印台之内），印面胶体与印油发生反应，造成章面收缩、印文规格变小，还会使章面凹陷，在盖印力度偏轻的情况下，五角星图案印迹浅淡甚至没有印迹。印面材质紧缩、变硬，章体逐渐失去弹性，图文边缘磨损，渐渐模糊，欠分明，印面光滑，印油吸附能力减弱，导致盖印印文不够清晰。

三、激光雕刻角骨印章及印文特征

角骨印章是以动物的犄角或其他骨质作为印材雕刻的印章。其中又以牛角最为常见，黄牛角呈黑色，水牛角呈灰褐色，质地坚硬，较适合于激光刻制，激光雕刻的牛角印章经久耐用，不易变形。

（一）激光雕刻角骨印章及印文的一般特征

激光雕刻角骨印章用时较短，方便、快捷，自动化程度高，制作的印章字体规范，布局整齐，盖印质量好。因印材质地坚硬，在较硬的衬垫物上盖印时因接触不充分常会出现较多的露白特征。

（二）激光雕刻角骨印章的笔画特征

激光器有横向和纵向两种雕刻路径模式，与灼刻路径平行的印文笔画边缘表现平直、整齐，而与灼刻路径存在一定角度的笔画边缘就会出现阶梯状、锯齿状甚至毛刺状的灼刻痕迹特征，这与激光束的直径以及印材的质地、密度等因素有关。笔画与雕刻路径的夹角越小，阶梯状痕迹越明显，在没有印章雕刻底纹出现的情况下也可根据图文边缘灼刻痕迹的形态判断印章的雕刻路径，这些特征都是印章印文同一认定的重要依据。激光雕刻橡胶印章也存在类似的特征，但因印材质地偏软而表现不明显（图 9-5）。

图 9-5　笔画阶梯状印迹特征

四、原子印章及印文特征

最早的原子印章是指在 20 世纪 80 年代中期由轻工业部工艺美术总公司通过我国香港从美国引进的 70 年代的成型粉热压印章技术。一次成型后不能反复加墨使用，油尽章毁，属于一种“一次性印章”。而且这种印章随着使用次数增多不但会出现印油量逐渐减少，而且还会出现印面缩小、变形等情况。由于存在稳定性差、使用时间短等诸多缺陷，从 1988 年开始，全国银行系统禁止使用原子印章作为印鉴，原子印章渐渐退出了市场，现在已很难见到它的身影。就在原子印章逐步退出之时，又于 80 年代末在日本引进了一种渗透印章制作工艺，它是在原有的原子印章工艺的基础上进行升级改造，可反复注墨使用，并实现了激光雕刻。

现在印章业所称的原子印章即是指这种经工艺改进的渗透型印章，它分印柄和印面两部分，印柄由手柄、弹簧、活动内芯、外框组成，印面体是一种具有微孔结构的海绵体材料，质地柔软，弹性较大，可塑性强，具有储墨、渗墨特性。印面体的质量及微型孔的疏密程度、大小，决定着储墨性能的好坏、印迹的清晰度和印油是否回渗与散漏。印面体被固定在印柄内芯中并加注专用印油浸润，印面略低于塑料外框，使用时用手向下按压手柄，印面体下移，与纸张接触，在压力的作用下渗墨，即可完成盖印，无须另外蘸取印油。

（一）原子印章及印文的一般特征

凡经印章制作软件排版雕刻的印章均采用计算机字库中的制式字体，字形规范，符合制章标准，不同制章软件字库中字体种类或同种字体的字形可能会存在差异。原子印章文字也采用制式字体，图案、文字及边框排列合理，排列均匀，相对位置间的距离相等。原子印章印材的弹性大，密度小，可塑性强，易出现胀缩变化，用力盖印时容易在空白处出现激光雕刻的底纹痕迹，字迹边缘欠平滑，常呈现出细小的锯齿状，笔画棱角不分明，圆钝，印文边框外侧有时会留下印章外框或支撑爪印迹。

原子印章所用的印油是专用印油，其印油的成分、特性与其他印油不同，印文无印油堆积现象，不易出现“挤墨”现象，但容易出现印油油脂洇散，盖印后油脂随着时间的推移而向外扩散，透光观察较为明显。因原子印文即印即干，所以难以形成印文擦痕和转印现象。

（二）原子印章的老化特征

原子印章印面体材料结构类似于泡沫，所以这类软质印材容易发生磨损和老化，又因为它弹性大、可塑性强，所以在盖印力度大时会使其章面变形，使用一段时间后印文的文字线条就会逐渐变粗，边角逐渐变钝，印面体弹性减弱，印面收缩。原子印章在使用过程中的这种老化收缩、印面边框和文字笔画的变形与磨损等特征是原子印文历时性变化最突出的表现，也是检验印文形成时间的主要判断依据之一。

（三）原子印章的外壳边框特征

原子印章印面低于印章外壳，缩藏在章体内部。原子印章在盖印时，塑料外壳边框或边框上的支撑爪先与纸张接触，然后按压手柄使印面下降完成盖印。若印章外壳边框或支撑爪沾有印油或污物则会在纸张上留下相应的印迹。

五、回墨印章及印文特征

回墨印章，又称翻转印章、翻斗印章，是奥地利卓达公司设计发明的一种新型环保印章，引入国内后迅速成为中国印章行业协会推荐的升级换代产品。

回墨印章由上下等粗的柱状塑料外壳、弹簧、印面体和小型印台组成，印面体是一种特殊的橡胶材质，也是利用激光刻章机刻制而成，并可选配不同颜色的专用印油。回墨印章在手柄内部放置了一枚小型印台，待用时印章印面与内置印台接触上墨，盖印时用手向下按压手柄，印面体沿曲形导轨下降并 180°翻转印面，完成盖印。盖印后印面体上移并回转，与内置小型印台回归原位，紧密接触上墨，以待下一次盖印。

回墨印章外形美观新颖、时尚，内置印台与印面接触紧凑，蘸墨充分、分布均匀、色泽红艳。导轨虽呈曲形，但按压时轻松流畅，毫不费力。其配备的专用印油干涸快，仅次于光敏印油，附着力强，印迹清晰，具有耐腐性。回墨印章在盖印时印面与桌面平行，所以没有局部接触性挪动痕迹，因多数回墨印章设置了支撑爪，所以盖印时很少出现挪动迹象，印文盖印清晰，印迹完整，色彩艳丽，有时也会出现露白特征。回墨印章印油的渗透性较光敏印章印油略差一些，在盖印后可能会出现印油擦蹭迹象。现阶段的回墨印章具有很高的市场占有率。

六、机械雕刻印章及印文特征

机械雕刻是以计算机、数控机、雕刻机三机组合运作，以机械削磨的方式进行雕刻，适用于铜印、钢印等硬质金属印章的雕刻制作技术。其通过计算机制章软件制作印文式样，再将式样传送到雕刻机控制器，由控制器把这些信息转化成有功率的信号，去控制雕刻机生成 X、Y、Z 轴三维雕刻走刀路径，带动尖锐刀具切削来完成印章雕刻。

机械雕刻制作的金属印章印面棱角分明，留白处印底平滑，但金属章面的亲水性差，蘸取的印油容易聚集，印文易出现露白。金属材质的印章不会因质地坚硬而不易受到磨损，相反印章在使用和保管过程中很容易对章面造成磕碰而形成无法修复的永久性损伤，并在印文中反映出来。

机械雕刻也可以完成利用压痕来反映印文的凹凸型钢印的制作。影响钢印盖印效果和印文特征的因素有钢印印面结构、阴阳面咬合精度、平行度、印压力度和纸张厚度等。

（一）压痕凸起形态特征

在不同的钢印所形成的印文中，凸起部位的形态会有所不同，有的呈现出弧形、单角形或多角形等，笔画凸起的高度和宽度也是稳定的特征之一。同一枚印章盖印印文的上述特征应表现一致。

（二）压痕凹陷形态特征

钢印是由上凹下凸的两块钢板印模相互咬合来完成盖印的，一枚钢印印文是两面造痕客体共同作用形成的，正面凸起印痕的反面自然是凹陷印迹，可以看作是对两枚印文的检验，各面的印痕特征都要充分利用。

（三）压痕分布形态特征

钢印上下两枚印模在安装时容易造成偏差。印面不平行，会导致印压成的印文力度及印痕深浅不一致，出现一边轻一边重的现象；错口咬合，印面中凹凸图文对位不准，形成错口咬合，容易将纸张纤维撕裂、剪断，图文反映不精准。

七、光敏印章及印文特征

光敏印章全称“光敏平面橡胶渗透印章”，是一种具有存储印油功能的章墨一体渗透型印章，以特殊的超微孔光敏材料为印材，利用光敏材料的感光特性进行印章的制作。光敏材料在受到强光照射的时候，可以吸收光能并转换成热能，并在分子或分子间产生化学、物理变化。利用曝光机对光敏材料曝光后，其表面见光部分瞬间吸收大量的光能，温度迅速上升并达到熔点，闪光结束后，表面熔体的温度迅速降低，形成具有一定厚度和强度的黑色薄膜，这层薄膜起到封堵微型孔洞的作用，可以隔绝印油的渗透，没有曝光的部分就是印文部分。

首先，利用计算机软件排版制作印文式样，用激光打印机将印文式样打印在具有透光特性的硫酸纸或激光胶片上，上面覆盖一层透明薄膜。然后，再将其覆盖在光敏材料上置于曝光机内曝光。由于印文式样本身是黑色不透光，因而印文覆盖下的光敏材料不会发生光化学反应，仍然保持原始状态，而其他部分则由于受到强烈光照后发生光敏反应而凝固，微型孔洞被封堵成膜而不能渗油，这一部分就是印文的空白区域。由于印文部分保持了原有的状态，可以利用微型孔储油、渗油，从而实现了印章的制作。印章中的印文空白部分因光学反应形成黑色镀膜并略显凹陷，与未反应部分保持0.1-0.3mm的水平深度，未反应部位即印文图文部分则略显凸起，盖印时在压力的作用下将光敏印章垫中的印油通过印面图文部分的孔洞渗出就形成了印文。

光敏印章的技术成熟、工艺精良，盖印出的印文质量比采用激光雕刻的方式制作的印章要高出许多，且用时较短，是目前使用量较多的一种印章。光敏印章正是因为具有印文精度高、少有瑕疵、印面稳定、阶段性特征较少等特点，所以导致印文易于仿制，且仿真度高，鉴定难度大，存在防伪效果不佳的弊端。

（一）光敏印章及印文的一般特征

光敏印章配备专用印油，盖印出的印文字体端正、边缘圆润整齐，墨色鲜艳，分布均匀，细节特征表现完整，除防伪线痕及五角星图案中心有时会表现出油墨浅淡外，很少出现“露白”，可与印刷品相媲美。相邻笔画不易粘连、模糊，不易出现缺笔、断笔、盲字等制章瑕疵。印面稳定，连续盖印时印文变化不大，重复性较高。与其他类型印章印文的露白形态不同，印文墨迹浓淡过度均匀、自然，通常没有明显的界线感。

（二）光敏印章外壳边框特征

当盖印力度偏大或印面体与塑料印框之间的间隙过大时会产生漏墨现象，在印文边框外围出现细小线条痕迹，这也是区别于其他类型印章印文的主要标志之一。一般而言，光敏印章的外壳半径较印文边框大 2-3mm 为宜，但也存在小印用大壳的现象，在印文中所表现出的间隙痕迹与印文边框距离不同。

（三）光敏印章制作疵点特征

激光打印机打印稿容易出现底灰或大的打印墨粉颗粒，如果在光敏印章的制作过程中，经激光打印机打印的硫黄纸稿件上存在打印疵点或者印章曝光机玻璃面存在墨点或污物则会影响光敏印章印面的制作效果，成为印章的固定疵点特征。

（四）光敏印章印文的油晕特征

光敏印章与传统各式印章的制作工艺、印面特征皆不相同，使用方式也有别于章墨分离的印章，并配用光敏印章专用印油，对光敏印章不了解的使用者在使用过程中很容易因印油加注不当而造成印章损毁。光敏印章新注的印油必须与原来注入的印油一致，否则可能会因为印油的使用不当而损坏印章。光敏橡胶垫的微孔平均孔径小于 30μm，普通印油中的颜料颗粒略粗一些，会堵塞光敏印材的微孔，仅渗出印油中的油脂，盖印在纸张上的印文缺乏色彩，且会产生油渍洇散等效果，在纸张上形成一种油晕。

油渍洇散的部位及范围是由所用印油种类、印油量的多少决定的，盖印出的印文可以反映出堵塞的区域。一般而言，印文中油渍出现的范围会随着时间而逐渐增大，最后趋于稳定，堵塞区域印迹浅淡，有时仅能勉强辨识内容，这种油晕特征是检验光敏印章印文形成时间的极好特征。

（五）光敏印章印文的“边浓中淡”特征

通常情况下，光敏印章盖印的印文色料分布均匀，印油量浓淡适中，印迹清晰，印油边缘、棱角分明，盖印质量较高。然而当光敏印垫中所存储的印油量偏少时就会出现印迹偏淡、露白增多的现象，典型的特征表现就是印文的文字迹、边框、五角星等图文的边缘清晰，中心印迹浅淡甚至没有印迹反映，形成“边浓中淡”或中空的印迹特征。

（六）光敏印章蘸印油盖印特征

光敏印章属于章墨一体的渗透型印章，盖印时无须再另行蘸取印台印油即可直接盖印。印面中图文部分与印文的空白区域只有 0.1-0.3mm 的高度差，若将光敏印章蘸取印油后再去盖印就会造成大面积脏印以及印章边框痕迹特征，同时也会体现出印文圆心（或中心）与印章边框圆心（或中心）的偏移方位和距离。由于光敏印章专用印油与普通的印泥或印油的成分差异较大，所以在特种光源下印文的红色印迹呈现出两种不同的视觉效果。若是所蘸取的印台台面蒙有棉布，那么在印文中还可以反映出棉布纹路痕迹，这样的使用方法影响印文的辨识度和美观。

(七）光敏印章的印油迸溅特征

光敏印章的印面略高于印壳外框，呈凸起状，若注油过多，会导致印材（储墨垫）中印油充溢。盖印时印章对纸面施加一个垂直的力，储墨垫中的液态印油受挤压变形，当这个挤压力大于印油的重力与张力之和，印油就会突破储墨垫的吸附，成滴飞溅出去，在印文的留白处或外围产生迸溅墨点，并呈不规则分布或相对集中一个方向迸溅，墨点分布不具有重复性（图 9–6）。

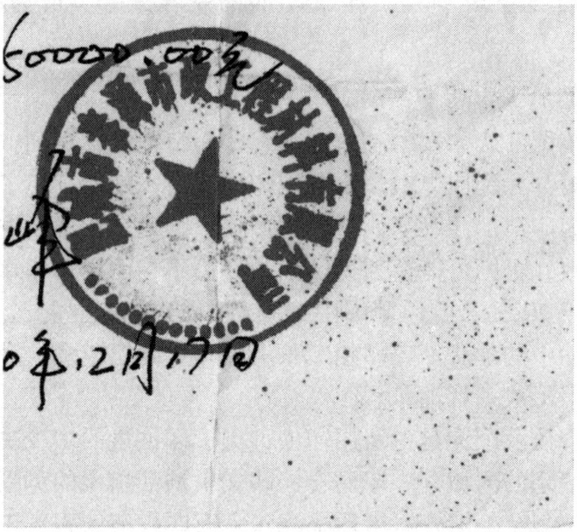

图 9–6 印油迸溅特征

(八）光敏印章的挤墨特征

光敏印章的挤墨特征有别于其他类型的印章，尤其是蘸墨印章。蘸墨印章因材质对印油的吸附作用而导致在“小区域”范围内出现挤墨特征，挤墨的印迹分布不均、轻重程度不同，随机性较强。由于光敏印章是自含墨的印章，印油相对均匀地储于光敏垫中，受盖印时挤压力的作用印油均匀地从印垫孔隙中溢出，形成类似梳齿状的细长挤墨印迹。

(九）光敏印章的老化特征

光敏印章在长期的使用过程中，印面体的弹性逐渐降低，印面体与印章外壳边框的间隙增大。长期在高温环境中使用或保存还会使印面体膨胀，与塑料外边框的间隙缩小，甚至会使印面体凸起，热胀冷缩效应明显。光敏印章印面的图文部分遍布细小孔隙，长期的使用或保存过程中印面极易黏附杂质或污物，渗墨的孔隙也容易被封堵而无法出墨，在印文中形成相对稳定的露白和笔画缺失特征，导致印文盖印不全。

八、注塑印章及印文特征

（一）注塑印章的制作工艺

注塑成型是一种将可塑性材料制成复杂形状产品的成型工艺。注塑印章的制作过程可以分为三步：首先，利用印章印文制作软件编辑好印文式样，利用雕刻机将印文式样雕刻于合金钢板或铝板上制成模具。然后，将低温存储的生橡胶热熔后灌入金属印模，经加压降温成型，即完成印面体的制作。最后，经修切制作成回墨印章即可使用。此种制章工艺在制作文字较多、图案复杂、笔画较细的印章时具有其他印章制作工艺所无法比拟的优势。但注塑印章的制作工艺适合于能够多枚或批量生产的印章，如“合格”章、“现金收讫”章、“验收”章等具有非唯一性要求的印章制作，在文书物证中很难遇到由注塑印章盖印的印文。

（二）注塑印章印文的特征

经热熔灌注成型的注塑印章印面体富有弹性，能够与纸面充分接触，印迹清晰。印文笔画平直，棱角分明，笔画边缘无激光雕刻的“阶梯状”痕迹，笔画间不粘连、不断笔，细节特征表现力较强，质量较高。

九、防伪印章及印文特征

改革开放以来，在经济迅猛发展的同时，各类经济犯罪、民事纠纷也逐渐增长，涉章案件也逐年增多，印章的防伪已成为人们关注的问题，各种防伪措施不断出现。印章防伪技术包括在印章制造过程中加入具有特殊性的暗记即印痕防伪、在印油中加入制造难度比较大的可检测物质即印油防伪，以及章体防伪三大类，各种印章均可采用适当的防伪措施来进行防伪。

（一）印痕防伪

印痕防伪是最常见的一种防伪措施，是通过印章章面印痕的特殊性来实现的。目前，可采取的印痕防伪技术包括：

（1）含印章专用字库的排版、激光雕刻系统。

（2）含特殊标志的排版、制凸版系统。

（3）含不规则点阵或光学随机线条等具有个性特征的排版、雕刻系统。

虽然上述印痕防伪技术均具有较强的防伪性，但通过照相或扫描制版，其印痕均能被不同程度地仿制。防伪的关键在于防伪痕的可识别性和被复制的可行性，能否识别、区分盖印的差别和仿制的差别。

（二）印油防伪

印油包括印泥印油、印台印油、原子印油和光敏印油几大类。印油防伪是通过印油中含有的可检测物质实现的。目前，比较成功的印油防伪技术包括热敏印油防伪、紫外荧光印油防伪和红外印油防伪。

针对普通印油而言，上述印油防伪均具有较强的防伪性，然而一旦获得相应的可检测物质，其印鉴均能被不同程度地仿制，关键是可识别性。如果在普通印油中加入可检测物质，如用热致变色材料或紫外荧光材料，来仿冒热敏防伪印油或紫外荧光防伪印油，这种仿冒印油的印鉴同样有遇热变色或紫外灯照射下发荧光的特性，这种情况下通过热源或紫外灯是难以判断真伪的。因此，防伪印油中有关可检测物质的信息必须具有特殊性，且这种信息必须有与其对应的识别措施。如果这种信息是公知的，与其对应的识别措施也就没有意义。

（三）章体防伪

章体防伪是在印章的章体内植入一枚由公安机关统一研制的加密防伪芯片，芯片中写入相关审批和刻制信息。同时在公安、质监、税务、银行、工商等单位配置印章芯片读卡器，将印章专用 IC 卡和自动识别设备作为识别措施简单易行，能够准确辨伪，未经审批的非法刻制印章或伪造的印章能方便地通过读卡器辨识。

第三节　印文形成方式鉴定

一般而言，能够形成印文式样的一切方法皆有可能被用来伪造和变造印文。近年来，在文书鉴定实践中，出现了众多以真实印文为印稿采用各种复制手段伪造印文来制作虚假文书的情况，如利用彩色激光打印机、彩色喷墨打印机打印印文，特别是利用彩色印刷设备单色印刷的印文，其组成颜色单一，在外观上与真实印文极为相似，具有较强的欺骗性。只有先确定印文的形成方式才可进行下一步的检验工作，若文书中印文的形成方式异常，那么文书的可信度就大打折扣或可以直接认定伪造。

一、盖印印文的鉴定

由印章盖印的印文，无论是蘸取印泥还是印油，印文均呈现出单一的色彩，不存在规律性排列的粉末或墨点，印泥或印油在与纸张结合之后，溶剂开始向纸张纤维内部渗透，油脂会在纸张纤维中进行扩散，溶质则会与纸张纤维紧密结合，将纤维染色，颗粒物堆积在纤维上。透光观察，可见印文边缘有油渍扩散现象（光敏印油很少有此现象）。若印文的边缘存在油渍扩散现象，那么印文则是盖印形成。有些盖印的印文不易在短时间内干涸，在颜色较深处擦蹭可使印文色料转印。

二、印制印文的鉴定

印制印文是指利用各种印刷、打印设备制成的印文，主要有彩色喷墨打印机打印印文、彩色激光打印机打印印文、针式打印机打印印文和工业印刷法印制印文等。

（一）彩色喷墨打印机打印印文的鉴别

喷墨打印机按照墨的种类可分为固态喷墨打印和液态喷墨打印两种。常见的为液态喷墨打印机，根据喷墨方式又可分为连续式和随机式两种。其都是在打印机软件的控制下将墨滴喷射到打印介质上来完成打印工作的，是一种造价较低的打印记录方式。

一般彩色喷墨打印机的墨盒和喷头是分离的，使用的墨水有四色、六色之分。打印时由喷嘴喷射出不同的基色，用以组合成所需的颜色。受打印机设计原理和分辨率的限制，打印图文会在色彩过渡或单一色彩边缘出现其他颜色的墨点痕迹。在自然光下目测，打印印文颜色较深、色泽暗淡。在高倍显微镜下观察，会发现打印印文除红色外还存在洋红色、淡黄色、蓝色等点状墨迹，主要分布于印文边缘及露白区域，多以独立点状存在，且印迹无盖印时的冲击痕和挤墨现象。采用少色组合的喷墨打印机或采用“精打”模式打印可减少杂色的种类和数量，但无法完全消除杂色，这是由喷墨打印的原理所决定的，是无法克服的。液态喷墨墨水属水基型染料，渗透性强，会与纸张纤维紧密结合，纸张图文上无固体颜料颗粒，也没有油渍扩散现象。

由数码喷墨印刷机印刷形成的“印文”会呈现出笔画墨迹均匀、平实、色彩单一的特点，印文由横条状分布的色点组成，且横条方向与打印进纸方向垂直，印文线条边缘不够整齐、圆润，有锯齿状形态特征，印文色料渗透于纸张纤维中，无立体感，无印油洇散迹象，无盖印所致的挤墨、抑压特征。

（二）彩色激光打印机打印印文的鉴别

彩色激光打印机与普通激光打印机一样，都是利用激光扫描，在硒鼓上形成电荷潜影，然后吸附墨粉，再将墨粉转印到纸张上。与普通激光打印机所不同的是，彩色激光打印机使用青色、品红、黄色、黑色四种墨粉，组成 CMYK 色系，打印时按照打印程序的设定根据需求选取不同的墨粉，在打印红色印文时经过 CMYK 色系调和，实现红色打印。

彩色激光打印机打印出的“印文”在纸张上呈凸起状，打印粉末颗粒堆积于纸张纤维之上，显微镜下可观察到“印文”有较强的立体感，且打印表面平整，在测光下观察可发现较为明显的打印墨粉光泽。打印机因打印质量、分辨率的不同还会在笔画边缘出现散布的打印墨点及杂色。打印墨粉可以从纸张表面刮擦去除。

早在 20 世纪 80 年代，美国、法国、荷兰等国政府与各打印机、复印机生产厂家之间就展开了据称是为了防止彩色激光打印机被用来制造伪钞和仿造其他重要文件的防伪研究，在彩色激光打印机或复印机、彩色激光数码复合机中嵌入芯片，在印制输出的稿件中会形成由黄色墨点组成的点阵暗记，这些点阵暗记代表着打印机的型号、打印文件的时间等信息。例如佳能（Canon）、惠普（Hp）、东芝（TOSHIBA）、理光（RICOH）、爱普生（EPSON）、施乐（Xerox）、利盟（Lexmark）等品牌的彩色激光印制设备。

在辨别印文形成方式时主要看印文的图文特征，而不能见到纸张上有黄色打印暗记就判断印文是打印的，也有可能是印章盖印在彩色激光打印机打印的文件上。

（三）针式打印机打印印文的鉴定

针式打印机是问世最早的一种打印设备，它是利用打印针击打色带将色带中储存的墨水转印到纸张上，从而实现打印，是典型的击打式打印机。其打印头组件是打印机的核心部分，分别由打印头、色带、字车和传动皮带等构成。

打印头的印字面是由一列或数列直径为0.2mm钢针组成，目前常见的有12针和24针两种，12针通常会以单列或双列形式排列，而24针则以双列形式排列。每一根针都由一个电磁铁驱动，打印时电脑字库的点阵信息控制电磁铁的动作，当有打印信号时，有一脉冲电流通过电磁铁的线圈，使其产生磁性吸合衔铁并使打印针向前击出，撞击色带后在纸张上着墨，在机械力的作用下纸张纤维形态结构发生改变，产生凹陷，并黏附墨水，形成具有立体感的打印图文。打印图文的笔画就是由许多这样的圆点组成的，当打印针断损时就会在图文中出现条状打印空缺。打印机配置的色带有黑色、青色、红色等不同色彩可供选用。也可以打印无碳复写纸或采用不同颜色的普通衬垫复写纸进行打印。

利用针式打印机打印的印文会出现纸张凹陷，印文由众多凹陷圆点组成，纸张背面纤维凸起，印文中常有打印换行或打印针缺失导致的横向间隙空白线条，印文边缘容易出现阶梯状换行打印痕迹，无印油堆积、洇散等迹象。衬垫复写纸打印的印文会在图文以外的部分遗留复写纸色料和擦蹭印迹。

（四）工业印刷法印制印文的鉴定

可用于印制印文的工业印刷法有胶版印刷和丝网印刷等。

胶版印刷又称平版印刷，这种印刷方法是通过滚筒式胶质印模把胶皮上的油墨转印到纸面上，由于胶皮是平的没有凹下的花纹，所以印出的纸面上的图案和花纹也是平的，没有立体感。

丝网印刷属于孔版印刷，它与平印、凸印、凹印一起被称为四大印刷方法。孔版印刷又包括誊写版、镂孔花版、喷花和丝网印刷等。孔版印刷的原理是：印版在印刷时，通过一定的压力使油墨通过孔版的孔眼（纸膜版或其他版的版基上制作出可通过油墨的孔眼）转移到承印物（纸张、陶瓷等）上，形成图像或文字。印刷时通过刮板的挤压，使油墨通过图文部分的网孔转移到承印物上，形成与原稿一样的图文。丝网印刷设备简单、操作方便，印刷、制版简易且成本低廉，适应性强。丝网印刷形成的印文墨层较为厚实，线条、笔画等图文边缘不整齐，有锯齿状形态特点，印文浅淡处可以看到网格化形态特征。

工业印刷法使用的是印刷油墨，而印章的盖印使用的是印泥或印油，两者的物质成分组成、理化特性、印迹微观形态、与纸张纤维的结合以及对印文特征的表现均存在较大的差异。

三、二次转印印文的鉴定

二次转印印文是一种特殊的伪造印文手法，它是利用某种介质对文件上盖印的真实印文进行拓压转印，再将转印到介质上的印文二次印压后转印到所要伪造的文件材料上。转印形成的印文大小与真实印文相同，细节特征反映一致，仿真度极高。因此，使用传统的检验手段对此类印文进行检验，很容易出现失误。

由于二次转印印文与盖印印文的盖印物、形成方式不同，使二次转印印文具有与一般印章盖印印文不同的独特印迹。在两次的转印过程中，每次都要损耗一部分印油色料，这就使转印形成的印文出现印油量偏少，总体色泽较淡，缺少光泽，表面粗糙且无明显的印油渗透现象，露白部位增多，印文边缘不够分明等成痕特点。而真实盖印的印文则颜色鲜艳，边缘清晰，露白特征稳定。转印印文时要对平铺在真实印文上面的转印介质施加一定的压力并进行反复擦压，以确保有更多的印油被转印。因被转印的对象多为真实文件中盖印的印文，这些文件通常都存在朱墨交叉，所以由该印文转印形成的印文会因朱墨交叉而出现较多的“露白”现象，如书写字迹笔力压痕较深时，盖印印文会出现中断，或印油与打印、复印字迹墨粉相互渗透融合，使交叉部位的印油转印能力降低，导致文字与印文交叉处的印油未能被转印等，因此朱墨交叉部位在二次转印印文上形成了原文书字迹、格线的“露白”线痕。

根据洛卡德原理，在转印印文色料的同时，被转印的真实文件上的字迹色料尤其是与印油结合后，也具有较强的转印能力，因此二次转印后还可能出现文字色料的转印。真实文件上印文及其周边范围内出现的打印、书写墨迹亦会由自身具有的可转印性被转印到伪造的文书中，形成微量的转印物质痕迹。除转印的印文印油、文字色料外，转印介质也会有不同程度的转印。常见的转印介质多含有蜡，由于转印印文时，需要对介质进行按压、刮擦，就会导致部分介质材料在力的作用下发生不同程度的转印。以蜡为转印介质的印文表面会形成一层薄蜡膜，用手触摸较光滑，在上面书写时不吸收墨水，笔画呈断续状。

由于对印文施力，所以原文件和伪造文件的印文处纸张会变薄，表面会变光滑，逆光观察会出现类似于“水印”的效果。因此在实际检案中即使没有发现被转印的对象，也可根据印文特征及文件中不应出现的转印物质痕迹判断印文是否为转印印文。

四、印文形成方式鉴定意见的表述要求

印章印文鉴定的首要步骤是确定印文的形成方式，再进行下一步的检验鉴定。对鉴定意见的表述也应当准确全面、简明扼要，避免在鉴定意见的理解上产

生歧义。

当委托事项和目的就是要确定检材印文形成方式的，且经过检验检材印文确为盖印形成的，鉴定意见应当表述为“检材印文……是直接盖印形成”，如确定不是盖印形成而是复制形成的还要述明复制印文的具体方法，如“检材印文……不是直接盖印形成，是由彩色激光打印机打印形成/彩色喷墨打印机打印形成”。

对印文进行同一鉴定的，当委托人或当事人声称检材印文为盖印形成，而经过鉴定确定为复制形成的，鉴定意见应当表述为“检材印文……与样本印文……不是同一枚印章盖印。”同时要述明复制印文的具体方法，如“检材印文……是彩色激光打印机打印形成/彩色喷墨打印机打印形成”。

对印文进行同一鉴定的，当委托人或当事人声称检材印文为复制形成，而经过鉴定确定为复制形成的，鉴定意见应当表述为“检材印文……与样本印文……是/不是出自同一枚印章”。检验条件较差而无法确定的可出具非确定性的结论或无法作出鉴定结论。

第四节　印章印文同一性鉴定

一、印章印文特征

印文是印章印面特征的集中体现，一般大体分为能够表现其概貌的一般性特征和表现印文细节的特殊性特征。

当前印章的材质及制作工艺多种多样，各种类型印章盖印的印文各具特色，印文中各种特征的表现相异，仿制的难易程度也不相同。同时，不同类型印章印面材料的稳定性不同，有的印章自身变化较小、稳定性好，而有的自身变化较大，各时段的印文规格及细节特征都会发生改变，所以印文除表现出概貌特征和细节特征外，还常会反映出时段性的变化特征，即时段性特征。特征的属性不同其应用的价值也不相同。因此，印文的特征分类应根据印章种类并结合制章工艺进行针对性划分，并根据各类特征的应用价值分为三级特征、二级特征和一级特征。

（一）印文的概貌特征（三级特征）

印文的概貌特征是指能够反映印文形制的一般性特征，这类特征是印文的基本构成要素的整体性感观表现，是显见的且一般不受印油种类、盖印力度与角度、印章老化或磨损等因素影响的特征，是印文同一认定的基本条件。此类特征的不符即属于本质性差异。同时，此类印文特征也是易于被复制、仿制的特征，在印文同一认定中应用价值偏低，被归为印文的三级特征，只能作为否定同一的依据，而不能作为认定同一的主要依据。这类特征主要包括印文形状、边框形态、印文内容、布局与比例、印文字体等。

（二）印文的细节特征（二级特征）

印文的细节特征一般指一枚印章印文所具有的排他性的个体特征，是印面本身所具有的细小的稳定特征，是难以被复制、仿制的，是印章印文鉴定的重要依据，属于印文的二级特征。这类特征主要包括：印文字体字形、字间位置与距离、笔画与线条间的交接比例、星徽等图案结构形态、制章瑕疵、缺损、防伪线痕等。

（三）印文的时段特征（一级特征）

印文的时段特征也称历时性变化特征，是指印章在长期的使用、保管等过程中因印材老化、损坏或沾染杂物等因素影响而产生的能够客观、规律地反映印文阶段性形态变化的特征。时段特征主要分为两大类，一类是印面固有结构自身变化的反映，如印面磨损、残缺、缩放等。另一类是印染介质导致的非印面固有结构的印迹反映，如附着物的种类、位置形态、墨迹分布等。虽然通常印文的时段性特征并不是印章中固有痕迹特征的体现，但它作为印章在某一次或某一阶段盖印时的“参与者”，能够反映出印章在盖印时的特定状态，不但能够反映出印文盖印的时间信息而且这类特征都是无法被复制、仿制的，不仅是作为同一认定的重要依据，而且还是判断印文盖印时间的依据，在印文鉴定中属一级特征，具有最高的应用价值。这类特征主要包括印面磨损、老化、残缺、规格缩放、附着物（脏印）、墨迹分布等，章墨一体印章还涉及印油种类、浓淡、油渍侵染范围等时段特征。

二、影响印文特征的一般因素

印文是印章形象性印迹的反映，因印章在盖印时会受到各种主客观因素的共同影响，所以印文并不完全是印章印面结构的镜面反映，盖印条件的变化必然导致印文的变化。

（一）印章材质

不同印材的软硬程度以及对各类印油介质的亲和性是不同的，章面黏附印油的多少、聚集程度会直接影响印文的浓淡以及印文细节特征的表现。

（二）印油

印油是印文存在的基础，是重要的盖印介质和表现形式，印油一般由色料、溶剂、树脂和助剂组成，各类物质的选择及配比都会影响印油的质量和盖印印文的效果。其中起主导作用的是色料和溶剂，色料又可分为颜料和染料两种，溶剂可根据不同的工艺要求而选用油脂、醇类、烃类、水等。不同印油盖印的印文可产生不同的外在表现，主要有色泽、挤墨、洇散、露白等。

（三）盖印作用力

印章在盖印时作用力的大小、角度、方向等都会直接影响印文的质量。尤其是握章不稳出现挪动时会导致印文变形，印文线条产生叠影或粗细变化。盖印力度大时容易出现底纹印迹和挤墨现象，盖印力度小时容易出现印文反映不全、色泽浅淡等。当然，盖印的作用力对印文的影响还与印油及印材的物理特性息息相关。

（四）承痕载体

承痕载体就是承载着印文印迹的客体，通常为纸张。造纸所选用的纤维材料、填料的不同以及造纸工艺的不同都会使纸张的理化特性产生差异，会不同程度地影响印油印迹的转印、吸附、渗透、干涸等。容易吸附渗透的纸张，印文笔画易出现洇散，线条粗犷，部分纤维可能会因虹吸现象而产生毛刺。吸附能力差的纸张，印文易出现挤墨现象，干涸较慢，容易出现转印、擦蹭而导致印迹模糊。

（五）衬垫物

衬垫物是指衬垫在承痕载体下方用来完成盖印的客体，通常为桌面或专用衬垫。衬垫物的软硬和平整程度决定了印章面与纸张载体是否能够充分接触，盖印是否清晰完整。通常，软硬适中的衬垫物会使印文线条完整、图文清晰，如果衬垫物较硬则会导致印文线条反映不完整、断续，露白增多。

（六）印章自身变化

印章随着使用会出现老化迹象，主要表现就是印面变得光滑，对印油的吸附能力减弱，因磨损而导致的笔画缺失等。

三、印章印文同一性鉴定的步骤方法

（一）印文的形成方式

准确认定印文的形成方式是鉴定印文同一性的前提基础，直接关系到文书的真实性，是认定印章是否同一、揭露伪造变造印文事实和方法的首要步骤。

（二）直观比对法

直观比对法是利用肉眼对印文的基本构成要素的整体性感观表现特征，即能够反映印文形制的一般性特征进行比对，这类特征是显见的一般不受印油种类、盖印力度与角度、印章老化或磨损等因素影响的特征，是印文同一认定的基本条件，但只能作为否定同一的依据，而不能作为认定同一的主要依据。

直观比对法主要的检验对象有印文的文字、编码，以及徽记、边框等组成部分。印文文字包括单位名称、印章名称、个人姓名等。编码是印章的唯一性编号，第1-6位代表印章的审批单位，第7-13位由各地公安部门归口管理单位自定。徽记是印文中出现的各种星徽、党徽、国徽以及企业标识等图案。印章的边框可分为单边框、复边框、多边框以及圆形框、椭圆框、方形框、矩形框等不同形态，还有边框的宽窄等。

（三）画线法比对法

画线比对法主要是针对印文的文字、图案、边框等各组成部分间的排列组合、搭配比例等空间分布关系、布局等特征进行检验。如文字与星徽的位置关系、边框与星徽的间距、边框与文字的间距、字与字的排列位置关系及间距等。

将检材印文与样本印文扫描放大，在检材印文与样本印文中选取两枚印文共同具有的较稳定的若干对清晰特征点进行连线，或是将五角星的五边分别向两端延长，并与文字、边框相交，分别比较两枚印文上连线与印文星徽、文字线条相交的位置是否一致。在选点时要选择清晰稳定的特征点，并且画线要准确，否则就会失之毫厘，差之千里。

还可将检材与样本扫描并同比例放大后在检材印文与样本印文中选取较稳定的任一清晰特征点，以此点为圆心、单位长度为半径画圆，分别比较两枚印文上圆弧线与印文文字星徽线条相交的位置是否一致。还可利用同心圆法检验印文的星徽、文字和边框的间距及比例。

（四）测量比对法

测量比对法是针对印文的规格、尺寸等特征进行检验的一种方法，主要测量印文边框的直径、对角线、特定点的距离、星徽线条及文字的长度、角度等。测量比对法又分为长度测量比对法和角度测量比对法。

1. 长度测量比对法

在检材印文与样本印文中选取两枚印文共同具有的较稳定的若干对清晰特征点，利用直尺或分规等测量工具分别比较两枚印文上两点间的距离是否一致。也可以将两枚印文在同一条件下平面扫描后利用测量软件进行测量。

2. 角度测量比对法

将检材与样本扫描放大，在检材印文与样本印文中选取较稳定的多处清晰特征点，连接任意三点构成一个角度，分别比较两枚印文上相同三点所构成的角度是否一致。

在对印章印文进行尺寸特征测量时要特别注意印章自身变化及印油浓淡等条件变化所产生的差异，尽量使用同期且相似盖印条件的样本印文进行测量比对。

（五）拼接比对法

首先将检材印文与样本印文在相同条件下进行平面扫描，生成 JPG 格式图片，再利用 PHOTOSHOP 软件的裁剪工具将样本印文（或检材印文）中文字线条较多的部位剪切，然后用移动工具将剪切部分拖拽并与检材印文（或样本印文）进行拼接，检验印文的边框、徽记、文字线条是否拼接自然。此外，还可以使用比较显微镜的比对检验功能直接对检材印文和样本印文进行半圆形拼接比对。

（六）重叠比对法

将检材印文与样本印文在透光条件下进行重叠，观察两枚印文的边框、徽记、文字等各组成部分能否完全重合。也可将检材印文与样本印文在相同条件下平面扫描，生成 JPG 格式图片，再利用 PHOTOSHOP 软件的移动工具将印文拖拽叠压，利用 1-9 数字键调节透明度，检验印文的边框、徽记、文字线条是否重叠一致。

因大部分的印章材质都会存在不同程度的老化，此外印油的枯竭与加注等都会影响到印文笔画、规格尺寸的测量。而在实践中有很大一部分鉴定人热衷于印文尺寸特征的比对，这是极度危险的做法。根据现有的仿制手段，将仿制印章制成与被仿印章尺寸一致已不是难事。相反，有些材质的印章老化明显，尺寸变化很大，尺寸特征不稳定，所以应注重同期样本的使用。同时应注重印文的细节特征和时段特征的应用，只有这样才能客观检验，才更具有说服力，更有比对价值。

（七）细节特征比对法

1. 印文字形特征比对

利用电脑制版排版雕刻印章，无一例外地需要使用电脑字库中的文字，字库中的字体多种多样，不同字库的字体种类存在差异。同种字体在不同的电脑操作系统或刻章软件字库中所表现出的字形也会有所差异。字体字形的多样性导致了在不同条件下制作的规格完全相同的两枚印章其印文存在字形差异的可能性。字形特征主要表现在笔画相对位置、钩笔形态、笔画长度等。

除电脑排版制章会产生字体字形差异外，手工雕刻印章本身就存在字体欠规范的弊端，仿制的印章更无法使印文的字体字形与被仿印章保持高度的一致，即使是同一枚印章中的两个相同的文字也会表现不同，因此手工雕刻印章的印面防伪效果是比较好的。

2. 印文徽记特征比对

根据国家法律法规的有关规定，不同机构、不同部门的印章中央刊国徽、党徽、军徽、五角星等不同的徽记图案，并有规格尺寸的要求。还有一些公司在制作印章时中央不刊五角星图案，而是以本公司的企业标识替代。各式各样的徽记图案辅以多种形式的防伪设置，使印文中的徽记图案成为众多细节特征聚集的部分，是印章印文鉴定中不可忽视的重要组成部分。

3. 印文防伪线特征比对

防伪线是印章印面防伪的一种设置，大多是在编辑印文式样时随机加注的细小线条，可以分布于印文的各个部分，在印文中表现出断续的细小露白线痕，或是在边框和五角星图案处设置花式纹路，用以增加印文的细节来加大被仿造的难度。

印文的防伪线特征一度成为印文鉴定中的利器，得到了足够的重视，甚至是过分地依赖于防伪线特征，然而当前的各类印章仿制手法也可以对防伪线进行仿制。也就是说，如今的防伪线特征可以作为印文否定同一的依据，但只能作为印文认定同一的参考，而非最主要依据。

4. 橡胶印章焦融特征比对

橡胶印章焦融特征是在以橡胶为印材并采用激光雕刻法制作的印章中出现的一种制章瑕疵特征。激光器在雕刻中会在印材表面产生高温，若不采取适当的降温措施就会使印面的温度越来越高，使刻制的印文的细小笔画出现焦融现象，导致印文笔画残缺，或出现“笔画中空”和笔画末端缺失等特征。这类特征是随机无规律性出现的，这类瑕疵是特定某一枚印章与生俱来的固有的印迹特征，且无法仿制，因此印章的瑕疵特征在印章印文鉴定中具有较高的利用价值。

5. 修饰痕迹特征比对

任何工艺制作的印章都有可能因人为因素或制章设备问题而出现制章瑕疵，手工雕刻印章是由人工刻制形成的，所以出现的瑕疵也最多。五角星等徽记图案上的刀痕、笔画与边框边缘的凹凸等都可视为制章瑕疵。此外，激光雕刻的橡胶印章也需要人工修饰，边框处的修饰刀痕是较为常见的一类制章瑕疵。这些制章瑕疵是极具个性化的细节特征，是极难仿制或无法被仿制的，在同一认定中应用价值较高。

6. 光敏印章的疵点特征比对

光敏印章是制章工艺较为特殊的一类印章，它是利用光敏技术制作而成，不同于传统的手工雕刻和激光雕刻。激光打印机打印的文稿容易产生底灰，大的底灰颗粒会阻碍光敏材料的曝光，从而在印章表面形成固定的疵点，这类疵点可以形成在印文内部、边框外围等印面体的各个部位。

透明塑料硬膜和光敏曝光机透明玻璃板上出现的污渍或划痕在影响曝光光线时也会在印章印面上产生相应的印迹。此类疵点是制作印章时在各个环节中意外产生的，相对细微，不易引起注意，此类疵点印迹是印章本身所固有的，具有较强的稳定性；又因为此类疵点都比较细小，所以具有隐蔽性。因此，在仿制印章时很难将这类疵点的大小、位置、形态完全复制，具有较强的防伪性。

7. 底纹印迹特征比对

印文留白处线条通常被称作“底纹”，是激光雕刻印章印文中常见的一种印迹特征。底纹线条印迹的产生以及线条的位置、形态是受到多种因素共同影响的，主要有印材种类、印面的平整度、激光器的功率和刻制频率、盖印力度、蘸印印油量和盖印时的衬垫物等。底纹线条印迹会随着印文的浓淡及清晰度的变化而改变，当盖印力度小、印油量少、沉淀物较硬时线痕不出现或出现的范围较小，线痕较浅淡。相反，当盖印力度大、印油量多、沉淀物较软时出现的印迹范围大，线痕深。因此，利用此类特征时需结合印文的浓淡和清晰度来综合判断，以排除仿制的可能。

底纹线条印迹是印章固有的且能够体现刻制特征的一种印迹，可以反映出激光器的刻制方向和频率等，具有较强的个体差异性，且此类特征难以仿制，应用价值较高，可以作为印文同一认定的依据之一。

8. 印文外围系统特征比对

印文的外围系统是指因印章自身结构或附件所导致的在盖印时于印文外围产生的相对稳定的非印文印迹特征的统称。主要包括印章外壳印迹特征、印章外壳上的支撑爪印迹特征以及光敏印章印面体与外壳的间隙漏墨特征等。

通常印文是由边框、文字、徽记等几部分构成。在印文的同一性鉴定过程中通常较重视印章图文的比对，针对印文各组成部分的细节特征和印迹布局特征进行检验。传统的手工雕刻印章以及激光雕刻的橡胶印章、牛角印章等很难在印文边框以外的区域留下印迹，因此长期以来鉴定人员容易忽略印文外围的一些印迹特征点，很少关注印文以外的痕迹特征。近年来，相继出现的原子印章、光敏印章和回墨印章等新型印章都有可能不同程度地出现印章印壳外边框印迹、支撑爪印迹等印文外围区域印迹特征，这些外围特征具有较强的稳定性，可以作为检验依据。

这类印章多是由手柄、内芯、塑料外框和印面体组成，在盖印时印章的外边框与纸面接触，当印章外边框上染有印油或其他污物时就容易在印文边框外围留下印章外壳边框印迹，印章外边框的印迹物质种类以及出现的位置相对稳定，可作为同一认定以及印文形成时间鉴定的主要依据之一。

此外，印文外围出现的塑料边框印迹可以反映出印章外壳边框的规格大小和厚度，印章外边框与印文边框的距离、印章外框圆心与印文圆心的偏差及相对位置关系等，这些都是一枚印章固有的印迹特征，是无法被仿制的，属于印文鉴定中应用价值极高的一类印文印迹特征（图 9-7）。

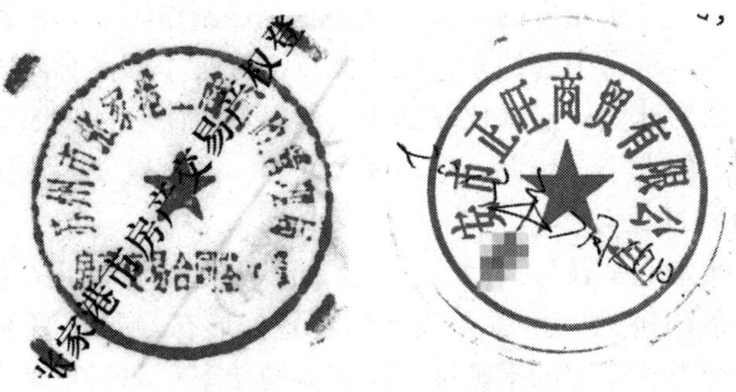

图 9-7　印文外围痕迹特征

9. 印文时段特征比对

印文的时段特征也称历时性特征，是指印章通过印泥（油）等盖印介质所表现出来的，能够反映出印章在不同使用阶段因自身或蘸印等原因而产生的可变性印迹特征。这类特征不但是印文同一性鉴定中价值等级最高的一类特征，而且还是鉴定印文形成时间的重要依据。这类变化特征的表现是多方面的，有印章磨损、缺损、老化而导致的真实性印迹特征，也有印面附着物形成的附带特征，还有印油等盖印介质产生的洇散渗透等变化特征。

无论是利用时段特征进行印章印文同一认定还是鉴定印文的形成时间，最关键的要尽可能全面地收集被鉴定印文的历时性样本，尤其是检材标称时间与怀疑时间的样本材料。只要印文特征明显、样本充分，可变性特征具有明显的规律性，即可确定检材印文的形成时间。况且，这种方法不受盖印时间长短的限制，也不受纸张、印油、保存条件以及人为老化等因素的影响，是一种可信度极高的无损检验方法。

（1）印章磨损特征。印章在长期的使用过程中在外力的作用下与承印载体接触、摩擦，以及在保存和使用过程中发生的磕碰、损坏等都可能在印章印面上产生相应的痕迹，在印文中就会体现出这些永久性无法修复的印迹特征。此外，印章持有者于不同时期在印面上制作的暗记特征，这些特征都是某一枚特定印章所具有的排他性的独特印迹特征。

（2）印文规格特征。有些印章的规格特征会随着使用而发生一定的改变，如印章的直径、线条的长宽等。这类规格性变化归根结底是印章印面老化或与印油反应导致的印章尺寸、形态的变化，所以不同材质印章的可变性与变化范围不同，影响因素也各不相同。如果印章材质内部结构不均或受使用习惯等因素影响，印章的膨缩方向和程度也会有所不同，伴有老化的膨缩具有不可逆性，印面的细节特征也会产生不可逆的变化。

（3）印章附着物特征。印章附着物是指在印章印面上黏着的，在盖印时能够产生相应印迹的杂质，如毛发、纤维、印油颗粒物等。对于蘸印印章而言，印面上很容易产生附着物，其出现的部位、形态具有很强的随机性，这些附着物一般持续的时间不会太长，具有相对的稳定性，可以反映出印章在某个时段内所具有的印面特征和附着物状态，这些可变性印迹特征是无法被复制的，可作为印文同一认定的重要依据。

（4）印文墨迹分布特征。章墨一体的原子印章、光敏印章由于印油的连续使用、挥发、注墨，以及储墨垫孔隙的收缩、堵塞等，往往会导致印油出墨不均，印文笔画变粗，并伴有疵点印迹，其印文总体会反映出从浓到淡、由印迹均匀变为印迹分散、由图文清晰变为图文模糊。尤其是光敏印章因印油使用不当而造成印章垫孔隙堵塞，印迹不清，缺乏色彩，产生油渍洇散的效果。这种洇散具有较强的时段性，其出现的范围由小变大，最终趋于稳定。这些都是无法仿制的印文特征。

利用时段性特征进行同一认定的前提是能够准确判定哪些特征是可变的时段特征，其次是样本印文的选用应尽量收集使用与检材同时段的样本印文或检材怀疑时间段的样本印文进行比对。

四、印章印文同一性鉴定意见的表述要求

从理论上讲，鉴定意见应当是确定性的，要么肯定，要么否定。但在印章印

文鉴定实践中，确实存在由于检材印文的质量或样本印文的数量或质量等客观原因，其反映出的印文特征总和的价值尚不能充分反映出是或非同一枚印章印文的特点的情况。在此种情况下，根据司法实践的需要，鉴定人可依据印文特征反映的客观情况，运用所掌握的专业知识和积累的实践经验，对反映出的印文特征进行综合评断作出不同程度的非确定性意见，即倾向性意见。

当检材与样本印文存在足够数量的符合特征，且符合特征总和的价值充分反映了同一枚印章印文的特点，并且检材与样本印文之间没有本质性的差异点，存在的差异点都能得到合理的解释。这种情况下可以出具明确性的肯定意见，通常表述为“检材印文……与样本印文……是同一枚印章盖印”。

当检材与样本印文存在足够数量的差异特征，且差异特征总和的价值充分反映了不同印章印文的特点，且检材与样本印文没有本质性的符合点，检材与样本印文相同或相似特征点能够得到合理的解释。在这种情况下可以出具明确的否定意见，通常表述为“检材印文……与样本印文……不是同一枚印章盖印”。

当检材与样本印文符合特征占大多数，且符合点的质量明显高于差异点的质量，其特征总和在较大程度上反映了同一枚印章印文的特点，同时检材与样本印文没有显著的本质性差异点，检材与样本印文差异或变化特征基本能够得到合理的解释。这种情况下可以出具肯定程度较高的意见，通常表述为“倾向性认为检材印文……与样本印文……是同一枚印章盖印”。

当检材与样本印文差异特征占大多数，且差异点的质量明显高于符合点的质量，其特征总和极大程度上反映了不同印章印文的特点，检材与样本印文没有显著的本质性符合点，检材与样本相同或相似特征基本能够得到合理的解释。这种情况下可以出具否定程度较高的意见，通常表述为“倾向性认为检材印文……与样本印文……不是同一枚印章盖印”。

当检材印文不具备鉴定条件或样本印文不具备比对条件的，根据检材印文与样本印文的具体情况，经综合评断既不能作出确定性意见也不能作出否定性意见的，应当视为无法确定，通常表述为“无法判断检材印文……与样本印文……是否同一枚印章盖印。”

当委托方或申请鉴定一方声称检材印文是盖印形成的，但是经过鉴定确定是复制形成的，其鉴定意见应表述为“检材印文……与样本印文……不是同一枚印章盖印。”同时应说明检材印文的复制方法。

当委托方或申请鉴定一方声称检材印文是复制形成的，经过鉴定也确定是复制形成的，其鉴定意见应表述为“检材印文……与样本印文……是（或不是）出自同一枚印章”。

鉴定意见的表述应严谨、准确、全面，要简明扼要，且不能产生歧义，虽然印章印文鉴定的目的是鉴别检材印文的真伪，但在鉴定意见中不能出现直接确定案件性质的用语。如“检材印文系伪造形成”等表述方式。

第五节 印章印文伪造、变造方法鉴定

一、伪造、变造印章印文的概念与行为性质

伪造印章，从广义上讲，任何没有制章权限的人通过非法途径制作、仿制他人印章的行为都属伪造印章。伪造印章又分为臆造、一般性仿造和高仿真伪造。

臆造，是凭主观臆想编造不存在个体的印章或只知道被伪造对象的名称而没有真实印章印文作参照的伪造。

一般性伪造，是根据被伪造印章的图文内容、大致规格、布局等形制特征，以某种方式制作成相似的印章的行为。

高仿真伪造，是运用现代办公设备、软件，对被伪造印章的一般性图文特征和细节特征进行精心仿制的行为。一般是直接将被仿制印文作为底稿，利用相机翻拍复制或扫描仪扫描后形成印稿录入电脑，再经图像处理软件进行细微处理、修版，这样就会形成一份高仿印稿，随后选用某种制章工艺进行制作，伪造出的印章印文相似度高，具有一定的迷惑性，也是较难判别的一种伪造形式。仿制时选用的真实印文的质量以及所采用的仿制方法都决定着仿制印章的仿真程度。

变造印章，主要是指将印章中原有的部分文字剔除，改变印章的性质和用途。

伪造、变造印章属违法行为，根据《中华人民共和国刑法》第二百八十条规定：“伪造、变造、买卖或者盗窃、抢夺、毁灭国家机关的公文、证件、印章的，处三年以下有期徒刑、拘役、管制或者剥夺政治权利；情节严重的，处三年以上十年以下有期徒刑。伪造公司、企业、事业单位、人民团体的印章的，处三年以下有期徒刑、拘役、管制或者剥夺政治权利。”刑法中没有规定本罪需要具备任何实际的危害，也没有规定需要产生任何的危险或者威胁，只要伪造了公司、企业、事业单位、人民团体的印章就构成本罪。

二、伪造、变造印章的常见方法及其特点

（一）手工雕刻法伪造印章

手工雕刻伪造分为两种，一种是按照被仿制印章式样写在印材表面刻制图文线条并清底，另一种是将被仿制印文转印在待刻印材表面进行刻制。以手工雕刻的方式仿制印章，对印章的细节特征的雕刻难以精准控制，其仿制的印章也易于鉴别。伪造印章的文字图案线条、棱角等特征会不同程度地与真实印文存在偏差。

（二）树脂版伪造印章

树脂版是一种印刷用版材，分上下两层，下层为版基，上层为药膜层。将印

稿经激光打印机反向打印在硫酸纸上（图文为白色、留白部位为黑色），再将硫酸纸印稿平铺在树脂版的上层，置于暗室利用紫外灯进行曝光。曝光完成后将树脂版放入水中，用刷子刷洗，受紫外感光的药膜层经反应后变硬，而未受紫外感光的药膜层则可以用水和刷子冲洗掉，即完成印章制作。这种伪造仿制的印章盖印的印文线条棱角不强，比较圆滑，笔画线条粗细不均，当冲刷严重时还会出现笔画变细、断裂等情况。在制章工艺自动化的今天已很难见到上述这两类伪造手法，常见的主要有激光雕刻伪造仿制和光敏制章法伪造仿制两种。

（三）激光雕刻法伪造印章

激光雕刻法伪造是利用激光雕刻工艺对被仿制印章进行复制，其印稿通常是按照真实印文式样进行重新排版，然后用激光雕刻制作印章，或者直接将真实印文进行扫描，再进行修版，最后用激光雕刻机雕刻。重新排版制作的印章印文与真实印文在图文排列、布局、大小规格等方面很难达到一致，常出现笔画变钝、变细，甚至出现断笔，边缘不平整现象而且容易使真实印文中挤墨、露白等随机出现的可变性印迹被固化成为仿制印章中稳定的特征。

（四）光敏制章法伪造印章

光敏印章制作是最为便捷的一种制章工艺，其印稿通常是按照真实印文式样进行重新排版，或者直接将真实印文进行扫描，修版后直接利用光敏曝光机曝光。重新排版制作的印章印文与真实印文在图文排列、布局、大小等方面很难达到一致，并且容易使真实印文中挤墨、露白等随机出现的可变性印迹被固化成为仿制印章中稳定的特征。

此外，印章的材质与工艺多种多样，伪造印章的选材与工艺很难与真实印章保持完全一致，因此可以通过印文中所反映出的印材特征与制章工艺特征进行综合判断。

（五）变造印章盖印印文

1. 剔除印章部分文字盖印印文

变造印章主要是指将印章中部分文字用刻刀等工具剔除，只剩所需内容，再盖印印文的行为。除光敏印章外其他类型的印章皆可用这种方式进行变造，经过这种方式变造的印章不易复原。还有的将印章中部分内容进行遮掩，仅盖印出保留的部分，如将专用章中的“合同专用章”、“资料专用章”等文字剔除或遮掩，仅盖印出单位名称以冒充公章使用。

变造印章盖印的印文容易产生布局失调、缺乏美感、空白区域过大等感官特征，此外在印章上会反映出剔刻痕迹，根据剔刻痕迹可辨识出被去除的文字。

2. 遮盖印章部分文字盖印印文

遮盖印章部分文字盖印是指利用纸张或胶带盖住需要隐藏的文字再进行盖印的行为。常见的是将合同专用章、资料专用章等专用印章的名称文字盖住，伪造成一枚只显示单位名称的“公章”。这种印文常出现空白区域过大、布局异常等特点，有的还会反映出遮盖物的印迹或所遮盖文字的残留笔画，或在内边框处形成一个直角露白，或是造成星徽边角缺失等。

三、变造印文鉴别

变造印文是直接在已有的真实印文上对局部内容采用撕裂、粘贴、覆盖等方式变造的印文，如将印文中“资料专用章”字迹用胶带粘除再将他处粘来的“合同专用章”字迹贴于上面来改变印文性质。

四、认定印章印文伪造、变造事实的依据与方法

事物是具有普遍联系又具有独一无二属性的，印章也不例外，仿制印章只会与被仿印章的印文相似度无限地接近而无法达到完全的相同。

（一）印章材质及制章工艺

印文同一性鉴定首先要考虑的就是印章的材质与制作工艺，仿制印章一般会选择容易操作的制章工艺，其选用的印材和工艺很可能与被仿印章不符，其典型性特征可以在印文中体现出来。

（二）印文规格大小

仿制印章时对印文的尺寸很难把握，无论采取何种方式仿制印章都很难使印章的大小规格做得与被仿印章完全吻合，每一道程序的操作都会影响到印文的大小，即使操作精心也难免在诸多环节上产生误差。但是印章的规格是一个可变性的特征，不能完全根据印文的规格尺寸来判断同一性，若印文的横纵直径明显不同，则要考虑仿制伪造的可能。

（三）各类印迹的属性

正常印章的图文边缘一般都较平整，盖印出的印文能够真实地反映出印章的自身特征，每次盖印时因受到盖印力度、衬垫物和蘸取印油等多因素的影响，会导致印文出现挤墨、露白等非本质性随机印迹，可重复性差，各类印文都会有不同的印迹表现。仿制印文时会将这些随机特征制成印章固有的特征，被称为可变性印迹的固化现象，是认定仿制伪造印章的重要依据之一，因此在鉴定过程中要对印文的各类印迹属性进行准确地辨别。

如果检材印文有多枚，可以通过相互比较来找出这样“可变性”印迹的重复再现规律，其位置、大小、形态有无变化，若可变性的印迹重复出现，且无任何变化，即可以作为判定伪造的重要依据。当检材印文只有一枚，就要根据印章制作工艺及印油的特征来判断各类印迹的“虚”、“实”，最为重要的是印文中“挤墨”与“露白”印迹，这两类印迹是随机性分布的细小特征，具有时时变化的特性，“挤墨”主要集中在图文笔画、边框的边缘，“露白”主要分布在图文

笔画中。轮廓清晰、印迹较实的印迹一般是印章印面结构的真实表现。印迹发虚、边缘不清晰圆滑现象可能是印章在盖印时压力轻重不均，或印油等色料蘸印不均所导致的非印章印面结构的真实反映。

（四）印油（自含墨印章）

对于章墨一体的印章（光敏印章、原子印章），其储墨垫中的印油在一段时间内会保持种属的一致性，还会随着使用而出现印迹由浓变淡的变化规律。若检材印文与同期样本印文的印油在种属上出现明显差异，就需要考虑印文是否被仿制或是盖印时间等问题了。

【思考题】

1. 印文特征变化的影响因素有哪些？
2. 印章印文同一认定的步骤和方法有哪些？
3. 印制印文的特征有哪些？

【参考文献】

1. 孙慰祖著：《中国印章：历史与艺术》，外文出版社 2010 年版。
2. 廖庚午主编：《中国现代印章》，群众出版社 2000 年版。
3. 贾玉文、邹明理主编：《中国刑事科学技术大全　文件检验》，中国人民公安大学出版社 2002 年版。
4. 邹明理、杨旭主编：《文书物证司法鉴定实务》，法律出版社 2012 年版。
5. 刘敬杰著：《法庭科学之印章与印文鉴定》，中国政法大学出版社 2015 年版。
6. 贾晓光：《可变性印文特征在盖印时间鉴定中的应用》，载《中国人民公安大学学报（自然科学版）》2004 年第 3 期。
7. 刘敬杰、付琳、仲龙：《印章印文的三级特征论》，载郭宝主编：《第八届全国公安院校刑事科学技术教育论坛论文集》，中国人民公安大学出版社 2014 年版。

第十章‖　朱墨时序鉴定

本章概要：本章主要介绍朱墨时序鉴定的概念和理论依据，不同材料、工具、条件和形成方式的朱墨时序的表观特征，朱墨时序司法鉴定的主要方法和技术要点，系统分析的方法及其应用。其中，朱墨时序的概念和理论依据，不同材料、工具、条件和形成方式的朱墨时序的表观特征和朱墨时序鉴定的主要方法和技术要点是本章的重点，系统分析的方法及其应用是本章的难点。

关键词：朱墨时序　系统检验　显微特征　光谱

第一节　朱墨时序鉴定概述

一、朱墨时序鉴定的概念

朱墨时序鉴定是当前文书鉴定实践中常见的鉴定项目之一。朱墨时序鉴定又称印字先后顺序鉴定，是指利用一定的仪器设备对文书物证系统要素中的印迹（通常指印章印文或指印等）与文字（通常指各种书写工具形成的手写文字、打印或复印工具形成的印刷文字等）交叉部位的墨迹分布状态以及理化特性进行检验和分析，从而判断两者形成的先后次序。

朱墨时序的主要鉴定依据主要有以下三点：

（一）书写或印刷工具、盖印工具的机械作用特征

后者对先者会有或多或少的机械作用。如书写工具书写的字迹、钢印盖印的印文等，对纸张载体及其附着物产生较明显的机械作用，形成压痕或立体字迹；又如静电复印形成印制字迹，对纸张载体及其附着物也会产生一定的机械作用，纸张在机具中运转时会受到挤压，可能一定程度上抚平原有的立体形态。

（二）字迹墨迹与印文墨迹的相互作用特征

后者对先者会有相溶或者相斥的相互作用。印文和字迹的色料总体上分为水溶性和油溶性，如墨水笔色料、钢笔色料、喷墨打印色料等多含水溶性成分，如

油墨圆珠笔色料、印油色料、印泥色料等多含油溶性成分。相溶的色料之间发生互溶和相互渗透，水溶性色料之间的相互作用比油溶性色料之间更为明显、快速。不相溶的色料之间相互排斥，色料附着困难，在墨迹分布形态上表现为色料浅淡、变细、有斑驳感，在先有油性色料后有水性色料的情况下，这种现象表现得尤为典型。一般来讲，先者的形态较完整，交叉部位和非交叉部位的墨迹分布协调一致。

（三）字迹墨迹与印文墨迹的覆盖层次特征

后者会对先者有覆盖作用。先者的色料在纸张表面上附着，形成一层色料膜，后者的色料又在前者的表面上附着，覆盖了一层色料膜。由此可见，通过对交叉部位处色料层次的检验，可以推断印字先后：内层色料形成在先，外层色料形成在后。

二、朱墨时序鉴定的意义

印章在我国被普遍使用，政府、企事业单位等机构颁布文件、签订合同、出具公证等公务往来中形成的正式文件，都有直接加盖公章确认或签名后再加盖公章确认的要求。个人之间的民间借贷、遗产继承等活动中形成的重要文件，也有签名后加盖私章或捺印指纹的传统习惯。因此，印字之间形成的先后顺序鉴定，也就是朱墨时序鉴定，往往成为判断文件真伪的主要手段。正常情况下，在文书落款处或在文书的重要内容上加盖印文，表示对文书内容的认可，其形成的顺序应为先形成文字后盖印，通常称为“常序”；而先盖印后形成文字的文书内容，则存在利用真实印文伪造或变造的可能，该份文书内容的真实性值得高度怀疑。在司法实践中，结合当事人对文书形成过程的陈述，朱墨时序鉴定意见往往成为证明当事人陈述是否真实可信的直接证据。

朱墨时序鉴定解答了印迹和字迹的先后顺序问题，朱墨时序鉴定的作用和意义却远不止于此。首先，朱墨时序的鉴定意见是判断文书物证真实性的重要依据之一；其次，朱墨时序鉴定能帮助还原文书物证的形成过程；最后，朱墨时序鉴定还能为文书上印章印文的真实性、文书物证的形成时间甄别等提供线索。

三、影响朱墨时序鉴定的客观因素

朱墨时序鉴定的效果取决于印文和字迹墨迹之间的层次是否明显，以及墨迹分布的相互影响是否显著。层次越明显，立体感越强，越容易检验；理化性质差别越大，对墨迹分布的相互影响越显著，越容易检验。反之，如果层次不明显，理化性质趋同，相互溶合或渗透严重，则检验难度大。影响因素有以下几个方面：

（一）色料附着量的大小

总体上讲，色料附着量的大小对判断时序关系影响较大。色料附着量过大、过浓，可能会出现明显的洇散或者积墨现象，致使理化性质相近的印字交叉部位发生互溶，不利于检验和分析；色料附着量过小、过淡的印文或字迹，可能会出现断断续续的分布状态，交叉部位的墨迹区域小、色料少，也增加了分析和判断的难度。如果不考虑色料之间的互溶因素，色料越浓，层次越明显，检验难度越小。

（二）色料的性质

从各种色料的性质来看，一般分成两种：一种是油溶性色料，一般需要通过摩擦力或压力在纸张表面堆积、黏附，在纸张施胶层的上面，层次分明，形成一层印迹膜。一般像手写字迹、印制字迹、印泥印文等的色料都属于这类，形成的印迹层较厚实。另一种是水溶性色料，无须较大的摩擦力和压力，就能快速渗透到纸张纤维中，印文字迹无立体层次感，纸张表面基本上不形成色料堆积。一般像钢笔字迹、签字笔字迹、喷墨打印机字迹等的色料都属于这类。这类色料形成的印迹层比较单薄。

（三）间隔时间的长短

一般来说，印文和字迹的形成时间间隔越小，检验的难度越大。这是因为油墨或墨水色料如果有充足的时间挥发、变干、成形，再在上面施加另外一层油墨或墨水，分层会比较明显，有利于检验。

文书的形成时间与鉴定时间的间隔越大，检验难度越大。文书制作形成之后，相溶的色料之间仍然不断地发生着相互溶解和渗透，因此，文书制作形成之后经历的时间越长，检验难度越大。

（四）作用力的大小

作用力主要指的是盖印压力和书写压力。就盖印压力而言，盖印压力越大，印文色料越浓，与纸张纤维的结合度越好，形成的印迹膜越厚，有助于朱墨时序的检验鉴定。但是，在先字后印的情况下，如果压力过大，会减弱书写压痕的立体感，也容易将印文色料挤压到书写压痕内，与先印后字的特征相混淆，而使检验变得困难。就书写压力而言，在先字后印的情况下，书写压力大，容易形成较深的压痕，在盖印印文时，印文易在压痕处中断，形成比较明显的时序关系特征；在先字后印的情况下，书写压力大，印文色料容易被书写工具拖带而形成表明时序关系的特征。因此，作用力越大越有利于检验。

（五）纸张的特性

纸张越厚，表面越光滑，书写工具留下的压痕越明显，交叉部位的墨迹立体分布特征越明显；纸张的渗透性越差，在纸张表面容易形成较厚的印迹膜，因此分层现象比较明显，检验难度较小。

（六）文书制成方式

印刷字迹对载体及其附着物的作用力很小，而手写字迹对载体及其附着物的作用力相对较大。手写字迹容易形成明显的书写压痕，立体感强，一般有明显的立体分布特征。印制字迹中，静电复印的立体感较明显，有层次感，可从层次上进行判断；而喷墨打印无立体感，无层次感，较难从层次上进行判断，而要仔细观察交叉部位墨迹的色泽、光泽的变化。

第二节　朱墨时序鉴定依据的表观特征

不同材料、工具、条件和形成方式的朱墨时序，其印字交叉部位的表观特征各具特点。

一、印文与手写字迹交叉部位的表观特征

手写字迹一般是用书写工具书写形成，常见的书写工具有油墨圆珠笔、滚珠墨水笔和钢笔等。一方面，书写工具使纸张等载体上先于字迹形成的墨迹产生或多或少的形变，如笔画处的压痕、印文墨迹的擦刮等。同时，书写工具在纸张等载体上形成的笔画压痕又会对后于字迹形成的印文墨迹分布产生影响。另一方面，印文墨迹和手写字迹的墨迹之间存在相互作用，如水性墨迹材料和油性墨迹材料之间相斥。先形成的墨迹在形态上更完整、附着量较大；后形成的墨迹往往有间断、附着量较少。

（一）印泥印文与手写字迹交叉部位的表观特征

印泥为油溶性色料，渗透性差，延展性好，主要依靠压力和摩擦力附着在载体表面。

1. 印泥印文与油墨圆珠笔形成的朱墨时序特点

油墨圆珠笔，主要依靠与纸张之间的摩擦出墨，通常书写工具与纸张之间的压力较大。油墨墨迹色料为油溶性，延展性好，渗透性差。

先印后字的交叉部位，印文墨迹犹如在纸张上增加了一层薄膜，阻碍了字迹色料与纸张载体之间的摩擦，利用书写工具在此类书写载体表面上书写，容易打滑，附着力较差，常出现笔画变细、着墨浅淡的现象。先字后印的交叉部位，印文在笔画压痕处容易出现间断，尤其是笔画压痕底部的纸张纤维不容易着墨，常出现露白。需要注意的是，交叉部位墨迹分布状态，应分别结合印文墨迹和字迹墨迹的整体分布状态进行综合分析。

2. 印泥印文与钢笔字迹形成的朱墨时序特点

钢笔的笔尖不同于滚珠，利用毛细结构出墨，对纸张的压力和摩擦力较小；钢笔墨水一般为水溶性，渗透性好。

先字后印的交叉部位，钢笔水溶性的墨迹先渗入纸张纤维内，而后盖印的印文基本不会受到字迹墨迹的影响。在显微镜下可观察到字迹笔画完整，交叉部位与非交叉部位的笔画墨迹分布一般无明显区别。

先印后字的交叉部位，印泥印文墨迹在纸张表面附着，形成一层油性膜，阻碍了纸张纤维对字迹墨水的渗透和吸收；由于油和水的不相溶性，使钢笔字迹笔画在印泥墨迹上难以着墨，而出现中断的现象。钢笔墨水字迹经过有印泥的地方有笔画呈斑驳状的现象，只有极少量的墨水附着，与非交叉部位相比，交叉部位的字迹笔画有明显的变细和中断、残缺的现象。

3. 印泥印文与签字笔字迹形成的朱墨时序特点

签字笔笔尖为滚珠，主要依靠与纸张之间的摩擦出墨，通常书写工具与纸张之间的压力较大。墨水多为水溶性色料，渗透性较好。

先印后字的交叉部位，印文墨迹犹如在纸张上增加了一层薄膜，阻碍了字迹色料与纸张载体之间的摩擦，也阻挡了纸张纤维对字迹色料的渗透和吸收，利用书写工具在此类书写载体表面上书写，容易打滑，附着力较差，常出现笔画变细、着墨浅淡的现象。先字后印的交叉部位，印文在笔画压痕处容易出现间断，尤其是笔画压痕底部的纸张纤维不容易着墨。同样，交叉部位墨迹分布状态，应分别结合印文墨迹和字迹墨迹的整体分布进行综合考虑。

先字后印的交叉部位，由于签字笔墨水是水溶性的，而印泥印文是油溶性的。油水的互斥性，使交界处墨迹出现大片空白。相对于圆珠笔和钢笔来说，签字笔墨迹与印泥印文的油水互斥性最为显著。原因有二，一是在有印泥部位签字笔墨水难以附着；二是签字笔笔头的小球珠上黏附的残余印泥影响了签字笔的出墨，所以易产生大片的笔迹空白和中空现象。

（二）印油印文与手写字迹交叉部位的表观特征

印油多以有机颜料为主，质地轻薄，渗透性好，纸张纤维容易吸收，主要依靠接触、渗透附着在载体表面。

1. 印油印文与油墨圆珠笔字迹交叉部位的表观特征

先字后印的交叉部位，字迹笔画完整，交叉部位和非交叉部位的字迹墨迹分布基本无异，在笔画沟痕处印文出现的间断现象不太明显，原因是印油渗透纸张纤维，使得沟痕处的中断被填充。

先印后字的交叉部位，印油渗透到纸张纤维中，不利于字迹油墨的附着。若印文墨迹附着量较大，可见明显的油水相斥作用，笔画墨迹附着的密度显著降低，呈现点状或斑驳状，只有薄薄的一层附于印油墨迹之上。

2. 印油印文与钢笔字迹形成的朱墨时序特点

先字后印的交叉部位，印油的附着会使字迹颜色产生变化，并有向四周扩散的现象，但是字迹笔画完整，无中断现象。

先印后字的交叉部位，由于两者均具有一定的渗透性，使得笔迹的中间部分即钢笔在笔尖出水中缝处首先渗出的墨水能在印油部位少量附着，但是由于印油的存在，阻碍了钢笔墨水在纸面的洇渗，使得墨水无法像在纸面上一样纵深扩散，结果造成在印油与字迹的交界处笔画明显的变细特征。

3. 印油印文与签字笔字迹形成的朱墨时序特点

先字后印的交叉部位，字迹完整，笔画厚实，交叉部位和非交叉部位的字迹墨迹分布无明显变化。交叉部位的色泽、光泽与印文接近。

先印后字的交叉部位，签字笔笔迹在笔画变细和附着密度降低的基础上，还会出现中空现象。原因是笔头小球珠直接与纸张接触，在有印油附着的部位，由于印油的存在减弱了墨水在纸张上的吸附力，加上笔头小球珠的挤压力，使得同为水性物质的墨水往两侧流动，形成中空状的现象。

二、印文与印制字迹交叉部位的表观特征

现代办公设备大大提高了工作的效率，涉及打印字迹、复印字迹、传真字迹的朱墨时序鉴定越来越多见。按照工作原理与方式，主要分为静电印刷和喷墨打印。

（一）印泥印文与印刷字迹交叉部位的表观特征

1. 印泥印文与静电印刷字迹交叉部位的表观特征

静电印刷字迹的墨迹材料主要是墨粉，墨粉经热压定影后易成膜，一般色料附着层较厚，覆盖力较强。先字后印的交叉部位，字迹墨迹较为完整，而印文附着量较小，出现中断、变细、变浅的现象；显微镜下观察，与非交叉部位的字迹墨迹相比，交叉部位的字迹墨迹的色泽变暗，光泽变得明亮，可见明显的油光。先印后字的交叉部位，字迹墨迹材料覆盖印文墨迹，与非交叉部位的字迹墨迹相比，交叉部位的字迹墨迹色泽变化不大，若印文色料附着量大，字迹墨迹不易着墨，个别交叉部位有断笔现象；部分交叉部位的印文色料可被字迹色料完全覆盖，印泥与墨粉的立体层次感较强。

2. 印泥印文与喷墨打印字迹交叉部位的表观特征

喷墨打印字迹的色料多为水溶性色料，无立体感，覆盖效果一般。先字后印的交叉部位，与非交叉部位的字迹墨迹相比，可见部分打印字迹墨迹被印文墨迹材料覆盖，色泽变浅，色料量大的部位可见光泽变明亮，有少许油光。

先印后字的交叉部位，与非交叉部位的字迹墨迹相比，由于打印墨水是一种水溶性色料，印泥色料却是油溶性的，油水的相斥作用导致先印后字交叉部位的文字缺笔少画现象较为明显；断笔处，红色印泥物质浮于纸面表层。

（二）印油印文与印刷字迹交叉部位的表观特征

1. 印油印文与静电印刷字迹交叉部位的表观特征

先字后印的交叉部位，印文印油色料覆盖在墨粉印迹之上，显微镜下观察，可见交叉部位字迹墨迹上略带红色光泽。静电印刷的字迹墨迹上经常有微孔，有时还能清楚观察到微孔处的红色印油。

先印后字的交叉部位，文字笔画完整，无缺损断笔现象，能表现出墨粉的黑色光泽。这是因为水溶性的印油一旦与纸张表面直接接触，毛细作用使其完全渗

透进纸张纤维内部，并很快干燥固化，固化后的纸张表面性状几乎没有任何改变。所以，再打印文字时，交叉部位与其他部位的表观特征无明显差别。

2. 印油印文与喷墨打印字迹交叉部位的表观特征

打印墨水与印油均是水溶性的色料，两者物理性质相近且均属于渗透能力较强的物质，所以形成顺序不同时，交叉处的空间立体层次特征无明显差别。当放大倍率足够大时，可观察到明显的表面色泽差异。

先印后字文件中，交叉部位为黑色且无明显光泽。先字后印文件中，交叉部位由于文字墨迹的上面覆盖了一层红色印油，呈现出深红色的光泽。

三、钢印印文与字迹交叉部位的表观特征

钢印印文对纸张纤维的作用力相当可观，可使纸张发生显著形变。不论是手写字迹还是印刷字迹，不论是先字后印还是先印后字，在印字交叉部位均发生显著的形变。

（一）钢印印文与手写字迹交叉部位的表观特征

先字后印的交叉部位，字迹笔画完整，与非交叉部位的笔画墨迹分布相一致，无明显洇散现象，笔画走向平稳。显微镜下观察，钢印印文的边缘处，纸张纤维有拉扯痕迹，字迹墨迹也会出现龟裂现象。

先印后字的交叉部位，由于纸张发生明显的高度变化，书写工具运行到钢印印文处，高度突变，笔画走向发生突变，字迹笔画有明显断裂。不同高度的纸张纤维形成夹角，如笔尖较粗，则夹角底部不易着墨，如笔尖较细，则夹角底部容易有墨迹堆积；水溶性墨迹还会有明显的洇散现象，笔画边缘不平整。

（二）钢印印文与印制字迹交叉部位的表观特征

先字后印的交叉部位，字迹笔画完整，无洇散现象，笔画走向平稳。显微镜下观察，钢印印文的边缘处，纸张纤维有拉扯、断裂的痕迹，字迹墨迹也会出现龟裂现象，但纸张纤维与墨迹的结合度较好。

先印后字的交叉部位，由于纸张需要在机具上转印，钢印印文的立体感会受到一定程度的影响。水性墨迹会出现洇散现象，静电印制墨迹则较为完整，即使在纸张纤维断裂处也能附着。

第三节 朱墨时序鉴定的主要方法

一、显微镜检验法

在当前文书司法鉴定实践中，朱墨时序的鉴别仍然是热点和难点问题。目前主要采用显微镜检验的方法，它具有无损、直观等优点。但由于形成各种机制文

字、手写字迹的工具和印章盖印色料的种类较多，各种印文与文字交叉部位的显微特征表现不一，鉴定实践中难以准确把握，容易出现鉴定意见分歧。因此，研究朱墨时序的鉴别方法，特别是系统研究印字交叉部位显微特征在朱墨时序鉴别中的应用就十分必要。

（一）常用的显微镜

1. 光学显微镜

根据光学显微镜的原理、结构和用途，可分为体视显微镜、测量显微镜、荧光显微镜、激光共聚焦显微镜等。

（1）体视显微镜。又称实体显微镜或解剖镜，是一种具有正像立体感的目视仪器。双目镜筒中的左右两光束具有一定的夹角——体视角，一般为12°到15°，因此成像立体感强。同时，具有较长的工作距离，是适用范围非常广泛的常规显微镜。

（2）测量显微镜。采用透射、反射的方式对客体的长度和角度做精密测量。工作台除做x、y坐标的移动外，还可以360度旋转，亦可进行高度方向的z坐标的测量。

（3）荧光显微镜。以紫外线为光源，用以照射客体，使之发出荧光，然后在显微镜下观察物体的表面形态、荧光分布状态的一种显微镜。主要有体视荧光、材料显微荧光和视频光谱仪。

（4）激光共聚焦显微镜。用激光作为光源，采用共轭聚焦原理和装置，并利用计算机对客体进行数字图像处理观察、分析和输出。其特点是可以对样品进行断层扫描和成像，进行三维空间结构的无损观察和分析。

2. 电子显微镜

电子显微镜与光学显微镜的成像原理基本一致，所不同的是前者的光源是电子束，后者是电磁场。电子显微镜主要分为透射电镜和扫描电镜两大类。

（1）透射电镜（Transmission electron microscope，TEM）。由电子枪发射出来的电子束，在真空通道中沿着镜体光轴穿越聚光镜，通过聚光镜将其汇聚成一束尖细、明亮而又均匀的光斑，投射到非常薄（50μm左右）的客体上，透过客体后的电子束携带客体内部的结构信息，经过物镜的会聚调焦和初级放大后，电子束进入下级的中间透镜和投影镜进行综合放大成像，最终被放大了的电子影像透射在观察室内的荧光屏板上，荧光屏将电子影像转化为可见光影像，供使用者观察。电子与客体中的原子碰撞而改变方向，从而产生立体角散射。散射角的大小与客体的密度、厚度相关，因此可以形成明暗不同的影像。

（2）扫描电镜（scanning electron microscope，SEM）。由三级电子枪发出的电子束经栅极静电聚焦后成为电光源，在加速高压下，经过电磁透镜所组成的电子光学系统。利用聚焦得到孔径角较小的高能电子束在客体上扫描，激发出二次电子、俄歇电子、特征X射线等信号，这些信号被不同的接收器接收，经放大后显示成像，荧光屏的亮度与激发后的电子能量成正比。与普通光学显微镜不同，放大倍率是通过调整扫描区域的大小来控制，通常工作距离为 5mm 到 10mm。

选择合适的显微镜及其观测条件是提高鉴定准确性及效率的根本保证，建议体视显微镜与高放大倍率的材料显微镜结合检验。

（二）显微镜检验中应注意的技术要点

1. 放大倍率

物镜一般有 5 倍、10 倍、20 倍、50 倍、100 倍、150 倍多档可选，通常物镜选择 20 倍、50 倍较合适。

2. 观察方式

一般有 H、D（明场、暗场）两种观察方式。针对不同情况的检材，选择适当的观察方式，可得到理想的检测效果。明场照片能清晰显示色料之间色泽和光泽的变化情况。暗场照片能清晰显示色料之间显微分布状态，覆盖关系。

3. 共聚焦技术

共聚焦显微镜最大的优点就是可以只检测一个聚焦平面的信号。样品聚焦平面和检测器（光电倍增管）之前均有一个针孔，针孔的设置可以有效地滤除非聚焦平面的信号，增加显微镜的信噪比。激光扫描显微镜能够逐点和逐行对样品进行扫描，最终根据像素信息形成一个高对比度和高分辨率的图像。通过逐层对样品扫描并把每一层的图像组合成一个整体，激光扫描显微镜能够对样品进行三维分析。

在朱墨时序检验中，利用共聚焦技术可将高放大倍率的各分层检验的图像进行组合，得到清晰的显微图像。共聚焦技术可以呈现朱墨交叉部位的三维图像信息，帮助判断朱墨时序。

4. 同轴光（pol. RL）和偏振光

同轴光源能够均匀照射物体表面，突显物体表面不平整，克服表面反光造成的干扰，主要用于检测物体平整光滑表面的碰伤、划伤、裂纹和异物。同轴光和偏振光的结合应用，可以观察色泽的变换及表面墨迹分布，也可以观察墨迹表面的印泥刮擦痕迹。

二、荧光检验法

在光致发光中，能发光的物质都涉及两个重要的特征光谱，即激发光谱和荧光光谱。激发光谱反映荧光物质受到不同波长激发光激发后发光的相对响应效率，反映其自身辐射波长随激发波长的变化关系。荧光光谱，又称发射光谱，是荧光物质在某固定波长的激发光激发下，荧光强度随荧光波长变化的分布关系。荧光强度是反映荧光物质发光的强弱，也是区别荧光物质的重要参数。每一个荧光物质，至少有一个荧光特征光谱，通过考察荧光物质在不同波长激发光激发下发光的强弱，可以获得最佳的激发光谱特征峰，激发最强的荧光效果。如果能准确把握不同文书材料的荧光特征（包括激发光谱、荧光光谱及吸收光谱特性等），通过利用同一份文书上不同物质材料荧光特征的差别，正确选择激发光谱以获得某一文书物质材料的最佳荧光效果，可以为鉴别可疑文书的性质、状态及真伪等提供一种准确、可靠的方法。

由于荧光检验法是一种无损检验方法，且检验结果直观，因此在文书司法鉴定实践中得到了广泛的应用。朱墨时序鉴定中涉及三方面的文书物质材料：纸张、印文色料和文字色料，三种材料的荧光光谱不尽相同，如大多数的打印纸、复印纸和书写纸的荧光主要在长波紫外线和蓝色波长范围内，根据斯托克斯定律则可选择短波紫外线或长波紫外线作为激发光源；普通的印泥、印油材料的荧光主要在橙色、红色波长范围内，则可在紫外线到黄色波长范围内选择激发光源；蓝黑墨水、纯蓝墨水及多数染料类的中性墨水的荧光光谱主要在红色、极红区域，也可在紫外线、可见光波长范围内选择激发光源。目前，在文书司法鉴定中常见荧光检验方法主要有两种，一是视频荧光光谱检验法；二是显微荧光检验法。

（一）视频荧光光谱检验法

朱墨时序的视频荧光光谱检验法是借助视频光谱仪（又称文检仪），根据印字交叉部位纸张、印文色料和文字色料荧光特征的变化规律，对两者形成的先后顺序进行鉴别的专门技术。在朱墨时序鉴定中，借助视频光谱仪可以进行以下两方面的检测和分析：一是运用文检仪器中的视频荧光检验和光谱检测功能，研究纸张、印文色料、文字色料的激发光谱和荧光光谱特性；二是运用文检仪中的视频荧光检验功能，检测和分析印字交叉部位荧光特征的变化规律。

印文色料与文字色料形成的先后顺序不同，其中发光的色料由于受到另一色料的影响，导致交叉部位发光色料在荧光的连贯性、荧光强度及荧光色料的分布上呈现不同的变化规律。根据印字形成过程，其变化的一般规律是：如果先形成发光色料（印文或文字），虽然其笔画或线条是完整的，但由于受到后形成色料的覆盖影响，可能导致发光色料的荧光在交叉部位出现中断、荧光强度明显减弱等现象；后形成的发光色料（印文或文字），由于受到先形成色料的影响，加上笔画或线条色料的分布往往不均匀，其荧光强度会受到影响（通常会出现明显减弱的现象），荧光色料的分布会出现不同程度的变化，如果笔画或印文出现中断现象，那么被激发的荧光在交叉部位也会出现中断现象等。

1. 静电印制文字与印文交叉处荧光特征

在515-590nm激发光的照射下，纸张基本不发光，印文色料发出较强荧光，文字色料不发光。先印后字时，由于印文表面被碳粉墨迹覆盖，墨迹完全不透过激发光，被掩盖的印文不能发光，因此交叉部位印文线条荧光不连续，出现中断现象。先字后印时，印文色料覆盖在该文字笔画上，直接受到激发光的照射，能发光，但是由于印文色料与文字交叉部位和不交叉部位背景材料不同（交叉部位背景为文字色料，非交叉部位为纸张)，两部分背景材料本身对激发光的吸收程度不同，同时两者表面的平整程度及对印文色料的吸附能力也不相同，导致两部分印文色料的粒子分布密度也不相同。以上两种因素的综合作用，使得先字后印时，交叉部位印文色料虽然能发光，但发光的强度受到比较明显的影响，出现荧光强度变弱的现象，有时候这种现象会非常明显，以至于从原图上难以识别出与先印后字导致的印文色料不发光现象的区别。

2. 手写字迹与印文交叉处荧光特征

举例来说，文书纸张较薄，印文色料为普通印油且有明显渗透，文字为复写纸色料的情况下，利用文检仪对手写字迹与印文交叉处荧光特征进行检验。在激发光照射下，可疑文书纸张不发光；印文色料也不发光，对激发光有一定程度的吸收；文字色料由于受印油渗透的影响，与印油交叉部位的笔画颜色已经明显减弱，但仍能被激发出较强的荧光。

正面检验可以观察到，印字交叉部位由于覆盖的印文色料对激发光的大量吸收，导致被掩盖的文字基本不发光，而未交叉部位则明显发光；从背面检验可以观察到，由于文书纸张较薄，激发光能大量透过，文字色料被激发出较强的荧光，与未交叉部位的荧光相近，与正面的现象明显不同。视频荧光检验法在朱墨时序鉴定中确实有一定的效果，能较客观地反映出印字交叉部位印文或文字色料荧光特征的变化规律，为最终确定朱墨时序提供可靠的依据。同时也观察到，由于文检仪的放大倍率有限，加上纸张、印文色料、文字色料荧光特征的复杂性，交叉部位荧光特征的变化规律有时并不能清晰识别，虽然运用图像处理技术一定程度上可以提高检验效果，但毕竟受光学放大倍率的限制，再加上该仪器只能观察到交叉部位荧光的黑白图像，不能观察到荧光色料的颜色，因此对交叉部位荧光色料的反映并不全面，而显微荧光检验法则正好可弥补这一缺陷。

(二) 显微荧光检验法

显微荧光检验法，是利用显微镜的荧光检验功能对印字交叉部位印文色料与文字色料荧光特征的变化规律进行鉴别的专门技术。荧光显微镜与普通光学显微镜的不同主要体现在增加了两套系统：一是滤光系统，二是荧光光源，这也是决定显微荧光检验效果的核心要素。为了获得特定波长的激发光和观察到清晰的荧光图像，荧光显微镜比普通显微镜增加了两组滤光片，第一组处于光源和样品之间，称为激发光滤色片，只允许有那些能激发荧光色料发光的特定波长的光通过；第二组位于物镜和目镜之间，称为截止滤光片，目的是阻止激发光通过，仅让所发出的荧光通过。为了提高荧光强度，荧光显微镜均要配置一组专门的激发光源，以获得更高强度的激发光，多数荧光显微镜以高压汞灯为激发光源，也有以激光为激发光源的，以获得高强度、高单色性的激发光。除上述两方面外，荧光显微镜在其他方面与普通显微镜无明显差别，但为了获得高质量的荧光图像，应尽量配置高质量的物镜。在朱墨时序鉴定中，显微荧光检验法是普通显微检验法的一种很好的补充手段，特别是交叉部位印文和文字色料的色泽和光泽变化或覆盖关系在显微检验中难以准确识别时，显微荧光检验法对于分析和识别印文与文字色料之间的分布关系往往有特别的效果。一般的荧光显微镜激发光多为长波紫外光或紫蓝光，能有效地激发绝大多数纸张和部分印文材料发出荧光。荧光显微镜的荧光激发效率较高，它不仅能观察印字交叉部位发光色料的荧光强度的变化情况，还能观察到荧光颜色及色料粒子的分布状态。

（二）荧光检验技术要点

综上研究表明，荧光检验法（包括视频荧光检验法和显微荧光检验法）在朱墨时序鉴定中确实有明显的效果，可以作为普通显微检验法有效的补充手段。由于朱墨时序鉴定中，不同纸张、文字色料和印文材料的荧光特征不尽相同，加上形成文字和印文的材料种类复杂，要想获得理想的荧光检验效果，一方面，要求鉴定人平时应注意不断研究积累，熟练掌握不同文字色料和印文材料的荧光特征及其变化规律；另一方面，在针对具体案件的朱墨时序鉴定时，还要能熟练掌握荧光检验中的技术要点，具体来讲，应注意以下几方面的技术要点：

1. 激发光源的选择

荧光检验中，要想让被检验的文书材料发光，理想的激发光源是前提。而理想的激发光源，应该是高强度、高纯度而热效低的光线，以保证被检验物质在尽量少的干扰光的情况下吸收足够的能量而发光。文检仪和显微镜常用的光源有紫外灯、白炽灯、卤钨灯、氙灯、高压汞灯等，用于激发荧光的光源通常为大功率的高压汞灯。同时，还可选择多波段的强光源或激光作为外接光源，这些专门的照射光源，本身就能提供不同波长的高强度和高纯度的光源，是文检仪和显微镜照明光源的很好补充。此外，显微镜光路系统中照明光源的调整也非常重要，最佳的照明状态应该是明亮、无眩光、视场照度均匀，如果效果不佳多是聚光镜和视场光栅不正确的调校所致，因此平时应注意对显微镜照明系统的调校维护。

2. 激发和压制滤光片的选择

朱墨时序鉴定荧光检验的目的，是观察交叉部位印文色料或文字色料荧光特征的变化规律，因此，为了获得理想的观察效果，检验时就应当根据具体纸张、文字、印文的荧光特征，科学选择激发和压制滤光片，尽量抑制纸张的荧光，让印文色料或文字色料中需要重点观察的材料发光。如怀疑为先字后印的，应抑制纸张和文字的荧光，重点观察文字表面印文色料荧光的分布状态及强弱变化；如怀疑为先印后字的，应尽量抑制纸张和印文的荧光，重点观察印文表面文字色料荧光的分布状态及强弱变化。如果印文和文字色料均能发光，且荧光波长范围不同时，应通过选择合适的激发和压制滤光片，分别单独让其中一种色料发光或让两者荧光有显著差别，再综合分析印文和文字色料荧光特征变化情况。

3. 放大倍率的选择

朱墨时序鉴定中，为了准确把握交叉部位印文或文字色料微观分布及荧光强弱变化，需要在不同放大倍率下状态进行综合观察。目前，视频光谱仪的光学放大倍率一般在30倍左右，通常只能观察交叉部位荧光的宏观变化情况；而荧光显微镜的放大倍率与普通显微镜一样，从几十倍到上千倍，可以更加微观地观察交叉部位荧光色料的变化情况，并提高荧光的发光效率。但由于受到景深的限制，过高倍率的荧光图像反而分辨率不高且视场过小，难以获得清晰的荧光图像，研究表明，一般理想的观察倍数在200-500倍。

4. 共聚焦等图像处理技术的综合运用

由于朱墨时序鉴定中，交叉部位受纸张、印文、文字三种材料的相互影响，发出的荧光往往都要比未交叉部位弱，在文检仪或显微镜下观察有时并不能清晰辨识，直接获取的检验图片中荧光特征反映也不够明显，这时需要运用图像处理技术，对获得的荧光图片进行适当的处理，以更清晰地显示交叉部位的荧光特征。此外，在显微荧光检验中，当放大倍率较高时，由于景深的限制，往往只能获得不同景深的局部清晰图像，运用共聚焦处理技术，可以将不同景深的图片合成一幅清晰图像，这与普通显微检验中运用共聚焦技术的效果一样。

三、检测仪器检测法

借助专业光谱或能谱检测仪器可对朱墨交叉部位的光谱特性和物质成分进行检测分析，显微分光光度计、激光拉曼光谱仪、显微红外光谱仪和扫描电镜能谱仪等，可以实现微区、非破坏、原位检测，在朱墨交叉不够充分、交叉部位面积较小时，对显微镜检验法是相当有益的补充，显微镜检验法和仪器检测法相结合，可为朱墨时序提供充分的判断依据。

（一）显微分光光度计（Micro-Photometry、Micro Spectrophotometry）

显微分光光度计是20世纪60年代中期出现的分析仪器，它将显微镜技术与分光光度计结合起来，它可以对微小物质的观察、测量区域运用光学方法分析，并对该区域的各种光学特性，如吸收、反射、透射、荧光光谱特性进行测定，可用来分析样品细微结构中的化学成分，同时进行定位、定性和定量，具有微量、非接触性、非破坏性、原位检测的优势。

不同物质的结构和表面形态不同，对某些波长光的吸收、反射、透射和荧光反应不同。物质对入射光按波长进行选择吸收，这是由该物质的化学结构决定的。因此，入射光经过不同化学结构的物质时，发生选择吸收、反射和散射之后，再进入分光光度计，经过单色器后，再经过相应的光电转化器，得到该物质的吸收光谱图。

文书物证上朱墨交叉部位的表面物质接受光照后，产生反射、吸收、激发荧光等光学现象。利用显微分光光度计的显微镜部分可以清楚观察到朱墨交叉部位的微观特征，同时，还可以测量该部位的各种光学特性。通常情况下，除了检测朱墨交叉部位的墨迹外，还需要对单纯文字墨迹和印文墨迹进行检测，比较朱墨交叉部位的吸收光谱图（或反射光谱图）与单纯文字墨迹和印文墨迹中的哪一种更接近，从而帮助判断朱墨时序。

（二）激光拉曼光谱仪（Raman spectroscopy）

光照射到物质上发生弹性散射和非弹性散射。弹性散射的散射光是与激发光波长相同的成分，非弹性散射的散射光有比激发光波长长和短的成分，通称为拉曼效应。当用波长比试样粒径小得多的单色光照射气体、液体或透明试样时，大部分的光会按原来的方向投射，而一小部分则按不同的角度散射开来，产生散射光。在垂直方向观察时除了与原入射光有相同频率的瑞利散射外，还有一些列对称分布着若干条很弱的与入射光频率发生位移的拉曼谱线，这种现象称为拉曼效应。由于拉曼谱线的数目、位移的大小、谱线的长度直接与样品分子振动或转动能级有关，因此，与红外吸收光谱类似。对拉曼光谱的研究，也可以得到有关分子振动或转动的信息。

激光拉曼光谱仪是激光引入拉曼光谱技术的产物，其工作原理是：拉曼光谱的数目、位移的大小、谱线的长度直接与样品分子振动或转动能级有关，与红外吸收光谱类似，拉曼光谱可以得到有关分子振动或转动的信息。不同物质的分子结构不同，拉曼光谱的振动谱峰也不同。激光显微拉曼光谱仪的特点：拉曼散色光谱；紫外光 325nm、可见光 514/633nm；近红外光源 785nm/1064nm；微区、非接触性、非破坏性、原位检测。

在文书物证的朱墨交叉时序鉴定中，常用的是配备有阵列面扫描系统的激光拉曼光谱仪，对朱墨交叉部位进行面扫描得到拉曼光谱图集，通过图像处理软件得到不同物质分布的伪彩图，根据字迹和印迹两部分墨迹的完整性来判断先后顺序。

（三）扫描电子显微镜（scanning electron microscope，SEM）

扫描电子显微镜（SEM）是 1965 年发明的较现代的细胞生物学研究工具，是介于透射电镜和光学显微镜之间的一种微观形貌观察仪器。其工作原理是：由电子枪发射并经电磁透镜聚焦的电子束在扫描线圈的磁场作用下，在样品表面按一定的时间、空间顺序作光栅扫描（也称逐点扫描），由探测器接受样品中激发的二次电子等信号，再经光电转换，在显示器上观察到反映样品表面形状的电子图。扫描电子显微镜的优点是，有较高的放大倍数，20-20 万倍之间连续可调；有很大的景深，视野大，成像富有立体感，可直接观察各种试样凹凸不平表面的细微结构；试样制备简单。

扫描电子显微镜观察文书物证上朱墨交叉部位的微观立体墨迹分布及其形态，观察交叉部位印泥墨迹表面是否有书写工具摩擦、挤压的痕迹，能有效判断书写工具直接书写的字迹与印泥印文形成的朱墨交叉时序。

四、减层法

在朱墨交叉部位，字迹墨迹与印文墨迹中后者对前者有覆盖作用，因此两者在微观结构上存在层次关系。减层法是采用适当的方法将印字交叉部位的表层物质和底层物质分离，观察两个层次物质的分布状态和相互关系，从而判断两者先后顺序的方法。鉴定实践中，剥离法、粘取法和脱色法是较为常用的减层分离方法。

（一）剥离法

剥离法需要使用适当的小刀具将印迹和墨迹交叉部位的表层物质逐步分离，为了便于观察并保证剥离操作更准确，通常需要在显微镜下完成。通常选取色料较为浓重、均匀的交叉部位进行剥离，需要注意墨迹和印迹材料是否具有较强的渗透性，以及两者之间是否具有互溶作用，这些因素直接影响剥离法观察结果的评估。鉴定中，切忌仅仅依靠剥离法对朱墨时序进行判断，剥离法得到的检验结果需要结合墨迹和印迹墨迹材料的性质和分布形态进行综合分析和判断。

（二）粘取法

粘取法是选用具有一定黏附力的材料，粘取朱墨交叉部位的表层物质，逐步将表层物质和底层物质分离，观察和分析两者墨迹形态和相互关系的变化，进而判断两者先后顺序的方法。

（三）脱色法

脱色法是根据印字交叉部位不同材料的脱色特性或溶解能力不同，选用适当的化学试剂，蘸取少量试剂观察和分析有关材料的褪色或溶解程度和时间等情况，从而判断两者之间的关系。

减层法是一种破坏性检验，只有在其他无损方法使用后，所得的检验结果仍旧无法作出判断的情况下，在征求并获得委托人同意后，才能够实施。值得注意的是，对于易渗透、互溶的墨迹材料采用减层法时，要选取墨迹均匀、厚重的部位。同时，一定要区分渗透的影响和干扰，一般要采用多点实验，注意选取渗透性较强的墨迹较为浅淡的部位进行分离。

五、系统检验分析法

系统鉴定方法向来是文书物证鉴定的一大法宝，当然同样适用于朱墨时序鉴定。着眼于朱墨时序鉴定中系统鉴定方法的运用，帮助鉴定人找到更多、更全面的鉴定依据，作出准确判断，甚至能解决某些看似难以完成的鉴定任务。

（一）系统鉴定方法的原理

任何文书都是多要素组成的系统。朱墨时序鉴定所涉及的文书系统，组成要素一般包括纸张、印文、字迹（手写字迹或打印字迹）等。这些要素相互作用、相互制约、相互依存，并且这种相互作用、相互制约、相互依存的方式和秩序，构成了文书系统的结构。例如，纸张是其他文书要素的载体，印迹和字迹共同作用在纸张上，同时两者也相互作用。文书要素之间的关系应该是多元的，既有时间、空间上的关系，也有逻辑上的关系。在朱墨时序鉴定中，对整个文书系统的结构及各要素的检验和研究，不但能够揭示各要素的详细信息，而且能够挖掘该要素与其他要素的关系及其在整个文件系统中的地位和作用，为鉴定提供更多的判断依据。

（二）系统鉴定的方法

1. 了解案情

文书物证是案件系统的一个子系统，文书物证与案件事实之间存在必然的联系。与文书物证相关的案情，如文书物证的形成时间、地点、过程、工具以及争议焦点等，均属于重点了解的对象，从而把握文书物证与案件的内在联系。鉴定实践中应特别注意了解检材具体的形成过程，以及使用印章、印油的情况，注意收集已知形成顺序的样本。

2. 拟订方案

在了解案情之后，应仔细分析文书物证有哪些要素组成，相互联系如何，并据此制定出系统检验的方案，充分发挥多种检验方法的综合效用。同时，要注意各项检验应采用科学的顺序，先进行的检验不应影响后续的检验。

3. 综合检验

针对文书物证中各个要素的性质和特点，选择各种合适的检验方法，有计划地实施检验。从而全方位、多角度地发现和提取文书物证中的各种信息。

4. 综合判断

将综合检验的各种结果综合到一起，一方面要结合案情来判断，另一方面也要将得出的判断置于案件特定的环境中考察。所得出的判断结果要有充分的依据，符合时空关系和逻辑关系。必要时，应用已知样本或实验样本进行验证。

（三）系统鉴定方法在朱墨时序鉴定中的作用

1. 加和作用

文件系统的功能不是各要素功能的简单相加，而是远远大于各要素功能的总和。特别是在单方面的检验不足以完全确定时，系统鉴定往往可获得充分的依据。如某单位送来一份《承诺书》，要求对该《承诺书》正文上的公章和字迹的朱墨时序进行鉴定。该《承诺书》内容为打印形成，其上共有两枚印章，一枚盖印在正文上，另一枚盖印在落款处。双方均认可落款处印文与字迹的朱墨时序为先字后印。在对正文的印字交叉部位进行检验的同时，还发现：正文中有一条折痕通过的部分黑色字迹和部分印字交叉部位。黑色字迹的折痕处有墨粉脱落，纸张纤维翘起的现象；印字交叉部位的折痕处亦有墨粉脱落，纸张纤维翘起的现象。通过两者的比较发现：后者折痕处未发现红色油墨附着，与前者折痕处的性状相符。再加上对落款处的印字交叉部位进行检验，将其与正文上的印字交叉部位的墨迹分布进行比较，发现两者的墨迹分布特征相近。综合多方面的检验，得出了先字后印的鉴定意见。

任何鉴定都是通过检验对鉴定对象作出判断。判断能否成立，关键要看依据是否充分。系统鉴定从系统的各个要素出发，揭示其功能及相互联系。与单项朱墨时序鉴定相比，系统鉴定获取了额外的、比较充分的依据，从而对其中单个或几个要素的性质、状态及其相互间的联系作出准确判断。

2. 透视作用

系统中某个要素，甚至某几个要素的功能，不等于系统的整体功能，也不能决定系统的本质。朱墨时序的鉴定往往是确定文书物证性质的重要途径之一，文书物证的真实性与朱墨时序之间有着密切的关联。在鉴定实践中，利用真实的印章印文变造的文书物证屡见不鲜。

如某公安部门送来一份《协议书》，要求鉴定该《协议书》上的公章与打印字迹的朱墨时序。单从朱墨交叉部位的墨迹分布特征上检验，尚不足以作出明确判断，则可以把检验范围扩大，对整个检材的文件系统进行研究和分析。检验发现，该协议书内容布局不协调，印文均盖印在纸张最下方。纸张表面有白色涂层，自然光下观察，纸张上隐约有白色线条和字迹，其上有多处浅黄色污渍。多波段光源检测发现，该协议书原来是一份传真形式的《工作联络函》表格，发现一枚褪色印文以及其他多处消退痕迹。从对整个文件系统的检验发现：检材是在原《工作联络函》褪色后打印形成。但是，双方对公章的真实性无异议。根据以上检验情况，检材的性质可以确定：该《协议书》应该是将《工作联络函》上原有的字迹和其中一枚印文消退后，利用《工作联络函》上原有的真实公章印文进行变造后形成的文件。这为确定朱墨时序提供了额外的依据。

由此可见，就事论事的单项朱墨时序鉴定往往难以揭示文书物证的本质，只有坚持系统鉴定的方法，通过对文书物证系统中其他要素和子系统的检验，综合分析判断，才能透过现象看本质，作出准确的鉴定意见。

3. 迂回作用

在朱墨时序鉴定实践中，由于技术发展水平的限制或因提供的检材条件不充分，而难以就提出的具体鉴定要求给予圆满的回答。但如果充分发挥文件系统的整体功能，在“巧妇难为无米之炊”的情况下另辟蹊径，往往可以完成貌似“不可能完成的任务”。如一朱墨时序鉴定案件，印文与字迹未能形成交叉，无法通过观察印字交叉部位的墨迹分布特征来进行判断，并且印文部位也未发现残留墨点，鉴定几乎到了束手无策的境地，这种情况一般只能作不具备鉴定条件处理。但是，细心观察这个文书物证，会发现检材纸张为热敏纸张，表面有涂层，由于时间和外力的作用，有多处表面脱落现象。检验还发现，红色印文墨迹处有多处表面脱落现象，脱落部位边缘清晰，均无红色印文残留，可以判断脱落应在红色印文形成后发生；而黑色字迹处也有多处表面脱落，但黑色墨迹覆盖在断裂、缺损的纸张纤维上，可以判断脱落应在字迹形成之前发生。纸张表面涂层的脱落成为一个划分文书物证要素形成先后的时间坐标，字迹与印迹的先后顺序就一目了然。至此，一个印字无交叉的朱墨时序鉴定通过系统检验方法得到解决。

印字无交叉，就无法对印字交叉部位进行检验，进而判断朱墨时序。系统鉴定方法避开了这条走不通的途径，利用系统要素给出的其他依据，作出了很有说服力的鉴定意见。

（四）多种检验方法的综合应用

一方面，随着科技日新月异的发展，涉及朱墨时序鉴定的材料空前丰富多样，制作形成的方式和方法也千差万别，单一的检验方法和手段越来越捉襟见肘。在鉴定实践中，如果印迹和字迹所使用的材料性状相近，历时较长，相互作用不明显或者交叉部位少，那么朱墨时序的检验就有难度，甚至是无法判断。另一方面，朱墨时序鉴定的重点和难点都集中在印字交叉部位，其检验对象和采用的技术方法相对较为微观。因此，除了对检验新技术、新方法的研发外，对现有技术方法的综合应用，特别是系统鉴定方法的运用，在鉴定实践中显得尤为重要。

朱墨时序常用的鉴定方法有显微镜检验法、仪器检验法、减层法等。显微镜检验方法是使用显微镜的不同倍率、配光和观察方式，对印字交叉部位的墨迹分布进行检验。仪器检验法是利用专业光谱或能谱检测仪对印字交叉部位的光谱特性或物质成分的变化规律进行检验分析的方法。常用的有激光拉曼光谱仪、显微分光光度仪、扫描电镜能谱仪等，适用于印字交叉部位较少的鉴定。减层法是采用适当的方法分离印字交叉部位的表层物质，观察交叉部位表层物质和底层物质的分布状态及相互之间的关系，从而判断两者的先后顺序，常用的有剥离法、粘取法和脱色法等。不同的检验方法有各自的特点。显微镜检验法是目前最主要也是最基本的方法；仪器检验法可以做到微区非破坏性原位检测，主要适用于印字交叉部位较小的鉴定，是对显微镜检验法的有效补充；而减层法是一种破坏性的检验方法，在鉴定中应慎用。鉴定实践中，应根据检材的具体情况，尽量选用各种方法相互补充和印证，避免单一方法可能导致的误判，增强鉴定意见的说服力。

在方法的选择和运用上应遵循无损优先的原则。例如，在一朱墨时序鉴定中，首先使用显微镜检验法对印字交叉部位进行检验。观察不同倍率下的墨迹分布特征，低倍率显微镜下较难观察到墨迹色泽和光泽上的变化，但在高倍率显微镜下，能够清楚观察到交叉部位墨迹光泽的变化，反映了先印后字的特点。然后使用仪器检验法，使用激光显微拉曼光谱仪对交叉部位、字迹部位和印迹部位分别进行检测，得到的拉曼光谱图显示：交叉部位的图谱表现出印文的拉曼光谱特征。最后使用减层法，但减层法有几点需要注意。由于印字墨迹材料之间的互溶、渗透作用，因此减层法应充分考虑到互溶、渗透的影响。例如，此鉴定中的印字交叉部位就出现了这种情况。在印文较浓重的印字交叉部位进行剥离，在黑色字迹墨迹下方发现仍有红色印文墨迹；而在印文较浅淡的印字交叉部位进行剥离，则在黑色字迹墨迹下方未发现仍有红色印文墨迹。由此可见，不能单纯依靠减层法进行判断，而是要结合显微镜检验法和仪器检验法的结果，进行综合分析和判断。另外，选取的交叉部位应多样化，应注意墨迹浓淡薄厚的变化。在朱墨时序鉴定中，不同检验方法的综合应用，可以起到相互补充和相互印证的作用，能够更加准确地把握印字交叉部位的表观特征，从而作出准确的鉴定意见。

系统鉴定方法能够全面、充分地发现和提取文书物证的各种信息，为朱墨时序鉴定提供更多的依据。朱墨时序鉴定的对象和方法都有局限性，系统鉴定方法可以弥补朱墨时序鉴定的不足。朱墨时序鉴定应当坚持系统的鉴定方法，同时系统鉴定又是朱墨时序鉴定的必要补充。

【思考题】

1. 试述朱墨时序鉴定的概念。
2. 朱墨时序鉴定的理论依据是什么？
3. 朱墨时序鉴定中常见的材料、工具、条件和形成方式有哪些？
4. 朱墨时序鉴定的主要方法有哪些？主要有哪些技术要点？
5. 试述朱墨时序鉴定中印油印文与喷墨打印字迹的表观特征。
6. 试述系统鉴定方法的作用，及其在朱墨时序鉴定中的应用。

【参考文献】

1. 贾玉文编著：《文件检验学导论》，警官教育出版社 1997 年版。

2. 贾玉文、邹明理主编：《中国刑事科学技术大全　文件检验》，中国人民公安大学出版社 2002 年版。

3. 邹明理、杨旭主编：《文书物证司法鉴定实务》，法律出版社 2012 年版。

4. 陈晓红、施少培、徐彻、卞新伟、钱煌贵、孙维龙、杨旭：《朱墨时序显微检验的技术要点及应用》，载《中国司法鉴定》2013 年第 5 期。

5. 陈晓红、罗仪文、卞新伟：《系统鉴定方法在朱墨时序鉴定中的应用》，载《中国司法鉴定》2014 年第 3 期。

6. 杨旭、施少陪、徐彻、卞新伟、王楠、陈晓红：《荧光检验法在朱墨时序鉴定中的应用研究》，载《中国司法鉴定》2014 年第 5 期。

7. 连圆圆、梁鲁宁、黄建同、许可：《拉曼光谱成像技术检验朱墨时序中书写笔种类对检验结果的影响研究》，载《中国司法鉴定》2011 年第 6 期。

8. 谢鹏、李彪、罗琼：《朱墨时序的表观特征及其判定》，载《中国人民公安大学学报（自然科学版）》2012 年第 2 期。

第十一章‖ 专业制版印刷文书鉴定

本章概要：本章主要介绍专业制版印刷文书的概念、制版印刷方法和专业制版印刷文书鉴定的技术方法等内容。其中，专业制版印刷文书鉴定的技术方法是本章的重点，专业印刷的制版印刷工艺是本章的难点。

关键词：制版印刷　文书鉴定

第一节　专业印刷文书鉴定概述

一、专业印刷

（一）印刷

“印刷”一词来源于我国古代手工印刷，在不同的时期，印刷有着不同的含义。早期的印刷，指的是利用一定的压力使印版上的油墨和其他粘附性色料向承印物上转移的工艺技术。传统的印刷定义是：以文字原稿或图像原稿为依据，利用直接或间接的方法制成印版，再在印版上敷上粘附性色料，在机械压力的作用下，使印版上一定量的粘附性色料转移到承印物表面，从而得到批量印刷品的技术。随着近十几年来电子、激光、计算机等技术不断向印刷领域的扩展以及高科技成果在印刷领域中的应用，出现了许多无须印版和印刷压力的新兴印刷方式，如复印、激光打印、喷墨打印、传真等，从而使印刷有了新的含义。由于图文复制技术的不断发展，目前已经出现了静电印刷、喷墨印刷等方法，以及打印、复印等轻印刷方法，这些印刷方法并不需要印版，所以已不再把印版作为印刷的必要条件。

我国颁布的国家标准 GB 9851.1-90《印刷技术术语基本术语》中对印刷定义的阐述是：印刷是使用印版或其他方式将原稿上的图文信息转移到承印物上的工艺技术。由此可见，印刷是一种对原稿图文信息的复制技术。其最大特点是，能够把原稿上的图文信息大量、经济地再现在各种各样的承印物上。可以说，除了空气和水之外都能印刷，而其成品还可以广泛流传和永久保存，这是电影、电视、照相等其他复制技术无法与之相比的。

（二）专业印刷

专业印刷，是指运用工业化的印刷技术方法将文字、图案等原稿复制成印刷制品的印刷技术。专业印刷，一般要经过原稿的选择或设计、原版制作、印版晒制、印刷、印后加工等五个工艺过程。也就是说，首先选择或设计适合印刷的原稿，然后对原稿的图文信息进行处理，制作出供晒版或雕刻印版的原版（通常称作阳图或阴图底片），再用原版制出供印刷用的印版，最后把印版安装在印刷机上，利用输墨系统将油墨涂布在印版表面，由压力机械加压，油墨便从印版转移到承印物上。如此复制的大量印张，经印后加工，即成了适应各种使用目的的成品。现在，人们常常把原稿的设计、图文信息处理、制版统称为印前处理，而把印版上的油墨向承印物上转移的过程叫作印刷，这样一件印刷品的完成需要经过印前处理、印刷、印后加工等过程。

二、专业印刷文书

专业印刷文书，是通过印前处理（分色、加网、制版）、印刷、印后加工等过程，运用印刷技术制作的文件。现代专业印刷文书大都是科技含量很高的集约化产品，用计算机设计原稿，计算机制版、计算机控制印刷过程。目前，专业印刷文书按照不同的方法划分，可大致归纳为以下几种类型：

（一）按照印版表面结构形式分类

（1）平版印刷文书。平版印刷文书是使用 PS 版、平凹版、多层金属版、石版、珂锣版（玻璃为版基）等印版，利用油、水不相溶的原理印刷形成的文书。

（2）凸版印刷文书。凸版印刷文书是指利用铅活版、感光树脂版和雕刻凸版印刷形成的文书。

（3）凹版印刷文书。凹版印刷文书是使用手工或机械雕刻凹版、照相凹版等印版印刷形成的文书。

（4）孔版印刷文书。孔版印刷文书是使用誊写版、镂空版、丝网版等印版印刷形成的文书。

（二）按照文书用途分类

（1）书写纸印品。采用专业印刷技术印制加工形成的具有一定样式的公文纸、稿纸、信笺、信封、表格、账页、票据、凭证和介绍信等。

（2）纸印宣传品。采用专业印刷技术印制的图书、期刊、报纸、画报和宣传单等。

（3）货币票证。采用专业印刷技术印制的身份证、驾驶证、护照、通行证、毕业证等证件证书和钞票、邮票、股票、债券、车船票、飞机票、奖券等有价票券。

(4) 信用卡。包括充值卡、购物卡、会员卡和银行发行的具有储蓄、支付、转账、提现等功能的各种银行卡。

(5) 其他印刷品。例如，印鉴卡、商标、标牌、商品条码、包装纸（盒、袋、罐）、塑料袋、金属盒、软管、陶瓷、皮革等。

三、专业印刷文书鉴定

(一) 专业印刷文书鉴定的定义

专业印刷文书鉴定，是运用印刷技术知识，结合利用印刷文书进行违法犯罪活动的规律和特点，根据文书上的工业印刷加工特征及其变化规律，对文书的印制方法、印刷文书的来源和印刷文书的真伪进行判定的一项专门技术。

(二) 专业印刷文书鉴定的对象

一般来说，专业印刷文书鉴定的对象是指与违法犯罪有关的、运用印刷手段制作的任何文书，包括非法印刷文书和合法印刷文书两类。其中的非法专业印刷文书是指作为犯罪手段的非法宣传品、各种伪造的文书等，这类印刷文书在制作过程中即与犯罪相关；合法印刷文书是指被作案人利用、使用或遗留的印刷文书。合法的印刷文书一旦与违法犯罪活动发生关联，就会成为专业印刷文书鉴定的对象，如信稿纸、票据纸、合同纸等极易成为这类检验对象。

(三) 专业印刷文书鉴定的任务

专业印刷文书鉴定的任务是通过对具体案件中印刷文书物证的研究，揭示文书与案件事实、与当事人或嫌疑人的关系，以便为案件的侦查、调查和审理提供可靠的线索与诉讼证据。

1. 印刷方法鉴定

分析可疑文书的印刷方法是印刷文书来源鉴别和真伪鉴别的首要前提。形成文书的印刷方法很多，每种专业印刷方法印制形成的文书都会在图文排版、细节形态、墨迹表观特征等方面表现出各自的规律性特征，从而为鉴别专业印刷文书的印刷方法提供依据。

2. 印刷文书来源鉴定

批量专业印刷的同一种文书的印刷加工特征变化呈现出一定的次序性，同时与其在使用过程中的分布空间呈某种对应关系，为专业印刷文书的来源鉴别提供了基础和依据。对作为违法犯罪活动中的辅助工具或遗留物的各种公开发行、广泛使用的印制品，应当通过调查取样并与物证进行比较鉴别，根据印刷文书空间分布的规律，鉴别物证来自何地、何单位乃至何人，为判定侦查方向，缩小侦查范围，确定嫌疑分子提供依据。

3. 印刷文书真伪鉴定

用专业印刷方法制成的重要文书，经常会成为违法犯罪分子伪造的对象。印刷文书检验的一个重要任务是通过对可疑文书的检验并与真实样本的比较，确定可疑文书的真伪，为立案侦查、确定案件性质和审判提供依据。

第二节　平版印刷文书鉴定

平版印刷是目前印刷工业中最常用的印刷方法，我国80%以上的工业印刷品采用平版印刷。平版印刷文书的种类主要有：书刊、报纸、杂志、书写纸印品、地图、海报和包装装潢等。

一、平版印刷原理和种类

（一）平版印刷原理

平印版的版面是平的，着墨的图文部分与非着墨的空白部分在一个平面上或几乎在一个平面上（如图11-1所示）。

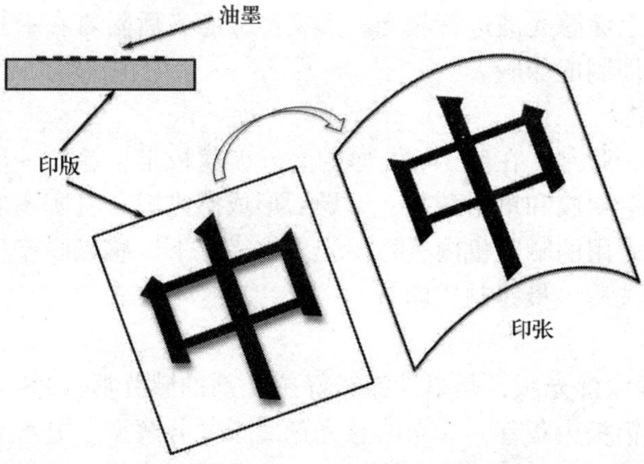

图11-1　平版印刷原理示意图

平版印刷是根据油水相拒的原理，采用选择性吸附的方式着墨。在制版过程中，使版面的图文部分由亲油膜构成，空白部分由亲水膜构成。印刷时，在版面上先涂水、后涂墨，空白部分亲水拒油，图文部分亲油拒水。因此，只有图文部分被着墨。然后，再将图文直接或间接地压印到承印材料上。

（二）平版印刷的种类

平版印刷因印版材料的不同，分为石版印刷、玻璃版印刷和金属版印刷三种。石版印刷简称石印，石印术发明于1798年，这是大约300年来出现的第一种新的版画复制技术。到了19世纪30年代，石印术已经成为一种非常流行的方法。人们不仅使用石印术来制作书中的彩图，而且还用它来制作一些常见的标签、广告传单和海报等印刷文书。但是因石印版版材笨重，印刷效率低，现已被淘汰。玻璃版印刷也称珂罗版印刷，主要用以复制精细的书法绘画等艺术品。石印和珂罗版属于直接印刷，通常所说的平版印刷是指金属版印刷，图文经胶辊转印属间接印刷方法。20 世纪 50 年代之前，平版印刷一直使用以锌为版基的平凹版。平凹版的图像分辨率和耐印力都不高，因而限制了平版印刷的应用范围。50 年代末，以铝为版基的 PS 版开始使用，随着 PS 版制版技术不断完善，到了 70 年代中期，PS 版全面应用于平版印刷。由于 PS 版的图像分辨率和耐印力都远远高于平凹版且制版速度快，加之与电子分色机、计算机排版和高速多色胶印机的密切结合，使平版印刷得到了充分的发展。

（三）平版制版

1. 石版制版

石印是使用天然多孔石灰石作版材。先将质地十分细腻的石灰石板打磨得非常平整光滑，然后用油性墨在上面绘图或写字，或者用油性墨在纸上写字或绘画，再转印到版面上；还可以采用照相制版方法：用普通墨书写，照相获得正向阴图片，在版材上涂感光液进行曝光。图文部分感光后附着在石材上，未感光部分用水冲洗掉，即制成印版。

2. 珂罗版制版

用玻璃板作为版基，在约 10mm 厚的磨砂玻璃板上，涂上一层很薄的硅酸钠为基底，上面再涂明胶和重铬酸盐，干燥后形成感光膜。将阴图底片与感光膜密合接触，放置在专用的晒版机内进行曝光。在光照下，感光膜产生不同的硬化反应，再经显影冲洗后，最终制成印版。

3. PS 版制版

PS 版又称预涂感光版，是事先涂布好感光剂的感光版。PS 版由版基和感光层组成，一般以铝板为版基，涂布的感光剂属于光分解型，分解后的产物溶于稀碱。将阳（阴）图底片（经过拼版的文字和图像底片）的乳剂面与 PS 版的感光层密合在一起，放置在专用的晒版机内。真空抽气后，打开晒版机的紫外光源，对印版进行曝光，见光部分的感光层在光的照射下发生光分解反应。然后用稀碱溶液对曝光后的 PS 版进行显影处理，将溶于显影液的感光层从印版表面除去，形成亲水的空白部分。不溶于显影液的感光层则留在了版面上，形成了亲油的图文部分。显影一般在专用的印版自动冲洗机中进行。最后，经过除脏、烤版、擦胶等工序完成印版的制作。

4. 计算机直接制版（CTP）

计算机直接制作平版，是 20 世纪 90 年代在 DTP 的基础上发展起来的，可以直接输出供印刷的印版。CTP 直接制版机与激光照排机的结构相似。曝光时，激光调节器根据计算机中图像信息的明暗特征，对激光器所产生的连续激光束进行明暗调节。调节后的激光束先照射到一组旋转镜上。棱镜将投射来的激光偏转垂直照射到印版上，随着棱镜的旋转，完成整个印版版面的曝光。

二、平版印刷文书的特征

（一）图文墨迹形态

平版印刷文书与凸版印刷文书相比，图文墨迹中没有压痕和挤墨现象。文字笔画边缘印迹不实，有时会出现重影现象。因为胶印印版的版面是平的，胶皮滚筒表面又具有一定的弹性，压印过程中各部分压力趋于一致，所以平版印刷文书的图文墨迹比较均匀、平整、没有挤墨现象，更没有压痕。但由于在印刷过程中油水交替涂于版面，印版上图文与空白的交界处就是油水界面。印版使用到一定程度时，在压力作用下，版面上的油水界面会发生乳化作用，使印迹边缘发花。

（二）露白与油墨疵点

胶版印刷文书的图文中易出现露白，空白部位易出现油墨疵点。由于胶印版上亲油的高分子膜比较薄，很容易破损，破损后即裸露出下部的亲水层，再涂墨时则不粘附油墨，从而在图文中出现明显露白。印版在印刷过程中不停地与油墨接触，如果印版的空白部分被油迹污染，涂墨时会吸附油墨，使其相应痕迹出现在文书的空白部分，通常表现为形态小、数量多的疵点。

（三）文字和图像

胶印平版印刷文书上文字特征会因排版方法不同而分别反映出活字、手动照排、计算机排版的特点。图像的特征取决于底片中图像信息处理方式而分别反映出分色照相、电分机分色制版和 DTP（彩色桌面出版系统）制版彩色图像的特点。

第三节　凸版印刷文书鉴定

一、凸版印刷原理和种类

（一）凸版印刷原理

凸印版版面着墨的图文部分凸起，且在同一个平面上，不着墨的空白部分凹入（如图 11-2 所示）。印刷过程中，凸版印刷采用简单的接触着墨方式，油墨辊滚过印版后，只有凸起的图文部分与油墨辊接触而着墨，然后在压力作用下把图文部分的油墨转印到纸上形成印刷图文。

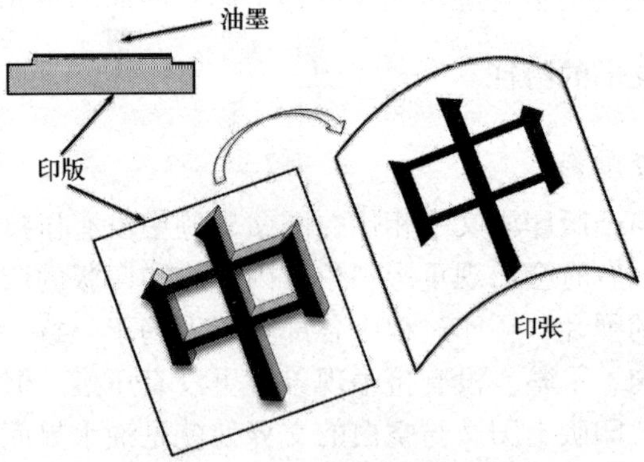

图 11-2　凸版的印版结构

（二）凸版印刷种类

凸版印刷是最古老的一种印刷方法，在长期的发展过程中，形成了两大类印刷方式。一类是使用刚性印版和高黏度的胶体油墨的印刷，包括铅活字版印刷和铜锌版印刷；另一类是使用感光树脂版和低黏度油墨的印刷，即柔性印版印刷。20 世纪 50 年代，几乎所有的印刷文书都是用铅活字版印刷的。由于铅版在制版时的废气污染环境，正规印刷厂已禁止使用。但铜锌版和感光树脂版印刷仍在广泛使用。

（三）凸版制版

1. 铅活版

铅活版是按照原稿的要求，用铅活字、水线、各种花边线等着墨材料和空铅、铅条等非着墨底空材料组成的印版。

2. 铜锌版

铜锌版是将原稿底片上的图文晒到涂有感光膜的金属铜或锌版上，经显影、坚膜处理后，利用腐蚀液将版面的空白部分腐蚀下去，得到图文部位凸起的印版，有时也称作腐蚀凸版。铜锌版主要用来复制图像和特殊文字：复制连续调的图像，常用铜板做版材，制成的版称为铜版。复制线条原稿则选用锌板做版材，制成的版称为锌版。

3. 感光树脂版

感光树脂版是一种高弹性聚合物，也称聚酯版，其制版时间短、成本低、耐印力高。这种感光版材经过紫外光的照射，见光部分产生光聚合反应，变成不溶性的网状高聚合物，而未见光部分在显影时被溶剂洗掉，最终形成浮雕凸版。

二、凸版印刷文书的特征

（一）凸版印刷文书的图文墨迹特征

1. 图文墨迹中有挤墨现象

由于印刷过程中，压印物体在纸的背面施加压力的瞬间，印版凸起的图文部分印面所承受的压力不均匀。压力的不同造成印面油墨重新分配，导致文书图文上的油墨分布不均匀的现象，通常被称作挤墨现象（如图 11-3 所示）。

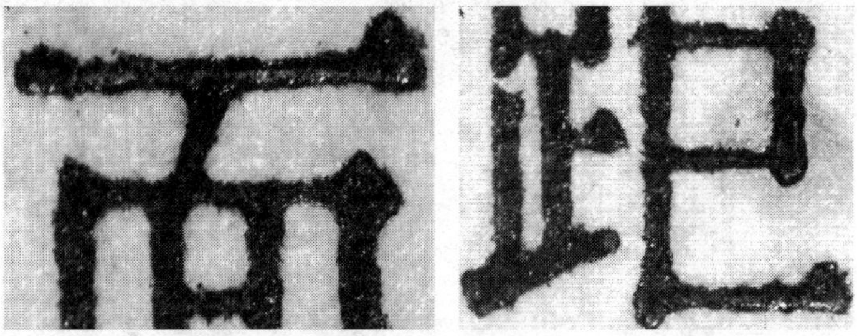

图 11-3　凸版印刷文书中的挤墨现象示例

2. 图文墨迹中易出现糊版现象

在印刷过程中，受纸张掉毛或空气中杂质、灰尘的影响，在印版凸起的部分，尤其笔画较多的文字内部笔画间微小空隙处易粘附异物，从而形成一定的印面，使纸张上出现多余的印迹，通常称为糊版现象（如图 11-4 所示）。

图 11-4　凸版印刷文书中糊版现象示例图

3. 图文墨迹易有压痕

印刷的图文墨迹中有正面凹下、背面凸起的压痕，这是由于印版表面凸起部分对纸张产生一定压力所造成的，压痕的有无及其明显程度取决于印刷时印版与压印物体之间压力的大小及印件的新旧程度。

（二）图文线条细节形态特征

1. 文字

铅活字印品，文字笔画边缘清晰，笔锋尖锐，棱角分明。由于是从字模铸出的铅字字面直接与纸面接触，没有经过任何复制，所以笔画边缘清晰，尤其在细笔画和尖角部位表现明显。铜锌版印品，文字笔画边缘不整齐，尖角圆钝。文字经过照相制版，由于化学腐蚀的不均匀性，易使笔画出现多笔、断笔及边缘不齐现象（如图 11-5 所示）。腐蚀过程中，在线端、棱角处易腐蚀，而笔画交叉处腐蚀不彻底，使其印迹没有铅活版印迹清晰、整齐。感光树脂版印品，有可能出现铅活字排不了的字形、字体和不可能出现的缺陷现象（如图 11-6 所示）。

图 11-5　铅活字版与铜锌版印刷文书文字形态比较示例图
（左为铅活字版印刷品，右为铜锌版印刷品）

图 11-6　感光树脂版印刷文书的文字缺陷特征示例图

2. 格线

铅活版的格线，是使用水线材料经裁剪成需要长度后拼接而成的，在排印表格时，如有交接，必须将一根水线截断，从而留下断口。故铅活版印刷文书上的线条交叉部位搭接不严，有断口，线条端部偏斜或弯曲，反映截断特征（如图 11-7 所示）。

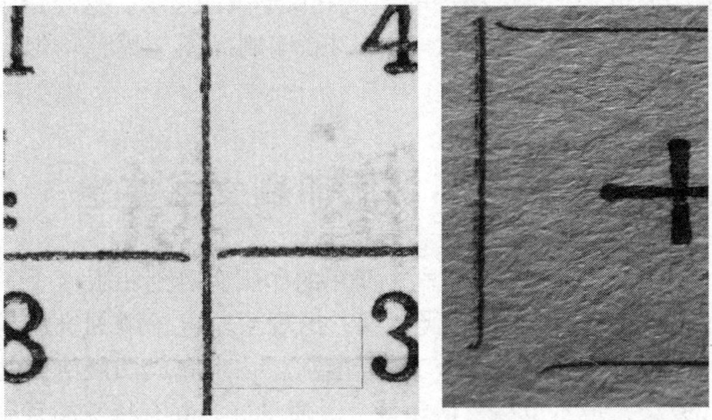

图 11-7　线条拼接特征示例图

铜锌版中的格线，如果不是经铅活字打样而成，则格线没有水线拼接的特点。因为有时腐蚀凸版中的格线不用水线排版，而是用手工描画，这样线条在搭接、交叉点处可以严密连接，线端也无弯曲痕迹。

感光树脂版中的格线，无水线拼接的形态。如果其底片是手动照排排版的，其线条有可能是利用字模版上长为 5mm 的短线连续拍摄在感光片上形成的，亦有可能是直接在感光片上手绘的，因此，通常会表现出衔接对位不准的连排或线条粗细不均匀的手绘特征（如图 11-8 所示）。如果其制版底片是计算机排版输出的，则线条平直、均匀，线条端部平齐，但在特殊情况下，也有可能个别线条表现出手绘特征。

图 11-8　手动照排排版印刷文书线条的连排特征示例图

3. 油墨疵点

铅活版印刷文书的油墨疵点只出现在图文线条附近，且印迹不实，无挤墨现象。铜锌版和感光树脂版印刷文书的油墨疵点可以分布在整个版面的任何位置，制版过程中形成的油墨疵点，在版面上的位置固定，且有挤墨现象。

4 总观特征

铅活版和铜锌版印刷文书，因属刚性版材，印刷时，油墨量较大且黏稠，印刷压力也较大，故印迹比较实，色调比较重，挤墨现象明显。感光树脂版印刷，因印版具有一定弹性，油墨黏性较低，且采用带孔穴的金属网纹辊定量供墨，着墨更易均匀。虽然仍有挤墨现象，但通常不如钢版印刷明显。而且因为感光树脂版中细笔画的印面也是平面，挤墨的部位只在笔画的边缘，这与铅版印刷时细笔画的“中淡边浓”现象明显不同。感光树脂印刷品图文墨色均匀，近似于平版印刷文件。

第四节　凹版印刷文书鉴定

20 世纪 70 年代以前，凹版印刷中使用的印版有雕刻凹版（手工和机械）和照相凹版（影写版）两种。80 年代中期，出现了用电子雕刻机加工而成的电子雕刻凹版。90 年代以后，出现了 CTP 直接制版技术完成凹版滚筒的雕刻。凹版的制版过程较复杂，成本也高，但印量大、质量好，并有特殊的复制效果和防伪造性能，大多用于画报、商标、有价证券等的印刷。

一、凹版印刷原理和种类

（一）凹版印刷原理

凹版印刷是一种直接的印刷方法，它将凹版凹坑中所含的油墨直接压印到承印物上，所印画面的浓淡层次是由凹坑的大小及深浅决定的，如果凹坑较深，则含的油墨较多，压印后承印物上留下的墨层就较厚；相反如果凹坑较浅，则含的油墨量就较少，压印后承印物上留下的墨层就较薄，从而呈现原稿的阶调层次（见图 11-9）。印刷时首先印版普遍着墨，在纸张与印版滚筒接触之前，利用特制刮刀刮去或用擦墨布擦去印版空白部分的油墨，留下凹坑中的油墨，借助较大的压力将油墨转印到纸上。印刷后，利用热风或红外线，使印刷品的墨迹迅速干燥。

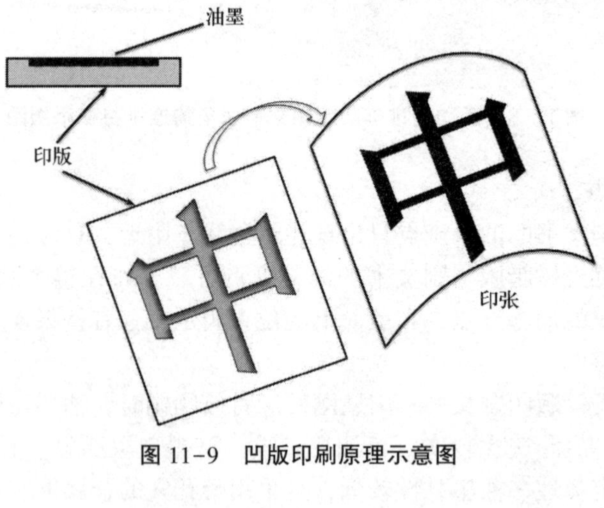

图 11-9　凹版印刷原理示意图

（二）凹版印刷的种类

凹版印刷是目前工业印刷的基本印刷方式之一，主要包括雕刻凹版、照相腐蚀凹版与电子雕刻凹版 3 大类。雕刻凹版最初是由意大利人 M. 菲尼圭拉于 1452 年发明的。早期全是手工雕刻制作印版，后出现化学蚀刻，近代多使用机械进行雕刻，常用于印刷钞票、邮票、护照等特种票券证件的印制。照相腐蚀凹版也称影写版，是 19 世纪后期由生于波西米亚的画家 K. 克利克发明，曾用于邮票和画报的印刷。20 世纪中期，凹版电子雕刻机问世，电子雕刻凹版开始在印刷工业中使用。其印刷质量不亚于照相腐蚀凹版，并具有操作简单、制版时间短等优点，常用于商标、招贴画及塑料的印刷。

（三）凹版制版

1. 影写版

影写版与平版、凸版不同，它不是在金属版材的表面涂布感光液，用阳、阴图片晒版，而是先把拼排好的阳图片图文晒在特制的涂有感光层的碳素纸上，然后再转移到印版滚筒表面。影写版的制版过程包括敏化处理、晒网线、晒阳图、碳素纸的转移（过版）、显影、填版、腐蚀、镀铬等步骤。从制版过程可见，在影写版的版面，图像和文字部分都是由大小相同、深浅不同的网格方块组成（如图 11-10 所示）。

图 11-10 影写版印版凹坑形态示意图

2. 雕刻凹版制版

雕刻凹版是制版人用刻刀或专门的雕刻机械，在金属版材上制作的印版。雕刻凹版具有较高的防伪性能，多用于货币和有价证券主要图案的制版。包括手工雕刻凹版和机械雕刻凹版。因为常用的凹版印刷机都是圆压圆式的，雕刻出来的平面凹版不能用于上机印刷。从保存的角度也不能轻易用原版直接印刷，所以需要对雕刻的凹版进行复制。与影写版相比，雕刻凹版版面沟纹较深。

3. 电子雕刻凹版制版

电子雕刻凹版是在电了雕刻机上直接雕刻成的（如图 11-11 所示），它是在光点对原稿滚筒和雕刻针对印版滚筒的同步扫描过程中，把原稿的浓淡层次转换成大小不同的电信号，控制钻石雕刻针按电信号的强弱振动，依次在印版滚筒上雕刻成凹坑。

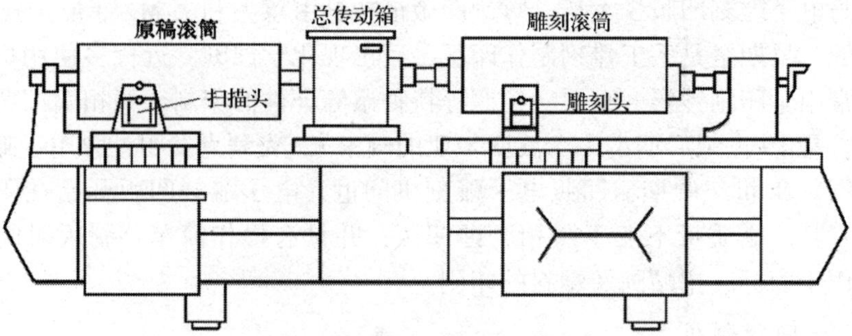

图 11-11　电子雕刻机结构示意图

二、凹版印刷文书的特征

（一）影写版印刷文书的特征

1. 图文墨迹形态

影写版印品上的图像和文字的墨迹部分均由小方块构成，墨层较薄的部分可看出方块各自的界线，墨层厚的部分方块连成片，但在文字的横、竖笔画边缘表现出锯齿形态（如图 11-12 所示）。

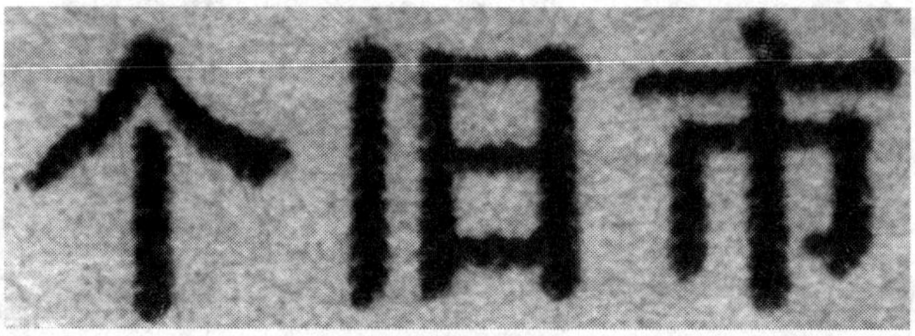

图 11-12　影写版印刷文书笔画边缘形态示例图

2. 墨迹中无明显压痕

影写版版面图文部分由面积相同、深度不同的整齐排列的方形凹坑构成（如图 11-10 所示），即凹入的图文部分被凸起的网线（支撑线）分割开。虽然影写版版面有明显的凹凸变化，由于支撑网线的作用，凹版印刷品上表现不出明显的压痕。

3. 连续调图像网点不明显

与凸版、平版相比，影写版连续调图像的网点不很明显（如图 11-13 所示）。影写版印刷文书是以墨层薄厚不同来表现色调层次的，图像的深调部位油墨连片，中间调部位可以看出反映网目形状的方块，浅调部位有时表现出部分网格边框。彩色连续调图像也是采用四色套印方法印刷的，各色网目方向一致（一般为 45°）。

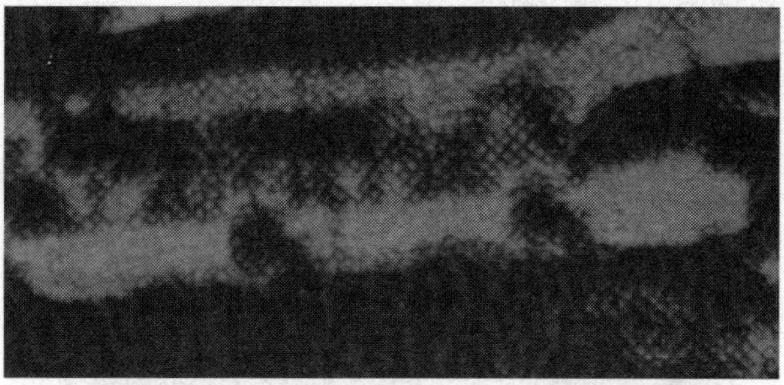

图 11-13 影写版印刷文书连续调图像示例图

4. 无油墨疵点

由于凹版印刷机特有的除墨方式，油墨清除得比较干净彻底，因此，一般在影写版印刷文书空白部位没有油墨疵点。

5. 图文印迹色调浓重，但清晰度差

影写版印刷文书图文墨色比平版印刷文件浓重，但清晰度相对比较差。如果纸张质量不好时，很容易出现洇散现象，图文印迹显得发花、模糊。

（二）雕刻凹版印刷文书的特征

1. 图文墨迹形态

雕刻凹版印品上的文字、图案都是由宽窄、疏密、长短不同的清晰、有光泽的条纹组成的。由于油墨干燥前渗散进纸张纤维内，使图文笔画边缘呈胡须状特征。

2. 图文墨迹有明显压痕

雕刻凹版的沟纹较深，又无支撑线，在印刷图文部位会形成明显的正面凸起、背面凹入的压痕。

3. 没有油墨疵点

雕刻凹版印刷机采用擦墨布除墨方式，印版空白部位的油墨能够完全清除干净，因此印刷文书上无油墨疵点。

4. 总观特征

雕刻凹版印品纹线墨层较厚，立体感强，有明显的凸凹不平的触感。手工雕刻凹版印刷的图文线条形态、长短、宽窄、墨层薄厚均不一致，内容多为人像、风景图案。机械雕刻凹版印刷的图文线条均匀，结构规则，内容多为有规律的线条花纹图案。

（三）电子雕刻凹版印刷文书的特征

电子雕刻凹印版的版面结构与影写版相似，其印件特征也与影写版印品相近。在压痕、印刷体文字墨迹形态、油墨疵点等特征上，两者完全相同。只是在连续调图像的色调表现上，电子雕刻凹版印刷品既有墨层薄厚的不同，又有网点大小的不同，是由两者结合来表现色调层次。与影写版印品相比，在电子雕刻凹版印品上可以看出比较明显的网点（如图 11-14 所示）。

图 11-14　电子雕刻凹版连续调图像网点特征示例图

第五节　孔版印刷文书鉴定

孔版印刷是一种古老的印刷形式，又称滤过版印刷，属于特种印刷的范畴。

一、孔版印刷原理和种类

（一）孔版印刷原理

孔版的图文部分由大小不同或大小相同但单位面积内数量不等的孔洞构成（如图 11-15 所示），空白部分由阻墨材料构成。印刷时，油墨通过孔洞漏到承印纸张上形成图文印迹。

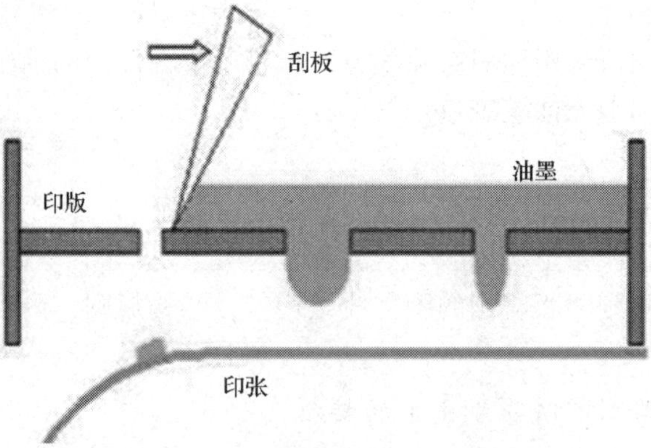

图 11-15　孔版印刷原理示意图

（二）孔版印刷的种类

孔版印刷主要包括誊写版印刷和丝网印刷。誊写版印刷是最简单的孔版印刷术，曾在一段时期广泛应用于办公小型印刷中。近些年来丝网印刷发展很快，已成为孔版印刷的主体，它与凸版印刷、平版印刷、凹版印刷一起被称为四大工业印刷方法。丝网印刷设备简单、操作方便，印刷、制版简易，应用范围广。常见的印刷品有：彩色油画、招贴画、名片、装帧封面、商品标牌等。

（三）孔版制版

1. 誊印版

誊印版，是最简单的孔版印刷术，它是在特制的蜡纸上，用铁笔、打字机等形成孔洞，制成孔版。在我国，誊印版曾在一段时期广泛应用于办公小型印刷中，目前，誊印版已经被打印机、复印机所取代。

2. 丝网版

丝网版，是将丝织物、合成纤维织物或金属丝网绷在网框上，采用手工刻漆膜或照相制版的方法使印版上图文部分的丝网孔成为通孔，非图文部分的丝网孔被堵住。印刷时通过刮墨刀的挤压，使油墨透过图文部分的网孔转移到承印物上，形成与原稿一样的图文。

二、丝网印刷文书的特征

（一）图文墨迹形态

由于丝网上经纬线的作用，丝网印刷文书的图文印迹均由小方点构成，各方点在图文线条内部连片，在图文边缘则呈现出“锯齿”状形态特征。墨量较少时，图文内部有时表现出网格痕迹特征（如图 11-16 所示）。

图 11-16　丝网印刷图文中网格化墨迹形态示例图

丝网印版是由绷在木框上的细丝网和紧贴在丝网上具有挖空图文的纸张或聚酯膜组成。油墨通过挖空的图文，透过丝网孔，到达承印物上。因此，丝网印刷文书图文边缘部位会表现出丝网编织形成的具体的网孔形态。正常印刷时，刮墨板刮墨后，当丝网印版离开承印物时，印迹表面通过油墨的流动将丝网网格痕迹予以填充，从而呈现出均匀平整的油墨层。但是，当油墨的流动性较差时，丝网抬起后，网格痕迹无油墨覆盖，就会在图文墨迹中出现丝网网格形态。

（二）图文无压痕

丝网印刷过程中，在刮板刮墨的同时，施以刮板一定的压力，使油墨透过印版孔洞漏印到承印纸张上，形成印迹。压力作用于油墨，而非纸张上，所以丝网印刷文书表面光滑平整，无凸凹的印压痕迹。

（三）连续调图像的表现

丝网印制的连续调图像是利用网点表现的。由于丝网印刷的油墨层较厚，对中间色调无法较细致地区分，从而导致丝网印刷文书中的连续调图像中间过渡阶调少、反差较强（如图 11-17 所示）。

A　　B

图 11-17　丝网印刷连续调图像示例图

A-连续调图像原稿　B-丝网印刷图像

（四）油墨疵点

丝网印刷在印刷过程中，丝网和承印纸张之间的间距很小，杂质不易附着，油墨也不易飞溅，从而使丝网印刷文书上油墨疵点的出现概率较低。

（五）总观特征

总体观察，丝网印刷文书的墨色均匀，墨层较厚，最厚可达到 1 毫米，印迹实，立体感很强。

第六节　印刷文书来源鉴定

一、印刷文书来源鉴别概念

作为现代社会重要信息传播媒介的各种印刷文书广泛应用在人们的日常工作、学习与生活中。即使是犯罪分子在实施各种犯罪活动时，也常常会有意无意地用到它，使那些在社会上公开发行、销售或流通的书刊、报纸、书写用品、宣传材料、各种公文等合法印刷品成为与犯罪相关的物证。印刷文书来源鉴别是根据与物证同批印刷的印刷文书空间分布规律（即流通使用范围），通过调查、取样、鉴别，对物证纸的出处作出判断的一种检验方法。印刷文书来源鉴别在案件侦查过程中是一种缩小侦查范围的重要手段。

二、印刷品来源鉴别依据

印刷文书的印刷过程与发放使用过程都存在一定的规律。掌握了这些规律，就能够查找出印刷文书物证的来源。

（一）同批、同版印刷文书具有特定性

同批印刷文书的排版、制版、印刷、印后加工的方法都相同，同批、同版印刷文书的表观特征基本一致。不同批印刷文书的版面内容可能不同，同时印刷的不同版印刷文书之间，细节特征有可能不一致。

（二）印刷加工特征变化具有有序性

在整个印刷工艺过程中，印版、印刷机械、裁切、装订机械的工作状态并不是一成不变的。随着印刷加工的进程，某些参数会发生微小的变化，导致同一台印刷机上同一块版的印刷文书特征存在微小的有规律的变化。同阶段印刷文书，其印刷加工特征相近。

（三）同阶段印刷文书空间分布具有相对集中性

印刷加工过程和使用过程的有序性，使同版同阶段印刷文书通常集中分布在某一个使用空间内，如某一地区、某一单位、某一办公室，有时甚至集中在某个人手中。

（四）印刷物证出处留有剩余物的必然性

印刷文书来源的确定依赖于与印刷文书样本进行特征比较，以期寻找到印刷特征最接近的样本纸。实践证明，作案人获取作案用纸之处必然还存在已经使用过或尚未使用的相近印刷文书，可以用来与物证进行比较鉴别。

三、同版同阶段印刷文书鉴别

同一块版印出的所有文书基本印迹特征相同，但并不是所有细微的印刷加工特征完全一致。在整个印刷加工过程中，由于印版的磨损、老化以及印刷机、装订机械的工作状态不同，总会使同版印刷文书上某些细微特征消失、出现或发生变化，从而导致同版印刷文书之间出现细微印刷加工特征的差异。这些细微特征在整个印刷加工进程中按一定的规律逐渐变化，根据印刷文书上某些细微特征的出现或消失时机以及特征变化的幅度，可以把全部印刷文书按印刷加工的时间顺序分成若干个区段。属于某块版在某一时间区段连续印出的文书就是同版同阶段

印刷文书。因为同版同阶段印刷文书的分布空间相对集中，所以通过寻找与物证同版同阶段的样本，鉴别样本与物证是否为印刷次序接近的同版印品，对划定物证来源的具体空间、缩小侦查范围具有重要意义。

（一）同版印刷文书鉴别

收集大量与物证同版的印刷文书，是分析印刷阶段性特征变化规律的物质基础。在印刷文书来源调查的初期，首先要从大量与物证内容相似、相同的同类印刷文书中，筛选出与物证属于同一印刷厂印刷的同批印刷文书，然后再进一步鉴别出与物证同版的印刷文书。同版印刷文书的鉴别主要从以下几个方面进行：

1. 印刷方法检验

同版印刷文书的鉴别，首先需对检材与样本是否为专业制版印刷形成进行分析判断。印刷方法相同，是同版印刷文书的前提条件，同版印刷文书的印刷方法必定相同。

2. 版面图文内容检验

版面图文内容是指印版着墨部分图文结构反映在印刷品上的油墨色料影像。同版印刷文书的版面内容必定相同。不同版印刷文书上述方面特征有可能不同（如图 11–18 所示）。如果发现检材和样本的版面图文内容存在本质差别，即可作出否定结论。

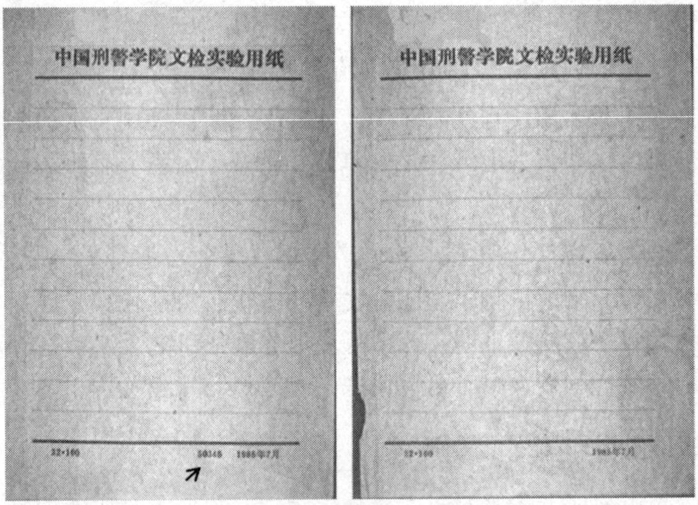

图 11–18　不同版印刷品图文内容差异特征示例图

3. 版面几何规格检验

通过测量印刷文书的版面规格、文字线条的间距和图文的相对位置，可以发现不同来源或相同来源但不同版印刷文书之间的差别。具体测量时，可以根据检测幅面大小，利用不同的测量工具选择印刷文书上的相同部位进行测量比对。也可以通过重叠比对的方法比较版面几何规格的异同。对于用平板纸多色套印的彩色印品，要在同种颜色图文间进行比对。

4. 细节形态特征检验

细节形态特征是鉴别同版印刷文书的关键特征。检验时要注意观察和比较相同部位笔画的长短、端部形态、搭配比例（如图 11–19 所示）、固定缺陷；比较同部位线条的长短、粗细、端部形态、接口特点、边缘缺陷；比较加网照相制版印刷的连续调图像的网点或影写版印刷图像的网点方向、密度和形态（如图 11–20）；比较拼版痕迹、版边位置、版底上脏等版面缺陷；等等。同一块版印出产品的图文结构形态完全相同；不同块版印出产品的图文结构形态有差别。但不同块版印刷文书之间差别的明显程度因制版方法而异。照相连晒制版的各块版印品之间的图文结构形态无明显差别，只能在某些墨迹的边角形态上有微小差别；铅活字排版的各块印版在文字与线条的间距、线条的拼组形式、线端的形态等方面有明显的差别。

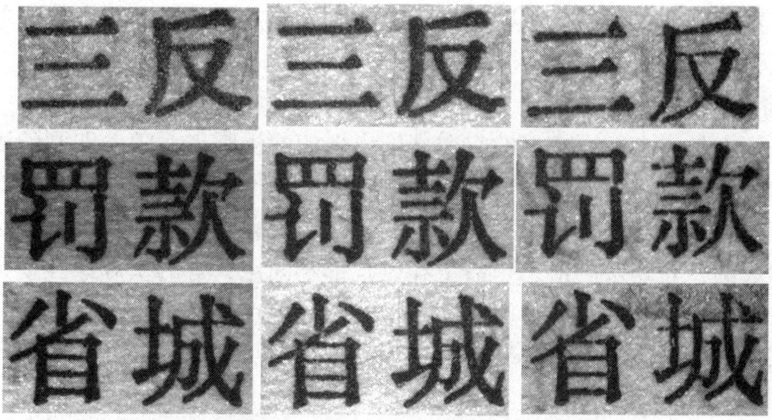

图 11–19　不同来源同体同号字细节形态差别示例

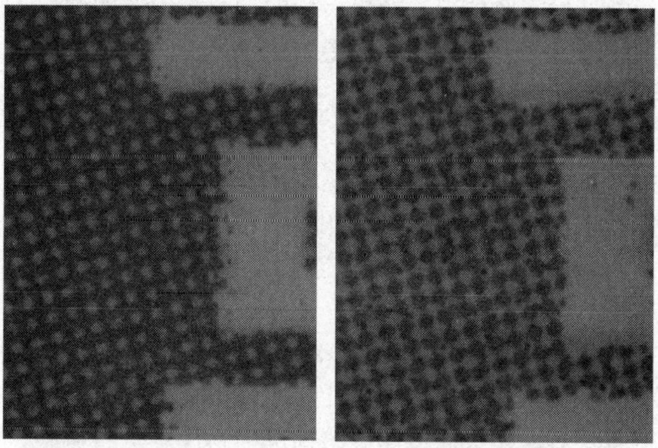

图 11–20　不同来源印刷文书连续调图像同部位网点覆盖率差别示例图

（二）同阶段印刷文书鉴别

同版同阶段印刷文书是某块版在某一时间区段连续印出的印刷文书。通过比对样本与物证的印刷阶段性细微特征，可以筛选出与物证最近似（印刷次序最接近）的样本，对划定物证来源的具体空间、缩小侦查范围具有重要意义。同阶段印刷文书的鉴别主要从以下几方面进行：

1. 印版磨损特征检验

在整个印刷过程中，印版不是一成不变的。由于印版的磨损，印刷图文会从清晰到模糊逐渐变化，印刷质量越来越差，直到印版不能使用。平印版在印刷过程中油水交界处的乳化作用会使细小纹线和图文边缘越来越模糊。印刷时序越接近的印刷文书，同部位笔画边缘清晰程度越一致，但这种差别只能在印刷次序较远的印刷文书间才能表现出来。凸印版的局部印面被磕碰后形成永久性变形，使印品上出现纹线的中断或扭曲。胶印版的图文部分是由高分子薄膜所构成，易被损坏，随着印刷的进程，平版印刷文书上的图文露白和纹线、网点的变形现象和油墨疵点会越来越多。

2. 油墨疵点特征检验

油墨疵点是指在印刷文书的空白部位出现的油墨脏点。随着印刷的进程，局部版面油墨的堆积、异物的污染等都会在印刷品上形成油墨疵点。它们有的是在制版过程中形成，其印迹的形态、数量和出现的位置相对稳定；也有的是在印刷过程中形成的，其印迹的形态、数量和位置都不固定，有的呈规律性变化，有的无规律。但随着印刷的进程，印刷文书上的油墨疵点总体上是数量越来越多。印刷阶段相近的印刷文书上油墨疵点特征表现相似。

3. 油墨特征检验

在印刷机工作过程中，经常需要根据印刷品的情况调节给墨量，使印刷文书上的图文墨色有均匀与不均匀、由浓到淡、由淡到浓的变化。墨斗内油墨的容量也是有限的，印刷过程需要填墨，如果后填的油墨与原有的油墨不是同一种牌号或不是同批调制的，就会使印品的图文墨迹有色泽深浅、亮乌的区别。同阶段印品上的墨迹深浅、色泽和均匀程度表现一致。

4. 印刷机具调整特征检验

印刷过程中调整印刷机具主要是对压印力和滚筒包衬厚度进行调整。对凸版印刷而言，滚筒压印力的调整直接影响印刷文件的压痕特征，同时也会带来墨色深浅的变化。压力越大，压痕越明显、通常墨色越深；压力越小，压痕越不明显、通常墨色越浅。在动态印刷过程中，要求压印物体与印版两者的表面运动线速度一致。对于平版胶印，则要求印版滚筒、压印滚筒和胶皮滚筒三者同步运转，否则，就会产生相对滑动使印刷品上的墨迹出现单方向的双影或发虚现象。遇到这种情况，需要对压印滚筒或印版滚筒的包衬厚度进行调整，使其表面线速度相同。同阶段印品在有无双影、是否发虚以及发虚的程度等方面表现的特征一致。对于彩色印刷文书，还可根据同一彩色图像各色印版套印位置的具体表现，判断是否是同阶印印刷文书。对凸版印刷品，可根据墨迹压痕大小和有无双影等特点判断是否是同阶段印刷文书。

5. 纸张特征检验

印刷量较大的印刷文书在印刷进程中一摞纸不足以完成印量，还需要续纸或换纸。如果后换的纸是不同造纸厂或同一造纸厂不同批生产的，印出的同版印刷文书会出现纸张色泽和平滑程度的差别。同阶段印刷文书的纸张白度、厚度、平滑度和成分特征等应一致。

6. 修版特征检验

印刷过程中，若印版磨损或脏版现象严重需要停机进行印版修复，修版后再印刷的印刷文书的某些特征会与修版前的同版印刷文书存在很大差异。例如，胶印版在进行修版时，损坏的亲油膜能够被修复，空白部位的脏点能够被擦除，从而使印刷文书上的露白和油墨疵点明显减少；随着印刷的进程，油墨疵点和露白也会继续出现，但是在形态和位置上都与修版前的同版印刷文书不同（如图 11-21 所示）。如果物证与样本上述特征反映不同，则应属于不同阶段印刷形成。

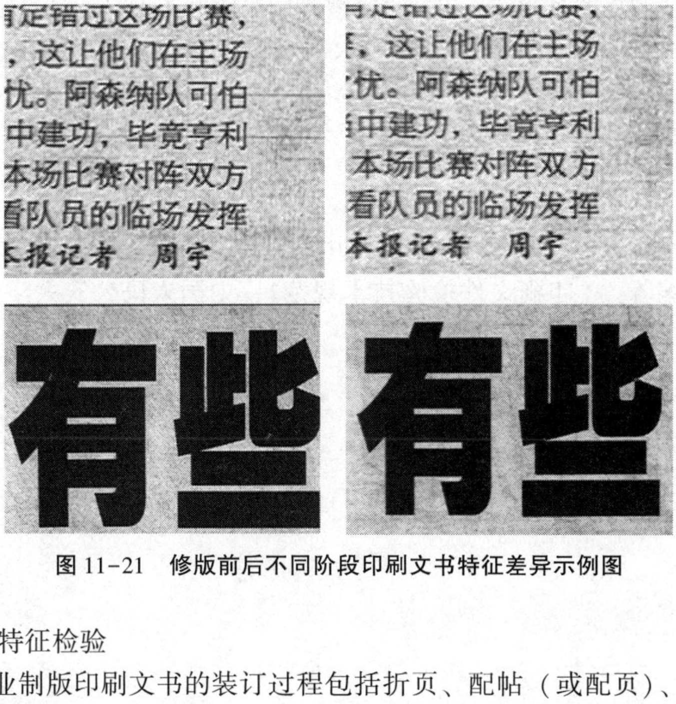

图 11-21　修版前后不同阶段印刷文书特征差异示例图

7. 装订特征检验

通常专业制版印刷文书的装订过程包括折页、配帖（或配页）、订本、上封面、裁切等工序。在装订过程中，也会表现出某些代表装订时序的阶段性特征。例如，同阶段装订的成品，折痕与折标的相对位置、装订痕的位置、间距等特征相同，胶头黏合物的颜色、种类以及包头使用的纸张特征相同，裁切边刀花的形态及搭配关系特征相同等。如果检材与样本上述装订特征表现不一致，则应属于不同阶段的印刷品。检验时注意观察和比较装订方式、装订痕位置、刀花位置与形态等装订特征异同。

根据上述各方面的综合分析，可以把从整个印刷文书分布范围抽取收集到的样本分为不同印刷阶段，从中逐步筛选出与物证最近似的样本，这些样本可能还是分布在几个单位、几个办公室或某个小社区之内，从而可以为侦查指明方向、缩小范围。

【思考题】

1. 专业印刷文书的定义和种类是什么？
2. 专业印刷文书鉴定的主要任务有哪些？
3. 平版印刷的原理是什么？平版印刷文书的基本特征有哪些？
4. 目前在用的平版印刷种类有哪些？
5. 凸版印刷的原理是什么？凸版印刷文书的基本特征有哪些？
6. 目前在用的凸版印刷种类有哪些？
7. 凹版印刷的原理是什么？
8. 凹版印刷种类有哪些？不同种类雕刻凹版印刷文书特征具有哪些异同点？
9. 丝网版印刷文书的特征有哪些？
10. 印刷文书来源鉴别的意义是什么？
11. 印刷文书同版同阶段鉴别的方法是什么？

【参考文献】

1. 王世全主编：《印刷文件检验》，中国人民公安大学出版社 2001 年版。
2. 崔岚编著：《印刷文件检验技术规范》，中国人民公安大学出版社 2012 年版。

第十二章‖ 办公机具印刷文书鉴定

本章概要：本章主要介绍办公室常用机具工作原理和文书鉴定的技术方法等内容。其中，各类机具印刷文书鉴定是本章的重点，各类机具工作原理是本章的难点。

关键词：办公机具　印刷文书　鉴定

第一节　电子打印文书鉴定

能打印汉字的电子打印机，都是以点阵形式组成汉字的电子打印系统。它们能直接打印出的都是一个点，在时序上以行阵或列阵为单位顺次打印出二维点阵构成一个或一行完整的字符。目前，打印机主要有针式打印机、喷墨打印机和激光打印机等类型。1957 年 IBM 公司成功研制了世界上第一台点阵式打印机；1968 年 9 月，日本的精工株式会社推出第一款商品化的针式打印机；20 世纪 60 年代末静电复印机的发明者施乐公司研制了第一台激光打印机；1984 年，美国的惠普公司研制了世界上第一台喷墨打印机。1983 年年底，第一套中文计算机磁盘操作系统（CCDOS）软件面世，实现了在计算机系统中汉字的输入、显示与打印输出。不同种类的打印机由于打印原理和机具结构截然不同，制成的文书墨迹特征也具有各自的特点。

一、电子打印机工作原理

（一）点击式打印机工作原理

点击式打印机是一个机电高度一体化的系统，主要由打印头及其横移机构、输纸机构、色带系统和相应的控制电路组成。点击式打印机是利用机械运行和电路驱动原理，使打印针撞击色带和打印介质打印出色点，并利用打印头的多根针打印出点阵，再由点阵组成字符或图形来完成打印工作的。点击式打印机具体打印形式为串式打印和行式。

打印针在串式打印机的打印头上纵向排成一列或两列（呈交错状）或多列，一般为特制的钢针；打印头置于字车上，并由横移机构牵引，沿水平导轨横向往复运动；色带装在打印针与打印纸中间，每当打印针撞击色带时，就在纸上印出一个点；一列针同时撞击时，就印出了一列点。打印头的针数常见的有 9 针和 24 针两种，用于打印汉字的多为 24 针打印机。9 针打印机的 9 根钢针（直径 0.3-0.4mm）在印面上排成一列。24 针打印机的 24 根钢针（直径 0.2mm）在印面上排成交错的两列（如图 12-1 所示）。

打印头上的每一根针分别由一个对应的电磁铁驱动，电磁铁的动作则是由来自打印字库的点阵字符信息来控制。当有打印信号时，有一脉冲电流通过电磁铁的线圈，使其产生磁性吸合衔铁并使打印针向前击出，通过织物色带在纸上印出一个圆点（如图 12-2 所示）。脉冲电流消失后，复位弹簧又带动打印针回归原位。

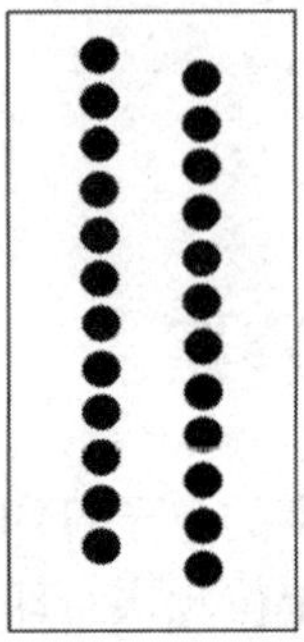

图 12-1　24 针打印头印面上打印针排列图

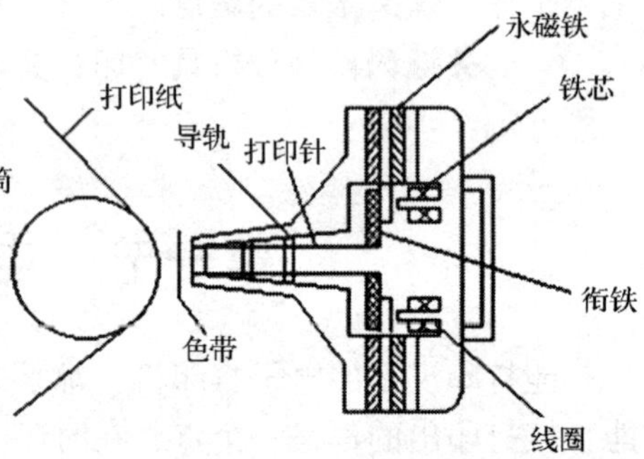

图 12-2　点击式打印机印字原理示意图

在打完第 1 列点后，字车向右或左移动一步，接着在第 2 列上打印出所需要的若干点，如此类推，直到最后一列上的点打印完毕。然后字车继续移动数步，打印针均不动作，以便留出字符之间的空隙，接着打印下一个字符；之后再度重复这些动作，直到这一行最后一个字符打印完毕为止，如图 12-3 所示。一行字符打印完成后，字车回车到打印机起始位置，与此同时打印纸在输纸机构控制下走纸移到下行字符所在部位。在上述打印过程中，字车每移动一步，色带也在色带机构控制下不停循环，让色带的所有部分都会均匀受到击打，使所有打印出来的点阵颜色趋于一致。

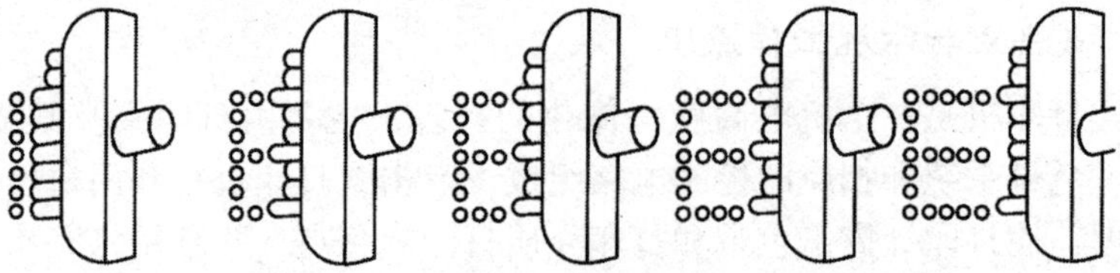

图 12-3　点击式打印机打印字符 E 的过程

（二）喷墨打印机工作原理

喷墨打印机是在针式打印机之后发展起来的非击打式打印机。早期的喷墨打印机都是采用连续式喷墨技术，而当前使用的喷墨打印机大都采用随机式喷墨技术。随机式喷墨打印机的打印头都是由一列或数列喷嘴所构成，以热泡式或压电式喷墨原理进行打印。热泡式打印头的每个喷嘴处有一个特殊的电阻，当打印机接收到打印指令和数字化信息后，热电阻温度升高使喷嘴底部的液态油墨瞬间受热汽化形成气泡，靠气泡膨胀产生的压力压迫一定量的墨滴克服表面张力快速挤压出喷嘴，挤出的墨水形成墨滴喷射到承印物上形成图文印迹。压电式喷墨打印机的打印头每个喷嘴处有一压电半导体（PZT），文本的数字信息控制压电半导体变形挤出墨滴在承印物上形成印迹（如图 12-4 所示）。

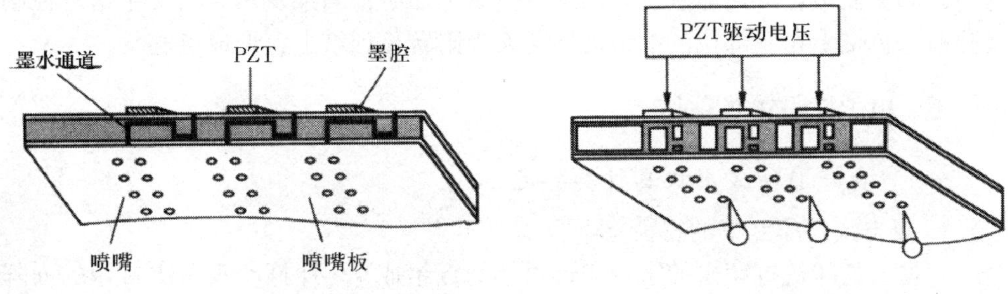

（a）正常状态　　（b）喷射状态

图 12-4　压电式喷墨打印机多个喷嘴的工作示意图

（三）激光打印机工作原理

激光打印机的工作原理与静电复印机的工作原理相似（如图 12-5 所示），其核心部件也是感光鼓。只是控制对感光鼓扫描曝光的激光束的信号不是取自原稿的图像，而是来自编辑好的电子文稿的数字化信息。在对光电导体表面充电后，把电脑主机发送的二进制图文点阵信息转化成打印信息，驱动激光器发射激光束。通过光学系统，把聚焦后的光束投射到旋转的光电导体表面上，从而完成整个扫描过程。这样有图文处的电荷保留，没有图文处的电荷消失，在光电导体上生成看不见的图文静电潜像。再通过带相反电荷的着色剂（通常是墨粉）把图像显现出来，然后把色粉图像转移到普通纸上，最后通过高温定影的方式把

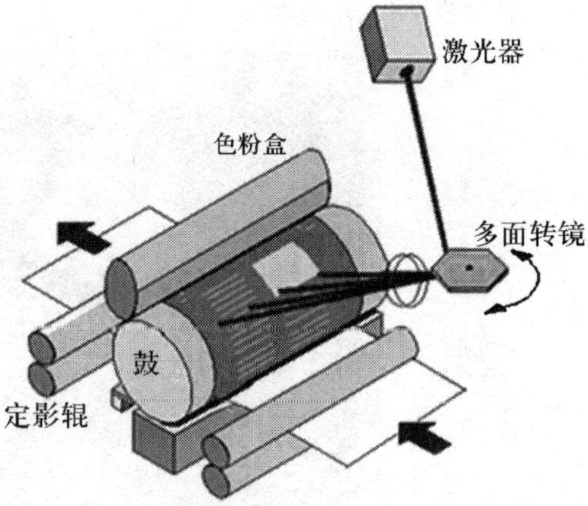

图 12-5　激光打印机工作原理示意图

色粉图像固定在纸张上，即为激光打印文件。

（四）感热式打印机工作原理

感热式打印机属于串行式打印机，其打印头由一列或数列发热元件所构成。有打印信号时，脉冲电流使相应的元件发热，在纸上形成点迹。常用于打印汉字的打印机热敏头有二十四个发热点，交错排成两列，每个发热点呈方形，宽度仅为0.1mm。感热式打印机形成点迹的方式有直接打印和间接打印两种。直接打印有时也称作热敏打印，使用的是专用热敏纸。热敏纸的表面有一层化学涂层，遇热时发生化学反应而变色（变黑、变蓝等）。打印过程中，打印头接触纸面移动，打印头上某个发热点受文字信息控制发热时，纸上相应部位变色，形成方形点迹。间接式打印有时也称作热转印打印，使用的是普通打印纸，利用热敏色带进行打印。热敏色带聚酯基底表面附有热熔性油墨，当某发热点由文字信息控制发热时，色带上相应部位的油墨被熔化而吸附转移到纸上，形成点迹。

二、电子打印文书鉴定

（一）电子打印文书机具种类鉴定

1. 点击式打印文书的特征

点击式打印机打印出的字符印迹由小圆点组成，9针打印头一次打印的列阵点迹是分离的。24针打印机打印的一个列阵是分次打印的：先由一列针打印出一列分离的点迹，再由另一列针在原来各点的间隙处补打上一列点迹，这样列阵上各点相互交叠，在横、竖笔画边缘呈现出波浪状形态（如图12-6所示）。由于钢针击打形成印迹的原因，点击式打印文书的印迹小点有冲击压痕，有时能观察到中淡边浓的挤墨现象。

图12-6 点击式打印机打印字迹示例图
（上-24针打印头打印；下-9针打印头打印）

2. 喷墨打印文书特征

喷墨式打印机打印文书的墨迹由小点组成，比点击式打印黑，不如热敏式打印整洁。打印墨迹图文光滑平整，没有冲击压痕和挤墨现象。但是，当纸张质量较差时，打印的图文边缘易出现毛刺状的洇散现象（如图 12-7 所示），有时还会有墨水污染痕迹。

图 12-7　喷墨打印文书图文洇散现象示例图

热泡式喷墨打印文书图文线条边缘易参差不齐，图文附近可见多余墨水疵点。压电式喷墨打印文书与之相比比较清晰整洁，通常不会出现多余墨点。另外，热泡式喷墨打印技术中，由于墨水在高温下易发生化学变化，性质不稳定，所以，打印出的色彩真实性就会受到一定程度的影响。而压电式喷墨打印的彩色图像色彩还原性比较好。

3. 激光打印文书特征

激光式打印机打印文书的墨迹有复印文书的特征，字符印迹由墨粉颗粒堆积而成。与复印文书相比，激光打印机打印的文书字行端正，没有原稿稿边阴影痕迹，笔画边缘和空白部分存在底灰，但底灰较轻。

（二）电子打印系统同一认定

1. 打印头功能缺陷特征

点击式打印机的打印头，是运动最频繁的部件，易在使用中发生磨损、断折等故障。出现此故障的打印机，打印任何图文字符都会在列阵上出现空缺，形成横向贯穿的露白线条或印迹比较浅淡的线条。在点击式打印机具同一认定检验时应比较缺陷的个数和缺陷的列阵位置。

2. 反向间隙特征

点击式打印机通常采用串式打印方式。当打印超过打印头高度的大字时，需要分段扫描打印。由于打印头两次串行打印对位不准，串式打印机在打印大字时（超过打印头高度的字）会出现上下衔接的现象（如图 12-8 所示）。检验时需注意观察和分析反向间隙特征的有无，并注意比较偏斜的方向和偏斜的程度。

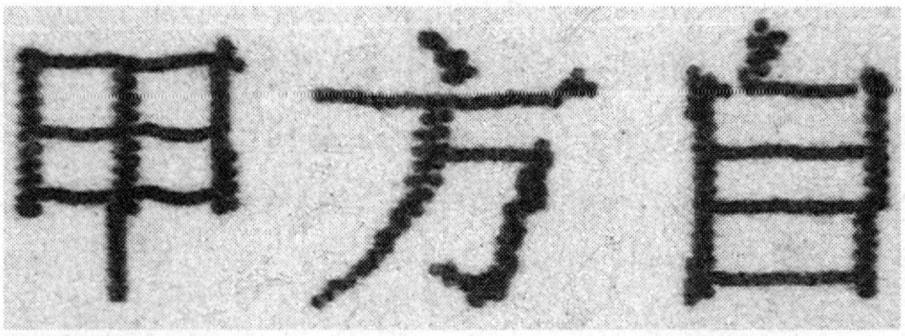

图 12-8　点击式打印文书中的反向间隙特征示例图

3. 打印失步特征

打印头每一次扫描打印的过程为：静止—加速运动—匀速运动—减速运动—静止。有的打印机在打印头还没有达到匀速运动时就开始打印，导致打印出的行首或行尾字符左右不对称，这种变形被称为打印失步特征。检验时要注意对打印文书行首或行尾的对称性字符进行比较。

4. 打印头偏斜特征

正常情况下，串式打印机的打印头在装配时，打印元件排列方向与打印头移动的方向是垂直的。但是，有的打印机打印头在打印过程中被传送带沿着导轨拖拽时，由于机械部位磨损等原因会造成打印头偏斜现象，造成打印字符的列阵与字行轴线不垂直。这种现象严重时，直接可以看出字符不方正。轻微时，也能在连续打印的竖线上表现出来。检验时需注意观察打印文书上字符列阵及纵向线条与字行的垂直情况。

5. 字库特征

各种中文电子打印系统所能打印的汉字、拼音文字、符号都来自字库。字库中的文字信息是根据对印刷体字稿进行数字化处理后的信息编辑而成的。不同的中文打印系统中安装的字库可能源于不同的生产厂家和版本。目前，显示和打印汉字的字库主要有三种类型：点阵字库、矢量字库和曲线字库。不同种类的字库笔画轮廓细节形态存在差异。即使是相同种类的字库，如果是不同厂家和版本的字库打印出的同体同号汉字与符号的点阵结构和具体形态也有可能不完全一样。此外，许多计算机用户使用的中文软件并非购买的正版软件，而是私自拷贝的盗版解密软件。在非法复制过程中，难免会使字库的点阵信息增加或减少，导致打印出的字符出现位置固定的疵点或缺损。当检验中发现有这类特征时，要注意调查该字库的来源，收集来源字库样本，确定特征是该打印系统特有的，还是遗传下来的。同时还要调查是否还传给了其他计算机。只有在排除了遗传和扩散的可能后，该特征才能作为价值很高的同一认定特征使用。

6. 自造、修改字库字符特征

各种电子打印系统，为了适应各行各业的特殊打印需要，都在存储器中预留了一定数量的空白区，供打印人设计制作字库中没有的字符图形。自造字和被修改字符的特征完全由操作人个人习惯所决定，具有很强的特殊性。若能用嫌疑打印机打印出特征与物证完全相同的自造字符，则可作为价值非常高的同一认定特征使用。

7. 电子信息存留特征

电子打印系统打印完文书后，存储在计算机硬盘或软盘中的文件可以在相应的软件条件下被调出，展现打印过文件的全部内容。即使存储在硬盘等存储设备上的文件被消除，只要其区域没有被新文件所覆盖，也可以用某些工具软件中的命令将其恢复。若在嫌疑电子打印设备上或在嫌疑人处发现这些信息，无疑是认定电子打印机或作案人的可靠依据。

电子打印系统的同一认定特征比较细微，需要在物证与样本之间反复进行，以免漏掉特征。检验过程中，要注意选择重复性特征，有时必须与同期样本比对后才能得出鉴定意见。

第二节　静电复印文书鉴定

静电复印机是1938年由美国人切斯特·卡尔逊发明的。1960年，美国施乐公司制成了世界上第一台落地式全自动的可以在办公室使用的“941”型硒静电复印机，带来了现代静电复印机制造技术的飞速发展和全面普及。目前使用的复印机根据曝光成像方式不同分为模拟式和数码式（又称数字式）两种。其中模拟复印机是最早出现的复印机，只具有单纯的复印功能；而数码复印机则是在近几年逐渐开始推广使用的，其功能多样，除了带有基本的复印功能外，同时还具有打印、扫描、传真等功能。

一、静电复印机工作原理

（一）模拟式静电复印机工作原理

静电复印机的工作过程类似于照相，所不同的是使用光电导体作为感光介质。模拟式静电复印机利用光电导体遇光导电的特性，把原稿图文通过光学系统直接成像在带有电荷的光电导体表面形成静电潜像，再通过带电着色剂（通常是碳粉）把图像显现出来，然后把粉末图像转移并固定到纸张上，形成复印文书出机。一个完整的复印过程，一般要经过充电、曝光、显影、转印分离、定影和清洁六个步骤，如图12-9所示。

（二）数码静电复印机工作原理

数码复印机的工作原理与模拟式复印机的区别主要在对感光鼓的曝光成像方式上。在数码复印机上，原稿图文通过光学系统先成像在CCD（电荷耦合器件）传感器上并转换成数字图像信号，然后把经过数字技术处理的图像信号输入激光调制器，调制激光束并经机械转镜扫描系统对被充电的感光鼓进行扫描曝光，形

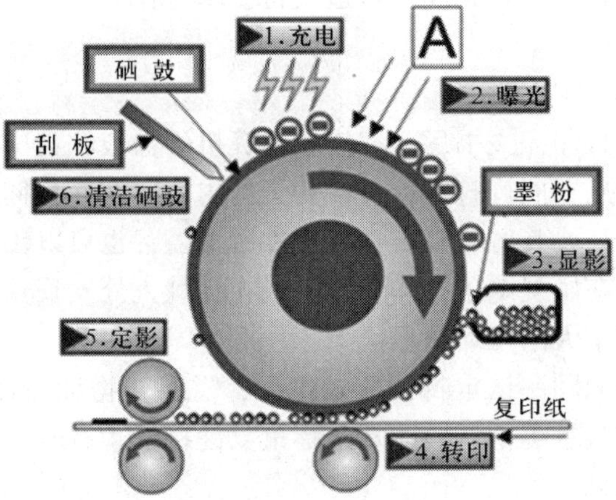

图 12-9　模拟复印机工作原理示意图

成静电潜像，其余过程原理与模拟式复印机相同（如图 12-10 所示）。数码式复印机的充电装置使用导电橡胶制成的充电辊，充电辊直接与感光鼓接触。数码复印机由于是利用激光扫描和数字化图像处理技术成像的，因此它不仅具有复印功能，还能进行图像编辑，如自动缩放、单向缩放、自动启动、双面复印、组合复印、重叠复印、图像旋转、黑白反转、25-400%缩放倍率等多种编辑效果。数码复印机也可作为电脑的输入输出设备和网络的终端。

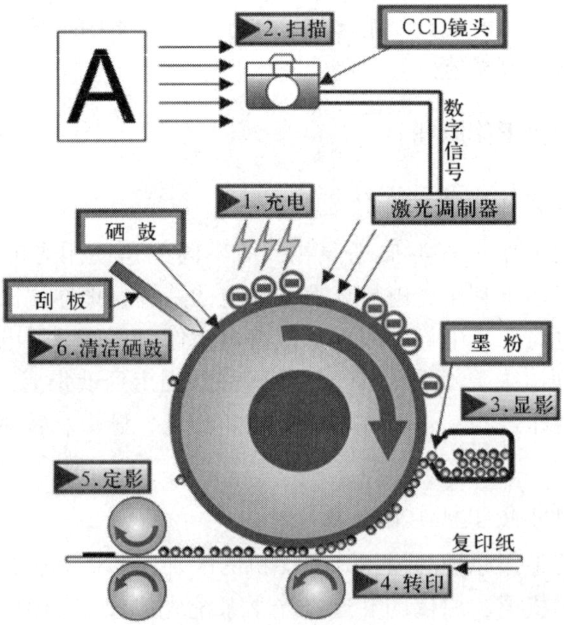

图 12-10　数码复印机工作原理示意图

二、静电复印文书鉴定

（一）静电复印文书特征

1. 图文墨迹特征

静电复印机复印文书的图文墨迹一般由细小的墨粉颗粒堆积形成，图文具有一定的立体感。与原稿相比，复印文书易出现缺笔少画现象，纤细的线条还易出现间断现象，文字笔画常棱角变钝、边缘不清晰。数码复印机印刷文书上的文字如果是用图片模式复印形成，文字笔画通常会表现出规则的网点特征（如图 12-11 所示）。而模拟复印机则无此功能，只能输出与原稿文字形态相同的文字图像。

图 12-11　数码复印机图片模式下复印的文字示例图

2. 连续调图像特征

复印文书上的图文反差比较强，连续调图像缺乏层次感。传统的模拟复印机是通过光反射原理成像，因此会有正常的物理性偏差，造成图像与文字不能同时清晰再现。但由于数码复印机支持文字模式、图片模式、文字/图片模式、精细照片模式等多种模式复印，具有图像和文字分离识别功能，在处理图像与文字混合的文稿时，复印机能以不同的处理方式进行复印，因此文字和图像均可以较为清晰地复印出来。数码复印机在复印连续调图像时，会表现出规则分布的网点特征。

3. 底灰特征

一般在复印文书的空白部位存在遍布纸张表面的墨粉颗粒，这种现象称为“底灰”。复印机越陈旧，感光鼓使用时间越长，底灰就越多。与模拟复印文书相比，数码复印文书的底灰较少，空白部位比较洁净。

4. 其他印迹特征

原稿若小于承印纸张，容易出现原稿稿边阴影痕迹。复印文书上还会出现原稿所没有的因复印机感光鼓、稿台、光学系统等部件原因而生成的各种印迹。

（二）静电复印机具鉴别

1. 复印机种类鉴别

复印机具种类鉴别是根据物证复印文书表面遗留的各种复印痕迹的特点，判断产生痕迹的复印机相应部件的工艺性能，然后综合各部件的工艺性能特点与每个类型复印机的综合工艺性能特点进行比较，从而确定文件物证是用哪种类型复印机复印的。复印机种类鉴别依据的特征主要表现在以下几个方面：

（1）感光鼓特征。感光鼓是静电复印机的核心部件，不同类型复印机在感光鼓制作材料的选用和设计规格上不完全相同，反映在复印文书上的某些特性也不同。不同牌号、型号复印机感光鼓的直径不尽相同，其差别可以通过感光鼓的损伤反映到复印文书上的印迹表现出来，具体计算方法如图 12-12 所示。在第一种情况下，复印每张文书时，感光鼓的运转在一周以上，总有部分鼓面或所有鼓面多次接触复印纸张。若感光鼓有损伤，就会在某张复印文书或全部复印文书上留下重复的痕迹。

相邻两痕迹之间的距离（见图 12-12A）即为感光鼓的周长（L），根据周长公式即可计算出感光鼓的直径 D。在第二种情况下，感光鼓运转不到一周即可复印完一张复印文书，不能在同一张纸上出现感光鼓同一损伤留下的重复性印痕。但有可能使沿感光鼓圆周方向分布的两个以上不同损伤痕迹留在同一张纸上。又由于感光鼓每次运转起止点的变化，在连续复印的多张复印文书上，这些印痕就会以不同的顺序出现。两痕迹间的垂直距离反映出感光鼓圆周方向上不同部分的弧长（如图 12-12B 所示）。各部分弧长加起来即为感光鼓的周长，利用周长公式可以计算出感光鼓的直径。

用于复印机的光电导体材料常见的有氧化锌（ZnO）、硫化铬（CdS）、硒（Se）、有机光导体（O. P. C.）。目前的模拟式复印机基本使用后三种材料，数码复印机多使用有机光导体。虽然不同的光导材料都有遇光导电的特性，但它们具有各自的光谱敏感范围，各种光导材料对不同颜色有着不同的灵敏度。在不具备色温补偿工艺的复印机中，光导材料对原稿的某种色彩越敏感，表面电荷被消除得就越彻底，显影时吸附的色粉就越少，复印出的色调就越浅。这样，如果复印原稿是彩色的，并且已经掌握或可以推断出原稿的色彩，就可以根据复印文书上对不同色彩所反映出的色调深浅来判断该复印机感光鼓所用的光导材料。

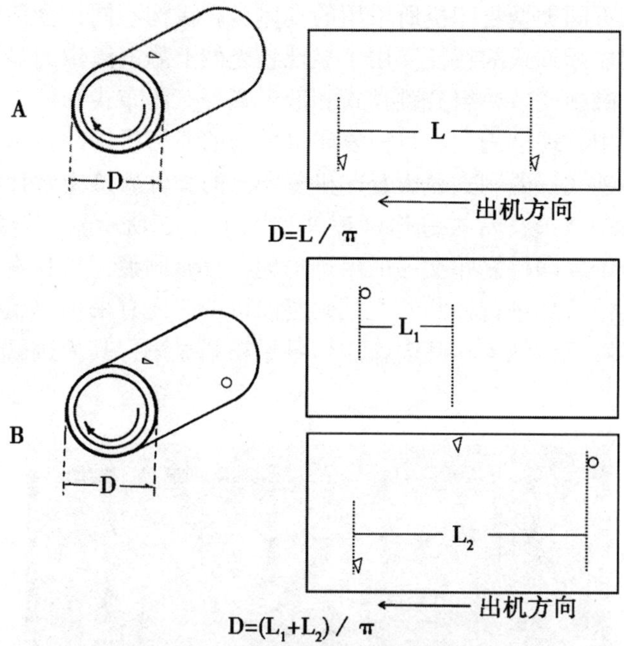

图 12-12　感光鼓直径计算示意图

A-L 相邻两重复性痕迹沿走纸方向的垂直距离

B-L_1、L_2表示感光鼓上的两个损伤痕迹沿走纸方向的垂直距离

（2）充电辊直径特征。目前比较常用的对感光鼓充电的方法有电晕充电法和充电辊充电法。其中，充电辊充电是利用辊直接给感光鼓表面施加电荷的一种充电方式。当充电辊上出现斑痕或损伤时，就会影响充电效果并在复印文书上反映出相应的痕迹。利用其两个相邻重复性印痕的间距可以计算出充电辊直径。不同牌、型号的数码复印机充电辊直径不尽相同，常见的直径尺寸为 12mm 和 14mm。

（3）稿台种类特征。复印机曝光系统的具体形式分为光学系统扫描式和稿台扫描式两种。光学系统扫描式曝光系统的稿台是固定的，稿台扫描式曝光系统的稿台在复印过程中是移动的。在复印较厚的书籍时，无法用稿台压板压平书页，必须由手工紧压书脊使其平整地压紧在稿台上，以此来保证复印的内容不变形。这种压书脊的方式在稿台固定式复印机上很好掌握，不会影响复印质量。但在稿台移动式复印机上很容易因书与稿台的相对滑动而使那一瞬间扫描成像的复印文书上的相应部分图文出现变虚或双影现象。根据复印文书上表现出的垂直于走纸方向的条状虚影特征，可以推断可能是用稿台移动式复印机复印的。但若无此特征，则不能判断复印机的稿台种类。

（4）显影方式特征。光电导体经充电、曝光形成静电潜像后，用带有异性电荷的着色剂与感光鼓相接触，使有色粉末被静电潜像区吸附而形成可见图像的过程称为显影。不同类型复印机所采用的具体显影机构不同，会使复印文书上的墨迹表现出不同显影方式的特征。用于显现感光鼓上静电潜像的显影机构显影方式包括瀑布式、磁刷式、单组分跳动式和液干式等。瀑布式和液干式显影机构被早期复印机所采用，现已淘汰。目前复印机采用的显影机构的显影方式通常是磁刷式和单组分跳动式。磁刷式显影复印机复印出的文件墨迹中常伴有沿走纸方向伸展的纤细的露白条痕，常被称作刷痕（如图 12-13 所示），其墨粉没有磁性；单组分跳动式显影复印机复印文书的墨迹均匀、没有刷痕，墨粉有磁性。墨粉的磁性可以用磁性检验器进行检测。在数码复印机中，还有采用单组分接触式显影机构的，这种显影机构纯粹靠静电作用传导墨粉和显影，其墨迹既无刷痕，也无磁性。

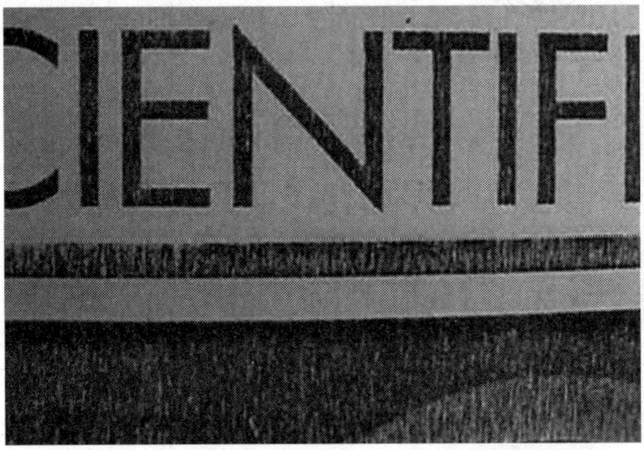

图 12-13　磁刷式显影复印文书墨迹刷痕示例图

（5）分离方式特征。分离方式是指在完成粉末图像从感光鼓向纸张转移过程后，使纸张与感光鼓分离的方法。早期的复印机采用机械分离方式，如分离带分离和边缘分离爪分离等，这种分离方式易卡纸。当前的复印机通常采用电晕分离或曲率分离。电晕分离是在纸背加一个交流电晕，通过交流电场的作用把纸张与感光鼓相互吸引的正负电荷中和掉，纸张由于自身张力自然下垂，与感光鼓分离开。电晕分离方法不会在复印件上留下任何痕迹，复印全幅面图像或复印件有底灰时，可以看到图像或底灰布满整个纸面。在部分中、高速复印机中采用电晕辅以分离爪分离，它是在电分离的基础上，又增加了一排用薄金属片制成的防止纸张被感光鼓卷上去的分离爪。分离爪与鼓面轻微接触，在复印过程中，若经交流电晕的作用后纸张仍没有离开鼓面，就会由于分离爪的作用而被卡下来，从而保证了复印过程的顺利进行。通常情况下，电晕辅以分离爪分离方法在复印件上所表现的特征与电晕分离方法一致。但若分离爪长期磨损感光鼓表面或分离爪压迫感光鼓的压力过大而加速了感光鼓的磨损，会使感光鼓出现间距与分离爪间距一致的沿圆周方向的磨损痕迹，反映到复印文书上则表现为沿走纸方向的、与分离爪间距对应的带状条痕。小型复印机通常采用曲率分离方法，曲率分离是唯一的没有任何分离部件的分离方法，它是依靠纸张本身的张力与纸鼓之间静电引力抗衡来实现纸张分离的。随着感光鼓直径的减小，纸张的张力会越来越大。当感光鼓直径减小到一定程度时，纸张的抗弯曲张力就会超过纸与鼓之间的静电引力，使纸张自然下垂。采用曲率分离方式的复印机所装配的感光鼓直径很小，一般为 30mm 以下。此种分离方式的复印文书特征与电晕分离方式相同。

（6）定影方式特征。定影是使粉末图像牢固附着在纸张表面的过程，复印机常用的定影方式有热压式和冷压式两种，以热压定影为主。热压定影过程是利用一对加热的辊子直接对转印后的复印文书加热挤压，使墨粉熔融在纸上。因为热压定影复印文书经过了挤压，所以图文墨迹平整，墨粉颗粒紧凑，没有明显亮光和立体感。冷压定影过程是使转印后的复印文书通过一对钢辊，在高压作用下，使墨粉粘附在纸上。冷压定影所用的墨粉含有一定比例的压敏树脂和蜡。冷压定影复印文书的图文不但墨迹平整、墨粉颗粒紧凑，而且墨色很黑，墨迹有亮光。但没有浮凸立体感，图像墨粉定影不牢固，很容易脱落。

（7）着色剂种类特征。不同牌号复印机的着色剂是根据复印机的具体结构和光学、电学参数专门设计生产的。一般情况下，不同牌号复印机所用的着色剂互不通用。不同类型复印机所用的墨粉会在颜色、粒度和化学成分等方面表现出不同特征。可用于墨粉成分分析的方法有薄层色谱法、裂解气相色谱法、红外光谱法、紫外光谱法、发射光谱法、能谱分析法等。

（8）图像网点特征。为了更好地再现原稿真实色调，数码复印机设计有文字模式和图像模式，在复印文书上可以把连续调原稿图像以一定密度的、不同大小的网点图像表现出来。在图像模式下，原稿上的实地图文和连续调图像均以网点图像表现在复印文书上。在文字模式下，原稿上的实地图文仍表现为实地图文，而原稿上的连续调图像却自动在复印文书上表现为网点图像。但不同类型数码复印机的网点设计不同，可以通过分析图像网点的布局、形态和密度加以区别。模拟式复印机则无此特征。

（9）暗记特征。暗记是在数码彩色复印机（激光彩色复印机）复印文书上由黄色小点构成的肉眼不易发现的矩阵图像。为了有效控制利用彩色复印机伪造货币的犯罪行为，近年来世界银行组织与彩色复印机生产厂家联合开发出了加暗记技术。每台数码彩色复印机的暗记是出厂前就设定好的，由机内芯片中的固定程序指挥，在每一张复印文书上印出通篇的规律性重复的、由黄色粉末小点构成的矩阵图像。点的数量、形状、大小和排列位置隐含复印机的牌号、型号、制造的日期时间和机器的序列号等信息。不同牌号数码彩色复印机暗记的矩阵基本结构完全不同。这些暗记特征可以通过分色或荧光检验来显现，然后通过专用的软件对其定位，对照数据库中的数据即可通过显示出的代码得知其牌号、型号、序列号，甚至使用单位等信息。

此外，在用纸规格、输纸机构、复印机功能等方面也能表现出不同类型复印机的特征。根据复印文书上可能反映出的上述特征，参照各种复印机的数据资料，就可以判断作案用复印机的种类，有时还可以确定复印机的具体型号。

2. 复印机同一认定

根据种类鉴别确定作案用复印机的可能机型，寻找到一台或数台嫌疑复印机后，需要收集各台复印机的复印样本，通过与物证复印文书的比对，确定哪一台嫌疑复印机是作案用复印机，这就是静电复印机的同一认定过程。结构相同的复印机由于装配过程和使用过程中磨损变化的随机性，都有相互区别的个体特征。这些特征的总和构成了认定或否定嫌疑复印机是作案用复印机的依据。

（1）光学系统污迹特征。若原稿曝光系统中的某个光学部件有污迹，会影响在感光鼓表面的成像质量，最终表现在复印文书上。如果稿台玻璃上有划痕，因其正处在焦平面上，便会在复印文书上反映出相应形态的印迹，这种印迹在每张复印件上的位置相对固定。

（2）感光鼓损伤印迹。感光鼓上的任何损伤都会在复印文书上产生相应形态的印迹，使之区别于其他复印机的复印文书。这些印迹有感光鼓的运转擦刮痕、意外磕碰痕、感光体老化痕等。

（3）感光鼓周围部件反常痕迹。感光鼓周围各功能部件的性能、状态都会影响复印文书图像质量的好坏，有时也会在复印文书上留下相应的印迹。这些印迹有由于电极丝污染造成的复印件沿走纸方向贯通的不规则虚边带状条痕、充电辊的损伤痕、显影后某部件擦刮鼓面色粉图像使复印件上出现沿走纸方向贯通的露白线条等。

（4）纸张传输过程中其他部件留痕。纸张传输部件的污染和损伤会在复印文书上留下相应的压痕和各种污迹。这些印迹包括搓纸输纸部件的脏痕、分离部件的污染痕、定影部件的压痕及硅油斑等。

上述特征总和的符合可作为认定嫌疑机台的依据。但检验中要考虑同一台复印机在不同使用阶段的特征变化，尤其是复印机经维修换件后，某些同一认定特征将消失或变化。比对检验过程中，产生疑问时，应收集同期比对样本进行验证。

3. 复印文书的来源认定

在司法鉴定实践中，有时需要对复印文书图文是否源于某一文件进行鉴别。这时需要分析复印文书上的图文组成、相对位置、细节形态等特征与该文件是否符合，同时还要结合复印机具种类鉴别和同一认定中所依据的特征进行分析与比较。此外，原稿上的一些特殊特征也是检验时的重要内容，如原稿的破损、皱褶、装订痕迹以及添改痕迹等的位置和形态等。

4. 多次复印文书的鉴别

多次复印文书是指以复印文书为原稿，再次复印得到的复印文书，即复印件的复印文书。这种循环可以是一次或多次。与犯罪或经济纠纷相关的复印文书中有的可能属于多次复印文书。有时为了澄清事实或分析案情，就需要鉴别物证是直接从原稿复印出来的，还是属于多次复印文书。随着复印次数的增加，复印文书图文总体反差增强，分辨率下降，会出现图文线条中断、图文露白增多、笔画变形和疵点增多等现象。

5. 拼接或局部遮挡删除复印件的识别

随着复印机的普及应用，利用复印机伪造复印文书的案件与日俱增。伪造的对象常常是作为经济纠纷和刑事案件关键物证的各种债务证件、单据、合同、协议、遗嘱等。作案人往往把原件上某部分内容遮挡起来或贴补上所需的内容再复印，或者将两份文书的不同部分拼接后复印，制成原稿内容被添加或被篡改而对作案人有利的复印文书。在司法鉴定实践中，主要通过检验复印文书图文整体布局是否协调、字行是否整齐、有无遮挡拼接痕迹和各部分的墨迹形态和图文质量是否相同等方面进行识别。

第三节　传真文书鉴定

传真也称为一种远距离的复印，它是将原稿放置在发送端的传真机上，同时在远端的传真接收机上得到复印的副本。

一、传真机工作原理

传真机在工作过程中，通过其各个单元之间的信号传输，实现传真机发送/接收传真的功能。

（一）像素的分解与合成

1. 像素的分解

传真机的发送方将纸页文书按要求划分为若干行和列，如图 12-14 所示。文书被分解成许多微小单元（点），每一个单元称为一个像素。每一像素均有一定的颜色（白色和黑色）、大小和位置。像素的大小代表分解的精度，常用“M 点×N 线”表示。M 点表示在文件的水平方向，将 1mm 长度的图像分解成 M 个单元；N 线表示在文件的垂直方向，将 1mm 长度的图像分解成 N 条线。M、N 数值越大，则分辨率越高。

2. 像素的合成

在传真的接收方，将传真发送端分解后传送来的像素，按原分解的大小、位置和颜色进行重新排列，得到十分近似原件的复制品，如图 12-15 所示。由此可见，通过图像的分解与合成后得到的副本有一定的失真，主要表现在文字黑白交接的笔画边缘。

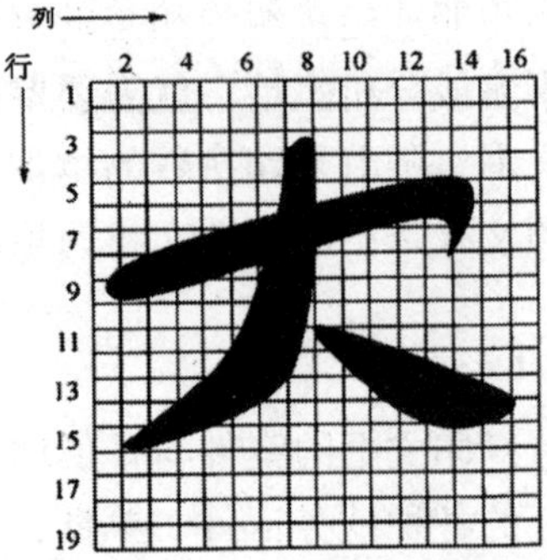

图 12-14　像素的分解图

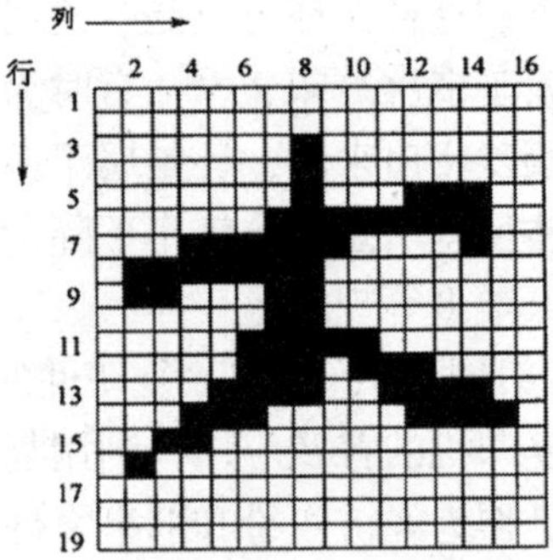

图 12-15　像素的合成图

（二）传真接收记录

传真机主要由发送扫描拾取装置和接收记录装置组成。发送扫描拾取装置主要完成对发送原稿的图像分解与光电转换，所有形式的传真机基本相同。而传真通信的接收记录装置则是将接收到的电信号经过处理转换为其他形式的能量，如热能、化学能、光能、磁场能、静电场等，然后记录合成在不同特性的记录纸上，恢复成原稿图像。目前，三类传真机上采用的记录方式有热敏记录方式、热转印记录方式、喷墨记录方式和激光记录方式。上述这四种记录方式均能实现发送行扫描速度与接收行记录速度同步。

1. 热敏记录方式

热敏记录方式是最早、最常用的传真接收记录方式。它是一种使用热敏记录头在热敏记录纸上进行信息打印的记录方式。

（1）热敏记录头。热敏记录头也叫热敏头，是一种对热敏记录纸进行记录的装置。热敏头上由若干个微小发热元件排列在绝缘的硬质基板上组成，发热元件的单位数量与水平方向的记录密度相同，每个发热元件对应于一条扫描线中的一个像素。整个热敏头的宽度等于记录纸的宽度，对应于整条扫描线，即如果传真机的最大记录宽度为 A4（宽度 210mm），热敏头的尺寸也为 A4，并包含 1728 个微小的发热元件；若最大记录宽度为 B4（宽度 255mm），热敏头的尺寸也为 B4，并包含 2048 个发热元件。热敏头的结构如图 12-16 所示。

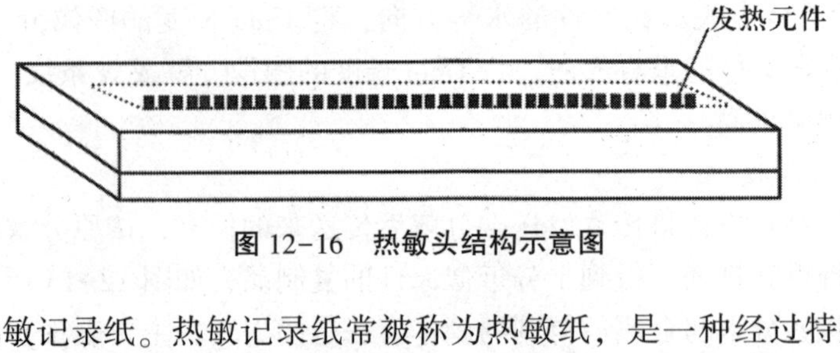

图 12-16　热敏头结构示意图

（2）热敏记录纸。热敏记录纸常被称为热敏纸，是一种经过特殊处理的记录纸张，它是在普通纸的白色纸基上涂上一层化学变色材料，即两种微小的变色固体颗粒。在常温下固体颗粒为白色，当对纸张表面加热到一定的温度时，两种变色固体颗粒就熔化成液体。两种液体混合在一起发生化学反应，生成黑色、青色等物质，形成印迹。打印过程中，打印头接触纸面移动，打印头上某个发热点受文字信息控制发热时，纸上相应部位变色，形成方形点迹，如图 12-17 所示。显色反应是涂层内部的化学变化，传真件保存时间过长时，发色物质会产生逆反应，使图文褪色。

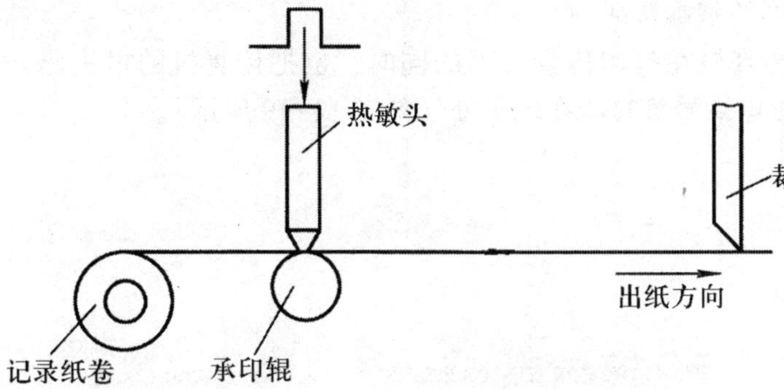

图 12-17　热敏记录工作过程示意图

2. 热转印记录方式

热转印式传真机的成像原理与针式打印机的原理类似，热敏头通过感热色带将文档打印到普通纸张上。因此，也将此种传真机称为色带式传真机。热转印色带是由带基（PET 膜）和热熔性油墨涂层组成。传真输出时，图像或文字信息通过热敏头的热量经热转印色带的带基传递至带基上的油墨，并使其熔融，在一定压力作用下转移至纸张上，形成点迹，如图 12-18 所示。热转印记录能得到普通纸的副本，可以像复印机复制出的文书一样保存，不像热敏记录纸受光、热等条件的限制而不易长期保存。

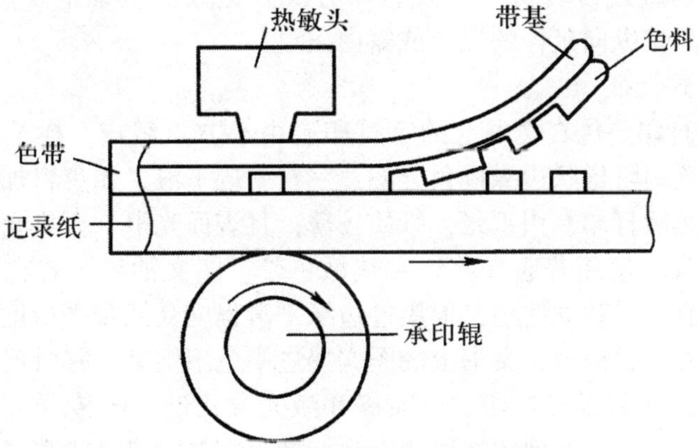

图 12-18　热转印记录工作过程示意图

3. 喷墨记录方式和激光记录方式

喷墨记录方式和激光记录方式现在也被广泛地应用。其印字原理与喷墨打印机和激光打印机一样，只是控制信号来源于传真信号，在此不再详述。

二、传真文书鉴定

（一）传真文书的特征

1. 传真文书的基本特征

（1）许多传真机在打印传真文书的同时，也把传真机的报头码、日期、时刻、星期或单位电话号等打印在纸头处（如图 12-19 所示）。

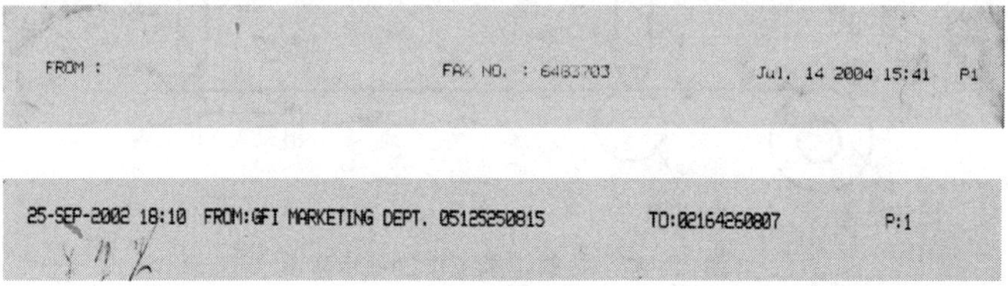

图 12-19 传真文书报头特征示例图

（2）传真文书的图文字体与发送原稿一致，可以是各种图文字体。

（3）传真文书记录的文字笔画均由点阵组成，点阵密度一般横向为 8 点/mm，纵向分别为标准型 3.85 线/mm、精细型 7.70 线/mm、超精细型 15.40 线/mm。用标准分辨率时，可以看出图文笔画边缘处明显的锯齿状形态特点。

（4）字符笔画边缘阶梯形态的表现部位不仅在弧形笔画上，而且在字符的横竖笔画边缘也出现阶梯形态。

（5）点阵缺陷的表现形式。传真发送机台的原稿扫描组件 CCD 的某个点发生故障时，或热敏式传真机（行式打印方式）记录头上某个发热点出故障时，打印字符的缺陷呈纵向延伸的黑色或露白条痕。

2. 记录方式特征

（1）热敏打印。传真文书上的字符印迹由小方点组成，横笔笔画较细；24 点阵小字的斜笔画阶梯状边缘棱角分明；字符墨迹平滑，无色料加层，没有挤墨现象；纸张为热敏打印专用纸张，纸质较薄，且表面光滑，遇热变色。

（2）热转印。使用普通卷筒纸和热敏色带。图文油墨附着在纸面，墨色很黑，反差强，有亮光和立体感，但墨迹边缘平滑程度受纸张平滑度影响。如果纸张表面平整度差、粗糙时，文书上的图文墨迹墨色不饱满，露白现象比较严重。

（3）喷墨打印和激光打印。以喷墨和激光方式记录的传真文书，除具有传真文书的固有特征外，其他图文墨迹表观特征分别与喷墨打印文书和激光打印文书的特征相同。

（二）传真机种类鉴别

传真三类机是目前使用最普遍的一种数字式传真机。传真三类机的内部结构主要包括文件传递系统、照明系统、光学系统、图像扫描电路、视频处理电路等，传真机能够实现发送传真、接收传真和复印功能，主要是由这些部件相互之间进行信号传输所实现的。传真机具鉴别的种属特征主要包括发送机型特征和接收机型特征。

1. 发送机型特征

发送机型特征指传真文书上反映出来的发送机的功能、扫描系统、图像处理电路结构及字符发生器工作方式等的痕迹特征。

（1）送稿方式特征。目前，传真机的送稿机构有自动送稿器和手动送稿器两种。手动送稿的传真机发送多张原稿文书时，原稿只能一张一张手动送入，如果传真机没有储存功能，则在其同次多份传真文书报头码上均记录为“1”页，如果发送机台有储存功能则也可以在同次多份传真文书上表现出有顺序的页码，但报头码记录的传真时间是相同的。此外，由于传真文书的原稿是由人工送入机内，在传真文书上易出现报文位置不正的特征。自动送稿器传真机不同机型具有不同的自动发送原稿的页数限制。自动送稿器传真机同次传真多张原稿，其传真文书的报头码中将依照发送顺序，显示按1、2、3……顺序排列的页码。

（2）图像扫描器类型特征。传真机的图像扫描器主要有CCD图像传感器和CIS接触图像传感器两种。采用CCD图像传感器的传真机扫描组件中的光路及光学镜头易受污染，作为发送机台时易使传真文书报头处出现纵向的黑色点线痕迹，反光镜污染严重即出现一条黑色线条，镜头污染严重传真图像模糊难辨。CIS接触图像传感器采用封闭式设计，光学部件不易污染，传真文书比较清晰整洁。

（3）扫描分辨率特征。分辨率能够反映出传真机对原稿图像的分辨能力。用扫描线密度来表示，每单位长度内扫描线越多，其分辨率越高。传真三类机水平方向均具有每毫米8像素点的分辨率。在扫描垂直方向，不同机型分辨率不尽相同，共有3.85线/mm（普通）、7.70线/mm（精细）、15.40线/mm（超精细）三种分辨率。当传真文书图形采用超精细档分辨率时，说明收发双方的最高扫描线密度均为15.40线/mm，可排除最高线扫描密度只有7.70线/mm和3.85线/mm的机型。

（4）中间色调级数特征。中间色调级数反映的是发送机对照片灰度的处理能力。中间色调级数少，连续调图像阶调再现能力差，传真文书不如原稿图像有质感。中间色调的级数越多，其传真图像越清晰、柔和，连续调图像阶调再现能力好。目前，不同机型传真机所具有的中间色调级数不同，有8级、16级、32级、64级和256级的。通过传真文书上连续调图像的阶调效果，可以大致推断出嫌疑发送机的级数，从而排除一部分机型。

（5）规格特征。作为发送机涉及的规格特征包括原稿进纸规格、有效扫描宽度和传真放缩规格。进纸规格是指发送原稿进纸口的长度规格。目前有 A3、B4 和 A4 三种进纸规格，不同机型的传真机进纸口的长度不同。有效扫描宽度是指传真机的图像传感器读取扫描的长度。不同机型传真机有效扫描宽度不同。传真放缩规格是指当原稿稿宽的规格大于接收机记录纸规格时，原稿图像会被缩小成适应收方记录的规格。只有在发送稿件小于或等于收方记录的规格时，才以原稿图文规格发送。可以通过测量分析印刷字体规格、信稿纸幅面及印文直径规格等判断传真文件是否经过缩小。

（6）报头码特征。报头码特征是分析发送机机型常使用的特征。不同机型传真机配置的软件和使用的字库不同，导致传真文件的报头码项目、字符数量、字符形态特征和格式等方面存在差别。具体表现在以下几个方面：

日期和时间：带有时钟的传真机，其传真文书会记录发送日期，日期由操作员设置和调整，不同机型所采用的日期表达形式不同。没有时钟的传真机，发送的传真件上方没有日期。带有时钟的传真机，其传真文书还会记录发送文件的起始时刻，即几时几分。时刻由操作员设置和调整。带有星期计数器的传真机，其传真件上会印有发送文件之日的星期，星期由操作员设置和调整。

电话号码：部分机型传真机设置一个栏目用于登录发方名称和电话号码，有的机型设两个栏目，一个栏目登录发方名称，另一个栏目登录发方电话号码。不同机型登录栏目的位数不同，有 10 位、17 位等，如果物证传真文书上为 17 位，则可排除 16 位以下的机型。在栏目前方都有“FROM”字样。但有一些机型不具备此项功能。有的虽有此项功能，由于操作员未输入电话号码，则“TEL”等字样不被打印出来。部分机型的传真文书报头码中印有收方的电话号码，在电话号码前有“TO”字样。但是有的传真机收方的电话号码打印不出来，只能显示在发方显示器上。

字库：不同机型配置的字库不同，传真文书上的与字库相关的特征也不尽相同。具体表现为：字体不同、字符高度不同、页码的表达形式不同，报文尾码内容和形式不同：有的是“END”，有的是“TOTAL”等，有的有大小写，有的只有小写或大写。

此外，不同机型因报头码的内容和栏目的数量不同，使用的字符规格不同，其报头码总长度也有差异。

2. 接收机型特征

接收机型特征是指在传真文书上能够反映接收机功能、部件结构及工艺参数的痕迹特征。

（1）记录方式特征。目前，以纸张为载体传真文书的记录方式有热敏式、热转印式、激光式和喷墨式。热敏式使用专用热敏纸、纸张表面光滑，空白部位遇热易变色。传真文书的图文部分与空白部分处于同一平面，无色料附着特征。

传真文书保存时间过长时，图文易褪色。热转印式使用普通卷筒纸和热敏色带，传真文书的图文线条墨迹与空白部分不在同一平面，色料附着于纸张表面，墨迹光泽明亮，反差强，有立体感。激光式和喷墨式记录方式与相应类型打印机打印文书特征相似，不再赘述。

(2) 裁切痕特征。传真文书纸张末端的裁切痕反映的是不同机台的裁纸工艺。使用卷筒纸的传真机打印完毕时，需将打印纸从切纸器处断开。传真机的裁纸工艺不同，纸张边缘特征存在差别。自动刀切裁的传真文书纸张前后边缘齐整，无纸毛现象。平口撕纸器裁切的传真文书前后边缘有明显撕裂痕，纸毛杂乱。齿口撕纸器裁切的传真文书前后边缘有明显撕痕，纸毛翘起，撕口呈锯齿状形态。

(3) 分辨率特征。分辨率特征反映接收传真机的图像分辨能力。同发送机型一样，传真文书的水平方向均具有每毫米 8 像点的分辨率。在扫描垂直方向，不同机型主要有 3.85 线/mm（普通）、7.70 线/mm（精细）、15.40 线/mm（超精细）三种分辨率。

(4) "平滑"特征。平滑功能是消除字符边缘的锯齿现象，保证文书打印清晰度的一种特殊功能。可依据传真文书的图文特征确定接收机是否具有平滑功能，从而为机型认定提供依据。

(5) 最大记录宽度特征。最大记录宽度特征反映了记录机构在传真纸上记录报文的最大宽度。记录宽度与使用的记录纸相匹配，它与记录纸一样分成 A4 和 B4 两种，但不同机器所采用的记录机构尺寸不同，即使用同种纸张规格的传真机，其记录头的长度也会有差异。记录头不能印出超出其宽度的报文。如果物证传真件是 B4 幅面的纸张，则可以排除最大用纸规格为 A4 的传真机。

(6) 起始线和结束线特征。起始线反映传真机字符发生器的起始线生成情况。当收到发方开始传送报文的指令后，字符发生器生成一条起始线，通过记录头印出，以表示线下为报文。不同机型传真机记录的起始线形态不同，有实线、虚线、点线、点画线四种，不同机型传真机同种形式线条的规格也不尽相同。结束线（也称裁切线）特征反映传真机字符发生器的结束线生成情况。不同机型结束线的形状不同，有实线、虚线、点线、短横线四种，不同机型的传真机报文末端与结束线间的空白幅面长度有差别。

(三) 传真机同一认定

传真机机台的同一认定对排除可疑传真机，确定作案用传真机具有重要的作用。传真文书机台的同一认定检验需要注意样本收集的方法，要收集同一台传真机的发送样本、接收样本和该机台传真文书复印品样本。样本要按检验要求事先设计好，把需要检验的项目都设计进去，以便比较检验。传真机机台同一认定检验包括发送机台的同一认定和接收机台的同一认定。

1. 发送机台特征

（1）光学扫描系统污染。传真机被使用一段时间以后，稿台玻璃等扫描光学部件可能会发生污染或损伤，从而影响光学成像的质量，在传真文书上形成黑色线条和污染斑痕等，可以作为机台认定的重要依据。

（2）光敏部件故障特征。传真机的图像传感器对原稿的扫描是按一定的步进距离一行一行进行扫描的，它要求读取位置扫描线图像能准确地、完全地投射到图像传感器上处于同一排的光敏元件上。如果CCD、CIS的位置或CCD传感器出现故障时，会在传真文书报文中出现纵向黑色条痕印迹或纵向露白条痕等。

（3）报头码特征。不同机型传真文书报头码具有的项目不同，有的报头码由机器自动产生，如日期、时刻、总计数、页码等，有的由操作员设定。报头码由字符发生器产生，当字符发生器发生故障时传真文书上不会有报头码。有内置时钟的传真机，电池耗尽时，时刻和日期将回到初始设定，传真文书上打印的是错误日期。报头码的内容、位置、字符种类、电话号码及位置因操作员不同而互有差异，从而成为识别发送机的特征。

（4）传真机工作报告的发送记录特征。传真机的工作报告中有发送记录，该记录包括发送日期、时刻、页数、发送总数等内容，将传真文书的报头与之比对，如果相同，可作为同一认定的条件，如果多数不同可作为否定的依据。

2. 接收机台特征

（1）打印机构功能缺陷特征。打印机构记录头的某些记录单元堵塞、损坏，不能发热时，在传真文书上出现一条白线。如果报头码在该位置时，也会有露白。不同机台的记录头损坏程度不同，其白线的数量和白线的宽度也不相同。激光打印机构打印出的传真文书上有可能表现出类似复印文件的反映感光鼓、充电辊、显影机构、定影机构的个体特征。检验时还可以利用电子打印机鉴别其他同一认定特征。与复印机、打印机同一认定过程相似，传真机同一认定过程中某些特征异同的判断同样需要收集同期样本（发送机与接收机）通过比对来确定。

（2）记录压辊变形特征。图像记录时，要求传真纸在记录压辊的作用下紧贴记录头，使记录的图像显色均匀。但如果记录压辊安装不良或老化、变形。记录时，一部分记录压辊压紧记录头、另一部分没有压紧记录头，压紧部分传真文书图文显色好、颜色深，没有压紧的部分，显色不好，颜色浅。由于压辊是圆的，转动一周就出现一次相同的状况，故传真文书图文纵向会出现周期性的颜色深浅变化。

（3）传真机报告中的接收记录特征。传真机工作报告中也有接收记录，该记录有接收日期、时间、页数、接收总页数，通信是否成功等。将传真件报头与之比对，如果相同，可作同一认定，如果多数不同，可作为否定依据。

第四节　数码速印文书鉴定

数码速印机通过数字扫描、热敏制版成像的方式，准确清晰地印刷各种文书资料。数码速印机具有对原稿进行缩放印刷、拼接印刷及自动分纸控制等多种功能，还具有操作简单、印刷速度快、印刷成本低、质量高等优点，目前已经成为一种重要的轻印刷设备。

一、数码速印机工作原理

数码速印机是把电子制版机与高速油印机合为一体的自动油印设备，也被叫作一体化油印机或一体化速印机。它的外观类似复印机，操作过程也与复印机相似。原稿放置在稿台上后，只需按动按钮，原稿扫描、制版、上版、印刷、卸版等一系列过程就会自动完成。数码速印机包括扫描机构、进纸系统、印刷滚筒和出纸机构，其内部结构如图 12-20 所示。

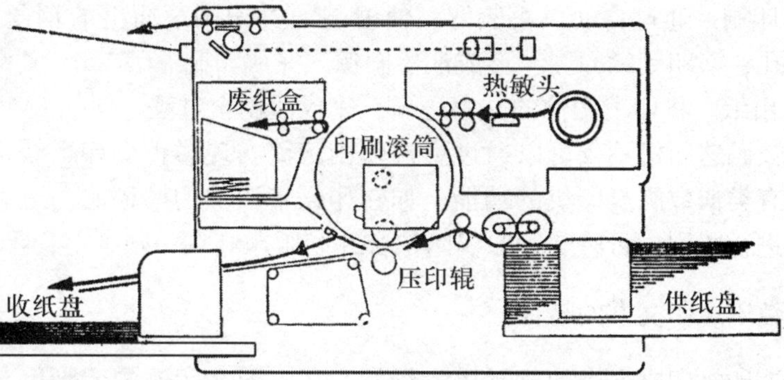

图 12-20　数码速印机内部结构示意图

数码速印机的工作过程如下：

（1）卸版。将原稿制作成新纸版前，先将缠绕在印刷滚筒上已用过的纸版卸掉，装入废纸盒。

（2）扫描、制版、挂版。数码速印机的扫描制版过程基本原理如图 12　21 所示。放置在稿台玻璃上的原稿经曝光灯照射后，通过反光镜再经镜头成像后进入电荷耦合器件 CCD 的输入端，从而完成扫描工作。CCD 将阅读到的原稿图像信号转换成电信号输出，但这是模拟信号，需经过 A/D 转换器变换成数字信号，再经调制送到热敏头电路中去，控制热敏打印头在蜡纸版上形成与图文相应的孔洞，制成蜡纸版。同时机器自动地将打印好的蜡纸版挂到印刷滚筒上。工作时，扫描、制版和挂版这三个过程是同时完成的。

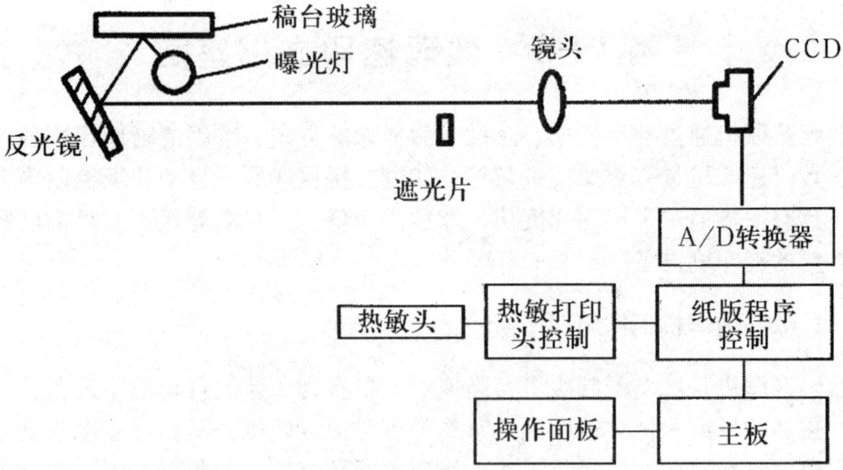

图 12-21　制版过程示意图

（3）进纸。由进纸机构把纸张送至印刷滚筒的下方。

（4）印刷。通过自动供墨装置，使油墨通过印刷滚筒上的钢丝网及印刷纸版上的细孔，漏印到纸面上，形成油墨图像，完成印刷。

（5）出纸。将印上图像的文书送出，完成印刷全过程。

有些数码速印机不仅可以通过更换印刷滚筒实现彩色套印，获得彩色印件，同时也具有类似数码复印机的功能：如在印刷带图像的原稿时，可以选择文字/图片模式进行印刷；可将 2 张原稿图像合并制版印刷在一张纸上，等等。

二、数码速印文书的特征

数码速印机印刷文书的复制质量较好，文书图文印迹的清晰度与原稿近似。图文墨色均匀、光滑平整、没有压痕。文书上的文字字体受发送原稿的支配，可以是各种字体。图文墨迹由小点所构成，笔画边缘不齐，有时有明显的锯齿形态，反映点阵组字的特点。墨少的部位可以看出横竖成行的小点（如图 12-22 所示）。

图 12-22　数码速印机印刷文书特征示例图

【思考题】

1. 不同种类打印机具打印原理和打印文书特征的异同点有哪些？
2. 打印机具同一认定特征有哪些？
3. 复印文书的基本特征有哪些？
4. 复印机具种类特征和同一认定特征有哪些？
5. 传真机的工作原理和传真文书的基本特征是什么？
6. 传真机具种类鉴别和同一认定特征有哪些？
7. 数码速印机工作原理是什么？
8. 数码速印文书的特征与复印文书特征有哪些异同点？

【参考文献】

1. 王世全主编：《印刷文件检验》，中国人民公安大学出版社 2001 年版。

2. 崔岚编著：《印刷文件检验技术规范》，中国人民公安大学出版社 2012 年版。

第十三章‖ 货币票据鉴定

本章概要：本章主要介绍货币、票据、银行卡、发票、商标标识鉴定的依据与方法。其中，货币和票据鉴定的依据与方法是本章的重点，此类鉴定的基本原理是本章的难点。

关键词：货币　票券　银行卡　防伪　鉴定

司法鉴定实践中，货币和票据的鉴定一般应遵循比对检验的原则，充分利用同版样本，从材质特征、印刷特征、图文特征等方面进行比对。

第一节　货币鉴定的依据与方法

货币具有强烈的时代特征，检验鉴定时应充分了解检材货币的发行时间、使用区域、防伪特征等背景资料。

一、货币的沿革

在本质上，货币是商品交换中充当一般等价物的特殊商品。在原始社会，因生产力低下，物质极不丰富，人们没有什么剩余产品可以交换，暂时还没有货币，也不需要货币。随着生产力的提高，剩余产品开始出现，人们试着通过以物换物来满足不同的需求，随着物质交换的频繁，为进一步方便交换，人们便把一种装饰品——贝壳作为交换的中介物，此时，贝壳就成为充当一般等价物的特殊商品，起到了“币”的作用。

在我国殷商时期，出现了农业、手工业和商业的分工，商品生产和商品交换得到发展。文献和实物资料证明，贝、玉、青铜块和一些生产工具，开始在众多的商品交换等价物中逐步分离出来，固定地充当了交换中的一般等价物，在一定范围内当作价值尺度并进行流通，它们就成为了最原始的货币。殷商后期，随着冶金技术的发明，先民还铸造了贝壳形状的小货币参与流通，这些小货币就是中国历史上有据可考的最早金属货币——铜仿贝。

西周以后，我国逐步走向封建社会，生产力水平比殷商有了较大提高，商业更加发达，此时的贝、玉、青铜块等原始货币无论在数量上，还是在流通方式上都不能适应当时商品交换的需要。由于冶炼技术的成熟，人们开始大量用金属铸造专用的货币，铸币便从一般商品中彻底分离出来，成为真正意义上的“钱币”，并贯穿了中国五千年的文明史。

纸币制度的创立始于我国北宋时期，它在中国乃至世界货币史上都具有跨时代的意义。从诞生至今，纸币经过不断地发展优化，仍活跃在世界上绝大多数国家的历史舞台上。

西方货币的演化史类似东方，古代希腊、罗马和波斯的人们从物物交换发展到铸造硬币，但随着社会经济的发展，金属货币的重量和体积都越来越令人烦恼，同时金属货币在使用中还会出现磨损贬值的问题。据不完全统计，自从人类使用黄金作为货币以来，已经有超过两万吨的黄金在铸币厂里或者在人们的手中、钱袋中和衣物口袋中磨损掉。于是纸币作为金属货币的象征符号出现了。最初的纸币是以黄金为基础，与黄金可以自由兑换，两者可以同时流通，纸币的发行量也比较少。19 世纪末至今，随着经济的膨胀式快速发展，纸币逐渐成为主要的流通货币，往往涵盖了各种面值，而硬币多退让为面值较小的零钱。

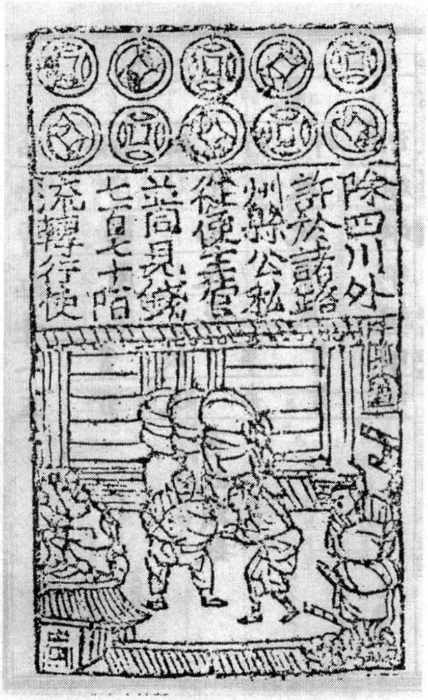

图 13-1　世界第一张纸币“交子”图样

可以预见，纸币和硬币只是货币发展阶段中的载体之一，未来的货币，则是以政府、银行、大型经济实体信誉为背书，以公用信息网为基础，以计算机技术和通信技术为手段的电子货币和网络虚拟货币，现阶段出现的信用卡、百度币、Q 币、比特币可能都是未来货币的一种初级形式。

与货币发展史相共生的，是假币的发展史和防伪技术的发展史。假币自货币出现的同时而随之共生，时至今日仍禁而不绝。货币防伪技术也伴随货币制造技术的发展而发展，并必然随着科技的进步而进步。

二、纸币的防伪特征

防伪特征是对货币进行检验鉴定的重要依据，将可疑货币与真实样本的防伪特征进行比对，是确定此类物品真伪的基本方法。目前，世界各国货币的防伪原理基本一致，具体特征主要体现在材质、油墨、印刷和暗记等几个方面。

（一）材质

现代货币按材质一般分为软质货币和硬质货币两种。软质货币常见有纸币和塑料币，质软而轻，便于大量携带，主要用于印刷较大面额货币。硬质货币多为金属硬币，主要用于制作小面额零钱或纪念币。其他材质的货币较为罕见。

1. 货币专用纸

货币专用纸，特指造币专用的纸张和塑料薄膜，它经过特殊的工艺制作，表面光滑、平整、细密，且纸质坚韧，耐久性强，具有优良的耐水性、耐擦性、耐折性和印刷适应性，是各种防伪技术的载体。货币专用纸在制造过程中施加的防伪特征主要有水印、安全线、彩色纤维丝和彩点。

（1）水印。水印是在造纸过程中，利用雕有特定图案的水印辊在碾压环节，或利用特定图案的丝网在抄纸环节，改变纸张局部厚度，形成透光方可观察的隐形图案。根据水印在货币专用纸上的位置，可将其分为固定式、不固定式和半固定式。水印防伪技术已被绝大多数国家用于货币专用纸的防伪。瑞典是在1772年最早使用水印的国家，中国在1960年造出了第一张国产的具有五星和古钱图案水印的货币专用纸，在1963年造出了天安门图案固定位置水印纸。

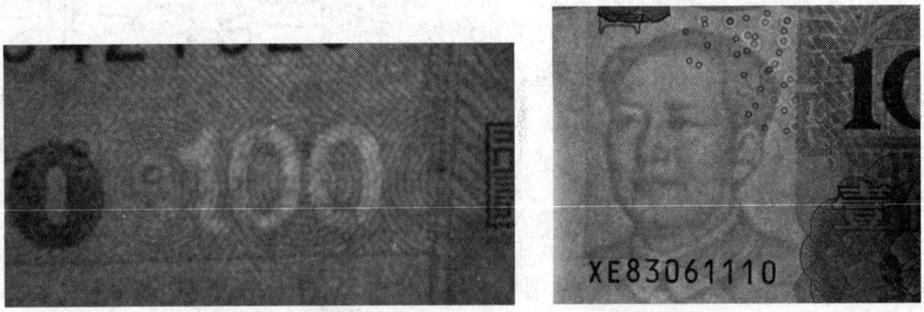

图 13-2　第五套人民币（1999 年版）百元币上的水印

假币生产者一般无法获得货币专用纸，往往采用印刷浅淡图案、局部粘贴或用模具印压凹凸痕迹的方法伪造水印，但这两种手段伪造的水印均在纸张表面可见，区别于真正水印在纸张表面不可见而透光可见的特点。

（2）安全线。安全线是在造纸过程中埋入纸张表层之下的特制印刷线，其材质有金属、塑料、树脂等，形状有直线形、波浪形、锯齿形，其埋入方式有全埋式和开窗式，埋入数量可为一条或多条，宽度从1-5mm不等。现在的安全线上，多有缩微文字和荧光。安全线发明于1935年，1940年首先在英格兰银行发行的1英镑纸币上应用，以后逐渐在许多国家得到推广，现被公认为最有效的防伪措施之一。

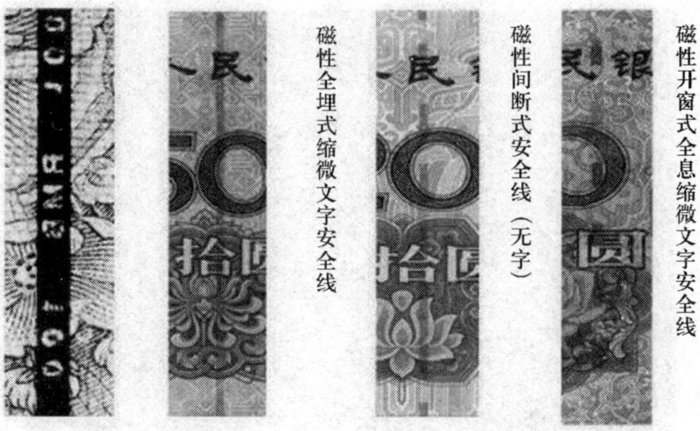

图 13-3　第五套人民币（1999 年版）上的安全线

假币的安全线制作过程，一般是将两张较薄的纸中间夹塞一条类似丝线，然后粘贴在一起。其特点一是纸张遇水或其他溶剂会分为两层，二是安全线本身的缩微文字和荧光不符。

（3）彩色纤维丝。彩色纤维丝是在造纸过程中被掺入纸浆并搅拌均匀，或在纸张基本成型而未经压榨、施胶、干燥之前加在纸浆表面，在纸张制成后与其成为一体的各色纤维丝。其长度一般只有几毫米，长短不一、颜色不一、形状不一，多为细微的动植物制品或塑料制品，它随机均匀分布于纸张各个部位。放大观察，在纸浆搅拌过程中加入的彩色纤维丝，有的整根埋在纸张之中，有的部分埋入纸张部分翘起在表面；在纸浆压制前撒在表面的彩色纤维丝则均贴在表层，遇外力刮擦可脱落。

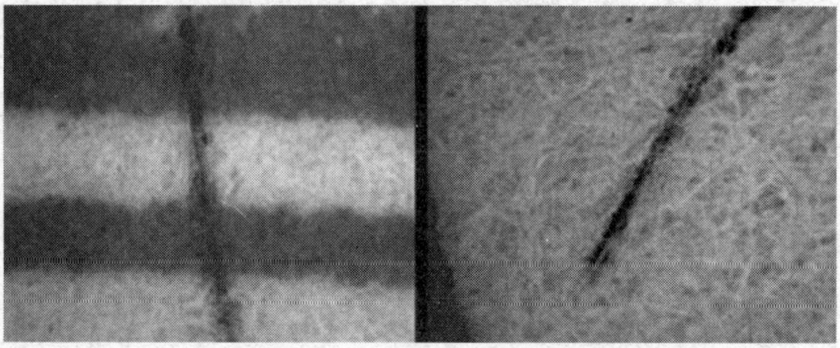

图 13-4　货币中的红蓝纤维丝

目前的纤维丝防伪技术已发展到荧光阶段，即有的纤维丝在肉眼观察时无明显异常，但在紫外灯下可观察荧光现象。

图 13-5　人民币彩色纤维丝在紫外线下的效果

（4）彩点。彩点的加入过程和防伪原理均与彩色纤维丝类似，也是在造纸过程中被掺入纸浆内或撒在纸张表面，彩点薄片的直径在 1mm 左右。

（二）油墨

用来印刷货币的油墨，要求其墨色鲜亮，浓度适中，与纸张的亲和性好，在印刷细密线条时墨层既薄又光洁清晰，经久耐用不褪色，具有很强的耐用度和稳定性。在物理性能上要耐光、耐磨、耐冷热，在化学性能上耐溶剂、耐洗涤、耐酸碱等。因此，各国印刷货币的油墨都是指定专门的油墨工厂生产特殊配制的专用油墨，此类油墨又往往含有一些特殊复合材料，是具有防伪性能的油墨。现有的防伪油墨主要有：

1. 磁性油墨

磁性油墨是一种含有氧化铁等磁性物质的防伪油墨，由于不同价态铁元素的含量不同，油墨在颜色上分为黑色和深蓝色，在磁性上分为强磁性和弱磁性。目前多数国家研制的是强磁油墨，可用专门的磁性检验仪检测出磁性油墨的存在。弱磁性油墨因磁性弱，其检测器材既复杂又昂贵，仅有几个国家在印刷货币时使用。

2. 有色荧光油墨

有色荧光油墨印刷的图文在普通光线下肉眼可见，且在紫外线照射下发出荧光。世界上几乎所有国家的纸币都使用了紫外线激发荧光的防伪油墨。

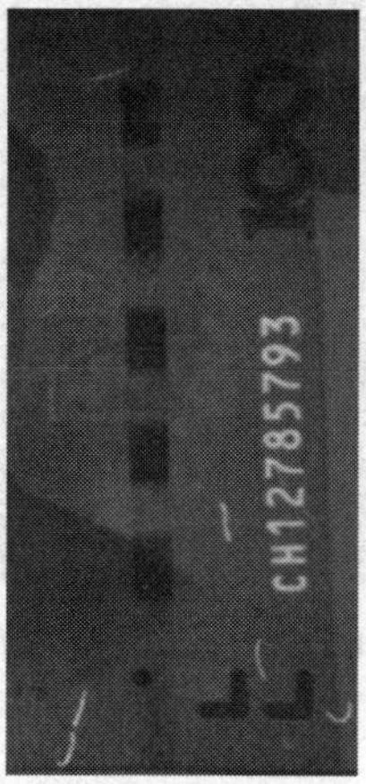

图 13-6　人民币有色荧光油墨在紫外线下的效果

3. 无色荧光油墨

无色荧光油墨印刷的图文在普通光线下肉眼不可见，而在紫外线照射下可发荧光。一般作为暗记使用，也可用于文字或图形。

图 13-7　人民币无色荧光油墨在紫外线下的效果

4. 同色异谱油墨

同色异谱油墨印刷的图文，在自然光下观察是同一种颜色，但在不同波段的光照下会表现出不同的颜色。

5. 红外光油墨

红外光油墨是指油墨在红外线的照射下，因其对红外线的吸收作用，原图文或颜色会消失，从而图文变得不完整，达到防伪的效果。例如，面额 20 英镑的 E 系列英镑，背面部分图案就采用了红外光油墨印刷。

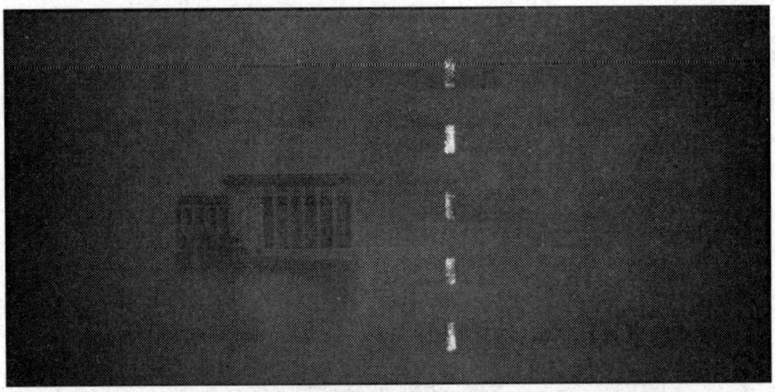

图 13-8 第五套人民币（1999 年版）百元币在红外光下的效果

6. 防复印油墨

防复印油墨对彩色复印机的发光装置有特殊反应，复印时会改变原图文的色调，使复印件与原纸币的色调完全不同，避免了通过复印机伪造货币的可能（现代数码复印机通过内置图文识别软件，可拒绝执行复印货币的指令）。日元纸币就使用了这种油墨。

7. 光学可变油墨

光学可变油墨又称变色油墨，它于 1977 年诞生于瑞士洛山西克巴哈油墨公司，油墨在光照下闪烁发光，变换视角时，油墨颜色也随之发生变化。当视线垂直于币面时，可观察到一种颜色，当视线与币面夹角变为 30°角时，可观察到另一种颜色，且转动过程中第一种颜色逐渐弱化，第二种颜色逐渐强化，呈现出一个渐变的交替过程。这种油墨可用于传统的雕刻凹版印刷。

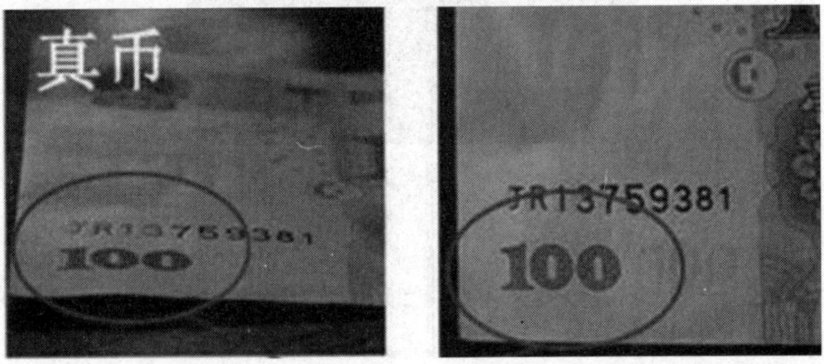

图 13-9 第五套人民币（1999 年版）上的变色油墨

（三）印刷

货币印刷的质量要求非常严格，套印误差率须控制在 0. 001mm 范围内。因此，各国在印制货币时，都力求采用世界上最先进的印刷技术。

1. 多色接线印刷技术

多色接线印刷技术是指在印制不同颜色的图案花纹时，采用特制机器一次套印，完成多种颜色的接线，且衔接十分准确，不同颜色的纹线交接处能够既无空白，又不重叠，更无错位。接线印刷可以平版胶印，也可以凹版印刷。

图 13-10　多色接线印刷技术

2. 隔色印刷技术

隔色印刷技术又称彩虹印刷技术，是指一次印出的纹线有两种以上颜色，使一个图案的不同部分具有不同的颜色，且在两色的交接处由一种颜色自然过渡到另一种颜色，呈现出彩虹的效果。

图 13-11　隔色印刷技术

3. 对印印刷技术

对印印刷技术是指纸币正面的图案与背面的同一图案完全吻合，达到丝毫不差的程度。对印包括重合对印和合成对印两种形式：重合对印即同一图文印在纸币的正背面，透光观察可见两面图案完全重合；合成对印又称互补对印，即一个图案的一部分印在纸币的正面，另一部分印在纸币的背面，透光观察时，正背面图案组合在一起构成完整的图案。

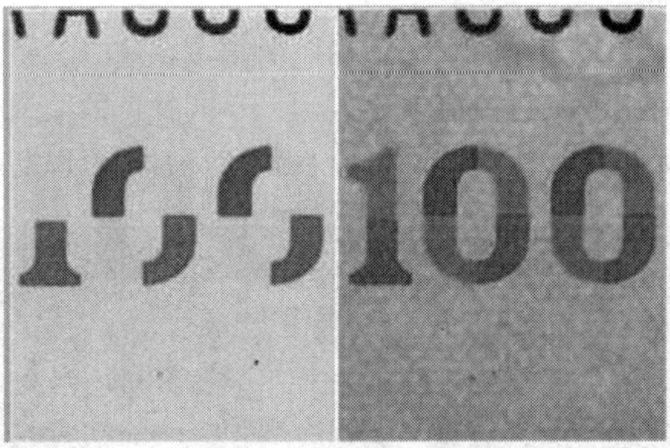

图 13-12　对印印刷技术

4. 叠印印刷技术

叠印印刷技术又称多色叠印，是指两种颜色的油墨压印在一起，可产生第三种颜色，故称叠色印刷。例如，黄色和青色压在一起产生绿色。用多种颜色油墨叠印，就可形成更多种类的颜色，看上去五彩缤纷，鲜艳夺目。叠印印刷技术要求有较高的套印精确度。

5. 对接印刷技术

对接印刷技术主要用来印刷底纹。有两种常见印刷模式，一种模式是全版（上下左右）印刷到边，将货币上下或左右两端对接，底纹图案可完全对接形成完整图案，是目前在大多数国家流行的货币印刷工艺。另一种模式是在纸币的四边印制专门切边标记，将这些标记对折拼接，纹线可完全延续，形成完整的图案，如荷兰盾的纸币。

6. 缩微印刷技术

缩微印刷是指将字母或数字缩小到一定程度，并排版印刷成特定的线条或图案。用肉眼观察时，一般只能看到普通的线条或图案，只有用放大镜或显微镜观察，才能看到组成线条或图案的缩微文字。这种技术因超过了复印机的辨别范围，所以对防止彩色复印伪造货币特别有效。例如，1996 年版 100 美元面值的纸币在富兰克林的外衣上印制了“UNITED STATES OF AMERICA”。

图 13-13　缩微印刷技术

（四）暗记

暗记，即暗藏的记号，是指货币的设计者有意在货币图文的某一部位设置的秘密标记，这一防伪技术通用于纸币和硬币。官方一般不会主动公开暗记，多由收藏者、防伪技术人员或其他学者自行研究发现。按其形态不同，可分为文字暗记、数字暗记、图形暗记和点线暗记等，多数货币会同时采用上述几种暗记形式。

1. 文字暗记

文字暗记即用单个或多个汉字组成有一定意义的词汇、句子作暗记，一般选择笔画比较简单易写或与票面内容有关的字。例如，第一套人民币中有 20 多个票券以“中”和“人”字作暗记，至少有 14 个票券以“民”字作暗记。第五套人民币 10 元券背面瞿塘峡图右下岩壁上连续设有“ZQM”三个字母，是雕刻师赵启明名字的拼音缩写。

2. 数字暗记

数字暗记即用阿拉伯数字或汉字数字设置的暗记。数字暗记在各套人民币票券上都有采用，其中，第一套人民币 100 元红工厂票券、500 元收割机票券和第三套人民币 5 角券，采用数字暗记最为典型，它们同时采用阿拉伯数字和汉字数字两种数字作暗记。

3. 图形暗记

图形暗记即采用某种图形作暗记。例如，第一套人民币 5 元织布票券、20 元运肥火车票券和 20 元帆船火车票券等均在背面设计有五角星暗记；第二套人民币长号 2 分券在背面右侧蒙文下设有中国共产党党徽图案。

4. 点线暗记

货币图案大部分是凹版印制的，凹版是雕刻师在钢板上用刀或针精心雕刻的，因此，凹版雕刻的图案均由点线构成，雕刻师往往利用这些点线的或连或断，或疏或密，或长或短，巧妙地制作暗记。

三、硬币的防伪特征

现代硬币均为金属材质，面额一般不大，因其表面积小，图案相对简单，所以可供利用的防伪特征数量也少于纸币，但其防伪技术又有自身的特点，一般可从以下几个方面进行检验：

（一）专用金属

古代多用金、银、铜等金属制作硬币。其中金、银主要用于制作金锭、银锭等块状物，纯度相对较高。铜钱在秦汉之前形状各异，秦汉之后多为外圆内方的片状，其材质也改良为更为耐磨的黄铜合金，但合金的配比因时代和批次的不同而不同，一般可根据同期样本进行测定。

现代硬币中，金银币多为纪念币，一般不用来流通，常见的流通硬币有铜币、铝合金币、镍合金币。例如，现行的人民币硬币，一元币是钢芯镀镍的，五角币是黄铜合金币，一角币是铝合金币。

因硬币的面额较小，假币制作者一般不以流通的硬币为造假对象，多以收藏领域热炒的币种为造假对象。假币所用材质，多为劣质的同色金属，纯度达不到真币的要求，通过扫描电镜等设备对检材硬币的金属成分进行定性定量检测，结果可以一目了然。最简单的办法是用精度稍高的天平进行称重，大多也可以确定真伪。

（二）金属拼接技术

有些硬币采用不同材质拼接制作而成，如港币 10 元硬币、2015 年中国航天纪念币均采用双金属套接设计，内外围金属为不同合金材料制作。该技术首先要求内外围金属的膨胀系数一致，正常气候变化条件下不能出现脱落或脱离等现象，其次在图文制作上，利用类似于纸币的对接印刷技术，使用图文线条在双金属接缝处自然拼接，正常过渡，不能出现错位等现象。

图 13-14　2015 年中国航天纪念币

（三）暗记

硬币的暗记，即一些未经官方公开的微缩图纹，其技术特点是采用特种加工方法雕刻，用肉眼难以看清，需要借用放大镜才能看清的微小图纹。

图 13-15　人民币 1 元莲花币上的暗记

(四) 隐形雕刻

硬币在一些不明显的平行沟纹结构上，采用特殊的雕刻方法进行双重图像雕刻，使一个凸纹图案因观察方向不同而产生两种不同图像视觉效果。

图 13-16　隐形底纹

(五) 丝齿滚字

硬币的边缘一般还刻有较细的齿纹，一方面增大硬币在人手中的摩擦力，不易滑落，方便使用；另一方面这些齿纹也是重要的防伪特征，有的齿纹上还利用微雕技术刻制了图文。

第二节　票据鉴定的依据与方法

一、票据的沿革

(一) 外国票据的起源与发展

票据的雏形产生于罗马帝国时代，买卖双方因交易产生债务后，由债务人制作自笔证书（个人亲笔签署或制作的一种交易凭证）交予债权人持有，债权人请求给付时，须先提供证书，获得付款后即将证书返还债务人。自笔证书不同于欠条，它的兑换时间由持有人决定，且持有人要求兑换时，债务人不得拖延。而欠条是债务人对债权人的一种欠款承诺，还款形式和时间仍需要双方商定。

本票起源于 12 世纪意大利兑换商发行的兑换证书。当时意大利贸易极盛，商人云集，货币兑换十分重要，兑换商不仅从事即时兑换货币业务，而且兼营汇款。甲地兑换商收受商人货币后，向商人签发兑换证书，商人持此证书，向兑换商在乙地的分店或者代理店请求支付款项，支取乙地通用的货币。这种兑换证书，相当于现代的异地付款的本票，被认为是欧洲国家票据的起源。

汇票雏形源自 12 世纪中叶意大利兑换商发行的付款委托书。兑换商向其他商人发行异地付款证书时，附带一种付款委托证书，持证人请求付款时，必须同时向付款人提示两种证书，否则不予付款。13 世纪以后，付款委托证书逐渐独立产生付款证书的效力，始脱胎而成汇票，发展至今。

支票最早产生于荷兰，17 世纪时传到英国，19 世纪中叶后再由英国传至法国、德国，逐渐被世界各国采用。

现代票据制度，则形成于近代资本主义商品经济发达以后。

（二）我国票据的起源与发展

学者们多认为唐朝的“飞钱”是我国现代汇票的起源。唐宪宗（公元 806—820 年）时期，各地茶商交易往来频繁，但交通不便，携带款项困难。为方便起见，创制了飞钱。商人在京城长安（今西安）把现金支付给地方驻京的进奏院及各军各使等机关，或者在各地方设有联号的富商，由他们发给半联票券，另外半联票券则及时送往有关的院、号。持券的商人到目的地时，凭半联票券与地方的有关院、号进行“合券”，然后支取现金。当时，飞钱只是一种运输、支取现金的工具，不是通用的货币。

唐代，使用过一种叫“帖”的票券，有学者认为，“帖”可以作为我国支票的起源。到宋代，出现了“便钱”和“交子”。宋太祖开宝三年（公元 970 年），官府设官号“便钱务”。商人向“便钱务”纳付现金，请求发给便钱；商人持便钱到目的地向地方官府取款时，地方官府应当日付款，不得停滞。这种便钱类似现代的见票即付的汇票。宋真宗时期，蜀地（今四川）出现交子，地方富户联办交子铺，发行称为交子的票券，供作异地运送现款之工具。后来，官府设交子务专办此事，发行官交子。交子与现代的本票相似。

明朝末年（公元 17 世纪），山西地区商业发达，商人设立票号（又叫票庄、汇兑庄），在各地设立分号，经营汇兑业务以及存放款业务。名为汇券、汇兑票、汇条、庄票、期票等的金钱票券大为流行，票号逐渐演变为钱庄，19 世纪中叶进入盛期。票号签发的这些票券，类似现代的汇票和本票。

清朝末年，西方银行业进入我国，钱庄逐渐衰落。我国固有的票据规则终被外来票据制度取代。1929 年，国民政府制定票据法，规定票据为汇票、本票和支票，与西方国家票据制度接轨，我国原有的各种票据遂被淘汰。

新中国成立后，曾一度限制票据的使用。当时规定汇票、本票在国内不得使用，汇票仅限国际贸易中使用，个人不得使用支票，企业与其他单位以使用转账支票为主。进入 20 世纪 80 年代，随着改革开放深入各个方面，票据在我国逐渐开始大规模使用，目前我国现行的《中华人民共和国票据法》（1996 年颁布，以下简称《票据法》）和《支付结算办法》（1997 年颁布）规定的票据基本上与国际通行的票据一致，我国的票据使用和发展也进入了一个崭新的时期。

二、票据的种类

广义上的票据包括各种有价证券和凭证，如股票、国库券、企业债券、发票、提单等；狭义上的票据则仅指《票据法》上规定的票据，是以支付金钱为目的的有价证券。本章节重点讨论狭义上的票据。

票据，是指出票人依据《票据法》的规定签发的，约定由自己或自己委托人无条件支付一定数额的金钱为内容的有价证券。

根据《票据法》的规定，票据分为三类：汇票、本票和支票。

（一）汇票

汇票分为银行汇票、商业汇票两种，银行汇票是出票银行签发的，由其在见票时按照实际结算金额无条件支付给收款人或持票人的票据，商业汇票是出票人签发的，委托付款人在指定日期无条件支付确定的金额给收款人或持票人的票据。汇票是国际结算中使用最广泛的一种信用工具，是最常见的票据类型之一。我国的《票据法》第十九条规定："汇票是出票人签发的，委托付款人在见票时或者在指定日期无条件支付确定的金额给收款人或者持票人的票据。"它是一种委付证券，基本的法律关系最少有三个人物：（1）发票人，签发汇票并委托支付；（2）持票人；（3）付款人，向执票人付款。

（二）本票

本票是一项书面的无条件的支付承诺，由一个人作成，并交给另一人，经制票人签名承诺，即期或定期或在可以确定的将来时间，支付一定数目的金钱给一个特定的人或其指定人或来人。我国《票据法》对本票的定义，指的是银行本票，指出票人签发的，承诺自己在见票时无条件支付确定金额给收款人或者持票人的票据。国外票据法，允许企业和个人签发本票，称为一般本票。但在国际贸易中使用的本票，均为银行本票。银行本票都是即期的。一般本票可以是即期的或远期的。而狭义的外汇的本票仅指银行本票，不包括商业本票、个人本票。本票的出票人必须具有支付本票金额的可靠资金来源，并保证支付。

（三）支票

支票是以银行为付款人的即期汇票，可以看作汇票的特例。支票出票人签发的支票金额，不得超出其在付款人处的存款金额。如果存款低于支票金额，银行将拒付给持票人。这种支票称为空头支票，出票人要负法律上的责任。开立支票存款账户和领用支票，必须有可靠的资信，并存入一定的资金。支票可分为现金支票、转账支票、普通支票。支票一经背书即可流通转让，具有通货作用，成为替代货币发挥流通手段和支付手段职能的信用流通工具。运用支票进行货币结算，可以减少现金的流通量，节约货币流通费用。

三、票据的伪造、变造手段

票据案件中，作案人是以虚假票据对银行、单位和个人进行诈骗。随着科技的发展，造假人造假的手段也日益高明，这给检验鉴定工作带来一定困难，常见的造假手段如下：

（一）篡改票据

篡改票据是指利用已取得的真实票据，伪造其印章印文，或变造票据号码(如变造编号、账号)、数额等。使用这类票据进行的票据行为属于假冒他人名义进行的票据行为，但其票据材料本身有真实的元素。对侦查办案而言，如果发现此类变造事实，应排查是否有单位与银行内部人员勾结作案的可能。

（二）私造票据

虽然票据并非流通货币，但作为一种金融证券，它在经济活动中往往涉及较大的金额，所以票据由中国人民银行统一印刷，同货币类似，采用专门的纸张，有水印、暗记、纤维丝、荧光油墨等防伪措施，在国家统一管理下使用。作案人在利益驱使下，会采用各种手段自行印刷，目前已发现相当数量非法印刷的转账支票和银行承兑汇票等票据。

四、票据的检验鉴定

对票据的检验鉴定须充分运用系统检验的方法。系统检验，是指在了解和掌握真票制作方法的前提下，多方面收集样本，对送检票据从多角度出发进行全方位比对，分析研究检材的制作方法、手段，回推犯罪嫌疑人的作案过程，从而得出鉴定意见的一种检验方法。实际工作中，送检人对票据真伪的疑点往往集中在编号、印文或签字等部位中的一处，所以常常仅针对某一点提出检验鉴定要求。此时，检验人员应注意与送检人沟通，充分了解案情，避免被送检人误导或漏检，进而避免鉴定失误。

（一）全面了解案情，区分票据种类

了解案情、分析案情是做好检验工作的一个重要前提，正确地结合案情有利于评断解释差异点，以避免检验工作走弯路。全面了解分析案情，不仅是文书检验工作的前提，而且是整个物证检验工作的前提，它对检验鉴定工作起到的作用是不容忽视的。

（二）比对检验，综合利用文检技术

1. 检测检材与样本真票的版面规格

同一种票据在规格尺寸上是严格相同的。造假者因认识程度、设备水平等因素的限制，往往难以做到这一点，所以当发现检材与样本的版面规格出现差异时，应该考虑检材是否存在造假问题。

2. 检测检材与样本的纸张成分是否同一

票据用纸均为专用纸张，其匀度、厚度、密度都有统一的规定，并且造纸时采用特殊工艺，在紫外灯光下观察，纸面无荧光。一些粗糙的造假票据纸张，要么过厚，要么过薄，在紫外灯下观察，一般会有银白或浅黄色荧光。

3. 观察荧光的油墨图标形态，分析其油墨成分

在各种票据印刷过程中，均使用了紫外激发荧光的防伪油墨，如在支票的行标、省别等部位。票据的"人民币"大写金额栏的格线在印刷中还使用了磁性油墨。这些先进的防伪技术是普通造假者所无法掌握做到的。

4. 比对检材与样本的图文、线条形态

图文可以分显性图文和隐性图文两种。显性图文是指票据表面通常状态下可见的彩色线条图文。它的印刷有的使用了缩微防伪技术，如一些格线由汉语拼音"huipiao"排列组合形成，且字母的形态及位次顺序均有规律可循，在放大镜下比对观察，容易发现伪造票据在此处的破绽。隐性图文是指需要透光或使用特种光线才能显现的图文线条，如水印等。对于检材的水印，要注意是否系用其他方法伪造而成，注意水印的一些具体而微的细节形态是否一致，这也是证明票据真伪的显著特征之一。

5. 显微镜下观察有无擦刮、涂改、消退等现象

这一手法是在原有真票据的基础上变造有关的号码和文字，在显微镜下观察一般不难发现变造事实，但难以确定原文字，若条件允许，可与存根对照检验。

6. 检验印章印文的真伪

印章印文的检验，可以借助透光重叠法、细节特征对照法等各种检验方法，现在也可以利用电脑的印章识别软件。近年来出现了高仿真制版伪造印章印文，这就不能轻信仪器的检验结果，应收集可靠的同期样本，注意发现不应重复再现的随机性特征被固化现象，综合分析导致该特征出现的偶然性因素和必然性因素，紧密结合案情，进行综合评断。

7. 从笔迹的风貌特征上判断票据各栏是否一人所填

根据《票据法》规定，各类票据必须使用碳素墨水填写，正常情况下也应由同一人使用同一支笔一次书写完成。若发现除银行工作人员填写栏外的其他各栏内字迹出现书写水平不一、倾斜度不一、笔迹特征不同等现象时，应考虑该票据是否被做过手脚。

第三节　银行卡鉴定的依据与方法

一、银行卡的沿革

（一）银行卡在外国的发展

银行卡 1915 年起源于美国。最早发行银行卡的机构并不是银行，而是一些

百货商店、餐饮业公司、娱乐公司和汽油公司。美国的一些商店、饮食店为招徕顾客，推销商品，扩大营业额，有选择地在一定范围内发给顾客一种类似金属徽章的信用筹码，后来演变成为用塑料制成的卡片，作为客户购货消费的凭证，开展了凭信用筹码在本商号或公司购货的赊销服务业务，顾客可以在这些发行筹码的商店及其分号赊购商品，约期付款。这就是银行信用卡的雏形。

信用卡的创办人是美国商人弗兰克·麦克纳马拉。1949 年的一天，弗兰克·麦克纳马拉在纽约一家饭店招待客人用餐，就餐后发现他的钱包忘记带在身边，因而深感难堪，不得不打电话叫妻子带现金来饭店结账。于是麦克纳马拉产生了创建信用卡公司的想法。1950 年春，麦克纳马拉与他的好友施奈德合伙投资一万美元，在纽约创立了“大莱俱乐部”（Diners Club），即大莱信用卡公司的前身。大莱俱乐部为会员们提供一种能够证明身份和支付能力的卡片，会员凭卡片可以记账消费。这种无须银行办理的信用卡的性质仍属于商业信用卡。

1952 年，美国加利福尼亚州的富兰克林国民银行作为金融机构首先发行了银行信用卡。1959 年，美国的美洲银行在加利福尼亚州发行了美洲银行卡。此后，许多银行加入了发卡银行的行列。到了 20 世纪 60 年代，银行信用卡很快受到社会各界的普遍欢迎，并得到迅速发展，信用卡不仅在美国，而且在英国、日本、加拿大及欧洲各国也盛行起来。从 70 年代开始，新加坡、马来西亚等发展中国家和我国香港、台湾，也开始发行信用卡业务。

（二）银行卡在中国的发展

中国银行卡产业的发展历程，大致可划分为四个阶段：

（1）起步阶段。1985 年至 20 世纪 90 年代初期，为起步阶段。70 年代末期，在中国打开国门，大胆引进外国的先进科学技术和管理经验的同时，信用卡作为国际流行的信用支付工具也进入了中国，并得到较快的发展。1979 年，中国银行广东省分行首先同香港东亚银行签订协议，开始代理东美信用卡业务，信用卡从此进入了中国。不久，上海、南京、北京等地的中国银行分行先后同香港东亚银行、汇丰银行、麦加利银行以及美国运通公司等发卡机构签订了兑付信用卡协议书。

1985 年 3 月，中国银行珠海分行第一张“中银卡”（BOC 卡）问世。1986 年 6 月，中国银行北京分行发行了长城信用卡，经中国银行总行命名后，长城信用卡作为中国银行系统统一的信用卡名称，在全国各地的中国银行分支机构全面推广。长城信用卡的诞生和发展，不仅填补了我国金融史册上的一项空白，而且标志着我国传统的“一手交钱，一手交货”的支付方式发生了重大变革。

（2）独立发展阶段。20 世纪 90 年代初期至 1996 年年初，为各银行大中城市分行独立发展银行卡业务阶段。这一阶段，我国各大银行开始普遍推行银行卡业务。

（3）联网阶段。从 1997 年至 2001 年年底，为中国银行卡逐步实现联网通用阶段。

(4) 深入发展阶段。2001 年至今，为中国银行卡联网通用深入发展阶段，全国各银行机构的银行卡发卡量迅猛增长。由于科学技术的飞速发展，特别是电子计算机和互联网的普及，使银行卡的使用范围不断扩大。不仅减少了现金和支票的流通，而且使银行业务由于突破了时间和空间的限制而发生了根本性变化。银行卡自动结算系统的运用，使一个“无支票、无现金”社会的到来将成为现实。

二、银行卡的种类

银行卡按是否给予持卡人授信额度分为信用卡和借记卡，还可以按信息载体的不同分为磁条卡和芯片卡。

(一) 信用卡和借记卡

(1) 借记卡可以在网络或 POS 机上消费或者通过 ATM 转账和提款，不能透支，卡内的金额按活期存款计付利息。消费或提款时资金直接从储蓄账户划出。借记卡在使用时一般需要密码（PIN)。借记卡按等级可以分为普通卡、金卡和白金卡；按使用范围可以分为国内卡和国际卡。

(2) 信用卡又分为贷记卡和准贷记卡。贷记卡是指发卡银行给予持卡人一定的信用额度，持卡人可在信用额度内先消费、后还款的信用卡。准贷记卡是指持卡人先按银行要求交存一定金额的备用金，当备用金不足支付时，可在发卡银行规定的信用额度内透支的信用卡。

(二) 磁条卡和芯片卡

(1) 磁条卡。磁条卡是一种卡片状的磁性记录介质，通常磁卡的一面印刷有说明提示性信息，如发卡银行和插卡方向等；另一面则有磁层或磁条，具有 2-3 个磁道以记录有关信息数据。磁条卡由高强度、耐高温的塑料或纸质涂覆塑料制成，能防潮、耐磨且有一定的柔韧性，携带方便，使用较为稳定可靠。

磁条卡的优点是造价便宜，但同时缺点也较为明显。一是卡的保密性和安全性较差，磁条上的信息比较容易读出，非法修改磁条上的内容也较容易。二是使用磁条卡的应用系统需要有可靠的计算机系统和中央数据库的支持。在金融行业，作为金融交易卡的磁条卡，一般配合强大、可靠的计算机网络系统使用，金额、交易记录等信息，均保存在金融机构计算机的数据库中，用户所持的卡片只是提供用户的主账号等索引信息，便于在数据库中迅速找到用户数据。

鉴于此，2014 年 10 月 31 日后，各发卡银行、收单机构逐渐关闭境内 POS 机渠道使用芯片磁条复合卡中磁条刷卡的功能，改为只能使用芯片卡进行交易。从 2015 年起，各家银行陆续停发磁条卡，只发行芯片卡。

(2) 芯片卡。又称 IC 卡，是指以芯片作为交易介质的卡。芯片卡不仅支持借贷记、电子现金、电子钱包、脱机支付、快速支付等多项金融应用，还可以应用于金融、交通、通信、商业、教育、医疗、社保和旅游娱乐等多个行业领域，真正实现一卡多能，为客户提供更丰富的增值服务。

与磁条卡相比，芯片卡更具安全性和多应用性。芯片卡通过先进的芯片加密技术，并支持非接触的脱机交易方式，能够有效降低银行卡被复制等金融欺诈事件，使用户用卡更加安全、放心。芯片卡还可以同时支持多个行业的应用，如商户会员、电子票务、电子礼券等，不同行业的应用在卡片中独立存在，互不干扰，并可以根据需要随时增减行业应用种类及数量。

三、银行卡的检验鉴定

银行卡都是以塑料材质为载体，又称“塑料货币”，加印图文、磁条，并镶嵌芯片，按国际通用的ISO标准制成，其规格为长85.725mm，宽53.975mm，厚0.762mm，也有比普通卡小的迷你卡和形状不规则的异形卡。

伪造银行卡主要是利用读卡器读取磁条卡片的磁道信息，然后复制到另一张磁条卡，从而实现支取原银行卡资金的目的。目前还未见官方公布芯片卡被复制的案例。

对银行卡的鉴定，一般从银行卡的图文印刷信息入手，结合磁条电子信息的检验。

（一）激光全息防伪标识

国际银行卡组织的会员银行所发行的银行卡，都使用统一制作的激光全息防伪标识。例如，银联卡、维萨卡和万事达卡分别使用银联、维萨和万事达的防伪标识。这些防伪标识，在不同视角下显示不同颜色的影像。

（二）缩微印刷

缩微印刷是银行卡普遍采用的防伪措施之一，一般是将成串字符或图形缩微成线条，肉眼看似一条普通的虚线或实线，放大观察则是成串的图文。例如，万事达卡防伪标识背景上的横线就是一串重复排列的“MASTER CARD”英文字母缩微组成的，维萨卡正面右下方蓝色“VISA”的边框是由与发卡银行名称相同的8个一组的英文字母和数字重复排列缩微而成的。

（三）凸浮字符

银行卡的卡号、发卡时间、有效期等字符都是压印的凸浮字符，如强行篡改，会造成凸起部分的损坏，字符不能完整显示。

（四）防伪油墨

印刷银行卡使用的各色油墨大都加入了防伪复合原料，在紫外线和红外线下呈现出不同颜色，还有的印刷是防涂改的，如维萨卡背面签名栏内的底纹油墨，如果被擦刮，就会显示出“VOID”（无效）字样。

（五）图形暗记

各种银行卡的图文，包括发卡行名称的文字、专用标志、卡面底纹，其形态和相互位置等都是精心设计的，既美观大方，又设置了暗记以增加伪造难度。

总之，真的银行卡制作精美，图文印刷均匀，线条清晰，而仿造的银行卡由于受技术水平和设备条件的限制，会相对粗糙、模糊。通过将检材与样本进行比对检验的方法，一般可以得出客观的鉴定意见。

第四节　发票鉴定的依据与方法

发票是我国近代以票控税制度的产物，发票一词，专指税务发票。世界各国因征税制度不同，大多没有类似我国的专用税务发票，往往以购物清单即可代替。

一、发票的沿革

发票起源于契约书，是对契约书的精简，即将契约书中多余文字去掉，简化为交易双方名称、交易品名称、数量、金额、时间、地点等核心内容，逐渐演变成型并予以格式化，且将契约书的制作方法改进为填写形式。所以，只有将契约书简化成格式化的供人填写的印刷品，才能称得上现代意义上的发票。按照这一观点，我国发票可溯源到清朝，但清朝的发票和契约书仍然难以划清界限。

清朝的书契式发票一般呈长方形，但长宽比例差别较小，有时呈正方形，用毛笔竖写，纸张多为土纸，采用雕版印制，四周刻有格框，格框分为两层，外粗内细。通常情况下，四周格框下端呈方形，上端“眉子”呈梯形并载有商号名称或“发票”字样。因用量不多且并无官方统管的关系，在实际经营中，清朝的商家不必备有预制的发票，而是只备有一块印版，需要时则临时在印版上涂上颜料将一张纸印制成发票。另外，晚清的发票上还普遍使用了印章，含有表示重视和防止涂改之意。

民国时期，发票在原始的契约功能上延伸出了核算凭证功能，发票的格式和内容也发生了很大变化。民国发票按格式可分为书契式发票和表格式发票，其中书契式发票为民国发票的主要形式，且在全国所有地区均可适用，而表格式发票则带有明显的区域性特点。与晚清的书契式发票相比，民国的书契式发票在格式上有很大变化：

（1）方形发票基本绝迹，形状多为竖式长方形且长宽比例明显增大，一般的比例等于或约等于1∶2；

（2）票面格框呈现多样化，有的沿用原来外宽内细的双层格框，有的以一条细线划定书写区域，有的以花边代替格框使票面更具美感，甚至有的取消格框不再限制书写区域；

（3）大部分发票为单联式，偶尔可见两联式，填写时一般是在骑缝处填写相关内容或粘贴印花税票，然后剪开；

（4）票面字样多为手写体，色彩亦呈现多样化，原来单调的黑色逐渐演变为红色为主，蓝、绿、黄兼而有之；

（5）商号名称的位置具有明显的区域特点：东北、广州等地多置于上端，字体大而醒目；而江南各地大多置于左下，不具有突出的效果，可能表示谦恭；受票人名称及开票时间多在左边填写，一般预制有“宝号”、“先生”、“爷台”及“年月日”等字样。

与书契式发票相比，民国时期表格式发票则集中出现在一些对外开放的城市和地区，如上海、北京、天津、武汉、青岛等设有租界或外国人比较集中的城市。东北地区由于受日本的控制，也有一些表格式发票出现。所以，表格式发票是一种“舶来品”。民国表格式发票的特点有：

（1）发票多为两联或三联，填写时采用复写式，外商或外商控股的公司发票或账单一般采用单联式和英文打字机打印的方式；

（2）发票所列基本内容大部分为“货名”、“数量”、“单价”、“金额”等项，有的还设有“订单号码”或“备注”栏；

（3）票面表格呈横竖两型，初期竖式较多，后逐渐发展为横式，民国后期已不易见到竖式表格式发票；

（4）表格式发票已广泛使用铅印技术，并采用预先印制号码的方法来对发票的总量进行控制。

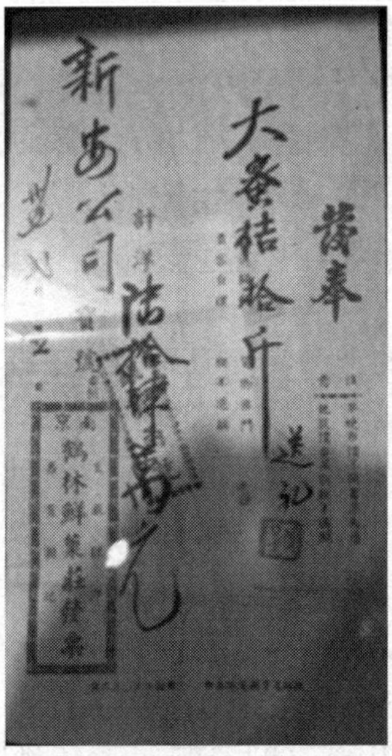

图 13-17　民国发票（大蜜橘 10 斤）

新中国成立后的发票又可分为四个时期，即 1949 年至 1957 年是发票的繁荣期，1957 年至 1986 年是发票的没落期，1986 年至 2011 年是发票的法制期，2011 年至今是发票的现代期。新中国成立伊始至 1957 年的发票繁荣，是在“为争取财政经济状况的根本好转而斗争”的经济管理方针下，国家实行了十分严厉的发票管理措施，使发票不仅仅是民间商事凭证，更是带有强制色彩的治税工具，所以发票被大量使用。这一时期，人们因新经济和文化环境下的往来需要，迅速地淘汰了书契式发票，开始全面使用新的表格式发票，常见的有四种：

（1）定额发票。国家税务机关为方便小型工商户的经营而预先印制的固定面额发票。这种发票只需根据需要撕下交与客户即可，由于操作便捷且不受开票人文化程度的影响等特点，至今仍在全国范围内普遍使用。

（2）简单发票。为适应较低文化程度或准文盲开票人的需要而专门设计的、以画圈方式填开的一种发票。

（3）限额发票。是为了方便对某一行业或某类用票人的管理，而对单张面额进行限制的发票。

（4）剪贴发票。在使用时，此类发票要根据金额将正联与存根高低不齐地剪开。1957 年至 1986 年称为发票的没落期，是因为“文革”的冲击，使发票的管理陷入大混乱。直到 1986 年 8 月 19 日，财政部制定颁布了《全国发票管理暂行办法》，使发票的制作和使用进入了有章可循的历史时期。2011 年后，随着计算机网络技术的发展，国家陆续取消手工发票，全面使用统一格式的机打发票，使发票进入了信息化时代。

图 13-18　新中国成立初期餐饮发票

二、发票的种类

现代意义的发票，是指经济活动中，由出售方向购买方签发的文本，内容包括向购买者提供产品或服务的名称、质量、协议价格、日期和数量，是会计账务的重要凭证。发票也通常称为付款单。中国会计制度规定有效的购买产品或服务的发票称为税务发票。政府部门收费、征款的凭证多被统称为行政事业收费收款收据。为了内部审计及核数，每一张发票必须有独一无二的流水账号码，防止发票重复或跳号。发票根据其纳税形式不同可分为普通发票和增值税专用发票。

（一）普通发票

普通发票主要由营业税纳税人和增值税小规模纳税人使用，增值税一般纳税人在不能开具专用发票的情况下也可使用普通发票。普通发票由行业发票和专用发票组成。前者适用于某个行业和经营业务，如商业零售统一发票、商业批发统一发票、工业企业产品销售统一发票等；后者仅适用于某一经营项目，如广告费用结算发票、商品房销售发票等。普通发票的基本联次为三联：第一联为存根联，开票方留存备查用；第二联为发票联，收执方作为付款或收款原始凭证；第三联为记账联，开票方作为记账原始凭证。个人发票一般泛指普通发票。

（二）增值税专用发票

增值税专用发票是我国实施新税制的产物，是国家税务部门根据增值税征收管理需要而设定的，专用于纳税人销售或者提供增值税应税项目的一种发票。

专用发票既具有普通发票所具有的内涵，同时还具有比普通发票更特殊的作用。它不仅是记载商品销售额和增值税税额的财务收支凭证，而且是兼记销货方纳税义务和购货方进项税额的合法证明，是购货方据以抵扣税款的法定凭证，对增值税的计算起着关键性作用。

三、发票的检验鉴定

目前市面通用的发票，是 2011 年 1 月 1 日起用的全国统一版本，均为机器打印发票或小额定额发票，全面废止了手工填写发票。

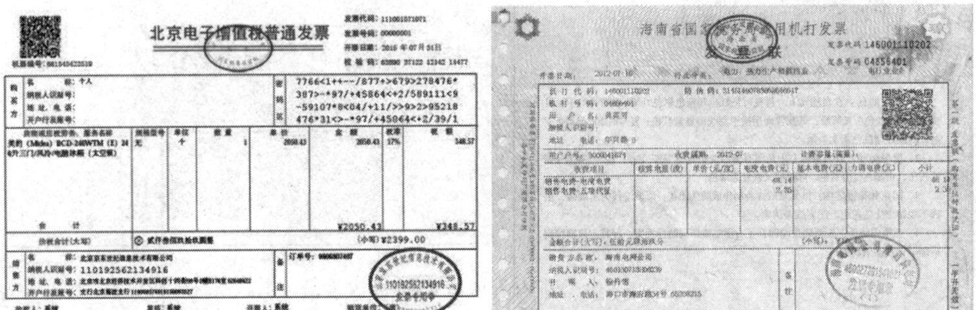

图 13-19　2011 年后国家统一发票图样

（一）鉴定依据

1. 分类代码和发票号码

发票分类代码为 12 位阿拉伯数字。从左至右排列：第 1 位为国家税务局、地方税务局代码，1 为国家税务局、2 为地方税务局，0 为总局；第 2、3、4、5 位为区域代码；第 6、7 位为发票印制年份代码（如 2004 年印制的发票以 04 表示）；第8位为统一的行业代码，其中：1交通运输业、2建筑业、3金融保险业、4邮电通信业、5文化体育业、6娱乐业、7服务业、8转让无形资产、9销售不动产、0表示其他；第9位、第10位为细化的发票种类代码；第11-12位为批次代码。发票号码为8位阿拉伯数字。

2. 发票分类代码和发票号码印制位置和规格

发票分类代码和发票号码统一印制在发票右上角：第一排发票分类代码，第二排发票号码。发票号码采用哥特字体印刷。手工票、定额票、电脑票（平推打印）号码的字体规格为：字高3.34mm，字宽1.86mm，字笔道0.34mm，字间距0.99mm，号码总长21.81mm。分类代码印制规格与发票号码一致；分类代码的印色与各联次发票印色相同。

3. 发票用纸

发票用纸为专用纸张，使用水印、荧光油墨、红蓝纤维丝、底纹、团花、微缩文字等防伪技术，如发票联上的发票监制章和发票号码使用大红色荧光防伪油墨印制，发票号码采用数码喷码技术印制。

（二）常用鉴别方法

1. 信息审查法

因现代发票除定额发票外，其余均由税务系统打印而成，税务系统记录了每一张发票的开票信息，因而可以通过信息审查的方法确认打印发票的真伪。审查应注意以下几个方面：

（1）审查发票版式。不同时期有不同的发票版式，如果发现逾期使用旧版发票报销的，应查清原因，看是否存在问题。要看发票印制是否清晰，有无错漏，辨明真伪。

（2）审查发票笔迹。看发票台照、日期、品名、数量、单价、大小写金额的字迹、笔体、笔画的精细、压痕是否一致。有无用药剂褪色、用橡皮擦、小刀刮等涂改痕迹。

（3）审查发票复写。看复写的字迹颜色是否相同。发票的正面和反面都应仔细看一看，本应一式多份复写的是否符合复写的实际情况。背面有无局部复写的痕迹。发票的第二联如果不是复写的而是用钢笔或圆珠笔填写的，就说明存在问题。

（4）审查发票填写位移。税务机关指定的企业在印制装订发票时，各联次的纵横行列都是对齐的，有固定位置。如果发票各联次填写的字迹有不正常的位移，就可能存在问题。

（5）审查发票填写内容。看发票报销联的时间、台照、单价、数量、金额是否填写齐全；看发票物品名称是否具体、正确、清楚，如写的类别名称为生产用品、办公用品、交电、百货、日杂、土产，且金额较大，对这种情况不论付款是现金还是转账支票，都可能存在问题。

（6）审查发票经销范围。例如，家电维修部、加工门市的发票，物品名称却是煤炭，显然存在问题。

（7）审查发票单位同发货单位、收款单位的名称是否相符。

（8）审查发票台照写的购货单位同实际收货单位、付款单位的名称是否相符。

（9）审查同一供货单位，特别是个体工商户，是否使用了不同单位的发票。

（10）审查发票号码。看同一单位的发票，是否多次在某单位报销，而其发票号码却顺序相连，时间颠倒。

2. 文书检验法

文书检验法，是指运用文书检验的原理和方法，分析可疑发票的形成过程，从而确定其真伪。伪造发票一般分为变造发票和私印发票。变造发票是指将正版发票经过加工处理后，伪造成空白发票重新使用，或通过添、改、涂、描等方法对原发票上的数额等信息进行篡改。私印发票是指造假者自行印制发票，其纸张、水印、油墨、纤维丝、暗记等防伪措施全部要素均为伪造。

针对上述伪造行为，鉴别主要采用比对检验法，即把检材与真实样本进行比对，从纸张、水印、油墨、纤维丝、暗记等防伪措施入手，各要素分别比对。

（1）外观观察。普通发票一律采用全国统一的发票专用纸印刷，发票专用纸纸质为白色，底纹设有多个清晰的菱形。同时真发票的水印采用了黑白双色技术，即有黑色和白色两种水印，可通过透光观察和手摸两种方式进行感知。例如，广东地税新版发票用两手指（拇指与其他四指，尤其与中指）轻夹发票滑动触摸，可感觉黑水印有浮凸感，白水印有凹陷感；发票透光可见黑色水印（英文字母）和白色水印（税徽）；黑水印线条周围纸质较薄而透明、白亮，白水印线条周围纸质较厚而不透明、灰暗。

图 13-20　发票上的黑水印和白水印

（2）紫外光下观察。真发票纸张无荧光，发票票头的椭圆形发票监制章与发票分类代码和发票号码采用全国统一的防伪专用油墨印刷，颜色为大红色，在紫外光下会发出橘红色荧光。而假发票纸张往往呈银白色荧光，印文无荧光，或纸面有消退斑痕；假发票的监制章和号码一般都不会发光，看起来颜色比较暗。

图 13-21　发票监制章的紫外荧光效果图

（3）显微镜下观察。假发票往往在金额或其他关键部位有擦刮痕迹，真发票纸面纤维完整。

第五节　商标标识鉴定的依据与方法

一、商标的沿革

商标的起源，最远可追溯到远古时代，据资料记载，这种在物体上加标记的做法曾发现于公元前 3500 年埃及古墓出土的陶器。有的研究者认为，商标起源于农夫烙印在牲畜身上的烙印，英语单词“品牌”（brand）在盎格鲁-撒克逊语言中即为“烧焦”（burn）的意思。世界知识产权组织（WIPO）有关商标权的教材认为商标与专利一样，是由特权逐步发展而来，但与专利不同的是，商标的出现是行会为加强控制而有意为之的。在中世纪，手工业者要从事商业活动，必须加入各种行会，行会的规则要求产品上必须标注行会标记以及制作者的标记。这有两个目的，其一，标注行会标记，意味着该产品是在行会控制下制作的，而非所谓的“私货”（Contraband）；其二，标注制作者的标记，是为了找到残次品的责任承担者，以方便行会对其进行惩罚。这种方式对产品质量的控制是非常必要的，而且有助于维护行会的声誉。1347 年，一个生产盔甲的行会组织要求禁止一帮外国人从事该行业，理由是“这个国家的许多伟大的人物及其他一些人已经因为他们的过错而被残杀”。因为未在行会控制下生产的盔甲，一则产品质量无法保证，二则如果战士们因为这一过错而失去生命，则其遗孀和近亲也无法找到该承担责任的人。无论是埃及、罗马、中国等制陶工在陶器上的标注，还是中世纪手工业者在行会要求下的产品上的标注，虽然被认为主要是一种义务，但已经具有了商标的雏形。

我国古代工匠也有将个人姓名或其他标志标记到自己作品上的习惯，以注明是自己或本商号所生产制作。

19 世纪，现代意义上的商标制度在欧洲各国相继建立，法国 1804 年颁布法典，第一次肯定了商标权受保护，是世界上第一个建立起商标注册制度的国家。现代社会，人类更多是借助商标界定产品归属、区分其质量优劣或传达某种单一、朴素的意念。

二、商标的概念

商标，是指商品的生产者、经营者在其生产、制造、加工、拣选或者经销的商品上或者服务的提供者在其提供的服务上采用的，用于区别商品或服务来源的，由文字、图形、字母、数字、三维标志、声音、颜色组合，或上述要素的组合，具有显著特征的标志，是现代经济的产物。经国家核准注册的商标为“注册商标”，受法律保护。商标通过确保商标注册人享有用以标明商品或服务，或者许可他人使用以获取报酬的专用权，而使商标注册人受到保护。

我国《商标法》规定，经商标局核准注册的商标，包括商品商标、服务商标和集体商标、证明商标，商标注册人享有商标专用权，受法律保护，如果是驰名商标，将会获得跨类别的商标专用权法律保护。

三、商标的分类

根据《商标法》规定，商标，是指能将自己的商品或服务与他人的商品和服务区分开的标志（包括文字、图形、字母、数字、声音、三维标志和颜色组合，以及上述要素的组合）。

（一）文字商标

文字商标，是指仅用文字构成的商标，包括中国汉字和少数民族字、外国文字或以各种不同文字组合的商标。

（二）图形商标

图形商标，是指仅用图形构成的商标。其中又能分为：

（1）记号商标。是指用某种简单符号构成图案的商标。

（2）几何图形商标。是以较抽象的图形构成的商标。

（3）自然图形商标。是以人物、动植物、自然风景等自然的物象为对象所构成的图形商标。有的以实物照片，有的则经过加工提炼，通过概括与夸张等手法进行处理的自然图形所构成的商标。

（三）数字商标

数字商标，是指用阿拉伯数字、罗马数字或者是中文大写数字所构成的商标。

（四）三维标志商标

三维标志商标又称为立体商标，用具有长、宽、高三种度量的三维立体物标志构成的商标标志。它与我们通常所见的表现在一个平面上的商标图案不同，而是以一个立体物质形态出现，这种形态可能出现在商品的外形上，也可以表现在商品的容器或其他地方。

（五）颜色组合商标

颜色组合商标，是指由两种或两种以上的彩色排列、组合而成的商标。文字、图案加彩色所构成的商标，不属于颜色组合商标，只是一般的组合商标。

（六）组合商标

组合商标，是指由两种或两种以上成分相结合构成的商标，也称复合商标。

四、商标的常用鉴别方法

伪造商标一般是通过印刷等技术对他人商标的复制，结合前文所述的商标类型，根据比对检验的原则，一般不难确定真伪。

（一）外观观察法

将真假商标置于同一视野下比对观察，从其印刷方法、材质等因素判断二者的异同。假商标一般印制粗糙，材质不同，甚至在印刷方法上会出现以平版印刷代替凹版印刷或凸版印刷等现象。

（二）紫外观察法

正常商标因其制作载体的特殊性，在紫外灯下的荧光反应会较为规律，要么没有荧光，要么十分均匀或荧光图文精美；而假商标要考虑制作成本，往往与真实商标的材质不同，其荧光反应也就不同。

（三）显微观察法

通过在显微镜下观察检材和样本关键部位图文微观形态的异同，可以发现很多商标还设有暗记。显微镜下，一般假商标的图文边缘不齐，微观细节差异较大，或者没有暗记。

（四）化学检验法

通过化学方法确认检材与样本材质的异同。条件允许的情况下，可以对可疑商标和样本商标的材质进行成分分析，以确定二者的异同。

【思考题】

1. 货币真伪检验的基本依据是什么？
2. 货币常见防伪技术有哪些？分别体现为哪些特征？
3. 票据有哪些种类？票据检验一般应注意哪些特征？
4. 银行卡有哪些种类？银行卡检验一般应注意哪些特征？
5. 发票有哪些种类？发票检验一般应注意哪些特征？
6. 商标有哪些种类？商标检验一般有哪些方法？

【参考文献】

1. 贾玉文、邹明理主编：《中国刑事科学技术大全　文件检验》，中国人民公安大学出版社 2002 年版。

2. 谢天宇主编：《中国钱币收藏与鉴赏全书》，天津古籍出版社 2005 年版。

3. 尹毅、欧阳启名主编：《艺术品鉴定新探》，国家图书馆出版社 2010 年版。

4. 苏浩：《论我国近现代发票演变及其对发票管理的启示》，2013 年河北经贸大学硕士学位论文。

第十四章 ‖ 证件证书鉴定

本章概要：本章主要介绍各类证件和证书鉴定的依据与方法。其中，鉴定的依据与方法是本章的重点，此类鉴定的基本原理是本章的难点。

关键词：证件　证书　鉴定

第一节　证件证书鉴定概述

一、证件和证书的概念

证件和证书的概念，既有交叉，又有区别，但一般来讲，证件侧重证明持证人身份，证书则侧重证明持证人资格。

（一）证件的概念

证件，是指用来证明持证人身份的文书，多由官方制作和发放，在正式场合下使用，如驾驶证、身份证、工作证、护照等。

（二）证书的概念

证书，是指由机关、学校、团体等制作发放的证明持证人资格或权力的文件，种类较多，常见的证书有：荣誉证书、资格证书、会员证书、入股证书、入场证、采访证等。

二、证件和证书的分类

证件、证书如果按其使用性质分类，百度百科中有上百种类别。本书从检验鉴定的角度，根据制作工艺将其分为书本式和卡片式。在制作形式上，书本式证件、证书一般有封皮和内芯；卡片式证件、证书只以卡片形式体现。

（一）书本式证件、证书

1. 封皮

证书封皮在制作工艺上一般通过热合、缝线、裱糊等工艺技术制作。热合证书，是指用塑料仿皮材料加热加压合成封皮，用塑膜做套来夹放内芯，如户口本。缝线证书，一般用仿皮材料居多，四周缝线，内用光丝带做斜角，也有用透明膜做成夹层，插页式放置内芯，如毕业证。裱糊证书，多以胶化材料、绒面材料、锦缎材料为主，内用光丝带做斜角，如荣誉证书。

2. 内芯

内芯以定做为主，一般用铜版纸或特种纸四色印刷，可以彩印出不同底纹花边，突出行业特色甚至达到防伪效果。还有的带有照片、压盖钢印甚至带有查询网址。

图 14-1　书本式证件、证书图样

（二）卡片式证件、证书

卡片式证件、证书根据其使用时效可以分为长效证（如身份证）和临时证（如会议入场证），常见材质有塑料和卡纸两种，规格大小不一。较为正式的证件，一般为塑料材质制成，表面印有照片和文字信息，卡片内部甚至藏有芯片。临时性证件的材质则根据使用方或发行方需求而定，多以卡纸为主。

图 14-2　卡片式证件、证书图样

三、证件和证书的常用鉴定方法

因为证件、证书与生俱来的证明属性，此类文书在制作时就考虑了其工艺和材质对防伪的要求。出现真伪争议时，采用比对检验的方法，通过对可疑检材与真实样本不同角度和要素的比对检验，一般不难判定。

（一）外观观察法

将检材与样本置于同一视野下比对观察，从其印刷方法、材质等因素判断二者的异同。假证件或证书一般印制粗糙，材质不同，甚至在印刷方法上会出现以平版印刷代替凹版印刷或凸版印刷等现象。

（二）紫外观察法

正常证件或证书在制作时选用优质载体，在紫外灯下的荧光反应会较为规律，要么没有荧光，要么十分均匀或荧光图文精美；而假证件或证书要考虑制作成本，往往与真实样本的材质不同，其荧光反应也就不同。

（三）显微观察法

在显微镜下观察检材和样本关键部位的图文微观形态的异同。很多证件或证书还设有暗记。一般假证的图文边缘不齐，微观细节差异较大，或者没有暗记。

（四）化学检验法

通过化学方法确认检材与样本材质的异同。条件允许的情况下，可以对检材和样本的材质进行成分分析，以确定二者的异同。

第二节　居民身份证鉴定

一、居民身份证的沿革

居民身份证是典型的用于证明持有人身份的证件，多由政府发放给公民，一般为卡片。现代各国政府将大量新技术用于身份证的制作，使一张小小的卡片不仅包含了使用人的照片、姓名、住址等信息，还利用芯片技术记录了使用人的父母姓名、住址、职业、民族（在多民族国家中）等，甚至包含了各类生物统计学信息，如手掌特征、虹膜特征、血型和凝血因子等。

身份证起源于官员的识别符号。我国最早的身份证源于战国时期，商鞅在秦国变法，发明了照身帖。照身帖由官府发放，是一块打磨光滑细密的竹板，上面刻有持有人的头像和籍贯信息。秦国人必须持有照身帖，如若没有就被认为是黑户、间谍。

中国古代身份证主要是以下几种：等级身份证、职业身份证、临时身份证等，其中以等级身份证最为流行。古代的身份证式样很丰富，虎符、兔符、鱼符、龟符、龙符、麟府、牙牌、腰牌、顶戴等，都属于等级身份证。

1936 年民国宁夏省政府，制定了中国最早的身份证制度“居民证制度”，并制作了中国最早的身份证。宁夏“居民证”为白布制作，长 7cm，宽 3cm，上面写有姓名、年龄、籍贯、职业、身长、面貌、特征以及手纹箕斗形状等项。“居民证”缝于上衣里面，以便查验。这个“居民证”虽与后来的国民身份证尚有不同，但已具备了身份证的各项要素，当属中国身份证之最早雏形。因为布制居民证是缝在衣服上的，由于洗晒和磨损，很快就变得模糊不清。所以，此项制度仅实行了一年多，就变得名存实亡。

1949 年新中国成立后，我国公民很长一段时间没有居民身份证，证明自己身份的时候用的是户口簿和单位介绍信。1984 年 4 月 6 日，国务院批转公安部关于颁发居民身份证若干问题请示的通知，同时公布了《中华人民共和国居民身份证试行条例》。自此，我国通过实施居民身份证制度，揭开了居民户口证件化管理的序幕，并且开始颁发第一代居民身份证。居民身份证登记项目包括姓名、性别、民族、出生日期、住址和有效期限。居民身份证的有效期分为 10 年、20 年、长期三种。第一代居民身份证为聚酯薄膜密封、单页卡式，15 位编码，最初发放的有一大批身份证是用手工填写的。

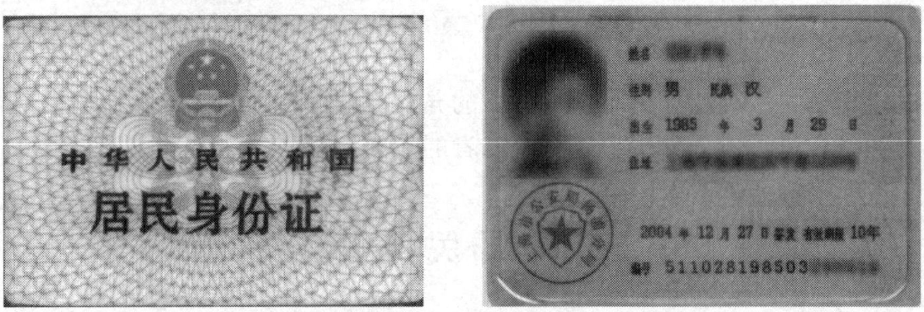

图 14-3　我国第一代居民身份证正反面

1985 年 9 月 6 日，全国人大常委会第 12 次会议批准发布《中华人民共和国居民身份证条例》，标志着我国居民身份证制度的正式确定。

1999 年 10 月 1 日起，经国务院批准，在全国范围内建立和实行公民身份号码制度——国家为每个公民从出生之日起就编定唯一的、终身不变的身份代码。

2004 年 3 月 29 日起，中国大陆正式开始为居民换发内藏非接触式 IC 卡智能芯片的第二代居民身份证。

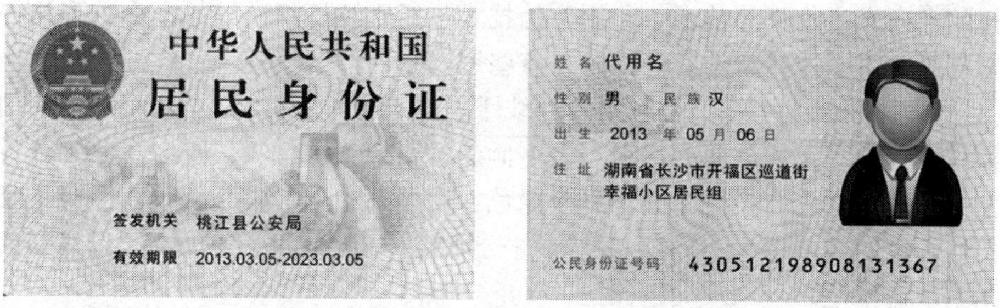

图 14-4 我国第二代居民身份证样证正反面

二、我国居民身份证的鉴定

因我国第一代居民身份证已于 2013 年 1 月 1 日停用，本书重点讨论第二代居民身份证的检验鉴定。

第二代居民身份证是由多层聚酯材料复合而成的单页卡片式证件，采用非接触式 IC 卡技术制作，证件尺寸与信用卡基本一致，长 85. 6mm，宽 54. 0mm，厚 1. 0mm，采用数字防伪和印刷防伪技术。证件背面设计有签发机关和有效限期，印有国徽、证件名称、写意长城图案及彩色花纹；证件正面设计有持证人姓名、性别、民族、出生日期、常住户口所在地住址、公民身份号码和相片 7 个登记项目，印有彩色花纹，图案底纹为彩虹扭索花纹，颜色从左至右为浅蓝色至浅粉色再至浅蓝色。

与第一代居民身份证相比较，第二代居民身份证采用了多项新技术和新的防伪措施，证件质量、安全防伪性能大大提高，二者最大的不同是多了一块“芯”，它所采用的 IC 卡技术使其具备机读和视读两种功能，其优点是信息储存量大，特别是实行全国计算机联网后，对人口的管理可实现以 IC 卡技术为辅助手段的现代化的信息技术管理。同时，这一技术还具有防伪功能。

（一）机读防伪措施

证件芯片采用数字防伪措施，用于机读信息的防伪。第二代居民身份证将持证人的相片图像和登记项目等内容数字化后采用数码技术加密，存入机读芯片。芯片在证卡内封装，能够保证证件在各种环境下正常使用，可在证件进行机读时完成证件与机具的相互认证和机读信息的安全性确认，有效起到证件防伪的作用。由于第二代居民身份证利用容量较大的芯片作为机读存储器，写入的信息可划分安全等级，分区存储。此外，证件信息的存储和证件查询采用了数据库技术和网络技术，既可实现全国范围的联网快速查询和身份识别，也可以进行公安机关与各行政管理部门的网络互查。

（二）视读防伪措施

居民身份证表面采用防伪膜和多项印刷防伪技术。防伪膜采用具有自主知识产权的定向光变色膜等技术，印刷防伪技术包括底纹精细、缩微、彩虹印刷、荧光印刷等。对于这些新的防伪措施，有些用肉眼即可观察到。

（1）定向光变色膜。在一般的光线下，平视第二代身份证表面时，表面上的物理防伪膜是无色透明的；适当上下倾斜“二代身份证”，便会观察到证件的左上方有一个变色的长城图案，呈橙绿色；用左眼和用右眼分别观察，身份证上的长城图案的颜色将呈不同颜色；将身份证旋转90°（垂直方向），观察到的长城图案呈蓝紫色。

（2）外观检查。一代、二代真身份证四周压封平实、清透。假身份证手摸多有前后凹凸感，四周压封处多有胶溶性气泡反映。

（3）紫外荧光检查。真证在紫外灯下观察，可看到正面的“中国”等字样和长城的立体浮雕图案荧光反映强烈，尤其是反面周边压封处的荧光反映强烈，反映强烈的为真版。假证多整面呈银白色荧光反映。

（4）专用字体字库。真身份证上的所有文字均为专用字体，假身份证制作时一般无此专用字体字库。

（5）暗记。真第一代身份证正面右上角倒数第四根相绞的绿色网线上有一个香蕉状网纹，假身份证没有。

第三节　护照鉴定

一、护照的沿革

护照是一个国家的公民出入本国国境和到国外旅行或居留时，由本国发给公民的一种证明该公民国籍和身份的合法证件。护照（Passport）一词在英文中是口岸通行证的意思。也就是说，护照是公民旅行时通过各国国际口岸的一种通行证明。

在中国，护照的渊源可追溯到战国时代。古代的中国人凭用竹简、布帛、木板、金玉或纸张做成的“封传”、“契”、“照碟”、“过所”、“符节”、“符传”、“路证”、“路引”等证件出入边塞关津，类似现代签证的内容记载其上。到了清朝，通行证件具有证明身份、提请边境关防检查机关予以“保护”和“关照”、给予通行的便利和必要的协助之功能。进入20世纪，清廷重视对护照的管理，出现了“游历护照”的类别，吉林将军衙门还制定有护照章程，并附有护照式样。民国时期制定了比较完整的护照制度，1932年1月31日国民政府公布了护照条例。新中国成立后，印制并启用了中华人民共和国护照，制定了护照的印制、颁发、使用和管理制度。

“Passport”一词来源于中世纪用于通过城墙大门（porte）的文书。在中世纪的欧洲，当地的统治力量颁发给旅行者一些文件，持有者据此才被允许通过城镇，文件包括了对持有者身体特征的描述。20世纪初，护照增加了照片。“Passport”一词于1845年首次被译为“护照”，并沿用至今。

在世界大战后，国际联盟、联合国和国际民间航空组织，颁布了护照设计和特征的指导标准，这些标准在很多方面影响了现代的护照。近几年则有可机读护照（Machine Readable Passport，MRP）统一规定持照人资料页在封面内侧页，并印有可供电脑判读的资料，以节省在海关证照查验时的时间。

二、护照的防伪及鉴定

护照的制作如同货币的印制，历来受到各国政府的重视，几乎所有用于货币防伪的措施在护照上均可以找到，同时它又比货币防伪多了装订和塑封方面的工序。现行护照一般为书本式证件。

（一）纸张

护照用纸是护照防护的重要环节，大都选用韧性好、无荧光的棉麻纸，并在纸张生产过程中采取一系列防伪措施。

1. 水印

水印形成于纸张生产阶段，图形各异，如日本护照的水印是远景富士山和近景樱花，加拿大护照的水印是枫叶，美国护照按各州成立的先后顺序分别将该州的地图图形制成水印加入相应的页内。水印在纸上的位置有固定、半固定、不固定三种，固定水印必须固定在护照内页的一定位置，并要与肉眼可见的印刷图文或其他防伪措施准确匹配，印制工艺难度较大。

2. 彩色纤维丝、彩点加密纸

造纸时在纸浆中加入特殊的彩色纤维丝、彩色纤维点或微量化学物质，在紫外光下可呈现出不同颜色，以此作为一种有效的防伪手段。

3. 安全线

在抄纸过程中将金属线或聚酯类兼线埋入纸张的特定位置，线上还可以采用缩微印刷技术、荧光技术，安全线的埋入方式主要有全埋入和开窗式埋入。

（二）油墨

1. 光学变色油墨

这种油墨印出的图案花纹，因其各层之间的光学性能不同，从不同角度观察，呈现不同的色彩。复印件也因此与原件颜色不同，故能有效防止复印伪造。

2. 紫外荧光油墨

紫外荧光油墨分为有色荧光油墨和无色荧光油墨两种，前者是把荧光化合物加入到有色油墨中，后者则是加入到无色油墨中。前者印刷的图文肉眼可见，后者则不可见。两者均需在紫外线下方能显示荧光，护照多用无色荧光油墨。

图 14-5　2013 年版加拿大护照的荧光效果（含装订线荧光）

3. 红外油墨

该油墨添加了能吸收红外线的特殊物质，印制的图文在自然光下无特殊现象，但在红外检测仪下可观测到相应的红外吸收图文。

此外，还有可逆变色油墨、擦涂变色油墨、防涂改油墨、化学加密油墨等等，在护照芯页及签证纸上均有应用。

（三）印刷

1. 雕刻制版

手工雕刻制版是早期印刷防伪的主要方法。每个雕刻师都有自己的刀法和风格，其雕刻线条的深浅、弧度、角度等均难以摹仿，他本人也雕刻不出两块一模一样的印版，因此能起到防伪的作用。有了计算机控制的微雕技术后，人们又采取结构复杂、层次多、变化多的图纹设计方法，以给仿制者造成困难。

雕刻制版中的凹版多色印刷技术，因其印版的图文低于正常版面，凹下的版纹有深浅之分，印出的图文油墨则厚薄不同，呈三维图像，立体感强。多色凹印的彩色效果更难以仿制。

2. 彩虹印刷

图案的主色调与背景由不同颜色组成，但同一条花纹线条上的不同颜色呈连续逐渐过渡，类似彩虹各种颜色的过渡，没有明显界线。所以彩虹印刷技术是护照、货币等重要印刷品常用的防伪方法。

3. 折光潜影印刷

这是一种凹版印刷暗影技术，利用横竖不同凹版印刷线条反光不同的原理，在纸张同一部位形成两种图纹，侧光观察纸面，横向凸起的凹版条纹在背光一侧投下阴影，形成可见的图纹，否则，只能看到竖线的图纹。

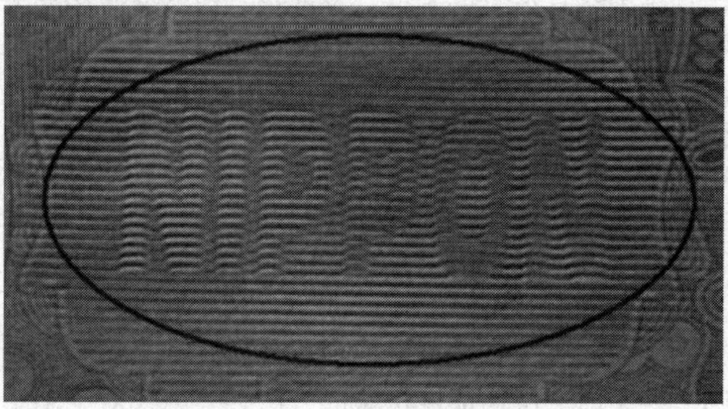

图 14-6　折光潜影印刷图文

4. 接线印刷和多色叠印

在图纹的同一线条上有两种以上颜色时，不同颜色对接处既不分离，也不重合，这需要高超的工艺和精密的设备，一般很难仿制。

5. 缩微印刷

这是一种应用广泛的防伪技术，是用极微小的字符或图形组成看似普通的线条，组成图文的某一部分，经放大观察才可见其字符或图形。

6. 隐形图像

它是利用机器雕刻制版线条深浅的多变性，印制须变换角度才能识别出的隐藏在一种图纹中的另一种图纹，这种图像用激光照排或照相复制时难以识别，从而达到防伪的目的。

（四）相片防揭换技术

揭换护照相片是变造护照的常见方法，各国为防止护照相片被揭换而采取了很多措施，如用环形卡钉固定、号码穿孔标记等。20 世纪 90 年代用得较多的是安全塑封膜与胶粘结合的防伪方法，该方法是在塑料薄膜中加入荧光或光致发光材料，再印上防伪标志，制成塑封膜，用于塑封证件封面及有持照人资料的内页。这种塑封在常温下不能揭开，强行揭开会导致护照页完全损毁，不能复原。目前各国防止相片揭换多采用数字打印技术，即把持有人照片通过数字影像技术直接打印到护照页，改变了传统的粘贴相片法，使护照页与相片合为 体，从而杜绝了揭换相片伪造护照的现象。

（五）装订工艺防伪

护照装订工艺主要有脊背线装订、书脊线装订、脊背衬缝合、书脊塑料热封、背脊卡钉装订、环形卡钉装订等方法，装订线采用专用荧光线，在紫外光下可发出荧光，有的甚至是彩色荧光。

（六）印章印文防伪

护照上加盖的印文有两类，无色印文和有色印文。前者如钢印，一般加盖在持照人相片上；后者主要有发照机关章、签证章、出入境验讫章等。印章防伪一是在印模上采取措施，如在字体、字形、间距、倾斜、笔画宽窄等方面作些细微改动，或在图纹上增设网纹、暗记。二是在印墨、印泥中采取一些防伪措施，如加入各种荧光物质等。

第四节　证书鉴定

证书的种类繁多，且防伪水平不一，当出现可疑证书需要检验鉴定时，采用比对检验的原则，参照前文所述证件检验的方法，一一比对证书上的各要素，即可确定真伪。常见的伪造证书手法有局部伪造和整体伪造。

一、局部伪造证书的鉴定

局部伪造也称变造，是指通过改变真实证书上的个人信息而制成的假证书。局部伪造的手法主要有揭换照片法、涂改法和换页法。

（一）揭换照片法

揭换照片法是指将原证书照片揭下，改贴上他人照片。首先，该手法在揭掉照片时必然损坏贴照片处的证书纸张，伪造的证件容易出现照片四周纸张底纹不完整，有纤维翘起，贴照片部位纸张薄厚不均等现象。其次，如果原照片上有钢印或有色印文，则新贴上的照片必然存在印文衔接等方面的问题。再次，如果揭换照片时证书经过水蒸气熏蒸或液体浸润，则会破坏纸张的施胶度，晾干后出现发皱的现象。

（二）涂改法

涂改法是指通过物理或化学方法除去或覆盖证书上的原文字，然后再重新打印或手工填写新的内容。主要有擦刮涂改法、消退涂改法和直接改写法。

擦刮涂改法是指用刀具、橡皮等工具机械地将证书上的原文字擦刮掉，再填写上所需要的文字。该方法会在擦刮部位留下纸张底纹中断、纤维翘起、原文字残留等现象，并可能出现新填写文字字体字号不同、色料不同、打印机具不同或手写笔迹不同等现象。

消退涂改法是指用化学溶液将证书上的原文字消退，再填写上所需要的文字。该方法会导致变造部位纸张荧光发生改变，紫外光下观察有消退斑；纤维因被腐蚀而变脆，时间久后局部变黄或呈碎片状；局部因液体浸润而变皱；新书写的文字因纸张表面施胶被破坏而产生洇散等现象。

直接改写法是在证书原文字上直接添加笔画使其变为另一相近文字。该方法多用于手工在一些简单文字上的添加，如把“一”变为“三”等。检验时应注意可疑部位笔画色料是否一致，前后笔迹是否一致，前后是否同一支笔书写，压痕是否一致，红外透过率是否一致，紫外荧光现象是否一致等。

（三）换页法

换页法是指针对多页的书本式证书，更换其中的部分内页，从而达到造假目的的一种手法。检验时可从可疑页面的纸张、印刷、装订等方面入手，发现破绽，推导真相。

二、整体伪造证书的鉴定

整体伪造是指整本证书均不是发行方制作，而是造假者通过各种技术手段仿制而成的假证书。整体伪造的手法主要有彩色复印（打印）伪造和印刷伪造。

（一）彩色复印（打印）伪造

无论是彩色复印还是彩色打印，其显影定影原理相同，印出的图形均由三原色的小点组成，与批量印刷制成的印刷品有明显的不同。

（二）印刷伪造

印刷伪造需要的设备条件和技术条件较高，造假者往往以此批量生产假证书，这种通过印刷设备生产的伪品与真实证书的差异较小，检验难度较大。检验时首先应重点比对版型，如果检材与样本之间存在平版印刷与凹版印刷等版型的差别，则显然检材是伪造的。其次要比对检材与样本的纸张、油墨、印刷工艺、图文细节、暗记等特征。一般情况下，非同一印版或非同一批次的印刷品，是必然存在差异的。

【思考题】

1. 证件和证书有哪些种类？
2. 证件和证书检验鉴定一般有哪些方法？
3. 身份证有哪些防伪措施？
4. 护照有哪些防伪措施？
5. 不同的护照防伪特征如何进行识别？
6. 伪造证书有哪些常见手法？
7. 伪造证书如何进行识别？

【参考文献】

1. 贾玉文、邹明理主编：《中国刑事科学技术大全 文件检验》，中国人民公安大学出版社 2002 年版。

2. 司法部司法鉴定管理局：《司法鉴定技术规范 文书鉴定通用规范》，SF/Z JD0201001-2010。

第十五章‖ 篡改变造文书鉴定

本章概要：本章主要介绍了篡改变造文书的概念及常见的6种类型，并详细阐述了各种变造文书的特点及鉴定要点等内容。其中，准确识别各种变造文书的特点是本章的重点，篡改变造文书的检验鉴定是本章的难点。

关键词：篡改变造文书　擦刮文书　消退文书　涂抹掩盖文书　添改文书　拼补文书　换页文书

篡改变造文书，又称局部伪造文书，是指对原真实文书的部分内容加以改变形成的内容虚假的文书。变造文书的最大特点就是必须在原真实文书的基础上，采用某种手段对原文书的局部内容加以变造，从而达到篡改原文书所要证明事实的目的。篡改变造文书主要包括擦刮文书、消退文书、涂抹掩盖文书、添改文书、拼补文书和换页文书等变造形式。

第一节　擦刮文书鉴定

一、擦刮文书的概念

擦刮文书，是指故意用刀片、橡皮、针等简单工具，机械地去除原文书上某些文字、数字、标记及图案，必要时再按变造者主观意图添上所需的文字等内容，以改变原文书内容为主的一种假文书。

从擦刮文书形成的机理分析，变造者首先要把原文字“除掉”，去除得越干净越彻底，遗留下的原色料痕迹就越少，使用该文书时就越不容易被发现。其次，若文字去除得彻底，则擦刮程度深，纸张表面纤维破坏严重，所以检验这类文书时发现变造事实容易，显示原文字困难。

二、擦刮文书的特点

（一）纸张表面形态、性能被擦刮后发生变化

纸张表面状态最显著的变化是纤维翘起。无论是用橡皮涂擦还是用刀刮擦，都有这种现象，用刀刮更明显一些。用橡皮涂擦的，纸面不破裂，细小纤维翘起倒向橡皮涂擦方向；用刀刮擦的，纸面上有纤维断裂的痕迹，同时纸毛翘起并伴有鳞片状胶膜；用针挑的，纸面纤维比较紊乱且长，细纤维翘起较少。纸张表面性能变化主要体现在物理的光学性能上。用橡皮涂擦后，纸张白度下降，光反射率下降；而用硬而光滑的工具碾压后，纸面反而更光滑，反射率更高（见图15-1）。

图 15-1　擦刮处纸张表面纤维状态

（二）重新添写的文字，有笔画洇散现象

图 15-2　后添加文字笔画的洇散特征

无论用橡皮擦除文字，还是用刀片、针等工具刮挑去除文字，都会破坏纸面施胶层，从而破坏纸张致密结构而使其疏松。擦刮变造文书时，往往又需要添加与原内容不同的文字，这样后写的文字笔画易产生洇散现象。圆珠笔、复写纸等油性色料的笔画洇散不明显，但会因纸面起毛、吸附力加大而颜色变深；而蓝黑墨水、碳素墨水、中性墨水等水溶性色料的笔画洇散现象严重，有时笔画周围翘起的纤维也会

被墨水染色（见图 15-2）。

（三）原文书固有标记发生变化

原文书固有的标记包括格线、底纹，甚至包括被变造部位的相邻笔画。受这些标记的制约，擦刮去除文字时，不易按笔画逐一进行，必然使相邻及其下的线条、笔画产生断笔、模糊不清或消失的现象（见图 15-3）。

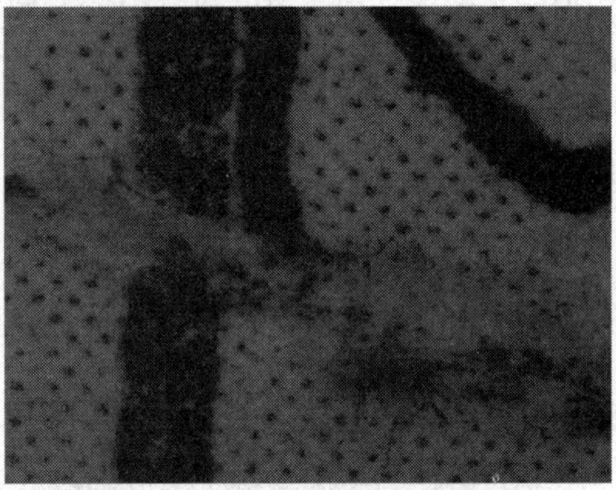

图 15-3　擦刮处底纹标记残缺特征

（四）纸张表面留有擦刮工具微粒或痕迹

用橡皮涂擦的会留有橡皮微粒；针挑时纸张上会有细小针孔，纸面上会有文字笔画的点状色料痕迹；刀刮时会产生纸张表面纤维分离痕迹（见图 15-4）。

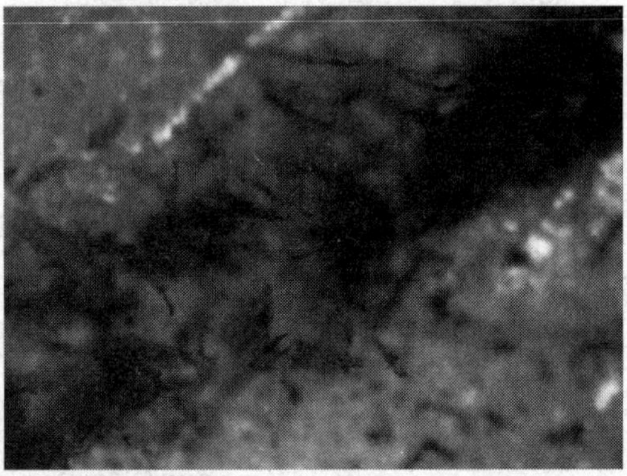

图 15-4　擦刮处刀刮痕迹特征

三、擦刮文书的鉴定

（一）擦刮变造事实的确定

1. 一般检查

确定文书是否被擦刮变造的行之有效的方法是利用透射光或侧光观察可疑部

位纸张的光滑度、色泽度、破损情况及纤维变化情况。透射光可以直射纸张背面，亮度可以调整；选用侧光时，入射角要大一些，且亮度光源要适当。此外，还可借助放大镜或显微镜，仔细检查可疑部位有无文字色料残迹或压痕，花纹图案是否完整，可疑部位上文字是否有洇散，文字颜色、笔迹、笔痕等特征是否有异常，等等。

2. 紫外线激发荧光

被擦刮处纸张纤维常有变化，或因粘附橡皮颗粒及其他异物，或因擦刮而引起的原文书色料污染，在紫外线照射下，该处纸张荧光强度一般都弱于非变造处。实验表明，长波紫外线检验效果比短波紫外线明显。

3. 吸附法

吸附法包括碘蒸气吸附和粉末吸附。碘蒸气吸附法是把少量碘放入小烧杯内，文书置于杯口上，用酒精灯缓慢加热烧杯底部，当杯内充有棕色碘气体时，擦刮处纸张表面因吸附系数大而吸附碘多，色重，形成色差。但应注意的是，碘解析速度很快，被检文书离开烧杯后，颜色很快就消失，所以应及时拍照固定。粉末吸附法是选择干燥的复印机墨粉和小苏打按照1∶5~1∶7的比例，充分搅拌后，均匀撒在可疑文书上，并轻轻抖动文书，缓慢倾斜文书去除多余粉末，擦刮处纸面因吸附力强而使粉末试剂粘附量多，色重；非擦刮处则粘附量少，色轻。

4. 偏振光检查

用偏振光大角度照射并不断转动光源前的偏振片。在某一角度时，擦刮处反射率最小，反差最大。另外，可以用另一个检偏镜放在眼前，观察反射率的变化，来确定文书擦刮的事实。

5. 射线测厚法

射线是放射性物质衰变过程中辐射出来的一种电子流，具有一定穿透能力。利用射线这一性质，可测量纸张厚度。其特点是测量精度高、无损。用射线可以对纸张分类、检验纸张水印、检查纸张纤维分布，且不受颜色影响，可以确定墨水种类、文书擦刮痕迹等。

（二）辨读被擦刮原文

文书上原文字经擦刮后，有的文书上的笔画色料，连同下面的纸张载体一起被除掉，失去了重现原文的条件。但绝大多数情况并非完全如此。造假人之所以变造文书，最终还是要利用文书达到其违法犯罪的目的，这样就使文书变化不能太明显，破损程度不宜过重，否则就达不到预期的目的了。加之有些色料和纸张结合牢固，不易变造，这些都为辨认、判断擦刮文书提供了可能性。辨读被擦刮原文字通常可用以下方法：

1. 根据文书残留笔画分析原文

如果擦刮不彻底，文书上将留有残留的笔画，根据笔画位置、形态、方向、组合关系等，来分析判断是什么文字。

2. 根据正背面文字压痕分析原文

压痕是书写活动时产生的往往又不能避免的文字潜像。检验时，根据具体擦刮变造手段、纸张破坏程度、压痕深浅程度，选择适当方法显现压痕文字。这种方法适用于圆珠笔、铅笔、复写纸形成的压力较重的文字。

3. 根据文书的有机统一关系判定原文

完整的一份文书是一个有机统一体，文书的各部分相互关联、相互照应。擦刮去掉某些文字或重新添些文字，都将破坏这种统一性而出现矛盾。充分利用其他文书间、文字间的有机关系，可以间接地判断被擦刮的原文。

4. 激发荧光法

如果原文字是由墨水或油墨形成的，擦刮时一般均不能彻底去除，该部位会残留少量有机染料或颜料，可用红外荧光法或紫外荧光法进行检验，必要时用激光作激发光源，可大大提高文字的检出率。用激发荧光法，除了可直接检验被擦刮的文字外，还可检验该文书上页或下页上原文字扩散形成的浅淡影像，如同压痕文字可以确定原文字一样，相邻两页的潜像文字也可以证明原文字的内容。这种方法的原理是圆珠笔、复写纸或墨水文字，经过一段时间后，笔画中的某些无机成分或少量染料会转移到上页背面或下页正面上去，形成正反像不可见文字。用激发光可以使潜像文字发光，记录后能判断出可疑文书被擦刮掉的相应文字。

确定擦刮变造文书的原文字，是污损文书检验中较难的一项工作。其原因是，这种变造手段使原文书残留的原文字笔画色料较少，甚至完全消失。所以要应用各种手段和方法，充分发挥某些方面所提供信息的作用，进行综合分析，以确定原文字内容。

第二节 消退文书鉴定

一、消退文书的概念

消退文书，是指利用化学试剂或光热手段消除文字后形成的假文书。被消退的文书通常是档案、证件、证书、收（欠）据、契约、合同书、病历、账本等。

二、消退文书的特点

（1）被消退处纸张表面有化学试剂作用形成的黄褐色、淡黄色或苍白色的斑渍，局部纸面无光泽。纸张中的漂白纤维、无机填料和增白剂等成分遇消退剂后，有的发生化学反应，使纸张失去原有光泽，而多数残留在纸面上，形成斑渍。斑痕颜色和程度取决于消退剂种类、浓度和纸张种类。例如，各种“退字灵”涂在纸张上其斑痕大多都不易见，但所有消退剂形成的斑痕都随时间延续变得越来越重（见图 15-5）。

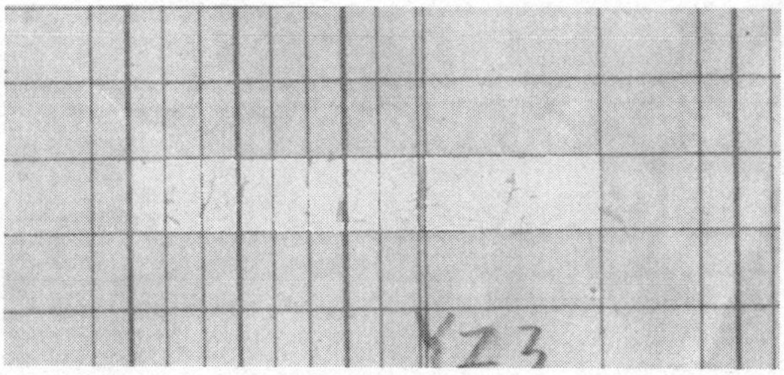

图 15-5　纸张斑痕特征

（2）受化学试剂影响，被消除文字部位及邻近笔画、纹线受到干扰而褪色或变色。变造人在消退变造文书时，只是想把影响文书使用的文字去掉，如年龄、参加工作时间、学历、金额等去掉。但当用消退剂涂抹时，就会不可避免地使纸张的纹线或相邻字迹也受到污损，从而产生变色或褪色现象。彩色印刷纹线易变色，但不能彻底消失；圆珠笔油遇无机试剂也会变色或消失。

（3）被消退的部位如再用墨水添改字迹时则笔画有洇散现象，或由于残留在文书上的消退剂又将进一步与添写文字色料发生作用，可使其褪色或变色。洇散现象只发生于水溶性色料添写的文字上，这是因为无论是酸、碱，还是氧化剂都会不同程度地破坏纸张上的胶料，其中含胶的墨汁笔画洇散程度比蓝黑、纯蓝墨水轻得多。重新添写文字褪色或变色出现在有机染料书写文字上，而且只有书写时间较长时才能观察到（见图 15-6）。

图 15-6　文字笔画变色特征

（4）文书上可能留有未完全消退的残余笔画。各种彩色墨水文字易被彻底消除，而难以消退的颜料墨水笔画易留下笔画残痕（见图 15-7）。

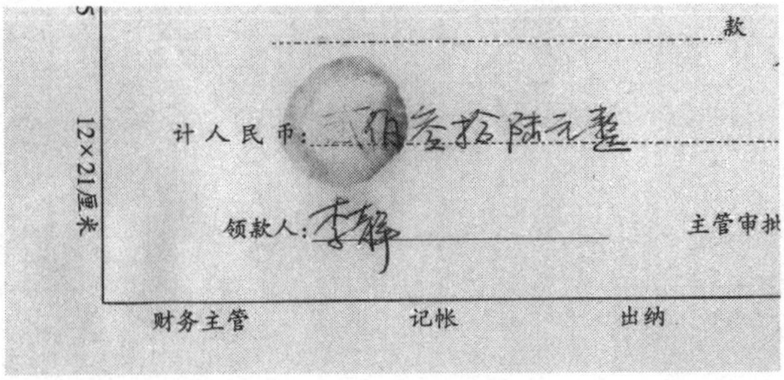

图 15-7　残留笔画特征

三、消退文书的鉴定

（一）消退事实的确定

1. 外观检查

借助侧光、分色光、放大镜、显微镜等常用手段和设备对文书进行外观检查。观察纸面光滑程度，有无消退斑渍；疑是重新添写的文字有无洇散或颜色变化，有无残留笔画；相邻文字是否完整等。经过综合分析，可以确定消退事实的存在。

2. 荧光检验

荧光变化是确定文书消退事实最有力、最直接的依据。纸张遇消退剂后，发荧光能力会发生变化。多数纸张的荧光能力会增强，也有一些纸张会下降，在长波紫外线 365nm 照射下，很容易发现消退部位与其他部位的荧光强度的区别。检验要在室内进行，用长、短波紫外灯作激发光源照射文书，无色中性或淡黄滤光器观察即可（见图 15-8）。

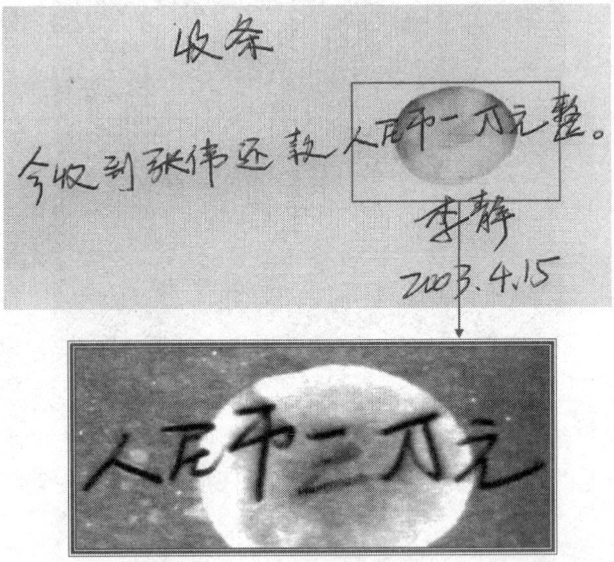

图 15-8　某案中长波紫外线显示被消退文字结果图

3. 电镜法

用电子显微镜检验消退文书有两种作用：在确定存在消退事实的同时，还可以判明无机消退剂种类，为显示被消退文字是否具备条件提供依据；其次，对有机易挥发试剂溶褪的印泥、打印色带文字，可在原笔画周围检出残余色料的无机成分，以证明该处存在变造事实。

（二）被消退文字的显现

1. 物理显现法

物理显现法是选择某种光线照射文书，被消退文字反射光线能力或发射荧光颜色、强度与其他处不同，用感光片或摄像仪把这种区别转换成可见影像，以确定原文字内容。

在各种消退文书中，因文字色料种类、消退剂种类、纸张、消退程度等诸因素影响，所用光线可能不同。除高锰酸钾之外，次氯酸钠、漂白粉、各种碱溶液消退的纯蓝、蓝黑、彩色墨水、印油文字，或自动褪色笔形成的潜像文字用长波紫外线照射，普通全色片拍照文字紫外反射影像，一般显示文字清楚。及时消退程度较重，也能满足鉴定要求。如果消退部位纸张发射荧光较强时，也可用荧光法。

对笔记本、账页、介绍信等较厚纸张上的被消退的圆珠笔字迹，用侧光照相或静电压痕仪辨读压痕更为合适。因圆珠笔文字只能用高锰酸钾或硫酸消除，又容易在厚纸上留下压痕。

2. 化学显色法

化学显色法是用与被消退文字残留物质发生化学反应生成某种颜色的试剂来显现原文字。选择显色剂应尽量使用灵敏度高，对文书破坏程度轻的物质。目前，化学显色法只适用于蓝黑墨水。

3. 硫氰酸气熏法

在浓硫酸或硫酸氢钾作用下，硫酸氢钾的硫酸根能与氢离子化合成挥发性强的硫氰酸。硫氰酸遇到被消退字迹中的铁离子，便生成了血红色的硫氰酸铁的分解产物。这种方法对于显现被消退蓝黑墨水书写的文字效果较好。此法适用于小面积局部消退文字检验。

4. 粉末显现法

如果被消退的原文是油墨印刷的文字，或印泥盖印的印文，则可利用油墨和印泥物质的黏着性，将文字加温后，使其黏着力增加，然后将显现指纹用的铝粉末及石松子粉末混合刷在被消去的文字或印文上面。由于粉末能粘附在文字、印文的“潜影”上，从而达到显现的效果。

第三节 涂抹掩盖文书鉴定

一、涂抹掩盖文书的概念

涂抹掩盖文书是指故意或者意外地将色料覆盖在文字上，从而使原文书的内容无法辨读的文书。

二、涂抹掩盖文书的特点

涂抹掩盖方法有均匀涂抹和画线涂抹。涂抹方法不同，其特点也不同。

（1）均匀涂抹掩盖：如果是偶然形成的，则涂层有厚有薄，色彩可能是多种多样的，和原文字色料不尽相同；如果是故意行为，一般涂层较厚，往往用深色或同色色料涂抹掩盖。

（2）画线涂抹掩盖：多是故意行为，一般采用各种硬性工具，如圆珠笔、钢笔、签字笔等，以各种直线、弧线、波浪线、交叉线等形式乱画乱涂，而且往往是反复涂画。

三、涂抹掩盖文书的鉴定

（一）透光检验

（1）适用范围。均匀涂抹掩盖、纸张较薄的字迹掩盖。

（2）原理。一般条件下，正面观察“不透光”的深色物质，由于分布的不均匀性，并非完全不透光，透光情况除了纸张的因素以外，也和物质的厚度有关。如果纸张较薄，这种物质涂得不厚，在较强的透射光照射下，也能透过一部分光线。透光率大小取决于物质的厚度。涂抹掩盖字迹在透光照射下，有字迹部位与图层共同阻止光线通过，其透光率要小于单纯涂层部位，由于透光率不同造成亮度差而能分辨出掩盖字迹。这是透光检验涂抹掩盖字迹的一种依据。

（3）方法。将具有一定强度的光源放在文书背后，均匀照射掩盖部位，并进行观察。最好在暗室中进行，这样可避免杂散光干扰，并可控制光照角度和强度，以便取得最佳效果。如带有透光装置的翻拍架，则更为适宜，可将透光检验结果拍照固定。

（二）静电成像检验

（1）适用范围。被掩盖文字是用硬性工具书写、具有一定压痕并被均匀涂抹掩盖的字迹。

（2）原理。由于被掩盖字迹是用硬性工具书写，有一定压痕；掩盖层是均匀涂抹的，尽管被掩盖字迹被其他色料掩盖不易分辨，但由于有压痕，可利用静电压痕显现仪，根据压痕部位和其他部位电容量不同，吸附带电墨粉量不同的原理，就可显现被掩盖字迹。

(3) 方法。将文书反放在静电压痕仪的真空座上，覆盖塑料薄膜以后，用高压电晕充电（充正电或负电均可），再喷洒墨粉，可显出被涂抹掩盖的字迹。

(三) 分色检验

(1) 适用范围。除黑色以外的其他颜色物质掩盖的不同颜色色料制成的文字，或虽然同色但掩盖物质比被掩盖文字色浅的掩盖字迹。

(2) 原理。利用滤光器同色通过减淡、补色吸收加深的原理，使掩盖层颜色减淡、加深或突出被掩盖文字颜色，从而达到检验目的。

(3) 方法。根据掩盖物质和被掩盖文字颜色，选择相应滤光器进行检验。根据选用滤光器的原则，选择与掩盖物质颜色相同或相近而与被掩盖文字颜色相补的滤光器，或仅仅减淡掩盖物质颜色而突出被掩盖文字的滤光器。前者如蓝黑墨水掩盖红色文字，可用蓝滤光器；后者如蓝黑墨水掩盖黑色文字，或蓝墨水掩盖黑墨水字迹，亦可用蓝滤光器检验。检验结果可用分色照相方法固定记录。

(四) 红外线检验

(1) 适用范围。掩盖物质透过红外线而被掩盖文字物质是吸收红外线的掩盖字迹。

(2) 原理。不同物质对红外线和可见光的吸收、反射和透过的性能不同。有的物质，在可见光下是“不透明的”，但在红外线下却成“透明的”；有的物质却是因为吸收红外线成了“不透明的”。因此，只要掩盖物质是透过红外线，而被掩盖字迹是因为吸收红外线的，就可以用红外线进行检验。

用红外线检验掩盖文字要考虑纸张、掩盖物质和被掩盖文字三者的吸收、反射、透射红外线的性能。实践中，文书鉴定工作中遇到的多是在白纸上被涂抹掩盖的文字。白纸一般均反射红外线，而掩盖物质必须是透过红外线的，这是红外线检验掩盖文字的前提条件。如果吸收或反射红外线的，则不能用红外线进行检验。被掩盖文字物质的情况稍显复杂：如果被掩盖文字物质是吸收红外线的，纸张是反射或透射红外线的，均能显现；而被掩盖文字物质是反射红外线的，纸张是吸收红外线的，也能显现。

常用的书写材料吸收、透过红外线的性能是不同的。吸收红外线的书写材料有：各种含有碳素成分的碳素墨水、碳素铅笔、黑复写纸、黑油墨、黑打字机色带、墨汁、绘图墨水、石墨铅笔及红蓝铅笔中的蓝铅笔等；透过红外线的书写材料有：各种染料墨水、圆珠笔油、红/蓝复写纸、各种水彩笔、市售红印泥、红/蓝油墨，除棕、绿、黑色外的彩色铅笔，红蓝铅笔中的红铅笔；部分吸收红外线的书写材料有：某些蓝黑墨水及棕、绿、黑色彩色铅笔等。

(3) 方法。利用文书检验仪的红外检验功能，将不可见的红外图像转换为可见图像，直接观察被检物体的情况，并可对见到的图像拍照记录，使用比较方便。

(五) 荧光熄灭法

(1) 适用范围。被墨汁、碳素墨水等掩盖的圆珠笔、染料墨水、蓝黑墨水字迹。

(2) 原理。荧光熄灭法是根据荧光熄灭原理而采用的一种检验掩盖字迹的方法。在被掩盖字迹部位，涂上荧光物质后，在激光照射下，没有字迹的部位会产生较强的荧光；有字迹的部位，因多了一层字迹物质，起到了猝灭剂的作用，而使荧光减弱或猝灭。因而在亮背景下显出暗字，达到鉴别目的。

(3) 方法。常用的荧光物质有荧光素钠或罗丹明，用干净毛笔或棉球蘸取溶液涂在掩盖部位，待干燥后，放在紫外线灯或蓝光灯下观察。如涂层较厚，可用荧光物质轻轻消除一部分涂层后再观察，可提高效果。

(六) 涂层消除法

(1) 适用范围。掩盖物质与被掩盖物质不是同种物质，而掩盖层又比较厚的掩盖字迹或适用于将掩盖层消除或减薄后便于用其他方法检验的掩盖字迹。

(2) 原理。掩盖物质层较厚，且易于消除或减薄，同时不影响被掩盖字迹。涂层消除后被掩盖字迹逐渐呈现。

(3) 方法。

①激光消除。利用激光器在瞬间发射出高达 10 兆瓦功率能量的光，照射掩盖层，使其吸热蒸发而显出被掩盖字迹。适用于墨汁掩盖的蓝黑墨水字迹的涂层消除。

②溶剂溶解消除。根据物质极性相似相溶原理，采用与涂层物质极性相同或相似的试剂或溶液，将涂层物质溶解而显示出被掩盖字迹。例如，圆珠笔油墨掩盖墨水字迹，因圆珠笔油成分多为非极性的有机物质，因而可用有机溶剂，如乙醚、氯仿等溶解；而对于墨汁掩盖的墨水字迹，因墨汁含极性物质动物胶，因而可用氯化铵等试剂溶解。

③氧化还原消除。利用氧化还原作用破坏掩盖层的有机染料结构，或与掩盖层生成络合物，破坏有机染料结构而使掩盖层褪色。适用于染料墨水掩盖其他色料的字迹。

(七) 转移法

(1) 适用范围。被掩盖字迹物质转移性能大于掩盖物质。例如，碳素墨水、墨汁或蓝黑墨水掩盖同色或异色的圆珠笔、复写纸、印泥、印油印文等字迹。

(2) 原理。不同物质其溶解度、扩散程度有别，采用加压、加热或化学试剂扩展溶解方法将被掩盖字迹从掩盖层下转移到另一个载体，或从掩盖层下扩展转移出来，以显示被掩盖字迹。转移效果与物质的转移性能及物质与纸张结合牢固程度、纸张质量、转移材料性质及转移方法和操作技巧等因素有关。

（3）方法。

①溶压转移法。其操作过程是：在两张层析滤纸上滴加溶液至稍微润湿，对被墨汁、碳素墨水或蓝黑墨水掩盖的圆珠笔、复写字迹可用氯仿、乙醇和丙酮等溶液；对被墨汁、碳素墨水掩盖的墨水字迹可用二甲基甲酰胺、5%草酸溶液和乙醇溶液。然后在此两张滤纸外面各加几张干燥滤纸，将文书被掩盖部位夹在两张被浸湿的滤纸中间，放在压片机的两块圆钢板之间或小型压力机之间，加压3~10分钟，压片机的压力可调至3~6t。由于所用试剂对被掩盖字迹有溶解作用，经压力压取可将被掩盖字迹转移到滤纸上。如果压取的字迹不清晰，可用紫外线灯或蓝光灯照射，加滤光器观察荧光现象，并可拍照固定。

②透析转移法。其操作过程是：根据不同物质对不同试剂透析能力不同，将专门研制的透析液用毛笔或毛刷涂在掩盖部位。若干分钟后，即可在白色背景下显示出被掩盖的字迹。此法适用于被墨汁、碳素墨水掩盖的圆珠笔、蓝墨水等字迹。

（八）残字推断法

残字推断法是根据文书与残存笔画所提供的信息来推断原文内容的一种检验方法。

（1）适用范围。用同种色料掩盖或用其他方法检验效果不明显，或经反复勾画涂抹而留有残余笔画未被完全涂抹掩盖可供分析推断的掩盖字迹。

（2）原理。因为每个字的笔画形态、大小和相对位置都具有基本确定性，而且有些偏旁组合及其形式是有限的，字和字、词和词之间的匹配和接续也是具有一定规律的，因此可以根据残余笔画分析推断原文内容。

（3）方法。可先用分色照相、透光照相及红外照相等方法加强残余笔画影像。然后将照片放大，在照片上根据勾画线条与原有笔画运笔的差别，结合文书全貌，分析被涂掉的是几个字。再根据上下文语气、内容及文种（如公文、信件）差别、残余笔画形态等综合分析是什么字，将推断的字迹用彩笔标出。

第四节　添改文书鉴定

一、添改文书的概念

添改文书又称添写、改写文书，是在原真实文书的基础上，通过添写部分内容或改写原文书的局部内容形成的内容虚假的文书。

添改手段包括添写和改写。添写是在原文书的字间、行间或其他部位，按变造者意图添加上所需的文字或数字；改写是把原文书的文字改写成其他文字或数字。添改文书属于变造文书的一种，在污损文书检验中占据重要地位。特别是在经济、民事案件中，添改变造文书经常出现。提高此类文书的检验水平，是当前以及今后一段时间内污损文书检验的重要课题。

二、添改文书的特点

（一）以书写方式添改文书的特点

1. 添写的文字与原文字笔画颜色不同（见图 15-9）

图 15-9　添写的笔画与原文字笔画颜色存在差异

这种颜色区别是由以下几种因素形成的：

（1）添改文字与原文字色料种类不同。例如，用蓝黑墨水书写的收条，借据上的阿拉伯数字，用圆珠笔改写；复写纸书写的协议、合同书、收据上的文字，用圆珠笔、蓝铅笔改写。这样，可疑文字与相邻文字颜色出现色调差。

（2）文字色料变化速率不同。文字色料书写后，受空气、光照作用，出现氧化、聚合、胶联变化。书写时间越长，变化幅度越大。蓝黑墨水随时间延续，二价铁离子逐渐被空气中的氧气氧化，变成三价铁离子，笔画颜色由蓝变成蓝黑。纯蓝墨水的新鲜程度，随书写时间增加而变暗。

（3）其他变造手段引起的色泽变化。消退变造文书后，消退剂仍残留在纸张上。墨水重新书写后，受到褪色剂作用而色泽变浅，擦刮变造后擦刮部位书写的文字颜色往往比未擦刮的文字深。

2. 添改写后的文书与原文书不协调

添改写后的文书内容可能不连贯或互相矛盾，文字位置、字距和行距、疏密和大小等与原文书不协调。受原文书内容或其客观条件限制，添改的文书往往破坏了各部分之间的整体关系。如票据上的单价、数量、总价不符；因原文字间的让笔动作而引起的文字拥挤、间隔不匀；在添改字迹较多时的“前紧后松”或“前松后紧”（见图 15-10）。

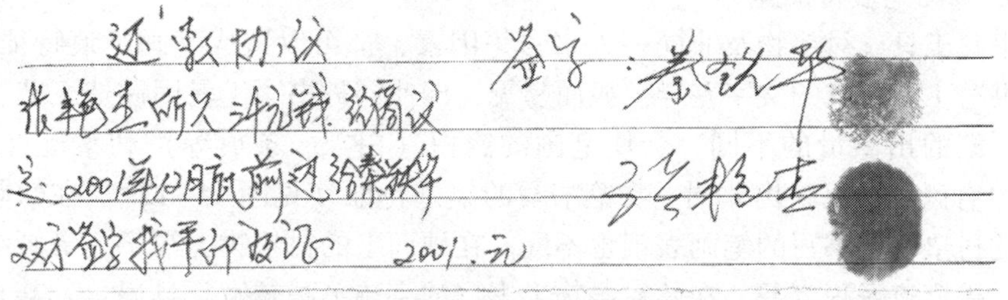

图 15-10　添写的字迹与原文字布局异常

3. 可疑处相邻的文字或笔画有重描现象

受书写工具、色料、时间和心理因素的影响，即使同一人在原文字上进行添改，也难以做到完全相同。为掩盖变造事实，犯罪嫌疑人在添改所需文字的同时，常把其他文字重描，使笔画变粗、变重（见图 15-11）。

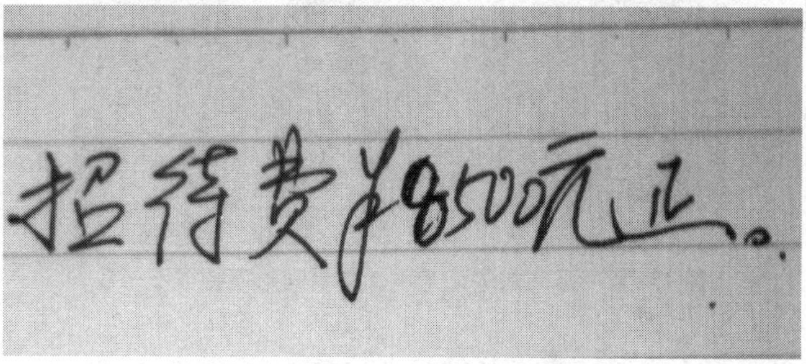

图 15-11　添写文字笔画有修描特征

4. 文书折痕处墨水笔画洇散或中断

纸张折叠后，折痕处纤维疏松、翘起，胶层被破坏，该处原印刷、书写笔画被磨损，翘起的纤维上仍粘附原来的色料，但笔画中断。如果在折痕处添改，则墨水笔画因施胶层破坏而洇散；圆珠笔笔画颜色也浓于其他笔画。特别是折痕处有重叠皱褶时，把皱褶轻轻拉开可发现断笔现象，与前一种笔画中断不同。利用折痕处笔画细微变化确认有无添改事实，要分清笔画中断是由于文书使用频繁而磨损，还是因为未能黏附墨水造成的。前者在折痕处的长纤维上有墨水染料，后者的笔画中断处比较齐整，多在重叠皱褶处出现。

5. 伴随其他变造手段出现的特征

有的添改文书是经过消退、擦刮后形成的。消退、擦刮手段产生的固有特征，将影响到添写的文字。例如，现金支票、转账支票、护照、身份证、银行存款单上都印有底纹，账册上印有格线，擦刮、消退文字时，纹线变色，纸张破损，消退剂成分残留于纸面，致使添改处的文字笔画的颜色、形态、纸面颜色有别于其他处。这些特征出现时，很可能预示有添改事实。

6. 笔画笔痕特征差异

书写工具、衬垫物及非同一人书写等因素，都可以造成笔画笔痕特征差异。不同书写工具形成的文字差异，显而易见。即使同种书写工具因制造工艺、磨损程度、笔的出墨量的不同，会使笔画的露白（白点、条痕等）和墨迹（墨点、流痕）有区别，反映出非同一支笔书写的笔迹特征（见图15-12）。在软硬程度不同的衬垫物上书写的笔画表现也不同。在硬而平的衬垫物上写字，笔画细且易弯曲，墨痕流畅程度差。在软衬垫物上书写的字迹笔画较宽，且墨重，甚至出现洇散。当原文字与添改文字非同一人书写时，反映出不同的书写习惯，这是本质差别。

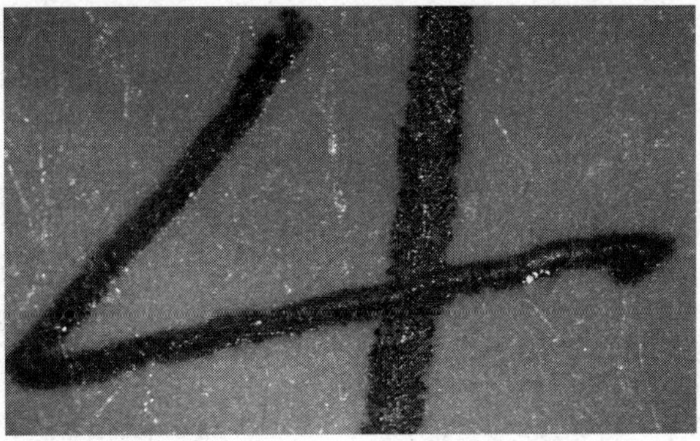

图15-12　添写的笔画与原文字笔画笔痕特征不一致

（二）以打印、复印方式添改的文书的特点

1. 添加的文字墨粉成分与原文字不同

各品牌、型号的打印机通常使用专用墨粉、墨水，其成分有所差异。变造人一般不掌握、不注意这些墨迹成分，在使用与原文字不同的打印、复印机添加时，会造成墨迹成分上的差异（见图15-13）。

2. 墨迹色料微观上分布的差异

不同打印机、复印机因制造工艺、质量的差异，在形成文字笔画时墨迹色料在微观上分布不同。即使同一台机具因使用磨损、老化，各阶段形成的笔画质量也不尽相同，表现在粉末凝结、墨水喷溅方向、打印针孔深度、墨色浓淡、墨迹均匀程度、表面亮度等方面。

3. 同一页文字排版布局差异

受原文限制或由于变造人占有材料、技能的影响，使后添改文字很难在字体、字号、段缩进、字间距、行间距、对齐方式、基线平行度、行位整体错位等方面与原文字统一。

4. 附加痕迹重复出现

如果以复印方式添加，第一次形成文字时伴随出现的墨粉弥散点、感光鼓划

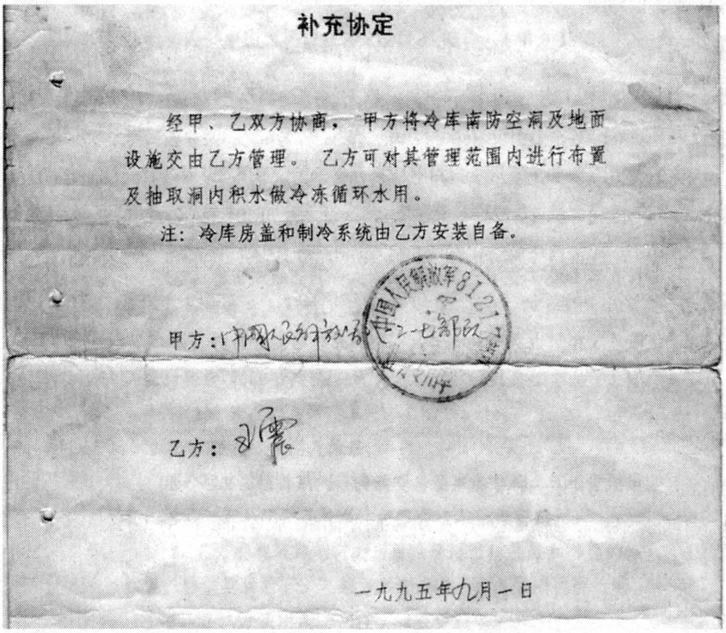
补充协定

经甲、乙双方协商，甲方将冷库南防空洞及地面设施交由乙方管理。乙方可对其管理范围内进行布置及抽取洞内积水做冷冻循环水用。

注：冷库房盖和制冷系统由乙方安装自备。

甲方：

乙方：

一九九五年九月一日

图 15-13　添写的字迹与原文字墨粉成分不同

痕、墨粉刮板痕、分离痕等附加痕迹，在再次复印、添加时二次出现。

5. 纸页上留有印文色料的转印痕迹

以激光打印、复印机复印方式添加变造，如果原文书上盖有印泥印文，在定影加热时可使印泥色料形成二次转印，在与印文相应部位的纸面上粘附印文色料点。

6. 朱墨次序反序

在盖有空白印文的纸页上添加文字，其朱墨时序是先朱后墨，与正常行文反序。

三、添改文书的鉴定

鉴定添改文书，可以从纸张、色料表观颜色、色料种类、色料变化程度、笔迹、笔痕特征等多方面进行。

(一) 比较可疑部位与其他部位纸张表面状态异同

当添改文字前伴有擦刮、消退变造，或者被检文字形成条件不同时，纸张上将留下相应的特征。在光学体视显微镜下，利用反射光观察纸面是否有纤维翘起和消退斑渍；用透射光比较可疑文字处及周围与其他处纸张透过率；或侧光或垂直光检验纸张背面的压痕。

（二）比较可疑文字与样本文字的表观颜色

实际案件中，大多数是以与原文字相同或近似的颜色的书写色料添改的，也有少量的案件用非同色的笔直接添改。当添改文字与原文字的书写时间、书写工具、书写条件、书写人不同时，会出现笔画颜色的细微差别，这时，可用颜色测量方法加以区别。对蓝色墨水、圆珠笔油文字，一般可用 590–610nm 的橙光检测。因这类色料的吸收曲线往往在该波段内差别明显。检验时，镜头前加 CB_{590} 或 CB_{600} 截止型滤光器，以普通感光片接收或用摄像管特测，调节监视器亮度，色调可调至最大。为提高分色光强度，以氩离子、染料、氦氖激光器发出的光替代滤光器，观察客体同色异谱现象会更明显。

（三）鉴别笔画组分及配比

1. 薄层色谱法

薄层色谱法是检验色料种类的一种有效方法。检验时，用磨平的注射器针头或去掉球珠的圆珠笔芯铜质笔头，在检材和样本笔画上分别取 6–8 个小纸片，放入微型瓶中，然后加入提取液溶解。然后将试样溶液在高效薄层板上点样展开，如果组分不同就可以有效区分开来。

2. 荧光检验

荧光是物质的一种属性。不同物质的荧光在强度或颜色上有可能不同。即使同一种物质，因所处条件不同，荧光也有区别。这是荧光法检验添改文书的基础。用墨汁、碳素墨水重描、改写的纯蓝、蓝黑墨水文字，用极红荧光法从文书背面激发，能够辨读被改写的文字。使用文书检验仪直接成像时，可在文书上直接滴加液氮，形成小区域低温环境。同种色料如蓝墨水改写的情况比较复杂，不同品牌色料中各种成分配比不同，荧光可能有区别；同一牌号色料因为书写时间间距较大，荧光也可能有区别。检验时，用黄绿光可使蓝色染料发光。如果未发现有区别，可改用与墨水同色的光激发，这时蓝色染料发光并不明显，但它可以使墨水中其他成分荧光产生差异，也可以确定添改事实。

3. 红外线检验

不同颜料的笔画对红外线作用的结果为完全吸收、半吸收、少量吸收或完全不吸收，因此，用红外线也可以检验添改文书。有机黑墨水改写的碳素墨水文字、墨汁文字、打印文字和复印文字，红外视场上只看到后者笔画；蓝圆珠笔改写的复写纸文字，复写文字在红外感光片或红外鉴别仪中的密度大于圆珠笔笔画；不同牌号的碳素墨水在红外线下吸收强度也可能不同。红色（或黄色、橙色）色料之间的添改写，红外线检验效果往往不佳（见图 15–14）。

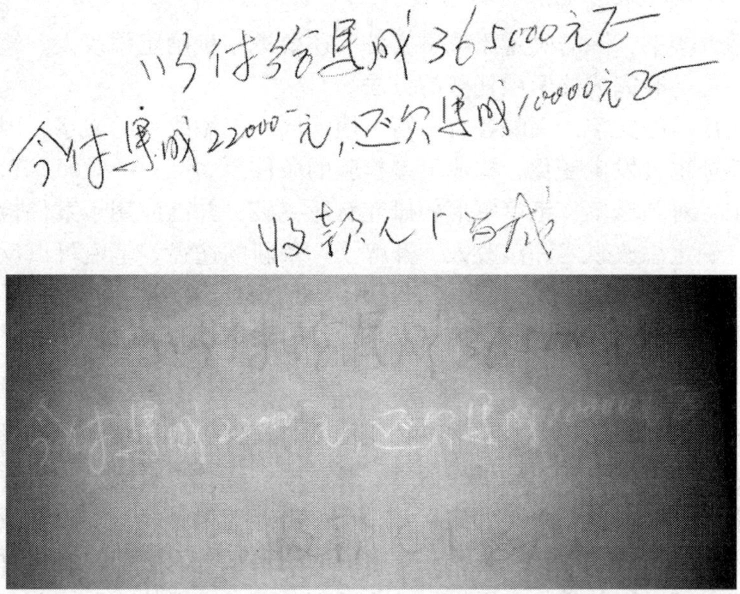

图 15-14　添写的字迹与原文字书写材料红外吸收程度不同

4. 紫外线检验

上述不能用红外线检验添改的文字，有可能用紫外线检验，因为添改部分与原文字的吸收（或反射）能力可能有区别。用紫外线鉴定添改文书，是以可疑文字或笔画与参比文字反射或吸收能力差异为依据的。各种有机色料，甚至它们的光谱色完全不同（红与蓝墨水），但在紫外线下观察，它们的密度等级则可能相同。对这些添改文字的检验，或用干涉滤光器代替普通滤光器，以突出在某一波长下的区别，或以分光光度计代替普通探测器。

（四）比较笔画色料溶解转移能力

这一方法对不同种类色料形成的笔画尤为简便有效。如果可疑文字与原文字同为圆珠笔字迹，且两者形成时间跨度较大，先书写的文字色料发生氧化、胶联等老化现象，溶解能力下降；后形成文字的溶解能力较强，从书写时间角度证实添改事实。

（五）鉴别笔画形成的相对时间

蓝黑色墨水字迹书写时间的鉴别，可用“硫酸盐扩散法”；圆珠笔油字迹书写时间鉴别可用“单一溶剂溶解法”或“双溶剂溶解法”；纯蓝墨水中也含有少量的 SO_4^{2-} 离子，原则上也可用扩散法检验。只是纯蓝墨水中 SO_4^{2-} 浓度比蓝黑墨水少得多，扩散程度不太明显。最近有人提出测量该墨水的电子结合能变化，通过图谱定量分析与书写时间的关系。

（六）比较笔迹、笔痕特征

检验添改文书，除需确定添改事实外，还要进一步确定添改人。笔迹、笔痕检验是唯一能同时完成这两项任务的方法。

不同人添写的文字，反映各自书写习惯，同一人添改写的文字，因受条件限制，笔迹特征也会发生变化，构成笔迹检验的条件。

近年来，对圆珠笔、钢笔笔痕的研究有所突破，并已应用于案件检验，为检验少量字、确定添改事实和添改人，开辟了一条新的途径。笔痕可以反映书写工具（圆珠笔和钢笔）的特征，又受书写人、纸张作用的影响，因此可以反映书写工具和书写人的同一性，即笔痕具有特定性、稳定性和反映性。

（七）系统鉴定

文书物证的系统鉴定，是把文书物证作为与案件事实相联系的有机整体，采用各种检验手段发掘其所能提供的信息，经过综合研究，对文书与案件事实的关系作出鉴别和判断。文书系统鉴定可以避开单项检验中的某个技术难题。例如，同为碳素墨水书写的添改文字与原文，目前的技术水平无法从笔画随时间变化确定添改事实，但可以从其他方面提供的信息判断文书的真伪。系统鉴定还可以充实鉴定意见的依据，揭露文书物证本质，而不为违法犯罪分子伪造手段所迷惑。

文书物证系统包括言语、笔迹、笔痕、印迹、物质材料、形成过程和各种污染痕迹等要素，每个要素又是文书物证系统的一个分系统。原文书形成后，各要素之间就构成了完整的有机统一体，并互为存在条件。而且，其形成过程又都是在一定时间或空间内，按一定顺序形式进行的，并随着时间的延续呈现有规律的变化。当原文书被添改后，这种有机的统一关系就被破坏了。文书系统鉴定就是剖析各要素，找出它们的内在联系，确定可疑文书是符合真实的“常序”形成过程，还是虚假的“反序”形成过程，排除非本质部分，以确定文书真伪。

第五节　拼补文书鉴定

一、拼补文书的概念

拼补文书，又称挖补、粘贴文书，是指用切割、刮削或剥离等方法去掉原文书局部内容，再拼补上所需部分，以改变原文书内容或原貌的一种变造文书。

拼补变造是采用一种破坏性手段来制作假文书，文书纸张都会受到不同程度的损坏，即使经过再加工，反映在文书上的变造特征仍比较明显，所以一般不难识别。拼补变造对象多见于各种登记表、工作证、护照、车船票、奖债券等。依据具体实施方法不同，拼补变造又可分为挖补、改贴照片和拼凑三种方式。

二、拼补文书的特点

上述三种变造方式，在文书上可留下多种变造特点。

（一）补贴处纸张不平整

挖补后重新补贴文字、号码，切割部位纸张重叠，厚度变大，不管是从正面粘贴还是从反面粘贴，纸张均凹凸不平，这是该类文书易出现的明显特点（见图15-15）。

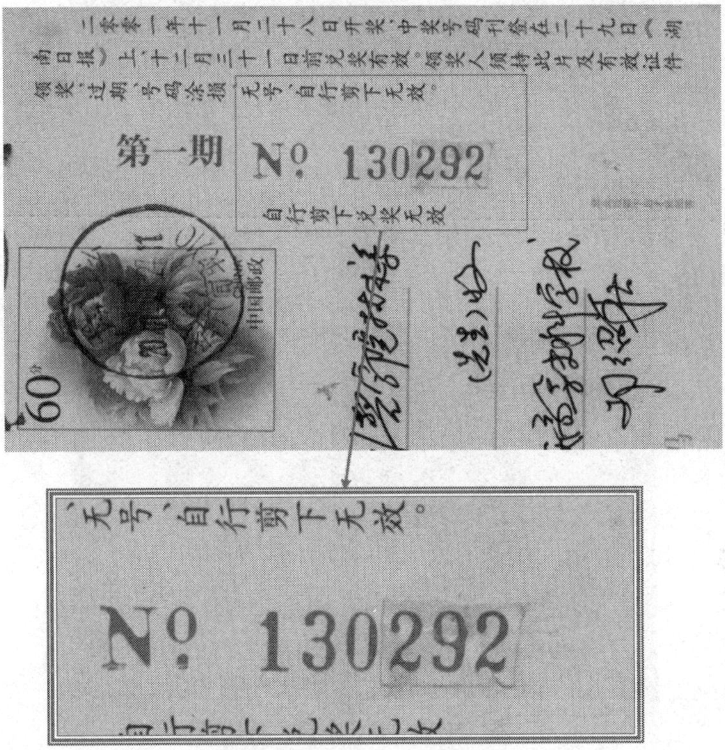

图 15-15　补贴处纸张不平整

（二）补贴部位与原文书上的花纹不吻合，色泽也往往不同

有保护底纹的文书，如护照、债券等，线条分布比较密集，同一纹线又有几种颜色，变造后很难做到线条位置和光泽完全吻合（见图15-16）。

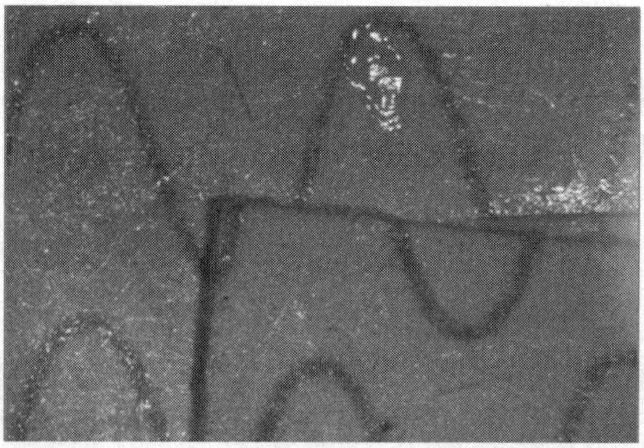

图 15-16　补贴部位与原文书线条不吻合

（三）补贴处周围有黏合剂痕迹

例如，黏合剂痂片、纸张变硬、皱缩、墨水或圆珠笔文字笔画轻微洇散、变色等（见图 15-17）。

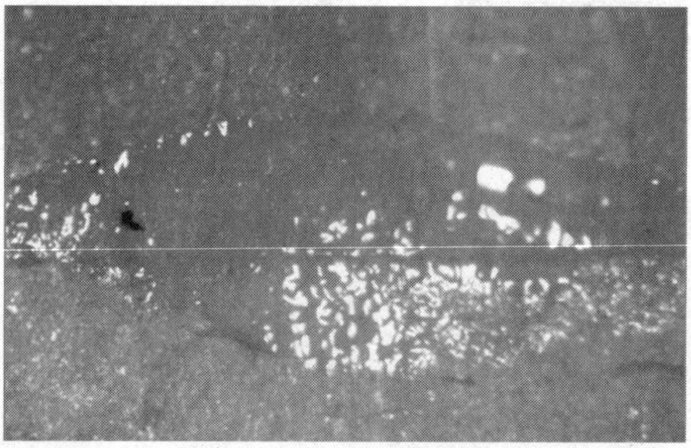

图 15-17　黏合剂痂片特征

（四）如果改贴照片，则照片部位的纸张、原文字及线条缺损丢失

该特征发生于伪造工作证、毕业证、履历登记表等需贴照片的各类文书。当变造这些文书时，一般要把原照片揭下，再贴上所需照片。因揭取原照片，使该处纸张上“照片”、“贴照片处”等文字或长方形黑色框线一并撕下，造成这些文字或线条缺损或消失。但补贴后，外观上不易观察到这些变化。

（五）改贴照片上印文与纸张上同一枚印文的字迹不协调

凡贴有照片的证件都盖有发证机关红印文或钢印。更换照片后，便缺少部分印文。因此，要在后贴的照片上把印文补充完整，修补方法有多种，有的用笔描绘，有的用铅字字钉捺印，有的用尖硬工具刻画。手工描绘、刻画印文边框、星徽图案和文字易出现手描痕迹，如线条、笔画弯曲，图案不清，线条密集处缺损，字体不符合印文规范字体要求，字钉捺印的伪造印文其字间距、字体、字形、字大小、盖印力、印色等与原印文不协调，缺乏整体同一关系。有时因色料性能限制，后补印文与原印文的色料出现差异（见图 15-18）。

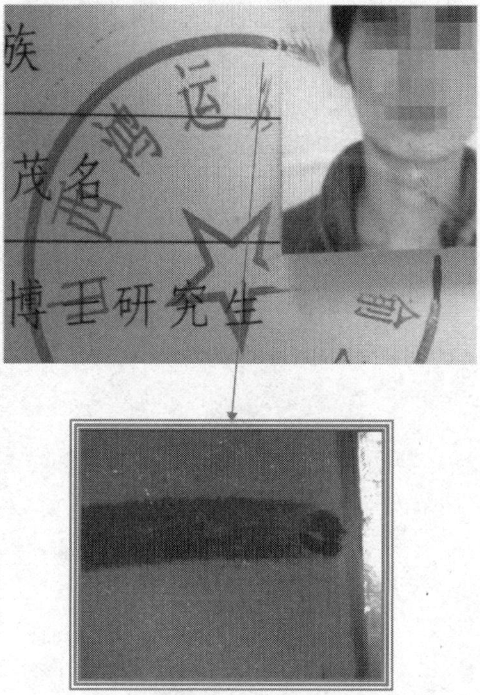

图 15-18　揭贴照片骑缝处修描痕迹特征

（六）剪接拼补再复印的文书，拼接纸块边缘易出现黑色线条，其明显程度与纸厚度、复印机质量、墨粉浓度有关

实验表明，在墨粉较多的情况下，容易出现这一特征。逐渐减淡墨粉，贴补边缘的黑线条越来越不明显，直至最后消失。这时，从复印件上已无法判断该文书是否变造（见图 15-19）。

三、拼补文书的鉴定

（一）拼补变造事实的确定

确定拼补事实，主要是根据上述该类文书的特点。为此，可通过如下方法对可疑文书进行仔细检验。

1. 一般观察

可利用各种角度的光线，特别是利用透射光，观察文书的可疑部位，注意查

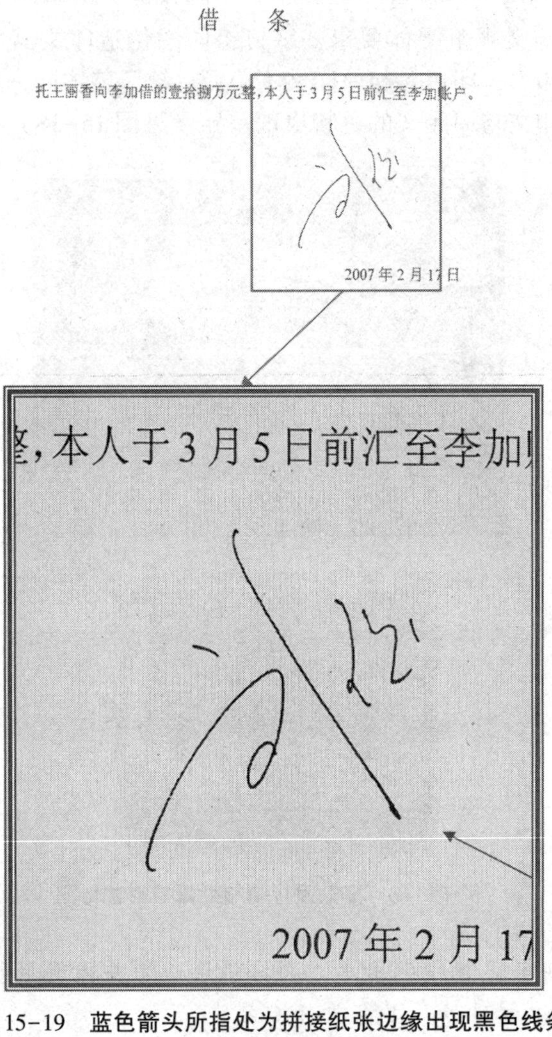

借　条

托王丽香向李加借的壹拾捌万元整，本人于3月5日前汇至李加账户。

2007年2月17日

图 15-19　蓝色箭头所指处为拼接纸张边缘出现黑色线条

找文字、线条有无缺损，与非可疑处文字字体有无差别，纸基是否破坏，透光度是否相同等。经一般检验，多数文书可确定是否存在拼补事实。

2. 显微检查

如果伪造手法精密，目视下直接观察不明显，可借助放大镜或适当倍率显微镜进行观察。将文书上可疑处与参比样本的文字、纸张仔细比较，以确定是否存在拼补痕迹，如线条吻合、颜色差异等。一般来说，即使采用轻微剥离后再补贴变造的文书，显微镜检验也能发现这种变造事实。为证实文书被拼补，还可以用显微镜照相法固定拼补部位。

3. 紫外线检验

由于拼补法所需要的纸张、墨水、油墨可能与原文书不同，以及拼补时要用胶水、糨糊等黏合剂，在波长365nm紫外线下，这些物质能辐射荧光，可以从荧光颜色或强度上确定有无拼补现象。实验表明，各种胶水在长波紫外线下，都能发出比纸张强得多的荧光，目视下即可观察到。如果比较文字、纸张的荧光，有时因它们差别很小而无法看出来，则需要用探测装置将荧光记录下来，从记录结果上分析文书材料的异同。另外，也可以改用短波紫外线，直接测定文书材料，特别是纸张对短波紫外线的反射能力，判明文书材料是否相同。

4. 揭帖法

如果条件允许，也可用揭帖法将后补贴的纸片揭取下来，以证明变造事实。方法是先将补贴部位略加润湿，然后用热蒸气熏蒸，待纸张软化后仔细加以剥离，使补贴的纸片与文书分离。应指出，揭帖法对文书有损坏作用，检验时应最后进行。

5. 纸张检验

纸张检验包括一般性检验和成分分析两部分。一般性检验是比较被检纸张的厚度、白度、光滑度、反光度、纤维分布、网纹等是否相同。成分分析是通过化学检测法或仪器分析法比较纸张组分和含量等指标，以确定有无拼补事实。

（二）确定被拼补原文字

对挖取后再补贴的文书，原文字连同纸张都已不存在，从检材上无法确定原文字。对剥离后再补贴或改换照片的文书，有时可确定原文字。

1. 红外线检验

各种证件、证书、登记表等文书上，多贴有人像照片，该处往往有“照片”、“照片处”等字样。周围有长方形边框线条。当撕扯原照片时，可把照片下面的文字或线条损坏。当改贴新照片后，会把这种变化掩饰起来。把文书置于红外线下，红外线可以穿透纸张，文字处吸收能力大大强于非文字处。这样，在红外线探测装置屏幕上，可观察到照片下的原文字或线条是否完整。检验时，可使用红外线鉴别仪或红外文书检验仪。

2. 压痕检验

如果用剥离纸基方法变造，纸张背面可能留有原文字压痕，经侧光辨读，可确定原文字内容。

3. 激发荧光法

如原文字为圆珠笔、复写纸、印泥等色料书写，经过一段时间后，可在上纸页背面或下纸页正面上形成文字潜像，用激发荧光法显示这些潜像文字，也可确定被挖补处的文字内容（见图15-20）。

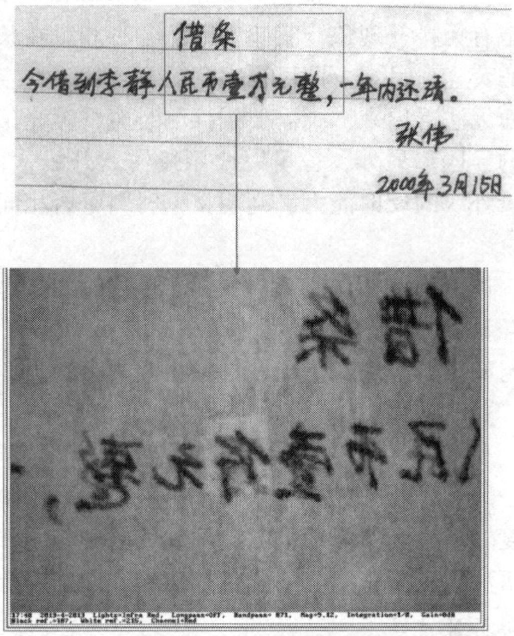

图 15-20　红外线从文书背面显现残留原文字迹笔画

第六节　换页文书鉴定

一、换页文书的概念

换页文书，是指将原多页文书中的一页或几页撤除，将改变文书内容后的纸页重新装订而形成的假文书，称为换页变造文书，简称换页文书。

近年来，由于办公自动化机具不断普及，使用打印机、复印机的人逐渐增多，为以换页的方式变造文书提供了方便条件，所以此类案件不断发生。被换页的文书多出现在经济、民事案件的协议、合同、档案、病历、会议记录及账册等文书中。由于该类文书的末页往往有签订双方当事人的印文或签名，所以换页变造文书一般末页被保留，检验时可将此页作为参考依据。

二、换页文书的特点

（一）色痕方面

1. 书写文书色痕差异

如果文书以书写方式形成，而换页文书色痕不是一次性连续形成，所用的书写色料如签字笔墨水、复写纸、圆珠笔油墨的成分可能不同，表现出来的理化性质不同，替换页与原纸页上的文字在颜色浓淡、色泽亮度、笔画的洇散、扩散程度、色料被溶解或转印能力等方面产生差异；如果书写工具不同，还可产生笔痕的差异（见图 15-21）。

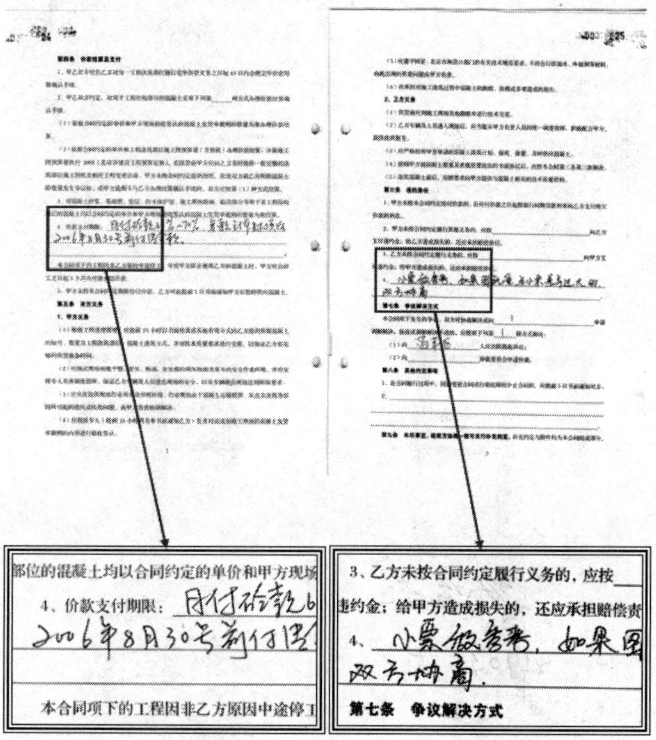

图 15-21 前后页手写字迹色料表观特征存在差异

2. 打印、复印文书色痕差异

（1）排版布局特征。打印文书是由计算机文字处理软件排版后经打印机打印形成。一般情况下，出于效率、美观、方便的考虑，一次性打印的文书的字体、字号、字间距、行间距、段缩进、页边距、对齐方式等排版面布局都遵循一定规律，且文字处理软件的排版功能都有一定的实现范围，不能超出这一限度。换页变造文书，因变造人受主客观因素的影响，常出现整体文书不统一的现象。

（2）线条质量特征。线条质量特征反映的是打印、复印文字笔画的墨迹饱和度、均匀度及边缘平滑度。由于制作方式、制作条件的不同，不同的设备或同一设备在不同条件下制作的文书，其文字线条的质量常会有不同的表现。甚至经过复制，这些线条质量的差别仍能够在复制件上得到一定反映。如发现检材上可疑纸页与原纸页文字的线条质量特征存在明显差异，且差异难以通过正常的制作过程进行解释，则是认定换页变造事实的有力依据（见图 15-22）。

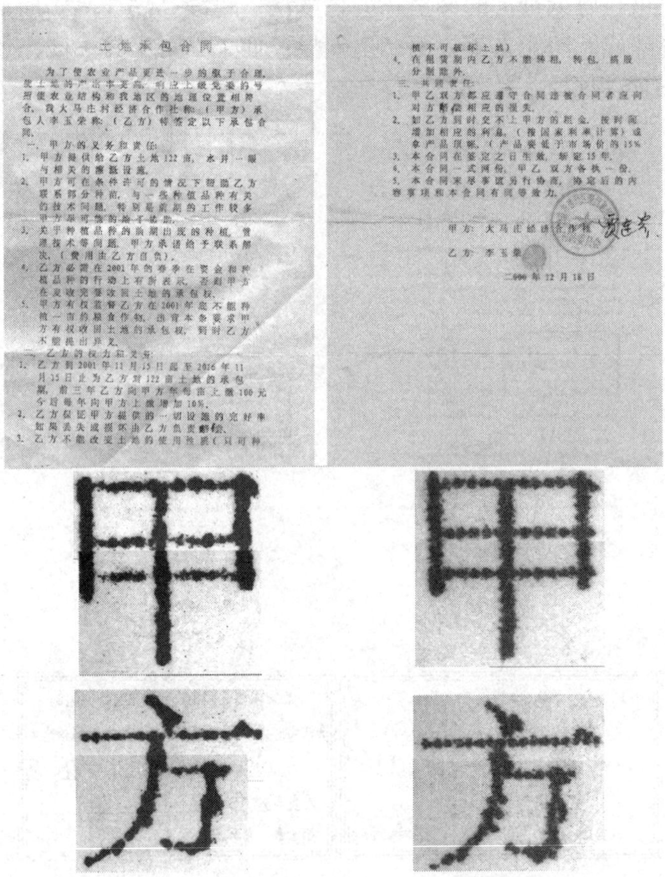

图 15-22　前后页印刷文字表观特征存在差异

（3）墨迹微观形态特征。显微墨迹分布特征是指打印或复印的文字色料在纸张上的分布状态，需要在一定放大倍率的显微镜下进行观察。不同的打印、复印设备因采用的工艺、染色材料等条件的不同，其打印、复印文字的显微墨迹分布状态常有不同的表现。同一打印、复印设备的条件不同亦有可能导致其打印、复制文字的显微墨迹分布特征不同，主要表现在：静电复印、激光打印文书的粉末凝结形态和笔画边缘的散粉状态；喷墨打印文书的墨水笔画边缘的溅墨方向；针式打印文书的色料状态和打印针孔深度等（见图 15-23）。

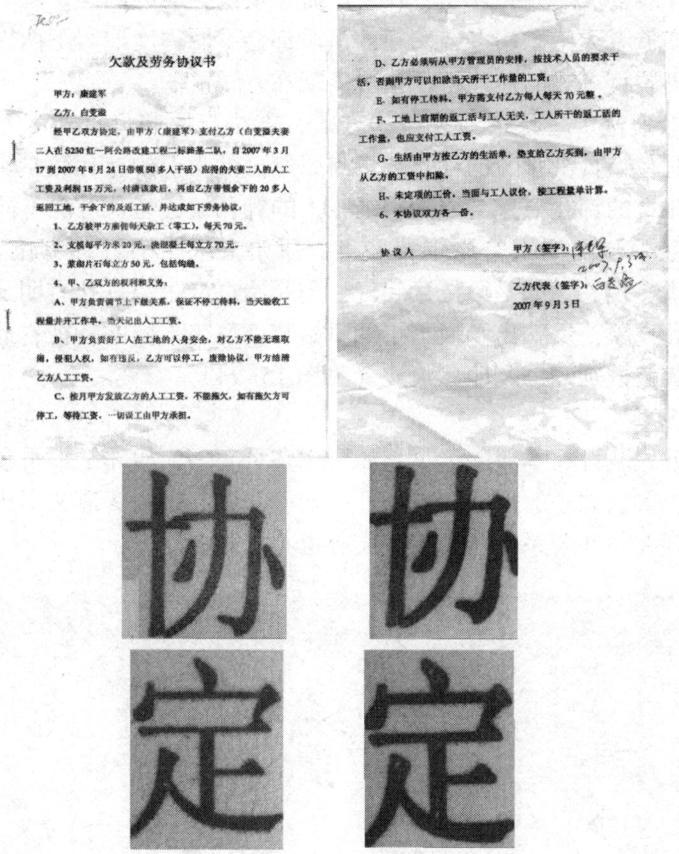

欠款及劳务协议书

甲方：康建军

乙方：白变溢

经甲乙双方协定，由甲方（康建军）支付乙方（白变溢夫妻二人在S230红一阿公路改建工程二标路基二队，自2007年3月17到2007年8月24日带领50多人干活）应得的夫妻二人的人工工资及利润15万元，付清该款后，再由乙方带领余下的20多人返回工地，干余下的及返工活，并达成如下劳务协议：

1、乙方被甲方雇佣每天杂工（零工），每天70元。

2、支模每平方米20元，浇混凝土每立方70元。

3、浆砌片石每立方50元，包括钩缝。

4、甲、乙双方的权利和义务：

A、甲方负责调节上下级关系，保证不停工待料，当天验收工程量并开工作单，当天记出人工工资。

B、甲方负责好工人在工地的人身安全，对乙方不能无理取闹，侵犯人权，如有违反，乙方可以停工，废除协议，甲方结清乙方人工工资。

C、按月甲方发放乙方的人工工资，不能拖欠，如有拖欠方可停工，等待工资，一切误工由甲方承担。

D、乙方必须听从甲方管理员的安排，按技术人员的要求干活，否则甲方可以扣除当天所干工作量的工资；

E、如有停工待料，甲方需支付乙方每人每天70元整。

F、工地上前期的返工活与工人无关，工人所干的返工活的工作量，也应支付工人工资。

G、生活由甲方按乙方的生活单，垫支给乙方买到，由甲方从乙方的工资中扣除。

H、未定项的工价，当面与工人议价，按工程量单计算。

6、本协议双方各一份。

协议人　　甲方（签字）：

乙方代表（签字）：

2007年9月3日

图 15-23　前后页印刷文字墨迹微观形态特征存在差异

（4）字库特征。中文字库是汉字编码的集合，打印文字是计算机字库的表现形式。字库有点阵字库、矢量字库、曲线字库之分。如果不同品牌、型号计算机配置不同种类的字库，可造成打印文字的微观形态。

（二）纸张方面

通常情况下，形成多页文书时使用的纸张种类是相同的。如果对多页文书换页，可能会导致替换页纸张的特性与原始页纸张不同，或出现某些特征变化规律上的矛盾。主要包括：纸张的色泽、荧光特性、纸张的厚度和紧度、纸张的光滑程度、纸张的施胶度、纸张在制造过程中形成的粘痕和网痕特征、纸张的裁切痕迹和印刷特征、纸张边缘粘附的黏合剂、纸张折痕或其他污损现象等。

（三）装订方面

1. 装订痕迹特点

多页文书一般都有一个装订的过程，按形成的顺序有两种情况：一类是先按一定方法制作成单页后再直接装订；另一类是事先将文书根据要求按一定的内容、格式制作装订成册以备使用，在使用时再填上相应的内容。在对多页文书换页过程中，变造者无论采用多么高超的手段都会不同程度地留下两次或多次装订的痕迹，常见装订方式的痕迹特征主要表现在：

（1）线装痕迹。一是重新装订的方式、方法与原装订方式、方法不可能完全相同；二是替换页纸张上的针孔数量与原始页纸张上的针孔数量可能不符；三是替换页纸张上的针孔痕迹与原始页纸张上的针孔痕迹特征可能不同。

（2）钉装痕迹。如不是原位置装订，原始页纸张书钉针脚位置可有移动、换位、数量增多现象；如是原位置装订，则原始页纸张装订孔有明显变形，孔壁毛糙，有扩孔现象，反映出和换页用纸原始装订痕迹不同的特征；此外，还可出现原装订针脚被撬别、擦刮印压痕迹（见图 15-24）。

2. 胶联痕迹

以胶联方式装订成本册的纸页，如形成多页文书，相邻纸页页顶边缘胶质痂片的余缺、位置、大小、形态存在互补或统一关系。换页变造文书中的新纸页与原纸页因不存在相邻关系，所以胶联痕迹也不统一。

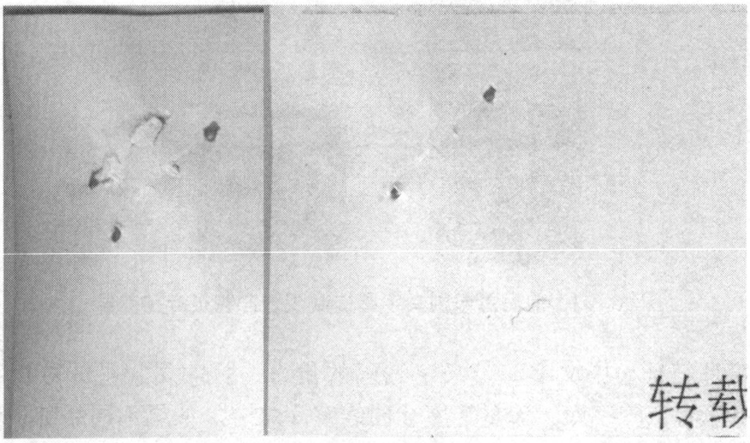

图 15-24　前后页纸张装订针孔数量及形态特征存在差异

（四）其他方面

打印机、复印机具随着使用时间延续会出现老化、故障，形成的文书在一定时间段内各种有规律的周期性痕迹形成后，一般不会消失，而且痕迹之间的相互位置关系较稳定。在同一时间段内，随着时间的推移，打印文书上的打印痕迹的数量一般将逐步累积。在未得到维护之前，随着打印机、复印机的继续使用，机械部件点、条状损伤痕迹形态可能发生变化。

另外，随着使用中墨粉的逐步减少，打印、复印字迹的灰度逐渐变淡，部分污染痕迹的形态和位置也会发生相应变化或移动。不同打印机打印、复印机复印的文书其痕迹形态及痕迹之间的相互关系完全不同。在不同时间段形成的同机打印、复印文书痕迹的形态、数量及相互关系也存在差异，如感光鼓擦划痕、分离爪、刮板痕（见图 15-25）。换页文书纸面上留下的书写压痕、折叠痕的差异。

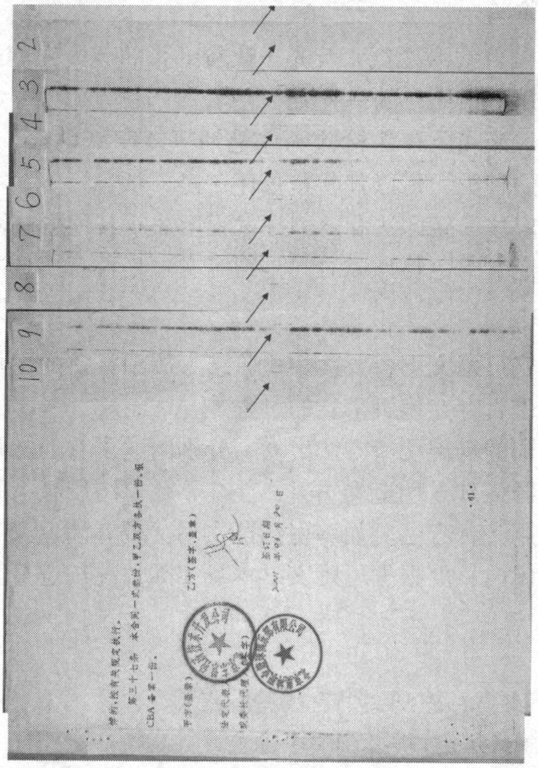

图 15-25　第 1 页与其余页印刷机具留痕特征存在差异

三、换页文书的鉴定

换页文书一般情况下涉案材料至少有两份，被变造的只是其中的一份。所以，应在两份文书相同或相关纸页之间和各页与末页之间进行检验。

（一）外观检查法

目视直接观察或借助放大镜、显微镜比较待检文书色料的浓淡程度、扩散与洇散程度，打印、复印墨粉的形态、黑度等；纸张的白度、光滑度、纤维分布、装订痕迹等。

（二）测量法

这里主要指测量打印、复印文书文字的字间距、行间距。字间距是指两字之间距离与一个单字长度之和；行间距是指两行之间距离与一个单字高度之和。测量行间距的方法是选定多行文字并测量总高度，再除以所测行数，测量字间距的方法是选定同一行多个文字并测量总长度，再除以所测字数。

注意测量字间距、行间距时，要选择多行或多个字而不能选择相邻行或字测量，这样才能最大限度地减小误差。

（三）理化检验法

用长波 365nm 紫外线激发纸张荧光，比较纸张的荧光强度或光色异同，这是鉴定换页文书最常用、最简单的一种方法。

用薄层色谱法、液相色谱法检验圆珠笔油、复印纸色料、墨粉、打印墨水、签字笔墨水等色料的种类，借以判断是否存在换页事实。

用溶解能力测定法、转印法和溶剂挥发程度法及其他方法测定各页纸张上色料的形成时间。确定文书色料形成时间是判定文书是否有换页的重要途径。

（四）综合检验

综合检验就是将可疑文书各要素的检验结果放到具体的案件情况中去进行综合分析，最终判断是否存在换页事实的过程。

以上从各种不同的局部伪造方法出发，分别阐述了它们的特点及各自检验方法。但是，违法犯罪嫌疑人伪造文书时，往往不是单纯用某一种方法，而是根据需要有可能同时采用几种方法。如一份伪造文书，既有消退又有添写，既有挖补又有改贴等。在检验时，要根据可疑文书本身实际情况，进行全面分析。

【思考题】

1. 什么是擦刮文书？擦刮文书有哪些特点？
2. 有哪些方法可以辨读被擦刮文书原文？
3. 什么是消退文书？消退文书有哪些特点？
4. 有哪些方法可以显现被消退的文字？
5. 什么是涂抹掩盖文书？
6. 常见的涂抹掩盖字迹的方式及其特点？
7. 添改文书有哪些种类？不同种类添改文书有哪些特点？
8. 什么是拼补文书？拼补文书有哪些特点？
9. 有哪些方法可以显现被拼补文书的原来字迹？
10. 什么是换页文书？换页文书可以从哪些方面进行鉴定？

【参考文献】

1. 贾玉文、邹明理主编：《中国刑事科学技术大全　文件检验》，中国人民公安大学出版社 2002 年版。

2. 贾玉文、郝红光主编：《文件检验图谱》，群众出版社 2014 年版。

3. 暴仁主编：《污损文件检验》，群众出版社 2014 年版。

第十六章‖　损毁文书鉴定

本章概要：本章主要介绍破碎文书、烧毁文书、浸湿粘连文书、不易见文字检验鉴定的依据与方法。其中，损毁文书的显现和复原方法是本章的重点，此类鉴定的基本原理是本章的难点。

关键词：损毁文书　复原　鉴定

损毁文书，又称污损文件，主要是指因人为或自然因素的影响，被污染、损坏或发生其他变化的文书。例如，破碎的文书，被水浸、火烧过的各类文书，年久褪色的档案等。

损毁文书鉴定，是指运用物理、化学或其他学科的原理和方法，对各种被污染、损坏和变造的文件进行整复，重现、辨识原有图文的一门技术，是文检学的一个分支。根据检材类型，一般可分为破碎文书鉴定、烧毁文书鉴定、浸湿粘连文书的鉴定、不易见文字的鉴定。

第一节　破碎文书鉴定

一、概念

破碎文书，是指受外力作用而破损或碎片化的文书材料。常见的有手工撕碎的文书、在洗衣机中被误洗成一团的文书、碎纸机切碎的文书，等等。

破碎文书的鉴定，狭义上是指先将破碎文书纸片进行收集、平整后，再通过对破碎文书纸张的边缘形态的吻合性和印刷图文的连贯性等特征分析，将破碎文书整复的过程。广义上的破碎文书鉴定，还应包括整复后文书中笔迹、印文、印刷特征等一系列内容的检验鉴定。

二、破碎文书的整复

（一）收集

破碎文书的收集，首先要结合案情，了解或分析确认文书物证被损毁的方式，发现局部存在的碎片后，推断其余部位的流失方向，如沿行为人的活动路线或垃圾处理的流程等进一步收集。其次要全面细致，应尽可能多地收集提取纸张碎片，以防遗漏。最后要快速固定，对已发现的破碎文书应在第一时间照相固定，然后尽量按原样一一转移到透明塑料板或玻璃板上，再覆盖一层硬质板材夹紧带回实验室。

（二）整复

第一步，整复破碎文书，应选择无风的实验室环境。第二步，应将破碎的纸片进行分类，如按照纸张的种类、颜色、质量和图文内容等。第三步，将破碎文书进行拼接，拼接可按照先易后难的原则进行，对容易确认的部位先予以摆位，然后围绕已确认的部位，根据纸张的断缘、图文、格线等扩大拼接，期间尤其要全面系统地利用各方面信息，如纸张背面可能存在的图文内容等。

（三）固定

对拼接完毕的文书应及时固定，有照相固定法、过塑固定法、透明胶带粘贴法、玻璃板夹取法等。照相固定是必须采取的措施，然后根据需要再选择其他方法进行固定，便于保存及下一步检验。

三、破碎文书的鉴定

破碎文书整复后，可根据案情需要量进行相关检验，如显现原文书内容，进行相关笔迹、印章印文检验，以及紫外、红外等光学检验，具体方法参见本书相关章节。

第二节　烧毁文书鉴定

通过技术手段对烧毁文书进行整复、显现并辨识原文字，是烧毁文书鉴定的主要目的。

一、纸张的燃烧过程

纸张属易燃物质，燃烧时会发生水分蒸发、皱缩脆化、断裂卷曲、分解炭化等一系列物理和化学变化，其过程可分为焦化阶段、炭化阶段和灰化阶段。

（一）焦化阶段

纸张在温度达150-200℃时开始干燥、变黄、起皱、边缘翘起甚至卷曲；温度升到200-250℃时，颜色转为深褐色，面积缩小，卷曲加重。

（二）炭化阶段

温度到250-300℃时，纸张中的有机成分开始完全分解燃烧，炭化并断裂；温度在300-350℃时，纸张开始变为灰黑色。

（三）灰化阶段

温度在350℃以上时，纸张烧成灰白色，往往变为缩成一团的灰烬。

上述三个燃烧阶段，前两个阶段的文书一般可以被整复并辨识，而灰化后的文书往往不再具备检验鉴定条件。

二、烧毁文书整复的要素

烧毁文书是否具备鉴定的条件，还取决于纸张中胶料、填料和色料的添加程度等要素。

（一）胶料

施胶是为了增加纸张的光滑度和挺括度，控制书写时有适当的色料洇散度和增强适印性能，常见的胶料有松香、骨胶、硅酸钠、羧甲基纤维素、聚乙烯醇等，可根据需要在纸张表面或纸浆内施胶。大多胶料比纤维更耐燃烧，所以施胶程度越高的纸张燃烧后越容易保持纸灰的完整，容易整复；反之，施胶少或不施胶的纸张燃烧后易断裂破碎，不易整复。

（二）填料

填料是为提高纸张抗水适印性能，减少原料消耗而降低成本。在造纸时添加的常用填料为各种无机物，耐燃烧，如滑石粉、高岭土、碳酸钙、石膏、重晶石等。纸张燃烧后，这些物质仍留存在纸灰中支撑着纸灰的完整性。填料多，则纸灰易保持完整，易整复；填料少，则纸灰易碎裂，不易整复。

（三）色料

色料是书写或印刷所用的着色剂的总称，种类繁多，成分复杂，在燃烧过程中也随纸张一起炭化，这种变化的程度决定着经整复的文书是否能够辨读。

1. 铅笔色料

常用铅笔笔芯主要成分是石墨、高岭土和辅料。石墨和高岭土均属耐燃物质，随纸张燃烧后，铅笔字迹不易消失，易于辨读。

2. 圆珠笔油

市场上常见圆珠笔油墨多为醇基型油墨，主要成分为染料或颜料约占30%、苯甲醇30%、醇酸树脂36%、三乙醇胺4%。蓝色圆珠笔油墨中含有少量含铜的酞菁蓝颜料，其余均为有机溶剂。红色、黑色和其他颜色的圆珠笔油中多为有机染料和有机溶剂。随着纸张的充分燃烧，溶剂、染料和颜料等有机物随之分解，几乎没有残留成分，原文字较难显示。所以圆珠笔书写的字迹，只有在纸张不充分燃烧的情况下才有可能辨读。

3. 墨水

根据墨水主要成分的不同，可以分为有机墨水和无机墨水。常见有机墨水有纯蓝墨水和各种彩绘墨水，有机墨水因染料和颜料随纸张的燃烧而分解，一般不易辨读原文字。常见无机墨水有蓝黑墨水（鞣酸铁墨水）、碳素墨水和墨汁。碳素墨水和墨汁中的主要成分炭黑虽为无机物，但因其燃烧产物为气体，所以也不易辨读原文字。蓝黑墨水因其主要成分中含铁离子，燃烧产物仍会留存在纸灰中，采用红外线检验法一般可显现原文字。

4. 其他色料

其他色料还有很多，如印刷油墨、打印复印墨粉、印章印油、复写纸色料等，均可按其主要成分是否含有无机盐进行分类。含有无机盐的色料，在燃烧后相对容易显现原文字，不含无机盐的色料，在燃烧后一般难以显现原文字。

实践中，从显现效果来看，印刷油墨、打印复印墨粉字迹清晰，一般不需要显示就可以从纸灰上辨读出原文字；墨汁、石墨铅笔、碳素墨水书写的字迹随纸张燃烧后，与纸灰也有一定的色差，可以辨读原文，显示也较容易；印泥印迹、蓝黑墨水、复写纸字迹一般在纸灰上不易直接辨读，需要一定的方法进行显现；而圆珠笔油墨、纯蓝墨水、各色彩色墨水、签字笔墨水字迹和有机印油印迹，一般难以显现及辨读。

从烧毁文书的整复难度上看，主要取决于纸张填料、施胶的多少，其次取决于焦化或炭化的程度，而与纸张的厚薄并无太大关联。填料多、施胶度高的书写纸、打印纸，因纸灰中有无机物支撑而容易保持完整，较易整复。

三、烧毁文书的提取

（一）熄灭火焰

在现场发现正在燃烧的文书，应立即熄灭其火焰，原则上要采取窒息法，尽可能保持文书的完整性。窒息法即用盆或桶等密闭容器罩住燃烧的文书，使其隔绝空气而熄灭。在不引发火灾情况下绝不可采取水浇、扑打、灭火器喷射等方法。

（二）提取纸灰

文书燃烧炭化后易碎，要注意控制现场空气流动，避免近距离内的人员走动。提取人首先应进行拍照，然后再进行原物提取，提取时不能直接用手或镊子等夹取，应轻轻扇动或用静电吸附法转移到纸灰旁的平板上。为防止纸灰进一步碎裂，可马上用10%的甘油水溶液或少许清水喷雾加湿，或用发胶向纸灰上方喷雾，使细雾均匀散落在纸灰表面，增加纸灰的柔韧性。初步固定后，应采用内部有松软衬垫的盒状容器进行包装，最好根据纸灰大小用干净柔软的纸巾在容器内形成一个凹坑，将纸灰移放至凹坑内使其左右相对固定。容器密封后，应在外部标明上下位置，运送时切勿颠倒、振动。

对于重叠在一起的多张烧毁文书，要保持原状提取，不能强制剥离，以免造成纸灰进一步损坏，可在实验室条件下设法处理。

对已完全灰化且碎裂的烧毁文书，若无法完整提取，也应先进行全方位拍照，再视条件和工作要求，用大幅面透明胶纸粘取，贴到适当的衬纸上保存。

四、烧毁文书的鉴定

烧毁文书的鉴定重点是将文书的原文字内容进行显现及固定，一般是把拍照法和直观观察法、仪器观察法、高温灰化法和化学显现法等方法结合起来进行检验鉴定。

（一）直观观察法

墨汁、碳素墨水、印刷油墨、石墨铅笔、打印复印墨粉等色料，因与纸张的耐燃情况不同，化学变化不同，在燃烧后与纸灰出现颜色差异，往往可以通过直观方法直接辨读原文字内容。操作时，利用可见光光源，选取适当的角度、强度和波段，寻找最佳辨读条件并及时拍照。

（二）仪器观察法

利用文检仪、红外检验仪等设备对纸灰进行透射吸收检验，如果文书烧毁前的原文字是由不能透过红外线的物质书写，如墨汁、碳素墨水、印刷油墨、石墨铅笔、打印复印墨粉等色料，其燃烧产物一般仍不能透过红外线，从而与纸灰的其他部位产生反差。

（三）高温灰化法

纸张在炭化阶段，因颜色较深，与某些色料的色差较小，当纸张进一步燃烧至灰化阶段后，纸灰由黑色变为白色，与色料的色差加大，从而使原文字内容得以显现。高温灰化法要使用可高温电炉（马弗炉）、普通电炉或酒精喷灯等设备加热。操作时，应先把纸灰在玻璃板上软化展平，然后在纸灰四周摆放若干大头针，再覆盖同样大小的玻璃板。玻璃板起承载并固定纸灰的作用，大头针则保证了两块玻璃板之间既能夹住纸灰，又有空气可以进入支持燃烧。将玻璃板边缓慢加热升温边观察，一般温度升到350-400℃即可显现原文字内容。

（四）化学显现法

主要是利用一些化学试剂使纸灰进一步氧化，使其颜色变浅从而突出文字色料的颜色，或与纸灰中的文字色料物质发生显色反应，增加纸灰与文字的反差而使原文字得以辨读。该方法适用于碳素墨水、墨汁和蓝黑墨水书写的烧毁文书。

所需试剂：5%-20%硫酸（按纸张厚度酌情配制，纸张越厚浓度越高）、5%高锰酸钾、亚铁氰化钾饱和溶液、20%盐酸。

操作时，先将已单面成膜固定或软化展平的纸灰放在玻璃板上，再稍倾斜置于搪瓷托盘或浅塑料盘中然后用滴管吸取硫酸溶液从纸灰上端由左至右滴加，使溶液自然遍布纸灰，再同样滴加高锰酸钾溶液直到纸灰呈红褐色。接着再用上述方法滴加亚铁氰化钾溶液和盐酸溶液，到纸灰转为褐色或蓝绿色使文字显现。若文字仍未显现，可反复依次滴加高锰酸钾溶液、亚铁氰化钾溶液和盐酸，直到文字再现。文字显现后应立即拍照，再用清水轻轻地冲洗去除纸灰上的残留试剂，晾干后固定保存。

第三节　浸湿粘连文书鉴定

文书因保存不当或人为因素被水、血液或其他液体浸润而发生粘连，为辨读文书内容，需对浸湿粘连的文书进行整复及检验鉴定。其过程可分为提取、整复和检验。

一、浸湿粘连文书的提取

对水中漂浮的文书，可用平直的塑料板（或玻璃板）缓缓插入文书下方，让文书一端先附于板上，再顺势边摊平纸张边将板子抽出水面，注意这一过程要慢、稳，使纸张平整地附在板上，避免出现皱折。如果文书纸张在水中呈团状，可以先尝试在捞出前进行展开，不易展开的不要强制展开，也可直接捞取后在实验室环境下展开。

因浸湿文书的液体情况比较复杂，存在卫生、腐蚀或毒性隐患，操作人员应充分注意个人保护，须佩戴胶皮手套或用镊子操作。

二、浸湿粘连文书的整复

（一）分离

根据文书纸张被浸润、粘连情况和纸张柔韧性，可选择不同的方法进行分离。

对柔韧性较好的粘连文书，可直接用手或利用工具分离；如果多页且柔韧性差的浸泡文书，可置于清水盆中，利用水的张力将各页分离，用纱网状物品在水中将其逐页隔开，捞出后晾干；对于已干燥的折叠或揉搓成团的文书，也要重新置于清水中将其展开，再用插板法或纱网隔离法将其捞出晾干。

对于污染严重的文书，应遵循先拍照、后提取生物检材和微量检材、再清洗去污整复的流程操作，以免在本专业处理过程中破坏了 DNA 和化验等其他专业的鉴定条件。

（二）干燥

浸湿文书的干燥应采用自然阴干法，切勿曝晒、烧烤，以免纸张变形起皱及墨迹褪色。对被分离展开的浸湿文书，单页的可用吸水性较强的滤纸将文件上多余水份吸干，然后置于通风处自然阴干；对于成册的文书，应在分离后将每页之间换成干净的滤纸或白纸隔离，然后夹住装订部位吊起晾干。

（三）施胶

纸张经浸泡或受潮后，原有施胶层被破坏，纸张纤维的结合力减弱，纸质变得疏松，需要重新施胶固定。施胶一般有两种方法：一是用稀释的聚乙烯醇溶液或动物胶溶液均匀涂抹在展开的纸面上再晾干；二是在展开的文书纸张上涂抹明胶——甘油溶液晾干，溶液配方为：明胶 100g、甘油 60ml、10%乙萘酚酒精溶液 25ml、中和皂 4g、水 2800ml。

三、浸湿粘连文书的检验

文书经浸湿或污染后，部分内容会出现褪色、洇散等现象，成为不易辨识内容，实践中一般采用可见光拍照法、紫外荣耀显现法、红外拍照法和化学显现法进行检验。

（一）可见光拍照法

多数浸湿文书的内容仍可辨读，但需要加强反差。此类文书即可利用加强反差拍照法、分色拍照法、图像处理法等方法进行优化处理。

（二）紫外荧光显现法

文书内容被浸湿模糊后，其文字色料中的荧光物质仍可被紫外线激发出荧光，可参照消退文字的显现方法进行紫外荧光检验。

（三）红外拍照法

文书内容被浸湿模糊后，其文字色料中的红外线透过率仍可能不变，可利用文检仪或红外检测仪进行辨读及拍照。

（四）化学显现法

对含铁离子的蓝黑墨水书写的字迹，可利用与铁离子起显色反应的化学试剂显色，从而显现并辨读出原文字。效果较好的有硫氰酸熏蒸法和氨水熏蒸法。操作时，先在烧杯中放入 20ml 蒸馏水，然后将 5g 硫氰酸钾溶于蒸馏水中，再滴入少许浓硫酸，便立即生成刺激性的硫氰酸气体，此时将待检文书置于烧杯口，即可使褪色字迹显出。氨水熏蒸的方法与此类似，倒入烧杯后不必加入其他试剂直接熏蒸即可。

第四节　不易见文字鉴定

被擦刮、消退、涂抹掩盖的文字，及文字压痕和隐形墨水书写的文字均属于不易见文字，擦刮、消退和涂抹掩盖文字有人为破坏的因素，其检验方法本书已在污损文书鉴定章节论述，本节重点讨论文字压痕和隐形墨水书写文字的显现。

一、文字压痕的显现

（一）文字压痕的形成机理

在书写过程中，硬质书写工具（如铅笔、钢笔、圆珠笔、签字笔等）在书写人的支配下，对纸面施加压力，纸张纤维在外力作用下，其结构发生应力性改变，不仅会在直接接触的页面上表现出有色的正凹背凸的立体压痕，还会在衬垫页面留下无色的立体压痕，其清晰度与纸张厚度呈负相关，与作用力大小呈正相关。

因为文字压痕是无色的，所以往往会被书写人忽略，但它经过处理后仍然可以辨读，同样可以反映书写的内容，所以对查明案件情况有着重要的意义。

（二）文字压痕的显现方法

1. 侧光拍照法

纸张上的压痕在侧光下因反光度的不同而产生阴影，与其他部位形成明暗反差显现出压痕形态。初步检验时可手持纸张朝向光源，变换纸面与入射光的角度，寻找最佳观察效果。一旦发现文字压痕，即可通过侧光拍照法进行固定。侧光拍照应在暗室中进行，以排除其他杂光的干扰。因文字书写的复杂性，拍照操作时可围绕纸张上下左右，从不同方向及不同角度配光，然后通过电脑软件将不同角度的照片进行合成，以更好地加强反差，得出清晰的压痕内容。如果文书需检压痕范围较大，可采用分段照相法，再将各段的照片进行拼接，形成完整的文书检验图片。

2. 静电压痕仪显现法

利用静电成像法显现压痕是现代科学技术应用于司法鉴定领域的一个重要成果。20 世纪 70 年代英国人福斯特首先制成了用静电成像法显现文字压痕的专用设备，我国在 80 年代初引进并研制，定名为静电压痕显现仪并经过多次升级更新。这种设备的最大优点是无损于文书物证，灵敏度高，可多次重复显现，很快成为各鉴定部门的常规设备之一。

（1）静电成像显现文字压痕的原理。该方法的原理是根据纸张有压痕部位的电容 C_1 与无压痕部位的电容 C_2 不同，在同一电场环境中，按相同时间进行充电，则有压痕部位的电荷量与无压痕部位的电荷量会产生不同，便形成了静电潜像，再喷洒反向电荷的有色粉末，便形成颜色反差，使潜像成为明像。

（2）使用静电压痕显现仪的注意事项。静电压痕显现仪能否显现出压痕和显现效果如何，不仅与操作方法有关，还与检材本身理化性质和仪器工作状态有关。静电压痕显现仪是依据有压痕部位和无压痕部位的几何结构、介电性质差别两个因素综合起来所表现的电容量不同而工作的，如果纸张介电性质不均匀，就会影响显现质量，而且纸张的纤维成分、平滑度、施胶量等因素均会对纸张介电性质有影响。聚酯薄膜的均匀性是影响显现效果的另一重要因素。同时，纸张的湿度、正反面、充电电极、充电电压、工作台真空度、墨粉干燥程度等因素均应得到充分考虑。

3. 粉末刷显法

文字压痕在微观形态下是纸面上的凹槽或凸起，使纸面对粉末的附着性能发生改变，参照指纹粉末刷显法，用软毛刷沾取少量刷显指纹的有色粉末或复印机墨粉，在文字压痕部位涂刷，即可显现出文字内容。操作时应注意：一是纸面、毛刷和粉末均应保持干燥，否则会造成粉末大量附着而影响效果；二是单次涂刷量宜少不宜多，单次涂刷效果不佳可多次涂刷；三是粉末宜细不宜粗；四是考虑到粉末对文书的污染，涂刷应首选纸张背面，背面效果不佳再进行下面刷显；五是及时拍照固定，并根据需要用喷气法处理干净纸张粉末。

4. 其他方法

除上述方法外，还有其他方法可以显现文字压痕。例如，硅橡胶显现法，适用于压痕较深，且文件压痕部位还有其他文字或底纹干扰辨读的纸张。还有碘吸附法、有机溶液吸附法、复写纸涂擦法等。

二、隐形墨水书写文字的显现

2008 年左右，市场出现书写后文字自动消退的隐形笔，该笔一开始是以学生学习工具的姿态出现，但迅速被用于考试作弊和其他违法犯罪行为。隐形笔的种类很多，按墨水颜色可分为有色隐形笔和无色隐形笔，按墨水酸碱性可以分为酸性隐形笔和碱性隐形笔，按墨水有机性可分为水溶性隐形笔和油溶性隐形笔。

（一）文字隐形和显色的原理

目前，各种隐形笔的隐形及显色原理均为酸碱指示剂显色原理。酸碱指示剂，或称 pH 指示剂、氢离子浓度指示剂，是用来测试 pH 值的化学试剂。它们本身是弱酸或弱碱，并含有色素，在滴入溶液时色素会与氢离子或氢氧离子结合，转化成相应的酸式或碱式，从而显示不同的色泽。酸碱指示剂既然都是一些有机弱酸或有机弱碱，那么在不同的酸碱性溶液中，它们的电离程度就不同，于是会显示不同的颜色。pH 试纸则是由多种指示剂混合液制成的，通常情况下 pH 试纸就显金黄色，pH≈5，可见在制作时，已将指示剂混合液调至弱酸性，并不是中性，这是为了减弱空气中 CO_2 对测定的影响。

石蕊和酚酞都是酸碱指示剂，它们是一种弱的有机酸。在溶液里，随着溶液酸碱性的变化，指示剂的分子结构发生变化而显示出不同的颜色。石蕊（主要成分用 HL 表示）在水溶液里能发生如下电离：HL 红色，H^+L^- 蓝色。在酸性溶液里，红色的分子是存在的主要形式，溶液显红色；在碱性溶液里，上述电离平衡向右移动，蓝色的离子是存在的主要形式，溶液显蓝色；在中性溶液里，红色的分子和蓝色的酸根离子同时存在，所以溶液显紫色。石蕊能溶于水，且能溶于酒精，变色范围是 pH5.0–8.0。酚酞是一种有机弱酸，它在酸性溶液中，浓度较高时，形成无色分子。但随着溶液中 H^+ 浓度的减小，OH^- 浓度的增大，酚酞结构发生改变，并进一步电离成红色离子，这个转变过程是一个可逆过程，如果溶液中 H^+ 浓度增加，上述平衡向反方向移动，酚酞又变成了无色分子。因此，酚酞在酸性溶液里呈无色，当溶液中 H^+ 浓度降低，浓度升高时呈红色。酚酞的变色范围是 pH8.0-10.0。酚酞的醌式或醌式酸盐，在碱性介质中是很不稳定的，它会慢慢地转化成无色的羧酸盐式，因此做氢氧化钠溶液使酚酞显色实验时，要用氢氧化钠稀溶液，而不能用浓溶液。

（二）隐形文字的显现

1. 紫外荧光显现法

有些无色隐形笔的墨水中专门添加了荧光物质，书写后在正常光下隐形，只有在紫外灯的照射下才能看见。市面上常见隐形笔分为水性和油性两种：水性隐形笔书写文字在紫外光下多显黄色荧光，容易被水洗掉或因稀释而洇散；油性隐形笔书写文字在紫外光照射下多呈蓝色，它突破了水性隐形笔只能书写于纸上的限制，防水，防热，能写于木头、玻璃、塑料等多种地方，留存时间较长。

2. 酸碱显示法

案件中常见隐形笔一般要写出蓝色字迹，即其墨水呈弱碱性，所以其干燥隐形后再用碱性溶液涂抹即可显示出原文字，操作中可选用 NaOH 或 $NaHCO_3$ 的稀溶液进行显现，其浓度可根据检材情况边试用边配制。如果书写文字隐形前为红色或其他颜色，可尝试用 HCl 稀溶液进行显现。

【思考题】

1. 破碎文书如何进行整复？
2. 烧毁文书如何进行提取？
3. 烧毁文书能否整复取决于哪些要素？有哪些常用显现方法？
4. 浸湿粘连文书提取时应注意哪些事项？
5. 浸湿粘连文书如何进行整复？文书的内容如何进行显现？
6. 文字压痕是怎么形成的？如何进行显现？
7. 隐形墨水文字隐形和显色的原理是什么？文字如何显现？

【参考文献】

1. 贾玉文、邹明理主编：《中国刑事科学技术大全　文件检验》，中国人民公安大学出版社 2002 年版。

2. 司法部司法鉴定管理局：《司法鉴定技术规范　文书鉴定通用规范》，SF/Z JD0201001-2010。

第十七章‖ 文书制成时间鉴定

本章概要：本章主要介绍利用化学检验法、物理检验法及系统检验法检验文书的制成时间。其中，物理检验法是本章的重点，系统检验法是本章的难点。

关键词：制成时间　系统检验　人为老化　时段性特征

第一节　文书制成时间鉴定概述

一、文书制成时间鉴定的概念

文书制成时间鉴定是指鉴定人运用化学、物理学以及与文书检验相关的科学技术对可疑文书或可疑文书中某一组成部分是何时制作形成，或是文书中某一组成部分相对于另一组成部分形成时间的先后顺序进行的一种检验判断。

文书制成时间鉴定的方式主要分为两种：一种是仅根据对可疑文书自身的相关检验就得出该文书的制成时间；另一种是将可疑文书与已知时间的真实文书材料进行比较检验，来确定可疑文书与已知时间文书的制成时间关系，进而推断可疑文书的形成时间。

二、文书制成时间鉴定的任务

通常，一份具有法律效力的文书由抬头、内容、落款和日期等要素构成。然而，现实中由于人的文化水平差异、交往习惯等条件的制约，出现了很多不规范的文书，包括没有标注日期或日期标注不明的争诉证据材料。也有犯罪嫌疑人或当事人为了规避某种责任、义务或是获取某种非法、不当的利益而补制文书证据材料，或在已有的真实文书中添改内容，所以在侦查或诉讼过程中就要对这类文书的制成时间或文书中的某一要素的形成时间进行检验，以确定文书是否存在伪造、变造。

（一）对整份文书的制成时间鉴定

一份文书被怀疑在相关事件发生时或在文书的标称日期内根本不存在，如男女双方离婚后，一方的亲戚朋友持有该方书写的《借条》起诉此二人，主张二人在婚姻存续期间所借钱物。或者是标称日期不明，如只标注了月与日却没有标注年份而对文书的制成时间各执一词的，都需要对可疑文书的制成时间进行鉴定，以确定该文书是否属于伪造。

（二）对文书中部分争议内容的形成时间鉴定

如果怀疑一份文书中某一部分与其他部分不是同时形成，则需鉴定该部分是否为事后添加形成，是否为一次性连续制作形成，有时还需要确定添加的时间，以进一步确定变造事实。例如，在借据中添写或添加打印原本没有约定的利息或诉讼管辖地等内容，或者在一份合同中替换关键页，以达到篡改期限、金额等重要事项的目的。

（三）对多份可疑文书是否同一时间形成的鉴定

当对多份标称日期各不相同的文书材料产生怀疑时，一般需要确定若干份文书材料是否为同时间补制伪造形成。

（四）对文书中朱墨时序、文字时序的鉴定

当对可疑文书中印章印文与文字的形成次序或文字间的形成次序产生怀疑、争议时，就要确定文书是先盖印章后形成内容还是先有内容再加盖印章的，或判断相交的书写笔画的叠加次序。

三、文书制成时间鉴定的依据

马克思主义认为世界是物质的，且物质是不断运动变化的，变化是有规律的，规律是可以认识的。一切事物的存在与发展都不可能违背自然界和人类社会物质与时空变化发展的基本规律，文书也不例外。

文书的制作离不开制作文书的人、书写或印制的工具、书写印制材料和当时所处的时空条件。各要素应以一定的顺序和规范来构成一份文书，并且文书的各要素在文书形成后按照一定的自身老化规律而不断发展变化。这种文书要素的有序性、客观性以及可被认识的渐变规律，为我们检验文书的制成时间提供了科学的依据。

（1）任何文书都是在已有的各类物质材料的基础上形成的，这些书写材料的出现具有一定的时间性，文书中绝不会出现未来才出现的书写材料要素，如一张2015年印刷的信笺纸上写着标称日期为2014年的条据，显然文书的形成日期是不真实的。

（2）任何文书的内容都是当时的社会、自然、地理以及书写人的思想等客观现实的反映，随着社会发展相关的人、事、物也会有所改变，同样具有时间性，一份文书中也不会出现若干年后才出现的事物或言词。例如，江苏省吴江市于2012年9月撤市设区，整体并入苏州中心城区，若在一份标称日期为2012年

1月的文书中却出现了“苏州市吴江区”的字样，其真实性也不言自明了。

（3）人的书写技能、书写习惯也会随着时间而出现变化，间隔越长变化越明显，印章在使用过程中会出现磨损、清洗、老化等时段性变化，印制机具在使用过程中会出现故障、维修等情况，这类具有规律性的时段变化都能以特征方式体现在相应的文书上。

（4）文书形成后，组成文书的各类材料也会随着时间的推移而出现表观特征、理化性质的改变，并遵循一定的老化规律，这些都是鉴定文书制成时间的客观依据。

四、文书制成时间鉴定的影响因素

（一）色料种类

文书制成时间的检验一部分是通过对书写、印制色料的老化程度检测来完成的，不同色料的成分或配比是不同的，导致其老化规律也不同，况且有些色料的老化规律迄今还没有被人们真正掌握，根据现有技术条件无法对其进行鉴定。

（二）纸张

纸张是文字内容的重要载体，是最重要的文书物质材料之一。不同种属纸张的纸浆成分、造纸工艺、纤维结构、光泽度、厚度、填料类型与比例、荧光特性等方面均会有所不同，直接影响文书色料与纸张纤维的结合以及色料的老化，所以在运用化学方法进行检测时要求样本的纸张与检材纸张的种类要相同。

（三）保存环境

文书制成时间的检验很多是依靠对文书各要素的老化程度检验来完成的。各类色料、纸张的老化主要是受到温度、湿度、光照等条件的影响，保存环境的不同会使影响色料老化程度的外界条件不同，所以在比对检验中应收集与检材保存条件相同或相近的样本材料。

（四）人为老化与污损

人为老化是指行为人对文书采取日晒、烘烤、浸湿、化学试剂处理、涂污等手段使其在较短时间内迅速“老化”或失去检验条件的造假行为。文书材料的自然老化是一个非常复杂的理化变化过程，人为老化很难在较短的时间内模拟出自然老化的状态，其材料本身并没有发生实质性的老化，问题的关键是如何认定人为老化，从中发现疑点，以及人为老化的具体方法对检验所产生的影响。

（五）比对样本

一般情况下文书制成时间检验，都需要收集比对样本，通常收集到符合条件的比对样本是比较困难的。根据化学检验方法的要求，需收集检材文书标称时间段及怀疑时间段的具有与检材相同或相似纸张、墨水、印油及存储条件的材料作为比对样本。根据历时性变化检验方法的要求，需收集检材文书标称时间段至怀疑时间段内形成的笔迹、印文、印制材料等能够体现出历时性变化规律的材料作为比对样本。

（六）鉴定时机

鉴定时机也是影响文书制成时间鉴定的重要因素，包括标称时间、怀疑时间和检验时间三个重要的时间节点。标称时间与怀疑时间（或实际制成时间）间隔越久，时空条件变化越大，越容易区分；怀疑时间（或实际制成时间）与检验时间间隔越短，文书材料物质的变化越明显，就越容易检验。

（七）鉴定人与鉴定设备

鉴定人的技术能力水平与鉴定机构的仪器设备配置，直接关系到文书时间鉴定的质量。

第二节　常见文书色痕的成分和性质

一、常见书写色痕的成分和性质

书写工具发展至今天，种类繁多，性质各异，其中在文书鉴定中经常遇到的色痕有钢笔墨水、圆珠笔油墨、签字笔墨水等。

（一）钢笔墨水

钢笔墨水按照化学成分可以分为鞣酸铁型墨水、染料型墨水和颜料型墨水。

1. 鞣酸铁型墨水

鞣酸铁型墨水即指蓝黑墨水，其色素由黑色沉淀颜料和作为着色剂的蓝色染料合成，主要成分有鞣酸、没食子酸、亚铁盐（一般为 $FeSO_4 \cdot 7H_2O$）及染料，所以又称鞣酸铁墨水。蓝黑墨水在初写时字痕呈现出染料的蓝色，成分中无色的鞣酸亚铁和没食子酸在空气中逐渐地被氧化成黑色的鞣酸铁和没食子酸铁，字迹色痕变为黑色。

2. 染料型墨水

染料型墨水又称颜色墨水，是以各种颜色的有机染料为着色剂制成，有纯蓝、红、绿、黑、紫等色型，其中以纯蓝墨水最为常见。纯蓝墨水的主要成分有墨水蓝染料（酸性墨水蓝 G、直接湖蓝 5B、碱性艳蓝 B 等）、硫酸、甘油、水等。纯蓝墨水的水溶性好，书写流畅，腐蚀性低，色彩艳丽，但是字痕遇水或酒精的浸润会产生扩散，对酸、碱的抵抗能力差，染料的发色团受光照影响较大，发色团的缔合分子易解聚，而导致字迹褪色。

3. 颜料型墨水

常见的颜料型墨水是碳素墨水，主要色料是炭黑，炭黑是有机物不完全燃烧或裂解的产物，主要成分是碳，还有表面活性剂、保护胶体（如虫胶、明胶）、黏合剂（聚乙烯醇、甲基硅油、甘油）、防腐剂（石灰酸、福尔马林）等。碳素墨水的化学稳定性极强，色泽浓黑，着色能力和遮盖能力都很高，同时还具有耐水、耐晒、耐化学试剂的性能，是办公、学习，特别是档案资料的首选墨水。

(二) 圆珠笔油墨

从理论上讲，凡是利用笔尖球珠滚动而带出墨水，从而实现书写的工具都应成为“圆珠笔”。根据墨水种类、特性的不同，又可将圆珠笔分为油性圆珠笔、水性圆珠笔、中性圆珠笔及可擦型圆珠笔。现在人们习惯将油性圆珠笔以外的圆珠笔称为签字笔，其实现在对签字笔并没有准确的定义，界定也较模糊，这类笔的墨水特性与油性圆珠笔墨水差异较大，此处所指圆珠笔为油性圆珠笔。

常见的油性圆珠笔油墨有蓝色、黑色、红色和其他颜色，在正式文件中可见的多为蓝色和黑色。圆珠笔油墨是一种由染料、树脂和溶剂制成的黏稠性油质液体，因此称之为油墨。其中，作为着色剂的染料主要有三芳甲烷类碱性染料和铜酞菁染料等，目前使用较多的树脂主要有醇酸树脂和环氧树脂，溶剂则以二元醇和芳香醇为主，另外还有 pH 调节剂、防腐剂等辅料。不同圆珠笔生产厂家生产的油墨成分以及配比也会有所不同。圆珠笔书写流利，可以用于运笔力度较大的书写，如复写纸联的书写，而不会像钢笔那样容易损伤笔尖。

(三) 签字笔墨水

按照 QB/T 3651.2-1999《圆珠笔名词术语》中对圆珠笔的定义“利用球珠滚动带出书写介质形成字迹的书写工具统称为圆珠笔”，具有球珠结构的笔都应称为圆珠笔。然而人们习惯将笔尖具有球珠结构，不同于传统油性圆珠笔的黑色墨水笔及纤维笔尖墨水笔统称为签字笔。但事实上“签字笔”的概念并没有得到国家或行业的认可，是一个比较笼统和模糊的叫法，也没有严格的定义，较为混乱，指代也不明确，所以广义上讲能够签字的笔都可以称之为“签字笔”。通常人们所说的签字笔主要指代的是水性圆珠笔和中性圆珠笔。

1. 水性圆珠笔墨水

水性圆珠笔墨水是以水和醇类为主要溶剂的墨水，是黏性最低的一种圆珠笔墨水。此类墨水的生产研制在日本等国家发展较快，国内市场上出现的多是进口产品，其成分配比也曾作为商业秘密不予公开。通常黑色墨水的组成成分有炭黑或直接黑、黄原胶、甘油、乙二醇、甲苯酸钠、水、WA color BI 1103、WA color BI 1104（一种颜料分散体的商品名）。水性圆珠笔墨水的耐光性和耐水性较差，色痕遇水或乙醇易溶解洇散。

2. 中性圆珠笔墨水

中性圆珠笔使用中黏度凝胶状颜料型墨水，是利用了胶体、表面活性、高分子化学等原理的高科技产品。黑色中性笔的主要成分有：直接耐晒黑、炭黑、葡萄糖、苯甲酸钠、甘油、二甲基甲酰胺、氢氧化钾、十二烷基苯磺酸钠、水等。不同厂家生产的不同品牌不同型号的墨水笔，墨水成分及配比也是存在较大差异的。

（四）可擦性圆珠笔油墨

所谓“可擦”是指墨迹在一定时间内可以利用普通橡皮或专用橡皮擦除，不同配方或不同工艺制成的墨水性能不同，擦除原理也存在差异。可擦性圆珠笔油墨制作工艺复杂，一般是利用颜料、弱极性和无极性树脂、助剂等原材料，形成可擦空间网络骨架而制成。

二、常见打印色痕的成分和性质

（一）激光打印墨粉

激光打印墨粉为干粉颗粒，通过热压作用粘附于纸张表面，因其主要成分为炭黑，所以具有极强的化学稳定性，耐光、耐热、耐酸碱、耐氧化、不溶于水。其组成成分通常为炭黑、Fe_3O_4磁粉晶体、酚醛树脂、聚丙烯石蜡等。

（二）喷墨打印墨水

喷墨打印墨水的分类比较复杂，最常见的分类是从物理形态上将墨水分为液态墨水和固态墨水。其中用途最广的是液态墨水，液态墨水又可以根据液态介质的不同分为水基型墨水和溶剂型墨水。办公用喷墨打印墨水一般含有脱去无机盐和有机杂质的水溶性纯染料、水溶性溶剂（多元醇、多元醇单醚、尿素等）、杀菌剂、表面活性助剂、络合剂等。溶剂型喷墨墨水主要用于户外广告、海报、灯箱等领域。

（三）针式打印墨水

针式打印墨水储存于色带之中，色带是针式打印机的主要部件，它由以尼龙丝为原料编织而成的，均匀严密，弹性好、经久耐用。墨水的组成通常为油溶黑、苯胺黑、炭黑、甘油、蜡、油酸、树脂、苯酚和其他助剂，化学稳定性高。由于墨水中含有甘油等油剂，属不干油，不易挥发，易产生洇散、转印。

三、常见印泥印油的成分和性质

（一）印泥的成分和性质

印泥的出现远远早于印油，传统印泥是由朱砂（硫化汞）、油剂、艾绒三种主要原料制成。现代工艺制作的印泥主要成分有硫化汞、大红粉、涂料黄、白艳华、重晶石粉、蓖麻油或氯化石蜡油、艾绒或木棉、苯酚等，具有化学成分稳定，耐水、耐光、耐热、耐酸碱等特性。

（二）印油的成分和性质

印油一般由色料、溶剂、树脂和助剂组成，其中起主导作用的是色料和溶剂。色料又可分为颜料和染料两种，溶剂可根据不同的工艺要求而选用油脂、醇类、烃类、水等。

1. 按印油色料分类

(1) 颜料型印油。颜料是用来着色的粉末状物质，在水、油脂、树脂、有机溶剂等介质中不溶解，但能均匀地在这些介质中分散并使介质着色，而且具有一定的遮盖力，是一种物理固着。颜料型印油就是将合适的颜料经研磨精制后与其他物质材料搭配，再利用溶剂调制而成。

(2) 染料型印油。染料是指能够使纤维或其他材料基质坚固地染上颜色的化合物，大多可溶于水，是一种化学结合。染料型印油是将合适的染料溶解于相应的溶剂之中，与其他物质原料配比调制而成。这类印油因耐候性差，容易导致印文印油洇散，遮盖力弱。

2. 按印油溶剂分类

(1) 油型印油。是以植物油、矿物油、脂类或烃类为溶剂制作的印油，油脂与颜料、树脂和其他填料易于结合，制作工艺简单，耐候性较好。但普遍存在纸张上印文印油油脂洇散，干燥慢等缺点。原子印章在使用这类印油时会出现出油量不易控制、印迹轮廓不清等现象。油脂会与激光打印（复印）墨粉、复写色料、无碳复写纸起反应，发生性状变化。

(2) 醇型印油。主要溶剂是单元醇或多元醇。其中利用单元醇来制作快干型印油，一般选用乙醇、异丙醇、丁醇等低沸点醇作为溶剂。以丙二醇、丙三醇、丁二醇、聚乙二醇等沸点较高的多元醇为溶剂制作的印油干速偏慢。

(3) 水型印油。顾名思义是以水为主要溶剂的印油，因水的挥发速度快，所以水型印油印文干涸得也快些，同时水的极性较强，印油印迹在干涸过程中易使纸张褶皱变形。水的成本较低，且无毒、无污染，适合对环保或控毒要求较高的领域。

第三节　文书制成时间鉴定的化学检验方法

文书制成时间鉴定的方法主要有化学检验法和物理检验法，化学检验法是根据文书各组成要素的化学特性（如物质的挥发性、氧化性、还原性、络合性等）随时间的变化规律，利用化学分析或仪器检测等方法和手段，对文书的制作过程、顺序和形成时间进行检验的技术方法。

一、薄层色谱法

薄层色谱法（TLC），又称平板色谱法，是一种吸附薄层色谱分离法，属液相色谱范畴，它利用各物质成分对同一吸附剂吸附能力的不同，使在流动相（溶剂）流过固定相（吸附剂）的过程中，连续地产生吸附、解吸附、再吸附、再解吸附，从而达到各成分的互相分离。测定色痕中相关染料成分的异同以及相对含量的变化，是一种可以快速分离和定性分析少量物质的重要方法，也可以运用到文书制成时间检验方面。

首先在检材和样本上割取一定量的色痕笔画，根据不同色痕的类型选用适当的溶剂对色痕中的色料进行萃取。然后用毛细管把提取液点在薄层板上，样点挥干后放入层析缸，用最佳的展开剂展开，使各种染料斑点尽可能分离开，将薄层板阴干后再通过薄层扫描仪在一定条件下测出各斑点的吸收峰面积值，通过比较检材和样本相应斑点吸收峰的峰面积比值大小，来判断检材的形成时间。

薄层色谱法可适用于颜色、种属特征相近的油性圆珠笔墨水、纯蓝墨水、蓝黑墨水、印油、含染料的碳素墨水的检验。

二、强弱溶剂溶解提取法

强弱溶剂溶解提取法也称双溶剂提取法，是分别采用弱溶剂和强溶剂对文书色痕进行两次溶解提取，文书色痕的形成时间不同其在某些有机溶液中的溶解性能也不同，形成时间越短的色料越容易被溶解，形成时间越久的色料越不容易被溶解。双溶剂提取法选择合适的弱、强两种试剂对色痕分别溶解，通过提取率的大小判断色料的形成时间。

用取样器分别在检材和样本中提取粗细、浓度一致的同种色痕，各取 2 至 3 组，每组取用 8 至 10 个等大的色痕分别放入小试管中。用进样器分别抽取适当的弱溶剂注入小试管内振动溶解 1 分钟，将提取的溶液分别点在薄层板上。再选取同样的色痕利用适合的强溶剂进行上述相同的溶解，并将溶解液点在薄层板上。将干燥后的薄层板通过薄层扫描仪对各样点逐点扫描，测出弱溶剂溶解点的吸收峰面积 S_1，和强溶剂溶解点的吸收峰面积 S_2，分别对同组两个样点的吸收峰面积取平均值计算提取率 M。

$$M = [S_1 / (S_1 + S_2)] \times 100\%$$

再分别对检材和样本各组的提取率计算平均值，通过比较检材和样本色料的容积率大小判断色痕的相对时间。正常情况下，色料形成时间越短，溶解的百分率越高，色料形成时间越久，溶解的百分率越低。

三、多次测定法

文书色料形成在纸张上，有一个逐渐干燥老化的变化过程。在一定的时段内，其变化由快而慢，直至最终趋于稳定。这个变化过程是有一定的规律性的，这个时间段一般在一个月至八个月。这个变化过程是通过色料的溶解速率来检测的，形成时间越短色痕的起溶时间越短，相反，色痕起溶时间越长则形成时间越久。如果检材文件的色料在检验期间内起溶时间仍在发生明显变化，那么该文件的制成时间一定是在这个期间以内。通过检验文件色料在检验期间内是否还在发生变化，来判定该文件是否为近期制作形成。

多次测定法的适用对象有圆珠笔、普通复写纸、色带打印机、喷墨打印机、蓝黑墨水、纯蓝墨水等可溶性有机类书写打印色料形成的字痕。

在受理案件后的尽早时间，取下部分检材，使用溶解法对所取检材进行起溶时间测定，获得第一次测定数据，其余部分检材经自然放置或老化处理待用。一段时间后在余下检材中取下部分检材，使用与前述同样的检验条件和方法，对所取检材进行测定，获得第二次测定数据。如果需要进行第三次、第四次测定，其余部分检材继续经自然放置或老化处理待用。

比较第一次测定数据和第二次测定数据，若有差异，则可得出检材是近期制成的结果意见。若无差异，则可能的情况有三种：第一，前次和后次测定之后，检材自然放置时间太短或老化处理不够，需重新检验；第二，检材确实并非制成于近期，不能得出关于检材是近期制成时间的判断意见；第三，检材送检之前经过了非自然的放置或老化处理，也不能得出关于检材是近期制成的判断意见。由于未检出数据变化有第二和第三两种情况，即检材既可能是非近期制成，也可能是近期制成，因此当未检出数据有变化时，不能说明检材是非近期制成，故不能得出鉴定意见。只有检出数据有变化时，才能得出检材是近期制成的鉴定意见。

第四节　文书制成时间鉴定的物理检验方法

文书制成时间鉴定的物理检验法是根据文书各组成要素的物理特性（如物质的规格、形态、分布状态等）随时间的变化规律，利用物理检验方法和手段，对文书的制作过程、顺序和形成时间进行检验的技术方法。

一、拉曼光谱法

拉曼光谱是一种散射光谱。拉曼光谱分析法是基于印度科学家 C. V. 拉曼（Raman）所发现的拉曼散射效应，对与入射光频率不同的散射光谱进行分析以得到分子振动、转动等方面的信息，并应用于分子结构研究的一种分析方法。

拉曼光谱能反映出被测样品的结构信息，如果两个样品的拉曼位移峰数目、峰位置相同，荧光背景无明显差异，则两个样品的拉曼光谱一致。又因为拉曼位移峰的强弱与样品成分含量呈正比，所以拉曼位移峰的强弱能够比较出两个样品中某成分含量的多少。文书色痕暴露在空气中会受到温度、光线、湿度等复杂环境的影响，某些成分发生挥发、分解、氧化、聚合以及向纸张纤维的深层渗透等物理化学变化，从而使色痕中各物质成分及含量发生改变，高灵敏性的拉曼光谱能够检测出这些随时间而发生的变化。

激光显微拉曼光谱仪通常配备有紫外激光器（一般波长范围 244-364nm）、蓝绿激光器（一般波长范围 405-592nm）、红色激光器（一般波长范围 628-830nm），可根据被测物质的特性择优选用激光器。

二、溶压转印法

溶压转印法是一种对色痕溶解后进行色料转印的过程，是通过在相同溶解条件下比较色料转印量的多少来判断溶解转印能力，以此判断色痕形成时间的方法。

首先用刀片分别在检材和样本上割取粗细、浓度一致的单字或部分笔画，放在一张复印纸上待检。用镊子夹取一块事先准备好的大小适中的复写纸作为转印色料的载体，浸入到合适的溶液中（一般使用50%的乙醇溶液），饱和吸附。然后用镊子取出，用滤纸吸附掉多余的溶剂，呈一定的潮湿状态，并使承印纸张中的溶剂均匀分布。将浸润的承印纸覆盖于待检笔画之上，再将被衬垫纸和承印纸包夹的笔画一起放入压力机的压片中，施加一定的压力并保持一定的时间后取出。观察比较检材和样本被转印的笔画色料量的多少，形成时间越长则色痕越难被溶解转印，形成时间越短则色痕就越容易被溶解转印。若检材笔画色料比样本笔画色料转印得多，那么就说明检材笔迹形成于样本笔迹之后，反之，则检材笔迹形成于样本字迹之前。

该方法操作简单，对水溶性和油溶性的色料均适用，但由于该方法是依靠目测来分辨转印量的多少而进行定性判断的，所以要求检材和样本的可检性要好，对于检材是半年内书写的，而且可疑时间与标称时间间隔较远的文书材料可以作出有效判断。

三、多次测定法检验油质印文、手印的形成时间

目前印油的种类繁多，按印油溶剂类型可大致分为油型印油、醇型印油和水性印油等。其中油型印油是以植物油、矿物油、脂类或烃类为溶剂制作的印油，油脂与颜料、树脂和其他填料易于结合，制作工艺简单，耐候性较好。这类印油中的油质不易挥发，当印油盖印在纸张上油脂就会不断对纸张浸润，大分子的色料留在纸张表面，而较小分子的油脂在表面张力的作用下向四周渗散而形成油痕，并随着时间的推移油痕范围逐渐扩大。由于盖印的印油总量一定，所以随着印油渗散面积的增大，油层逐渐变薄，扩散的速度也由快变慢。当表面张力减小到与油质分子间的相互吸引力平衡时，油痕的扩散距离达到最大值并停止渗散。根据印油种类、纸张等因素不同，各种印油会在一定时间内达到渗散的最大值，一般为夏季 3 个月、其余季节 8 个月，不论何种印油均会达到渗散的最大值。在不同时段内通过多次测量印文油痕的扩散距离来确定印文的形成时间。

在案件受理的第一时间测出油痕的渗散距离 S_1 并做标记，放置一段时间让其继续渗散，第二次在标记点位置测出渗散距离 S_2，比较 S_1 和 S_2 来推断印文的形成时间。如果 S_1 和 S_2 数值有明显差异，则检材印文是近期盖印；如果没有发现明显差异，则不能判定检材印文的盖印时间。

本方法的优点在于无损检验，并且不使用任何样本，这样也就避免了因样本适当性而导致的误差。其缺点在于检验的范围有限，只能解决近期形成的油性印文、手印的形成时间。

四、历时性变化特征法

历时性变化特征是指文书中各组成要素在制作、使用、保存等过程中形成的，能够客观反映文书中某一要素或某几个要素随时间的变化而出现的一种具有规律性的形态变化特征的总称。历时性变化特征是判断文书形成过程、形成时间的重要依据，根据特征的性质又可分为同时段特征和阶段性特征。

同时段特征是指在两份或两份以上文书中能够客观反映出的某类要素具有的高度吻合的时空条件特征。同时段特征是判断各文书中某类要素是否一次、同批、同时、相近形成的重要依据。阶段性特征是指文书中各组成要素在制作、使用、保存等过程中形成的，能够客观、规律地反映出文书中某一要素或某几个要素随时间的变化而出现的具有不同时空条件的特征。将检材与能够反映阶段性变化的样本进行比较，来确定检材某类要素与样本中某一时段的要素具有同时段性，进而确定检材的形成时间。

（一）根据印文的同时段特征判断印文的形成时间

印文的同时段特征主要指印章在连续盖印或间隔时间较短的情况下盖印，在印文上所反映出的极具共性的可变性印文特征。印章在连续盖印时印面上的可变性特征通常会表现出高度的一致，具有相对的稳定性。此外，在连续盖印形成的印文中所表现出的盖印动作方式、盖印位置、衬垫物、持印角度等也保持一致。当然，要认定印文是一次性连续盖印形成的，需要在诸多主客观条件相对固定的情况下才能进行。

第一，印迹色料的一致性是认定一次性连续盖印印文的先决条件。主要从印油（泥）的种属、颜色、成分配比以及与纸张纤维的结合形态、油渍洇散等方面进行判断。对于蘸印印章（回墨印章除外）而言，盖印的方式有多样，采取一次蘸取印油进行多次盖印的，印迹因纸张对印油色料的转印、吸附作用而呈现出明显的由浓变淡的变化趋势，采取这种盖印方式所盖印文数量有限，但印文中各类特征尤其是可变特征的吻合度很高，也最容易认定为一次性连续盖印。还有采取蘸印一次盖印一次的方式，所盖印文色料浓淡相当，在连续的蘸印盖印过程中可能会造成附着物形态的细微变化。光敏印章是章墨一体印章，印文盖印效果受储墨垫存储的印油量和盖印力度的影响很大。若第一枚印文在盖印时力度较大，停顿时间长，或是盖印的频率较高时，连续盖印的印文就容易出现因印油下渗滞后而导致的印迹浅淡现象。

第二，印章印面在使用和保存过程中容易粘附细小的纤维、毛发、尘埃等杂质，并在盖印时产生相应的印迹特征，这些附着物一般持续的时间不会太长，具有相对的稳定性，会随着印章蘸取印油、盖印等动作而在纸面和印台之间发生混杂和转移。连续盖印所用时间较短，盖印动作的重复性高，时段性特征会反映出高度的一致性。

第三，盖印位置。在实践中发现，连续盖印的文件多是同类材料或是具有很强关联性的文件材料。在这种情况下，由于动作的连贯性而反映出盖印习惯的稳定性，主要表现在印文在纸张中的位置以及印文与格线、签字、落款等其他文件组成部分的相对位置关系，特别是对印文盖印位置无特定要求的文件，而又与其他时期盖印习惯有所不同的，其利用价值更高。

第四，持印角度。无论何种类型的印章都会涉及盖印角度问题，当手掌、手指把握印章的位置相对固定，蘸印、盖印时腕、肘的动作幅度、方向大致相同，就基本确定了盖印印文的角度在一定幅度内保持一致。

第五，盖印动作。在盖印时印章印面与纸张接触的方式有两种，一种是两个平面以平行的状态相接触，印章的各部位同时完成捺印；另一种是印章边框的某一部位先接触纸张，再由这一接触点向印章中心方向碾压来完成盖印。其中回墨印章受印章壳体的制约多是以第一种方式完成捺印，其他类型的印章因人为的手动盖印而无法实现印章印面与纸面的完全平行，这样就会因着力不均衡而形成着印点、重压区、轻压区等能够反映出盖印动作的特征，这些特征在连续盖印的印文中表现基本相同。

最后还有其他佐证特征可综合利用，无论是连续性盖印制作的多份文件还是一次性补制（伪造）的多份文件，多是同类材料或是具有很强关联性的文件材料。这就要求检验人员高度重视除印文本身以外的其他文件构成要素的检验。例如，纸张、印刷特征、笔迹、朱墨时序等都是认定是否同时形成的重要佐证特征。

（二）根据印文的阶段性变化特征判断印文的形成时间

印文的阶段性特征主要是指印章通过印泥（油）等盖印介质所表现出来的，能够反映出印章在不同使用阶段因自身或蘸印等原因而产生的可变性印迹特征，是确定印文形成时间的重要依据与方法。这类变化特征的表现是多方面的，有印章磨损老化而导致的真实性印迹特征，也有印面附着物形成的附带特征，还有光敏印章因使用不适当的印油而产生的洇散渗透等变化特征。

只有样本印文的特征反映明显、表现充分，可变性特征具有明显的规律性，才能用来确定检材印文的形成时间。这种方法不受盖印时间长短的限制，也不受纸张、印油、保存条件以及人为老化等因素的影响，是一种可信度极高的无损检验方法。

1. 印章磨损特征

印章在长期的使用过程中在外力的作用下与承印载体接触、摩擦，以及在保存和使用过程中发生的磕碰等都可能在印章印面上产生相应的痕迹，在印文中就会体现出这些永久性无法修复的印迹特征。随着印章的使用还会产生新的痕迹特征，不同时段盖印的印文可以反映出具有规律性的印迹特征变化，其变化具有不可逆性。此外，印章持有者于不同时期在印面上制作的暗记特征也具有时段性，具有极高的利用价值。

2. 印文规格特征

世界上所有的事物都是处于不断变化发展过程之中的，没有一种事物是绝对的、永恒不变的，印章也不例外。不仅印面会发生磨损变化，印章的规格性特征也会随着印章的使用而发生一定的改变，如印章的长宽、直径等。这类规格性变化归根结底是印章印面老化或与印油反应导致的印章尺寸、形态的变化，所以不同材质印章的可变性与变化范围不同，影响因素也各不相同。一般而言，木质印章最易发生膨缩变化，这与木质种类、干燥程度、纹理等因素相关。章墨一体印章的储墨垫质量、印油、温度、盖印习惯是产生规格性时段变化的主要影响因素。橡胶印章在高温环境下容易老化，另外橡胶印章会与印油发生反应，使印材变硬，印面凹陷，直径缩小，长期将印章置于印台里待用的情形更易产生这种变化。如果印章材质内部结构不均，则印章的膨缩方向和程度也有不同，伴有老化的膨缩具有不可逆性，印面的细节特征也会产生不可逆的变化。

3. 印章附着物特征

印章附着物是指在印章印面上粘着的，在盖印时能够产生相应印迹的杂质，如毛发、纤维、尘埃等。对于蘸印印章而言（回墨印章除外），印面上很容易产生附着物，其出现的部位、形态具有很强的随机性，这些附着物一般持续的时间不会太长，具有相对的稳定性，会随着印章蘸取印油、盖印等动作而在纸面和印台之间发生混杂和转移，有一定的变化规律。

回墨印章是一种较特殊的蘸印印章，在手柄内部放置了一枚小型印台，待用时印章印面与内置印台紧密接触上墨，盖印时用手向下按压手柄，印面体沿曲形导轨下降并翻转印面完成盖印。盖印后印面体上移并回转，回归原位，与内置小型印台接触上墨，以待下一次盖印。这样一枚隐藏且倒置的印台很难沾染到杂质，印章印面也缩至印章手柄内并与小型印台贴合，所以出现附着物的概率很小。

墨迹堆积和印文露白等细节特征上存在很好的符合，这类墨迹堆积是因印油质量和印章在使用过程中所沾染的杂质而在印文中形成的“脏印”等时段性痕迹特征，这些特征不是印章印面固有的结构反映，是随机性分布的，与蘸墨状态和盖印条件密切相关且不稳定的短暂特征。

4. 印文墨迹分布特征

印章的材质、制章工艺、印面结构以及印章的盖印条件、老化程度等因素都会影响到印面印迹形态。尤其是章墨一体的原子印章、光敏印章表现更为突出，由于印油的连续使用、挥发、注墨，以及储墨垫孔隙的收缩、堵塞等，往往会导致印油出墨不均，印文笔画变粗，并伴有疵点印迹，时段性变化特征明显。其印文总体会出现从浓到淡，由印迹均匀变为印迹分散，由图文清晰变为图文模糊等现象。

例如，原告江苏某建工集团有限公司与被告江苏某调味食品有限公司在一起建设工程施工合同纠纷案中原告向法庭提供了一份标称时间为 2010 年 10 月 28 日的《工程欠款作价协议书》，被告对此份证据的真实性提出异议并要求对“江苏某建工集团有限公司”印文的形成时间进行鉴定。样本系 2010 年 10 月至 2014 年 6 月盖印的“江苏某建工集团有限公司”印文。将所有样本材料按标称时间顺序排列后对细节特征检验发现，印文在 2013 年 7 月 22 日及以后出现了疵点，且表现稳定，已成为印章上固定的印迹特征，并与检材印文特征相符。同时，检材印文边框上的缺损特征与 2013 年 7 月 22 日样本印文相符，表现一致。但在检材标称时间段（2010 年 10 月 28 日）的样本印文中未有此特征反映，检材印文与标称时段性特征表现不符。其形成时间可能更接近于 2013 年 7 月，由于样本的缺乏，本案最终得出了“检材印文不是在 2010 年 11 月之前形成”的鉴定结论（图 17-1、图 17-2）。

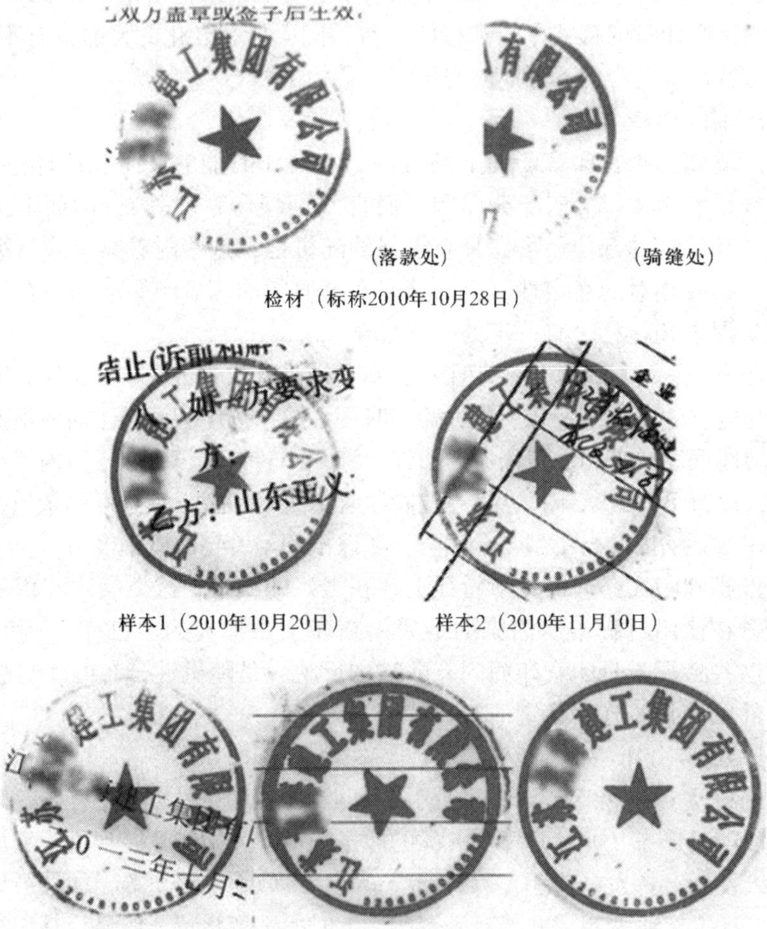

（落款处）　（骑缝处）

检材（标称2010年10月28日）

样本1（2010年10月20日）　样本2（2010年11月10日）

样本3（2013年7月22日）　样本4（2013年12月18日）　样本5（2014年6月4日）

图 17-1　印文时段性特征

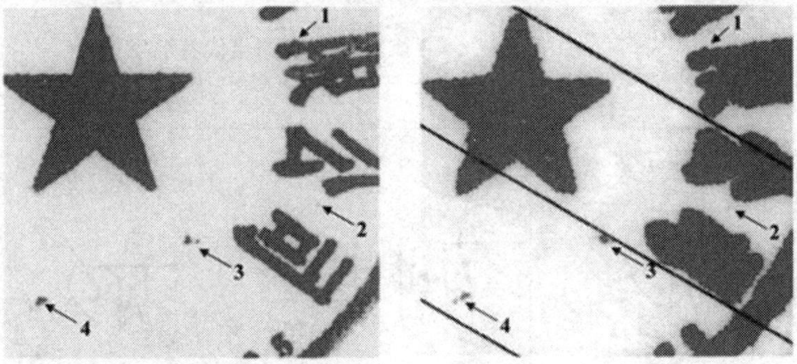

检材-落款（标称2010年10月28日）　　样本4（2013年12月18日）

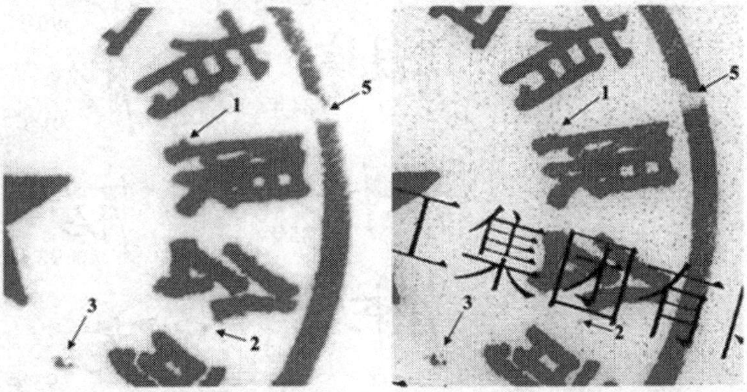

检材-骑缝（标称2010年10月28日）　　样本3（2013年7月22日）

图 17-2　印文时段性特征

（三）根据笔迹的阶段性变化特征判断笔迹的形成时间

一切事物都处在不断的运动变化之中，受制于书写技能和书写习惯的笔迹特征也不例外。人的书写技能一般是要经历由低向高发展再由高向低退化的过程。此外，由于文化水平、阅历、审美、社会语言文字环境等因素的变化影响，人的书写习惯中某些特征就会随着时间的变化而改变。根据笔迹特征特别是签名笔迹特征的历时性演变规律，通过收集书写人各个时期的笔迹样本，与检材笔迹进行比较，就可以大致判断检材字迹的书写时间。

例如，一份标称日期为 1982 年的文书中“肖坤富”签名字迹与 1982 年字迹书写习惯明显不符，根据历时性变化规律判断，该签名最早也应该是 1989 年形成的（图 17-3）。

特征比对表

检材特征字迹 （肖坤富签名）	肖坤富不同年代签名字迹
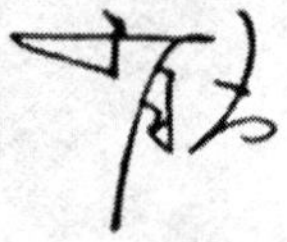	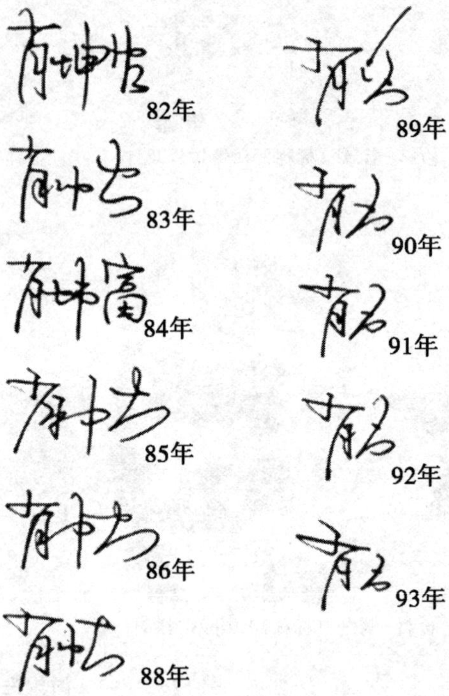

图 17-3　签名字迹时段性特征

又如，一份标称日期为 2008 年 4 月的文件上写有“曾建新”签名字迹，根据样本的变化规律判断，其字迹应为 2010 年 3 月以后形成（图 17-4）。

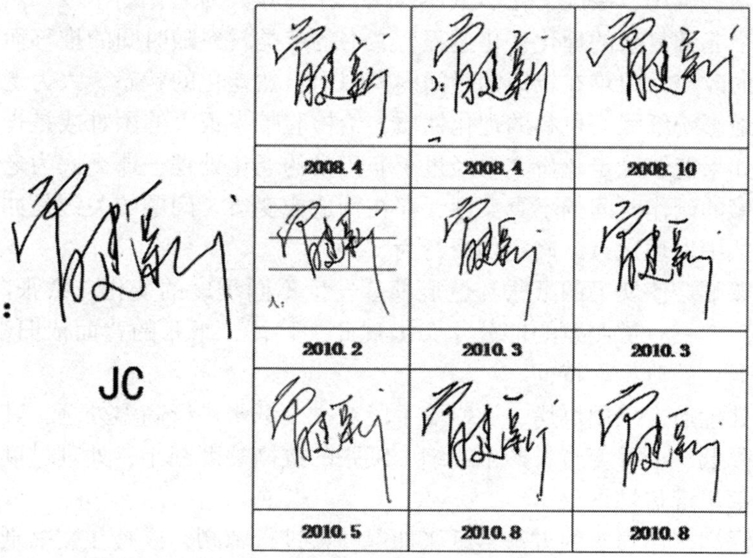

图 17-4 签名字迹时段性特征

（四）根据印制文件的阶段性变化特征判断文书的形成时间

印制文件主要指打印文件和静电复印文件。在打印机、复印机的使用过程中，由于部件的老化、磨损、污染及保养、维修、更换耗材等原因，打印机、静电复印机处于不断的变化之中，这种变化反映在该打印机、静电复印机不同时间打印的文件上，表现出与时间相关的印制特征的历时性变化。印制历时性特征的表现形式多种多样，既可能是某种印制痕迹从无到有或从有到无的变化，各种印制痕迹的形态变化，也可能是如墨粉底灰、墨迹浓淡的程度变化。打印机、静电复印机的保养、维修、更换耗材等往往也会导致打印痕迹的明显变化。

利用印制历时性特征判断可疑文件的印制时间一般可以从两个方面进行。一是通过变化的印制阶段性特征确定打印时间，即如果检材与某一时间段样本的印制阶段性特征符合，而与其他时间段样本的印制阶段性特征差异，则可以确定检材是在该时间段印制形成；二是通过某些特定时间段内稳定的印制同时段特征排除打印时间，即如果在某一时间段内，样本上稳定的印制阶段性特征在检材上未能得到反映，则可以排除检材是在该时间段印制形成。

第五节 文书制成时间鉴定的系统检验方法

一、人为老化文书的鉴别

造假者出于伪造、变造的目的往往会补做文书，为了使其更接近“老态”

而采取日晒、烘烤、浸湿、化学试剂处理、涂污等人为老化的手段。然而，自然老化是一个非常复杂的理化变化过程，文书的各类材料随时间的推移而渐渐产生理化性质的改变，很难在较短的时间内模拟出自然老化的状态。人为老化确实会不同程度地影响纸张、色料的理化性质，给检验带来很大的困难或是丧失检验条件，但是如果能够确定一份文书经过了非正常的老化处理，那么人为老化本身就说明了文书的制作时间的不真实性，存在伪造或变造。问题的关键是如何认定人为老化，从中发现疑点，确定伪造行为。

日光曝晒会使文书的纸张与色痕都会发生不同程度的变化，纸张白度降低，发黄变脆，但只有被照射的部分才会出现此类特征，纸张的背面依旧没有变化，这是日光老化的典型性特征。

高温处理通常采用烘烤、烫熨等手段对文书纸张进行高温处理，其效果就是纸张白度降低、纸张变脆、产生皱缩、纸张的抗撕裂度减小，处理过度时还可能在纸张局部出现焦煳现象。

溶液浸润多用喷雾的方法给纸张加湿，再进行晾晒，或是在文书纸张上撒上茶水、酸性或碱性试剂以及其他能够影响文书材料理化特性的液体，导致纸张的光泽度降低，纸张褶皱增多，规格变小，纤维染色，色斑分布不均。通常在文书的关键部位出现的染渍最多最重，文字等色痕出现溶解、洇散、浅淡、褪色，有时经过处理的文书甚至出现过于“陈旧”的迹象。

磨损涂污是指文书在使用、保管过程中难免产生一些磨损和污渍，所以行为人也经常会采取磨损涂污的方式进行老化处理。例如，用手揉搓产生众多褶皱，但是这些褶皱纵横交错、杂乱无章，与正常使用留存的纸张褶皱有本质性的差别。还有在地面、桌面等布满灰尘、油渍、污垢的地方进行擦蹭而使纸张产生褶皱、污垢，使文书看起来具有陈旧感，这样会使纸张局部纤维起毛，污渍仅影响到纸面，甚至还可在纸张上出现擦蹭时产生的手掌印。

二、文书物质材料发明、使用的时间界点

（一）纸张

纸张是重要的文书载体，纸张的发明可以追溯到西汉时期，然而时至今日造纸工艺还在不断地向前发展完善着。不同时期造纸工艺的发展水平不同，在纤维种类、制浆方式、漂白方式、填料与胶料的选用、调色物质和荧光增白剂等方面都会反映出不同时期纸张制造工艺的特点。

（二）印刷品

有些文书是书写在信笺纸、笔记本纸、票据、表格等印刷品上，这些经过印刷的纸张都有确定的印刷、销售、启用的时间，而且有些印刷品上还标注着印刷时间、印刷版次、电话、地址、邮编等信息。文书的内容、标称日期应形成于印制日期之后，否则就是一份异常文书。例如，在一起遗产纠纷案件中，用来书写

遗嘱的苏州某公司的信笺纸下方印有 8 位数的电话号码，遗嘱的落款时间为 2001 年 12 月。经查证，苏州地区的电话号码是于 2002 年 1 月 18 日由 7 位数升级为 8 位数的，该遗嘱显然系伪造。

（三）色料

1. 书写工具

书写用笔及墨水是文书鉴定中的重点研究对象，我国于 1926 年开始制造钢笔，在 20 世纪中叶我国只有墨汁、绘图墨水、水溶性蓝黑墨水、水溶性纯蓝墨水和红墨水、油溶性圆珠笔蓝墨水和红墨水；60 年代出现多孔硬纤维笔尖签字笔；70 年代后出现碳素墨水、油溶性圆珠笔黑墨水和绿墨水、染料黑墨水；80 年代出现中性笔、可擦圆珠笔。

2. 打印机具

20 世纪 60 年代的打字机配有宋体或仿宋体钢字，70 年代普通打字机只有仿宋体钢字；80 年代依次出现针式打印机、激光打印机和热敏打印机；90 年代出现喷墨打印机。

3. 印章

早期的印章都是手工雕刻制作，20 世纪初机械雕刻机引进，开始出现机械雕刻印章；80 年代以后出现原子印章印油；90 年代以后出现光敏印章印油，国内激光雕刻技术取得突破，激光雕刻印章迅速普及。

4. 复写纸

20 世纪 20 年代开始生产使用普通衬垫复写纸；80 年代出现背涂层式复写纸，直接将色料涂布于纸张背面制成票据等专用一次性复写纸，同时出现的还有压敏式复写纸（无碳复写纸）。

三、文书各要素的时空有序性检验

（一）文书中语言、文字的时代性

1. 时代性用语

任何文书所反映的内容和语言特征都离不开时空条件的约束，从大的历史事件、社会变革到新名词及网络流行语，无不折射出时间的信息。

例如，20 世纪 50 年代的“反右斗争”、“大炼钢铁”；60 年代的“四清运动”、“革委会”；70 年代的“批林批孔”、“拨乱反正”；80 年代的“改革开放”、“经济特区”；90 年代的“市场疲软”、“下海”；21 世纪初的“三个代表”、“大练兵”，近些年来的“山寨”、“粉丝”、“博客”、“微信”、“网红”、“正能量”，等等。

2. 现行汉字规范的演变

我国现行的汉字规范是 20 世纪 50 年代以来陆续制定的，主要有 1955 年 12 月 22 日由文化部、中国文字改革委员会发布的《第一批异体字整理表》，共整理异体字810组1865个字，每组留一个作为规范字，废除1055个异体字，还废除了生僻的地名和部分计量单位用字；1956年1月国务院公布《汉字简化方案》；1964年3月，中国文字改革委员会、文化部、教育部联合发布《关于简化字的联合通知》，公布了《简化字总表》，共收录2238个简化字，同时废除2264个繁体字；1965年1月30日《印刷通用汉字字形表》，共收录通用汉字6169个；1977年12月《第二次汉字简化方案（草案）》分两表，第一表推行简化汉字248个，但使用一年后被废止；1986年10月，国家语言文字工作委员会经国务院批准重新发布了《简化字总表》，并作了个别调整，实收简化字2235个；1988年1月26日，由国家语言文字工作委员会、国家教育委员会发布了《现代汉语常用字表》；1988年3月25日，由国家语言文字工作委员会、新闻出版署发布了《现代汉语通用字表》；2013年6月，国务院发布《通用规范汉字表》，收字8105个。

我们每一个人都不同程度地接受教育，经历不同的历史时期，受到语言文字发展的时代性制约，所以每个人的言语、书写用字必然会带有其所经历的特定历史时期的语言特点。这也为确定文书形成时间奠定了基础。

（二）附加痕迹

文书材料中的附加痕迹也是判断文书形成时间的重要依据，最常见的附加痕迹莫过于压痕与折痕。

文字的书写一般离不开衬垫物，在书写的作用力下对文书材料本身产生凹陷笔痕，此外还会对衬垫物产生影响，会形成潜在的笔痕。文书材料本身也会成为其他书写材料的衬垫物，也会透露出时间的信息。例如，在一起借贷纠纷案件中出现的两份借条，标称日期分别为2013年4月与2015年7月，经侧光检验发现在2015年7月的借条上出现了2013年4月借条的潜在压痕，从而揭露了伪造借条的事实。

文书材料在使用、保存等过程中通常会产生折叠痕迹，折痕是纸张纤维断裂或产生结构变化的结果，会对文书中打印墨粉、书写笔痕、印文等产生影响。可以通过折痕与文字、印文的时序性关系来确定添加书写、打印以及先盖印印文后形成内容文字等伪造变造事实。例如，在一起借贷纠纷案中，原告称担保方公司经理签字并加盖公章，系单位担保行为。而担保方公司则称印章是事后偷盖的，应为经理个人担保行为。最后委托鉴定是签字后即盖印还是间隔了一段时间再盖印。检验发现，公司印文与纸张折痕交叉处有清晰的印油印迹，说明是纸张经过反复折叠后再盖印的，纵向的线条印迹即是折痕，与印章本身的底纹印迹是

图17-5　折痕与印文时序关系特征

明显不同的并有交叉角度的，体现出先有书写签名字迹后产生折痕再盖印的时序关系，一定是过了一段时间后再补盖的（图 17-5）。

（三）时序

一份文书的制作应符合相应的规范和要求，文书中各要素的形成应具备一定的时序性，时序是否错乱在一定程度上决定了文书的真伪。特别是对添加变造文书的检验更显得极为重要，通常包括文字间的形成时序和印文与文字的形成时序两类。

文字间的形成时序检验除了运用布局特征、书写用笔等特征以外，其次就是依据笔画交叉形态特征判断形成时序。笔尖在书写作用力下会对纸张纤维产生形态影响，通常一道笔痕具有连贯性，当与其他笔画相交叉时会对彼此产生影响，尤其是先形成的笔痕会被后形成的笔痕所割裂、阻断。

印文与文字形成时序的检验被称为朱墨时序检验，“朱”指的是印文，“墨”指的是文字。通常一份正常的文书都是先形成文字后在盖章确认，而实践中有很多利用在空白纸上偷盖印文再伪造文书的案例。

（四）整体分离痕迹

整体分离是痕迹检验学中的重要概念，是指一个物质整体在外力的作用下，分离成若干部分。这些被分离出的各部分所体现出的各种形式的信息表明它们之间原有的整体性，各部分的分离界面所构成的对偶曲面及各分离部分上所附带的各种痕迹，称为整体分离痕迹。

纸张的整体分离痕迹在文书鉴定中具有重要意义，尤其是对于文书制成时间、变造伪造文书的检验。实践中，有些文书材料并不需要大篇幅的纸张进行制作，如《欠条》、《借条》等文书材料，通常这类文书涉字较少，篇幅较小，当事人往往会对纸张进行裁切后再利用，或是将纸张裁切后分别补制所需的各类文书材料。还有就是利用其他真实材料上的签名、印文进行裁切后变造所需文书，这类材料的纸张规格特征、残留印迹特征、纸张裁切撕裂曲面特征等整体分离痕迹特征都是检验分析文书真伪的重要依据。

例如，在一起案件中，涉案的三张《借款收据》金额不同，没有标注落款日期，分别装订在 2007 年 9 月 30 日第 34 号、2007 年 8 月 31 日第 35 号、2007 年 9 月 30 日第 17 号《记账凭证》中，落款处均盖印有“太仓市理疆化纤有限公司”红色印文。办案机关对文件的形成时间产生怀疑，遂委托进行鉴定。

检验中发现，2007 年 8 月 31 日第 35 号《记账凭证》对应的《借款收据》（JC1）装订在 2007 年 8 月《记账凭证》中，2007 年 9 月 30 日第 17 号《记账凭证》对应的《借款收据》（JC2）装订在 2007 年 9 月《记账凭证》中，而 2007 年 9 月 30 日第 34 号《记账凭证》对应的《借款收据》（JC3）却装订在 2007 年 8 月《记账凭证》中。

检材 2 纸张规格约为 210mm×80mm，下边缘存在撕裂痕迹，检材 3 纸张规格约为 210mm×96mm，上下边缘均存在撕裂痕迹，检材 1 纸张规格约为 210mm×121mm，上边缘存在撕裂痕迹。经对纸张撕裂痕迹拼接对比检验发现，三份检材纸张撕裂边缘相互吻合，可以确定是由同一张 A4 规格（210mm×297mm）复印纸撕分而成（图 17-6）。

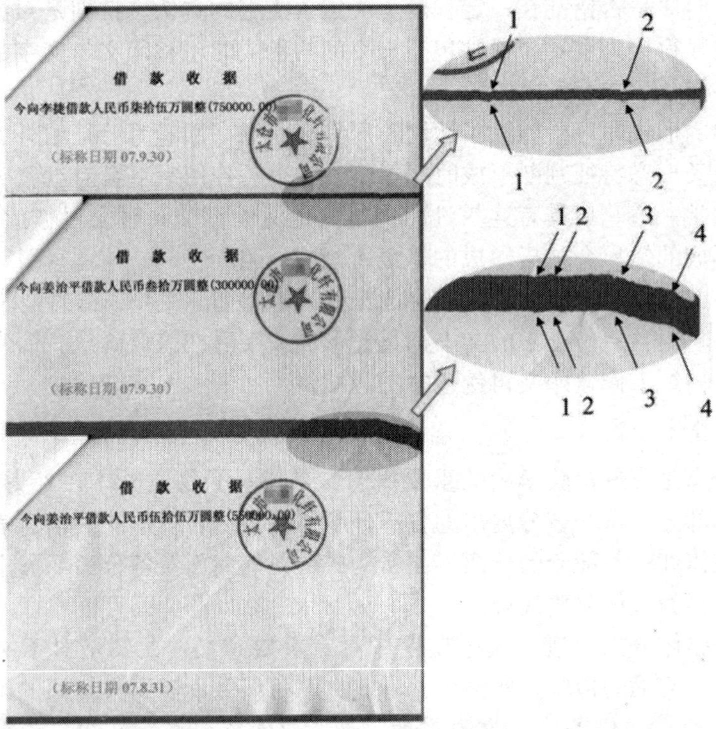

图 17-6 纸张整体分离痕迹特征

综合检验分析，《记账凭证》与对应的附联《借款借据》装订顺序混乱，三份检材《借款收据》系同一张 A4 复印纸打印、撕分形成。印章的时段特征也表现相符却与同时段样本印文反映不同，不具备同期性，其中纸张的整体分离检验成为定案的主要依据之一。

【思考题】

1. 影响文书制成时间检验的基本要素有哪些？
2. 多次测定检验法的原理与适用范围？
3. 系统检验在文书制成时间检验中的重要性？

【参考文献】

1. 董川、温建辉、双少敏、张国梅著：《墨水化学原理及应用》，科学出版社 2007 年版。

2. 朱谱新、郑庆康、杜宗良编：《水基型喷墨打印墨水》，中国纺织出版社 2008 年版。

3. 贾玉文、邹明理主编：《中国刑事科学技术大全　文件检验》，中国人民公安大学出版社 2002 年版。

4. 李彪编著：《文件形成时间检验》，中国人民公安大学出版社 2012 年版。

5. 毛焕庭、暴仁主编：《污损文件检验》，警官教育出版社 1997 年版。

6. 谢朋、胡祖平编著：《文件制成时间检验》，浙江大学出版社 2015 年版。

7. 刘敬杰著：《法庭科学之印章与印文鉴定》，中国政法大学出版社 2015 年版。

8. 贾晓光：《可变性印文特征在盖印时间鉴定中的应用》，载《中国人民公安大学学报（自然科学版）》2004 年第 3 期。

9. 杨旭、施少培、徐彻：《系统检验方法在可疑文件鉴定中运用》，载《中国司法鉴定》2013 年第 4 期。

第十八章‖ 文书物质材料及书写工具鉴定

本章概要：本章主要介绍和文书有关的各种物质材料的性质及其检验方法。其中纸张、色痕的检验是本章的重点，染料、颜料的性质是本章的难点。

关键词：纸张　着色剂　黏合剂　书写工具

第一节　文书物质材料和书写工具与文书鉴定的关系

一、文书物质材料

文书物质材料是指在制作文书过程中使用到的各种物质材料，按照文书制成过程中起到的作用不同，可以分成三大类：承印物、着色物和装订修改物。承印物是指承载文字的介质，主要是指纸张，也有纺织品、塑料等材料。着色物是指形成文字符号的各类有色物质，包括墨水、墨汁、油墨、水彩、印泥（油）、墨粉、打印色带、铅笔芯等。装订修改物是指装订、修改文件使用的各种材料，包括订书钉、黏合剂、线绳、金属圈、活页夹及各类装帧材料和涂改液（胶）、橡皮等修改材料。

由于文书制作方法不同，所构成文书的物质材料的种类也不尽相同。本章主要介绍常见的文书物质材料，包括纸张、墨水、油墨、墨粉、印泥（油）和黏合剂等。

二、书写工具

书写工具是指在通过书写活动形成文书过程中使用到的工具。在书写文书形成之后，文书就与书写工具分离，呈现在文书上的仅仅是着色物通过书写工具在承印物上留下的色痕。常见的书写工具有各类圆珠笔、自来水笔、毛笔、铅笔、记号笔、软笔等。

三、文书物质材料和书写工具与文书鉴定的关系

文书物质材料，由于其种类、产地、厂家、生产批号等不相同，往往表现出不尽相同的理化性质。文书物质材料和书写工具鉴定，是指采用光学方法、物理方法、化学方法及仪器分析等方法，对文书物质材料及其书写工具痕迹进行定性及定量分析，判断检材和样本的文书材料和制作工具的相同（或相似）程度，是文书物证司法鉴定的一个重要组成部分，也是文书制成时间鉴定的途径之一。这类检验大多数情况下只能解决种属问题，但作为文书司法鉴定的一部分，有时解决种属认定的问题就可以满足诉讼的需要。例如，当事人笔录中认为，检材和样本是同一时间在相同条件下形成的文书，若鉴别出检材与样本的物质材料不相同，就可以成为检材系伪造的重要证据。有关文书形成时间的鉴定过程中，也经常要依赖于文书物质材料的理化性质变化及书写工具的使用情况进行判定。因此，文书物质材料及书写工具是文书物证鉴定的重要对象，在司法鉴定中经常出现。常见的文书物质材料及书写工具的检验鉴定工作主要围绕以下几个方面：文书纸张鉴定、文书油墨鉴定、文书墨水鉴定、文书盖印色料鉴定、文书黏合剂鉴定、文书书写工具鉴定等。

文书物证与书证处在同一个载体上，这就要求我们在文书物证检验的过程中尽最大限度地保证检材的完整性及可阅读性，所以在选用检验鉴定方法的时候，应遵循先进行无损检验，再考虑部分物理微损（如打孔等，不影响文书的可阅读性等行为），最后是以化学有损检验这样的顺序为原则（简称先无损后有损的检验原则）。综合考虑各种检验方法，一般可以按照下列顺序进行检验：外观检验、有机成分测试、元素分析、物理性能测试及物质结构分析。外观检验主要采用显微镜法进行放大观察，也可以根据检验对象与条件选择不同光照方式和种类，如侧光、透射光、垂直光、偏振光、环形光或单色光等光照方式，此类检验均为无损检验。有机成分测试可以采用红外吸收光谱、紫外吸收光谱、荧光光谱、气相色谱、液相色谱、质谱、拉曼光谱等方法，对文书物证中所含物质材料中有机成分的种类和含量进行检测，此类检验方法根据所需检测量的多少和载物台的大小，会对文书物证进行部分物理微损处理，如打孔、折叠、挖补等。元素分析方法可采用原子吸收光谱、原子发射光谱、等离子发射光谱、等离子质谱、X 射线荧光光谱、X 射线光电子能谱法、中子活化分析等方法对文书物证中物质材料中元素的种类和含量进行分析，此类分析方法根据所需检测量的多少和载物台的大小，会对文书物证进行部分物理微损处理或是化学有损检验。物理化学性能测试包括热学、光学、力学和其他物理参数的测量，物质结构分析则主要指 X 射线衍射法等。后两类检验方法大多需要的检测量较大，测试后，物质材料不可恢复原貌，在司法鉴定中较少采用。

第二节　文书纸张鉴定

文书物质材料中第一大类是承印物，承印物中最常见的是纸张。纸的定义有很多种，在《辞海》中表述：纸是用以书写、印刷、绘画或包装等的片状纤维制品，一般由经过制浆处理的植物纤维的水悬浮液，在网上交错组合，初步脱水，再经压榨、干燥而成。从广义上讲，纸包括纸张和纸板，纸张和纸板的主要差别在于它们的厚度或定量，国际上通常把定量小于225g/m^{2}的纸页称为纸或纸张；把定量大于225g/m^{2}的纸页称为纸板。但有些情况下，也会根据其特征及其最终用途来区别，如用来折叠盒子用的纸板，定量是较低的；而另外一些定量较高的材料，如吸墨纸、油毡原纸和制图纸等还是归类为纸。纸张在国标中的定义：纸就是从悬浮液中将适当处理（如打浆）过的植物纤维、矿物纤维、动物纤维、化学纤维或这些纤维的混合物沉淀到适当的成型设备上，经过干燥制成的一页均匀的薄片（不包括纸板）。

一、纸张的分类及组成成分

（一）纸张的分类

纸张品种繁多，按照不同的划分标准，对纸张有不同的分类。按照纸张的发展历程划分为：第一代以植物纤维为原料的纸；第二代以高分子合成树脂（聚丙烯、聚乙烯等）为基材制成的合成纸；第三代是采用某些特殊原料，抄出具有某些特殊性能（如光电磁、生物活性、生理技能）的功能纸。按照造纸原料，可将纸张分为木浆纸、草浆纸、棉浆纸、合成纤维纸。按照纸张的制造方式，可将纸张分为古纸、手工纸、机制纸、加工纸、特种纸、功能纸。按照纸张的白度，可将纸张分为漂白纸、半漂纸、本色纸。按照纸张的定量，可将纸张分为纸、卡纸、纸板、板纸。按照纸张的光滑度，可将纸张分为毛面纸、有光纸、半有光纸等。

（二）造纸工艺

造纸工艺决定纸张性能，纸张的性能决定了纸张的用途。造纸的工艺流程一般可简单表述为：备料、制浆、打浆、添料、抄纸。

1. 备料

备料是指对原料进行的初步加工，一般包括原料的收集、贮存（起减少和均匀水分、稳定质量作用）、切断（剥皮、去节、去朽等）、除尘和筛选等几个过程。不同种类的纸张，所备原料及方法不同，这决定了纸张中纤维的种类。

2. 制浆

制浆是用机械或化学的方法，从植物原料中分离出纤维的生产过程，包括离解、洗浆和漂白等工序。根据采用制浆方法不同，所得的浆液可分为机械浆、化学浆、化学机械浆和半化学浆等。不同纸浆中含木素的量依次为：机械浆>化学机械浆>半化学浆>化学浆。

3. 洗浆

洗浆与漂白是为了得到洁净的纸浆，把制浆后得到的粗浆中的污物（包括溶解的木素、残留的酸或碱、破碎的杂细胞及其杂质）采用洗涤的办法除去并进行漂白。漂白方法有两种，一是继续蒸煮溶解出更多的木素，二是加入漂白剂使纸浆中的木素及其他有色物质的分子结构发生变化，从而不再呈现颜色。洗涤漂白的过程会造成纤维的流失。

4. 打浆

打浆是在水和机械力的作用下，对纤维进行切短、润胀、疏解和分丝作用的过程。除了机械浆以外，其他浆种都要经过不同程度的打浆处理，使植物纤维的表面积增加、直径减小、长度变短，使纤维更细柔，增强纤维之间的结合力。植物纤维经打浆后再造纸，能提高纸的抗张、耐破和耐折的强度，提高纸张的平滑度、挺硬性和紧度。

5. 添料

添料又称调浆、调料，是为了改善纸张性能而向纸浆中加入胶料、填料、色料等添加剂的过程。打过浆并调和了各种添加剂的浆料即为纸料，可直接供抄纸使用。调浆过程加入的不同成分、不同比例的添加剂，决定了除纸张中纤维以外的其他物质的组成，是纸张分析的另一大类依据。

6. 抄纸

抄纸是在造纸机上将纸料加工成纸张、纸板的过程。造纸机分成长网和圆网两大类，它们都是由网部、压榨部、干燥部和整理部四大部分组成的。网部的主要部件大多是铜网（也有用尼龙网的），铜网由经线和纬线织成，两端焊接后形成环状的网。铜网横向 1 英寸（25. 4mm）宽经线的根数，称为网目。纸料经流浆箱均匀、平直、浓度一致地输送到铜网上。网下有各种辊子，起维持铜网正常转动和脱水的作用。特种纸如钞票上有水印，是由水印辊压出来的。纸料在网上经滤水成为湿纸层，当湿纸有了一定强度之后，引到压榨部。铜网在纸张背面留下的痕迹，称为网痕。压榨部则是由几道压榨辊和毛布（又称毛毯）组成。离开网部的湿纸，还含有水分 80-85%，在压榨部顺次通过各道压榨，继续脱水至 60%左右，最后通过一道光泽压榨进入烘缸部干燥。纸张正面留有毛毯痕迹，称为毯痕。干燥部由一系列外表光滑、中空（内通蒸气加热）的金属干燥筒与帆布及其他附件组成。干燥部主要起提高纸的强度、改善纸的平滑度和完成纸的表面施胶等作用，经过干燥部要将湿纸的水分降低至 6-10%。整理部包括压光、卷纸、切纸等工序。从造纸机上下来的纸张叫原纸，再经印刷加工后的纸，如稿纸叫纸印品。抄纸工序决定纸张的物理性质，如纸张的厚度、重量、平滑度、网痕、毯痕等。

(三) 纸张的组成和成分

不同功能的纸张，成分会有差异。不同造纸工艺，也会给纸张的成分和性能带来差异，但每一种纸张均少不了以下主要成分：纸浆、胶料、填料等。

1. 纸浆

纸浆是造纸的中间产物，也是纸张的主要成分。它是将植物纤维经过化学或机械的方法制成的纤维悬浮液，因在水中呈浆状，所以叫作纸浆。常见纸浆类型有硫酸盐法木浆、亚硫酸法木浆、草浆、脱墨废纸浆、机械法木浆。纸浆中主要含有纤维素、半纤维素、木素、果胶质等物质。

纤维素是纸张中重要的有效成分，也是细胞壁的主要成分，它的化学分子式为（$(C_6H_{10}O_6)_n$），是一种高分子化合物，聚合度（n）一般大于1500。它不溶于冷水、热水和一般的有机溶剂。水解比淀粉还困难，通常要在浓酸中或用稀酸在加压下进行。纤维素可在氯化锌（$ZnCl_2$）或氯化锡（$SnCl_4$）等溶液中发生润胀和降解。纤维素在木材中含量可达50%以上，在亚麻中含量可达80%以上，在棉花中含量可达90%以上。

半纤维素是由两种或两种以上单糖基组成的不均匀多糖类化合物，且大多带有侧链，其平均聚合度为150±30。因其聚合度比纤维素小得多，又都是碳水化合物，故称它们为半纤维素。半纤维素的化学性质比纤维素活泼，可在酸性条件下水解，也可部分地溶解于热水中。

木素又称木质素，是一系列物质的总称，其化学结构比较复杂，不同植物所含木素的结构不尽相同。木素的结构与纤维素、半纤维素不同，它不是线状分子，而是立体网状分子，它存在于微细纤维之间，使纤维相互黏合而固结。因此，制浆的主要目的就是除去木素，分离纤维，这也是化学法制浆中用亚硫酸盐或碱来溶解木素的原因。

果胶质属于中聚半乳糖尾酸，一部分羧基被甲基酯化，一部分被中和成盐的高分子化合物。在木材及草类原料中含量在1%以内，在韧皮原料和嫩枝材中含量较多，可达5%以上。

除上述成分外，还有一些其他少量成分，如矿物质及各种抽提物等。矿物质是指造纸原料燃烧后残存的物质，又叫灰分，主要是指氧化钙（CaO）、氧化钾（K_2O）、二氧化硅（SiO_2）和氧化钠（Na_2O）等。各种抽提物是指糖类、单宁、淀粉、脂肪、蜡类等。

2. 胶料

为了使纸张获得一定抗拒液体渗透的能力，以防止印刷时网点扩散和书写时发生洇散，同时也提高纸张的机械性能和表面强度，在添料过程中，在纸浆中加入一定比例的抗水性胶体物质，称为施胶，用于施胶的物质称为胶料。施胶的方法分为浆内施胶和表面施胶。浆内施胶（又称为内部施胶）是在调胶的过程中把胶料掺入到纸浆中，使之沉淀在纤维上，经干燥后形成薄膜，常用的胶料有松香胶、石蜡胶、硬脂酸-石蜡、松香-石蜡胶和强化松香胶等。表面施胶是在抄纸过程中，在纸张表面涂上一薄层胶料，用于表面施胶的胶料有氧化淀粉、动物胶、聚乙烯醇和羧甲基纤维素等。不同的纸张施胶度不同，通常为 0.25-9%。

有些纸张是不施胶的，如新闻纸、卷烟纸、吸墨纸、滤纸、卫生纸、电容器纸等。而有些特殊的纸张要进行双重施胶，即浆内施胶后再表面施胶，如钞票纸、相纸、高级扑克牌等。

3. 填料

为了改善纸张性能（降低伸缩率和透明度，增加平滑度、白度和适印性）、降低成本而往浆料中添加的一些基本上不溶于水的矿物质。常用的填料有滑石粉、高岭土、碳酸钙、生（熟）石膏、钛白粉等。在调浆过程中，还会加入填料，填料在一定程度上影响纸张的物理强度和施胶度，所以用量要适当。大多数印刷纸含填料 10-20%，一些特殊纸和纸板含填料量可达 30%以上。

4. 其他成分

在纸张的制作过程中，还会加入染料或颜料等着色物质、荧光增白剂、湿强剂、干强剂、柔软塑化剂等，改善纸张性能。

二、文书鉴定中常见的纸张类型

在文书鉴定中常遇到的纸张类型，按照用途可以分为四类：

（1）印刷纸。包括新闻纸、凸版印刷纸、胶版印刷纸、单面胶版印刷纸、铜版印刷纸、招贴纸、书皮纸、静电复印纸。

（2）书写纸。包括普通书写纸（供墨水书写）、有光纸、打字纸、拷贝纸、邮封纸。

（3）包装纸。包括普通包装纸（供包装轻工产品、日用百货、食品等）、牛皮纸、柏油纸。

（4）特种纸。包括复写纸、热敏纸、光敏纸。

（一）新闻纸

新闻纸主要用于印刷报纸，大多数以机械浆为主要原料。其定量为 49-51g/m^2。这类型纸张的特点是纸两面平滑，纸质松软，富有弹性，有较高的不透明性，不施胶，吸墨性好，书写时易洇散。但由于强度低易于发脆破裂，经日光暴晒和空气氧化作用易发黄，所以新闻纸印刷的书刊不易长期保存。

（二）凸版纸

凸版纸所用原料最为复杂，多为漂白化学草浆。适用于普通书籍、杂志、讲义、参考资料、试卷等印刷。定量有 52g/m^2、60g/m^2、70g/m^2三种。特点是具有良好的不透明性和吸墨性，纸两面平滑，纸质柔软、厚薄均匀，不掉毛、不透印。

（三）胶版纸

胶版纸又称为双胶纸，专供胶印机用来印刷彩色画报、图片、插图、封面、商标等。定量范围大，为60-150g/m^2。其特点是有单面和双面之分，光滑度好，伸缩性小，组织细致均匀，具有较好的表面强度，在印刷过程中不易起毛或掉粉。

（四）书写纸

书写纸在本文中特指专供墨水书写的纸张，多用于制作练习本、日记本、信纸、表格、账册等书写和办公用纸。特点是色泽洁白，无光泽，质地紧密，纸两面平滑，施胶度高，经得起笔尖的摩擦，书写流畅，写字不洇散、不透墨，耐水性好及耐折叠。

（五）静电复印纸

静电复印纸是用于复印机、打印机和传真机，以及其他类型复印和打印设备上的纸张。定量主要是70g/m^{2}和80g/m^{2}两种，由于填料不同，白度差别大。尺寸规格主要有A4、A3、B4、B5。纸张的纤维组织均匀，纸面洁白、挺括平整，规格准确，抗静电性强，纸质性能稳定，适印性强。

（六）宣纸

宣纸是一种手工纸，质地柔韧、洁白平滑、细腻均整且色泽耐久。其吸墨性好，不易起皱，不掉毛。

（七）钞票纸

钞票纸一般采用纤维较长的天然棉、麻制成，这些纤维都是从固定的产地精选出来的。不含任何色料和荧光增白剂，表现出的色泽是原料本色，所以在紫外线照射下无荧光反应。钞票纸清洁光滑，坚韧耐磨，长久使用纤维不松散、不发毛、不断裂。水印、安全线、红蓝纤维丝等防伪措施均是在造纸过程中一并完成的。

（八）无碳复写纸

无碳复写纸是用一种物质涂布一面或两面，或将此物加在涂料中，使其在局部加压的情况下，无须插入复写纸就能完成手稿或打印稿的同时获得一份或多份复制品的涂布纸。这种纸的特点是不用垫涂复写层也能复写。主要用于多联表格、票据、连续财票、一般业务财票等，也能用于合同、条约等有法律效应的正规单据。这类纸张平整、光滑洁净，并适用于书写，涂布均匀，切边整齐、光洁。

（九）热敏纸

热敏纸是以纸为底基，经涂布复合，成型变性，整饬加工，使之变为遇热变色的纸。根据用途，可以涂布不同的“热敏变色层”，可以制成遇热能显现出各种鲜明颜色的热敏纸，一般有红、蓝紫、绿、黑色等。热敏纸主要用于传真、心电图记录、热工仪表、视频复印等。保存条件为35℃以下，避免日光直接照射。

三、纸张检验

纸张的检验难度很大，从纸张的提取开始就要特别注意，检验过程一般按照先是外观物理性质的检验，然后进行光学检验，再进行纤维形态的检验，化学法检验及仪器分析。

（一）纸张的提取

纸张提取的重要原则是不要在纸张上增添新的痕迹，如指纹、折痕、皱褶等；也不要随意抖动纸张，以免丢失附着物，更不能磨损、污染、裱糊、润湿、烘烤纸张。提取的方法是对小块纸张，用干净的镊子夹取；对大块纸张，戴干净手套拿取，将其舒展开，夹在两块无色透明的胶片、塑料薄膜、玻璃纸或玻璃板中，也可装在大于纸张的干净纸盒里；对被烧的纸张，应尽量保持原始状态，将纸张轻轻放入软纸或棉花垫衬的盒子里，不准在现场上剥离或压碎。另外还要注意纸张上附着物的提取，要仔细观察寻找纸张上带有泥土、药粉、油脂、毛发、血痕、烟丝、粉尘或体液等附着物，避免遗失，找到后提取下来，进行其他专门的分析。

（二）纸张的物理性质检验

1. 定量（G）

定量表示单位面积上纸张的质量（g/m^2）。可以通过测量纸张的边长，计算出面积，再用分析天平称量纸张质量，利用计算公式 $G=g/m^2$，得到该纸张的定量。测试纸张的定量一般不宜剪取一小块试样来称重和计算面积，最好保持纸张原件的原貌。称量时注意减去估算的纸张上墨迹的质量，对不规则的纸张，可以分成长方形、正方形、三角形、梯形、圆形等各部分的面积相加计算出来。定量的大小影响纸张的整个物理、光学和电气性能，一般的物理性能如抗张强度、耐破度和撕裂度等都与定量有关。

2. 厚度（T）

厚度表示纸张的厚薄程度，可用厚度计进行测定，在一定的面积一定的压力条件下，测量纸张两个表面之间的垂直距离。测定纸张厚度要选取在不同部位分别测量，取平均值，单位为毫米（mm）。一般同一批纸的厚度是一致的，厚度大小也能影响纸的不透明度和伸缩性。

3. 紧度（D）

紧度是指单位体积的质量，表示纤维之间的结合力，是纸张的一项重要的性能指标。纸张的紧度取决于所含纤维的种类，打浆程度，抄纸时网部脱水情况，湿压程度和压光程度等。紧度是指纸张上每立方厘米的质量，可通过定量（G）与厚度（T）的值进行计算，公式为：$D=G/(T\times1000)\ g/cm^3$。

4. 平滑度

平滑度表示纸张表面平整光滑的程度，纸张表面凸凹不平的现象与纤维结构是有关系的，由于生产工艺不同，而产生了纸张不同的表面形状，这就为我们比对鉴别检材与样本纸张提供了重要依据。纸张平滑度的测试方法有 10 多种，一般可利用侧光法与光切断法观察测试。

5. 透气度

纸张是由许多纤维交织组成，其间必有空隙，这样气体由于压差可由孔隙中透过，这种现象表明纸张具有一定的透气性能。衡量透气性能的大小称为透气度。透气度是检查纸张防潮性能的指标，纸张中纤维结构越紧密，透气度越小，反之透气度越大。透气度的单位是毫升（ml），指在一分钟内通过 10cm 的两纸面的空气量。

6. 两面性

纸张有正、反两面，正面为毛毯面，反面为网面。反面由于与铜面接触，细小纤维与填料流失较多显出网印，反面比正面要粗糙些，正面比较紧密。正反面的物理性质有明显的差别，如平滑度正面一般较反面高些，拉毛速度反面比正面大些，这些称为纸张的两面性。产生纸张两面性的原因是由于抄纸工序是从一面脱水，网面的细小纤维和填料胶料少，网面的粗大纤维多，特别是薄纸更为明显。吸水箱的抽吸和辊子的粘连也是造成两面性的原因。另外，湿纸接触网、毛毯和烘缸的面积不同，也是形成两面性的主要因素。纸张的两面性对印刷纸质量的影响是很大的，一般来说，毛毯面的平滑度、施胶度均较好，故其印刷性能也较好。

7. 水印

纸张的水印是在抄纸过程中，由带特殊图案或花纹的水印辊压制而成。纸张水印无色，隐匿在纸页中，是纸张防伪的标记，也是鉴定特殊纸张种类的重要依据。可以通过透光观察或在紫外灯下观察纸张水印的大小和形态。

（三）纸张的光学性能

1. 白度

白度是指纸张洁白的程度，一般用光电反射计测定，即用一定的光源照射纸面，使纸面反射的光经过蓝滤光片再反射到光电池，以氧化镁的反射值为 100 时，测得纸张反射率即为纸张白度。

2. 不透明度

不透明度是指单张纸衬以全吸收的黑色衬垫时，对绿光的反射率与完全不透明的若干纸张样品相应的反射率之比。

3. 荧光强度

纸张荧光强度是指在一定强度的紫外光照射下所发出的荧光的强度，纸张的荧光强度是最重要的光学特性之一。纸张中加入的荧光增白剂能吸收紫外光区的光，并能发出蓝色的荧光，因为它对黄光产生光学补偿，使纸张显示一种白中带蓝的色调。造纸工业最常见的光学增白剂是荧光化合物，常见的有4，4’-二氨基氏二磺酸双（1，3，5-三氮杂苯基）衍生物。

（四）纸张纤维的鉴别

造纸原料主要有天然植物类及废纸、化学纤维和人造纤维及矿物纤维类。植物原料包括木材类、禾草类植物、韧皮类和种毛类。木材类分为针叶木（落叶松、红松、沙松、马尾松、云南松、樟子松等）和阔叶木（杨木、桦木、桉木、榕木、椴木、桉木、冬瓜木等）；禾草类植物包括芦苇、竹子、芒秆、麦草、龙须草、高粱秆、蔗渣等；韧皮类有如亚麻、黄麻、洋麻、檀树皮、桑皮、棉秆皮等；种毛类有棉花、棉短绒、棉破布。不同种类植物纤维的细胞结构形态不同，通过生物显微镜放大观察细胞形态特征，可以鉴别出纸张中所含纤维的种类。

有些纸张是由多种植物纤维以不同的配比制成的，这类纸张检材还应确定纤维配比。可根据试片上纤维形态及颜色的差别分别计数视野内各种纤维的根数，至少应观察5个视野，然后计算各种纤维含量的百分数。在进行纤维配比检验的同时，还应测定纸浆纤维的长短的比例，确定其打浆程度。

1. 前处理

由于纸张中的纤维牢固地交织在一起，在鉴别纤维的种类前，要先对纤维进行离散处理。在纸张不同部位取有代表性的纸样约0.2g或$25cm^2$，当检材数量有限时，对纤维类别的鉴定不能小于$0.9cm^2$，对纤维配比的检验应大于$3cm^2$。对不同品种的纸张，分别用不同的方法处理。对于施胶度较低的纸样可以直接加蒸馏水润湿，撕成小片，再用手指将纸片轻轻搓成小球放入试管中，加蒸馏水摇荡至纤维完全分散为止，加水称释至纤维悬浮液浓度约0.05%；对一般施胶度的纸样可以先用水煮沸数分钟后，再按前法处理分离；对于施胶度较高的纸样，需先破坏胶料，可将样品放入小烧杯中，先加1%氢氧化钠（NaOH）溶液浸没后加热至沸，倾去碱液，用蒸馏水漂洗数次，再加0.2%盐酸溶液（HCl）浸没，放置数分钟后，倾去酸液，再用水充分洗涤，然后按前法处理分离。值得注意的是，如果纸张中可能含有动物纤维，切不可用氢氧化钠等碱液处理，以防纤维溶解。如果纸张是含有沥青、橡胶乳、胶质物及其深色染料等物质的特种纸，须经过特殊方法处理，才能使纤维分离。

2. 试片制备

取混匀分散好的纤维悬浮液约0.5ml于载玻片上烘干（烘时用分离针拨动使纤维分布均匀），冷却，选用合适染色剂，加入1-2滴，2分钟后盖上盖玻片，用滤纸吸去多余染色剂，待检。

3. 各类纤维的形态特征

造纸用的纤维原料包括植物纤维、矿物纤维、合成纤维等，但目前世界上绝大多数国家还是以植物纤维为主要原料。常见的植物纤维可以分为木质纤维（针叶木、阔叶木等)、禾草纤维(稻草、麦草、龙须草、高粱秆、甘蔗渣、竹类等)、韧皮类纤维(麻类、树皮类)和种毛纤维(棉花等)。植物细胞由于生理作用,机能不同,在植物体内的位置、形态和结构也不同,有枕形、齿形、圆柱形及细长纺锤形等,其组成成分可以分成薄壁细胞、表皮细胞、石细胞、厚壁细胞等。成熟的植物细胞是由细胞壁和细胞腔组成的,在细胞壁加厚的过程中,大部分区域得到加厚,但仍有少部分没有加厚,这种比较薄的区域被称为纹孔,各种细胞纹孔的形状和大小不一。

在木质纤维中,常见的针叶木在显微镜下观察到的木质部(树干、树枝除去树皮后的部分)主要是由管胞组成,它占木质部总体积的90%以上。管胞形状细长,两端呈钝圆形或钝尖形,似纺锤状,长1.5-5.6mm,宽0.03-0.075mm,管胞壁上有纹孔,这类纹孔属于交叉场纹孔,它是针叶木所特有的,不同的针叶木,交叉场纹孔的形状和大小均有区别。针叶木中还有木射线细胞、薄壁细胞和分泌细胞等,但它们在制浆漂洗过程中易流失,在镜下观察到的主要是管胞。阔叶木主要是由木纤维、导管、木射线细胞、薄壁细胞等组成,其中后两种在纸张纸浆中含量极少,阔叶木纤维形状与针叶木管胞相似,但长、宽度均小些,一般长度为0.7-1.6mm。导管是阔叶木特有的输导组织,是认定阔叶木的主要标志之一。导管是两端开口的、圆柱状的细胞,长度一般小于0.2mm(它两端的开口称为导管的穿孔,穿孔的形状有单、双及梯形等多种)。导管因在制浆洗涤过程中的损坏或流失,剩下的数量很少,镜检时要仔细耐心观察,常需要多观察几个视野。在区别针、阔叶木纤维时,要根据导管、交叉场纹孔的特殊标志,根据管胞、木纤维细胞的长度、宽度差别,经综合分析后,再下鉴定意见。

禾草类纤维用于造纸的种类比较多,如芦苇、甘蔗渣、龙须草、稻草、麦草等,它们的纤维形态往往大同小异。禾草类纸浆中一般含有纤维细胞、薄壁细胞、表皮细胞、导管和石细胞等。除龙须草纤维特别长、甘蔗渣纤维特别宽外,其他种类的纤维细胞大都细而短,两端尖削,胞腔小,壁上的纹孔和节纹有的有、有的无;薄壁细胞又称柔嫩细胞,胞壁薄,易变形、破碎;导管与阔叶木的相比,长且形状多,底壁平直;石细胞多呈枕形或腰鼓形;表皮细胞多呈锯齿状,其齿形、齿距的形状,既是确定草浆的重要指标,也是区别草类纤维种属的重要依据。稻草(纤维短而细)表皮细胞的齿峰较平,齿形小、齿距几乎相等,似"长城状";麦草(纤维长而粗)表皮细胞的齿峰较尖、高低不等,齿距短而不均,似"水发海参"状,立体感强;芦苇的齿峰高低相近,齿形大小不一,齿距较均匀,似"小孩坏牙",有些表皮细胞连成片,似砖的堆积,不易分离;龙须草(纤维细长柔软)表皮细胞的齿峰较小(秃)。竹的种类较多,但纤维形态相差不大,所以鉴别竹种较困难。竹纤维细胞挺直、僵硬、很少弯曲,胞壁甚厚、胞腔极小,内外壁较平滑,纤维壁有不规则的横向节纹,无齿状表皮细胞,可找到枕形或腰鼓形的薄壁细胞和石细胞。

麻纤维表面平滑、形状规则，末端尖锐、壁厚、有横纹（亚麻长21-35mm，苎麻更长）。棉只有扭曲为带状、胞腔大而明显的纤维（平均长度为18.4mm），无其他细胞。

（五）化学分析法

利用一些特效化学反应可以鉴别纸浆种类、胶类、填料以及色料的异同，从而达到鉴定纸张的异同的目的，如蔗糖-浓硫酸法、碘染色法、茚三酮法等。这些方法的优点是直观、快速，但只能作为一种辅助的检测方法，并只能针对纸张检材量多的情况下才可以采用，因为这类反应对检材来说均是化学有损破坏性的反应。

（六）仪器分析法

1. 薄层色谱法

纸张成分复杂，除了纤维素、半纤维素、木质素及其分解产物外，还有胶料、填料、色料、助剂等。其中胶料是皂化松香使用较多，这是种成分复杂的混合物，其中已经测定结构的松香酸就有二十多种。由于各种纸厂的松香、荧光增白剂、染料等原料来源不同，配方和生产工艺上的差别，不同厂家生产的同种类型纸，其有机成分存在一定差异，利用薄层色谱或高效液相色谱法，可以分离检测纸张的有机成分。

对于纸张中的色料、填料等，采用薄层色谱法一般可选用硅胶 GF_{254} 荧光薄层板，常用展开剂为苯∶甲醇=95∶5（V/V）。纸张用乙醇提取并经浓缩后点样，白光或紫外灯下观察斑点颜色，测定其数目和比移值（R_f）。必要时，还可利用薄层扫描仪测定纸样各成分的相对含量。如果两个纸张的薄层色谱不同，可以确定这两个纸张是不同类的纸或是不同厂家生产的同类纸。如果这两个纸张的薄层色谱相同，一般是同种纸，但不一定是同一产地或同一厂家生产的纸。

2. 高效液相色谱法

不同产地、不同厂家生产的外观、物理性能和纤维成分相同的纸，其中一部分的有机成分相同，但这些纸张中有机成分的相对含量有一定差别，一般用薄层色谱法很难区分，可利用高效液相色谱法对纸张中的有机成分进行分离检测，能进一步确定同种纸张的不同生产厂家。高效液相色谱法可采用 C_{18} 反相柱，流动相用甲醇∶水=85∶15（V/V），可选用紫外检测器。

3. 裂解气相色谱法

裂解气相色谱法是将纸张中的植物纤维、色料和胶粒等高分子化合物，裂解成易挥发的低分子碎片，再进行气相色谱分析。利用此种方法可以区分不同纸浆制成的纸张。

4. 等离子体发射光谱法

除了有机成分外，纸张中还有多种无机成分。不同厂家使用的填料的来源不同，纤维原料中无机元素含量的不同，纸厂水质和空气尘埃的差异，会使不同厂家生产的纤维成分相同的同种纸，呈现无机元素及其含量的差别。利用等离子发射光谱法，对纸张无机元素成分，进行定性定量分析，可进一步确定纸张的不同来源。

纸张中的无机元素的含量受多种因素的影响，一个厂生产的同种纸，其无机元素含量变化的范围较宽，而不同厂生产的同类纸无机元素含量的差别，有大有小。当这种差别较小，与同一厂家的同种纸无机元素含量的波动范围相当时，就不能确定是否为不同厂家生产的同种纸。

5. X 射线衍射分析法

纸张中的填料，如滑石粉、二氧化钛、碳酸镁等，由于来源不同和制造工艺的差别，其所含成分的晶体结构和相对含量存在差异。利用 X 射线衍射分析法，可以测试有机成分无机元素相同的纸张，对纸张进行进一步区分。

6. 其他分析方法

目前还可以应用表面光谱技术对不同纸张进行区分，如视频光谱、拉曼光谱和红外光谱等方法对纸张进行快速分析。

第三节　文书印刷油墨鉴定

文书物质材料中第二大类是着色物，无论书写、印刷都离不开着色物。着色物是着色剂和其他组分按比例配制而成的混合物，包括墨水、墨汁、印泥、印油、圆珠笔油墨（水）、复写纸油墨、印刷油墨等。

一、着色剂

着色剂又称呈色物质，分为染料和颜料两大类。染料是能溶于水或某些特种溶剂中的呈色物质，大多是有机物，在溶剂中以分子或离子的状态均匀分布，溶液透明，它们与被着色体有亲和力或可以发生化学反应。墨水、圆珠笔油墨和印油中的呈色物质多使用染料。颜料是在溶剂中基本不溶解的呈色物质，既有无机物，也有有机物。无机颜料大多是金属氧化物和无机单质（如炭黑），有机颜料称为“色淀”，如媒染颜料是染料沉淀在填充料固体小颗粒表面而制成的。颜料以小颗粒形式借助于黏合剂或混合介质附着或沉积于被着色体表面。墨汁、印泥、印刷油墨以及涂料中多使用颜料。

人类很早就使用来自植物和动物体的天然染料靛蓝、茜素、五倍子、胭脂红等对毛皮、织物和其他物品进行染色，使用无机矿物颜料在石壁上绘画。1856 年英国化学家 Perkin 研制出第一个合成染料——苯胺紫，从此合成着色剂开始登场。迄今为止，各国科学家先后合成了上万种着色剂（色料），现代工业中所用着色剂包括染料和颜料大多是化学合成产品。

（一）染料

根据染料的应用对象、应用方法及应用性能可将染料分为：酸性染料、碱性燃料、直接染料、中性染料、活性染料、分散染料、还原染料、阳离子染料、冰染染料、缩聚染料、硫化染料和金属络合染料等。其中常出现在文书材料中的有酸性染料、碱性染料和直接染料。

1. 酸性染料

酸性染料是一类含有磺酸基、羧酸基等极性基团的阴离子染料，其钠盐易溶于水。最初是在酸性水溶液中染色，所以叫作酸性染料。在酸性介质中，染料分子中所含的磺酸基、羧基能与蛋白质纤维素分子中的氨基以离子键相结合，主要用于蛋白质、聚酰胺纤维及皮革的染色。结构上主要由偶氮和蒽醌所组成，也有部分为三芳甲烷结构。酸性染料对纤维素纤维无亲和力，故对纸张难以着色。单纯采用酸性染料配制墨水，字迹不够牢固。常见酸性染料有：酸性墨水蓝、柠檬黄、酸性红 G、曙光红 A 等。

2. 碱性染料

碱性染料又称盐基性染料，它们是分子结构中含有氨基或取代的氨基而能成盐或季铵盐的染料。因染色时，其部分染料以阳离子的形式与纤维结合，故又称“阳离子染料”。它与纤维素纤维无亲和力，须用单宁酸等媒染剂在纤维上打底，再染色。碱性染料色调鲜艳，色质浓厚，但耐光性差，坚牢度差，主要用于配制墨水、复写纸染料等。常用品种有：盐基品蓝 B、碱性紫 5BN、碱性玫瑰精。

3. 直接染料

在中性或弱碱性介质中加热煮沸，不用媒染剂就可使纤维直接染色的染料称为直接染料。按化学结构的不同，直接染料可分为偶氮型、二苯乙烯型、噻唑型、酞菁型等，其中主要是偶氮型的直接染料。这类染料可以作为酸性染料的一部分，不同之处是酸性染料对纤维素纤维无亲和力，而直接染料对蛋白质纤维和纤维素纤维有亲和力。直接染料色谱齐全，应用方便，价格低廉，不足之处为耐洗及耐晒牢度较差，凡耐晒牢度在 5 级以上的直接染料称为直接耐晒染料。常见品种：直接蓝 2B、直接黑。

染料型墨水是染料在水溶液中以分子的状态溶解后制成，染料配制的墨水稳定性好，不容易堵塞笔头。

（二）颜料

1. 无机颜料

无机颜料按颜色可分为白、彩、黑三类；按作用性质分为添加剂类、有金属光泽的以及其他颜料；按功能分为着色颜料和体质颜料。着色颜料主要用于着色加工，强调颜色的遮盖力；体质颜料一般具有较低的遮盖力和着色力，主要用于改善产品的加工性能和物埋性能，它的加入是为了降低产品的成本，增加产品的机械强度、耐久性、耐磨性、耐水性和稳定性等。

（1）二氧化钛（TiO_2）。二氧化钛，工业上称钛白粉，白色粉末，不溶于水，也不溶于稀酸，可溶于氢氟酸和热的浓硫酸。性能稳定，对大气中各种化学物质的侵蚀呈惰性；对光的吸收少，散射能力强，光学性能非常好，着色力和遮盖力都好于其他白色颜料。耐候性特佳，耐热性能过好，熔点高达1850℃。用途广，在油墨、水性液粉笔中作为着色颜料，是涂改液中的主要成分，造纸工业中可用作填充剂，在人造纤维中用作消光剂，也可制造白色油漆。

（2）氧化锌（ZnO）。氧化锌又称为锌白或锌氧粉，白色粉末，有无定型和针状晶体两种，其着色力因产品级别不同而异。不溶于水和有机溶剂，遮盖力较其他白色颜料差，但针状晶体的遮盖力相对较好。现代工艺中它吸收紫外线的能力强，着色力比钛白、铅白、立德粉均高，但易与酸、碱反应，故耐酸碱性较差。

（3）立德粉。立德粉是由硫化锌和硫化钡沉淀混合组成，也称锌钡白。化学组成为 $BaSO_4 \cdot ZnS$，白色粉末，其着色力和遮盖力均大于锌白，但遮盖力仅为钛白粉的1/4左右。它不溶于水，遇稀酸分解放出硫化氢气体；耐光性较好，但光照会使硫化锌分解变黑，将其移到暗处又变白，常加入钴盐提高耐光性。立德粉粒细、色白，在油墨中作为很好的颜料配料，在涂料方面可用作水性涂料，也可用于纸张的填料、绘画的颜料。

（4）炭黑。炭黑主要成分是碳，在电子显微镜下可以观察到它是由近似石墨的准晶体构成，是一种类似球状的粒子熔接在一起的聚集体。还有少量氧、氢、硫。古法通过焚烧动植物油、松树枝，收集火烟凝成的黑灰，用来调制墨和黑色颜料，被称为“炱”。气态或液态的碳氢化合物在空气不足的条件下进行不完全燃烧或热裂解分解所生成的无定型碳，是疏松、质轻且极细的黑色粉末。它是一种非水性的黑色粉末，即使将炭黑磨得很细，加水后也不能制成墨水，必须经过处理或添加具有特殊功能的助剂，才能制成墨水。由于我国在染料合成的控制及提纯方面缺乏一定的技术支撑，国产黑色专用染料的生产很少，市场上所用的黑色墨水大部分仍为颜料碳素墨水。虽然乌黑度、耐水、耐晒性能好，但常有悬浮的细小颗粒，易堵塞笔尖。

早期工业制造是用化学氧化法，炭黑在强氧化剂作用下，使颗粒表面生成-COOH、-OH等亲水基团而易溶于水。目前，炭黑的生产根据原料和生产方式的不同可分为接触法、炉法、热裂法（乙炔炭黑）三种。用于橡胶工业的配合剂黑色墨水部分为颜料碳素墨水，乌黑度、耐水、耐晒性能好，但常有悬浮的细小颗粒，易堵塞笔尖，适用于蘸水自来水笔和绘图笔，如在自来水笔中使用，需要经常用温水清洁。

（5）普鲁士蓝。普鲁士蓝别名有中国蓝（Chinese blue）、华蓝、铁蓝、钢蓝、青铜蓝和色调蓝等。其含有多种化学成分，如亚铁氰化铁钾、亚铁氰化铁、亚铁氰化铁氨等。常用作蓝色的无机颜料，着色力与遮盖力都比较强，有一定程度的透明性，耐光性尚可。缺点是吸油量高、粉质硬，不易研磨分散，常采用色片工艺分散，耐碱性较差，遇碱易褪色。普鲁士蓝的色调、着色力、分散性和吸油量均与化学成分、颗粒大小有关，相对密度一般为 1. 8-2. 0g/ml，耐热性差(140℃分解)，在印刷油墨、复写纸油墨、涂料、绘画颜料中均有使用。

(6) 群青。群青结构复杂，由硅酸、氧化铝等组成，化学式为 $Na_6Al_4Si_4S_4O_{20}$，有多种异构体，色相也不尽相同，可分为红相和蓝相两大类。其色泽鲜艳，有优异的耐碱性、耐溶剂性、耐光性和耐候性，在 250℃时稳定。有较好的亲水性能，但易被酸的水溶液破坏，遮盖力欠佳。一般用于绘画、涂料等行业。

(7) 金属颜料。金属颜料是由小片金属组成，颜料中金属的介入使墨水产生金属的光泽。例如，加入铝粉颗粒可以获得银色的光泽，加入铜锌合金粉可产生金色的光泽。主要用于制作有金属光泽的墨水，如闪光中性圆珠笔墨水。

(8) 其他颜料。其他颜料还有铁红（Fe_2O_3），红色粉末，有两种不同晶型，其颜色在红黄到红紫之间变动。铅白主要成分为碳素铅和氢氧化铅。镉黄是硫化镉或硫化锌的固熔体。镉红有硫化镉和硒化镉的固熔体与硫化镉和硫化汞的固熔体两类。铬黄主要成分有铬酸铅、硫酸铅等，品种繁多。钼红是钼酸铅、铬酸铅、硫酸铅三者的混晶。

2. 有机颜料

墨水中常用的有机颜料有偶氮类颜料、酞菁类颜料、喹吖啶酮颜料、1，4-二酮吡咯并吡咯（DPP）类颜料、色淀类颜料和苯胺黑。

(1) 偶氮类颜料。偶氮类颜料指分子结构中含偶氮基的不溶于水的有机化合物，在有机颜料中是品种最多和产量最大的一类。代表颜料包括永固橙 RN（C. I. 颜料橙 5)、金光红（C. I. 颜料红 21)、联苯胺黄 G（C. I. 颜料黄 12)、大分子橙 4R（C. I. 颜料橙 31)、大分子红 R（C. I. 颜料红 166）等。

(2) 酞菁类颜料。酞菁类颜料指具有酞菁结构的一类有机物，是由四个异吲哚啉结合而成的一个十六环共轭体系，其发色系统为具有 18 个 n 电子结构的环状轮烯。用途最广泛的有机颜料，其特点是色泽鲜艳、着色力强、耐酸、耐碱、耐光和不渗色。常用代表颜料有铜酞菁蓝（C. I. 颜料蓝 15)。

(3) 喹吖啶酮颜料。喹吖啶酮颜料最早 1935 年由美国杜邦公司首次合成的 C. I. 颜料紫 19，其特点具有牢固度高、色光鲜艳、着色力高的颜料品种，色相有黄到紫，主要为橙色、红色和紫色，是对酞菁蓝、酞菁绿色谱的补充，色光鲜艳，应用性能良好，耐气候、耐热、耐迁移性能、色牢度都很优越。中性圆珠笔墨水中常用 2，9-二甲基喹吖啶酮（C. I. 颜料红 122)。

(4) 1，4-二酮吡咯并吡咯（DPP）类颜料。1，4-二酮吡咯并吡咯（DPP）类颜料最早是在 1980 年左右合成，瑞士的汽巴-嘉基公司开发出一类具有氢键型共轭发色体系的黄、橙、红色有机颜料，该颜料具有 1，4-二酮吡咯并吡咯（DPP）结构。目前实现商业化的有 7 个品种，它们的特点是分散性良好，着色力高，色光鲜艳，使用于高档墨水。

（5）色淀类颜料。色淀类颜料指水溶性染料（如酸性染料、直接染料、碱性染料）经沉淀剂作用生成的非水溶性颜料。它的色光较艳，色谱较全，生产成本低，比原水溶性染料耐晒度高。沉淀剂主要为无机盐、酸、载体等。无机盐沉淀是将氯化钡、氯化钙、硫酸锰等作为沉淀剂与水溶性染料反应，生成非水溶性的钡、钙、锰等的盐类。

（6）苯胺黑。苯胺黑是最早的有机合成颜料之一，俗称阿尼林黑或精元。苯胺用重铬酸钠或三氯化铁等氧化剂氧化可制得。

二、油墨的定义

广义上说油墨包括笔用油墨和印刷油墨，但两者无论在组成成分还是性能上都有很大的差异，而且笔用油墨的历史远比印刷油墨要长久。现在一般把笔用油墨称为“墨水”，而把印刷油墨简称为“油墨”。

印刷油墨分为固态油墨和液态油墨。固态油墨主要包括激光打印墨粉、静电复印墨粉、固体油墨块等。这里我们只讨论液态油墨。常见的印刷液态油墨的是把着色剂（颜料、染料等）微细地分散在连接料中制成的。它是由着色剂、连接料、填充料、溶剂、助剂等组成的胶态分散体。常见的印刷油墨有传统制版印刷油墨、办公印刷设备油墨（不包括激光打印墨粉、静电复印墨粉、固体油墨块）、盖印油墨（印泥、印油）、特种油墨、防伪油墨等。

三、印刷油墨的分类

印刷油墨种类很多，目前我国已有五十余种，一千多个花色。按印版分类可分为凸版油墨、平版油墨、凹版油墨、网孔版油墨、无版油墨。按印版材料分类可分为木版、石版、铜版、橡胶凸版等用油墨。按承应物材料分类可分为纸张、塑料、金属材料、纤维织物、玻璃、陶瓷、搪瓷、木制品等用油墨。按油墨物理状态分类可分为浆状油墨、液状油墨、固状油墨、乳液状油墨等。按油墨颜色分类可分为黑色、蓝色、绿色、红色、原色、专色、标准色、金属色、荧光、磷光、珠光、夜光等油墨。按油墨的印刷用途分类可分为新闻出版印刷用、商业印刷、包装印刷、生活用品等油墨。按油墨的防伪的特性分类可分为荧光油墨、磁性油墨、隐形油墨、温度油墨等。按干燥方式分类有氧化干燥型油墨、彩色包装油墨、塑料油墨、玻璃油墨等。在《印刷油墨分类、命名和型号》QB/T 3597-1999 中规定了印刷油墨产品的分类方法，以版式加油墨特性或印刷设备、承印物材料、印刷用途等组合列出了油墨品种分类共 34 种（见表 1）。目前还有许多新型的印刷油墨，如日本一家公司研发可食颜料印刷高清晰度数字照片的技术。在电子材料领域正涌现出一种导电油墨，又称电子纸——它是一种用电子墨水显示的超轻、超薄的屏幕装置，可以像报纸一样折叠起来而不扭曲变形。

表1　印刷油墨产品的分类表

印刷版型类	油墨品种类	
平版油墨	胶印亮光油墨	胶印树脂油墨
	胶印轮转油墨	胶印四色版油墨
	平版印铁油墨	平版光敏印铁油墨
	珂罗版油墨	胶印热固油墨
凸版油墨	铅印书刊油墨	凸版轮转印报油墨
	铅印彩色油墨	铅印塑料油墨
	橡皮凸版塑料油墨	凸版水型油墨
	凸版轮转书刊油墨	橡皮凸版油墨
凹版油墨	影写版苯型油墨	影写版水型油墨
	影写版汽油型油墨	
	凹版塑料薄膜油墨	
	凹版（糖果纸）醇溶油墨	
网孔版油墨	油型誊写油墨	水型誊写油墨
	丝网塑料油墨	丝网油墨
专用油墨	软管油墨、印铁滚涂油墨、制版墨	
	玻璃油墨、标记油墨、盖销油墨	
	喷涂油墨、复印油墨、号码机油墨	

四、印刷油墨的组成

印刷油墨一般由着色剂、连接料、填充料、稀释剂、添加剂（助剂）等组成。着色剂是发色成分，印刷油墨大部分使用颜料。可以根据油墨性能要求和用途来选择色料。例如，胶印油墨用的有机颜料应有较好的耐水性、耐油性、耐酸性和适宜的吸油量等。平版印刷油墨用的有机颜料除了要有耐水性、耐油性、耐酸性外，还要求有很好的耐热性。水性油墨要求有机颜料耐水性、耐酸性、耐乙醇性都要好。有机颜料要从吸油量、耐热性、耐光性、耐水性、耐油性、耐酸性、耐碱性、耐乙醇性、耐甲苯、耐丙酮等方面考虑。

（一）着色剂

印刷油墨大多为红、黄、蓝色，其次有橙、绿、紫（青莲）色着色剂。红色颜料主要有偶氮类的金光大红、永固红、永固紫红、金光红 C、立索尔大红 R、立索尔深红、耐晒大红 BBN、耐晒艳红 BBC、耐晒红 BBS、耐晒深红 BBM、立索尔宝红 BK、洋红黄色颜料主要有单偶氮类的耐晒黄 G 蓝色和绿色的主要是酞菁类颜料。也有些用于印刷油墨，采用的无机颜料主要有炭黑、钛白粉、锌钡白等作为着色剂。

（二）填充料

填充料一般为白色、透明或半透明，加入油墨中可减少色料以降低成本，同时还可以调节油墨流变性和触变性，也被称为体质颜料。主要有碳酸钙、硫酸钙、氢氧化铝、铝钡白、高岭土（水合硅酸铝）、硅灰石粉（偏硅酸钙）等。

（三）连接料

印刷油墨连接料由油、树脂、溶剂、增塑剂及其他添加剂组成。连接料在常温下须是流体状态，能将色料分散于其中，成为色料的载体。连接料有适当的流变性能，便于油墨在印刷过程能够均匀和顺利地传递转移。连接料也是成膜物质，油墨通过印刷转移到承印物表面，干燥固着后形成一层结实的皮膜。连接料日益多样化，主要包括油类、树脂、溶剂和辅助材料。

1. 油类

油类连接料包括植物油，植物油经加工制成加工油和矿物油。植物油以脂肪酸甘油酯为主要成分，按不饱和程度可分为三类，包括干性植物油（亚麻仁油、锌油、桐油）、半干性植物油（豆油、菜籽油、葵花籽油、棉籽油、玉米油、葡萄籽油等）、不干性植物油（蓖麻油、椰子油等）。

2. 树脂

树脂分为天然树脂和合成树脂，一般具有不挥发性，不能直接溶于水，但可溶于特定的有机溶剂或植物油中。天然树脂包括松香、木松香、松香油、虫胶、天然硬沥青等。合成树脂包括松香改性酚醛树脂、氨基树脂、醛酮树脂、聚氯乙烯树脂、氯乙烯-醋酸乙烯共聚树脂、聚乙烯醇缩丁醛等。

3. 溶剂

溶剂是溶解或稀释树脂的介质，使连接料具有必需的黏度和流动性。常用的溶剂包括脂肪烃、芳香烃、醇类、酯类、酮类等。

4. 辅助材料

连结料中加入的辅助材料很多。其中，蜡在干燥的皮膜表面形成很薄的保护膜；凝胶剂提高黏度，多用于高档快干亮光胶印油墨。稀释剂又称稀薄剂，主要成分为各类混合溶剂，在印刷过程中，如果油墨黏性太大或过于稠厚，会引起油墨传递不良，在质量较差的纸张上会产生拉纸毛及印迹模糊、掉版等弊病，其作用可降低油墨的黏性，使油墨稀薄以增加其流动性能。其他辅助材料还有催干剂、增塑剂、分散剂、润湿剂、减黏剂、防结皮剂、增黏剂、凝胶剂、消泡剂、防霉剂、交联固化剂、光聚合引发剂等。

五、印刷油墨的检验

（一）外观检验

自然光下观察检材与比对样品图文油墨的墨层厚度、色调、光泽、扩散、渗油、对载体的渗透能力等情况。初步鉴别印刷方式、油墨种类。

（二）物理性质检验

在长短波紫外灯下，观察可见荧光，或利用文检仪、紫外荧光进一步鉴别。剪取油墨的文字笔画、置于试管中，分别加入环己烷、苯、氯仿、乙醇、丙酮、乙酸乙酯、水等溶剂，观察其溶解性能，为后续检验选择好提取溶剂。

（三）化学性质检验

剪取油墨的文字笔画，置于点滴板上，然后分别加入酸、碱试剂，由于相近颜色的油墨字迹所含着色剂或填料不同，因而能产生不同的酸碱反应现象或颜色反应。

（四）仪器分析方法检验

紫外-可见光谱和导数光谱法、薄层色谱和薄层扫描法、高效液相色谱法等检验印刷油墨中的有机成分，利用表面分析技术如红外光谱法和拉曼光谱法对印刷油墨表面的有机成分快速无损进行分析。

1. 紫外-可见光谱和导数光谱法

采用混合溶剂对印刷油墨进行提取，以提取溶剂作为参比，可测试提取液的紫外-可见光谱和导数光谱。不同种类相同颜色的印刷油墨，其紫外-可见光谱和导数光谱有较明显的差异，容易鉴别。

2. 薄层色谱和薄层扫描法

将油墨的浓缩提取液（通常可用丙酮、氯仿或 N，N-二甲基甲酰胺作提取剂），点加在硅胶 GF_{254} 薄层板上，选用适当的展开剂，如苯：四氢呋喃：冰醋酸（40：5：1）或苯：甲醇（19：1）等，展开。展开后，挥去溶剂，在白光和长、短波紫外灯下，观察斑点的颜色和荧光，测量其数目和比移值（R_f），能区分油墨的种类、生产厂家和牌号。利用薄层扫描仪，选择适当波长，进行线性扫描，能测得色谱图，计算出各色谱峰的峰高、峰面积和相对强度。根据这些数据，能进一步区分油墨的牌号，有时还能区分批号。

3. 高效液相色谱法

印刷油墨中的同种着色剂，由于不同厂家生产工艺的不同，其所含未反应的中间体、反应副产物及其他杂质等存在不同程度的差别。利用高效液相色谱法，选用 C_{18} 反相色谱柱，以甲醇/水流动相，梯度洗脱，以可变波长紫外-可见检测器或二极管阵列检测器，通过测算各个色谱峰的相对强度，能检出同种颜料的细微差别，从而进一步区分油墨的牌号及批号。

4. 红外光谱法

印刷油墨是一种多组分混合物，测得的红外光谱是混合物中各物质红外吸收的相互叠加，很难进行光谱解析，但混合物不变，其叠加的谱图能保持稳定，可以将检材的红外光谱图与样本的红外光谱图进行对比分析。

5. 等离子发射光谱法

印刷油墨中的无机颜料、酞菁类颜料、干燥剂、填料等均含有无机元素。这些成分的配比及来源不同，其无机元素的种类及其相对含量方面便存在一定差别。利用等离子发射光谱仪，对油墨进行元素定性定量分析，能区分鉴定同种同色不同牌号的油墨，但如果是检验纸张上的油墨，则应同时做纸张的空白检验，以排除纸张中无机元素对油墨检验的干扰。

6. 原子吸收光谱法

借助原子吸收光谱法对印刷油墨所含的某些特征无机元素的定量分析，可以区分不同厂家生产的种类和颜色比较相近的油墨。该法选择性强、灵敏度高、结果准确，但耗费油墨量大，操作较繁杂。

7. X 射线衍射分析法

印刷油墨中的同种着色剂和其他无机成分，由于原料来源和制备工艺的差别，其晶体结构存在差别，当用固定波长 X 射线照射油墨中的无机成分时，可产生不同的衍射图谱。利用 X 射线衍射仪，还能区分印刷油墨无机元素相近情况下的差异。

8. 透射电子显微镜检验

黑色印刷油墨的主要颜料是炭黑。由于炭黑的原料、制备方法及生产工艺的不同，不同种类、不同厂家和不同牌号的炭黑，在颗粒形态及其大小上，存在不同程度的差异。检验时，从检材上剪取或刮取油墨，置于石油醚中浸泡，将悬浮液转移到有支持膜的铜网上，用透射电子显微镜观察经处理获得的炭黑的形态、大小及分布，并与已知样品比对，能对油墨的牌号作出进一步的区分鉴定。

第四节　文书书写墨水鉴定

一、墨水的概念

（一）墨水的定义

墨水是指文件上的各类墨迹的总称，包括书写墨水、喷墨墨水、书画墨汁和中国墨、防伪墨水及特种墨水等，用于书写和印刷文书，由一种或几种染料或颜料溶解或扩散在液体介质而成。从组成上看，墨水是指一类含有颜料或染料及其助剂的液体；从功能上讲，用来书写文字、绘制图案、标记符号或印刷材料的一切液体都称为墨水。我国把溶剂为水性的，黏度较小的墨水产品称为墨水；溶剂为有机溶剂、黏度较大的墨水类产品称为油墨。

（二）墨水的种类

根据不同的划分标准，墨水有不同的分类。从功能上可分为书写墨水、印刷墨水、电子墨水、导电墨水等。从着色材料的性能上可分为颜料型墨水和染料型墨水。从溶剂的性能上可分为水性墨水和溶剂型墨水。根据色调分为黑、红、蓝、绿四大主色系。根据笔的种类分为自来水笔墨水、圆珠笔墨水、记号笔墨水、白板笔墨水、水性液粉笔墨水、光敏水解笔墨水等。自来水笔墨水主要有纯蓝墨水、蓝黑墨水、黑墨水、红墨水、碳素墨水和绘图墨水等。圆珠笔墨水从溶剂性能上可分为水性圆珠笔墨水、油性圆珠笔墨水和中油圆珠笔墨水等。中性圆珠笔墨水从光泽上还有珠光、闪光、荧光等品种。从气味来说，有葡萄香、哈密瓜香、薄荷香、柠檬香、蓝莓香等香型。记号笔墨水的色谱更为齐全，有 12 色、24 色、48 色等色型。

（三）墨水的产生和发展

1. 颜料型墨水

1980 年在陕西临潼姜寨村仰韶文化墓葬中出土了一套完整的绘画工具：有石砚、研台、水盂和黑红色氧化铁矿石。1937 年美国化学家研究甲骨文上书写的红字和黑字的颜料成分，分别是朱砂和碳素单质。实验证实朱砂和墨创始于殷商时代，即公元前 12 世纪以前。中国墨水（China ink）为了携带方便，一般把墨棒制成棒状，让它自然风干而成墨锭，需用时加水在砚中研磨成墨汁。墨锭和墨汁的着色材料都是炭黑，属于颜料型色素，炭黑的原理取自松烟、油烟，颗粒极细，并利用植物胶、动物胶等对颜料进行分散和稳定化，是人类最古老的碳素墨水。现代使用的碳素墨水是用极细的碳墨为主要原料，再加入调色染料、分散剂、稳定剂等配制而成。

2. 染料型墨水

公元前 1200 年的古埃及人从各种植物的浆果中提取各种颜色汁液和悬浮液作为书写墨水，就是最初的染料，包括茜素、靛蓝、浆果、胭脂和乌贼墨汁等。公元前 400 年左右，发明了性能更加稳定的墨水，主要由铁盐、橡树树瘿和阿拉伯树胶混合而成，这一配方使用了几个世纪。在中世纪出现了从树皮中的鞣酸得到的鞣酸铁墨水，接着是没食子墨水、紫红色月桂墨水。到 1848 年，人们发现苏木可以产生鞣酸，于是产生了苏木素墨水。1856 年从煤焦油中制得了苯胺墨水。后来，德国科研人员通过对天然没食子酸铁墨水进行研究提出了新配方，随后鞣酸铁墨水在全世界广泛适用。19 世纪后期到 20 世纪，还出现快干墨水、新型超铬墨水等。19 世纪末期出现了一些由合成色料制成的墨水，如淡红的曙光墨水、黑色的硫化苯胺墨水、含有茜草色素蓝和苯胺在内的茜草素墨水等。后来，美国永利公司推出的碳素墨水融合了表面化学、胶体化学、高分子化学的许多处理技术，以耐光性、耐水性、耐化学腐蚀等性能俱佳的色素炭黑作为着色材料，同时酸度适宜，避免了蓝黑墨水、纯蓝墨水等由于酸性过强对纸张的腐蚀。

二、书写工具中常见墨料的种类及主要成分

（一）蓝黑墨水

蓝黑墨水又称鞣酸铁墨水。其主要成分是蓝色染料如酸性墨水蓝、直接湖蓝5B等，还有鞣酸、没食子酸、硫酸亚铁、硫酸、甘油、苯酚、甲醛、亚砷酸、香精等。为了调整色光和加深色泽，有时还加入少量的酸性黄和酸性红等辅助染料。用这种墨水书写的字迹，由蓝变深，成为蓝黑色，字迹牢固，久不退色。

（二）染料墨水

染料墨水亦称颜色墨水。其主要成分是各种不同颜色的染料，常用两种或两种以上性质相近的染料调和配制。此外，还加入甘油、亚砷酸、苯酚、香精、乙醇、硫酸等辅助成分。常用的染料墨水有纯蓝墨水、红墨水、黑墨水、绿墨水、紫墨水等。用这类墨水书写的字迹，易受水和乙醇浸润而扩散，对日光及酸碱的抵抗力弱，易变色或褪色。

（三）碳素墨水

碳素墨水是用极细的碳墨，悬浮在液体中，加入调色染料、分散剂、稳定剂、香精等配制而成。用这种墨水书写的字迹，不易变色和褪色，稳定性很好。

（四）圆珠笔油墨（水）

1. 油性圆珠笔油墨

油性圆珠笔油墨主要由染料、有机溶剂等构成。一般蓝色圆珠笔油墨由酞菁铜三磺酸盐与碱性艳蓝B、O和碱性紫5BN相加上醇酸树脂、苯甲醇、三乙醇胺、聚乙烯吡咯烷酮等配制而成。红色油墨采用711品红为主要色料；黑色油墨的色料由油溶黑磺化后加盐基青莲，油溶黑磺化后加盐基淡黄混合而成。

2. 水性和中性圆珠笔墨水

水性和中性圆珠笔墨水有蓝色、黑色和红色等不同颜色，主要由溶剂、着色剂、表面活性剂和其他添加物等组成。溶剂是墨水中的挥发性成分，加入溶剂的目的是溶解或分散墨水中的着色剂，并且载着着色剂顺利流过笔的球座体和球体而在纸张上形成文字。鉴于墨水的黏度高，所以吸湿性大、渗透性强，润湿效果明显的溶剂才能有机地打破墨水胶质物的牵扯力，发挥其较好的功效。常用的溶剂有二甘醇、三甘醇、乙二醇、1，2-丙二醇、1，3-丙二醇、甘油、乙醇、丁醇等有机醇类。为了提高溶解性，改善书写质量，这些溶剂多是混合使用：溶剂蒸发速度过快，笔头会因墨水干涸而被封住；溶剂蒸发速度过慢，书写出的字迹不干、易渗透。着色剂主要包括炭黑、颜料和染料。例如，蓝色墨水通常选用直接染料，如直接耐晒蓝，其多个-N=N-基团之间形成共轭双键，使染料发生深色效应，并增加染料对纤维素的亲和力。墨水中的染料主要起着色作用，经书写在

纸张上形成字迹后，染料成分通过吸附、结膜而固定在纸张上。由于染料的粒径特别微小，很容易进入纸纤维空隙中，故此类字迹耐磨、宜长时间保存。染料对光比较敏感，易发生光化学反应，因此，墨水中染料成分的相对含量会随时间发生变化，借此可就文书字迹的相对书写时间进行鉴定。表面活性剂起着润湿渗透作用，能调整墨水的间歇性能、连续书写性能及出墨量。树脂是作为稳定剂而添加的，它能将分散研磨的微粒进一步吸附从而加以保护，而其在胶体中的“布朗运动”将使相互碰撞的微粒不会发生凝聚现象，进而长期稳定，通常以聚丙烯酸类和聚乙烯醇类等作为此类笔中树脂使用。

三、书写墨料的检验鉴定

书写墨料的检验鉴定方法与上一节中讲到的印刷墨料的检验鉴定方法基本相同。均是先采用外观检验，在自然光下比较字迹的色调、光泽、颜色的均匀程度、溶解性、压痕、紫外灯下的荧光等，区别墨水、圆珠笔油和复写纸字迹。接着对检材与样本的物理性质比较检验：在长短波紫外灯下，观察可见荧光，或利用文检仪、紫外荧光进一步鉴别。对于量大的检材，可以剪取文字笔画进行溶解性能测试。然后可以进行化学性质检验，包括酸碱性测试及其特异性颜色反应。最后可以进行仪器分析方法检验，用显微分光光度法、裂解色谱法、毛细管电泳技术、拉曼光谱分析法、紫外导数光谱法对墨水的种类加以鉴别。其中，显微分光光度法和拉曼光谱分析法更是有操作方便、无损的特点，而拉曼光谱分析法在区分黑色字迹（含激光打印字迹、喷墨打印字迹）方面有较好的效果。

第五节　文书盖印色料鉴定

一、印泥、印油的组成及成分

文书上印文色料是由印泥（油）盖印形成。印泥（油）一般由着色剂、溶剂、助剂、树脂等组成。通常着色剂多为有机颜料，主要有大红粉、金光粉、立索尔红、永固红、耐晒红、酞菁黑、酞菁蓝等。目前新型的印油会涉及使用的染料有酸性红 18（酸性红 R）、酸性红 87（水溶曙红 Y）、颜料红 112 等。常见的溶剂大多为蓖麻油、蓖麻油醇酸脂、棉籽油、豆油、菜油等。助剂有邻苯二甲酸二丁酯、邻苯二甲酸二辛脂、硬脂酸钡、石蜡油、聚氯乙烯树脂、沥青、改性酚醛树脂等。对于水性印油会增加乙二醇、丙二醇、甘油、二甘醇、三甘醇、聚乙二醇等。另外还会添加少量的分散剂、消泡剂、润湿剂、干燥剂、增稠剂、稳定剂、防腐剂等。

（一）印泥

印泥是由颜料配以蓖麻油或氯化石蜡油等分散剂，塑料、海绵或艾绒为吸附剂，白陶土为填充剂，冰片防腐和增芳香剂等组成。印泥有红色和蓝色两种。红色印泥主要用的着色剂为大红粉、硫化汞、涂料黄、铬酸铅等，蓝色印泥的颜料主要是油溶性苯胺盐、酞菁铜等。

（二）印油

印油，又名印台油，是一种液体状态，又称为打印墨水，由染料和黏稠剂制成。染料多采用碱性染料，少数为酸性染料；黏稠剂主要为甘油、乙醇等。印油有红色、蓝色等不同种类，按照功能可分为普通印油、渗透印油和翻转印油。

1. 普通印油

普通印油有水溶性和油溶性两种印油，颜色有红色、蓝色和紫色。前者的主要成分是水溶性染料、水溶性树脂、极性溶剂和水。后者的主要成分是油溶性染料和颜料、树脂油、表面活性剂、矿物油、植物油和非极性溶剂。

2. 渗透印油

渗透印油俗称原子印油，主要有两种：一种是印油渗入储墨垫，制成印章；另一种是印油与树脂混合，加热加压后，树脂交联，形成微孔，包含印油，制成印章。这两种印章，自含印油，不用印泥印台，使用方便，习惯上统称为原子印章。其主要成分是饱和树脂、颜料、表面活性剂、消泡剂、溶剂等。使用不同的颜料，可制成红色、蓝色、紫色和黑色印油。

3. 翻转印油

翻转印油用于翻转印章。主要成分与渗透印油相同，要求印油的黏度稍大，颜料含量较高，对印模的浸润性好。

二、印泥、印油鉴定方法

（一）外观检验

在自然光下，观察检材与样本印文的墨层厚度、色调、光泽、扩散、渗油等情况，能初步鉴别盖印方式，印油、印泥的种类的异同。长波、短波紫外灯下观察可见荧光，或利用红外文检仪和微光摄像系统观察极红和紫外荧光，能进一步区别印油、印泥的种类差异。

（二）溶解度实验

剪取印文形成的文字笔画，置于试管中，分别加入环己烷、苯、氯仿、乙醇、丙酮、乙酸乙酯、水等溶剂，观察其溶解性能，能初步判断区分印油、印泥的种类，并为后续检验选择较好的提取溶剂。

（三）紫外-可见光谱和导数光谱法

对于原子印油，采用混合溶剂提取，以提取溶剂作为参比，可测试提取液的紫外-可见光谱和导数光谱。不同种类相同颜色的印油、印泥，紫外-可见光谱和导数光谱有较明显的差异，容易鉴别。颜色相同的同种印油、印泥，在一般情况下，紫外–可见光谱相似，但其导数光谱的极值比，有不同程度的差别，能进行有效区分。

（四）薄层色谱和薄层扫描法

薄层色谱法是采用合适的溶剂对需检验的印泥、印油进行提取，将提取液点在硅胶 CF_{254} 薄层板上，再选用适当的展开剂，如苯：丙酮：二乙胺（4：1：1）、苯：氯仿：二乙胺：乙醇（4：1：1：0.5）等，展开。展开后，在白光和长、短波紫外灯下，观察斑点的颜色和荧光，测量其数目和比移值（R_f），能对检材和样本上印油、印泥进行区分。利用薄层扫描仪，选择适当波长，进行线性扫描，能测得色谱图，计算出各色谱峰的峰高、峰面积和相对强度。根据这些数据，能进一步区分印油、印泥的牌号，有时能区分批号；与已知样品比对，能测定印文的相对盖印时间。

（五）高效液相色谱法

印油、印泥中的同种着色剂，由于不同厂家生产工艺的不同，其所含未反应的中间体、反应副产物及其他杂质等存在不同程度的差别。利用高效液相色谱法，通过测算各色谱峰的相对强度，能检出同种着色物的细微差别，从而进一步区分印油、印泥的牌号及批号。为确定印泥（油）中着色剂的成分，则需要找到主要色料的标准品进行比对检验。

（六）透射电子显微镜检验

黑色印油、印泥的主要着色剂是炭黑。由于炭黑的原料、制备方法及生产工艺的不同，不同种类、不同厂家和不同牌号的炭黑，在颗粒形态及其大小上，存在不同程度的差异。用透射电子显微镜观察经处理获得炭黑的形态、大小及分布，并与已知样品比对，能对印油、印泥的牌号，作出进一步的区分鉴定。

常见的印泥（油）检验方法还有很多，有的侧重物理性能的测试，如转印能力试验、显微分光光度仪法；有的侧重于印泥印油中有机物的测定，如质谱分析法、傅里叶变换显微红外光谱法，共焦显微拉曼光谱技术；有侧重于元素组成的测定方法，如原子发射光谱法、X 射线荧光分析法。

第六节　文书黏合剂鉴定

一、黏合剂定义

黏合剂是指能通过表面附着作用将两种相同或不同材料以一定的牢固程度粘接起来的物质，又称胶黏剂、胶粘剂、粘接剂。黏合剂是现代工业发展和人类生活中必不可少的重要材料，在现代经济、国防、科技中发挥重要作用，广泛应用于纸张、塑料、木材、金属、玻璃、各种织物等的胶接、密封和封口等。案件中分析检验的目的是检验现场物证载体上附着的黏合剂为何种黏合剂及附着在载体上的黏合剂同嫌疑人的黏合剂种类是否相同，是否为同一厂家、同一牌号的产品。

黏合剂检材的特点是品种繁多、量小体微、杂质混杂。不同种类的黏合剂虽然有很多成分，但检材常常以干涸的残渣形式出现，其溶剂成分已经挥发，检验主要是针对不易挥发的黏合剂成分进行分析。

黏合剂检材的提取连同载体一并提取。要求在提取黏合剂检材同时应提取空白或比对样品一起送检，一般采用干法剥取或是湿法剥取。干法剥取是用刀片将粘附在载体上的黏合剂轻轻刮取。湿法剥取是在载体上滴加少许温热的蒸馏水，待黏合剂软化后，再用镊子或刀片轻轻刮取。对收集的不同种类黏合剂样品应妥善保管，防止室内温度过高引起样品的干涸结块或霉变、生虫，一旦样品出现上述变化，应及时更换，确保检验结果的准确可靠。

二、黏合剂的种类

黏合剂的分类方法很多，按照化学成分可以分为有机型和无机型，有机型又可分为天然黏合剂和合成黏合剂。天然黏合剂包括动物、植物、矿物及天然橡胶等；合成黏合剂有树脂型、橡胶型及复合型等。按固化形式分类可分为溶剂型、反应型和热熔型。按外观形态分类可分为溶液型、乳液型、膏糊型、粉末型、薄膜型、固体型、胶带、胶粒、胶棒等。按照用途分类可分为糨糊和胶。糨糊包括淀粉糨糊、糊精糨糊和化学糨糊；胶包括植物胶、动物胶和化学合成胶。

三、黏合剂的组成

粘料是黏合剂主要成分，此外还包括溶剂和添加剂。添加剂主要指硬化剂、催化剂、填料、防腐剂（苯酚）和固化剂（起催化作用，减少固化时间）。

（一）粘料

又称基料或胶料，即粘和物质，黏合剂的粘接性能主要由粘料决定。早期以天然高分子化合物为主，包括淀粉、树胶、血朊、骨胶、皮胶以及天然橡胶等。随着化学工业的发展，出现了合成高分子化合物，有热固性树脂、热塑性树脂、高分子弹性材料橡胶等。还有一类无机化合物，如磷酸盐、硅酸盐等，这些无机化合物常用热固性树脂配合作粘料。

（二）硬化剂和催化剂

在黏合剂中，为了使某些线型高分子化合物交联成体型结构，保持加入一定量的硬化剂，以保持粘度。常用的有胺类、酚类、脂肪酸类、焦油类、沥青类、蜡类及某些树脂类。

（三）填料

在黏合剂中，有时需要加入一定量的填充物来改善黏合剂的性能。常用的填料有石英粉、滑石粉、氧化铝粉、石棉粉、金属粉及其他金属氧化物。

（四）溶剂

黏合剂可分为溶剂型黏合剂和无溶剂型黏合剂两种。常选用有机溶剂甲乙酮、四氯化碳、三氯乙烯和水等来溶解粘料，用以调节黏合剂的黏度。

（五）其他附加剂

其他附加剂包括高联剂、防腐剂、稀释剂、表面活性剂等。

四、常见的黏合剂

文书制作中常用的黏合剂有糨糊、胶水、固体胶水及胶棒四大类。

（一）糨糊

糨糊是一种糊状的黏合剂，主要分为淀粉糨糊、糊精糨糊和化学糨糊三大类。淀粉糨糊的主要成分是淀粉及少量防腐剂。糊精糨糊是一种用途很广的黏合剂，不仅可以作为办公用品还用于纸张的施胶、纺织品的上浆、油墨的配制等。它的主要成分是糊精，糊精是淀粉不完全水解产物，是黄色或白色的无定形粉末，能溶解于冷水而形成黏稠的具有高粘合力的液体。化学糨糊的主要成分是羧甲基纤维素（CMC），CMC 为白色粉末，吸湿性很强，制备糨糊时，只需要将粉末用冷水配制成 4-5%的黏性溶液即可使用，一般在邮政部门使用广泛，其在纺织及造纸工业中也大量使用。

（二）胶水

胶水主要是由胶和一定量的水共热而形成的一种水溶性黏合剂，可以黏结各种纸制品、木器制品、皮革产品等，在纺织、造纸及印刷等工业上也用途广泛。胶水可以分为动物胶水、植物胶水和化学胶水。动物胶水的主要成分为动物胶（如骨胶、明胶、皮胶），由于动物胶主要是由氨基酸、蛋白质组成，需要加入一定量防腐剂。植物胶水种类很多，品种有阿拉伯树胶、松香胶、虫胶等。化学胶水是由天然的或人工合成的物质材料经化学方法加工制成的溶液型的黏合剂，可分为无机胶水和有机胶水。无机胶水的代表是硅酸钠胶水（Na_2SiO_3）。有机胶水即合成胶水，主要为聚乙烯醇类（PVA）和聚丙烯酰胺类等。聚乙烯醇类胶水因其醇解度的不同可分为 PVA1788 或 PVA1799（PVA1788 表示聚合度为 1700，醇解度为 88%；PVA1799 表示聚合度为 1700，醇解度为 99%）。

（三）固体胶水

常用的糨糊和胶水都是黏稠的液体，其缺点很多，放置一段时间后，由于失水形成弹性固体而失去粘接能力，还易堵塞出口。固体胶水克服了上述缺点，固体胶水就是在常见的糨糊和胶水中添加了凝胶剂、增塑剂、保湿剂及防腐剂等制作而成。一般用硬脂酸作为凝胶剂，用乙二醇作为增塑剂和保湿剂，用硼砂作为防腐剂。

（四）胶棒

胶棒又名热熔胶棒，是以乙烯-醋酸乙烯共聚物（EVA）为主要材料，加入增黏剂与其他成分配合而成的固体型黏合剂，具有快速黏合，强度高，耐老化，无毒害，热稳定性好，胶膜韧性等特点。可用于纸箱封箱、工艺品胶粘、电子电器等互粘固体，配套设备为热熔胶枪。

五、黏合剂的检验

（一）外观检验

外观检验黏合剂的颜色、韧性、透明度、光滑度、光泽度及牢固程度，并可在紫外灯下观察其荧光特性，进而初步判断黏合剂的种类。

（二）显微检验

不同种类的淀粉颗粒的微观颜色、形态大小及结构有差异，可在生物显微镜或电子显微镜下观察淀粉颗粒的形态，从而对淀粉糨糊的种类进行区别。糊精糨糊在显微检验中很难找到完整形态，多是破裂的碎片。化学糨糊加入氯锌碘染色剂可在显微检验中观察到紫红色絮状物。

（三）化学法检验

化学法检验是根据各种黏合剂中所含化学物质的种类不同，以及化学性质的差异进行鉴别。例如，糊精糨糊、糯米淀粉、粘玉米、PVA1788 遇到碘液显红棕色。用碘-碘化钾试剂对黏合剂进行染色时，会发现淀粉类呈现蓝色或蓝紫色，糊精呈现红紫色，PVA1788 显红色而 PVA1799 显蓝绿色。用碘-氯化锌试剂染色时 PVA1788 显红色，稍加热红色消退，冷却后红色又复现；PVA1799 则显蓝紫色，加热褪色，再冷却颜色复原。糊精分子中含有大量的游离羰基，因此与斐林（Fehling）试剂反应生成砖红色沉淀，与多伦（Tollen's）试剂反应可生成金属银。根据蛋白质中含有不同的氨基酸与不同试剂会有特异性反应，如与碱性硫酸铜试剂先呈现玫瑰红色，随后又变成紫色，可证明动物胶的存在；加入鞣酸试剂或饱和苦味酸试剂呈现白色沉淀也可证明动物胶的存在；此外宁西特灵试剂、米隆试剂等均可检验出动物胶。阿拉伯胶水、松香胶均有特异性的化学反应。硅酸钠胶水可采用钠离子的焰色反应、乙酸铀酰锌试剂及铵盐进行检验。对于高分子合成黏合剂采用化学试剂进行检验外，还可以采用燃烧试验，通过燃烧的颜色、状态和放出气体的味道等进行区分。黏合剂中常用的添加剂苯酚及明矾也可以用化学方法检验。

（四）仪器分析方法

1. 色谱法

运用薄层色谱法，选择合适的吸附剂、提取剂、展开剂和显色剂可以对含有大分子有机物的化学糨糊、聚乙烯醇胶水及添加剂进行检验。高效液相色谱法适用于薄层色谱中分离出物质的定性定量测定，并且有更高的灵敏度。气相色谱法适用于黏合剂中的小分子有机防腐剂的检验，与标准样品同时比对检验，可检出存放 2 个月之久的糨糊检材。对于含有高分子有机物黏合剂，可采用裂解气相法，对检材和样本中黏合剂的碎片分子进行比较分析。

2. 红外光谱法

黏合剂均为混合物，其红外光谱图是各混合物吸收峰叠加形成的，稳定不变。不同种类的黏合剂，其特征红外吸收峰不同。一般是在显微镜下，用手术刀等工具在检材和样本上提取少量黏合剂，采用溴化钾压片或采用全反射傅里叶红外光谱进行测定，比较检材和样本上黏合剂的红外谱带的位置、数目、形状和强度，判断黏合剂的种类是否相同。还可以将得到的谱图在红外光谱数据库中图进行比对，查找黏合剂的主要成分。

3. 拉曼光谱法

利用拉曼光谱仪分别检测需检黏合剂的拉曼光谱特性，并进行分析。通过拉曼光谱峰的峰位、峰的数量和光谱背底形状是否一致，可以判断出黏合剂的种类。

第七节　文书书写工具鉴定

对于书写工具的鉴定，一般情况下，是通过纸面上形成的笔痕的差别进行判断，这些笔痕的不同既包括着色剂的不同，也包括物理痕迹的差异。为科学地鉴定出书写工具，有必要先了解不同书写工具的结构和常用着色剂的性质特点。

不同种类的书写工具，其结构和使用着色剂类型不同，在纸面上形成的痕迹也不同，构成了区分不同种类书写工具的基础；同种工具和着色剂，由于生产厂家不同、生产工艺水平的差异，形成了各自不同的个性特点，其着色物组成配比不同，构成了区分不同品牌、型号的同种书写工具的基础；同一人执同一支笔书写时，由于书写人书写习惯及其工具本身的结构特点，会形成各自不同的笔痕特征，以上这些构成了书写工具同一认定的基础。

一、书写工具及其种类

从广义上讲，凡是能用来写字的物品均可称为书写工具，是形成笔迹和笔痕的直接客体。书写工具分常用和非常用两类。常用的是指人们在社会生活、经济往来等活动中经常使用的工具，如圆珠笔、自来水笔、纤维笔、毛笔、铅笔等；非常用的是指人们只是在某种职业、行业或一些特殊活动中使用的工具，如粉笔、标记笔、水彩笔、画笔和毛刷等。

在常用的书写工具中，按书写工具笔尖的特性不同，可以把书写工具分为软质书写工具和硬质书写工具。软质书写工具的笔尖不定型或在书写面上运动易变化，这类笔有毛笔、纤维笔等。硬质书写工具笔尖定型且不易变化，如圆珠笔、自来水笔、铅笔等。此外，还可按使用耐久性的不同，笔尖粗细和使用色料的性质对书写工具进行分类。

二、常见书写工具的结构特点

（一）自来水笔的结构及其笔痕的特点

自来水笔根据笔尖制成材料的不同可分为金笔、铱金笔和钢笔。其中，金笔的笔尖为金合金制成，尖端焊有耐磨合金；铱金笔的笔尖为耐酸不锈钢制成，尖端焊有耐磨合金；钢笔的笔尖为耐酸不锈钢制成。

自来水笔由笔尖、笔舌、笔杆、笔帽等十几个部件组成，其中笔尖和笔舌构成了自来水笔的主要部件，并决定了自来水笔笔痕异于其他书写工具留下的笔痕。笔尖均由两片形状、大小、厚薄完全相同的金属片构成，其居中缝槽的毛细作用是自来水完成书写功能的关键，可以分为明尖型、暗尖型或是半明尖型。笔舌有环槽、供水槽、气孔等类型，具有出水、储水的功能。笔尖滑度、字迹宽度等无疑与笔尖、笔舌本身的构造有密切关系。

用自来水笔书写文字符号而在纸张上留下的痕迹即自来水笔笔痕。因其使用的墨水均为水性色料，所以自来水笔笔痕边缘可能会有一定程度的洇散现象，特别是在施胶少或不施胶的纸张上这种现象更明显。自来水笔笔痕通常平滑均匀，字迹连续清晰，肉眼或放大镜观察可见笔痕有双线，笔痕两边各有一道浅淡的沟痕。自来水笔笔舌储水丰满、出水顺畅，则自来水笔笔痕墨色浓重、饱满，笔痕两边的沟痕及笔尖间的漏白缝隙均不易在笔痕中体现；否则，自来水笔笔痕便会显得纤细、墨色浅淡不均、虚实不定，且沟痕及笔尖间的缝隙均易在笔痕中出现。此外，如果自来水笔笔尖不光滑，则还有可能在自来水笔笔痕处发现纸张纤维被抓毛、划破等现象。

（二）圆珠笔的结构及其笔痕的特点

圆珠笔又称原子笔、走珠笔。因其携带方便、书写润滑而逐渐取代自来水笔，成为目前使用的主要书写工具。圆珠笔由笔杆、笔套、笔芯三部分组成，其中笔芯是圆珠笔的核心部件，决定了圆珠笔笔痕具有异于其他笔痕的特点。笔芯由笔头和墨管两部分组成。墨管负责盛装油墨，通常为塑料管或金属管；笔头则为出墨系统，包括球座、球珠、油槽。笔芯尖部的珠状部件称为“球珠”，球珠被嵌入后端连接墨管、球座体前端的圆锥凹口内。圆珠笔的书写原理，主要是利用球珠在书写时与纸面直接接触产生摩擦力，使圆珠在球座内滚动，带出笔芯内的油墨或墨水，球珠滚过之处就留下了有色痕迹，以达到书写的目的。依据所用油墨的性能，圆珠笔可分为油墨圆珠笔和水性圆珠笔。而滚珠直径的大小，则决定了圆珠笔有 1mm、0. 5mm、0. 38mm、0. 25mm 等不同的规格。圆珠笔所用色料主要有蓝、红、黑三种，也有厂家生产 12 色的圆珠笔。目前圆珠笔又有了新的发展，出现了太空笔（加压圆珠笔）和可擦笔等。圆珠笔主要的着色物包括着色剂、分散剂、成膜剂、溶剂及其他助剂。

圆珠笔笔痕粗细较为一致，当球珠滚动带出墨料时，墨料易堆积在球珠卡口边缘，因而笔痕笔画易出现露白、断线、各种条痕及堆积等，有硬性笔书写而成的沟痕。油性笔与中性笔及水性笔的笔痕特点上有较明显差异。油性圆珠笔在其起笔始端油墨比较浓，时有堆积，由于油性笔的油墨是黏稠性的，会出现笔痕笔画两侧的墨料多、中间较少，其笔痕往往发亮、有光泽。笔痕初始形成时，通常没有洇散现象，但放置时间较长特别是书写纸张含胶料较少或不含胶料时，其油溶性的黏稠色料就会洇散。并且中性笔和水性笔在起笔时会有露白，在笔画收尾处较易出现细微的拖拽现象，笔痕边缘也可能有洇散，其程度与纸张所含胶料多少有关。

（三）纤维笔

纤维笔是种笔头用塑料、纤维等高分子材料制成的一类笔。纤维笔头一般采用树脂将合成纤维（主要成分是亚克力、聚酯、尼龙等纤维）粘合起来制作的。根据笔尖纤维的材质和树脂的量，可分成油性笔、白板笔、荧光笔、毛笔等。纤维笔属于软性笔，故其字迹无沟痕，笔痕笔画比较均匀，笔画粗细、色调比较一致，笔痕边缘也可能有洇散。

签字笔是使用很广泛的一种叫法，从广义讲，用于签字的笔都叫签字笔，包括上面提到的自来水笔。从狭义上讲，主要指便于携带的中性黑色圆珠笔和黑色纤维尖笔，其主要成分为碳素。

三、书写工具的种类鉴别方法

（一）痕迹特征识别

借助放大镜观察笔痕的特征进行初步检验，笔痕特征主要包括笔画划痕、压痕特征，笔画均匀程度特征，墨水洇散程度，笔画墨迹色泽特征和文书纸张破损等特征。

（二）着色物理化性质的鉴别

不同种类的书写工具使用的墨水或油墨的组分各异，其物理和化学性质也不相同，因而可采用各种物理、化学方法及专用仪器进行检验鉴别。

【思考题】

1. 文书物质材料包括哪些？常见的文书物质材料的检验方法有哪些？
2. 纸张的主要成分及其作用有哪些？
3. 造纸主要包括哪几个工艺过程？分别影响纸张的哪些性质？
4. 如何提取纸张？纸张的检验有哪些内容？

5. 常见的文字色料有哪些？各种文字色料的主要成分有哪些？检验文字色料物证的方法有哪些？

6. 常见的书写墨料有哪些？各种书写墨料的主要成分有哪些？检验书写墨迹的方法有哪些？

7. 常见的印泥（油）有哪些？印泥（油）的主要成分有哪些？

8. 常见的黏合剂的种类及系统分析步骤有哪些？

9. 书写工具的种类及常见的检验方法有哪些？

【参考文献】

1. 邹明理、杨旭主编：《文书物证司法鉴定实务》，法律出版社 2012 年版。

2. 王彦吉、王景翰：《字迹色痕分析与书写时间》，中国人民公安大学出版社 2010 年版。

3. 贾玉文、邹明理主编：《中国刑事科学技术大全　文件检验》，中国人民公安大学出版社 2002 年版。

4. ［英］大卫·艾伦（David Ellen）著：《文件的科学检验：方法与技术》（第 3 版），黄建同、梁立峥等译，中国人民公安大学出版社 2012 年版。

5. 李彪编著：《文件形成时间检验》，中国人民公安大学出版社 2012 年版。

6. Brian S. Lindblom、梁立峥、谭海韵：《通过辨别、对比和检验材料中的变化测定文件日期》，载《证据科学》2011 年第 1 期。

7. 王尚义编著：《实用纸张技术指南》，印刷工业出版社 2007 年版。

8. 李凝编著：《包装胶黏剂》，化学工业出版社 2008 年版。

9. 黄建同著：《污损文件检验与字迹显现新技术》，中国人民公安大学出版社 2008 年版。

10. 《纸、纸张、纸浆及相关术语》（GB/T 4687-2007）。

11. 何瑾馨编著：《染料化学》，中国纺织出版社 2013 年版。

12. 凌云星、金慧编著：《实用油墨技术指南》，印刷工业出版社 2007 年版。

13. 张凌云：《X 射线光电子能谱法鉴别同品牌红色印章油墨》，载《湖北警官学院学报》2015 年第 6 期。

14. 张建华编著：《微量物证分析学简明教程》，中国人民公安大学出版社 2011 年版。

15. 司法部司法鉴定管理司：《司法鉴定技术规范　文件材料鉴定规范》，SF/Z JD0201008-2010。

16. 许孟菡翻译：《日本文具设计大揭秘》，台北信实文化行销有限公司 2008 年版。

17. 董川等编著：《墨水化学原理及应用》，科学出版社 2007 年版。

18. 沈永嘉编著：《有机颜料》，化学工业出版社 2001 年版。

第十九章 ‖ 中国书画司法鉴定

本章概要：本章主要介绍中国书画的作伪方法、文书属性、物证系统、检验方法和趋势方向等内容。其中，中国书画的物证系统、检验方法是本章的重点，中国书画的笔迹鉴定、印章鉴定是本章的难点。

关键词：中国书画　物证系统　检验内容　趋势方向

中国书画是书法和国画的统称，是融诗文、绘画、书法、篆刻等为一体的综合性艺术系统。中国书画源远流长，历经数千年，不仅是进行思想文化交流的工具，更是传播民族精神的艺术。中国书画是中华民族独有的传统艺术，于国家是艺术宝典，于民族是文化图腾，是世界文化宝库独放异彩的东方艺术。

千百年来，名家书画给人们带来了无比丰富的精神享受，与此同时，名家书画成为经济社会中价值不菲的“纸黄金”，甚至价值连城。“利财生，伪劣出”，为了谋求暴利，对名家书画的作伪造假更是层出不穷。时至今日，在书画快速升值的经济利益催生下，随着工业与科技的不断发展，作伪造假的各种手段花样不断翻新、各类技术不断升级更新，随之而来的是科技化、智能化甚至是工业化的书画作伪造假，这就直接导致各式各样书画赝品暴增甚至泛滥成灾。这不仅严重地损害了书画名家与收藏人的根本利益，更加阻碍了中国书画艺术的发展和中华文化的传承弘扬。

当前，以书画鉴定的传统方式应对现代化的作伪造假，可以用“力不从心”来形容，具体表现在：鉴定人员以老专家为主，高龄化且人才匮乏；鉴定手段以目鉴法为主，偏差大且效率不高；以书画家、文物专家、收藏家等为主的书画鉴定，其鉴定身份无法适应社会各界的法治要求。

中国书画与文书物证在表现形式、主要载体和信息表达等方面均属性一致，中国书画是具有文化艺术内容的特殊文书，因此，以法庭科学为技术主导，以司法鉴定人员为鉴定主体，依照法定程序建立和完善工作规范，开展中国书画的司法鉴定工作，是现代文件检验技术发展、科技创新应用的必然结果，也是中国书画进行科技鉴定的必由之路。中国书画司法鉴定顺应了当前法治社会发展的客观需要，为社会各界和司法活动提供全面、科学、规范的服务支持和保障支撑，必将是文件检验专业的专业使命和社会责任所在。

第一节　中国书画传统鉴定概述

在20世纪中国书画鉴定领域，张珩（1915—1963年，字葱玉，别署希逸）是传统方法的集大成者与现代书画鉴定的奠基者，公认的中国书画鉴定界现代泰斗。

根据张珩先生几次讲演内容，由薛永年、刘久庵、张圣福等人记录，王世襄整理，启功校订，1966年文物出版社出版了我国现代第一本书画鉴定专著《怎样鉴定书画》。该书再版多次，在文物部门几乎人手一册，非常普及、影响很大，被誉为古书画鉴定学的“里程碑”之作。该书开门见山第一章就是“书画鉴定是完全可以学会的”。与此同时，书中关于书画鉴定的主要依据和辅助依据等中心内容及基本方法成为传统书画鉴定的理论基础和重要手段，为我国现代书画鉴定事业做出了巨大贡献。

从1983年开始，国家文物局专门成立了中国古代书画鉴定组，鉴定组由7人组成，谢稚柳任组长，组员为启功、徐邦达、杨仁恺、刘九庵、傅熹年、谢辰生。中国古代书画鉴定组前后历时8年之久，对全国各地所藏的8万余件中国古代书画进行了全面系统的传统鉴定，编成《中国古代书画目录》（图19-1）。这是研究传世古代书画必不可缺的参考文献，堪称中国历史上第三次书画普查（前两次分别是北宋宣和年间的《宣和画谱》和清乾嘉年间的《石渠宝笈》）。通过此次全国范围内的大规模的书画普查，以主要依据和辅助依据等为中心内容的传统书画鉴定理论，由谢稚柳、启功、徐邦达等专家在大量鉴定实践中，不断传承、发扬，并广为流传，在文物文化界沿用至今。

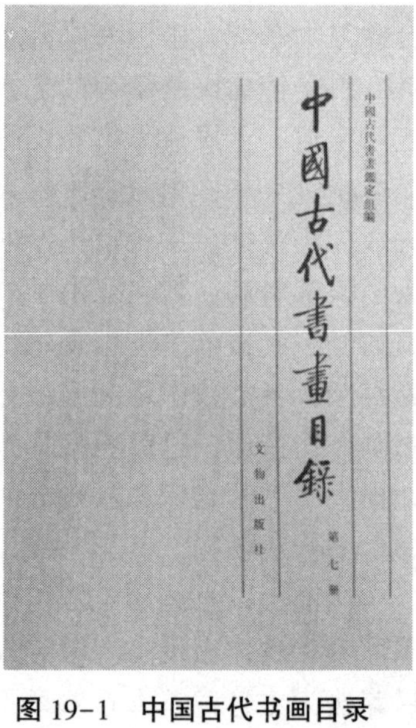

图19-1　中国古代书画目录

一、中国书画作伪

书画作伪，由来已久。据记载，南朝时就有人作伪二王的法书，到了宋代，书画作品尤其是名家精品成了获利颇高的商品，随之作伪牟利就应运而生。

经历了宋元、明清、民国等时期，作伪之风愈加兴盛，作伪手段愈加丰富，作伪方法愈加进步。书画作伪从古时的“摹、临、仿、造”及挖改分添拼等传统作伪，发展到科技化、产业化、大众化的现代作伪。书画作伪已经不是简单的学术技术问题，更与商品经济的发展密切相关，与社会风气的变化紧密相连。

近年来，近现代书画名家的作品越来越受书画爱好者和投资收藏者的喜好与追捧，其书画价格越来越高，时有天价作品拍卖。加之近现代书画作伪仿制较易、成本较低、流通较快等因素的影响，为了利益最大化，作伪近现代名人的书画已经成为当下作伪的主攻方向。对于这样的作伪高潮，有必要做专题研究。

（一）传统作伪

传统的书画作伪主要是采用传统的手工方法进行，虽然种类较多，归纳起来主要是完全作伪和原件变造两大类。

1. 完全作伪

（1）摹。摹，原本是学习书画的一种方法，是指用较透明的纸覆盖在原件之上，直接进行映写复制。摹的方法有双钩描摹、描红等形式。摹是与真迹最为近似的作伪方式，尤其常见于书法作品上，传世国宝《兰亭序》、《快雪时晴帖》都是勾摹之作。

国画的摹，较之书法相去甚远，大多数情况下，形态轮廓虽基本相近，但细节的差异较大，笔法等技巧性的差异更明显。但纸张、光源和印刷业的发展为现代的摹仿者提供了更专业、更方便的摹仿条件，因此他们的摹仿水平也高于以往。

（2）临。临，是指比照样本进行观察书写或绘画的一种方法。临是初学者最基本的学习手段和必由之路。临的方法有多种，大致可分为放临与缩临、通临与局部临、背临与空临等。

实际上，由于是边看边临，临本虽是依真迹的笔画、图形、布局等特征进行仿制，但在运笔上会出现明显的“抖、动、停、描”现象。

摹与临的区别在于：摹易得其位置而失其精神，临易失其位置而得其精神。

（3）仿。仿，是指作伪者根据自己对原作者的笔法特点、个人风格等特征的理解和练习，通过记忆以自己的书画技能进行仿其大意的作品。

仿较摹、临都自然生动，但容易保留仿者的自身特点，且艺术水准也难以达到原作者的高度。仿品在书写特征上与原作者的差异更为明显。

（4）造。造，是指几乎不顾忌原作者风格特点的凭空生造。造，只是假借名人的身份，欺世盗名，其作伪技巧和水平均不高，故较易检验识别。

2. 原件变造

原件变造，是指利用原有的书画（大多是旧古书画），采用挖、改、分、添、拼等方法，将无名（或小名气）书画改为大名家书画、无款书画添为有款书画、时代较晚书画改为时代较早书画，总之是将市场价格低的作伪成市场价格高的书画。

这些变造的方式方法，通过现代仪器设备（如显微放大、红外、紫外、荧光、拉曼光谱等）进行检验，较传统的目鉴精确度与效率都大大提高了，可以达到一测即知的效果。

（二）现代作伪

现代作伪是在传统手工作伪的基础上利用现代印刷技术、数码科技和网络手段等现代科技元素进行的作伪，其特点如下：

1. 手段科技化

随着木板水印、珂罗版印刷、高清微喷、数码印刷等新手段、新科技的不断发展，复制仿造书画的水平达到了“下一等真迹”的高度相似程度。这些科技手段是传统的摹、临、仿等作伪手段望尘莫及的，仅仅依靠传统的目鉴技能是无法鉴别出真伪的。借助现代科技仪器，分析其图形的显微特征及材质成分，这些科技复制仿造的书画就很容易“原形毕露”。

2. 参与行业化

书画作伪已形成了一条丰富完整的产业链，而且参与的行业非常明确也非常细致。例如，有专门提供样本素材的行业；有专门负责手工摹仿或是高仿制作的行业；有负责提供旧的纸张、颜料，或者对纸张、颜料等进行作旧处理的行业；有负责找买家出货的行业。这些行业的参与形成的产业链，使书画作伪，不论是在数量上还是质量上都有了极大的提升。有人形容“赝品如海”，大概就是说明了书画作伪的参与行业化。

3. 分工专业化

由于书画作伪带来的暴利，其形成了分工合作的专业群体，在产业链的每个环节中都有专业人员参与。例如，负责套摹的，有专门定制的套摹设备；负责临摹的人员，大多具有相当高的专业书画水平；做高仿印刷的，不仅具有专业的印刷技术，而且有专业的印刷设备；更有甚者，为了使伪作“以假乱真”，通过编辑出版物、提供鉴定书、举办展览会等各种渠道来洗白伪作。

二、中国书画传统鉴定

“传统的书画鉴定，是由书画家、书画鉴赏家、文物书画鉴定家，对古书画作品的艺术风格、艺术品位及真伪进行品评与鉴定，以服务于国家文物的收藏、鉴赏，同时也参与书画市场作品的真伪鉴定。”（摘自2002年《中国书画司法鉴定》，袁之宜著）由此，解读传统书画鉴定的特点如下：

1. 鉴定主体

书画家、书画鉴赏家、文物书画鉴定家是鉴定主体，他们绝大多数不具备司法鉴定资格。

2. 鉴定方法

主要是采用目鉴法。目鉴法强调了书画鉴定的主要依据是书画作品内容的本身，它包括时代风格与个人风格两个方面。而这些风格特点反映在书画作品本身上，即用笔用墨的艺术水准、结体构图的技巧和画面的内容。目鉴法的辅助依据只是相对于主要依据而言，它包括题款、题跋、印章、纸绢、装裱、著录等。

3. 鉴定内容

鉴定内容有两个方面，一是艺术风格、艺术品位的品评，是服务于国家文物的收藏、鉴赏；二是参与书画市场的真伪鉴定。

由此可见，传统的书画鉴定是市场经济行为，而非司法鉴定行为。

现代书画作伪的手段科技化、参与行业化、分工专业化等新特点、新趋势，必然给书画鉴定提出了新要求、新挑战。当下社会，书画赝品如海，市场流通如潮，传统的书画鉴定有诸多的缺憾和不足，主要表现在以下三个方面：

（1）人员缺少。现有的书画家、书画鉴赏家、文物书画鉴定家等老专家队伍普遍高龄化，且人才匮乏，难以应对日益剧增、数量庞大的鉴定工作量。

（2）技术缺乏。各种作伪造假的新科技、新手段的层出不穷，传统的目鉴法如果不借助现代仪器设备，根本就无法辨识现代印刷手段的作伪，更难辨识墨料、印章、纸绢、装裱等材料的真伪。传统书画鉴定的科学性、准确度都不高，工作效率也不高。

（3）法律缺位。书画家、书画鉴赏家、文物书画鉴定家等老专家队伍，均为文化艺术界的专家学者，绝大多数不具备司法鉴定人资格，其鉴定意见不属于法定证据，无法适应社会各界对书画鉴定工作的法治需求。

第二节　中国书画与文书物证

一、中国书画的文书属性

文书，是指以语言、文字、图形、符号等为表现形式，依附于相关载体而表达一定信息的书面材料。由此我们可以解读中国书画的文书属性。

（一）表现形式相同

中国书画是融诗文、书法、篆刻、绘画于一体的综合性艺术，包含了语言、文字、图形、符号等表现形式，与文书的表现形式完全一致。

（二）主要载体相同

中国书画是以墨料、颜料等为表现物，以纸张或丝绢为主要承载物，绝大多数中国书画尤其是近现代书画都是书面材料，与文书的主要载体也一致。

（三）信息表达相同

中国书画是通过作者的创作活动，以表达文学、美学以及人文精神等文化艺术信息。这些艺术信息具有时代的普遍性和个人的独特性。

简言之，中国书画是具有文化艺术信息的特殊文书。

二、中国书画的物证内容

中国书画与文书在表现形式和主要载体等系统要素上都是一致的。因此，从物证检验的角度来理解，中国书画包含了内容要素和材质要素两大类的物证内容。

中国书画的内容要素包括：时代背景、区域特点、艺术风格、书画内容、构图章法、款字笔迹、钤印印文等；中国书画的材质要素包括：墨料、颜料、印泥、纸绢、装裱材料等。下面介绍中国书画的重点物证内容：

（一）款字笔迹

题款，又称落款、款题、题画、题字款识，是指书画作品上作者自署的姓名字号、创作年月、绘制地点及其他内容等。中国书画的题款包含“题”和“款”两方面内容：在书画上题写诗文为“题”；在书画上记写年月，签署姓名、别号，钤盖印章等，称为“款”。题款在构图上起着十分重要的作用，是书画创作的组成部分，所以字体、位置、长短、大小及印之朱白等都应考究。

款字笔迹在中国书画中的整体特征、章法特征及笔法特征与传统的笔迹特征同源同理。

（二）钤印印文

钤印，是书画创作的重要组成部分，指在书画作品上盖印章。钤印印文是书画作品上的各类印文，按印章的所有者可分为作者印和鉴藏印。

唐太宗李世民始用“贞观”印，玄宗以“开元”印继之，二者开书画钤印之先河。后至北宋，郭熙、文同等画家开始尝试在自己的作品上钤用个人的名章，这是画家自我意识启蒙的表现。元代赵孟頫、吾丘衍大力提倡印宗秦汉，方正质朴的美学观；王冕身兼书画家与篆刻家，自画自篆，使印章成为书画的一部分。明清以来，书画作品上几乎必钤印章，印章成为书画的一个重要组成部分，书画印章的形式也变得多姿多样，内容丰富多彩，从此诗、书、画、印相互结合，成为画家追求的最高境界。

印文分朱文印和白文印两种。朱文印又称阳文，即字是凸出的，印在纸上字是红色的；白文印又称阴文，即字是凹陷的，印在纸上字是白色的。

作者印又有姓名印、斋号印及闲章。一般在落款人名后盖一姓名印，若嫌空还可再加盖一斋号印，不可连盖两方同一内容的姓名印。可盖一方姓印，一方名印，而往往又是一朱一白。为了使书作上下前后呼应，往往在书作右上方再盖一起首印，起首印又称引首印。印章的大小与书作大小及所书字体大小相关。一般大幅书作落款字大，印亦大；小幅书作落款字小，印亦小。

鉴藏印指历代鉴赏家、收藏家在观赏或收藏过的书画上所钤的印章。鉴藏印可分为内府鉴藏印和私人鉴藏印。闻名于世的内府鉴藏印有北宋徽宗的“御书”、“宣和”、“政和”、“大观”、“内府图书之印”，清乾隆的“乾隆御览之宝”、“乾隆鉴赏”、“宜子孙”、“三希堂精鉴玺”、“石渠宝笈”。许多传世的书画国宝都曾被各个朝代的内府收藏过，因此这些书画国宝上都钤有这些内府鉴藏印。历朝历代的著名书画家和鉴藏家都在大量的国宝级书画上钤有私人鉴藏印，如贾似道的“秋壑图书”、赵孟頫的“赵氏子昂”、项元汴的“项子京家珍藏”、张伯驹的“伯驹藏画”等。

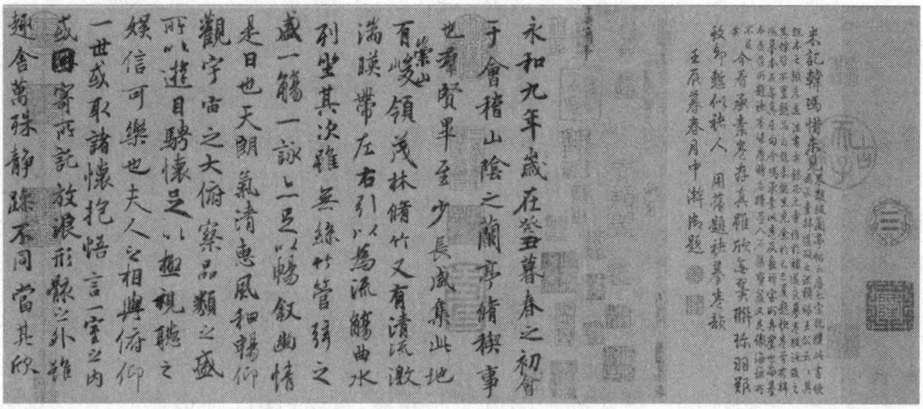

图 19-2　鉴藏印

这些内府鉴藏印和私人鉴藏印在书画鉴定中发挥着两个不可替代的重要作用：专家会诊和传承有序。

（三）纸张

中国书画使用最多的纸张是宣纸。宣纸利用产自安徽泾县及周边地区的沙田稻草和青檀皮，在泾县范围内，用泾县特有的山泉水以及传统工艺精制而成。宣纸按加工方法分为原纸和加工纸，按纸张洇墨程度分为生宣、熟宣、半生熟宣。生宣渍水渗化，宜书宜画；熟宣经过胶矾浸染，不渗化，宜于工笔、小字；半生熟宣介乎生熟宣之间。

近些年来，出现了书画家自己定制的纸，这些私人定制的纸张或是添加水印图案，或是添加特殊材料（金属线）。这些定制纸具有一定的防伪功能，但也容易被仿制。

（四）墨料墨汁

古代的墨料主要有松烟墨和油烟墨，现代的则称为墨汁。

松烟墨是用松树枝烧烟，再配以胶料、香料加工而成，墨色浓而无光，入水易化。油烟墨是用油烧烟（主要是桐油，并和以麻油或猪油等），再加入胶料、香料等制成，墨色乌黑有光泽。现代墨汁的主要原料为炭烟（以提炼石油后的重油烧成的工业用油烟为最多）、胶料（植物胶、阿拉伯胶或各种合成胶、聚醇树脂等）、添加剂（稳定剂、渗透剂、湿润剂、防腐剂、芳香剂等）、溶液等，一般由机械加工而成。古代墨料与现代墨汁在原料成分存在明显差别。

（五）颜料

传统的中国画颜料，分为矿物颜料与植物颜料两大类。矿物颜料有朱砂、赭石、石青、石绿、石黄、白粉、金粉、银粉等，其显著特点是不易褪色、色彩鲜艳、历久弥新；植物颜料主要是从树木花卉中提炼出来的，如花青、藤黄、胭脂、洋红等。从使用历史上讲，应先有矿物，后有植物。

古代画家用颜色十分讲究，常自己动手制作，原料要地道的，通过研、炼、沉、汰等制作过程，分出深、浅、精、粗，然后选用。古画矿质颜料多，且制作精良，千年以后仍不变色，如敦煌壁画和汉墓壁画至今仍保持鲜艳的色彩。

现代的中国画颜料，大多为化工合成颜料，现代颜料在调制过程中，大多数使用了胶类等配料。

（六）印泥

历史上，传统印泥分蜜印、水印和油印。宋代及以前印泥是蜜印和水印，油印出现在较晚的元明时期。现在说的传统印泥是指油印，它是由朱砂、油脂和艾绒三者混合一起组成的。蜜印和水印色淡而模糊，与油印区别很大。现代印泥有些是以轻质的有机颜料或化工颜料等代替了传统的朱砂，还出现了专供印台用的油质液体印油。

三、中国书画的结构系统

中国书画组成要素之间相互联系、有机统一地构成多层次、整体性的结构系统。这个结构系统按照系统层次可分为宏观系统、中观系统和微观系统。

中国书画的宏观系统包括：时代背景、区域特点、艺术风格、书画内容、构图章法等；中观系统包括：笔迹特征、印章印文特征，以及墨料、印章、纸绢、装裱等物质材料的种属特征；微观系统包括：笔法特征的运笔特征、笔顺特征、结体特征等，以及墨料、印泥、纸绢、装裱等物质材料的成分特征、时间特征、污损特征等细节特征。

运用系统理论来分析中国书画的各个要素及其关系，全面地认识书画要素的整体性、结构性、层次性和动态性的系统结构，才能提高并促进书画鉴定的科学性、多元性和精确性。具体来说，书画宏观系统特征指引了鉴定的整体方向，中观系统特征是鉴定的核心内容，微观系统特征则是鉴定的科技重点。

第三节 中国书画司法鉴定的主要内容

一、中国书画的原件检验

传统作伪主要是临、摹、仿、变造及木板水印等手工方式。随着社会的发展和科学的进步，利用珂罗版印刷、高清微喷、数码印刷等现代的新科技新手段进行书画作伪，是书画作伪的最大变化和发展。这些现代伪作方式复制仿造书画的高仿程度，是传统的摹、临、仿等作伪手段望尘莫及的，也是依靠传统的目鉴技能难以鉴定出真伪的。

因此，学习了解、熟悉掌握这些新科技新手段的工作原理和制造方法，借助现代的科技仪器，检验分析在仿制过程中形成的图像形态特征及材质成分，从而排除木板水印等工艺品及珂罗版印刷、微喷打印、数码印刷等工业品。进行书画原件的辨识是现代书画鉴定的第一步，否则对这些“克隆”的书画进行传统的时代风格、个人风格、绘画功力和书法水平等分析检验将直接导致错误的鉴定结论。

（一）胶版印刷

在挂历非常盛行的年代，曾经印刷出版了大量用宣纸印刷的挂历、画片等。由于胶版印刷的自身特点，整体比较粗糙，显微放大观察，网格比较明显。胶版印刷的书画是相对容易识别的仿制类型。

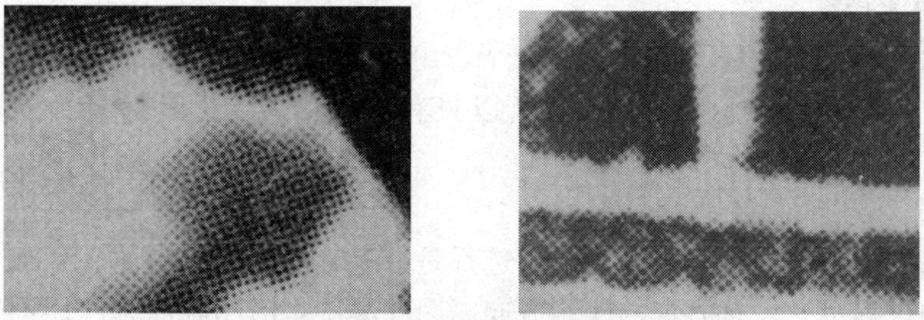

图 19-3 胶版印刷的显微特征

（二）数码微喷

数码微喷是将电脑文件通过无接触、无压力、无印版的喷墨技术，直接印刷在纸张上，有别于传统印刷繁琐的工艺过程的一种全新印刷方式。目前高端的数码微喷可以采用 6 色墨盒，实现 1200dpi 分辨率的高清逼真印刷效果。

（1）三色文本。书画上的各种颜色是由红、黄、蓝三种原色混合而成。

（2）留白多噪。在书画的空白之处显微放大观察，可以发现彩色墨点。

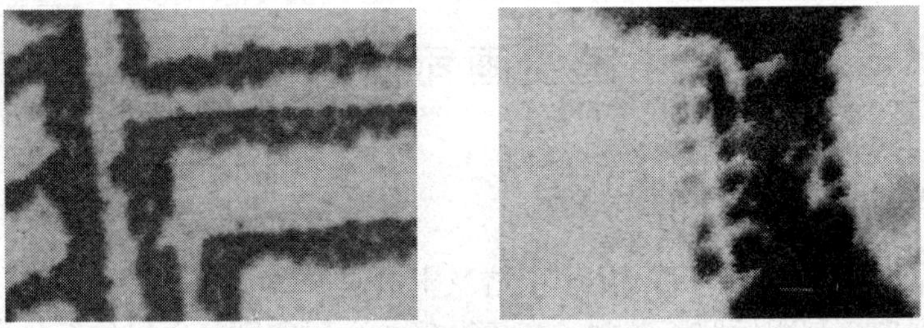

图 19-4　数码微喷的显微特征

（三）木版水印

木版水印，又称“木刻水印版画”，是用水墨及颜料在木刻版上刷印的刻版印刷方法之一，主要用以创作中国传统版画及复制书法、绘画等艺术作品。它集绘画、雕刻和印刷为一体，根据水墨渗透原理显示笔触墨韵，既可用以创作体现自身特点的艺术作品，也可逼真地复制各类中国字画，是中国汉族特有的版画印刷技艺。木版水印字画在我国具有悠久的历史。远在唐代，单色木版印刷已经具有相当水平，明末以十竹斋为代表的“饾版”、“拱花”等套色叠印表明技术有了更大的进步。

木版水印技艺全部由手工操作，工艺过程极其繁缛、精细而艰辛，需要经过选稿、勾描、刻版、印刷、装裱这五道工序，每道工序以全力反映原作的笔墨形神为己任。完成一幅木版水印画，少则数月，多则数年。由于这项技艺始终基于手工进行，所以中国目前纯粹作为非物质文化遗产予以继承和发展。

1. 力无轻重

中国书画创作过程，有“力透纸背”的专业术语，这是书画作品的基本特征。木板水印属于“平版”印刷，所以只有墨的浓淡，没有运笔力的轻重。此特征在看作品的背面时一目了然。

2. 墨无走势

书画创作，尤其是书法作品，墨迹都是沿运笔的方向走势的。木板水印在手工印制的过程中，只有固定的印制方向，因此墨迹是沿印制的方向而不是运笔方向走势的。

3. 细难入微

木板水印的版基是木板，虽然人工可以刻制到很细微的程度，但受限于木板材质自身的影响，很多书画细节还是难以表现，如连笔的特征就显得比较粗糙。

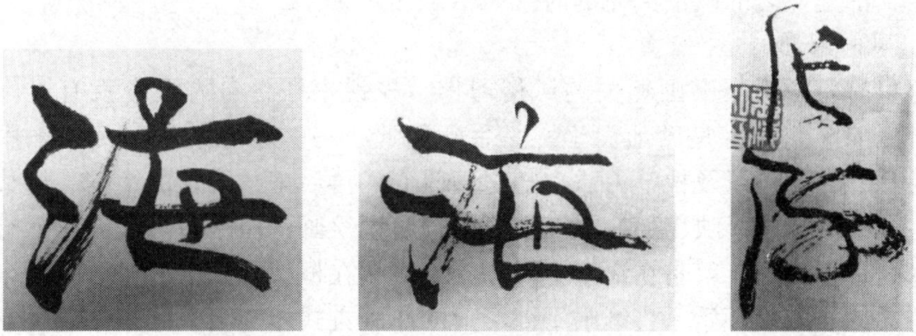

图 19-5　木板水印的连笔特点

（四）珂罗版印刷

珂罗版印刷是最早的照相平版印刷之一，因多用厚磨砂玻璃作为版基，涂布明胶和重铬酸盐溶液制成感光膜，用阴图底片敷在胶膜上曝光制成印版，所以又叫“玻璃版印刷”，属平版印刷范畴。其工艺流程为：研磨玻璃→涂布感光液→接触曝光→显影、润湿处理→印刷。它是 19 世纪德国人发明的，清光绪初年传入我国，上海有正书局于 1876 年首先采用此项技术印制印刷品。珂罗版技术能高度还原书画作品的色调和浓淡层次，在印制手稿和书画作品方面，显示出特殊的魅力，因而适宜复制单色或彩色绘画、手稿和重要文献等。民国时期，曾有过运用珂罗版复制书画的高潮，几乎各大书画家的作品均有珂罗版印刷品。

珂罗版印刷品与木板水印特征相近，均是墨无轻重、笔无走势，但珂罗版的细节特征比较好，普通的放大检验并不能明显区分。珂罗版印刷品与书画原件的显著区别在于缺乏立体感，即珂罗版是平版印刷，因此作品整体是明显的平面特征。尤其是在交叉笔画、印文等细节上，缺乏立体感，与书写动作和钤印特征有较大差异。

二、中国书画的风格辨识

中国书画的传统鉴定是以时代风格和个人风格为主要依据。长期以来，书画界的专家们凭借书画专业的理论和知识，通过目鉴方式开展风格辨识来进行主要的鉴定工作。其具体内容简要介绍如下：

（一）时代风格

中国书画时代风格的形成，是和当时的政治文化、风俗习惯、物质条件等密切关联的，也就是说不能脱离它的时代背景和时代环境。

1. 政治文化

书画自古就是为政治服务的，旨在“成教化，助人伦”，如古时宣扬礼教的题材、近现代的红色革命题材等。同时，书画又是作者表达自己文化思想和精神情怀的载体，书画内容就充分反映了当时的文化特点。例如，称谓词、避讳字、简体字，都是显著的政治文化的时代风格。

2. 风俗习惯

这里简要说明与书画相关的风俗习惯。先说书法，自古至今就有过许多变化，宋以前人们写字是席地而坐，一手拿简册，另一手悬肘挥写。后来用高桌子，手和臂的姿势以及执笔方法也随之而改变。再后来，明代的小楷、清代馆阁体等，也常无形中反映出那一时期的风格。再说绘画，唐宋以前，壁画盛行，画家们都是站着画的，就是在绢素上作画，也多绷在框架上，立着来画，像今天的油画。大约从宋代开始，将纸绢平铺桌上的作画方式才渐渐兴起来。这种立画的用笔角度和手臂的力量与平画不同，它的效果也就自然两样。

3. 物质条件

一是书画作品所使用的材料材质的生产（合成）的条件。例如，从竹简到丝绢再到纸张，而纸张各朝各代都有所变化，尤其是随着现代工业和科技的发展，近现代的纸张与古时的纸张在制作工艺和选用原料（现代添加剂）等方面都发生了本质的变化。同样，墨料、颜料、印泥等材料在近现代工业高速发展的作用下，与古代的相比也都发生了本质的变化。

二是书画作品的形式样式。北宋人常画高头大卷。团扇宋元都有，明代就少了，一直要到清代道光时才又时兴起来。折扇明初才更多地流行起来，起初用它来写字，后来才作画。对联产生于明代晚期，乾隆以后始流行。如有宋元人款的对联，可以肯定是假的。

三是书画内容所描绘书写的物品和事件与时代密切相关。例如，古代画家也有画错了前代衣冠制度的，但只有错画或混淆前代已有的，而不会预先画出当时尚未有的。还有书画中的日常器物及周围建筑，都只有可能后代画前代，不可能前代画后代。同样，书画所记录描述的事件亦如此。

（二）个人风格

个人风格比时代风格还要具体，更容易捉摸。书画家的个人风格是由于每个人的思想不同、性格不同、习惯不同、审美观点不同，使用的工具材料不同等个人因素影响形成的，在书画作品上表现为宏观章法、中观墨法和微观笔法。通过这三个层次系统，可以直观有效地辨识书画家的个人风格。

1. 章法

章法在书画整体里是题款和钤印，在主体内容上是书法布局和绘画构图。

诗、书、画、印为一体，是中国书画艺术在世界艺术里最为独特的形式与内容。题款和钤印是书画创作的重要部分，有时更是画龙点睛，因此可以充分反映书画家的个人风格。

单字的大小、字间的排列、行的间距、留白空边等书法布局，以及人物、花鸟山水等要素的大小、远近、位置等绘画构图，都是书画家创作时个人风格的具体表现，虽有变化，但一脉相承。

书法中启功的中楷、沈鹏的行草、吴昌硕的石鼓文，国画里齐白石的虾、徐悲鸿的马、李可染的牛，这些章法已经成为中国书画的个人风格经典代表。

2. 墨法

墨法具体地说包括用墨和用彩两类技法。

黄宾虹七十岁后，喜以积墨、泼墨、破墨、宿墨互用，使山川层层深厚，气势磅礴，惊世骇俗，逐渐形成所谓“黑、密、厚、重”的画风。这个显著特点兴会淋漓、浑厚华滋，使中国的山水画上升到一种至高无上的境界。

《万山红遍》是李可染大师以毛主席词作中的名句“看万山红遍、层林尽染”为主题创作的系列作品。为描绘“红遍”，朱砂自是必不可少，李可染先生偶然得到了故宫流出的半斤乾隆朱砂（乾隆朱砂是千挑万选始得的极品朱砂，本是乾隆皇帝自备以钤御用宝玺的，其珍稀程度不言自明），以此朱砂创作了七幅《万山红遍》。《万山红遍》作为李可染大师里程碑式的代表作，完整地展现了一代大师举世无双的艺术风格与审美境界，为山水画的传承革新开辟了超凡脱俗的天地，成为当之无愧的旷世经典。

图 19-6　万山红遍

以上两位大师的旷世经典，充分展现了墨法的个人风格。

3. 笔法

作为中国书画主要工具的毛笔，柔韧而园尖。使用时，执笔的高低、腕背的虚实，下笔时力度的轻重、起收笔时方向的藏露、行笔时速度的缓急、转笔时角度的方圆等，每个书画家都有自己的方法和习惯。书画同源，这也就是文件检验学中的笔迹。

综上所述，通过时代风格和个人风格的辨识，进行中国书画的传统鉴定，需要相当深厚的书画理论知识和专业技能，同时这种以目鉴为主的鉴定方式，面对高科技手段的作伪，有明显的局限与不足，需要与时俱进。不断地拓展检验的要素和内容，完善鉴定体系，不断地使用新科技和新方法，提高鉴定效率，是现代书画鉴定的必由之路。

三、中国书画的同一认定

运用物证检验的科学理论，以文件检验专业科技为技术主导，依照司法鉴定的相关程序规范，对中国书画的系统要素进行同一认定，是书画鉴定的技术创新和方法突破。这将大大提高书画鉴定的科学性、准确性和规范性，是中国书画司法鉴定的重中之重。

（一）笔迹检验

笔迹检验是根据书写技能习惯在笔迹中的反映，通过两部分笔迹的比较鉴别，确定二者是否为同一人书写的一项专门技术。其主要任务是要解决文件物证上的笔迹是否为同一人书写的问题。在文件检验技术体系中，笔迹检验是理论最系统、方法最成熟、案例最丰富、经验最成功的技术类别，属于人身同一认定。

书画的毛笔笔迹检验与传统的硬笔笔迹检验既有内在联系，又有侧重区别。

首先，书画同源，运用系统的层次理论来分析可知，中国书画的个人风格与文件检验的笔迹特征是相互对应和互相联通的。即宏观上，章法就是概貌与布局特征；中观上，结构包括了写法、错别字以及搭配比例特征；微观上，笔法是指笔顺和运笔特征。

其次，在宏观章法和中观结构的检验上并没有太明显区别，如在错别字、搭配比例等中观特征检验上，完全可以采用硬笔笔迹检验的方式方法进行。

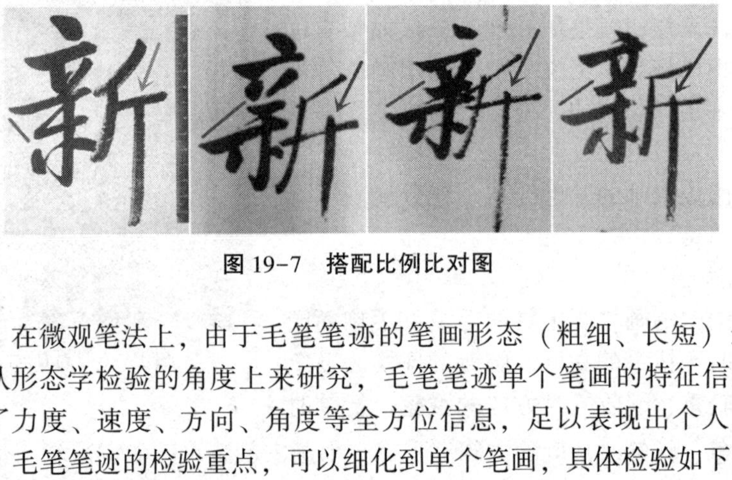

图 19–7　搭配比例比对图

最后，在微观笔法上，由于毛笔笔迹的笔画形态（粗细、长短）远大于硬笔笔迹，从形态学检验的角度上来研究，毛笔笔迹单个笔画的特征信息非常丰富，包含了力度、速度、方向、角度等全方位信息，足以表现出个人的书写习惯。因此，毛笔笔迹的检验重点，可以细化到单个笔画，具体检验如下：

1. 下笔力度的轻重

毛笔笔尖部分柔韧而圆尖，下笔力度的轻重直接影响到笔画的粗细且差异较大，这是毛笔笔迹非常明显的特征。

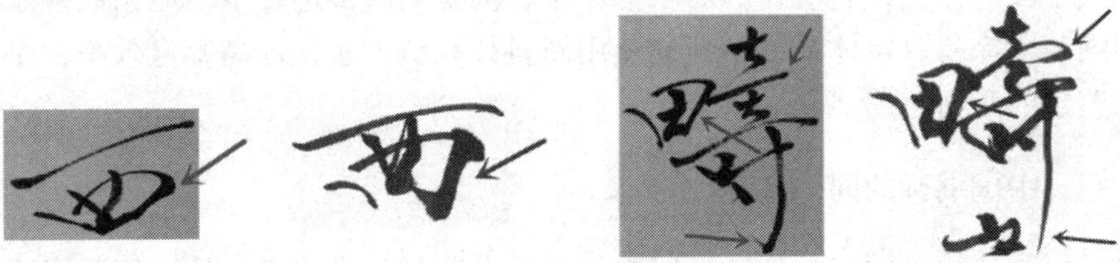

图 19–8　下笔力度比对图

2. 运笔方向的藏露

中国书法历来都注重笔锋的藏露。这种笔锋的藏露，实际上就是运笔方向在起收笔时形成的。这个特征形态细微、内容丰富、特征鲜明，检验价值很高。

3. 行笔速度的缓急

一个完整书写动作，或是一个字，或是一个偏旁部首，或是一个长笔画，其行笔速度是有缓急变化的，这个笔迹特征主要表现在长笔画和连笔间。正常毛笔笔迹与摹仿毛笔笔迹行笔速度的差异，特征形态表现明显高于硬笔笔迹，更有利于检验。

4. 转笔角度的方圆

中国书法八面出锋是内在的书写核心技能和外在的艺术魅力。笔画方圆是不同的转笔角度形成的不同笔锋书写形成的。不同书画家的笔迹差异，在转笔特征上表现更明显、更突出。

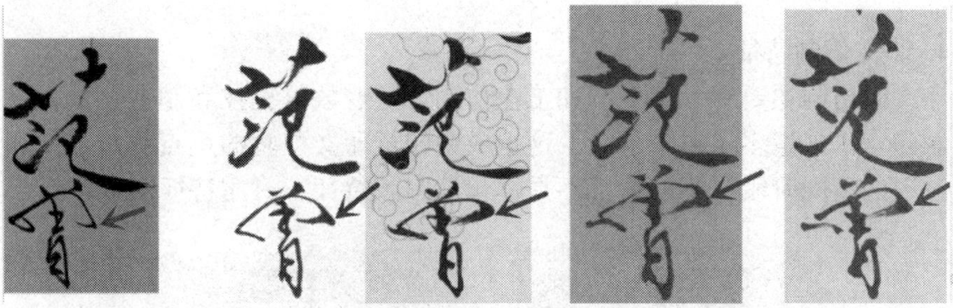

图 19-9　转笔角度比对图

（二）印文检验

印章是取信于人的信物，是权力机关和个人身份的证明。书画上钤印，是对书画作者的认可或是收藏家拥有该作品的证明。由此可见，在书画上钤印如同在合同上盖公章一样具有法律效力。

印文是印章通过某种特殊介质或直接作用于承受物表面形成的特殊痕迹，是印章印面结构的反映，文件上的印文是钤（盖）印者权力、责任、义务和文件真实性的标志。

印章印文检验，是通过检材（可疑）印文与样本（真实）印文的比较检验，判定二者是否同一印章钤（盖）印，为确定印章真伪及文件（书画）真伪提供依据。

著名的书画鉴定家谢稚柳先生在《中国书画鉴定》鉴别真伪的方法和要点一章中论述道：“中国书画上无论使用什么印章，有三点是共通的：（1）印章无论所用材质为何，都会随时间、使用次数的增多而磨损；（2）某些质地的印章有打碎、缺损的可能性；（3）所钤印的质地、所钤书画纸或绢质地、所用印泥等不同的组合，会有不同的效果。同一印章打在光的纸上或绢上，效果是不一样的；而不同质地的印章，打在同一质地的纸上或绢上，效果也会显得不同。”结合文件检验的印章印文检验的理论方法，书画印文的检验要点如下：

1. 钤印系统特征

钤印是书画创作的重要内容，是书画系统的子系统，其系统特征包括钤印布局、朱白搭配、内容选择以及印泥使用等。书画家在不同类型书画上使用不同朱白印章组合，不同印章有不同的起用时间，不同时期使用不同印泥。

2. 印文形态特征

印文是印章印面结构的反映，印文形态是印章的本质特征，包括印文形状特征、印文单字特征、印文边框特征等。

3. 印文变化特征

如著名的书画鉴定家谢稚柳所述，由于印章的材质、使用和承载物的不同，同一印章的印文会发生变化，这些变化有印文磨损特征、印文虚实特征、印泥堆积特征等。

4. 印文仿制特征

印文的仿制主要有手工刻制和工业仿制。随着数码科技和制造业的发展，工业仿制印章越来越多、越来越精，这也成为印章印文检验的重点和难点。印章在仿制过程的不同阶段有不同特征，具体包括制版特征、材质特征、盖印特征等。

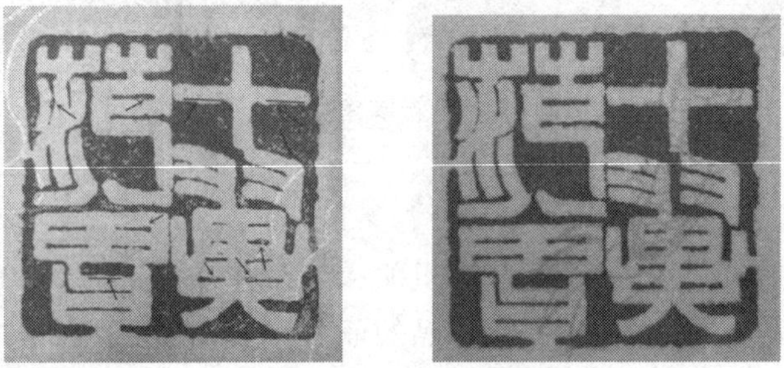

图 19-10　仿制特征比对图

四、书画材料的种属检验

中国书画主要是由纸绢、墨料、颜料、印泥以及装裱材料等组成。这些材质的生产时间、生产地区、使用变化等物质信息，是书画鉴定的客观基础和科学证据。传统手工制造与现代化工合成、工业机械制造的各种书画材料存在物理性和化学性的巨大差异。通过现代仪器及科技手段，对这些书画材料进行科学检验，是传统鉴定方法手段望尘莫及的。现代科学检验丰富了鉴定内容，拓展了鉴定项目，提高了检验精度，提升了鉴定效能。利用现代仪器及科技手段进行书画鉴定是科学进步的必然结果和必由之路，也是中国书画司法鉴定的现实优势和发展趋势。

（一）纸张检验

纸张是纤维经过加工处理后所形成的相互紧密交织在一起的纤维薄层，包含有纸浆、胶料、填料、色料等主要成分，可以采用显微检验法和光谱检验法进行检验。

1. 显微检验

纸张最主要的成分是植物纤维。通过显微检验，可以观察到纸张中植物纤维的细胞形态特征，鉴别植物纤维种类。将被测纸张的纤维图与纸张样本的纤维图进行比对，可以确定纸张种类。

2. 光谱检验

不同的纸张，其所用的纸浆、胶料、填料、色料的种类与配比均存在差异，通过红外光谱、拉曼光谱等方法，可以获得不同的光谱图。将这些被测纸张的光谱图与纸张样本的光谱图进行比对检验，可以确定纸张品种。

显微检验和光谱检验快速准确、简便无损。

（二）墨料检验

墨料主要分为松烟墨、油烟墨、现代墨汁三大类，其成分相差较大。在古代只有松烟墨和油烟墨。通过拉曼光谱等方法，可以获得不同墨料的光谱图，将这些被测墨料的光谱图与纸张标准光谱图进行比对检验，可以确定墨料的种类。区分传统的松烟墨、油烟墨和现代墨汁，可以很明确地划分书画的年代。

（三）颜料检验

颜料主要分为矿物颜料、植物颜料和化工合成颜料。化工合成颜料大多是近几十年才合成制造出来的，通过拉曼光谱等方法，检验测定是否为化工合成颜料，可以很明确地划分古代书画与近现代书画。

（四）印泥检验

传统印泥是由朱砂、油脂和艾绒三者混合在一起组成的，现代印泥有些是以轻质的有机颜料或化工颜料等代替了传统的朱砂。传统印泥与现代印泥在组成成分上有明显不同，其光谱特征差异通过光谱图能清楚标示。通过拉曼光谱等方法，检验测定印泥中是否为化工合成颜料，可以很明确地划分古代书画与近现代书画。

综上所述，通过对纸张、墨料、颜料、印泥进行层次性、交叉性、整体性等系统性的分析研判，可以从多个方向多个渠道来进行书画鉴定。

（1）不同纸张、墨料、颜料、印泥的生产时间是不同的。确定一幅书画作品的这四种材料的生产时间是否一致，或是以材料中最近的生产时间为依据，是研判书画形成时间的最科学、最重要的客观证据。

（2）在百年前，物品流通远没有现在发达，物品的区域性特征比较明显。因此，书画家所选择的纸张、墨料、颜料、印泥也具有较强的区域性。对这四类书画材料的产地综合研判，可以判断出书画作品与书画家的区域活动是否一致，从而为书画真伪提供系统性依据。

(3) 近现代的书画家在一定时期内，偏好或习惯使用甚至定制纸张、墨料、颜料、印泥。这些材料的“私人定制”也为书画鉴定提供了客观的物质基础和检验依据。

第四节　中国书画司法鉴定的趋势方向

一、明确书画鉴定的法律定位

当前，社会各界的收藏热持续升温，书画的价格快速增长，中国书画司法鉴定的社会需求也随之日趋旺盛、日益强烈。依托物证技术鉴定的理论体系，以司法鉴定人员为主体，建立和完善工作规范和科学标准，按照司法鉴定的类别和内容，开展中国书画的笔迹鉴定、印章鉴定、文书形成方法（印刷方法）鉴定、纸张（墨料、颜料、印泥）等书画材料检验以及文书（书画）形成时间检验等具体的司法鉴定工作内容，对司法鉴定事业来说，既是一次是全新挑战，也是一次发展机遇。它不仅可以依照法定程序，为诉讼、仲裁、调解、和解等活动提供司法鉴定，也是顺应当前法治社会发展的客观需要。

二、规范书画检验的操作程序

2016 年 5 月 1 日起正式实施的《司法鉴定程序通则》（司法部令第 132 号，以下简称《通则》），进一步完善了司法鉴定文书的规范。根据鉴定实践的需要，《通则》修订版对鉴定文书的种类、内容、出具等作了进一步完善。《通则》修订版明确强调，司法鉴定机构和司法鉴定人应当按照统一的文本格式制作司法鉴定意见书。

司法鉴定人如何检查和分析中国书画，是鉴定结论产生过程中的核心环节。司法鉴定人针对中国书画司法鉴定，首先需要设计和选择针对中国书画的检查、鉴定方法；其次利用辅助科学仪器和设备对中国书画进行全面、客观而科学的观察、检查，并对各项检验结果加以记录；最后，对观察和检测得到的结果和数据，结合相关学科的理论和经验加以分析，提出鉴定人综合系统、客观科学的分析意见。在此基础上，汇总委托单位关于书画鉴定事项要求、鉴定资料、观察结果和检查数据、结合专业理论和经验对专门性问题判断的意见，最终按照文书鉴定的书写要求，制作正式的鉴定文书。

通过规范完善中国书画的检验方法、操作过程、鉴定文书等司法鉴定活动，与时俱进、持续创新，主动科研、积极攻关，必将全方位、多层次地推动文件检验事业持续有序、高效系统的科学发展。

三、提升书画鉴定的科技效能

多年来，文件检验专业取得长足的发展，建立了较为完善的理论体系，形成了多元的技术手段，解决了大量的疑难案件，积累了丰富的实战经验。但这些理论体系和技术手段如何更好地应用于书画鉴定，值得深入研究。只有将理论与实际结合起来，才能真正提高文件检验技术的能效。例如，硬笔笔迹与毛笔笔迹的关联与差异；书画印文与公章印文的相似与不同；传统的印刷方法检验如何应用于书画原件检验；宣纸与普通纸张的不同，哪种技术手段检验宣纸更有效；墨汁、颜料、印泥的光谱图库如何建立。借鉴文件检验专业中的传统经验和建库思路，应用系统鉴定方法，采用大数据的存储模式，构建中国书画系统鉴定所需的笔迹、印章、墨料、纸张、黏合剂等核心样本库，将会极大地推进中国书画的司法鉴定工作。与此同时，运用云计算科技，更能实现跨时空的检索检验目的，极大地提高中国书画系统鉴定的鉴定能力和工作效能。

在此基础上，司法鉴定、法律专业和科技工作以及相关行政管理等专业人员，应加强沟通互补、深化科研探讨，强强联合、资源共享、业务协同，尽早出台《中国书画司法鉴定技术规范》。这样的法律、法规，必将为中国书画司法鉴定事业提供顶层设计的理论基石、业务实践的核心力和长远发展的原动力，更多、更高效地服务社会各界的鉴定需求，更好、更强力地促进维护中国书画艺术的发展传承和中国传统文化的复兴弘扬。

【思考题】

1. 中国书画传统鉴定的依据分几类，具体内容是什么？
2. 中国书画作伪的方式、特点及检验要点有哪些？
3. 中国书画的物证内容及系统结构是什么？
4. 中国书画的同一认定有哪些内容？
5. 中国书画的种属检验有哪些内容？
6. 如何提高中国书画司法鉴定的科学性和规范性？

【参考文献】

1. 张珩著：《怎样鉴定书画》，文物出版社 1991 年版。
2. 贾玉文主编：《笔迹检验》，警官教育出版社 1999 年版。
3. 那志良著：《鉨印通释》，百花文艺出版社 2011 年版。
4. 谢稚柳主编：《中国书画鉴定》，东方出版中心 2009 年版。
5. 袁之宜：《中国书画司法鉴定》，载贾玉文、邹明理主编：《中国刑事科学技术大全　文件检验》，中国人民公安大学出版社 2002 年版。
6. 王相臣著：《物证特征系统分类与系统检验鉴定》，中国人民公安大学出版社 2011 年版。